吉林2017统计年鉴

JILIN

STATISTICAL YEARBOOK 2017

吉林2017统计年鉴

JILIN STATISTICAL YEARBOOK 2017

吉林省统计局 国家统计局吉林调查总队 编

COMPILED BY JILIN STATISTICAL BUREAU

SURVEY OFFICE OF THE NATIONAL BUREAU OF STATISTICS IN JILIN

（总第31期 No.31）

中国统计出版社

China Statistics Press

图书在版编目（CIP）数据

吉林统计年鉴. 2017：汉英对照 / 吉林省统计局，国家统计局吉林调查总队编. -- 北京：中国统计出版社，2017.11

ISBN 978-7-5037-8271-8

Ⅰ. ①吉…

Ⅱ. ①吉… ②国…

Ⅲ. ①统计资料－吉林－2017－年鉴－汉、英

Ⅳ. ①C832.34-54

中国版本图书馆CIP数据核字(2017)第187269号

吉林统计年鉴－2017

作　　者 / 吉林省统计局　国家统计局吉林调查总队

责任编辑 / 佘竞雄

责任校对 / 孙　臻

装帧设计 / 刘伟祥

出版发行 / 中国统计出版社

地　　址 / 北京市丰台区西三环南路甲6号　邮政编码/100073

电　　话 / 邮购（010）63376909　书店（010）68783171

网　　址 / http://www.zgtjcbs.com

印　　刷 / 长春科普快速印刷有限公司

经　　销 / 新华书店

开　　本 / 890mm×1240mm　1/16

字　　数 / 1300千字

印　　张 / 41

印　　数 / 1-850册

版　　别 / 2017年11月第1版

版　　次 / 2017年11月第1次印刷

定　　价 / 350.00元

本书附同版本CD-ROM一张，光盘内容以书面文字为准。

如有印装差错，由本社发行部调换。

《吉林统计年鉴2017》 JILIN STATISTICAL YEARBOOK 2017

编委会和编辑部 EDITORIAL BOARD AND EDITORIAL STAFF

编 者 说 明 *PREFACE*

一、《吉林统计年鉴—2017》(中英文对照)是一部全面反映吉林省经济和社会发展情况的资料性年刊。本书收录了全省、各市(州)和县(市)2016年经济和社会各方面大量的统计数据。

二、全书内容分为19个部分，即1.综合；2.国民经济核算；3.人口；4.从业人员和职工工资；5.固定资产投资；6.对外经济贸易和旅游业；7.能源生产和消费；8.财政、金融和保险；9.价格指数；10.人民生活；11.市政公用事业和环境保护；12.农业；13.工业；14.建筑业；15.交通运输和邮电通信业；16.批发零售贸易和餐饮业；17.教育、科技和文化事业；18.体育、卫生和其他事业；19.市（州）和县（市）概况。附录：1.企业"一套表"；2.主要统计指标解释。

三、资料中所使用的度量衡单位均采用国际统一标准计量单位。

四、本年鉴中部分数据合计数或相对数由于单位取舍不同而产生计算误差，均未作机械调整。

五、为与已出版的《中国统计年鉴-2017》中的分省数据保持一致，吉林省统计局对本年鉴中所使用的2016年度全省及各市（州）、县（市）地区生产总值（GDP）数据进行了调整。

六、本年鉴中的符号使用说明："空格"表示该项指标数据不详或无该项数据；"#"表示其中的主要项。

七、本书的编辑出版，得到省直有关部门的大力支持，我们对此表示诚挚的谢意！

《吉林统计年鉴》编辑部

二〇一七年十一月十五日

I. Jilin statistical yearbook 2017 is annual statistics publication, which cover very comprehensive data series for 2016 and some selected data series for historically important years in whole province, cities (pretecture) and counties and therefore, reflects various aspects of social and economic development.

II. The Contentis Divided into 19 parts, i. e. 1. Synthesis; 2. National Economic Accounting; 3. Population; 4. Employment and Wage; 5. Investment in Fixed Assets; 6. Foreign Economy Trade and Tourism; 7. Production and Consumption of Energy. 8. Public Finance, Banking and Insurance; 9. Price Indices; 10. People's Livelihood; 11. Urban public utilities and Environment; 12. Agriculture; 13. Industry; 14. Construction; 15. Transportation Postal and Telecommunications Services; 16. Wholesale, Retail trade and Catering services; 17. Education, Technology and Culture; 18. Sports, Public Health and others; 19. General survey of city (State) and county (City) . In the appendices listed: 1. The Companies "A Table"; 2. Expla natory notes on Main statistical indicators.

III. The units of measurement used in this book are internationally standard measurement units.

IV. In year-book some data total numbers or relative number because of units choosen differential Causing generating calculation error, no mechanical adjust.

V. Jilin Statistical Bureau adjusted the data of GDP of whole province and by region in this yearbook in accordance with China Statistical Yearbook 2017 which has already been published.

VI. Explanatory notes for notations used in this book: "blank" indicated that the index data not available or no dale. "# "of which: major item.

VII. The publication and editor of yearbook got strong support of the department of province, total cities, prefectures, counties (district) government and some enterprises and related institutions, We make sincerely appreciation !

Editorial department of《Jilin Statistical Yearbook》

November 15，2017

地区生产总值和人均生产总值

Gross Regional Product and Per Capita GDP

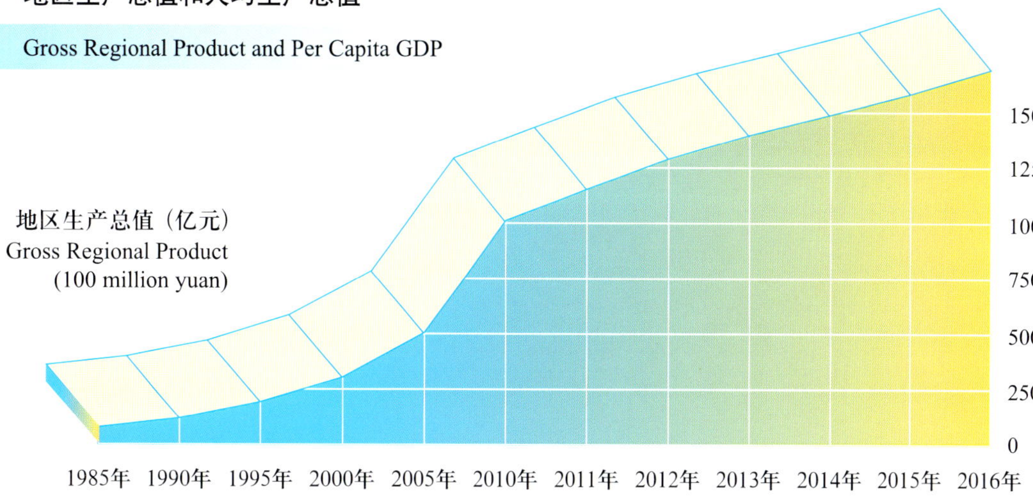

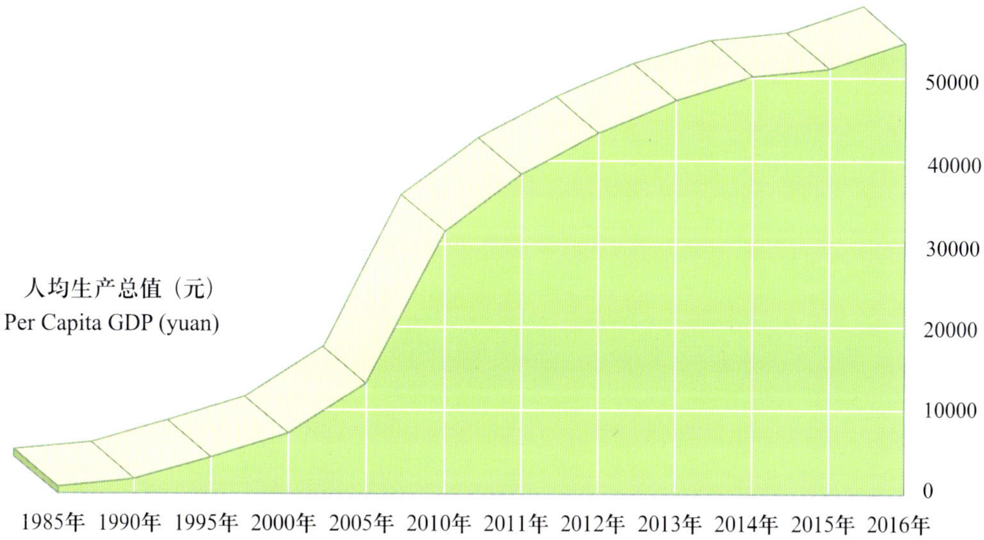

地区生产总值三次产业构成（%）

Gross Regional Product Constitutes by Three Industries (%)

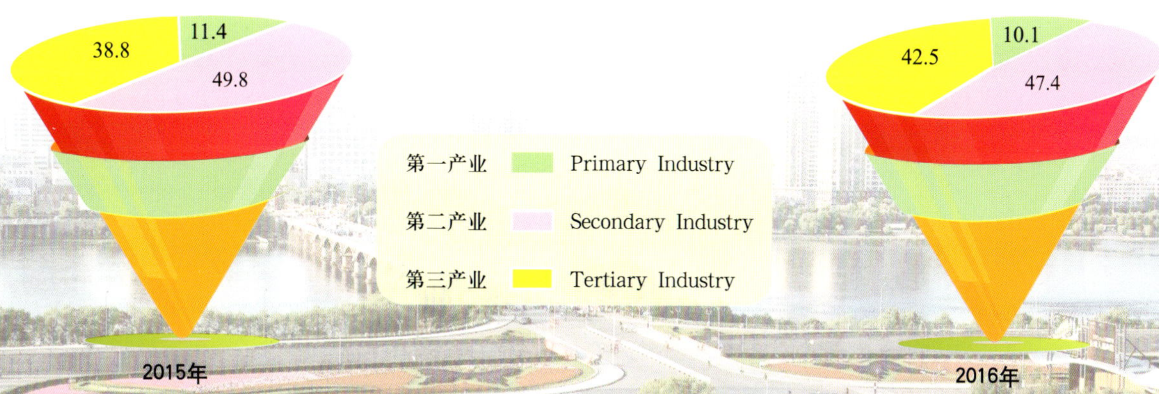

数字吉林

人口总数按性别分（万人）

Papulation by Sex (10000 persons)

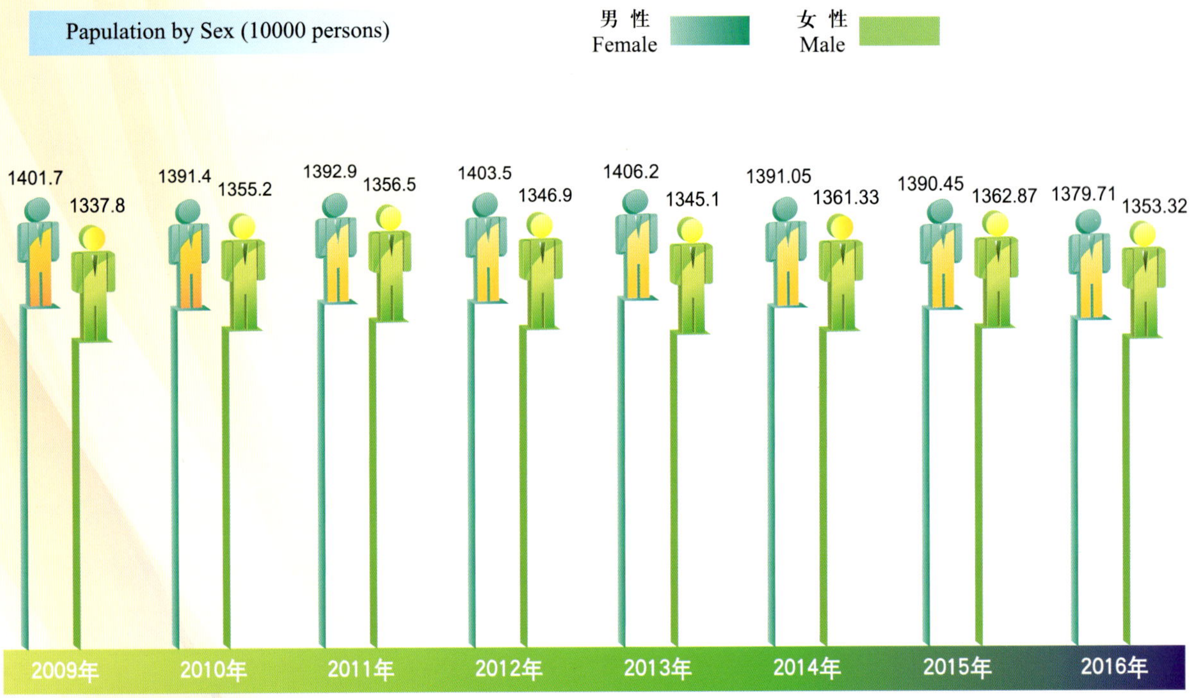

自然增长人口及人口自然增长率

Natural Growth Population and Natural Growth Rate

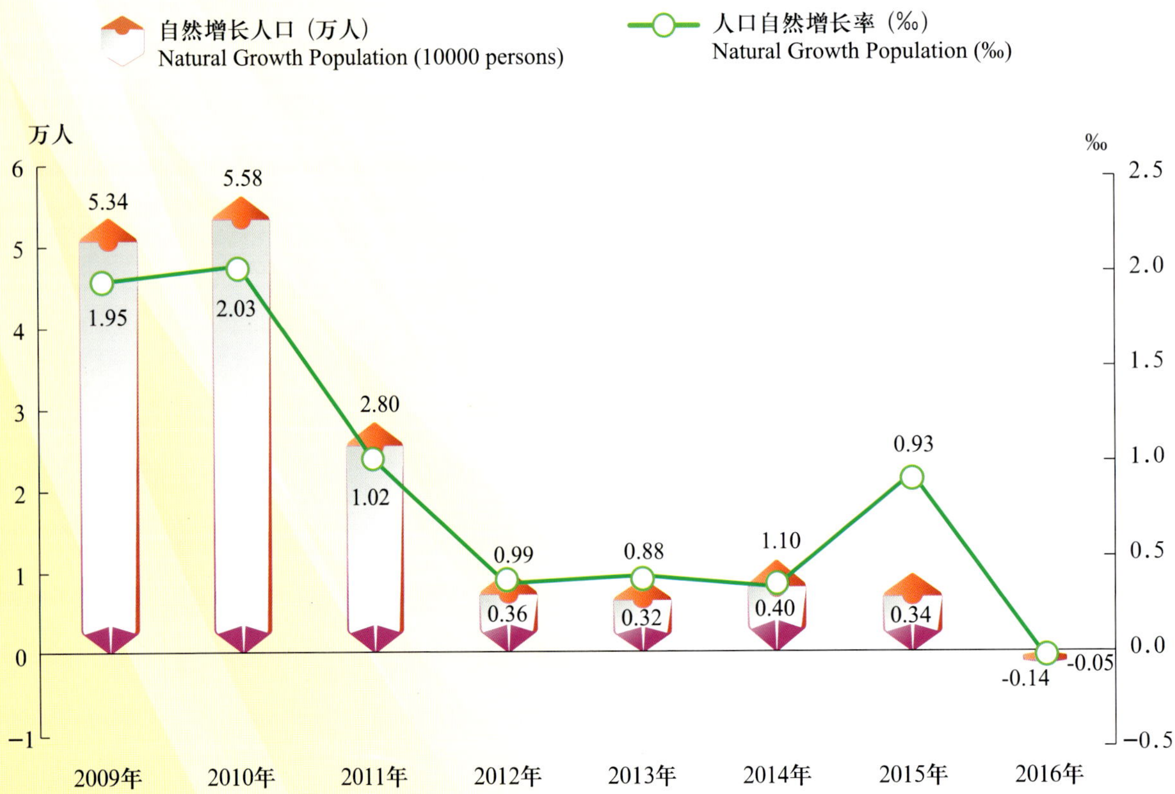

全部就业人员数及按三次产业分就业人员数（万人）

Total Number of Employed Persons and Number of Employed Persons by Three Industries (10000 persons)

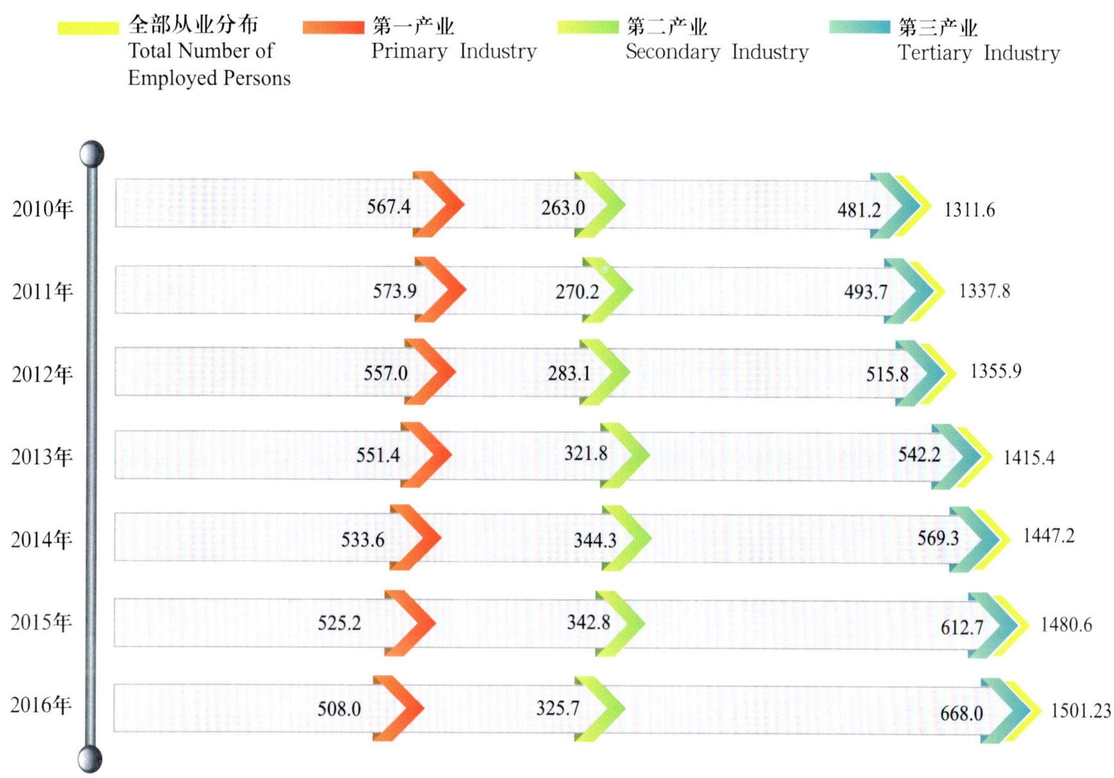

从业人员平均工资（元）

Average Wage of Staff (yuan)

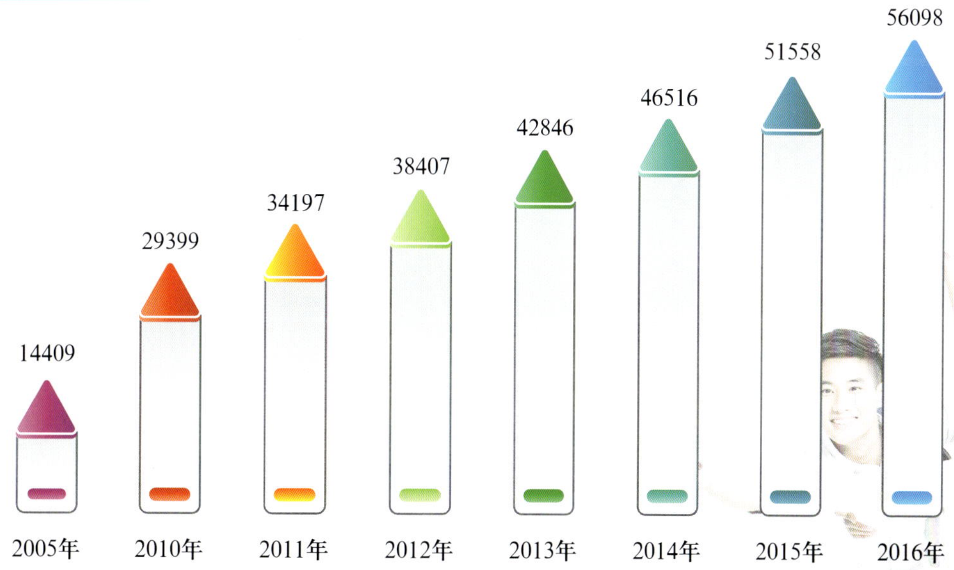

全社会固定资产投资（亿元）

Total Investment in Fixed Assets in the Whole Country (100 million yuan)

实际销售商品房面积（万平方米）

Areas of Commercial Buildings Actually Sold (10000 Sq.m)

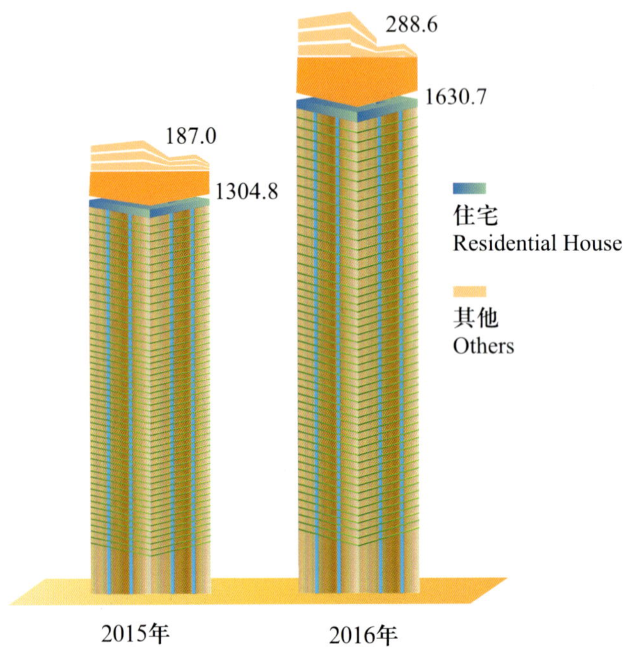

国有经济固定资产投资额（亿元）

Total Investment in Fixed Assest of Stateowned Units (100 million yuan)

占能源生产总量的比重（%）

As Percentage of Total Energy Production (%)

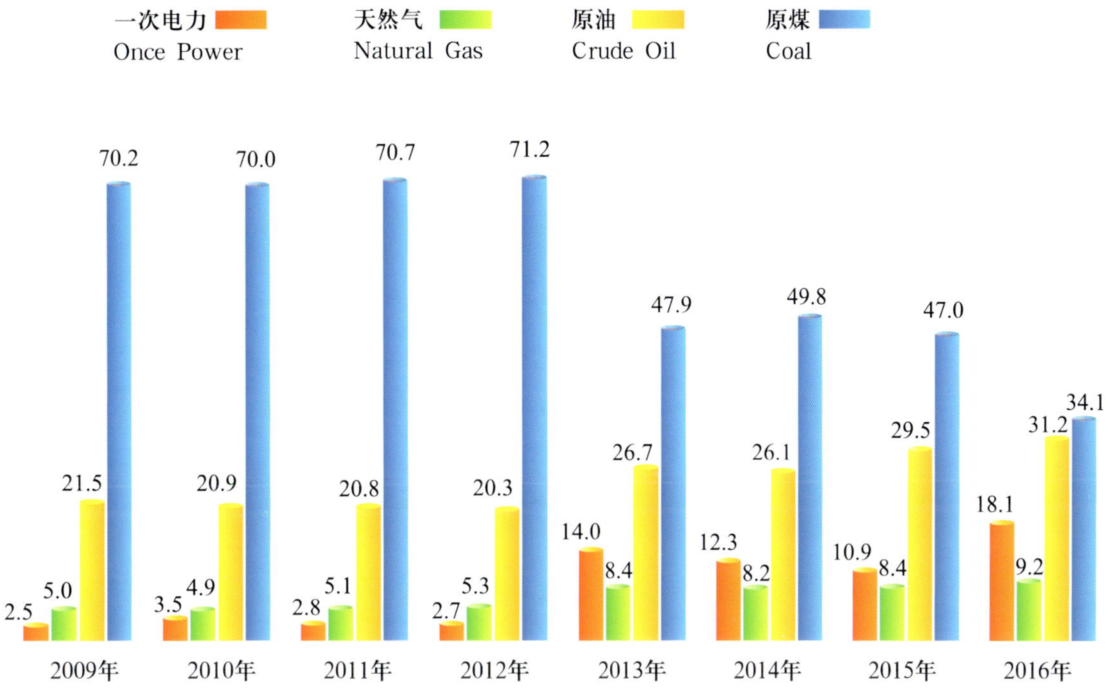

占能源消费总量的比重（%）

As Percentage of Total Energy Consumption (%)

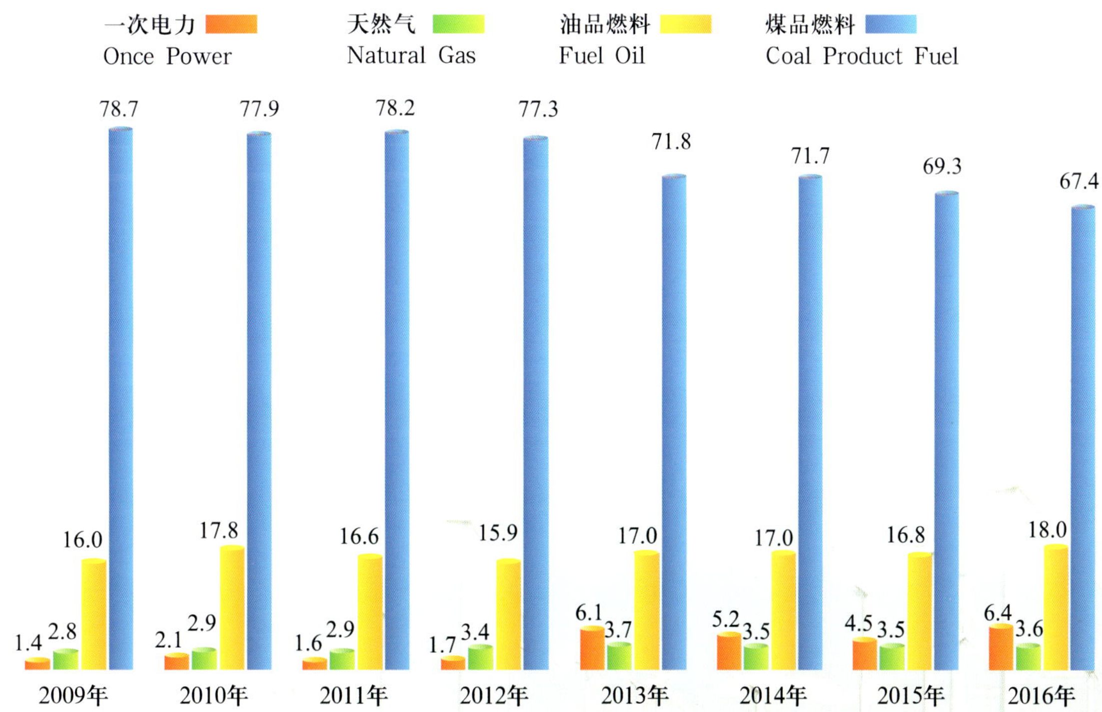

地方财政收入（亿元）

Local Revenue (100 million yuan)

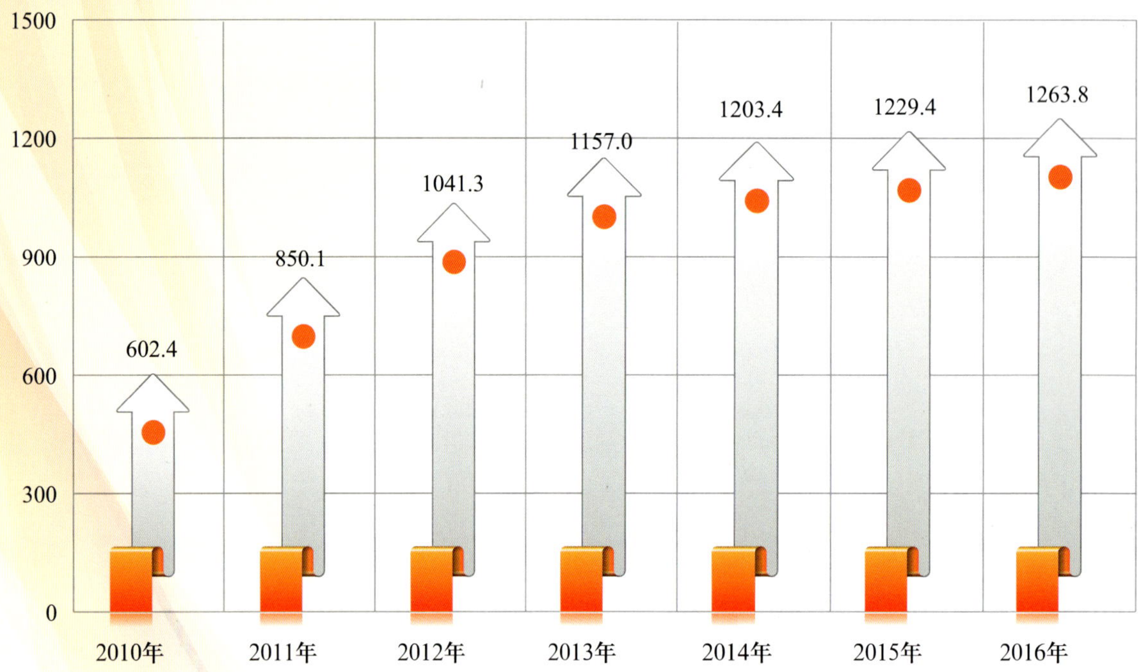

教育支出占地方财政支出的比重（%）

Expenditure for Education Proportion of Financial Expenditure (%)

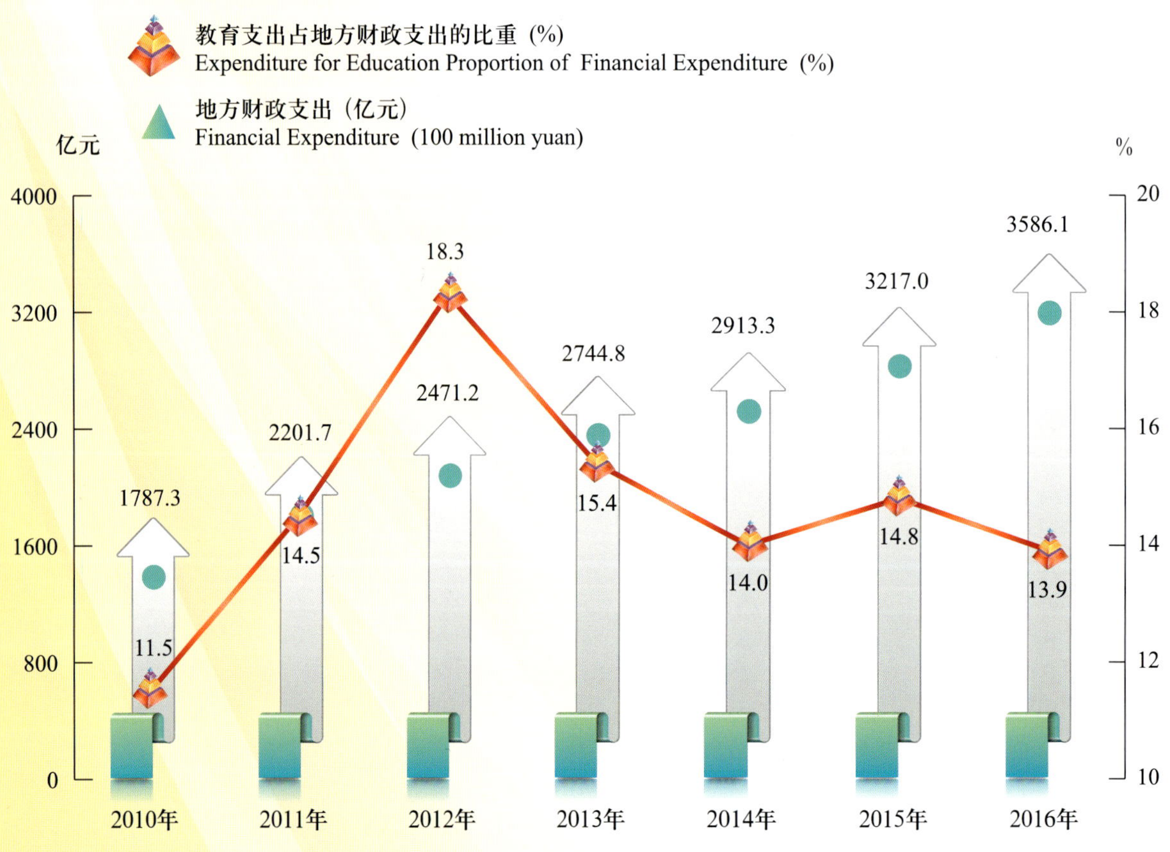

城镇居民家庭人均消费结构（%）

Per Capita Consumption Structure of Urban Households (%)

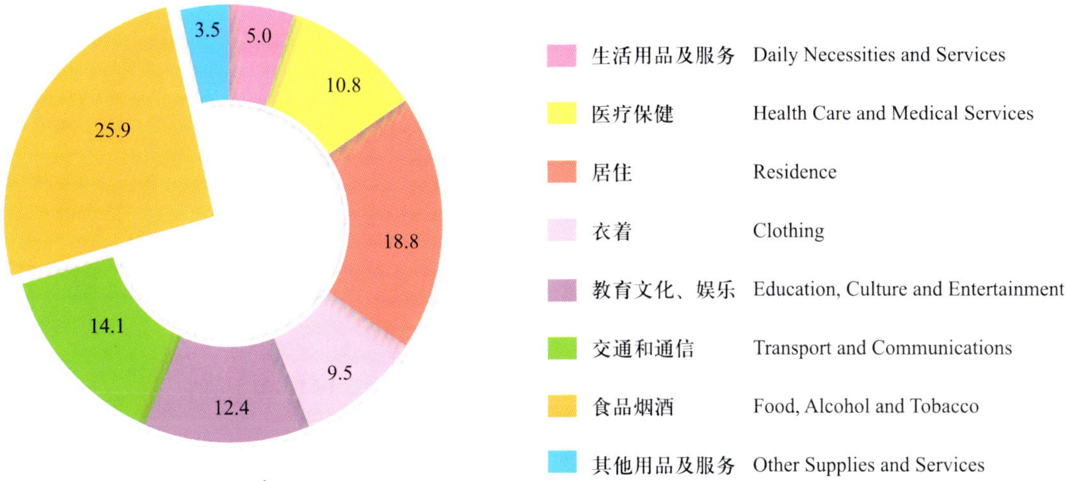

2016年

农村居民家庭人均生活消费结构（%）

Per Capita Consumption of Rural Households Living Structure (%)

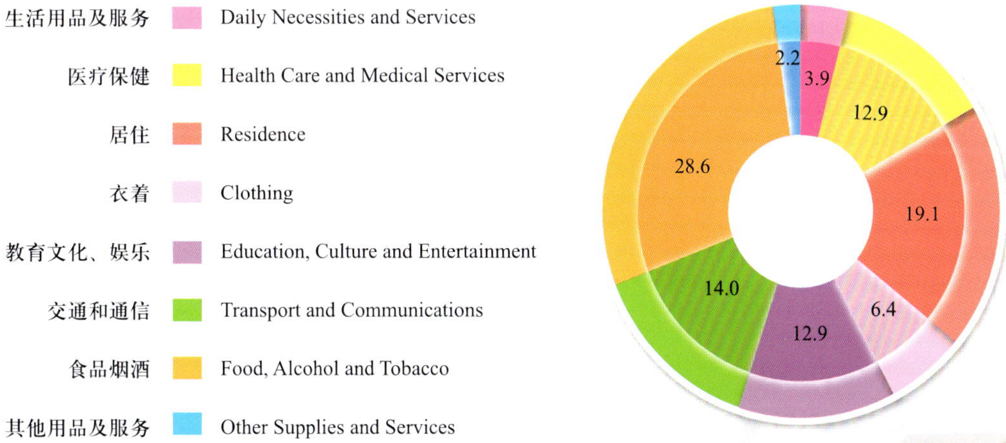

2016年

城镇居民人均可支配收入（元）

Annual Per Capita Disposable Income of Urban Households (yuan)

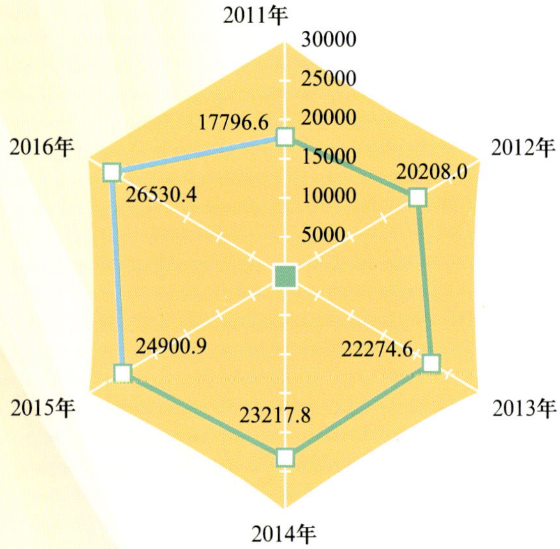

农村居民人均可支配收入（元）

Annual Per Capital Disposable Income of Rural Households (yuan)

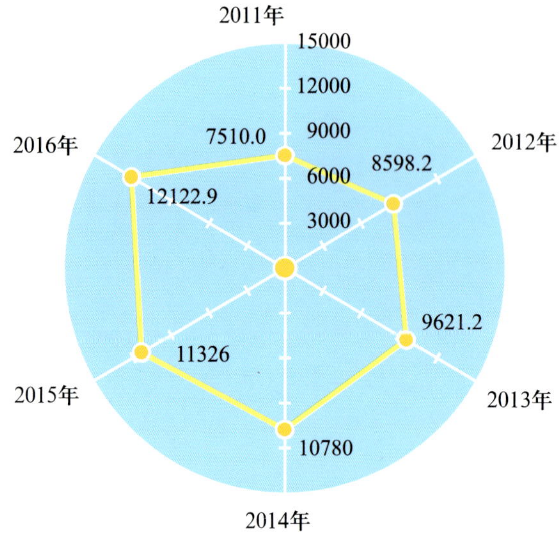

城镇居民恩格尔系数（%）

Engel's Coefficient of Urban Households (%)

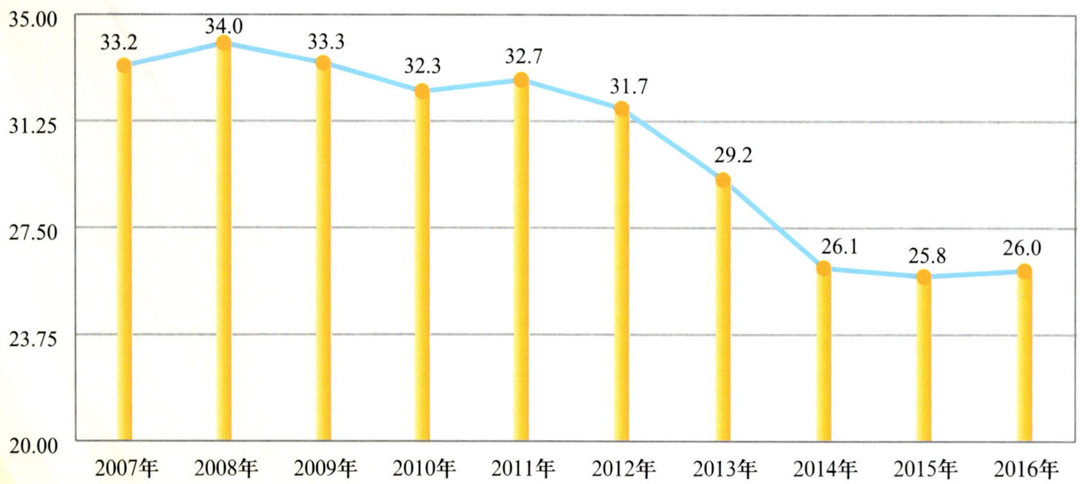

农村居民恩格尔系数（%）

Engel's Coefficient of Rural Households (%)

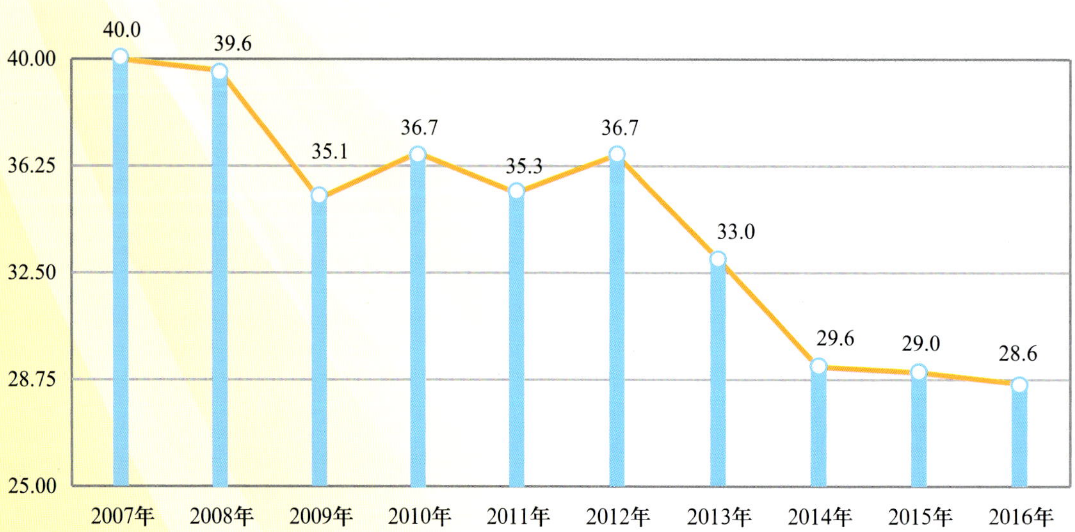

城镇居民人均居住面积（平方米）

Per Capita Living Space of Urban Horseholds (Sq.m)

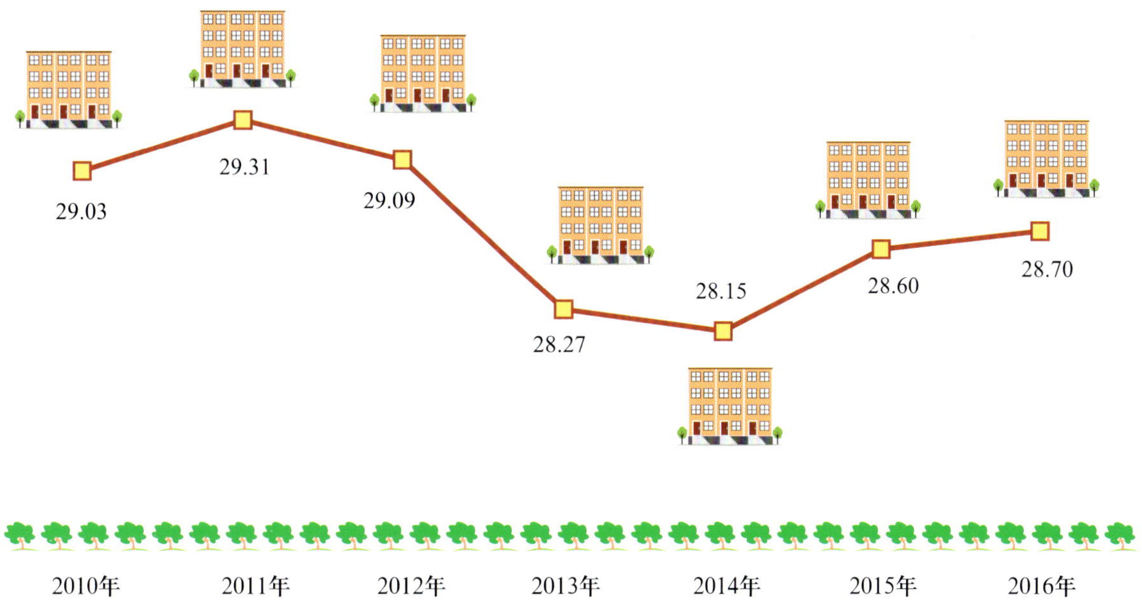

注：2007年以后为总建筑面积。 Note: After 2007 the total Construction area.

农村居民人均居住面积（平方米）

Per Capita Living Space of Rural Households (Sq.m)

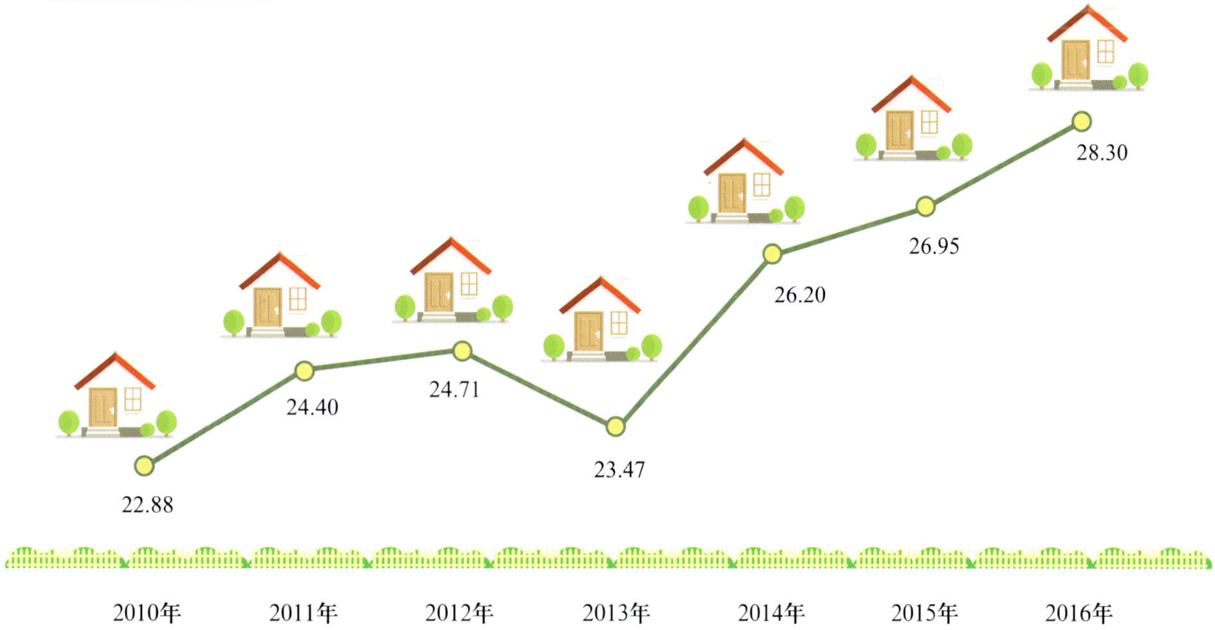

规模以上工业企业个数（个）

Number of Industrial Enterprises above Designated Size (unit)

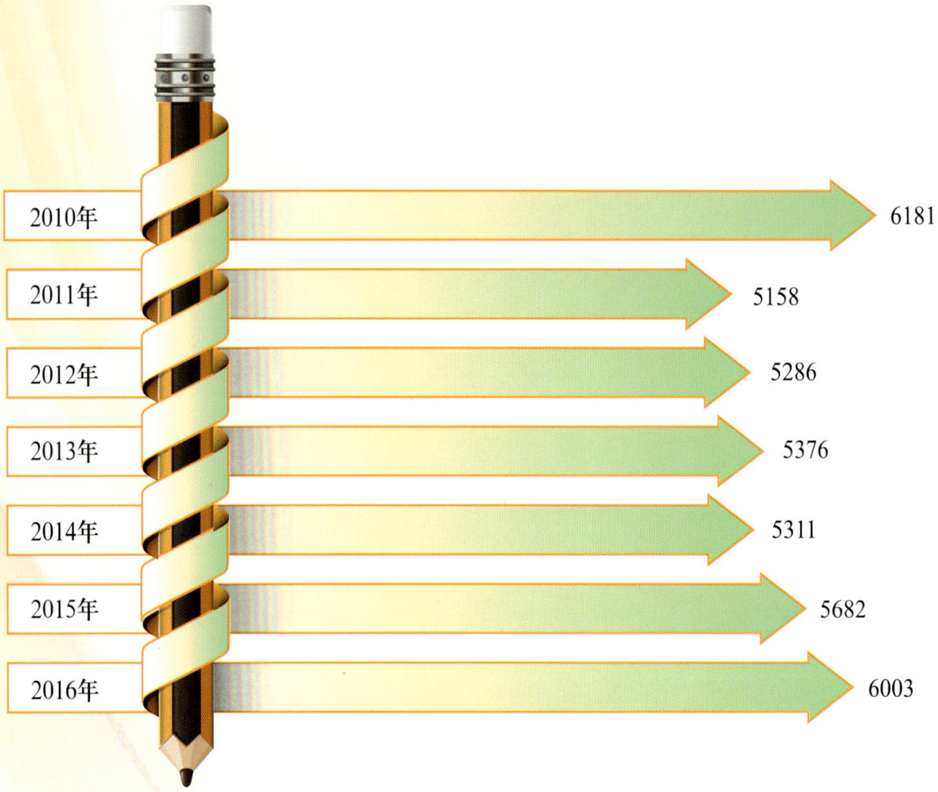

规模以上工业企业产值（亿元）

Output Value of Industrial Enterprises above Designated Size (100 million yuan)

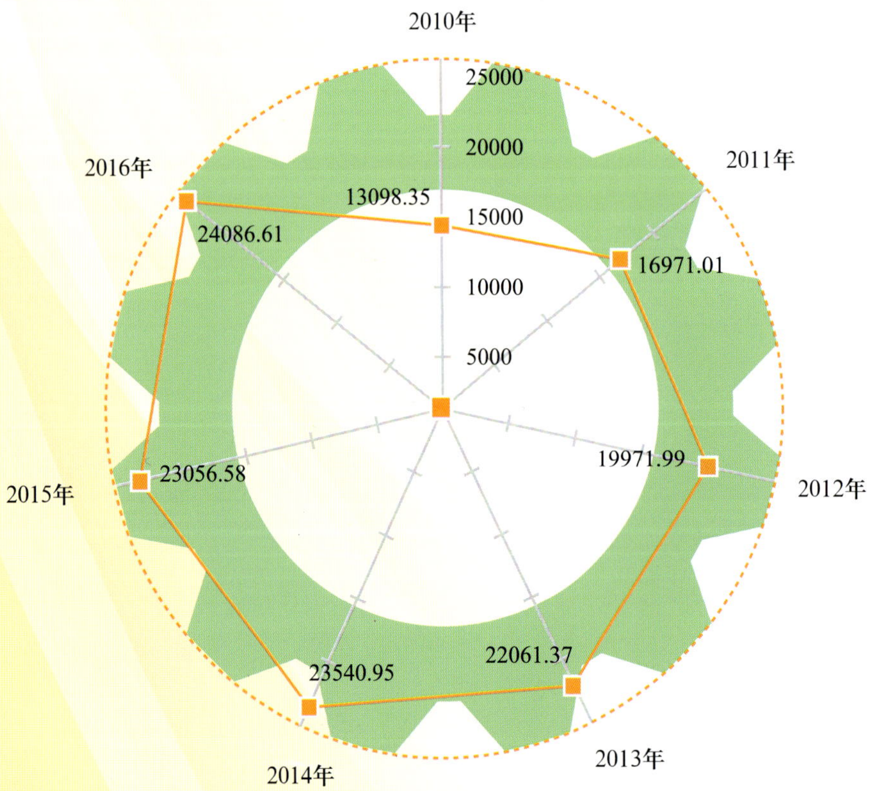

城市园林绿化覆盖面积（公顷）

Park and Green Areas Covered in City (ha)

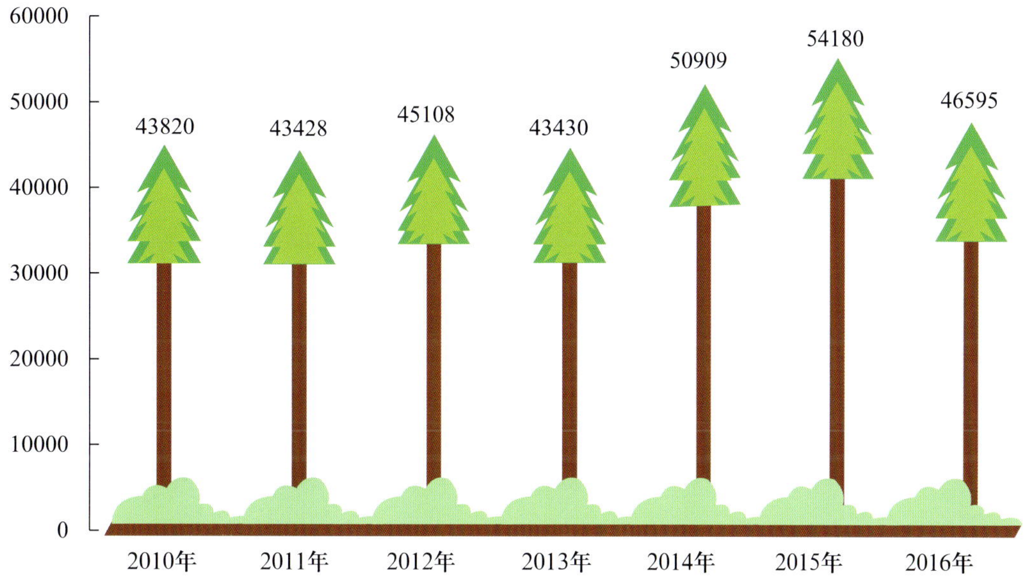

城市自来水普及率（%）

Percentage of Population with Accesing to Tap Water in City (%)

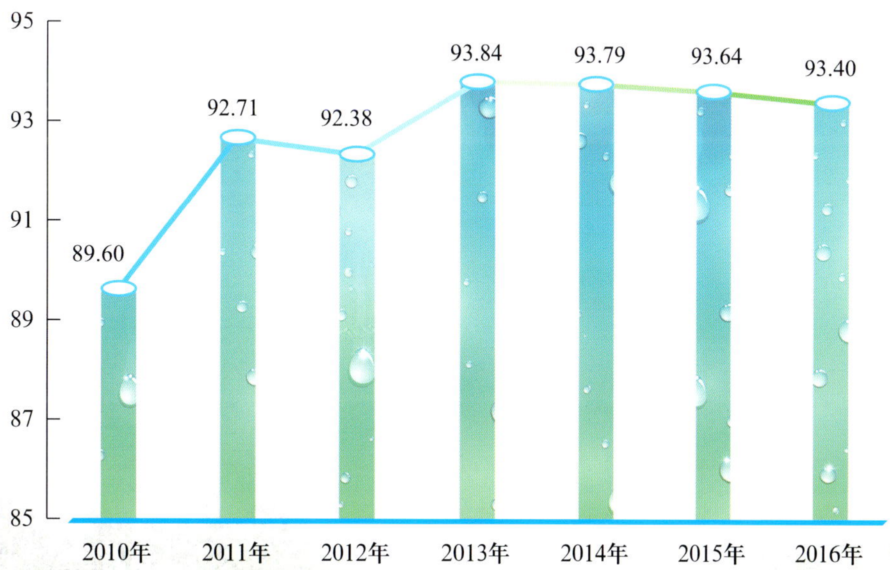

主要农作物产量（万吨）

Output of Major Farm Crops (Output 10000 tons)

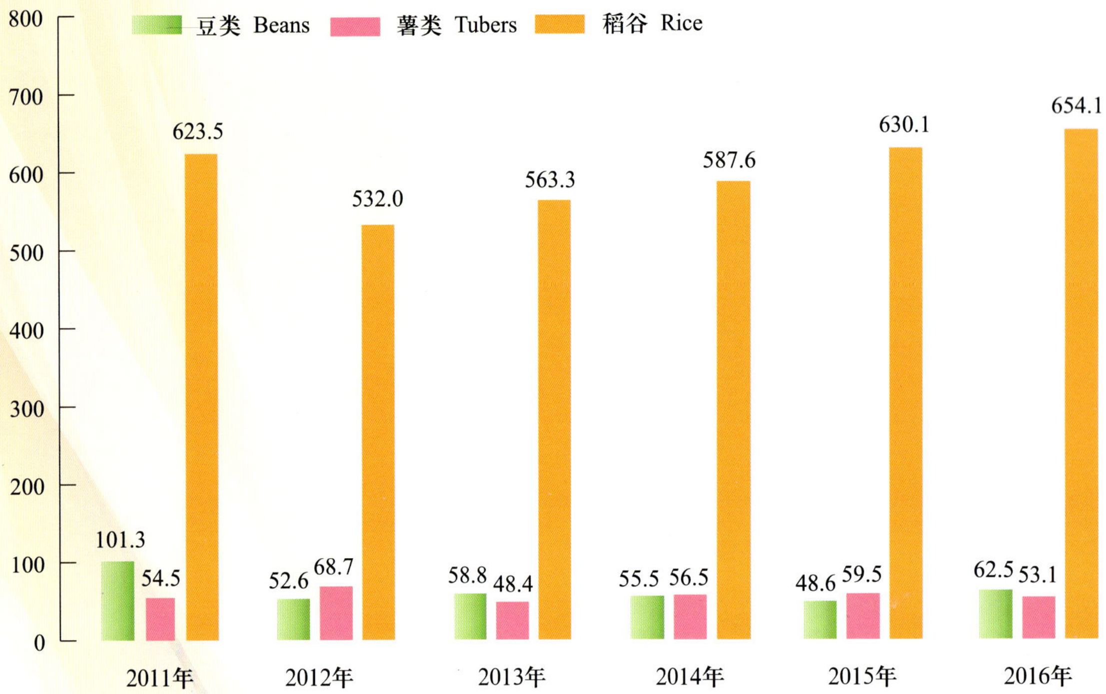

主要畜产品产量（万吨）

Output of Major Livestock Production (Output 10000 tons)

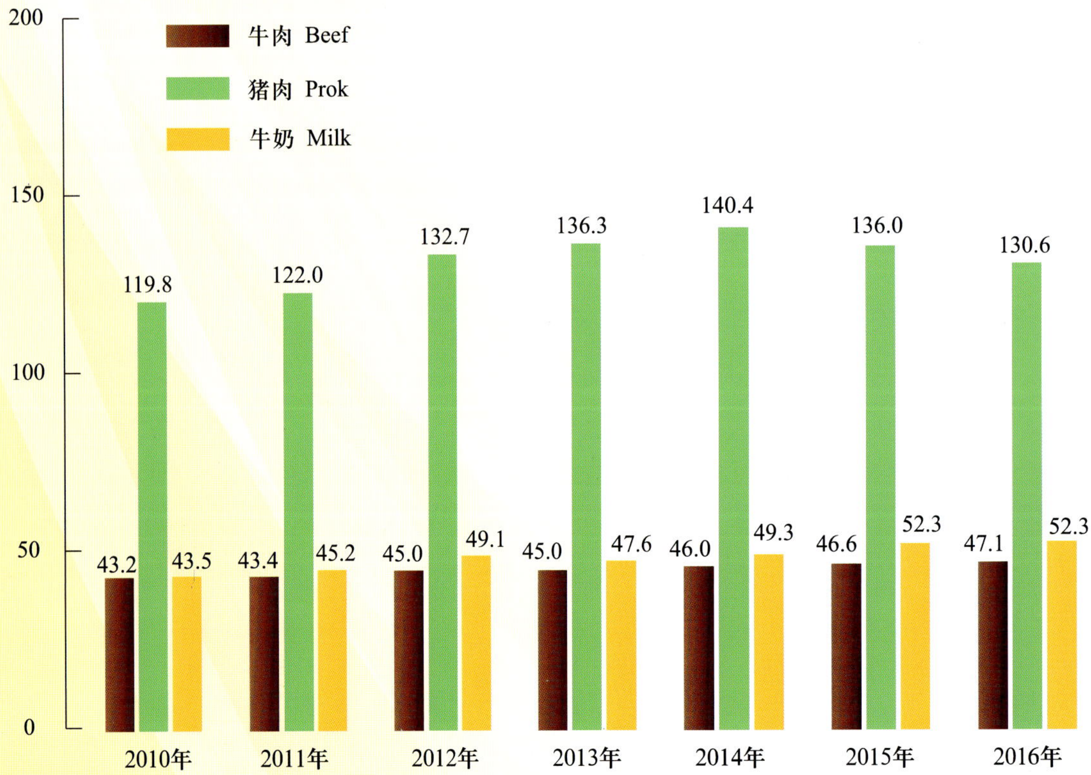

畜牧业产值占农、林、牧、渔业的比重（%）

Output Value of Animal Husbandry and its Proportion of Agriculture, Forestry, Animal Husbandry and Fishery (%)

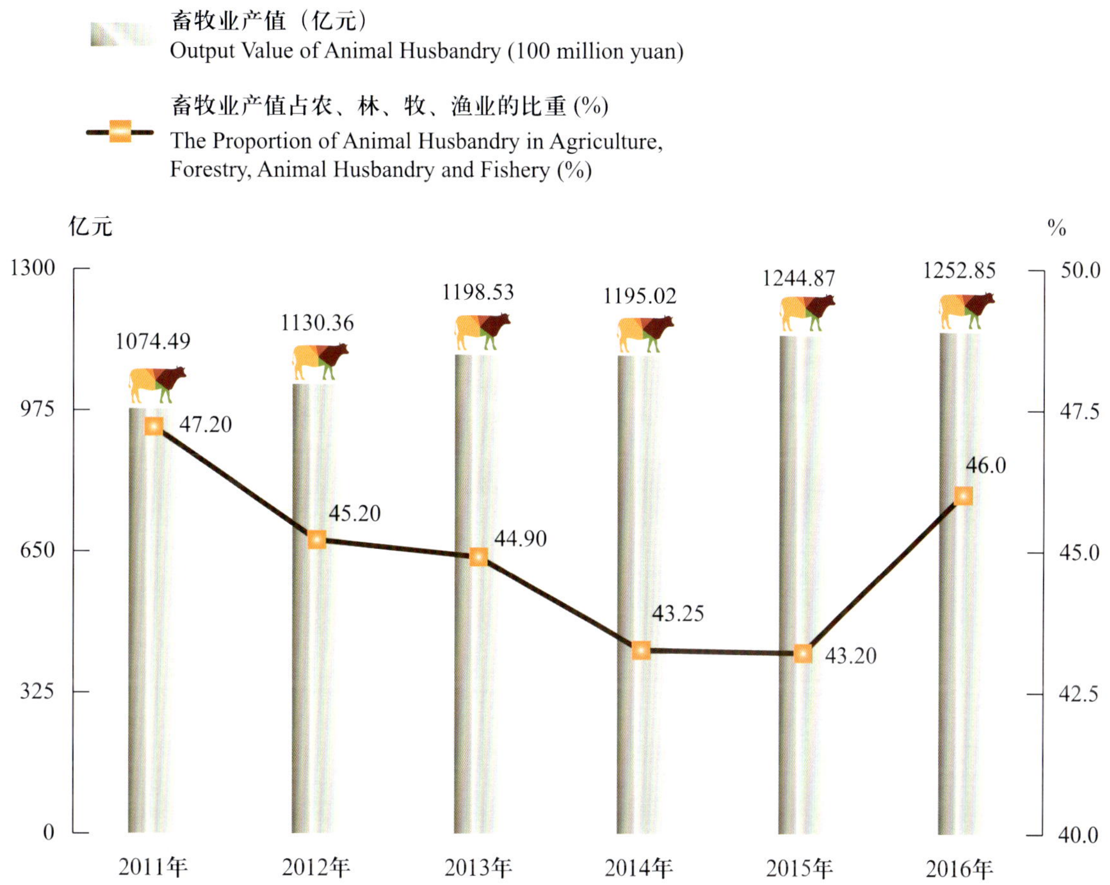

粮食产量（万吨）

Output of Grain (10000 tons)

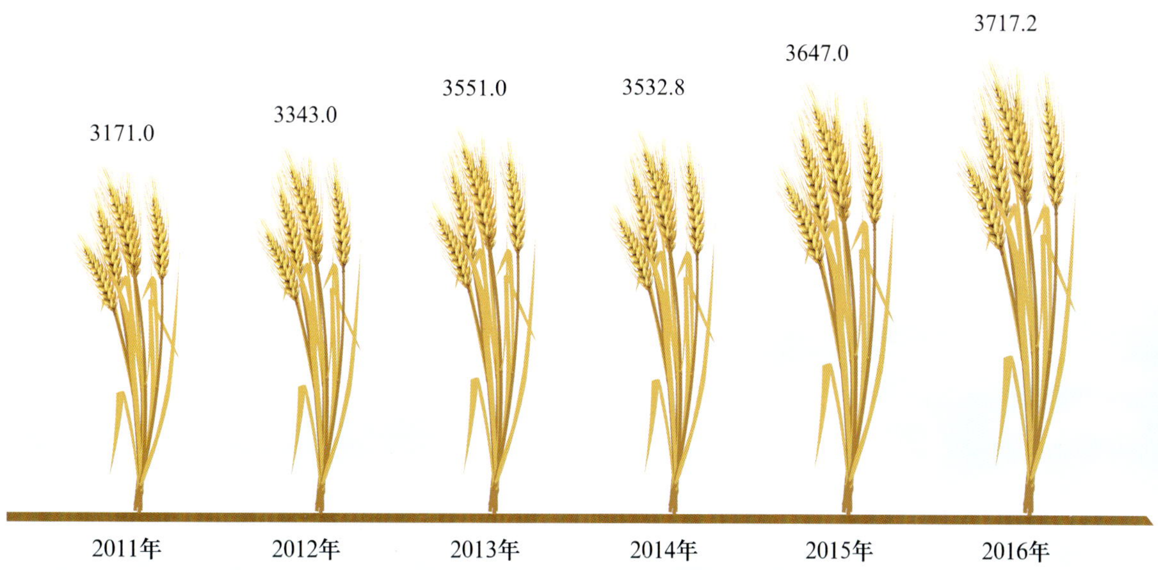

客运量和货运量

Passenger Traffic and Freight Traffic

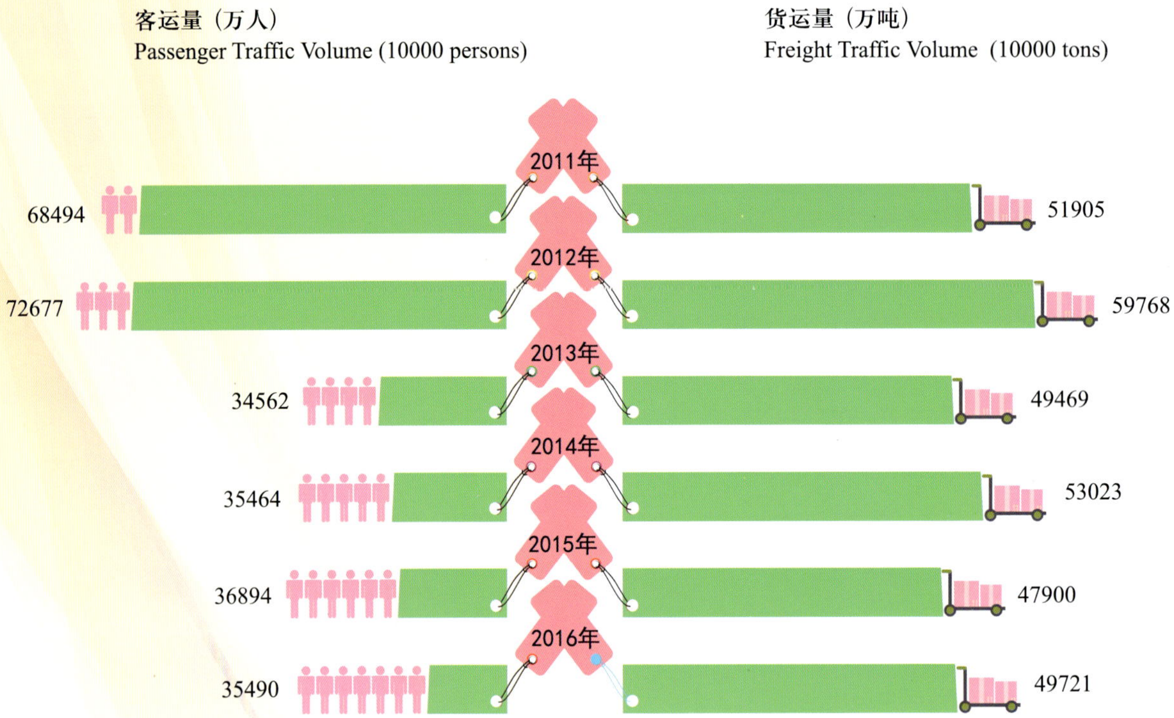

邮电业务总量（亿元）

Business Volume of Post and Telecommunications (100 million yuan)

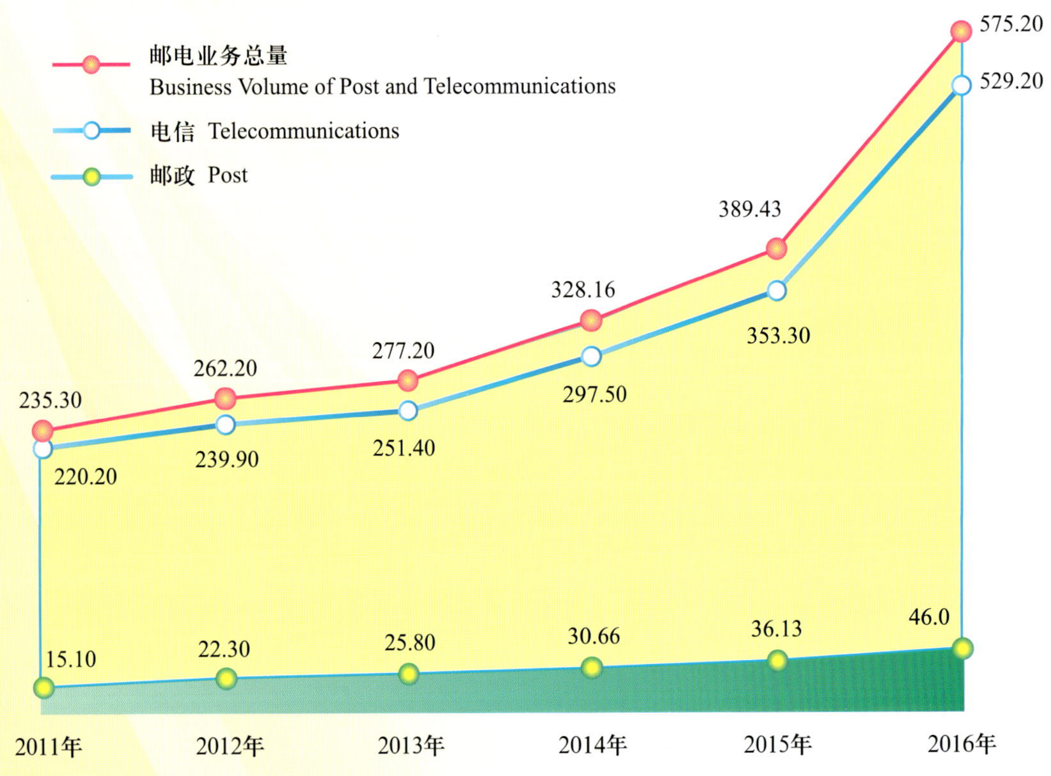

建筑业企业增加值（亿元）

Total Values added of Construction Enterprises（100 million yuan）

建筑业企业房屋竣工价值（亿元）

The Cost of Building Construction（100 million yuan）

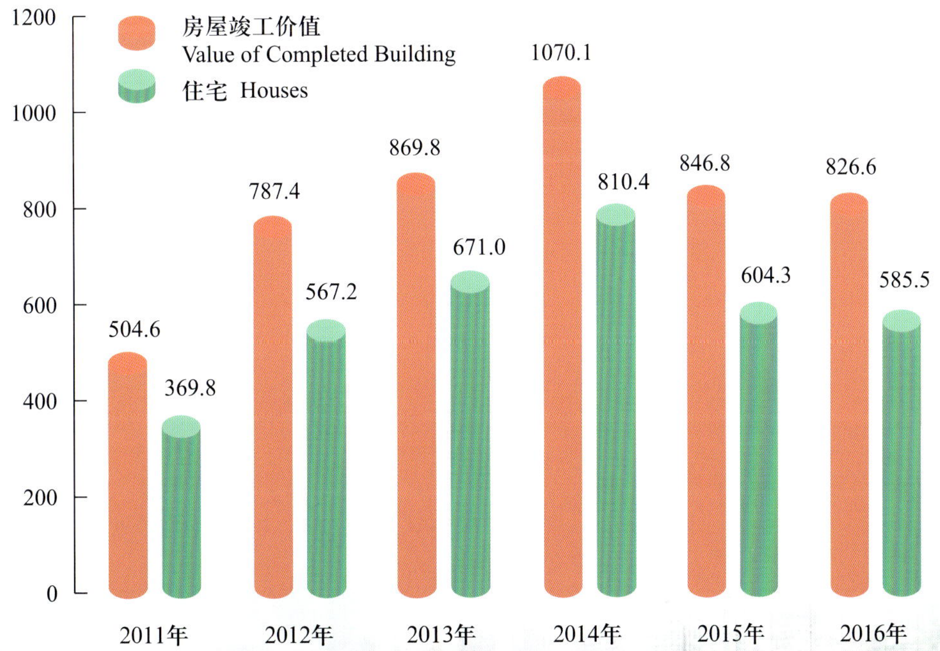

社会消费品零售总额（亿元）

Retail Sales of Social Consumer Goods (100 million yuan)

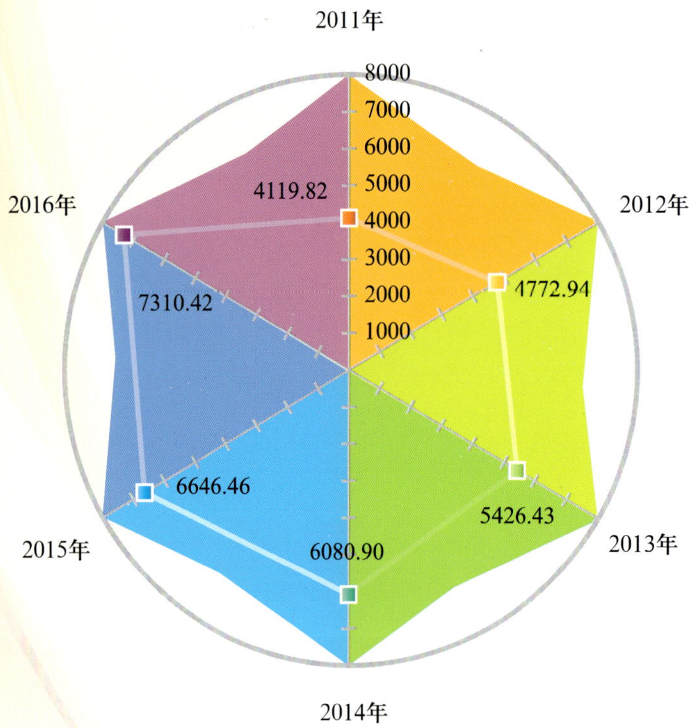

乡村和城镇社会消费品零售总额（亿元）

Rural and Urban Retail Sales of Social Consumer Goods (100 million yuan)

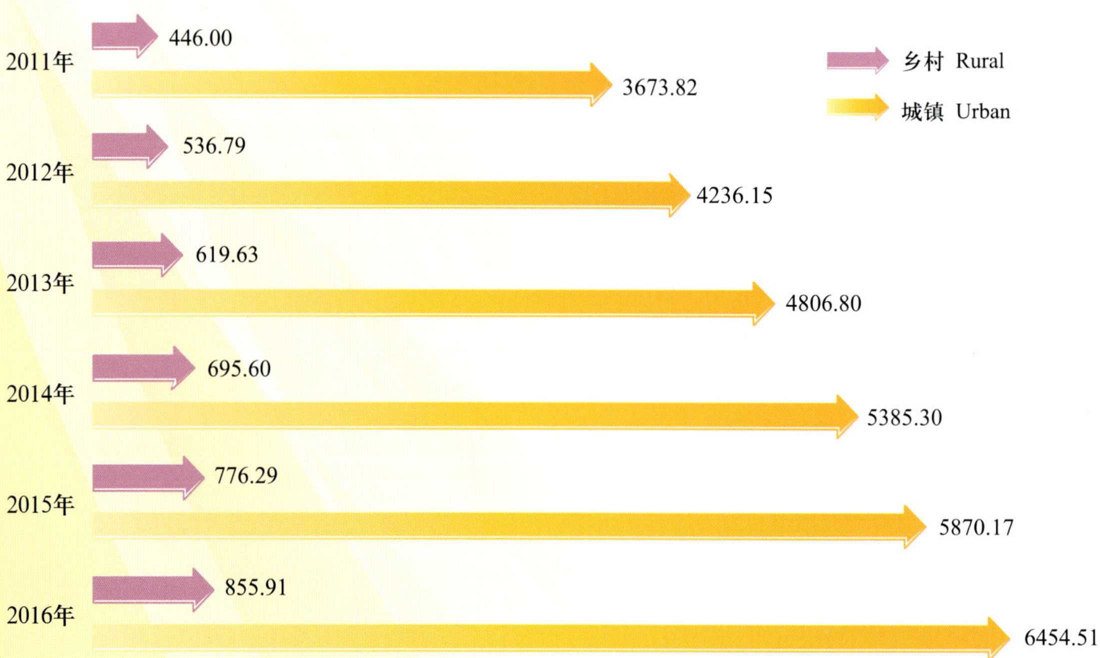

进出口总额（亿美元）

Total Value of Imports and Exports (100 million Dollars)

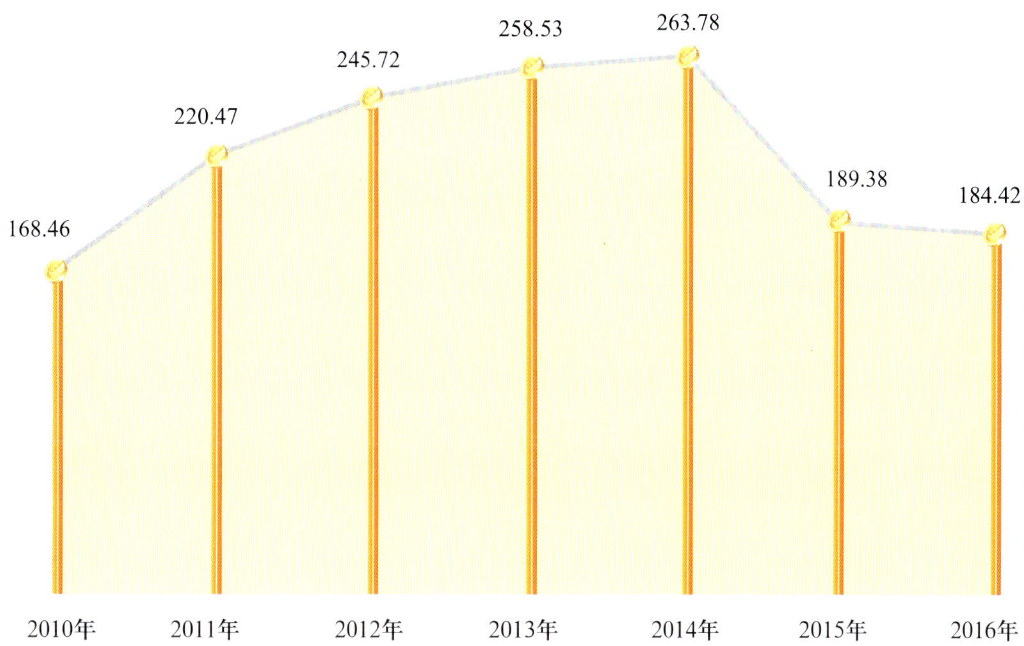

进出口总额构成（%）

Compositions of Total Value of Imports and Exports (%)

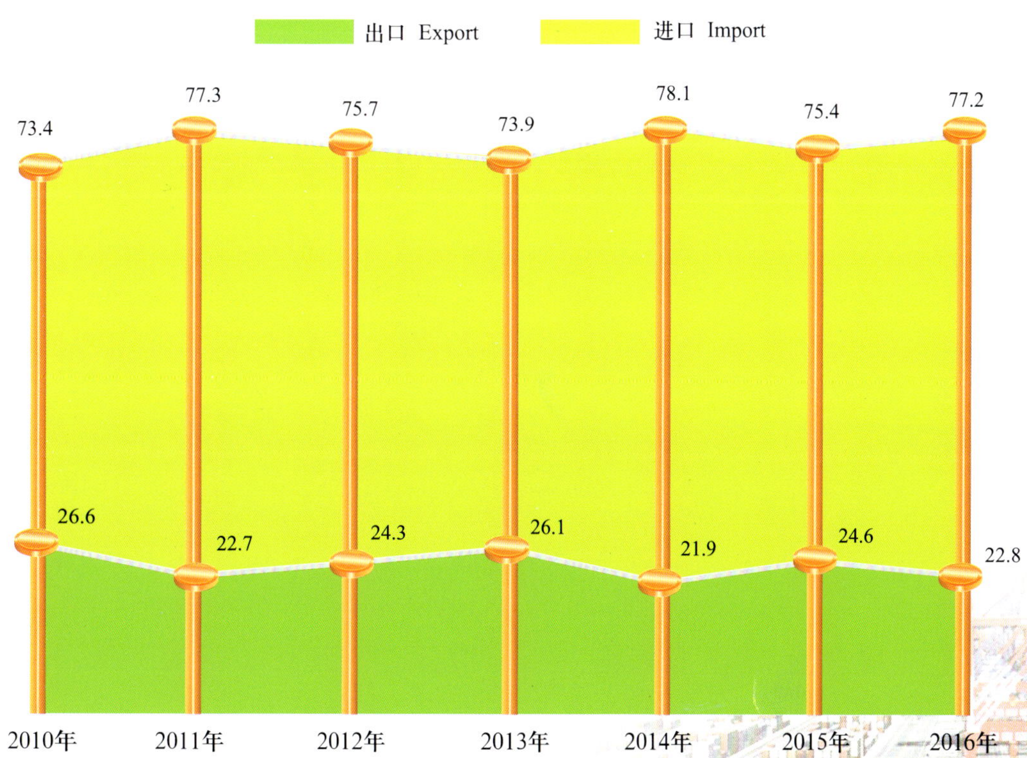

国内旅游人数（万人次）

Number of Domestic Tourists (10000 person - times)

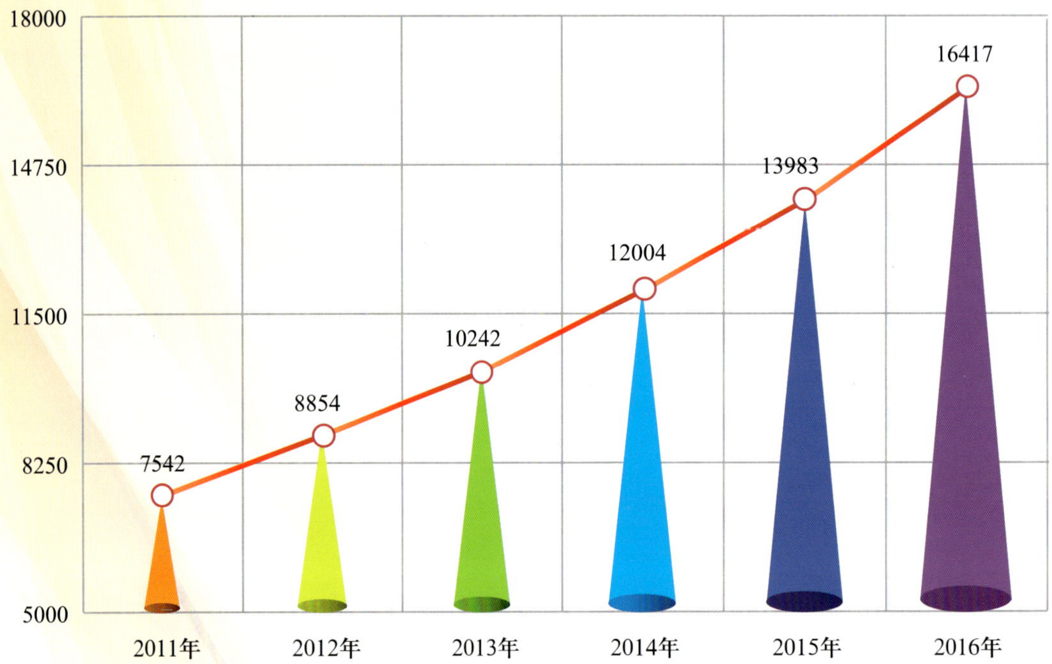

国内旅游收入（亿元）

Income from Domestic Tourism (100 million yuan)

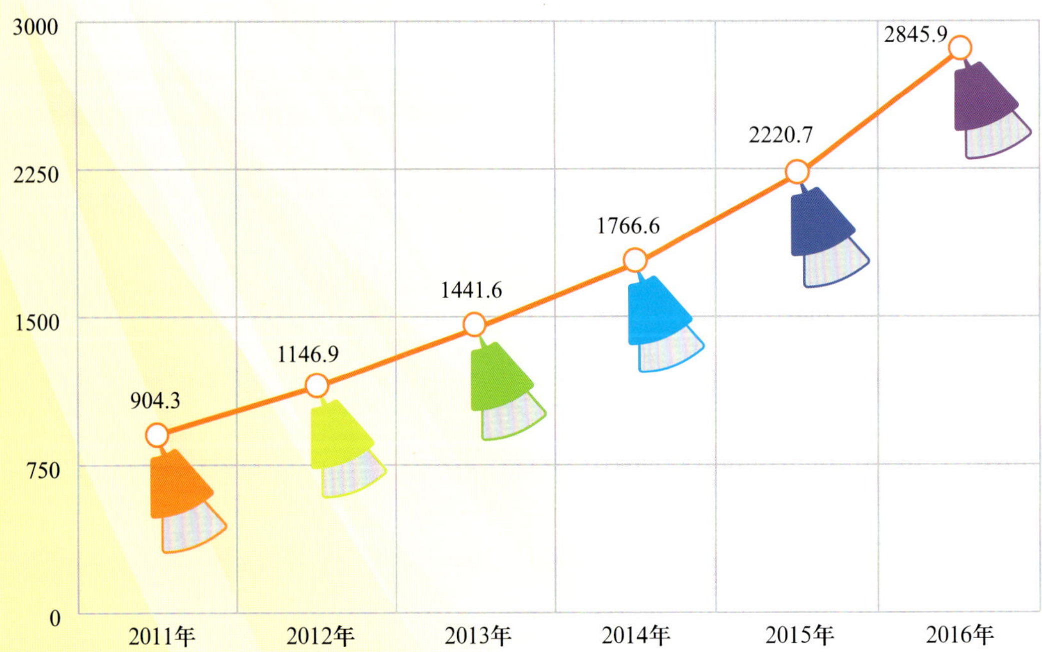

高等教育毕业生数（人）

Postgraduate of Higher Education (person)

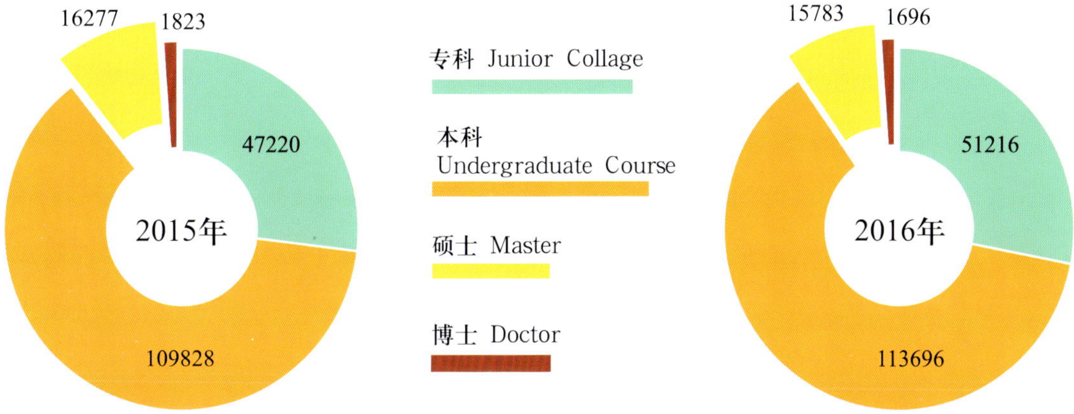

小学学龄儿童入学率（%）

Percentage of School-age Children Enrolled (%)

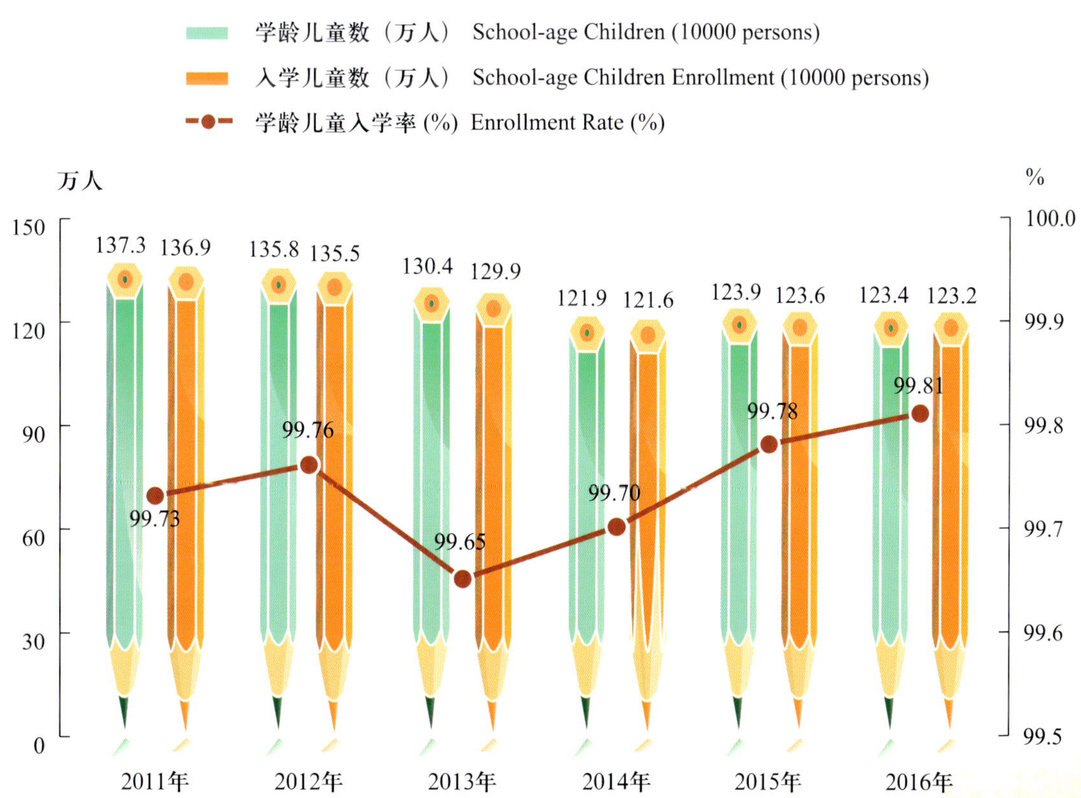

等级运动员（人）

Number of Athletes in Grades (person)

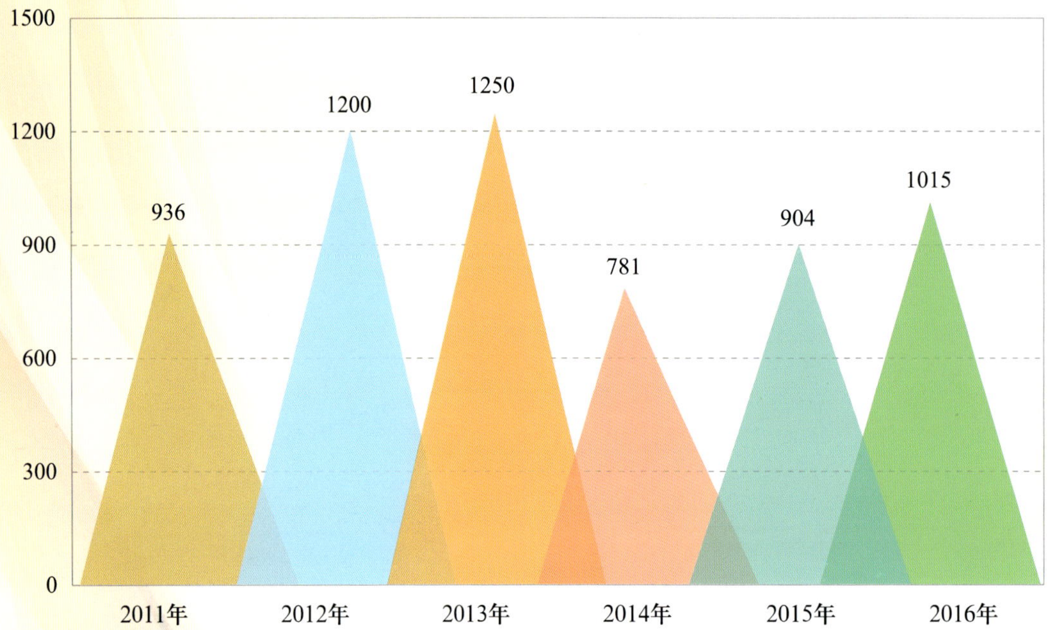

医院、卫生院和执业医师

Hospital and Health Centers and Certified Doctors

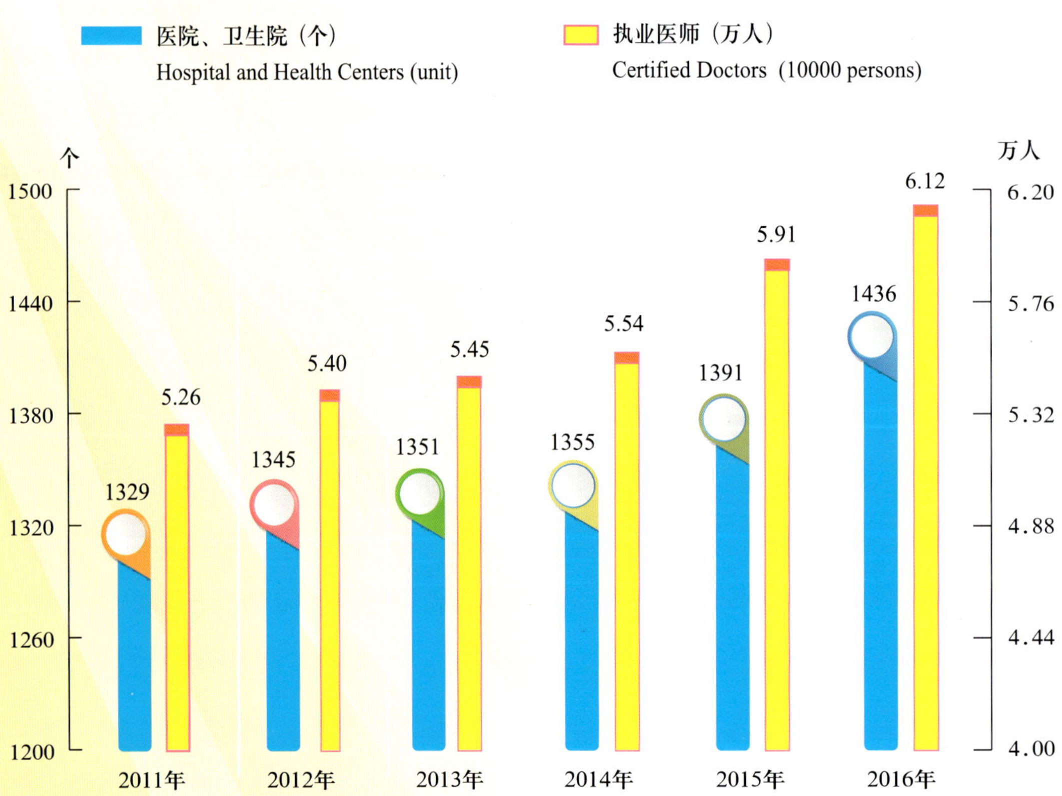

CONTENTS
目录 >>>

统计资料
STATISTICAL DATA

【第一篇】综合 SYNTHESIS

【第二篇】国民经济核算 NATIONAL ECONOMIC ACCOUNTING

【第三篇】 人口 POPULATION

【第四篇】 从业人员和职工工资 EMPLOYMENT AND WAGE

【第五篇】固定资产投资 INVESTMENT IN FIXED ASSETS

【第六篇】对外经济贸易和旅游业 FOREIGN ECONOMY TRADE AND INTERNATIONAL TOURISM

【第七篇】能源生产和消费 PRODUCTION AND CONSUMPTION OF ENERGY

【第八篇】财政、金融和保险 PUBLIC FINANCE BANKING AND INSURANCE

【第九篇】价格指数 PRICE INDICES

【第十篇】人民生活 PEOPLE' S LIVELIHOOD

【第十一篇】市政公用事业和环境保护 URBAN PUBLIC UTILITIES AND ENVIRONMENT

【第十二篇】 农业 AGRICULTURE

【第十三篇】工业 INDUSTRY

【第十四篇】建筑业 CONSTRUCTION

【第十五篇】交通运输和邮电通信业 TRANSPORTATION POSTAL AND TELECOMMUNICATIONS SERVICES

【第十六篇】批发零售贸易和餐饮业 WHOLESALE，RETAIL TRADE AND CATERING SERVICES

【第十七篇】教育、科技和文化事业 EDUCATION AND CULTURE

【第十八篇】 体育、卫生和其他事业 SPORTS、PUBLIC HEALTH AND OTHERS

【第十九篇】市（州）和县（市）情况 GENERAL SURVEY OF CITY（STATE）AND COUNTY（CITY）

TONGJIZILIAO ▶

统计资料

STATISTICAL DATA

CHAPTER ▶ 01

第一篇

综　合

SYNTHESIS

1-1 行政区划（2016年末）
Divisions of Administrative Areas (end of 2016)

单位:个 (unit)

地区	Region	市、地辖区 Districts Under the Jurisdiction of Citities (Pre-fecture)	县级市 Cities at County Level	县、自治县 County, Autono-mous Couties	镇 Towns	民族镇 Ethnic Towns	乡 Town-ship	民族乡 Ethnic Commu-nity Township	城市街道办事处 Cities Street Commun-ities	村民委员会 Village Board	城市社区 Neighb-orhood commu-nity
全省	**Total**	**21**	**20**	**19**	**423**	**5**	**154**	**28**	**300**	**9362**	**1839**
长春	Changchun	7	2	1	59		26	4	82	1659	436
吉林	Jilin	4	4	1	54	2	16	4	67	1376	344
四平	Siping	2	2	2	54	2	15	2	31	1177	207
辽源	Liaoyuan	2		2	23		6	1	14	517	56
通化	Tonghua	2	2	3	60	1	11	6	20	989	168
白山	Baishan	2	1	3	41		6		18	504	141
松原	Songyuan	1	1	3	43		34	1	22	1131	125
白城	Baicheng	1	2	2	38		27	8	24	927	115
延边	Yanbian		6	2	51		13	2	22	1082	240

注：城市社区含乡镇所在地，总计中含长白山管委会7个。
Note: The City Community includes township, the total includes of Changbaimountain management committee.

1-1 续表 continued

地区	Region	县级市	City at County Level	县	County	区	District
长春市	Changchun	榆树市	Yushu	农安县	Nongan	朝阳区	Chaoyang
		德惠市	Dehui			宽城区	Kuancheng
						二道区	Erdao
						南关区	Nanguan
						绿园区	Lvyuan
						双阳区	Shuangyang
						九台区	Jiutai
吉林市	Jilin	桦甸市	Huadian	永吉县	Yongji	船营区	Chuanying
		蛟河市	Jiaohe			昌邑区	Changyi
		磐石市	Panshi			龙潭区	Longtan
		舒兰市	Shulan			丰满区	Fengman
四平市	Siping	公主岭市	Gongzhuling	梨树县	Lishu	铁西区	Tiexi
		双辽市	Shuangliao	伊通满族自治县	Yitong	铁东区	Tiedong
辽源市	Liaoyuan			东辽县	Dongliao	龙山区	Longshan
				东丰县	Dongfeng	西安区	Xi'an
通化市	Tonghua	梅河口市	Meihekou	通化县	Tonghua	东昌区	Dongchang
		集安市	Jian	辉南县	Huinan	二道江区	Erdaojiang
				柳河县	Liuhe		
白山市	Baishan	临江市	Linjiang	靖宇县	Jingyu	八道江区	Badaojiang
				抚松县	Fusong	江源区	Jiangyuan
				长白朝鲜族自治县	Changbai		
松原市	Songyuan	扶余市	Fuyu	乾安县	Qianan	宁江区	Ningjiang
				长岭县	Changling		
				前郭尔罗斯蒙古族自治县	Qianguo		
白城市	Baicheng	大安市	Da'an	镇赉县	Zhenlai	洮北区	Taobei
		洮南市	Taonan	通榆县	Tongyu		
延边州	Yanbian	延吉市	Yanji	安图县	Antu		
		图们市	Tumen	汪清县	Wangqing		
		敦化市	Dunhua				
		龙井市	Longjing				
		珲春市	Hunchun				
		和龙市	Helong				

1-2 自然资源状况

Natural Resources and Conditions

项　　目	Item	2014	2015	2016
一、自然状况	**Natural Conditions**			
1.土地面积(万平方公里)	Land Area (10000 sq.km)	18.7	18.7	18.7
各类土地所占比重(%)	Composition of all Type Land (%)			
山 地	Mountains	36.0	36.0	36.0
丘 陵	Hills	5.8	5.8	5.8
平 原	Plains	30.0	30.0	30.0
台地及其他	Mesa and Others	28.2	28.2	28.2
2.气候	Climate			
全年平均气温(摄氏度)	Annual Average Temperature (℃)	5.9	6.1	5.8
年降水量(毫米)	Annual Precipitation (mm)	521.6	593.6	775.1
二、自然资源	**Natural Resources**			
1.林地	Forest Area			
林业用地面积(万公顷)	Area of Afforested Land (10000 hectares)	933.9	937.6	945.4
森林面积(万公顷)	Forest Area (10000 hectares)	822.5	822.1	819.1
灌木林地面积(万公顷)	Shrub Land (10000 hectares)	16.3	16.4	16.0
活立木总蓄积量(亿立方米)	Standiny Stock Volume (100 milion cu.m)	9.8	9.8	9.5
森林覆盖率(%)	Forest - coverage Rate (%)	43.9	43.9	44.1
2.水利	Water Resources			
水资源总量(亿立方米)	Total Water Resource Volume (100 milion cu.m)	306.0	331.3	488.8
人均水资源量(立方米/人)	Per Capita Water Resources (milion cu.m/person)	1111.9	1203.5	1788.6
地表水资源量(亿立方米)	Surface Water Volume (100 milion cu.m)	251.0	272.0	420.7
地下水资源量(亿立方米)	Ground Water Volume (100 milion cu.m)	120.2	127.4	154.7
松花江流域(亿立方米)	Songhua River Basin (100 milion cu.m)	265.5	261.3	402.6
辽河流域(亿立方米)	Liao River Basin (100 milion cu.m)	40.5	70.0	86.3

1－3 主要城市平均气温（2016年）

Average Temperature of Major Cities（2016）

单位：摄氏度 （℃）

月份 Month		全省 Total	长春市 Changchun	吉林市 Jilin	四平市 Siping	辽源市 Liaoyuan	通化市 Tonghua	白山市 Baishan	松原市 Songyuan	白城市 Baicheng	延吉市 Yanji
1月	Jan.	−16.7	−16.1	−15.4	−15.4	−16.6	−14.9	−16.7	−17.7	−17.3	−13.2
2月	Feb.	−9.8	−8.4	−8.3	−8.4	−9.2	−9.0	−10.9	−9.5	−9.8	−8.8
3月	Mar.	0.6	1.8	1.5	1.8	1.2	1.1	−0.6	1.6	1.4	0.8
4月	Apr.	8.3	8.9	8.6	9.1	8.6	9.6	8.1	8.8	8.6	8.1
5月	May	15.7	16.5	16.0	16.9	16.3	15.3	14.1	16.6	17.6	15.0
6月	June	19.6	20.8	20.4	21.7	20.6	19.2	18.2	21.1	21.4	16.9
7月	July	23.1	24.1	23.7	23.9	23.6	23.3	22.2	24.9	25.2	21.4
8月	Aug.	22.2	23.2	23.1	22.6	22.3	22.1	20.8	23.8	23.4	22.2
9月	Sept.	16.1	16.9	16.9	16.7	16.5	16.3	15.2	16.9	16.7	16.3
10月	Oct.	5.7	6	6.3	6.4	6.1	7.3	5.7	5.4	4.7	6.9
11月	Nov.	−5.9	−5.1	−5.4	−4.0	−4.2	−2.9	−4.8	−7.2	−9.1	−5.5
12月	Dec.	−10.4	−9	−9.0	−9.3	−9.7	−8.4	−10.6	−10.9	−12.2	−8.4

1-4 主要城市降水量（2016年）
Precipitation of Major Cities（2016）

单位：毫米 Unit:（Millimeters）

月份 Month		全省 Total	长春市 Changchun	吉林市 Jilin	四平市 Siping	辽源市 Liaoyuan	通化市 Tonghua	白山市 Baishan	松原市 Songyuan	白城市 Baicheng	延吉市 Yanji
1月	Jan.	3.8	0.3	4.0		0.1	2.0	3.9	0.1		7.3
2月	Feb.	12.0	5.1	9.5	5.5	7.9	36.1	33.3	0.3		17.9
3月	Mar.	13.8	11.5	22.6	10.3	11.5	21.5	18.8	4.6	1.8	14.2
4月	Apr.	41.7	55.5	69.5	53.6	49.9	59.2	67.2	3.5	2.8	42.1
5月	May	127.5	205.5	181.8	203.9	178.8	125.4	97.5	95.3	39.5	74.5
6月	June	129.9	113.8	130.3	79.7	132.2	125.8	141.3	126.2	144.0	140.8
7月	July	122.9	115.2	169.8	132.9	222.6	264.3	175.1	80.6	82.4	59.6
8月	Aug.	133.7	109.2	157.8	148.0	132.0	150.4	176.2	54.9	45.7	281.2
9月	Sept.	103.5	194.0	123.0	147.6	123.4	85.7	77.3	214.0	103.3	47.4
10月	Oct.	43.6	45.0	45.3	43.3	43.7	49.0	66.7	12.7	39.7	32.6
11月	Nov.	23.6	19.9	38.5	14.0	16.7	28.5	31.7	14.4	24.3	24.2
12月	Dec.	16.9	15.8	28.7	11.0	22.0	21.2	37.4	2.3		17.3

1-5 按国民经济行业大类分组的法人单位、产业活动单位及就业人数（2016年）

According to the National Elonomic Industry Category of Group Corporation and Industrial Activity Units（2016）

指　　标	Item	法人单位数（个）Number of Corporative Units(unit)			产业活动单位数（个）Number of Economic Active Units(unit)	法人单位就业人数（人）Legal person units employment（person）
		合计 Total	单产业法人单位 Single Units	多产业法人单位 Multiple Units		
合计	**Total**	**193453**	**188892**	**4561**	**224355**	**5883036**
农、林、牧、渔业	**Agriculture、Forestry、Animal Husbandry and Fishery**	**22638**	**22564**	**74**	**23190**	**498051**
农业	Farming	7781	7763	18	7849	185617
林业	Forestry	947	921	26	1246	76689
畜牧业	Animal Husbandry	5082	5071	11	5087	77856
渔业	Fishery	444	444		446	7308
农、林、牧、渔服务业	Agriculture,Forestry,Animal Husbandry and Fishery Services	8384	8365	19	8562	150581
采矿业	**Mining**	**1487**	**1465**	**22**	**1554**	**215095**
煤炭开采和洗选业	Mining and Washing of Coal	235	227	8	250	91491
石油和天然气开采业	Extraction of Petroleum and Natural Gas	76	75	1	94	38855
黑色金属矿采选业	Mining and Processing of Ferrous Metal Ores	194	191	3	200	17569
有色金属矿采选业	Mining and Processing of Non-ferrous Metal Ores	158	152	6	168	19524
非金属矿采选业	Mining and Processing of Nonmetal Ores	688	686	2	699	20595
开采辅助活动	Mining Auxiliary Activities	88	86	2	95	26274
其他采矿业	Mining of Other Ores	48	48		48	787
制造业	**Manufacturing**	**26979**	**26740**	**239**	**27263**	**1773766**
农副食品加工业	Processing of Food from Agricultural Products	3968	3923	45	3992	213325
食品制造业	Manufacture of Foods	1150	1132	18	1153	56975
酒、饮料和精制茶制造业	Wine, Beverage and Refined Tea Manufacturing	1096	1088	8	1099	59823
烟草制品业	Manufacture of Tobacco	20	19	1	21	4088
纺织业	Manufacture of Textile	240	239	1	241	44690
纺织服装、服饰业	Manufacture of Textile Wearing Apparel,Footwear and Caps	460	452	8	465	31219
皮革、毛皮、羽毛及其制品和制鞋业	Manufacture of Leather,Fur,Feather and Related Products	107	107		108	6922
木材加工和木、竹、藤、棕、草制品业	Processing of Timber,Manfacture of Wood, Bamboo,Rattan,Palm and Straw Products	1801	1785	16	1842	104896
家具制造业	Manufacture of Furniture	445	441	4	450	17037
造纸和纸制品业	Manufacture of Paper and Paper Produts	388	387	1	389	20181
印刷和记录媒介复制业	Prnting Peproduction of Recording Meida	929	919	10	950	22578
文教、工美、体育和娱乐用品制造业	Manufacture of Articles for Culture, Education and Sport Activities	288	286	2	290	9387
石油加工、炼焦和核燃料加工业	Processing of Petroleum,Coking, Processing of Nuclear Fuel	124	122	2	128	10608
化学原料和化学制品制造业	Manufacture of Raw Chemical Materials and Chemical Products	1443	1432	11	1453	108019
医药制造业	Manufacture of Medicines	1015	1003	12	1017	158578
化学纤维制造业	Manufacture of Chemical Fibers	34	34		34	10136
橡胶和塑料制品业	Ruber and Plastic Products Industry	1075	1074	1	1081	43179
非金属矿物制品业	Manufacture of Non-metallic Mineral Products	3191	3174	17	3223	158561
黑色金属冶炼和压延加工业	Simelting and Pressing of Ferrous Metals	298	296	2	302	40027
有色金属冶炼和压延加工业	Smelting and Pressing of Non-ferrous Metals	147	144	3	147	14301
金属制品业	Manufacture of Metal Products	1390	1385	5	1400	47680

指　　标	Item	法人单位数（个）Number of Corporative Units(unit) 合计 Total	单产业法人单位 Single Units	多产业法人单位 Multiple Units	产业活动单位数（个）Number of Economic Active Units(unit)	法人单位就业人数（人）Legal person units employment (person)
通用设备制造业	Manufacure of General PurPose Machinery	1702	1688	14	1726	65420
专用设备制造业	Manufacture of Special Purpose Machinery	1610	1601	9	1630	65270
汽车制造业	Automobile Manufacturing Industry	1861	1830	31	1893	349747
铁路、船舶、航空航天和其他运输设备制造业	Railway, Marine, Aerospace and other Transportation Equipment Manufacturing Industry	179	178	1	181	27959
电气机械和器材制造业	Manufacture of Electrical Machinery and Equipment	813	807	6	826	42998
计算机、通信和其他电子设备制造业	Computer, Communications and other Electronic Equipment Manufacturing Industry	245	240	5	249	14890
仪器仪表制造业	Instrument Manufacturing Industry	267	264	3	268	8864
其他制造业	Other Manufacturing	388	388		392	7560
废弃资源综合利用业	Comprehensive Utilization of Waste Resources	156	153	3	158	5831
金属制品、机械和设备修理业	Metal Products, Machinery and Equipment Repair Industry	149	149		155	3017
电力、热力、燃气及水生产和供应业	**Production and Supply of Electricity,Gas and Water**	**1732**	**1643**	**89**	**2668**	**163870**
电力、热力生产和供应业	Production and Supply of Electric Power and Heat Power	1252	1182	70	2140	130229
燃气生产和供应业	Production and Supply of Gas	215	206	9	226	11557
水的生产和供应业	Production and Supply of Water	265	255	10	302	22084
建筑业	**Construction**	**7854**	**7699**	**155**	**8292**	**464445**
房屋建筑业	Housing Construction Industry	1907	1848	59	2044	226016
土木工程建筑业	Civil Engineering Construction Industry	1559	1519	40	1662	120975
建筑安装业	Construction Installation	1581	1547	34	1681	61845
建筑装饰和其他建筑业	Architectural Decoration and other Construction Industry	2807	2785	22	2905	55609
批发和零售业	**Wholesale and Retail Trades**	**43730**	**43079**	**651**	**49005**	**501465**
批发业	Wholesale Trade	20943	20708	235	22143	239023
零售业	Retail Trade	22787	22371	416	26862	262442
交通运输、仓储和邮政业	**Transport,Storage and Post**	**5225**	**5064**	**161**	**6561**	**170852**
铁路运输业	Railway Transport	109	103	6	191	3136
道路运输业	Road Transport	2796	2725	71	2991	97248
水上运输业	Water Transport	24	24		26	226
航空运输业	Air Transport	33	30	3	39	4849
管道运输业	Transport Via Pipeline	3	3		11	17
装卸搬运和运输代理业	Handling and Transportation Agency	577	562	15	633	8750
仓储业	Warehousing Industry	1316	1303	13	1365	35968
邮政业	Post Industry	367	314	53	1305	20658
住宿和餐饮业	**Accommodation and Catering Industry**	**2326**	**2282**	**44**	**2619**	**64693**
住宿业	Accommodation Industry	1030	1015	15	1134	33190
餐饮业	Catering Industry	1296	1267	29	1485	31503
信息传输、软件和信息技术服务业	**Information Transmission, Software and Information Technology Services**	**3808**	**3717**	**91**	**4964**	**97846**
电信、广播电视和卫星传输服务	Information Broadcast Television and Satellite Transmission Services	423	367	56	1395	55850
互联网和相关服务	Internet and Related Services	633	626	7	726	5636
软件和信息技术服务业	Software and Information Technology Services	2752	2724	28	2843	36360
金融业	**Financial Intermediation**	**1669**	**1316**	**353**	**7983**	**127559**

1－5 续表 2 continued

指标	Item	法人单位数（个）Number of Corporative Units(unit) 合计 Total	单产业法人单位 Single Units	多产业法人单位 Multiple Units	产业活动单位数（个）Number of Economic Active Units(unit)	法人单位就业人数（人）Legal person units employment (person)
货币金融服务	Monetary and Financial Services	929	752	177	5717	97179
资本市场服务	Capital Market Service	210	203	7	384	4152
保险业	Insurance Industry	370	204	166	1634	24911
其他金融业	Other Finance	160	157	3	248	1317
房地产业	**Real Estate**	**6047**	**5942**	**105**	**6276**	**139759**
房地产业	Real Estate	6047	5942	105	6276	139759
租赁和商务服务业	**Leasing and Business Services**	**13262**	**13043**	**219**	**14243**	**166160**
租赁业	Leasing	1470	1463	7	1500	14053
商务服务业	Business Services	11792	11580	212	12743	152107
科学研究和技术服务业	**Scientific Research,Technical Service and Geologic Prospecting**	**7149**	**7046**	**103**	**7878**	**138636**
研究和试验发展	Research and Experimental Development	882	875	7	901	17866
专业技术服务业	Professional Technical Services	3263	3183	80	3609	71071
科技推广和应用服务业	Technology Promotion and Application Service Industry	3004	2988	16	3368	49699
水利、环境和公共设施管理业	**Management of Water Conservany, Environment and Public Facilities**	**1771**	**1747**	**24**	**2120**	**66885**
水利管理业	Management of Water Conservancy	728	713	15	987	15934
生态保护和环境治理业	Ecological Protection and Environmental Governance	138	136	2	164	2170
公共设施管理业	Managment of Public Facilities	905	898	7	969	48781
居民服务、修理和其他服务业	**Services to Households and Other Services**	**3935**	**3907**	**28**	**4069**	**58066**
居民服务业	Services to Households	1692	1678	14	1759	27049
机动车、电子产品和日用产品修理业	Motor Vehicle, Electronic Products and Daily Necessities Repair Industry	1169	1162	7	1208	12865
其他服务业	Others Services	1074	1067	7	1102	18152
教育	**Education**	**6455**	**5859**	**596**	**10096**	**393796**
教育	Education	6455	5859	596	10096	393796
卫生和社会工作	**Health and Social Work**	**4013**	**3901**	**112**	**4891**	**199202**
卫生	Health	2653	2549	104	3489	183482
社会工作	Social Work	1360	1352	8	1402	15720
文化、体育和娱乐业	**Culture,Sports and Entertai-nment**	**3378**	**3335**	**43**	**3851**	**57469**
新闻和出版业	Journalism and Publishing Activities	196	189	7	205	7301
广播、电视、电影和影视录音制作业	Broadcasting,Televisions,Movies and Audiovisual Activities	420	406	14	529	15472
文化艺术业	Culture and Art Activities	1106	1096	10	1404	17444
体育	Sports Activites	219	214	5	226	6606
娱乐业	Entertainments	1437	1430	7	1487	10646
公共管理、社会保障和社会组织	**Public Management Social Security and Social Organization**	**29995**	**28543**	**1452**	**36832**	**585421**
中国共产党机关	Organs of Communist Party of China	597	556	41	644	11181
国家机构	Government Agencies	12143	10843	1300	18578	378029
人民政协、民主党派	People's Political Consultative Conference and Democratic Parties	156	153	3	167	2147
社会保障	Social security	266	263	3	369	5224
群众团体、社会团体和其他成员组织	Non-govenmental Organizations,Social Orga-nizations and Religion Organizations	5064	5036	28	5272	101730
基层群众自治组织	Grass Roots Self-governing Organi-zations	11769	11692	77	11802	87110

1-6 按地区、机构类型分组的全部法人单位数（2016年）

Number of Corparations by Region and Type （2016）

单位: 个 （unit）

地　区	Region	总计 Total	企业 Enterprises	事业 Institutions	机关 Agencies and Organizations	社会团体 Social Group	其他 Others
吉林省	**Total**	**193453**	**132492**	**19260**	**5880**	**4266**	**31555**
长春市	**Changchun**	**75611**	**59594**	**4185**	**1156**	**1542**	**9134**
南关区	Nanguan	7000	6087	410	145	120	238
宽城区	Kuancheng	8323	7566	243	119	54	341
朝阳区	Chaoyang	8815	7265	440	105	601	404
二道区	Erdao	6675	6186	133	75	32	249
绿园区	Lvyuan	5556	4843	289	85	77	262
双阳区	Shuangyang	3084	2271	295	82	44	392
九台区	Jiutai	6026	3041	553	119	170	2143
农安县	Nong' an	5461	3012	314	88	121	1926
长春经济技术开发区	Economic-Technological Development Are	4983	4648	142	27	38	128
长春净月高新技术产业开发区	Jingyue High Techntlagy Industrial Development Zone	2597	2287	100	16	39	155
长春高新技术产业开发区	High Techntlagy Industrial Development Zone	3510	3270	57	12	20	151
长春汽车经济技术开发区	Automobile Economic and Technological Development Zone	3074	2922	59	14	8	71
榆树市	Yushu	6291	3296	799	189	190	1817
德惠市	Dehui	4216	2900	351	80	28	857
吉林市	**Jilin**	**26541**	**18288**	**2430**	**781**	**504**	**4538**
昌邑区	Changyi	3374	2566	260	87	42	419
龙潭区	Longtan	2454	1701	152	66	39	496
船营区	Chuanying	5053	3950	355	159	121	468
丰满区	Fengman	1412	974	144	72	33	189
永吉县	Yongji	1906	912	201	66	32	695
吉林经济开发区	Economic Development Zone	825	739	32	4	3	47
吉林高新技术产业开发区	High Techntlagy Industrial Development Zone	2052	1887	54	21	26	64
吉林中国新加坡食品区	Singapore Food Area	338	222	23	4	3	86
蛟河市	Jiaohe	2073	1204	268	71	71	459
桦甸市	Huadian	2160	1400	301	78	40	341
舒兰市	Shulan	2249	1213	310	80	61	585
磐石市	Panshi	2645	1520	330	73	33	689
四平市	**Siping**	**21724**	**12876**	**2701**	**719**	**392**	**5036**
铁西区	Tiexi	3277	2392	438	141	146	160
铁东区	Tiedong	2741	2178	206	91	48	218
梨树县	Lishu	4672	2566	734	137	36	1199
伊通满族自治县	Yitong	2082	1221	388	87	40	346
公主岭市	Gongzhuling	6729	3051	686	191	109	2692
双辽市	Shuangliao	2223	1468	249	72	13	421
辽源市	**Liaoyuan**	**6452**	**3424**	**1183**	**395**	**106**	**1344**
龙山区	Longshan	2352	1610	366	176	58	142
西安区	Xi' an	498	306	86	51	20	35
东丰县	Dongfeng	2170	879	361	96	11	823
东辽县	Dongliao	1432	629	370	72	17	344

1-6 续表 continued

单位: 个 (unit)

地　　区	Region	总计 Total	企业 Enterprises	事业 Institutions	机关 Agencies and Organizations	社会团体 Social Group	其他 Others
通化市	**Tonghua**	**16489**	**11393**	**2067**	**580**	**419**	**2030**
东昌区	Dongchang	4016	3098	449	155	166	148
二道江区	Erdaojiang	1198	926	81	51	39	101
通化县	Tonghua	2401	1692	312	65	34	298
辉南县	Huinan	1932	1235	320	69	46	262
柳河县	Liuhe	2069	1162	327	78	30	472
梅河口市	Meihekou	3202	2172	385	91	36	518
集安市	Ji' an	1671	1108	193	71	68	231
白山市	**Baishan**	**9184**	**5306**	**1271**	**485**	**297**	**1825**
浑江区	Hunjiang	2058	1228	343	131	129	227
江源区	Jiangyuan	1235	754	192	82	17	190
抚松县	Fusong	2335	1602	155	83	43	452
靖宇县	Jingyu	1353	715	187	50	37	364
长白朝鲜族自治县	Changbai	670	309	114	62	10	175
临江市	Linjiang	1533	698	280	77	61	417
松原市	**Songyuan**	**12204**	**6232**	**1895**	**515**	**213**	**3349**
宁江区	Ningjiang	2657	1733	287	148	129	360
前郭尔罗斯蒙古族自治县	Qianguo	2133	951	397	76	14	695
长岭县	Changling	3013	1361	568	97	20	967
乾安县	Qian' an	1471	877	245	65	30	254
吉林松原经济开发区	Songyuan Economic Development Zone of JiLin	506	421	26	26	5	28
扶余市	Fuyu	2424	889	372	103	15	1045
白城市	**Baicheng**	**7995**	**4159**	**1684**	**505**	**236**	**1411**
洮北区	Taobei	2230	1188	427	136	74	405
镇赉县	Zhenlai	1302	649	334	86	21	212
通榆县	Tongyu	1121	439	319	76	78	209
吉林白城经济开发区	Baicheng Economic Development Zone of JiLin	784	532	117	54	27	54
洮南市	Taonan	1181	593	241	75	21	251
大安市	Da' an	1377	758	246	78	15	280
延边朝鲜族自治州	**Yanbian**	**17253**	**11220**	**1844**	**744**	**557**	**2888**
延吉市	Yanji	5677	4279	408	161	233	596
图们市	Tumen	889	471	112	64	29	213
敦化市	Dunhua	2726	1953	200	84	13	476
珲春市	Hunchun	2337	1632	163	101	57	384
龙井市	Longjing	1107	539	158	69	54	287
和龙市	Helong	1107	543	170	66	34	294
汪清县	Wangqing	1372	581	314	84	50	343
安图县	Antu	2038	1222	319	115	87	295

1－7 按登记注册类型分组的法人、产业活动单位及就业人数（2016年）

Corporative Units Corporations and Industrial Active Units Grouped by Type of Registration（2016）

指　标	Item	法人单位数（个）Number of Corporative Units(unit)			产业活动单位数（个）Number of Economic Active Units (unit)	法人单位就业人数（人）Legal person units employment (person)
		合计 Total	单产业法人单位 Single Units	多产业法人单位 Multiple Units		
总　计	**Total**	**193453**	**188892**	**4561**	**224355**	**5883036**
内资企业	**Domestic Investment Enterprises**	**192384**	**187893**	**4491**	**222680**	**5698419**
国有企业	State-owned Enterprises	28184	25876	2308	45327	1441369
集体企业	Collective -owned Enterprises	2118	2023	95	3188	77094
股份合作企业	Share Holding	678	651	27	1281	26520
联营企业	Joint Ownership Enterprises	297	291	6	446	6727
国有联营企业	State Joint Ownership Enterprises	53	52	1	89	1637
集体联营企业	Collective Joint Ownership Enterpises	129	124	5	202	2914
国有与集体联营企业	Joint State-collective Enterprises	14	14		28	493
其他联营企业	Other Joint Owned Enterprises	101	101		127	1683
有限责任公司	Limited Liability Corporations	34895	34148	747	37372	1396402
国有独资公司	State Sole Funded Corporations	604	519	85	740	213422
其他有限责任公司	Other Limited Liability Corporations	34291	33629	662	36632	1182980
股份有限公司	Share-holding Corporations Limited	3354	3065	289	7103	461556
私营企业	Private Enterprises	77608	76796	812	80613	1525545
私营独资企业	Private Funded Enterprises	23958	23828	130	24749	344957
私营合伙企业	Private Partnership Enterprises	1529	1513	16	1584	23910
私营有限责任公司	Private Limited Liability Corporations	49519	48912	607	51477	1078843
私营股份有限公司	Private State-holding Corportations Ltd	2602	2543	59	2803	77835
其他内资	Other Domestic	45250	45043	207	47350	763206
港、澳、台商投资企业	**Enterprises with Funds from Hongkong, Maocao and Taiwan**	**290**	**265**	**25**	**515**	**55299**
合资经营企业（港或澳、台资）	Jointventure Enterprises	119	109	10	155	20855
合作经营企业（港或澳、台资）	Cooperative Enterprises	14	11	3	32	3637
港、澳、台商独资经营企业	Hongkong, Maocao and Taiwan Funded Enterprise	130	120	10	289	25758
港、澳、台商投资股份有限公司	Hongkong, Maocao and Taiwan Funded Share-holding Corporations Ltd	12	11	1	22	3884
其他港、澳、台商投资	Other Hongkong,Macao and Taiwan Investment	15	14	1	17	1165
外商投资企业	**Foreign Funded Enterprises**	**779**	**734**	**45**	**1160**	**129318**
中外合资经营企业	Jointventure Enterprises	305	283	22	380	72526
中外合作经营企业	Cooperation Enterprises	31	28	3	39	4568
外资企业	Foreign Funded Enterprises	387	369	18	661	41885
外商投资股份有限公司	Share-holding Corporations Ltd with Foreign Investment	24	23	1	47	7184
其他外商投资	Other Foreign Investment	32	31	1	33	3155

1-8 按三次产业、行业分组的全部法人单位数

According to the Three Industry,Industry Grouping in all the Number of Corporate Units

单位：个 (unit)

指 标	Item	2014	2015	2016
总 计	**Total**	**172127**	**181344**	**193453**
第一产业	**Primary Industry**	**12662**	**13469**	**14254**
农、林、牧、渔业	Agriculture,Forestry,Animal Husbandry and Fisher	12662	13469	14254
第二产业	**Secondary Industry**	**34021**	**35804**	**37815**
采矿业	Mining	1368	1391	1399
制造业	Manufacturing	24727	25870	26830
电力、燃气及水生产和供应业	Production and Supply of Electricity,Gas and Water	1441	1551	1732
建筑业	Construction	6485	6992	7854
第三产业	**Tertiary Industry**	**125444**	**132071**	**141384**
农、林、牧、渔服务业	Agriculture, Forestry, Animal Husbardry and Fisher Services	7805	8010	8384
开采辅助活动	Mining Auxiliary Activities	84	86	88
金属制品、机械和设备修理业	Metal Products,Machinery and Equipment Repair	138	140	149
批发和零售业	Wholesale Sale and Retail Trades	36877	40125	43730
交通运输、仓储和邮政业	Transport,Storage and Post	4290	4643	5225
住宿和餐饮业	Hotels and Catering Services	2019	2109	2326
信息传输、软件和信息技术服务业	Information Transmission, Software and Information Technology Services	2933	3214	3808
金融业	Financial Intermediation	1430	1524	1669
房地产业	Real Estate	5400	5623	6047
租赁和商务服务业	Leasing and Business Services	10231	11703	13262
科学研究和技术服务业	Scientific Research,Technical Service and Geologic Prospecting	5601	6006	7149
水利、环境和公共设施管理业	Management of Water Conservancy,Enviroment and Public Facilities	1606	1675	1771
居民服务、修理和其他服务业	Services to Households and Other Services	3528	3622	3935
教育	Education	6313	6392	6455
卫生和社会工作	Health and Social Work	3874	3923	4013
文化、体育和娱乐业	Culture,Sports and Entertainment	3142	3186	3378
公共管理、社会保障和社会组织	Public Management Social Security and Social Organization	30173	30090	29995

1－9 国民经济和社会发展总量与速度指标

指 标	Item	总量指标 Aggregate Data		
		1995	2000	2005
人口与从业（万人）	**Population and Employment(10000persons)**			
年底总人口	Population at Year-end	2550.87	2681.70	2716.00
男性人口	Male Population	1302.78	1372.80	1386.90
女性人口	Female Population	948.09	1308.90	1329.10
城镇人口	Town Population		1331.80	1426.50
乡村人口	Township Population		1349.90	1289.50
从业人员数	Number of Employed Persons	1270.77	1164.02	1238.90
# 城镇就业	Urban Employment	622.70	523.00	553.70
职工人数	Staffs and Workers	520.38	329.91	257.94
城镇登记失业人数	Unemployment in Urban Areas	7.76	23.00	27.60
宏观经济	**Macroeconomic Indicator**			
国民核算（亿元）	National Accounting(100 million yuan)			
地区生产总值	Gross Domestic Product	1137.23	1951.51	3620.27
第一产业	Primary Industry	303.99	398.73	625.61
第二产业	Secondary Industry	475.22	768.89	1580.83
第三产业	Tertiary Industry	358.02	783.89	1413.83
人均地区生产总值（元）	GDP Per Capita(yuan)	4402	7351	13348
固定资产投资（亿元）	**Investment in Fixed Assets(100 million yuan)**			
全社会固定资产投资	Total Investment in Fixed Assets(Excluding Rural Households)	341.85	586.86	1802.41
# 固定资产投资（不含农户）	Investment in Fixed Assets	311.55	554.11	1699.33
房地产开发投资	Investment in Real Estate Development	35.64	63.52	195.73
住宅投资	Residential Investment	21.36	39.98	145.49
财政（亿元）	**Public Finance(100 million yuan)**			
一般预算全口径财政收入	Total Government Revenue	117.50	184.00	418.60
#地方财政收入	Local Government Revenue	63.28	103.83	207.10
财政支出	Government Expenditure	120.90	260.67	631.10
物价总指数（上年=100）	**Price Indices(Preceding year=100)**			
商品零售价格总指数	General Retail Price Index	114.2	98.0	101.1
居民消费价格总指数	General Consumer Price Index	115.2	98.6	101.5
工业生产者购进价格指数	Industrial Producer Price Index		106.8	107.0
工业生产者出厂价格指数	Purchasing Price Index for Indnstrial Products		105.1	104.3
能源（万吨标准煤）	**Energy(10000 Tons of SCE)**			
能源生产总量	Total Energy Production	2512.9	1885.6	2574.3
能源消费总量	Total Energy Consumption	3954.2	3527.7	5258.5
利用外资（亿美元）	**Utilization of Foreign Capital(100 million USD)**			
签订利用外资协议额	Amount of Signed Contracts	17.58	8.54	9.42
实际利用外资额	Amount of Actually Utilization	9.02	4.94	11.51

注：1. 1995年底总人口为公安部门数字，其他年份为抽样调查人口数。
2. 1998年以后从业人员和职工人数不包括离开本单位仍保留劳动关系的职工。

Note：1.Data in 1995 were from the reports of public security department,Data in other years were from the sample surveys on population.
2.Data since 1998 on workers and staff refer to fully employed workers and staff.

Principal Aggregate Indicators on National Economic and Social Development and Growth Rates

2010	2015	2016	速度指标（%）Indices and Growth Rates（%）								
			指数（2016年以下列各年为100）Index（2016 as percentage of the following years=100）					平均增长速度 Average Annual Growth Rate			
			1995	2000	2005	2010	2015	1996−2000	2001−2005	2006−2010	2011−2016
2746.60	2753.32	2733.03	107.1	101.9	100.6	99.5	99.3	1.0	0.3	0.2	−0.08
1391.39	1390.45	1379.71	105.9	100.5	99.5	99.2	99.2	1.1	0.2	0.06	−0.14
1355.21	1362.87	1353.32	142.7	103.4	101.8	99.9	99.3	6.6	0.3	0.4	−0.02
1465.58	1522.76	1529.68		114.9	107.2	104.4	100.5		1.4	0.5	0.7
1281.02	1230.56	1203.35		89.1	93.3	93.9	97.8		−0.9	−0.1	−1.00
1311.60	1480.60	1501.73	118.2	129.0	121.2	114.5	101.4	−1.7	1.3	1.1	2.3
577.80	720.38	749.47	120.4	143.3	135.4	129.7	104.0	−3.4	1.1	0.9	4.4
259.51	308.13	305.14	58.6	92	118.3	117.6	99.0	−8.7	−4.8	0.1	2.7
22.65	23.88	25.72	331.4	112	93.2	113.6	107.7	24.3	3.7	−3.9	2.1
8667.58	14063.13	14776.80	884.6	554.7	334.4	167.0	106.9	9.8	10.7	14.9	8.9
1050.15	1596.28	1498.52	291.6	225.5	161.4	131.1	103.9	5.3	6.9	4.2	4.6
4506.31	7005.71	7004.95	1411.0	731.3	406.1	173.9	106.2	14.0	12.5	18.5	9.7
3111.12	5461.14	6273.33	953.0	551.9	334.0	169.5	108.8	11.5	10.6	14.5	9.2
31599	51086	53868	833.7	537.2	330.7	167.0	107.3	9.2	10.2	14.6	8.9
9621.77	12705.29	13923.20	4072.9	2372.5	772.5	144.7	109.6				
7925.72	12508.59	13773.17	4420.9	2485.6	810.5	173.8	110.1				
921.01	924.24	1016.76	2852.9	1600.7	519.5	110.4	110.0				
731.73	648.81	710.69	3327.2	1777.6	488.5	97.1	109.5				
1206.03	2144.00	2225.60	1894.1	1209.6	531.7	184.5	103.8	9.4	17.9	23.6	10.8
602.41	1229.35	1263.76	1997.1	1217.1	610.2	209.8	102.8	10.4	14.8	23.8	13.1
1787.25	3217.10	3586.09	2966.2	1375.7	568.2	200.6	111.5	16.6	19.3	23.1	12.3
104.1	99.8	101.3	88.7	103.4	100.2	97.3	101.5				
103.7	101.7	101.6	88.2	103.0	100.1	98.0	99.9				
108.6	96.6	97.8		91.6	91.4	90.1	101.2				
105.2	95.3	98.4		93.6	94.3	93.5	103.3				
4790.8	3226.2	2851.0	113.5	151.2	110.7	59.5	88.4	−5.6	6.4	13.2	−8.3
8172.8	8141.9	8014.1	202.7	227.2	152.4	98.1	98.4	−2.3	8.3	9.2	−0.3
14.06	11.94	18.00	102.4	210.8	191.1	128.0	150.8	−13.4	2.0	8.3	4.2
41.65	85.72	94.31	1045.6	1909.1	819.4	226.4	110.0	−11.3	18.4	29.3	14.6

1－9 续表 1

指　标	Item	总量指标 Aggregate Data		
		1995	2000	2005
农业	**Agriculture**			
乡村劳动力（万人）	Rural Labor(10000 persons)	631.11	641.00	685.20
农林牧渔业总产值（亿元）	Gross Output Value of Agriculture,Forestry,Animal Husbandry and Fishery(100 million yuan)	490.28	609.40	1050.50
主要农产品产量（万吨）	Output of Major Farm Products(10000 tons)			
粮食	Grain	1992.40	1638.00	2581.20
玉米	Corn	1478.50	993.20	1815.00
水稻	Rice	296.90	374.80	478.00
大豆	Soya	63.08	120.30	130.20
薯类	Potato	34.80	49.10	75.89
油料	Oil	25.55	38.96	54.45
水果	Fruits	27.97	48.62	66.20
肉类总产量	Total Meat Production	134.54	247.94	310.00
奶类	Milk	11.32	15.00	30.00
水产品	Aquatic Products(10000 tons)	11.06	14.01	11.89
工业(规上企业)	**Industry**			
工业总产值（亿元）	Output of Major Industrial Products(100 million yuan)	1434.16	1679.91	3791.96
轻工业	Light Industry	472.08	368.62	783.43
重工业	Heavy Industry	962.08	1311.29	3008.53
利润总额（亿元）	Total Profit (100 million yuan)	-1.93	85.58	141.00
主要工业产品产量	Output of Major Industrial Products			
汽车（万辆）	Vehicles(10000 units)	18.92	32.52	52.24
原煤（万吨）	Coal(10000 tons)	2644.31	1636.71	2487.23
原油（万吨）	Crude Oil(10000 tons)	342.73	348.46	522.52
天然气（亿立方米）	Natural Gas(100 million cu.m)	1.83	2.05	5.40
发电量（亿千瓦小时）	Electricity(100 million kwh)	284.6	313.5	412.08
钢（万吨）	Steel(10000 tons)	115.93	159.31	459.97
成品钢材（万吨）	Steel Products(10000 tons)	88.21	141.70	478.62
水泥（万吨）	Cement(10000 tons)	678.46	758.90	1598.50
建筑业	**Construction Industry**			
建筑业增加值（亿元）	Total Value added of Constrution Enterprises(100 million yuan)	39.05	64.83	91.97
房屋建筑施工面积（万平方米）	Housing Construction Area(sq.m)	1311	2209	3166
房屋建筑竣工面积（万平方米）	Housing Construction Area(sq.m)	755	1440	1745
交通运输	**Transportation**			
货物周转量（亿吨公里）	Freight Ton-kilometers(100 millionton-km)	497.31	612.04	708.25
# 铁路	Railways	420.23	406.21	506.68
公路	Highways	76	85.64	98.75
水运	Waterways	1.07	0.27	0.43
旅客周转量（亿人公里）	Passenger-kilometers(100 million passerger.km)	177.11	206.67	266.02
# 铁路	Railways	125.52	129.82	151.85
公路	Highways	51.48	76.79	92.79
水运	Waterways	0.11	0.06	0.09
邮电通信业	**Post and Telecommunication Services**			
邮电业务总量（亿元）	Total Business Volume of Postal and Telecommunication Services (100 million yuan)	21.22	116.35	285.81
函件（万件）	Number of Letters (10000 Dcs)	15333	9500	6300
报刊期发数（万份）	Number of Newspapers and Magazines Distributed(10000copies)	473	443	190
固定电话用户（万户）	Subscribers of Local Telephone (10000 Sabschbers)	108	260	769
移动电话用户（万户）	Number of Mobile Telephone Subscribers (10000subscribers)	8	203	916
国内贸易	**Domestic Trade**			
社会消费品零售总额（亿元）	Total Retail Sales of Consumer Goods(100 million yuan)	494.82	833.52	1470.26
对外经济贸易和旅游	**Foreign Economy Trade and Tourism**			
进出口总额（亿美元）	Total Value of Exports and Imports(USD100 million)	27.14	25.54	65.28

continued

2010	2015	2016	速度指标（%）Indices and Growth Rates（%）指数（2016年以下列各年为100）Index（2016 as percentage of the following years=100）1995	2000	2005	2010	2015	平均增长速度 Average Annual Growth Rate 1996-2000	2001-2005	2006-2010	2011-2016
733.80	760.22	752.26	119.2	117.4	109.8	102.5	99.0	0.3	1.3	1.4	0.4
1850.28	2880.62	2724.88	381.5	292.4	174.5	129.2	103.2	5.4	10.7	6.3	4.4
2842.50	3647.04	3717.21	186.6	226.9	144.0	130.8	101.9	-3.8	9.5	1.9	4.6
2004.00	2805.73	2833.00	191.6	285.2	156.1	141.4	101.0	-7.6	12.8	2.0	5.9
568.50	630.10	654.10	220.3	174.5	136.8	115.1	103.8	4.8	5.0	3.5	2.4
86.57	29.03	39.85	63.2	33.1	30.6	46.0	137.3	13.8	1.6	-7.8	-12.1
75.49	59.47	53.11	152.6	108.2	70.0	70.4	89.3	7.1	9.1	-0.1	-5.7
70.44	76.42	82.54	323.1	211.9	151.6	117.2	108.0	8.8	6.9	5.3	2.7
65.08	53.40	50.97	182.2	104.8	77.0	78.3	95.4	11.7	6.4	-0.3	-4.0
238.90	260.17	260.40	193.5	105.0	84.0	109.0	100.1	13.0	4.6	-5.1	1.4
44.60	52.33	52.85	466.9	352.3	176.2	118.5	101.0	5.8	14.9	8.3	2.9
16.60	19.52	20.07	181.5	143.3	168.8	120.9	102.8	4.8	-3.2	6.9	3.2
13098.35	23056.58	24086.61	1679.5	1433.8	635.2	183.9	104.5	3.2	17.7	28.1	10.7
3405.16	7779.68	8187.66	1734.4	2221.2	1045.1	240.4	105.2	-4.8	16.3	34.2	15.7
9693.19	15276.90	15898.95	1652.6	1212.5	528.5	164.0	104.1	6.4	18.1	26.4	8.6
843.21	1208.47	1268.49		1482.2	899.6	150.4	105.0		10.5	43.0	7.00
167.42	224.88	260.69	1377.9	801.6	499.0	155.7	115.9	11.4	9.9	26.2	7.7
5190.02	2622.46	1643.15	62.1	100.4	66.1	31.7	62.7	-9.1	8.7	15.8	-17.4
702.33	665.48	610.70	178.2	175.3	116.9	87.0	91.8	0.3	8.4	6.1	-2.3
13.67	19.40	19.77	1080.3	964.4	366.1	144.6	101.9	2.3	21.4	20.4	6.3
594.40	711.00	739.05	259.7	235.7	179.3	124.3	103.9	2.0	5.6	7.6	3.7
827.17	1066.81	832.03	717.7	522.3	180.9	100.6	78.0	6.6	23.6	12.5	0.097
875.80	1152.45	961.39	1089.9	678.5	200.9	109.8	83.4	9.9	27.6	12.8	1.6
3974.60	4041.09	3887.50	573.0	512.3	243.2	97.8	96.2	2.3	16.1	20.0	-0.4
583.87	927.06	960.90	2460.7	1482.2	1044.8	164.6	103.7	10.7	7.2	44.7	8.7
5901	12237	10634	811.1	481.4	335.9	180.2	86.9	11.0	7.5	13.3	10.3
4273	5603	5211	690.2	361.9	298.6	122.0	93.0	13.8	3.9	19.6	3.4
1391.94	1579.31	1630.84	327.9	266.5	230.3	117.2	103.3	4.2	3.0	14.5	2.7
595.9	371.16	391.24	93.1	96.3	77.2	65.7	105.4	-0.7	4.5	3.3	-6.8
683.14	1051.22	1084.77	1427.3	1266.7	1098.5	158.8	103.2	2.4	2.9	47.2	8.0
1.27	0.59	0.62	57.9	229.6	144.2	48.8	105.1	-24.1	9.8	24.2	-11.3
511.31	483.57	486.5	274.7	235.4	182.9	95.1	100.6	3.1	5.2	14.0	-0.8
205.93	252.22	262.33	209.0	202.1	172.8	127.4	104.0	0.7	3.2	6.3	4.1
269.58	177.82	168.72	327.7	219.7	181.8	62.6	94.9	8.3	3.9	23.8	-7.5
0.20	0.27	0.21	190.9	350.0	233.3	105.0	77.8	-11.4	8.4	17.3	0.8
652.70	389.43	575.23	2710.8	494.4	201.3	88.1	147.7	40.5	19.7	18.0	-2.1
9319	1923	1523	9.9	16.0	24.2	16.3	79.2	-9.1	-7.9	8.1	-26.1
186	187	162	34.2	36.6	85.3	87.1	86.6	-1.3	-15.6	-0.4	-2.3
595	572	520	481.5	200.0	67.6	87.4	90.9	19.3	24.2	-5.0	-2.2
1805	2604	2655	33187.5	1307.9	289.8	147.1	102.0	90.9	35.2	14.5	6.6
3504.92	6646.46	7310.42	1477.4	877.1	497.2	208.6	110.0	11.0	11.9	19.0	13.00
168.46	189.38	184.42	679.5	722.1	282.5	109.5	97.4	-1.2	20.6	20.9	1.5

1－9 续表 2

指　　标	Item	总量指标 Aggregate Data		
		1995	2000	2005
进口额	Total Imports	12.96	13.12	40.61
出口额	Total Exports	14.19	12.42	24.67
接待入境旅游人数（万人次）	Number of Tourists(10000 person pertimes)	15.61	27.27	37.32
教育、文化	**Education and Culture**			
教育	Education			
专任教师数（万人）	Full-time Teachers(10000 persons)			
普通高等学校	Institutions of Higher Education	1.50	1.75	2.81
高中阶段	High School			2.43
初中阶段	Junior			7.14
小学	Primary Schools	15.27	15.03	13.77
在校学生数（万人）	Students Enrollment(10000 persons)			
普通高等学校	Institutions of Higher Education	10.08	17.53	40.73
高中阶段	High School			67.23
初中阶段	Junior			109.20
小学	Primary Schools	269.03	241.59	162.52
文化	Culture			
出版数量	Publications			
图书（亿册）	Number of Books Published(100 million copies)	1.16	0.81	1.28
杂志（亿册）	Number of Magazines Issued(100 million copies)	0.52	0.55	0.69
报纸（亿份）	Number of Newspapers Issued(100 million copies)	4.79	5.53	9.73
科技	**Science and Technology**			
授权专利数（件）	Authorized patent number(piece)			
技术市场成交额（亿元）	Technology market turnover(100 million yuan)			
家庭、生活、卫生	**Family,People' s Livelihood and Health**			
城镇居民家庭平均每户人口（人）	Average Household Size in Urban Area(person)	3.21	3.12	2.94
农村居民家庭平均每户人口（人）	Average Household Size in Rural Area(person)	4.02	3.90	3.68
居住	Housing			
城镇人均居住面积（平方米）	Per Capita Floor Space of Urban Residents(sq.m)	8.92	11.24	19.07
农村人均居住面积（平方米）	Per Capita Floor Space of Rural Residents(sq.m)	16.07	17.72	20.10
生活	People ' s Livelihold			
城镇常住居民人均可支配收入（元）	Per Capita Annual Disposable Income of Urban Household(yuan)	3174.84	4810.00	8690.62
农村常住居民人均可支配收入（元）	Per Capita Annual Disposable Income of Rural Household(yuan)	1609.60	2022.50	3263.99
城乡居民储蓄存款余额（亿元）	Outstanding Amount of Saving Deposits in Urban and Rural Areas(100 million yuan)	726.28	1515.85	2798.06
职工工资总额（亿元）	Total Wages(100 million yuan)	221	265	377
城镇非私营从业人员平均工资（元）	Average Wages of Staff and Workers(yuan)	4430	7924	14409
卫生	Health Care			
卫生机构（个）	Health Organization(unit)	3891	3323	8755
医院与卫生院（个）	Number of Hospitals(unit)	1415	1392	1380
卫生技术人员（万人）	Medical and Technical Personnel(10000persons)	13.42	13.20	12.57
# 医生	Doctors	5.61	5.97	5.64
医疗床位数（万张）	Number of Hospital and Clinic Beds(10000beds)	9.66	8.93	8.77
# 医院、卫生院		8.41	8.05	8.21
城市市政建设、灾害	Urban Municipal Construction and Disaster			
自来水全年供水总量（万立方米）	Total Annual Water Supply(10000 cu.m)	146139	150924	154409
城市排水管道长度（公里）	Urban Drainage Pipeline Length(km)	2962	3935	5086
人工煤气供气量（万立方米）	Artificial Gas Supply(10000 cu.m)	28768	15508	13755
生活清运垃圾（万吨）	Living Garbage Removal(10000 tons)	594	640	580
交通事故发生数（起）	Number of Traffic Accidents(unit)	5117	14091	9659
交通事故损失（万元）	Loss of Traffic Accidents(10000 yuan)	1947	4548	4468
农业受灾面积（万公顷）	Area of Agricultural Disaster(10000 hectares)	233.0	366.2	176.5

continued

2010	2015	2016	速度指标（%）Indices and Growth Rates（%）								
			指数（2016年以下列各年为100）Index（2016 as percentage of the following years=100）					平均增长速度 Average Annual Growth Rate			
			1995	2000	2005	2010	2015	1996–2000	2001–2005	2006–2010	2011–2016
123.70	142.85	142.37	1098.5	1085.1	350.6	115.1	99.7	0.2	25.4	25.0	2.4
44.76	46.53	42.05	296.3	338.6	170.4	93.9	90.4	-2.6	14.7	12.7	-1.0
82.01	148.10	161.95	1037.5	593.9	433.9	197.5	109.4	11.8	6.5	17.1	12.00
3.40	3.92	3.98	265.3	227.4	141.6	117.1	101.5	3.1	9.9	3.9	2.7
4.70	5.00	4.97			204.5	105.7	99.4			14.1	0.9
6.77	7.30	7.36			103.1	108.7	100.8			-1.1	1.4
12.45	9.68	9.59	62.8	63.8	69.6	77.0	99.1	-0.3	-1.7	-2.0	-4.3
54.43	63.27	64.23	637.2	366.4	157.7	118.0	101.5	11.7	18.4	6.0	2.8
76.53	54.05	53.41			79.4	69.8	98.8			2.6	-5.8
82.50	59.55	60.43			55.3	73.2	101.5			-5.5	-5.1
144.46	127.98	126.42	47.0	52.3	77.8	87.5	98.8	-2.1	-7.6	-2.3	-2.2
2.26	2.48	2.39	206.0	295.1	186.7	105.8	96.4	-6.9	9.6	12.0	0.9
1.11	0.84	0.77	148.1	140.0	111.6	69.4	91.7	1.1	4.6	10.0	-5.9
9.91	8.12	7.89	164.7	142.7	81.1	79.6	97.2	2.9	12.0	0.4	-3.7
4343	8878	9995				230.1	112.6				14.9
18.8	26.5	115.4				613.8	435.5				35.3
2.82	2.66	2.64	82.2	84.6	89.8	93.6	99.2	-0.6	-1.2	-0.8	-1.1
3.46	3.17	3.07	76.4	78.7	83.4	88.7	96.8	-0.6	-1.2	-1.2	-2.0
28.41	28.60	28.70	321.7	255.3	150.5	101.0	100.3	4.7	11.2	8.3	0.2
22.88	26.95	28.30	176.1	159.7	140.8	123.7	105.0	2.0	2.6	2.6	3.6
15411.47	24900.86	26530.42	835.6	551.6	305.3	172.1	106.5	8.7	12.6	12.1	9.5
6237.44	11326.17	12122.94	753.2	599.4	371.4	194.4	107.0	4.7	10.0	13.8	11.7
5147.26	9543.80	10553.35	1453.1	696.2	377.2	205.0	110.6	15.9	13.0	13.0	12.7
763	1719	1825	825.8	688.7	484.1	239.2	106.2	3.7	7.3	15.1	15.6
29399	51558	56098	1266.3	708.0	389.3	190.8	108.8	12.3	12.7	15.3	11.4
9532	20619	20828	535.3	626.8	237.9	218.5	101.0	-3.1	21.4	1.7	13.9
1346	1391	1436	101.5	103.2	104.1	106.7	103.2	-0.3	-0.2	-0.5	1.1
13.84	15.91	16.65	124.1	126.1	132.5	120.3	104.7	-0.3	-1.0	1.9	3.1
6.21	6.73	6.96	124.1	116.6	123.4	112.1	103.4	1.3	-1.1	1.9	1.9
11.51	14.47	15.12	156.5	169.3	172.4	131.4	104.5	-1.6	-0.4	5.6	4.7
10.65	13.54	14.23	169.2	176.8	173.3	133.6	105.1	-0.9	0.4	5.3	4.9
100743	106202	105306	72.1	69.8	68.2	104.5	99.2	0.6	0.5	-8.2	0.7
7738	10319	8445	285.1	214.6	166.0	109.1	81.8	5.8	5.3	8.8	1.5
16727	7945	3868	13.4	24.9	28.1	23.1	48.7	-11.6	-2.4	4.0	-21.7
499	490	506	85.2	79.1	87.2	101.4	103.3	1.5	-1.9	-3.0	0.2
4438	2801	6343	124.0	45.0	65.7	142.9	226.5	22.5	-7.3	-14.4	6.1
2666	3207	5971	306.7	131.3	133.6	224.0	186.2	18.5	-0.4	-9.8	14.4
85.2	84.6	74.8	32.1	20.4	42.4	87.8	88.4	9.5	-13.6	-13.6	-2.1

1-10 吉林的一天
A Day of Jilin

指　　标	Item	2000	2005	2010	2014	2015	2016
每天创造的财富	**Daily Production**						
全省生产总值（亿元）	Gross Domestic Product（100 million yuan）	5.35	9.92	23.75	37.82	38.53	40.48
第一产业	Primary Industry	1.09	1.71	2.88	4.18	4.37	4.11
第二产业	Secondary Industry	2.11	4.33	12.35	19.96	19.19	19.19
#工业	#Industry	1.80	3.74	10.77	17.60	16.75	16.63
建筑业	Construction	0.31	0.59	1.58	2.44	2.54	2.63
第三产业	Tertiary Industry	2.15	3.87	8.52	13.68	14.96	17.46
全口径财政收入（亿元）	Full Bore Financial Revenue（100 million yuan）	0.50	1.15	3.30	6.00	5.87	6.10
地方财政收入	Government Revenue	0.28	0.57	1.65	3.30	3.37	3.46
财政支出（亿元）	Government Expenditure（100 million yuan）	0.71	1.73	4.90	7.96	8.81	9.82
粮豆薯（万吨）	Grain（10000 tons）						
水稻	#Rice	1.03	1.31	1.56	1.61	1.73	1.79
玉米	Corn	2.72	4.97	5.49	7.49	7.69	7.76
大豆	Soybean	0.33	0.36	0.24	0.10	0.08	0.11
高粱	Durra	0.13	0.18	0.18	0.23	0.23	0.24
薯类	Potato	0.13	0.21	0.21	0.15	0.16	0.15
#马铃薯	Potato				0.15	0.15	0.13
油料（万吨）	Oil-bearing Crops（10000 tons）	0.11	0.15	0.19	0.22	0.21	0.23
园参（吨）	Garden Ginseng（ton）	45.21	87.67	77.26	79.18	73.97	74.24
肉类（万吨）	Meat（10000 tons）	0.68	0.85	0.65	0.73	0.71	0.71
牛奶（万吨）	Milk（10000 tons）	0.04	0.08	0.12	0.14	0.14	0.14
水产品（万吨）	Aquatic Products（10000 tons）	0.04	0.03	0.05	0.05	0.05	0.05
原煤（万吨）	Coal（10000 tons）	4.48	6.81	14.22	8.49	7.18	4.50
原油（万吨）	Crude Oil（10000 tons）	0.95	1.43	1.92	1.82	1.82	1.67
水泥（万吨）	Cement（10000 tons）	2.08	4.38	10.89	12.78	11.07	10.65
钢（万吨）	Steel（10000 tons）	0.44	1.26	2.27	3.47	2.92	2.28
成品钢材（万吨）	Steel Products（10000 tons）	0.39	1.31	2.40	3.97	3.16	2.63
汽车（辆）	Motor Vehicles（set）	891.02	1431.23	4586.85	6987.12	6161.09	7142.19
天然气（万立方米）	Natural Gas（10000 cu.m）		147.95	374.64	610.35	531.51	541.64
发电量（亿千瓦时）	Electricity（100 million kwh）	0.86	1.13	1.63	2.07	1.95	2.02

1－10 续表 continued

指 标	Item	2000	2005	2010	2014	2015	2016
每天消费量	**Daily Consumption**						
最终消费（亿元）	Daily Consumption（100 million yuan）	3.13	5.26	10.29	14.82	15.32	15.25
#居民消费	Resident Consumption	2.32	3.86	6.88	10.30	11.03	10.42
政府消费	Government Consumption Expenditure	0.81	1.41	3.41	4.52	4.29	4.83
社会消费品零售总额（亿元）	Total Retail Sales of Consumer Goods（100 million yuan）	2.28	4.00	9.60	16.66	18.21	20.03
每天其他经济活动	**Other Daily Economic Activities**						
全社会固定资产投资总额（亿元）	Total Investment in Fixed Assets of the of Society(100 million yuan)	1.61	4.94	26.36	31.67	34.81	38.15
房地产开发投资（亿元）	Investment in Real Estate Development(100 million yuan)	0.17	0.54	2.52	2.82	2.53	2.79
#住宅（亿元）	Residential（100 million yuan）	0.11	0.40	2.00	2.01	1.78	1.95
能源生产总量（万吨标准煤）	Total Energy Production（10000 tons of SCE）	5.17	7.05	13.13	9.22	8.84	7.81
能源消费总量（万吨标准煤）	Total Energy Consumption（10000 tons of SCE）	10.83	9.66	14.41	23.24	22.31	21.96
客运量（万人）	Passenger Traffic （10000 persons）	65.98	75.96	177.49	97.16	101.08	97.23
货运量（万吨）	Freight Traffic （10000 persons）	91.30	102.82	123.22	145.27	131.23	136.22
邮电业务总量（亿元）	Postal and Telecommunication Services(100 million yuan)	0.32	0.78	1.79	0.90	1.07	1.58
进出口额（万美元）	Total Value of Imports and Exports （USD 10000）	700	1788	4615	7227	5188	5053
出 口	Total Exports	340	676	1226	1583	1275	1152
进 口	Total Imports	359	1113	3389	5644	3914	3901
实际利用外资额（万美元）	Foreign Capital Actually Used （USD 10000）	135	315	1141	2106	2348	2584
国内旅游收入（亿元）	Income from Domestic Tourism（100 million yuan）	0.14	0.60	1.95	4.84	6.08	7.80
国际旅游外汇收入（万美元）	Foreign Exchange Earnings（USD 10000）	15.90	32.75	83.54	185.04	198.39	216.77
人口和社会活动	**Population and Social Activities**						
出生人口（人）	Birth Population （person）	699	586	595	499	443	419
死亡人口（人）	Death Population（person）	395	395	442	472	417	422
结婚（对）	Marriages （couple）	500	461	611	685	658	603
离婚（对）	Divorces （couple）	70	142	211	301	329	329
公共图书馆流通人次（万人次）	Circulation of Public Libraries （10000 person-times）	1.12	1.38	1.38	0.87	0.97	0.98
印刷图书（万册）	Printed Copies of Books （10000 copies）	22.16	35.01	61.97	69.86	67.92	65.54
印刷杂志（万册）	Printed Copies of Magazines （10000 copies）	15.17	18.88	30.41	26.03	23.10	21.18
印刷报纸（万份）	Printed Copies of Newspapers （10000 copies）	151.57	266.45	271.43	253.70	222.34	216.05
工业废水排放量（万吨）	Volume of Industry Waste Water Discharged（10000 tons）	102.43	112.85	105.91	115.60	106.2	52.71
工业固体废物产生量（万吨）	Volume of Industrial Solid Wastes Product（10000 tons）	4.40	6.73	12.72	13.55	14.75	10.98
生活清运垃圾（万吨）	Living Garbage Removal（10000 tons）	1.75	1.59	1.37	1.38	1.34	1.39

1－11 国民经济主要比例关系
Proportions of National Economic Indicators

指　　标	Item	2015		2016	
		绝对数 AbsoluteFigures	构成(%) Composition (%)	绝对数 Value	构成(%) Composition (%)
全部从业人员（万人）	Employment（10000 persons）	1480.60	100.0	1501.73	100.0
第一产业	Primary Industry	525.17	35.5	508.00	33.8
第二产业	Secondary Industry	342.76	23.2	325.70	21.7
第三产业	Tertiary Industry	612.67	41.3	668.00	44.5
地区生产总值（亿元）	Gross Domestic Products（100 million yuan）	14063.13	100.0	14776.80	100.00
第一产业	Primary Industry	1596.28	11.4	1498.52	10.1
第二产业	Secondary Industry	7005.71	49.8	7004.95	47.4
第三产业	Tertiary Industry	5461.14	38.8	6273.33	42.5
全社会固定资产投资（亿元）	Investment in Fixed Assets（100 million yuan）	12705.29	100.0	13923.20	100.0
建筑安装工程	Constructin and Installation	7430.64	58.5	8570.91	61.2
设备、工器具购置	Purchase Equipment and Tools	4298.03	33.8	4315.77	31.0
其他费用	Others	976.62	7.7	1036.52	7.8
工业总产值（亿元）	Gross Industrial Output Value（100 million yuan）	23056.58	100.0	24086.61	100.0
轻工业	Light Industry	7779.68	33.7	8187.66	34.0
重工业	Heavy Industry	15276.90	66.3	15898.95	66.0
农林牧渔业总产值（亿元）	Gross Output Value of Agricultre, Forestry,Animal Husbandry and Fishery（100 million yuan）	2880.62	100.0	2724.88	100.0
#农业	Farming	1400.38	48.6	1231.98	45.2
林业	Forestry	109.82	3.8	107.21	3.9
牧业	Animal Husbandry	1244.87	43.2	1252.85	46.0
渔业	Fishery	39.91	1.4	42.99	1.6
货运量（万吨）	Freight Transportation（10000 tons）	47900	100.0	49721	100.0
#铁路	Railways	4071	8.5	3669	7.4
公路	Highways	38708	80.8	40777	82.0
水运	Waterways	193	0.4	339	0.7
客运量（万人）	Passenger Traffic（10000 persons）	36894	100.0	35490	100.0
#铁路	Railways	7158	19.4	7566	21.3
公路	Highways	29013	78.6	27186	76.6
民航	Civil Aviation	536	1.5	582	1.6
水运	Waterways	188	0.5	156	0.4
社会消费品零售总额（亿元）	Total Retail Sales of Consumer Goods（100 million yuan）	6646.46	100.0	7310.42	100.0
城镇	Urban	5870.17	88.3	6454.51	88.3
乡村	Rural	776.29	11.7	855.91	11.7
地方财政收入占地区生产总值的比重（%）	Proportion of Local Government Revenue to GDP（%）		8.7		8.6
全社会固定资产投资占地区生产总值的比重（%）	Proportion of Investment in Fixed Assets to GDP（%）		90.3		94.2

1 - 12 民营经济主要指标

Private Economy Main Index Historical Account

地区	Region	主营业务收入（亿元）Main Basiness Income （100 million yuan）					
		2011	2012	2013	2014	2015	2016
全 省	**Total**	**18860**	**23012**	**26728**	**30008**	**32634**	**36028**
长 春	Changchun	7716	9148	10466	10301	11071	11990
吉 林	Jilin	3326	4061	4718	5493	5879	6427
四 平	Siping	1428	1735	2040	2518	2562	2677
辽 源	Liaoyuan	837	1107	1378	1715	1881	2017
通 化	Tonghua	1477	1863	2224	2831	3160	3507
白 山	Baishan	832	1033	1174	1692	1784	1964
松 原	Songyuan	1280	1569	1788	2307	2869	3585
白 城	Baicheng	661	818	980	1072	1191	1339
延 边	Yanbian	1303	1619	1924	2040	2237	2491
长白山管委会	Changbai Mountain Management Committee	25	31	36	40	44	49

地区	Region	"三上"企业户数（户）"Three Top" Number of Enterprises					
		2011	2012	2013	2014	2015	2016
全 省	**Total**	**10354**	**11542**	**12408**	**12530**	**12855**	**13620**
长 春	Changchun	2178	2702	2993	3220	3403	3860
吉 林	Jilin	2049	2446	2670	2681	2721	2830
四 平	Siping	1030	974	1009	1018	1097	1212
辽 源	Liaoyuan	568	638	606	575	586	594
通 化	Tonghua	1013	1089	1193	1173	1200	1277
白 山	Baishan	689	728	807	751	754	761
松 原	Songyuan	1249	1235	1319	1299	1227	1241
白 城	Baicheng	594	605	627	550	603	626
延 边	Yanbian	990	1119	1168	1248	1249	1202
长白山管委会	Changbai Mountain Management Committee	32	29	37	39	39	44

1－12 续表 continued

地 区	Region	个体经营户数（万户）The Self-employed Households（1000 Subscribers）					
		2011	2012	2013	2014	2015	2016
全 省	**Total**	**130.9**	**135.4**	**146.1**	**156.1**	**165.8**	**174.2**
长 春	Changchun	42.6	38.9	41.9	46.5	50.9	54.9
吉 林	Jilin	22.4	24.0	25.1	25.6	26.1	26.7
四 平	Siping	12.6	13.9	14.3	14.3	15.5	16.5
辽 源	Liaoyuan	4.3	4.8	5.5	5.9	6.2	6.2
通 化	Tonghua	13.9	14.5	15.2	15.7	16.2	16.6
白 山	Baishan	5.0	5.8	6.2	6.9	7.2	7.5
松 原	Songyuan	11.7	13.9	16.9	18.9	20.0	20.7
白 城	Baicheng	6.9	7.5	8.2	9.0	9.6	10.3
延 边	Yanbian	11.5	11.8	12.5	13.5	14.1	14.8
长白山管委会	Changbai Mountain Management Committee	0.6	0.6	0.6	0.7	0.7	0.7

地 区	Region	全部从业人员（万人）All Practitioners（10000 Persons）					
		2011	2012	2013	2014	2015	2016
全 省	**Total**	**552.7**	**602.6**	**646.2**	**688.6**	**723.8**	**756.3**
长 春	Changchun	182.0	191.9	199.3	208.5	222.8	235.8
吉 林	Jilin	96.4	103.6	110.5	114.4	122.3	123.7
四 平	Siping	47.6	51.0	54.5	53.6	57.3	55.0
辽 源	Liaoyuan	23.3	26.8	30.8	34.2	32.5	32.9
通 化	Tonghua	48.8	56.7	61.9	71.9	72.3	74.5
白 山	Baishan	28.5	31.3	33.3	35.0	35.9	36.6
松 原	Songyuan	53.7	59.5	68.5	79.8	87.4	99.4
白 城	Baicheng	22.5	24.2	27.2	28.2	30.1	32.6
延 边	Yanbian	50.2	55.7	58.2	60.8	62.8	65.6
长白山管委会	Changbai Mountain Management Committee	1.8	1.9	2.0	2.1	2.1	2.2

地 区	Region	民营经济增加值（亿元）Civilian Battalion Economic increased Value(100 million yuan)				民营经济增加值占GDP比重(%) Proportion of GDP for Civilian Battalion Economy Increased(%)				主营业务收入亿元以上企业户数（个）Business Number of Main Business Income above 100 million Yuan(unit)			
		2013	2014	2015	2016	2013	2014	2015	2016	2013	2014	2015	2016
全 省	**Total**	**6607.6**	**7053.7**	**7336.9**	**7651.5**	**50.9**	**51.1**	**51.4**	**51.4**	**3579**	**3562**	**3593**	**3814**
长 春	Changchun	2066.3	2222.8	2295.0	2460.3	41.3	41.3	41.5	41.5	767	802	826	904
吉 林	Jilin	1230.0	1285.9	1163.8	1199.9	47.0	47.1	47.4	47.4	751	694	704	712
四 平	Siping	645.0	688.3	674.9	643.5	53.3	53.4	53.3	53.4	319	301	333	361
辽 源	Liaoyuan	402.6	438.5	433.5	447.8	57.5	57.7	57.8	58.4	221	211	229	234
通 化	Tonghua	531.8	570.7	554.5	570.5	53.0	53.3	53.6	53.8	342	364	364	399
白 山	Baishan	350.3	373.6	361.6	375.8	52.0	52.2	52.4	52.5	259	260	254	266
松 原	Songyuan	775.7	819.5	789.7	806.7	47.0	47.1	47.0	47.1	475	464	434	448
白 城	Baicheng	288.0	307.1	300.5	308.6	41.6	41.8	42.0	42.2	189	188	176	175
延 边	Yanbian	431.1	459.4	454.5	471.3	50.7	51.0	51.3	51.5	255	277	272	314
长白山管委会	Changbai Mountain Management Committee	16.5	17.5	18.4	19.4	58.9	58.9	58.7	58.8				

CHAPTER ▶ 02

第二篇

国民经济核算

NATIONAL ECONOMIC ACCOUNTING

2-1 历年地区生产总值

Gross Domestic Products

(按当年价格计算 Calculated at the current prices)

单位: 亿元　　unit: 100 million yuan

年份 Year	地区生产总值 Gross Domestic Product	第一产业 Primary Industry	第二产业 Secondary Industry	工业 Industry	建筑业 Construction	第三产业 Tertiary Industry	人均生产总值(元) Per Capita GDP (yuan)
1978	81.98	23.98	42.96	40.34	2.62	15.04	381
1979	91.12	25.34	49.22	44.56	4.66	16.56	417
1980	98.59	27.24	52.24	47.42	4.82	19.11	445
1981	111.16	34.31	56.53	51.29	5.24	20.32	496
1982	121.67	38.40	60.36	54.21	6.15	22.91	538
1983	150.14	56.74	65.38	58.75	6.63	28.02	658
1984	174.39	60.04	80.46	72.10	8.36	33.89	760
1985	200.44	55.74	97.21	85.29	11.92	47.49	868
1986	227.15	64.35	104.30	91.28	13.02	58.50	977
1987	297.49	80.57	139.36	123.49	15.87	77.56	1269
1988	368.67	92.59	173.57	155.12	18.45	102.51	1559
1989	391.65	80.53	181.02	164.09	16.93	130.10	1636
1990	425.28	124.99	182.15	163.82	18.33	118.14	1746
1991	463.47	120.47	203.02	181.71	21.31	139.98	1878
1992	558.06	130.82	257.01	227.17	29.84	170.23	2246
1993	718.58	156.05	351.03	308.10	42.93	211.50	2826
1994	937.73	259.40	396.91	354.70	42.21	281.42	3657
1995	1137.23	303.99	475.22	413.85	61.37	358.02	4402
1996	1346.79	376.01	537.05	471.34	65.71	433.73	5178
1997	1464.34	368.16	566.97	495.10	71.87	529.21	5591
1998	1577.05	429.50	585.65	504.12	81.53	561.90	5983
1999	1682.07	423.48	654.52	552.34	102.18	604.07	6382
2000	1951.51	398.73	768.89	655.68	113.21	783.89	7351
2001	2120.35	409.10	852.51	724.73	127.78	858.74	7893
2002	2348.54	446.17	943.49	803.53	139.96	958.88	8714
2003	2662.08	488.15	1098.44	930.81	167.63	1075.49	9854
2004	3122.01	568.69	1329.68	1143.95	185.73	1223.64	11537
2005	3620.27	625.61	1580.83	1363.94	216.89	1413.83	13348
2006	4275.12	672.76	1915.29	1659.29	256.00	1687.07	15720
2007	5284.69	783.80	2475.45	2170.74	304.71	2025.44	19383
2008	6426.10	916.72	3097.12	2688.37	408.75	2412.26	23521
2009	7278.75	980.57	3541.92	3054.60	487.32	2756.26	26595
2010	8667.58	1050.15	4506.31	3929.31	577.00	3111.12	31599
2011	10568.83	1277.44	5611.48	4917.95	693.53	3679.91	38460
2012	11939.24	1412.11	6376.77	5582.48	794.29	4150.36	43415
2013	13046.40	1466.74	6871.96	6059.28	840.75	4707.70	47428
2014	13803.14	1524.01	7286.59	6424.88	891.40	4992.54	50160
2015	14063.13	1596.28	7005.71	6112.05	927.06	5461.14	51086
2016	14776.80	1498.52	7004.95	6070.07	960.87	6273.33	53868

注：自2013年起，三次产业分类执行《三次产业划分规定2012》。产业分类和行业分类的关系：第一产业是指农、林、牧、渔业（不含农、林、牧、渔服务业）；第二产业是指采矿业（不含开采辅助活动），制造业（不含金属制品、机械和设备修理业），电力、热力、燃气及水生产和供应业，建筑业；第三产业是指除第一产业、第二产业以外的其他行业。

Note: Since 2013, three industry classification implementation "three industrial classification regulation 2012". The relationship between industry and occupation Classification: the primary industry refers to agriculture, forestry, animal husbandry, fishery (not including agriculture, forestry, animal husbandry, fishery services); the second industry refers to mining industry (excluding mining auxiliary activities), manufacturing (excluding metal products, machinery and equipment repair industry), electric power, thermal, gas and water production and supply industry, construction industry; tertiary industry refers to the other industries except the first industry and the second industry.

2-2 历年地区生产总值指数

Indices of Gross Domestic Product

(按可比价格计算，以1952年为100 Calculated at price,1952 = 100)

年份 Year	地区生产总值 Gross Domestic Product	第一产业 Primary Industry	第二产业 Secondary Industry	工业 Industry	建筑业 Construction	第三产业 Tertiary Industry	人均生产总值 Per Capita GDP
1978	425.6	148.1	1091.9	1110.0	785.6	469.3	212.1
1979	449.3	136.2	1207.9	1182.6	1394.6	517.6	220.5
1980	478.3	134.5	1305.7	1283.1	1446.3	574.3	231.7
1981	506.1	154.3	1330.1	1309.8	1440.3	598.5	242.7
1982	544.8	172.5	1389.9	1356.7	1649.0	658.7	258.7
1983	663.0	254.2	1487.2	1450.7	1776.1	786.4	312.1
1984	745.8	265.1	1748.9	1697.8	2187.6	917.4	349.1
1985	796.7	232.2	1972.2	1880.0	2880.5	1163.8	370.6
1986	854.7	242.2	2049.1	1962.7	2880.5	1376.5	394.5
1987	1015.6	279.2	2434.4	2349.2	3213.4	1688.9	465.5
1988	1177.4	288.5	2947.2	2910.3	3095.4	2016.5	534.9
1989	1147.9	238.8	2829.5	2845.8	2351.0	2285.9	514.9
1990	1187.5	326.3	2769.5	2775.4	2420.6	2073.2	523.4
1991	1258.1	326.3	2931.3	2929.2	2627.6	2342.0	547.3
1992	1411.2	332.2	3465.7	3440.1	3286.8	2669.6	609.7
1993	1590.4	357.8	4065.3	4024.9	3934.3	2944.6	680.9
1994	1744.7	393.6	4292.9	4318.7	3717.9	3403.9	740.6
1995	1913.9	413.2	4790.9	4824.0	4112.0	3774.9	806.7
1996	2172.3	481.4	5418.5	5513.9	4264.2	4220.4	909.2
1997	2367.8	479.5	5895.3	6103.8	3965.7	4925.2	984.4
1998	2583.3	543.3	6349.3	6531.1	4548.6	5324.1	1067.0
1999	2795.1	550.9	7035.0	7164.6	5494.7	5835.3	1154.7
2000	3052.3	534.3	9244.0	8081.7	6527.7	6518.0	1251.9
2001	3336.1	558.9	10270.1	9059.6	6867.2	7163.3	1352.2
2002	3653.1	594.1	11348.4	9992.7	7663.8	7886.8	1475.8
2003	4025.7	629.2	12948.6	11311.8	9173.5	8541.4	1622.5
2004	4516.8	679.5	14916.7	13234.8	9623.0	9480.9	1817.4
2005	5063.3	746.8	16647.1	14730.3	10960.6	10770.3	2033.7
2006	5822.8	778.2	19477.1	17293.4	12560.8	12644.3	2332.7
2007	6760.3	787.5	23606.2	21167.1	14206.3	14718.0	2701.3
2008	7841.9	862.3	27949.7	24998.3	17203.8	16969.9	3125.4
2009	8908.4	886.4	32729.1	29173.0	20592.9	19176.0	3544.2
2010	10137.8	919.2	38882.2	34861.7	23620.1	21227.8	4026.2
2011	11536.8	966.1	45764.3	41380.8	26194.7	23562.9	4569.7
2012	12918.1	1017.3	52171.3	47215.5	29704.8	26225.6	5113.5
2013	13990.3	1058.0	56762.4	51701.0	30714.8	28533.5	5541.5
2014	14899.7	1106.7	60508.7	55113.3	32649.8	30502.3	5896.2
2015	15838.4	1159.8	63655.2	57758.7	35261.8	33064.5	6267.7
2016	16931.2	1205.0	67601.8	61397.5	37060.2	35974.2	6725.2

2-3 历年地区生产总值指数(上年=100)

Indices of Gross Domestic Product(preceding 100)

年份 Year	地区生产总值 Gross Domestic Product	第一产业 Primary Industry	第二产业 Secondary Industry	工业 Industry	建筑业 Construction	第三产业 Tertiary Industry	人均生产总值 Per Capita GDP
1978	112.8	119.7	111.6	110.9	123.4	107.2	111.5
1979	105.6	92.0	110.6	106.5	177.5	110.3	104.0
1980	106.5	98.8	108.1	108.5	103.7	111.0	105.1
1981	105.8	114.7	101.9	102.1	99.6	104.2	104.7
1982	107.7	111.8	104.5	103.6	114.5	110.1	106.6
1983	121.7	147.4	107.0	106.9	107.7	119.4	120.7
1984	112.5	104.3	117.6	117.0	123.2	116.7	111.8
1985	106.8	87.6	112.8	110.7	131.7	126.9	106.2
1986	107.3	104.3	103.9	104.4	100.0	118.3	106.5
1987	118.8	115.3	118.8	119.7	111.6	122.7	118.0
1988	115.9	103.3	121.1	123.9	96.3	119.4	114.9
1989	97.5	82.7	96.0	97.8	76.0	113.4	96.3
1990	103.4	136.7	97.9	97.5	103.0	90.7	101.6
1991	105.9	100.0	105.8	105.5	108.6	113.0	104.6
1992	112.2	101.8	118.2	117.4	125.1	114.0	111.4
1993	112.7	107.7	117.3	117.0	119.7	110.3	111.7
1994	109.7	110.0	105.6	107.3	94.5	115.6	108.8
1995	109.7	105.0	111.6	111.7	110.6	110.9	108.9
1996	113.5	116.5	113.1	114.3	103.7	111.8	112.7
1997	109.0	99.6	108.8	110.7	93.0	116.7	108.3
1998	109.1	113.3	107.7	107.0	114.7	108.1	108.4
1999	108.2	101.4	110.8	109.7	120.8	109.6	108.2
2000	109.2	97.0	113.4	112.8	118.8	111.7	108.4
2001	109.3	104.6	111.1	112.1	105.2	109.9	108.0
2002	109.5	106.3	110.5	110.3	111.6	110.1	109.1
2003	110.2	105.9	114.1	113.2	119.7	108.3	109.9
2004	112.2	108.0	115.2	117.0	104.9	111.0	112.0
2005	112.1	109.9	111.6	111.3	113.9	113.6	111.9
2006	115.0	104.2	117.0	117.4	114.6	117.4	114.7
2007	116.1	101.2	121.2	122.4	113.1	116.4	115.8
2008	116.0	109.5	117.2	118.0	111.9	116.7	115.7
2009	113.6	102.8	117.1	116.7	119.7	113.0	113.4
2010	113.8	103.7	118.8	119.5	114.7	110.7	113.6
2011	113.8	105.1	117.7	118.7	110.9	111.0	113.5
2012	112.0	105.3	114.0	114.1	113.4	111.3	111.9
2013	108.3	104.0	108.8	109.5	103.4	108.8	108.3
2014	106.5	104.6	106.6	106.6	106.3	106.9	106.4
2015	106.3	104.8	105.2	104.8	108.0	108.4	106.3
2016	106.9	103.9	106.2	106.3	105.1	108.8	107.3

2-4 地区生产总值

Gross Domestic Product

单位: 亿元　　　　unit: 100 million yuan

指　　标	Item	2014	2015	2016	2016年为2015年的%(按可比价计算) 2016as precentage of 2015 (calculated at constant price)
地区生产总值（当年价格）	**Gross Domestic Products(Current Price)**	**13803.14**	**14063.13**	**14776.80**	**106.9**
农、林、牧、渔业	Agriculture、Forestry、Animal Husbandry and Fishery	1570.01	1644.62	1549.26	103.8
农业	Farming	889.01	926.32	812.60	105.1
林业	Forestry	65.00	66.85	65.44	100.2
畜牧业	Animal Husbandry and Fishery	546.00	578.48	594.12	102.3
渔业	Fishery	24.00	24.63	26.36	107.1
农、林、牧、渔业服务业	Agriculture、Forestry、Animal Husbandry and Fishery Services	46.00	48.34	50.74	102.7
工业	Industry	6424.88	6112.05	6070.07	106.3
建筑业	Construction	891.40	927.06	960.87	105.1
批发和零售业	Wholesale and Retail Trade	1059.66	1117.29	1203.14	106.1
交通运输、仓储和邮政业	Transport,Storage and Post	518.05	529.79	558.38	103.7
住宿和餐饮业	Hotels and Catering Services	283.79	328.61	368.76	107.3
金融业	Financial Intermediation	464.96	565.27	659.55	110.0
房地产业	Real Estate	432.85	436.06	476.58	108.1
营利性服务业	Profitable Services	841.75	993.33	1295.98	120.3
非营利性服务业	Unprofitable Services	1315.79	1409.05	1634.21	105.5
第一产业	**Primary Industry**	**1524.01**	**1596.28**	**1498.52**	**103.9**
第二产业	**Secondary Industry**	**7286.59**	**7005.71**	**7004.95**	**106.2**
第三产业	**Tertiary Industry**	**4992.54**	**5461.14**	**6273.33**	**108.8**
人均生产总值(元)	**Per Captia GDP(yuan)**	**50160**	**51086**	**53868**	**107.3**

2-5 三次产业贡献率

Share of the Contributions of the Three Strata of Industries to the Increase of the GDP

单位: % unit: (%)

年 份 Year	地区生产总值 Cross Domestic Product	第一产业 Primary Industry	第二产业 Secondary Industry	# 工业 Industry	第三产业 Tertiary Industry
2001	100.0	10.1	47.0	43.7	42.9
2002	100.0	12.9	44.3	37.5	42.8
2003	100.0	11.0	55.9	44.9	33.1
2004	100.0	12.0	52.2	49.7	35.8
2005	100.0	14.5	41.4	34.7	44.1
2006	100.0	4.9	49.6	43.8	45.5
2007	100.0	1.2	58.3	53.5	40.5
2008	100.0	8.1	53.6	45.9	38.3
2009	100.0	2.7	59.4	50.7	37.9
2010	100.0	3.1	66.4	59.6	30.5
2011	100.0	4.5	66.8	61.6	28.7
2012	100.0	5.6	61.9	54.7	32.5
2013	100.0	4.9	57.4	54.8	37.7
2014	100.0	6.9	55.2	49.1	37.9
2015	100.0	7.2	44.9	36.9	47.9
2016	100.0	6.3	44.5	39.4	49.2

注：本表按可比价格计算。产业贡献率是各产业增加值增量与地区生产总值增量之比。
Note: Data in this table are calculated at constant prices.share of the three industries refers to the proportion of the increment of every industrial value added to the increment of GDP.

2-6 三次产业拉动率

Pull Rate of the Three Strata of Industry to GDP Growth

单位: 百分点 unit: (Percen tgogt point)

年 份 Year	地区生产总值 Cross Domestic Product	第一产业 Primary Industry	第二产业 Secondary Industry	# 工业 Industry	第三产业 Tertiary Industry
2001	9.3	0.9	4.4	4.1	4.0
2002	9.5	1.2	4.2	3.6	4.1
2003	10.2	1.1	5.7	4.6	3.4
2004	12.2	1.5	6.3	6.1	4.4
2005	12.1	1.8	5.0	4.2	5.3
2006	15.0	0.7	7.4	6.6	6.9
2007	16.1	0.2	9.4	8.6	6.5
2008	16.0	1.3	8.6	7.3	6.1
2009	13.6	0.4	8.1	6.9	5.1
2010	13.8	0.4	9.2	8.2	4.2
2011	13.8	0.6	9.2	8.5	4.0
2012	12.0	0.7	7.4	6.6	3.9
2013	8.3	0.4	4.8	4.5	3.1
2014	6.5	0.4	3.6	3.2	2.5
2015	6.3	0.5	2.8	2.3	3.0
2016	6.9	0.4	3.1	2.7	3.4

注：本表按可比价格计算。产业拉动率指地区生产总值增长速度与各产业贡献率之乘积。
Note: Data in this table are calculated at constant prices.Contribution of the three industries to GDP growth refers to the growth rate of GDP multiplying the industrial shares.

2－7 地区生产总值项目构成（2016年）

Components of Gross Domestic Product（2016）

单位: 亿元　　　　unit: 100 million yuan

项目	Item	增加值 Value -added	劳动者报酬 Compensation of Employees	生产税净额 Net Taxes on Production	固定资产折旧 Depreciation of Fixed Assets	营业盈余 Orerating Surplus
地区生产总值	**Gross Domestic Products by Region**	**14776.80**	**6423.39**	**2173.18**	**2484.42**	**3695.81**
农、林、牧、渔业	**Agriculture、Forestry、Animal Husbandry and Fishery**	**1549.26**	**1486.71**	**−112.59**	**175.14**	
农业	Farming	812.60	788.47	−72.77	96.90	
林业	Forestry	65.44	59.18	−2.23	8.49	
畜牧业	Animal Husbandry	594.12	565.12	−32.60	61.60	
渔业	Fishery	26.36	25.24	−1.65	2.77	
农、林、牧、渔服务业	Agriculture、Forestry、Animal Husbandry and Fishery Services	50.74	48.70	−3.34	5.38	
工业	**Industry**	**6070.07**	**1697.53**	**1393.45**	**1219.78**	**1759.31**
采矿业	Mining	286.88	99.42	44.57	54.06	88.83
#开采辅助活动	Mining Auxiliary Activities	24.62	4.65	3.07	5.89	11.01
制造业	Manufacturing	5444.97	1489.15	1301.32	1018.18	1636.32
#金属制品、机械和设备修理业	Metal Products,Machinery and Equipment Repair	1.37	0.33	0.32	0.25	0.47
电力、燃气及水的生产和供应业	Production and Supply of Electricity Gas and Water	338.22	108.96	47.56	147.54	34.16
建筑业	**Construction**	**960.87**	**457.70**	**198.23**	**56.26**	**248.68**
房屋建筑业	Construction of Buliding	516.28	276.27	110.02	11.88	118.11
土木工程建筑业	Construction of Civil Engineering	272.54	94.70	55.55	35.56	86.73
建筑安装业	Installation	127.51	62.74	25.92	6.87	31.98
建筑装饰和其他建筑业	Construction Decoration and other Constraction	44.54	23.99	6.74	1.95	11.86
批发和零售业	**Wholesale and Retail Trades**	**1203.14**	**561.86**	**266.07**	**54.37**	**320.84**
批发业	Wholesale Trade	482.33	138.15	191.61	18.08	134.49
零售业	Retail Trade	720.81	423.71	74.46	36.29	186.35
交通运输、仓储和邮政业	**Transport, Storage, and Post**	**558.38**	**152.60**	**88.23**	**94.45**	**223.1**
铁路运输业	Railway Transport	72.46	35.31	10.07	11.62	15.46
道路运输业	Highway Transport	414.32	86.34	70.87	69.12	187.99
水上运输业	Waterway Transport	2.63	0.36	0.10	1.80	0.37
航空运输业	Air Transport	9.79	3.36	2.48	1.08	2.87
管道运输业	Pipeling Transport					
装卸搬运和运输代理业	Handing and Other Transport Services	12.69	3.34	2.13	1.01	6.21
仓储业	Storage	17.85	5.04	0.15	5.12	7.54
邮政业	Post	28.64	18.85	2.43	4.70	2.66
住宿和餐饮业	**Hotels and Catering Services**	**368.76**	**99.00**	**31.70**	**33.46**	**204.6**
住宿业	Hotels	41.89	15.87	5.03	17.60	3.39
餐饮业	Catering Services	326.87	83.13	26.67	15.86	201.21
信息传输、软件和信息技术服务业	**Information Transrission,Software and Information Technologh Services**	**373.70**	**106.27**	**32.56**	**137.60**	**97.27**
电信、广播电视和卫星传输服务	Telecommuricutions,Broadcasting Television and Satelite Transmission Services	280.37	73.21	26.28	131.30	49.58
互联网和相关服务	Internet and Relatsd Services	11.69	4.11	1.06	1.29	5.23
软件和信息技术服务业	Software and Infomation Technology Services	81.64	28.95	5.22	5.01	42.46
金融业	**Financial Intermediation**	**659.55**	**216.24**	**91.67**	**20.51**	**331.13**
货币金融服务	Monetary and Financial Services	525.60	174.72	64.35	16.61	269.92
资本市场服务	Capital Market Services	40.10	9.53	19.86	1.20	9.51
保险业	Insurance	79.64	27.73	6.52	0.92	44.47
其他金融业	Other Financial Activities	14.21	4.26	0.94	1.78	7.23
房地产业	**Real Estate**	**476.58**	**54.38**	**66.56**	**308.76**	**46.88**
房地产开发经营业	Development and Managment of Real Estate	131.13	26.19	60.37	6.98	37.59

2-7 续表 continued

单位: 亿元 unit: 100 million yuan

项目	Item	增加值 Value-added	劳动者报酬 Compensation of Employees	生产税净额 Net Taxes on Production	固定资产折旧 Depreciation of Fixed Assets	营业盈余 Orerating Surplus
物业管理业	Realty Management	33.61	19.16	4.48	5.51	4.46
房地产中介服务业	Intermediary Service for Real Estate	10.44	3.62	0.85	1.45	4.52
自有房地产经营活动	Theirown real estate Business Activities	292.20			292.20	
其他房地产业	Others	9.20	5.41	0.86	2.62	0.31
租赁和商务服务业	**Leasing and Business Services**	**344.98**	**114.97**	**49.83**	**39.64**	**140.54**
租赁业	Leasing	14.63	4.74	1.37	4.12	4.4
商务服务业	Business Services	330.35	110.23	48.46	35.52	136.14
科学研究和技术服务业	**Scientific Research and Technical Service**	**156.81**	**94.51**	**7.75**	**26.31**	**28.24**
研究和试验发展	Research and Experiment	45.64	39.85	0.34	8.09	-2.64
专业技术服务业	Special Technological Services	78.87	42.73	5.39	13.54	17.21
科技推广和应用服务业	Services of Science and Technology Exchanges and Promotion	32.30	11.93	2.02	4.68	13.67
水利、环境和公共设施管理业	**Water Conservancy、Environment and Public Facilities Management**	**49.44**	**28.83**	**2.84**	**15.46**	**2.31**
水利管理业	Water Conservancy	12.78	5.71	0.51	5.88	0.68
生态保护和环境治理业	Ecological Protection and Environmentel Treatment Services	18.77	11.19	1.10	3.38	3.10
公共设施管理业	Public Utilities Management	17.89	11.93	1.23	6.20	-1.47
居民服务、修理和其他服务业	**Resident Services and Other Services**	**450.74**	**175.17**	**37.65**	**29.38**	**208.54**
居民服务业	Resdent Services	318.40	121.76	26.77	20.82	149.05
机动车、电子产品和日用产品修理业	Motor Vehicle,Electronic Products and Household Products Repair Services	33.17	12.53	2.96	3.63	14.05
其他服务业	Other Services	99.17	40.88	7.92	4.93	45.44
教育	**Education**	**504.49**	**372.17**	**2.16**	**94.18**	**35.98**
卫生和社会工作	**Health Care and Social Work**	**250.77**	**159.51**	**1.77**	**38.63**	**50.86**
卫生	Health Care	236.78	145.52	1.77	38.63	50.86
社会工作	Social Work	13.99	13.99			
文化、体育和娱乐业	**Culture、Sports and Entertainment**	**126.56**	**58.34**	**12.10**	**20.29**	**35.83**
新闻和出版业	Journalism and Publishing Activities	17.30	8.46	3.31	1.41	4.12
广播、电视、电影和影视录音制作业	Broadcast、TV、Movies and Audiovisual Activities	26.39	15.32	1.98	5.00	4.09
文化艺术业	Culture and Art Activities	14.81	10.20	0.48	4.50	-0.37
体育	Sports	5.09	4.13	0.38	1.36	-0.78
娱乐业	Entertainment	62.97	20.23	5.95	8.02	28.77
公共管理、社会保障和社会组织	**Public management and Social Organizations**	**672.70**	**587.60**	**3.20**	**120.20**	**-38.30**
第一产业	**Primary Industry**	**1498.52**	**1438.01**	**-109.25**	**169.76**	
第二产业	**Secordary Industry**	**7004.95**	**2150.25**	**1588.29**	**1269.90**	**1996.51**
第三产业	**Tertiary Industry**	**6273.33**	**2835.13**	**694.14**	**1044.76**	**1699.30**

2-8 历年支出法生产总值

Gross Domestic Products by Expenditure Approach over the Years

单位：亿元　　　　unit:（100 million yuan）

年　份 Year	支出法地区生产总值 Gross Domestic Product by Expenditure Approach	最终消费支出 Final Consumption Expenditure	居民消费支出 Household Consumption Expenditures	农村居民 Rural Households	城镇居民 Urban Households	政府消费支出 Government Consumption Expenditures	资本形成总额 Gross Capital Formation	固定资本形成 Fixed Capital	存货增加 Changes in Inventories	货物和服务净出口 Net Export of Goods and Services
1978	82.0	57.9	53.0	24.47	28.55	4.9	32.8	18.2	14.6	-8.7
1979	91.1	69.5	61.9	29.85	32.01	7.7	26.7	19.5	7.1	-5.1
1980	98.6	76.9	67.8	31.84	35.92	9.2	29.0	20.8	8.2	-7.3
1981	111.2	85.1	75.1	36.41	38.72	10.0	28.0	21.0	7.0	-2.0
1982	121.7	94.8	83.5	39.76	43.73	11.3	35.7	27.7	8.0	-8.8
1983	150.1	112.2	96.7	49.28	47.38	15.6	38.6	29.3	9.3	-0.7
1984	174.4	131.6	111.8	55.81	55.95	19.9	57.2	40.9	16.2	-14.4
1985	200.4	145.0	120.5	56.42	64.11	24.5	81.2	62.4	18.8	-25.7
1986	227.2	165.3	137.9	61.35	76.51	27.4	86.8	63.4	23.4	-25.0
1987	297.5	196.2	161.5	69.36	92.13	34.7	111.9	76.7	35.2	-10.6
1988	368.7	242.4	203.5	83.21	120.26	38.9	134.6	92.9	41.8	-8.3
1989	391.7	266.9	223.3	91.47	131.82	43.7	148.3	81.7	66.5	-23.6
1990	425.3	279.7	232.7	95.86	136.87	47.0	182.7	94.0	88.7	-37.1
1991	463.5	308.4	255.9	101.03	154.82	52.6	193.1	117.4	75.6	-38.0
1992	558.1	364.6	306.3	111.67	194.65	58.2	213.1	152.6	60.2	-19.6
1993	718.0	436.1	364.9	125.93	238.98	71.2	287.1	252.9	34.1	-5.2
1994	944.4	577.6	473.6	156.13	317.50	104.0	389.9	320.5	69.5	-1.6
1995	1139.4	703.4	586.2	191.08	395.09	117.2	474.3	358.1	116.2	-38.3
1996	1340.1	811.4	684.5	220.07	464.43	126.9	600.8	412.8	187.9	-72.2
1997	1468.3	928.4	772.8	238.80	534.00	155.5	552.3	386.4	165.9	-12.4
1998	1553.9	951.9	777.1	234.50	542.60	174.8	613.9	442.3	171.6	-11.9
1999	1638.3	988.7	783.0	225.50	557.70	205.7	658.7	525.0	133.7	-9.1
2000	1820.4	1140.7	845.1	253.40	591.70	295.6	686.6	627.8	58.8	-6.9
2001	2023.4	1266.8	906.7	268.50	638.20	360.1	791.0	699.7	91.3	-34.4
2002	2252.4	1379.4	977.5	269.90	707.60	401.9	898.5	824.2	74.3	-25.5
2003	2570.1	1539.9	1115.7	256.30	859.40	424.2	1062.9	998.1	64.8	-182.7
2004	3012.3	1693.3	1244.8	277.60	967.20	448.5	1347.9	1291.9	56.0	-28.9
2005	3761.6	1921.6	1407.9	323.21	1084.66	513.8	1872.1	1802.4	69.7	-32.2
2006	4964.9	2137.6	1552.9	381.48	1171.42	584.7	2874.3	2804.3	70.0	-47.0
2007	5601.1	2588.4	1819.8	431.12	1388.68	768.6	3880.0	4003.2	-123.1	-867.3
2008	6783.4	3049.2	2075.7	493.10	1582.55	973.5	5415.3	5608.3	-193.0	-1681.1
2009	7633.1	3384.3	2304.0	562.77	1761.82	1080.3	6074.5	6280.5	-206.0	-1825.7
2010	9128.6	3754.5	2510.6	595.58	1915.02	1243.9	7192.1	7618.1	-426.0	-1818.0
2011	11162.2	4423.7	2970.8	799.28	2171.53	1452.9	8206.9	8355.5	-148.7	-1468.3
2012	12688.4	4942.0	3375.9	891.16	2484.70	1566.2	9136.2	9235.0	-98.8	-1389.9
2013	13946.8	5500.5	3762.0	984.66	2777.33	1738.5	9708.1	9751.5	-43.4	-1261.8
2014	14631.4	5408.0	3759.9	977.80	2782.10	1648.1	10330.1	10372.7	-42.6	-1106.7
2015	15507.9	5593.2	4027.4	1093.3	2934.10	1565.8	10965.4	11001.2	-35.8	-1050.7
2016	14776.8	5567.1	3802.5	1033.9	2768.60	1764.5	10152.9	10185.7	-32.9	-943.1

注：本表按当年价格计算。支出法地区生产总值不等于地区生产总值是由于计算误差的影响。

Note: Data in this table are calculated at current prices.The gross regional production by expenditure approach is not equal to gross regional product due to statistical discrepancies.

2-9 历年支出法生产总值构成
Composition of Gross Domestic Product by Expenditure Approach Over the Years

单位：%　　　　unit: %

年 份 Year	全省生产总值 Gross Domestic Product by Expenditure Approach	#最终消费 Final Consumption Expenditure	居民消费 Household Consumption Expenditure	农村居民 Rural Households	城镇居民 Urban Households	政府消费 Government Consumption Expenditure	#资本形成总额 Gross Capital Formation	固定资本形成总额 Gross Fixed Capital Formation	存货增加 Changes in Inventories
1978	100.0	70.6	64.7	29.8	34.8	6.0	40.0	22.2	17.8
1979	100.0	76.3	67.9	32.8	35.1	8.4	29.3	21.4	7.8
1980	100.0	78.0	68.7	32.3	36.4	9.3	29.4	21.1	8.3
1981	100.0	76.6	67.6	32.8	34.8	9.0	25.2	18.9	6.3
1982	100.0	77.9	68.6	32.7	35.9	9.3	29.3	22.7	6.6
1983	100.0	74.7	64.4	32.8	31.6	10.4	25.7	19.5	6.2
1984	100.0	75.5	64.1	32.0	32.1	11.4	32.8	23.5	9.3
1985	100.0	72.4	60.1	28.1	32.0	12.2	40.5	31.1	9.4
1986	100.0	72.8	60.7	27.0	33.7	12.1	38.2	27.9	10.3
1987	100.0	65.9	54.3	23.3	31.0	11.7	37.6	25.8	11.8
1988	100.0	65.7	55.2	22.6	32.6	10.6	36.5	25.2	11.3
1989	100.0	68.2	57.0	23.4	33.7	11.1	37.9	20.9	17.0
1990	100.0	65.8	54.7	22.5	32.2	11.1	43.0	22.1	20.9
1991	100.0	66.5	55.2	21.8	33.4	11.3	41.7	25.3	16.3
1992	100.0	65.3	54.9	20.0	34.9	10.4	38.2	27.3	10.8
1993	100.0	60.7	50.8	17.5	33.3	9.9	40.0	35.2	4.8
1994	100.0	61.2	50.1	16.5	33.6	11.0	41.3	33.9	7.4
1995	100.0	61.7	51.4	16.8	34.7	10.3	41.6	31.4	10.2
1996	100.0	60.6	51.1	16.4	34.7	9.5	44.8	30.8	14.0
1997	100.0	63.2	52.6	16.3	36.4	10.6	37.6	26.3	11.3
1998	100.0	61.3	50.0	15.1	34.9	11.2	39.5	28.5	11.0
1999	100.0	60.3	47.8	13.8	34.0	12.6	40.2	32.0	8.2
2000	100.0	62.7	46.4	13.9	32.5	16.2	37.7	34.5	3.2
2001	100.0	62.6	44.8	13.3	31.5	17.8	39.1	34.6	4.5
2002	100.0	61.2	43.4	12.0	31.4	17.8	39.9	36.6	3.3
2003	100.0	59.9	43.4	10.0	33.4	16.5	41.4	38.8	2.5
2004	100.0	56.2	41.3	9.2	32.1	14.9	44.7	42.9	1.9
2005	100.0	51.1	37.4	8.6	28.8	13.7	49.8	47.9	1.8
2006	100.0	43.0	31.3	7.7	23.6	11.8	57.9	56.5	1.4
2007	100.0	46.2	32.5	7.7	24.8	13.7	69.3	71.5	-2.2
2008	100.0	45.5	31.0	7.4	23.6	14.5	79.6	82.4	-2.9
2009	100.0	44.3	30.2	7.1	23.1	14.2	79.6	82.3	-2.7
2010	100.0	41.1	27.5	6.5	21.0	13.6	78.8	83.5	-4.7
2011	100.0	39.6	26.6	7.2	19.4	13.0	73.5	74.8	-1.3
2012	100.0	39.0	26.6	7.0	19.6	12.4	72.0	72.8	-0.8
2013	100.0	39.4	27.0	7.1	19.9	12.5	69.6	69.9	-0.3
2014	100.0	37.0	25.7	6.7	19.0	11.3	70.6	70.9	-0.3
2015	100.0	36.1	26.0	7.0	18.9	10.1	70.7	70.9	-0.2
2016	100.0	37.7	25.7	7.0	18.7	11.9	68.7	68.9	-0.2

2-10 支出法地区生产总值及构成

Gross Domestic Product by Expenditure Approach and Its Components

项目	Item	2014	2015	2016
支出法地区生产总值(亿元)	**Gross Domestic Product by Expenditure Approach(100 million yuan)**	**14631.4**	**15507.9**	**14776.8**
最终消费	Final Consumption Expenditure	5408.0	5593.2	5567.1
居民消费	Household Consumption Expenditure	3759.9	4027.4	3802.5
政府消费	Government Consumption Expenditure	1648.1	1565.8	1764.5
资本形成总额	Gross Capital Formation	10330.1	10965.4	10152.9
固定资本形成总额	Gross Fixed Capital Formation	10372.7	11001.2	10185.7
存货增加	Changes in Inventories	-42.6	-35.8	-32.9
货物和服务净出口	Net Export of Goods and Services	-1106.7	-1050.7	-943.1
资本形成率(投资率)(%)	Capital Formation Rate(%)	70.6	70.7	68.7
最终消费率(消费率)(%)	Final Consumption Rate(%)	37.0	36.1	37.7
支出法国内生产总值构成(%)	**Components of GDP by Expenditure Approach(%)**	**100.0**	**100.0**	**100.0**
最终消费	Final Consumption Expenditure	37.0	36.1	37.7
居民消费	Household Consumption Expenditure	25.7	26.0	25.7
政府消费	Government Consumption Expenditure	11.3	10.1	11.9
资本形成总额	Gross Capital Formation	70.6	70.7	68.7
固定资本形成总额	Gross Fixed Capital Formation	70.9	70.9	68.9
存货增加	Changes in Inventories	-0.3	-0.2	-0.2
货物和服务净出口	Net Export of Goods and Services	-7.6	-6.8	-6.4

2-11 历年最终消费和资本形成总额指数（上年=100）

Indices of Final Consumption Expenditure and Gross Capital Formation Over the Years （preceding year = 100）

年份 Year	最终消费 Final Consumption Expenditure	居民消费 Household Consumption Expenditure	农村居民 Rural Households	城镇居民 Urban Households	政府消费 Government Consumption Expenditure	#资本形成总额 Gross Capital Formation	固定资本形成总额 Gross Fixed Capital Formation
1978	106.8	107.9	110.0	106.2	94.0	167.6	154.5
1979	111.1	109.3	110.7	108.1	135.8	86.5	106.7
1980	109.5	109.4	106.1	112.0	109.4	107.8	106.4
1981	107.9	107.4	107.6	107.2	91.9	92.0	94.3
1982	110.8	109.6	110.0	109.4	122.2	122.3	129.0
1983	112.6	110.0	119.6	101.3	106.2	106.0	104.7
1984	85.9	78.8	112.9	113.2	140.0	139.6	127.0
1985	140.6	147.5	96.7	109.5	132.5	132.8	142.1
1986	107.6	105.9	100.8	110.6	101.9	101.6	96.3
1987	110.0	109.3	108.8	109.5	110.9	125.0	117.8
1988	106.6	104.7	101.2	107.8	110.9	111.0	110.1
1989	94.4	93.9	91.3	96.0	95.4	97.0	74.8
1990	101.3	100.9	98.4	102.8	121.6	122.1	113.1
1991	104.3	104.1	99.4	107.4	105.3	104.7	123.6
1992	106.4	106.8	103.0	109.3	104.3	100.3	115.2
1993	107.2	106.5	103.1	108.6	110.7	116.2	144.0
1994	120.0	118.8	107.4	115.9	125.5	120.7	104.3
1995	107.9	109.1	107.6	109.9	102.2	113.0	104.4
1996	108.3	109.4	108.9	109.7	103.0	119.5	109.1
1997	111.3	110.6	104.8	113.4	115.1	93.8	92.6
1998	106.7	105.0	100.4	107.1	115.0	112.2	114.1
1999	108.8	106.1	98.9	109.1	121.2	106.8	116.2
2000	112.4	106.7	99.2	109.5	135.3	100.2	116.2
2001	106.3	101.3	100.7	101.6	120.6	113.9	110.2
2002	107.6	106.6	103.8	107.8	109.8	112.9	117.1
2003	112.7	116.3	94.9	125.0	104.4	117.1	119.8
2004	106.4	108.2	102.6	109.9	101.7	119.7	122.6
2005	110.5	110.3	112.8	109.6	111.0	130.5	130.9
2006	109.7	108.8	115.7	106.7	112.2	147.1	148.9
2007	115.0	111.1	106.5	112.6	125.4	129.9	137.4
2008	111.7	108.5	108.6	108.4	119.3	130.0	130.8
2009	112.5	110.9	109.2	111.4	116.0	113.5	113.6
2010	106.4	104.2	102.1	104.8	111.0	113.5	115.0
2011	111.0	111.0	121.0	107.8	111.0	106.7	105.1
2012	108.9	110.7	108.8	111.5	105.1	110.7	110.1
2013	111.9	112.6	115.9	111.4	110.4	110.9	110.4
2014	103.5	105.5	102.3	106.7	99.1	105.9	105.9
2015	104.1	107.7	111.7	106.3	95.7	106.1	106.0
2016	108.0	103.6	104.4	103.3	119.5	105.4	105.5

2-12 第三产业增加值构成
The Composition of the Added Value of the Tertiary Industry

单位: %　　　　unit: (%)

年份 Year	第三产业 Tertiary Industry	交通运输仓储和邮政业 Transport, Storage and Post	批发和零售业 Wholesale and Retail Trades	住宿和餐饮业 Hotels and Catering Services	金融业 Financial Intermediation	房地产业 Real Estate	其他 Other
2004	100.0	15.7	26.1	5.3	6.3	8.0	38.6
2005	100.0	14.7	24.4	5.9	5.9	7.9	41.2
2006	100.0	14.0	23.9	5.8	6.0	7.8	42.5
2007	100.0	13.6	24.0	5.8	6.2	7.6	42.8
2008	100.0	13.1	24.1	5.7	6.1	7.6	43.4
2009	100.0	12.4	24.4	5.7	6.6	7.3	43.6
2010	100.0	12.0	24.2	5.8	6.1	6.8	45.1
2011	100.0	11.4	23.4	5.6	5.6	6.5	47.5
2012	100.0	11.1	23.8	5.8	5.9	5.8	47.6
2013	100.0	10.6	21.5	5.7	8.5	9.2	44.5
2014	100.0	10.4	21.2	5.7	9.3	8.7	44.7
2015	100.0	9.7	20.5	6.0	10.4	8.0	45.4
2016	100.0	8.9	19.2	5.9	10.5	7.6	47.9

2-13 第三产业增加值
The Added Value of the Tertiary Industry

单位: 亿元　　　　unit:100 million yuan

年份 Year	第三产业 Tertiary Industry	交通运输仓储和邮政业 Transport, Storage and Post	批发和零售业 Wholesale and Retail Trades	住宿和餐饮业 Hotels and Catering Services	金融业 Financial Intermediation	房地产业 Real Estate	其他 Other
2004	1223.64	192.26	319.04	64.93	77.17	97.93	472.31
2005	1413.83	208.10	345.02	83.39	83.63	112.29	581.40
2006	1687.07	236.82	402.37	97.39	100.75	131.01	718.73
2007	2025.44	275.76	485.96	117.35	126.03	153.03	867.31
2008	2412.26	317.06	580.37	137.69	147.24	182.70	1047.20
2009	2756.26	341.76	673.12	157.73	180.83	200.14	1202.68
2010	3111.12	373.93	753.37	180.01	190.12	212.32	1401.37
2011	3679.91	420.98	860.47	205.69	207.65	238.61	1746.51
2012	4150.36	462.13	986.46	240.70	244.63	240.86	1975.58
2013	4707.70	498.52	1011.33	268.88	399.54	431.88	2026.88
2014	4992.54	518.05	1059.66	283.79	464.96	432.85	2157.54
2015	5461.14	529.79	1117.29	328.61	565.27	436.06	2484.52
2016	6273.33	558.38	1203.14	368.76	659.55	476.58	2930.19

CHAPTER ▶ 03

第三篇

人口

POPULATION

3-1 历年全省人口数及构成

Over the Years the Population and Composition of Jilin

单位：万人 unit: 10000 persons

年 份 Year	年底总人口 Population	按性别分 By Sex		按城乡分 Grouped by Urban and Rural		占总人口的比重（%） Percentage to Total Population(%)	
		男 Male	女 Female	城镇人口 Urban Population	乡村人口 Rural Population	男性人口 Male Population	城镇人口 Urban Population
1978	2149.3	1102.3	1047.0	659.5	1489.8	51.3	30.7
1979	2184.6	1119.0	1065.6	701.2	1483.4	51.2	32.1
1980	2210.7	1132.1	1078.6	723.3	1487.4	51.2	32.7
1981	2230.9	1141.4	1089.5	745.7	1485.2	51.2	33.4
1982	2257.6	1155.1	1102.5	763.7	1493.9	51.2	33.8
1983	2269.5	1162.3	1107.2	782.1	1487.4	51.2	34.5
1984	2284.5	1170.7	1113.8	802.6	1481.9	51.2	35.1
1985	2298.0	1177.4	1120.6	837.0	1461.0	51.2	36.4
1986	2315.3	1186.4	1128.9	857.0	1458.3	51.2	37.0
1987	2336.4	1196.9	1139.5	883.5	1452.9	51.2	37.8
1988	2357.4	1208.3	1149.1	908.7	1448.7	51.3	38.5
1989	2395.4	1228.2	1167.2	930.8	1464.6	51.3	38.9
1990	2440.2	1248.1	1192.1	951.9	1488.3	51.1	39.0
1991	2459.7	1258.5	1201.2	966.2	1493.5	51.2	39.3
1992	2474.0	1265.3	1208.7	985.4	1488.6	51.1	39.8
1993	2496.1	1276.0	1220.1	1021.2	1474.9	51.1	40.9
1994	2515.6	1285.9	1229.7	1050.4	1465.2	51.1	41.8
1995	2550.9	1302.8	1248.1	1077.8	1473.1	51.1	42.3
1996	2579.1	1315.5	1263.6	1094.5	1484.6	51.0	42.4
1997	2600.1	1324.6	1275.5	1115.9	1484.2	50.9	42.9
1998	2603.2	1325.6	1277.6	1122.9	1480.3	50.9	43.1
1999	2616.1	1331.6	1284.5	1131.9	1484.2	50.9	43.3
2000	2627.3	1336.5	1290.8	1143.0	1484.3	50.9	43.5
2001	2637.1	1340.8	1296.3	1154.7	1482.4	50.8	43.8
2002	2649.4	1346.9	1302.5	1177.8	1471.6	50.8	44.5
2003	2658.6	1350.5	1308.1	1195.4	1463.2	50.8	45.0
2004	2661.9	1352.0	1309.9	1202.4	1459.5	50.8	45.2
2005	2669.4	1355.0	1314.4	1206.3	1463.1	50.8	45.2
2006	2679.5	1359.1	1320.4	1208.8	1470.7	50.7	45.1
2007	2696.1	1366.0	1330.1	1215.9	1480.2	50.7	45.1
2008	2710.5	1372.8	1337.7	1224.8	1485.7	50.6	45.2
2009	2719.5	1376.1	1343.4	1226.8	1492.7	50.6	45.1
2010	2723.8	1377.7	1346.1	1242.1	1481.7	50.6	45.6
2011	2726.5	1377.9	1348.6	1309.1	1417.4	50.5	48.0
2012	2701.5	1363.4	1338.1	1266.7	1434.8	50.5	46.9
2013	2678.5	1352.2	1326.3	1258.4	1420.1	50.5	47.0
2014	2671.3	1346.5	1324.8	1247.8	1423.5	50.4	46.7
2015	2662.1	1341.2	1320.9	1289.0	1373.1	50.4	48.4
2016	2645.5	1332.7	1312.8	1303.7	1341.8	50.4	49.3

注：本表是公安部门年报数字。
Note: Data in this table are annual numbers from police departments.

3-2 全省人口情况

Basic Statistics on Population of Jilin

指　　标	Item	2000	2005	2010	2012	2013	2014	2015	2016
总户数（万户）	Total Households(10000 households)	795.80	851.00	900.16	958.33	989.68	1000.86	927.55	965.73
户均人口（人/户）	Average Population(person/household)	3.32	3.16	2.94	2.87	2.78	2.75	2.97	2.83
总人口（万人）	Total Population(10000 Persons)	2681.70	2716.00	2746.60	2750.40	2751.28	2752.38	2753.32	2733.03
男	Male	1372.80	1386.90	1391.39	1403.53	1406.18	1391.05	1390.45	1379.71
女	Female	1308.90	1329.10	1355.21	1346.87	1345.10	1361.33	1362.87	1353.32
性别比（女=100）	Sex Ratio(female=100)	104.90	104.35	102.67	104.19	104.55	102.19	102.02	101.95
城镇人口（万人）	Urban Population(10000 Persons)	1331.80	1426.50	1465.58	1476.96	1491.20	1508.58	1522.76	1529.68
占总人口比重（%）	Percentage of the Total Population	49.66	52.52	53.36	53.70	54.20	54.81	55.31	55.97
乡村人口（万人）	Rural Population(10000 Persons)	1349.90	1289.50	1281.02	1273.44	1260.08	1243.80	1230.56	1203.35
占总人口比重（%）	Percentage of the Total Popu lation	50.34	47.48	46.64	46.30	45.80	45.19	44.69	44.03
出生人口（万人）	Birth Population(10000 Persons)	25.50	21.40	21.73	15.76	14.75	18.22	16.16	15.28
人口出生率（‰）	Birth Rate	9.53	7.89	7.91	5.73	5.36	6.62	5.87	5.55
死亡人口（万人）	Death Population(10000 Persons)	14.40	15.20	16.15	14.77	13.87	17.12	15.23	15.42
人口死亡率（‰）	Death Rate	5.38	5.32	5.88	5.37	5.04	6.22	5.53	5.60
自然增长人口（万人）	Natural Growth Population(10000 Persons)	11.10	7.00	5.58	0.99	0.88	1.10	0.93	-0.14
人口自然增长率（‰）	Natural Growth Rate	4.15	2.57	2.03	0.36	0.32	0.40	0.34	-0.05

注：表内数据为年度人口变动情况抽样调查推算数据。2010年末常住人口为吉林省第六次全国人口普查初步机器汇总推算数据。
Note: Data were calculated from the annual sample surveys on population changes.The population at the end of 2010 are based on the 6th National population census which were preliminaryly estimated by machine summarization.

CHAPTER ▶ 04

第四篇

从业人员和职工工资

EMPLOYMENT AND WAGE

4-1 历年全部从业人员数
Number of Employed Persons

单位: 万人 unit:10000 persons

年 份 Year	全部从业人员数 Total	按经济类型分 Grouped By Ownership					按三次产业分 By Three Industries			城镇登记失业人员 Number of Registered Unemployed Persons in Urban Areas	城镇登记失业率(%) Registered Unemployment Rate in Urban Areas(%)
		职工人数 Staff and Workers	国有单位 State-owned Units	集体单位 Collective-owned Units	城镇个体劳动者 Self-employed Individual in Urban	乡村劳动者 Rural Employed Persons	第一产业 Primary Industry	第二产业 Secondary Industry	第三产业 Tertiary Industry		
1978	645.38	324.92	250.02	74.90		320.46	318.1	205.0	122.3		
1979	671.29	348.59	257.50	91.09	0.81	321.89	318.4	216.3	136.6	33.9	8.8
1980	715.30	373.88	270.50	103.38	3.37	338.05	329.3	231.7	154.3	22.0	5.5
1981	754.52	396.48	282.81	113.67	5.57	352.47	349.8	242.0	162.7	21.3	5.0
1982	849.62	411.24	292.30	118.94	7.58	430.80	413.8	248.0	187.8	24.4	5.5
1983	847.50	421.88	296.87	125.01	10.60	415.02	410.8	256.9	179.8	19.7	4.4
1984	867.25	431.34	293.07	138.18	15.91	410.99	401.1	258.6	207.6	11.5	2.5
1985	930.20	449.51	304.43	144.91	21.37	450.01	421.9	286.2	222.1	10.5	2.2
1986	987.95	470.90	320.78	149.95	21.17	486.50	432.5	302.6	252.9	10.7	2.1
1987	1032.75	486.11	331.87	154.03	22.96	541.75	465.8	313.9	253.0	8.7	1.7
1988	1106.22	497.48	343.69	153.54	28.53	571.55	511.6	324.9	269.7	8.8	1.6
1989	1142.19	509.45	352.74	156.19	29.25	594.92	549.0	329.7	263.5	9.4	1.8
1990	1169.41	517.31	361.98	154.44	29.50	614.43	564.8	334.4	270.2	10.5	2.3
1991	1194.69	533.44	371.80	160.03	31.52	620.94	572.4	339.2	283.2	10.3	1.8
1992	1235.02	541.53	379.27	157.83	38.51	646.63	590.2	352.6	292.2	9.1	2.3
1993	1237.67	542.99	379.86	152.44	46.68	638.82	572.5	352.5	312.7	7.7	2.3
1994	1250.24	530.13	384.60	130.19	67.70	643.56	570.7	343.3	336.2	7.5	2.5
1995	1270.77	520.38	386.65	115.71	94.12	647.99	572.1	339.2	359.4	7.8	2.3
1996	1257.14	513.31	385.81	107.97	107.99	629.05	562.3	329.3	365.5	9.3	2.3
1997	1237.73	500.89	375.88	100.19	113.52	616.17	551.0	315.5	371.2	8.8	2.8
1998	1130.85	374.12	286.44	56.45	134.08	616.28	545.1	229.9	355.8	18.3	3.1
1999	1120.00	352.61	265.75	48.37	134.70	627.38	551.1	224.0	344.9	21.5	3.3
2000	1164.02	329.91	247.04	42.26	188.60	640.97	584.3	222.3	357.4	23.0	3.7
2001	1167.41	313.26	230.24	38.41	209.92	640.03	585.8	216.0	365.6	20.2	3.2
2002	1186.60	298.26	216.40	31.49	227.84	656.00	587.3	219.0	380.3	23.8	3.6
2003	1202.50	286.80	204.40	27.62	241.63	669.02	592.2	209.5	400.8	28.4	4.3
2004	1222.00	279.38	195.40	25.08	266.30	670.94	563.3	227.3	431.4	28.2	4.2
2005	1238.90	257.94	176.34	20.44	291.81	685.16	565.8	231.7	441.4	27.6	4.2
2006	1250.50	259.94	171.14	19.18	292.70	691.90	565.2	237.6	447.7	26.3	4.2
2007	1266.10	256.52	165.94	15.86	303.10	700.86	564.6	243.2	458.3	23.9	3.9
2008	1281.40	255.83	164.94	14.34	307.86	711.52	564.0	251.7	465.7	24.3	4.0
2009	1297.30	257.90	160.19	13.85	308.82	723.15	568.8	261.8	466.7	23.5	4.0
2010	1311.60	259.51	161.25	13.36	310.20	733.78	567.4	263.0	481.2	22.7	3.8
2011	1337.78	267.57	163.45	9.09	311.42	748.50	573.9	270.2	493.7	22.2	3.7
2012	1355.90	274.33	163.30	8.59	319.02	751.40	557.0	283.1	515.8	22.3	3.7
2013	1415.43	320.63	166.60	6.90	320.10	756.90	551.4	321.8	542.2	22.6	3.7
2014	1447.17	315.64	160.71	6.07	354.80	757.95	533.6	344.3	569.3	23.2	3.4
2015	1480.60	308.13	156.20	5.81	395.32	760.22	525.2	342.8	612.7	23.9	3.5
2016	1501.73	305.14	154.45	5.73	427.32	752.26	508.0	325.7	668.0	23.9	3.5

注：1998年以后不包括离岗职工。
Note:Data since 1998 excluded workers laid-off.

4－2 城镇非私营单位从业人员（2016年末）

Urban Non-Private Sector Workers （end of 2016）

单位：人 unit:person

指 标	Item	单位从业人员 Number of Employed Persons	#女性 Female	在岗职工 Staff and Workers	其他从业人员 Other Type of Employed Persons
全 省	**Total**	**3221463**	**1176850**	**3051367**	**170096**
按经济类型分	Grouped by Ownership				
国有经济	State-owned Units	1631214	647314	1544532	86682
集体经济	Collective-owned Units	61472	25856	57317	4155
其他经济	Others	1528777	503680	1449518	79259
内资	Domestic Investment	1382716	455112	1306672	76044
股份合作	Stock Cooperative	9448	4665	9009	439
联营	Joint Operation	1016	229	1016	
有限责任公司	Limited Liability Coprations	916508	272412	863485	53023
股份有限公司	Joint Stock Corporations	383429	148745	364335	19094
其他	Others	70843	28475	67948	2895
港澳台投资	Investment Hongkong,Macao and Taiwan	44326	14165	42970	1356
外商投资	Foreign Investment	101735	34403	99876	1859
按企业、事业、机关分	Grouped by Enterprises,Institutions and Agencies				
企业	Enterprises	2107881	655218	2005374	102507
事业	Institutions	819237	426030	767137	52100
机关	Agencies and Organizations	283038	88466	268185	14853
按国民经济行业分	Grouped by Sector				
农、林、牧、渔业	Agriculture,Forestry,Animal Husbandry and Fishery	124934	38101	117153	7781
采矿业	Mining	130708	26974	129096	1612
制造业	Manufacturing	818555	262485	804848	13707
电力、热力、燃气及水的生产和供应业	Production and Supply of Power,Heat, Gas and Water	123472	27343	120892	2580
建筑业	Construction	273170	39820	237301	35869
批发和零售业	Wholesale and Retail Trades	116447	55944	111994	4453
交通运输、仓储和邮政业	Transport,Storage and Post	160708	34565	155943	4765
住宿和餐饮业	Hotels and Catering Services	28363	16647	27472	891
信息传输、软件和信息技术服务业	Information Transmission,Computer Services and Software	64105	25844	61406	2699
金融业	Financial Intermediation	120865	62710	104830	16035
房地产业	Real Estate	67708	25622	64085	3623
租赁和商务服务业	Leasing and Business Services	57648	20852	50959	6689
科学研究、技术服务业	Scientific Research and Technical Services	76412	25088	74157	2255
水利、环境和公共设施管理业	Management of Water Conservancy,Environment and Public Facilities	85471	33223	67545	17926
居民服务、修理和其他服务业	Neighborhood Services,Repair and other Services	25393	13283	21323	4070
教育	Education	361559	211765	352483	9076
卫生和社会工作	Health and Social Work	187229	121278	180616	6613
文化、体育和娱乐业	Culture,Sports and Entertainment	35368	15646	33934	1434
公共管理、社会保障和社会组织	Public Management,Social Secarities and Social Organizations	363348	119660	335330	28018
按产业分	Grouped by Industries				
第一产业	Primary Industry	104934	31015	97677	7257
第二产业	Secondary Industry	1321461	346806	1268527	52934
第三产业	Tertiary Industry	1795068	799029	1685163	109905

4-3 城镇非私营单位分细行业从业人员人数（2016年）

Number of Employees in the Urban Non-Private Sector （2016）

单位：人 unit:person

项　　目	Iten	合　计 Total	国　有 单　位 State-owned Units	城镇集体单位 Urban Collective-owned Units	其他类型单　位 Units of Other Types of Ownership
总　计	**Total**	**3221463**	**1631214**	**61472**	**1528777**
一、企业、事业、机关分组	**Grouped by Enterprises, Institutions and Agencies**				
企业	Enterprises	2107881	545328	46124	1516429
事业	Institutions	819237	799760	15110	4367
机关	Agencies and Organizations	283038	282776	173	89
二、按国民经济行业分组	**Grouped by Sector**				
(一)农、林、牧、渔业	**Agriculture,Forestry,Animal Husbandry and Fishery**	**124934**	**120795**	**2819**	**1320**
农　业	Farming	24972	24371	20	581
林　业	Forestry	71468	68950	2513	5
畜牧业	Animal Husbandry	6064	5639		425
渔　业	Fishery	2430	2273	112	45
农、林、牧、渔服务业	Agriculture,Forestry,Animal Husbandry and Fishery	20000	19562	174	264
(二)采 矿 业	**Mining**	**130708**	**3584**	**1761**	**125363**
煤炭开采和洗选业	Mining and Washing of Coal	62836	772	354	61710
石油和天然气开采业	Petroleum and Natural Gas Extraction	31797			31797
黑色金属矿采选业	Mining of Ferrous Metal Ores	5610		86	5524
有色金属矿采选业	Mining of Non-ferrous Metal Ores	8462	2633		5829
非金属矿采选业	Mining Processing of Non-metal Ores	719	89	109	521
开采辅助活动	Mining Auxiliary Activities	21194		1212	19982
其他采矿业	Mining of Others Ores	90	90		
(三)制 造 业	**Manufacturing**	**818555**	**166766**	**7003**	**644786**
农副食品加工业	Processing of Food from Agricultural Products	52424	339	124	51961
食品制造业	Manufacture of Foods	17902	1772	34	16096
酒、饮料	Liquor,Soft Drink	18332			18332
烟草制品业	Manufacture of Tobacco	3784	1283		2501
纺织业	Manufacture of Textile	29008		11	28997
纺织服装、服饰业	Textile and Clothing Apparel Industry	13610	67	514	13029
皮革、毛皮、羽毛及其制品和制鞋业	Leather,Fur,Feathers and its Products and Footwear	550	33	113	404
木材加工和木、竹、藤、棕、草制品	Processing of Timber,Manufacture of Wood Bamboo Rattan,Palm and Straw Products	42940	6285	208	36447
家具制造业	Manufacture of Furniture	3223		1	3222
造纸和纸制品业	Manufacture of Paper and Paper Products	4821		72	4749
印刷和记录媒介复制业	Printing and Reproduction of Recording Media	6987	373	783	5831

4－3 续表 1 continued

单位：人 unit:person

项 目	Iten	合 计 Total	国有单位 State-owned Units	城镇单位 Urban Collective-owned Units	其他类型单位 Units of Other Types of Ownership
文教、工美、体育和娱乐用品制造业	Culture,Art,Sportsand Entertainment Goods Manufacturing	2033		73	1960
石油加工、炼焦和核燃料加工业	Petroleum Processing and Coking ,Processing of Nuclear Fuel	3658			3658
化学原料和化学制品制造业	Chemical Raw Material and Chemical Products	61854	12802	1298	47754
医药制造业	Manufacture of Medicines	123668	541	115	123012
化学纤维制造业	Manufacture of Chemical Fiber	8509			8509
橡胶和塑料制品业	Manufacture of Rubber and Plastic	13873	348	698	12827
非金属矿物制品业	Manufacture of Non-metallic Mineral Products	33899	403	1101	32395
黑色金属冶炼和压延加工业	Smelting and Pressing of Ferrous Metals	19085		257	18828
有色金属冶炼和压延加工业	Smelting and Pressing of Non-ferrous Metals	8531		26	8505
金属制品业	Manufacture of Metal Products	12923	574	72	12277
通用设备制造业	Manufacture of General Purpose Machinery	18359	3538	365	14456
专用设备制造业	Manufacture of Special Purpose Machinery	17208	2774	356	14078
汽车制造业	Auto Vehicle manufacturing	246445	132813	426	113206
铁路、船舶、航空航天和其他运输设备制造业	Railroads,Ships,Aerospase and other Transportation Facities	22750	528	77	22145
电气机械和器材制造业	Manufacture of Electrical Machinery and Equipment	11332	179	121	11032
计算机、通信和其他电子设备制造业	Manufacture of Communication Equipment, Computer and Other Electronic Equipment	8366	21	4	8341
仪器仪表制造业	Instrument Manufacting Industry	6820		60	6760
其他制造业	Other Manufacting Industry	385			385
废弃资源综合利用业	Compre Hensive Utilization of Waste Resources	2026	5	54	1967
金属制品、机械和设备修理业	Metal Products,Machinery and Equipment Repair	3250	2088	40	1122
(四)电力、热力、燃气及水生产和供应业	**Production and Supply of Power Heat,Gas and Water**	**123472**	**34661**	**269**	**88542**
电力、热力生产和供应业	Production and Supply of Electricity and Heat Power	100230	23107	62	77061
燃气生产和供应业	Production and Supply of Gas	5711	1017	86	4608
水的生产和供应业	Production and Supply of Water	17531	10537	121	6873
(五) 建筑业	**Construction**	**273170**	**24579**	**9117**	**239474**
房屋建筑业	Construction of Buliding	149128	13148	5603	130377
土木工程建筑业	Construction of Civil Engineering	72967	8160	1275	63532
建筑安装业	Construction Installation	32123	3026	2048	27049
建筑装饰和其他建筑业	Construction Decoration and other Constraction	18952	245	191	18516
(六)批发和零售业	**Wholesale and Retail Trades**	**116447**	**21438**	**1807**	**93202**
批发业	Wholesale Trade	42190	19461	817	21912
零售业	Retail Trade	74257	1977	990	71290

4－3 续表2 continued

单位: 人 unit:person

项　　目	Iten	合计 Total	国有单位 State-owned Units	城镇单位 Urban Collective-owned Units	其他类型单位 Units of Other Types of Ownership
（七）交通运输、仓储和邮政业	**Transport, Storage and Post**	**160708**	**109171**	**1112**	**50425**
铁路运输业	Railway Transport	63592	62517	81	994
道路运输业	Road Transport	52935	14995	905	37035
水上运输业	Water Transport	159	143		16
航空运输业	Air Transport	6212	6065		147
管道运输业	Transport Via Pipeline	1079	33		1046
装卸搬运和运输代理业	Loading, Unlooding, Portage and Other Transport Services	944	91	50	803
仓储业	Storage	17491	11560	76	5855
邮政业	Post	18296	13767		4529
（八）住宿和餐饮业	**Hotels and Catering Serrvices**	**28363**	**9058**	**716**	**18589**
住宿业	Hotels	18987	7566	453	10968
餐饮业	Catering Services	9376	1492	263	7621
（九）信息传输、软件和信息技术服务业	**Information Transmission,Software and Information Technologh Services**	**64105**	**20951**	**2**	**43152**
电信、广播电视和卫星传输服务	Telecommunications,Broadcasting Television and Satelite Transmission Services	50008	20392		29616
互联网和相关服务	Internet and Relatsd Services	1381	123		1258
软件和信息技术服务业	Software and Infomation Technology Services	12716	436	2	12278
（十）金融业	**Financial Intermediation**	**120865**	**44818**	**15613**	**60434**
货币金融服务业	Monetary and Financial Services	90449	37610	15292	37547
资本市场服务业	Capital Market Services	3241	1029		2212
保险业	Insurance	26349	5957	321	20071
其他金融业	Other Financial Activities	826	222		604
（十一）房地产业	**Real Estate**	**67708**	**13383**	**384**	**53941**
其中：房地产开发经营	Development and Managment of Real Estate	31535	5216	79	26240
物业管理	Property Management	29222	2711	152	26359
房地产中介服务	Agency Services for Real Estate	2043	1092	10	941
（十二）租赁和商务服务业	**Leasing and Business Services**	**57648**	**19938**	**1446**	**36264**
租赁业	Leasing	1258	73		1185
商务服务业	Business Services	56390	19865	1446	35079
（十三）科学研究、技术服务业	**Scientific Research and Technical Service**	**76412**	**54425**	**226**	**21761**
研究和试验发展	Research and Experimental Development	13132	12070	14	1048
专业技术服务业	Professional Technical Services	54420	35929	212	18279

4－3 续表3 continued

单位：人 unit:person

项　　目	Iten	合 计 Total	国 有 单 位 State-owned Units	城 镇 单 位 Urban Collective-owned Units	其他类型 单 位 Units of Other Types of Ownership
科技推广和应用服务业	Services of Science and Technology Exchangs and Promotion	8860	6426		2434
（十四）水利、环境和公共设施管理业	**Water Conservancy, Environment and Public Facilities Management**	**85471**	**67311**	**10418**	**7742**
水利管理业	Water Conservancy Management	16752	16225	158	369
生态保护和环境治理业	Ecological Protection and Environmental Treatment Services	3325	3031		294
公共设施管理业	Puplic Facility Mangagement	65394	48055	10260	7079
（十五）居民服务、修理和其他服务业	**Household Services,Repairing and other Services**	**25393**	**8065**	**1563**	**15765**
居民服务业	Service to Households	12950	6567	439	5944
机动车、电子产品和日用产品修理业	Motor Vehicle,Electronic Products and Household Products Repair Services	1884	334	97	1453
其他服务业	Other Services	10559	1164	1027	8368
（十六）教育	**Education**	**361559**	**351249**	**91**	**10219**
其中:初等教育	Primary Education	130266	129227	62	977
中等教育	Secondary Education	147954	145327	1	2626
高等教育	Higher Senion Education	61500	57562		3938
（十七）卫生和社会工作	**Health Care and Social Work**	**187229**	**169909**	**6842**	**10478**
卫生	Health Care	182202	165546	6395	10261
社会工作	Social Work	5027	4363	447	217
（十八）文化、体育和娱乐业	**Culture,Sports and Entertainment**	**35368**	**28176**	**83**	**7109**
新闻和出版业	Journalism and Publishing Activities	6801	4620	20	2161
广播、电视、电影和影视录音制作业	Broad Casting、TV, Movies and Audiovisual Activities	11319	9624	23	1672
文化艺术业	Culture and Activities	12169	11319	22	828
体育	Sports	3751	1918		1833
娱乐业	Entertainment	1328	695	18	615
（十九）公共管理、社会保障和社会组织	**Public Management,Social Securities and Social Organization**	**363348**	**362937**	**200**	**211**
其中：中国共产党机关	Organs of Communist Party of China	13261	13261		
国家机构	Government Agencies	334005	333676	200	129
人民政协、民主党派	People' s Political Consultative and Conference and Democratic Parties	2105	2105		
社会保障	Social Securities	8462	8462		
群众社团、社会团体和其他成员组织	Non-goverment Multitude Organization,Social Organizations and other	5515	5433		82

4-4 各地区城镇非私营单位年底从业人员人数（2016年）

Number of Non-Private Employees at the end of the Year （2016）

单位: 人　　unit:person

地　区	Region	合　计 Total	国有单位 State-owned Units	城镇集体单位 Urban Collective-owned Units	其他单位合　计 Units of Other Types of Ownership
全　省	**Total**	**3221463**	**1631214**	**61472**	**1528777**
长　春	Changchun	1258761	545788	17412	695561
吉　林	Jilin	390251	206915	10134	173202
四　平	Siping	192442	122493	5435	64514
辽　源	Liaoyuan	127105	52768	1619	72718
通　化	Tonghua	274606	106372	7822	160412
白　山	Baishan	170203	98420	2772	69011
松　原	Songyuan	263923	128466	7253	128204
白　城	Baicheng	207323	145587	5102	56634
延　边	Yanbian	266707	154263	3923	108521

注：各地区相加不等于全省总计。
Note:The Sum of the data by region is not equal to the total.

4-5 城镇登记失业人员情况

Registered Unemployment Persons in Urban

单位: 人　　unit:person

指　标	Item	2014	2015	2016
本期新登记的失业人数	Registered Unemployed Persons This Year	338326	337347	352385
#女性	Female	156658	161800	163789
#由就业转失业人数	Unemployed Persons from Employment	115078	136342	124045
本期登记失业人员就业人数	Reemployed Persons This Year	322738	326123	333994
期末实有登记失业人数	Actual Number of Registered Unemployed Persons	231816	238766	257157
#女性	Female	98641	93611	110567
#长期失业者	Unemployed Persons in Long－term	30187	33810	35001
登记失业率（%）	Registered Unemployment Rate(%)	3.37	3.50	3.45

4-6 历年职工工资总额、平均工资和指数
Total Wages and Average Wages of Staff and Workers and Related Indices

年 份 Year	工资总额 (万元) Total Wages (10000yuan)	#国有单位 State-owned Unis	#城镇集体单位 Urban Collective-owned Units	平均工资 (元) Average Wages (yuan)	#国有单位 State-owned Units	#城镇集体单位 Urban Collective-owned Units	平均实际工资指数 (以上年100) Average Real Wages Index (perceeding year=100)	#国有单位 State-owned Units
1978	214393	176392	38001	651	712	467		104.6
1979	234639	189914	44725	700	753	539	105.7	104.0
1980	275684	219028	56656	763	827	588	103.2	104.0
1981	298349	232138	66211	770	840	611	99.3	100.0
1982	323142	250121	73021	799	863	637	99.6	98.6
1983	340615	259049	81566	823	881	680	98.6	97.7
1984	393211	292467	100635	927	1008	751	108.8	110.5
1985	474432	352057	122217	1081	1175	880	105.7	105.7
1986	556845	417486	139173	1221	1333	974	106.6	107.0
1987	644136	484259	159616	1366	1491	1088	104.0	104.0
1988	789012	595701	192919	1630	1771	1311	99.2	98.7
1989	870776	662084	207837	1755	1914	1388	91.9	99.2
1990	951989	734882	215591	1888	2068	1456	102.6	103.0
1991	1063309	816534	243947	2045	2233	1596	101.4	101.1
1992	1220550	945410	264870	2308	2526	1759	104.2	105.7
1993	1423561	1109906	281071	2701	2974	1952	103.4	104.0
1994	1887916	1509813	314723	3666	3997	2568	110.2	109.1
1995	2210027	1809128	318902	4430	4803	3032	104.9	104.3
1996	2636962	2164775	364074	5370	5765	3752	112.6	111.9
1997	2745277	2214025	353209	5664	6017	3813	101.7	100.6
1998	2465545	1967822	268404	6551	6814	4778	116.6	114.1
1999	2532839	1969551	242057	7158	7368	5000	111.5	110.3
2000	2649607	2037696	234537	7924	8121	5501	112.2	111.8
2001	2775443	2102269	222532	8771	9043	5765	109.3	109.9
2002	3005549	2251039	209872	9990	10369	6411	114.5	115.2
2003	3215531	2298500	224936	11081	11124	8018	109.6	106.0
2004	3500716	2460166	192450	12431	12540	7504	107.8	108.3
2005	3774008	2597306	183772	14409	14566	8735	114.2	114.4
2006	4310888	2916500	192231	16583	17118	9787	113.5	115.9
2007	5287046	3612104	178673	20513	21688	11135	118.0	120.9
2008	6014107	4067347	186024	23486	24754	12761	108.9	108.6
2009	6781647	4406877	204827	26230	27523	14443	111.6	111.1
2010	7626800	4922713	228316	29399	30661	17060	108.1	107.4
2011	9190240	5721524	236846	34197	35216	25718	110.6	109.2
2012	11072962	6686141	273291	38407	39335	29506	109.6	109.0
2013	14766085	7900621	252572	42846	45618	34570	108.4	112.7
2014	15899035	8348348	250681	46516	49267	37351	106.4	105.9
2015	17186936	9247062	260430	51558	56032	40955	109.0	111.8
2016	18247620	10102911	274144	56098	62007	44026	107.1	108.9

注：①1998年以后为在岗职工情况。
②从2012年以后在岗职工平均工资调整为单位从业人员平均工资。
Note:①Data on total wages since 1998 refers to wages of fully employed staff and workers.
②Since 2012 the average wage of workers were changed into,the average wage for Personnel Unit.

4-7 城镇非私营单位从业人员劳动报酬和生活费（2016年）

项　　目	Iten	单位从业人员工资总额（万元）Earning of Employed Persons (10000 yuan)
总计	**Total**	**18247620**
按经济类型分	Grouped by Ownership	
国有经济	State-owned Units	10102911
城镇集体经济	Urban Collective-owned Units	274144
其他经济	Others	7870565
内资	Domestic Investment	6983442
股份合作	Stock Cooperative	51029
联营	Joint Operation	4874
有限责任公司	Limited Liability Corporations	4199510
股份有限公司	Joint Stock Corporations	2338005
其他	Others	390025
港澳台商投资	Investment HongKong,Macao and Taiwan	230660
外商投资	Foreign Investment	656462
按企业、事业、机关分	Grouped by Enterprises,Institutions and Agencies	
企业	Enterprises	11852048
事业	Instiutions	4730550
机关	Agencies and Organizations	1612048
按国民经济行业分	Grouped by Sector	
农、林、牧、渔业	Agrculture,Forestry,Animal Husbandry and Fishery	411633
采矿业	Mining	676845
制造业	Manufacturing	4789764
电力、热力、燃气及水的生产和供应业	Production and Supply of Electricity,Heat,Gas and Water	874524
建筑业	Construction	1377931
批发和零售业	Wholesale and Retail Trades	504595
交通运输、仓储和邮政业	Transportation,Storage and Post	995112
住宿和餐饮业	Hotels and Catering Services	96704
信息传输、软件和信息技术服务业	Information Transmission,Software and Information Technology Services	419949
金融业	Financial Intermediation	979199
房地产业	Real Estate	298787
租赁和商务服务业	Leasing and Business Services	254992
科学研究、技术服务业	Scientific Research,Techrical Services	480836
水利、环境和公共设施管理业	Management of Water Conservancy,Environment and Public Facilities	287859
居民服务、修理和其他服务业	Household Services Repairing and other Services	82616
教育	Education	2365096
卫生和社会工作	Health Care and Social Work	1176562
文化、体育和娱乐业	Culture,Sports and Entertainment	198592
公共管理、社会保障和社会组织	Public management,Social Security and Social Organization	1976022

在岗职工工资总额 Total Wages of Staff and Workers	其他从业人员工资总额 Others	单位从业人员平均工资(元) Average Earning of Employed Persons (yuan)	#在岗职工平均工资 Average Wages of Staff and Workers
17705555	**542065**	**56098**	**57486**
9873811	229100	62007	63871
262010	12134	44026	45182
7569734	300831	50413	51282
6695120	288323	49403	50274
50174	855	54194	55607
4874		45590	45590
4010160	189350	45063	45886
2250926	87079	58356	59239
378986	11039	55317	55959
225268	5393	50519	50940
649347	7116	64363	64829
11452906	399142	55390	56306
4615310	115240	57765	60135
1587100	24948	56958	59229
397434	14199	33042	34022
672097	4749	51883	52145
4685841	103923	58250	58062
865165	9360	70925	71704
1248526	129405	44968	46439
490176	14419	43419	43858
978979	16134	62053	62988
93906	2798	34173	34428
409121	10828	64923	66156
927489	51711	81958	88702
287288	11499	44670	45553
238396	16596	45219	48346
472236	8600	62900	63607
253504	34355	33912	37503
72380	10237	32797	34316
2338211	26885	65436	66302
1151452	25110	63307	64354
193319	5273	55335	56215
1930036	45986	54321	57512

4-8 城镇非私营单位分行业从业人员工资总额（2016年）

Total Wages of Urban Non-Private Sector Employees (2016)

单位: 万元 unit:10000 yuan

行业	Iten	合计 Total	国有单位 State -owned Units	集体单位 Collective -owned Units	其他单位 Others
总计	**Total**	**18247620**	**10102911**	**274144**	**7870565**
农、林、牧、渔业	Agriculture,Forestry,Animal Husbandry and Fishery	411633	391690	13582	6362
采矿业	Mining	676845	15698	6837	654310
制造业	Manufacturing	4789764	1594168	27604	3167992
电力、热力、燃气及水的生产和供应业	Production and Supply of Electricity,Heat,Gas and Water	874524	233420	558	640546
建筑业	Construction	1377931	115648	33480	1228803
批发和零售业	Wholesale and Retail Trades	504595	127546	4807	372242
交通运输、仓储和邮政业	Transport,Storage and Post	995112	768683	2454	223975
住宿和餐饮业	Hotels and Catering Services	96704	32817	2090	61797
信息传输、软件和信息技术服务业	Information Transmission,Software and Information Technology Services	419949	161246	10	258693
金融业	Financial Intermediation	979199	348326	110693	520180
房地产业	Real Estate	298787	60350	1254	237183
租赁和商务服务业	Leasing and Business Services	254992	88122	5596	161273
科学研究、技术服务业	Scientific Research,Techrical Services	480836	350827	1029	128980
水利、环境和公共设施管理业	Management of Water Conservancy, Environment Protection and Public Facilities	287859	232274	25702	29883
居民服务、修理和其他服务业	Household Services Repairing and other Services	82616	34661	4825	43130
教育	Education	2365096	2315825	591	48681
卫生和社会工作	Health Care and Social Work	1176562	1104170	31108	41284
文化、体育和娱乐业	Culture, Sports and Entertainment	198592	154004	332	44257
公共管理、社会保障和社会组织	Public Management,Social Security and Social Organization	1976022	1973436	1593	994

4-9 城镇非私营单位分细行业从业人员平均工资（2016年）
Average Salary of Urban Non-Private Sector Workers（2016）

单位：元　　unit:yuan

项目	Iten	从业人员 Employees	国有单位 State-owned Units	城镇单位 Urban Collective-owned Units	其他类型单位 Units of Other Types of Ownership
总计	**Total**	**56098**	**62007**	**44026**	**50413**
一、企业、事业、机关分组	**Grouped by Enterprises, Institutions and Agencies**				
企业	Enterprises	55390	70256	46270	50448
事业	Institutions	57765	58233	37040	43693
机关	Agencies and Organizations	56958	56963	50409	52379
二、按国民经济行业分组	**Grouped by Sector**				
（一）农、林、牧、渔业	**Agriculture,Forestry,Animal Husbandry and Fishery**	**33042**	**32546**	**46338**	**48935**
农业	Farming	26854	26262	36600	52958
林业	Forestry	31841	31270	46759	12200
畜牧业	Animal Husbandry	25844	24858		39103
渔业	Fishery	23543	22950	20465	62136
农、林、牧、渔服务业	Agriculture,Forestry,Animal Husbandry and Fishery	48333	48156	58069	54705
（二）采矿业	**Mining**	**51883**	**43197**	**37671**	**52341**
煤炭开采和洗选业	Mining and Washing of Coal	40398	44402	38002	40360
石油和天然气开采业	Petroleum and Natural Gas Extraction	72839			72839
黑色金属矿采选业	Mining of Ferrous Metal Ores	43451		23384	43730
有色金属矿采选业	Mining of Non-ferrous Metal Ores	42672	42053		42950
非金属矿采选业	Mining Processing of Non-metal Ores	33757	28978	41559	33046
开采辅助活动	Mining Auxiliary Activities	60945		38218	62324
其他采矿业	Mining of Others Ores	79359	79359		
（三）制造业	**Manufacturing**	**58250**	**95359**	**36898**	**48918**
农副食品加工业	Processing of Food from Agricultural Products	37199	38231	14919	37245
食品制造业	Manufacture of Foods	37090	44856	39514	36049
酒、饮料和	Liquor,Soft Drink	38970			38970
烟草制品业	Manufacture of Tobacco	131056	126752		133368
纺织业	Manufacture of Textile	41242		30545	41246
纺织服装、服饰业	Textile and Clothing Apparel Industry	34895	29460	31184	35072
皮革、毛皮、羽毛及其制品和制鞋业	Leather,Fur,Feathers and its Products and Footwear	27915	41353	41027	22813
木材加工和木、竹、藤、棕、草制品	Processing of Timber,Manufacture of Wood Bamboo Rattan,Palm and Straw Products	35834	38403	38091	35461
家具制造业	Manufacture of Furniture	32138		13000	32144
造纸和纸制品业	Manufacture of Paper and Paper Products	36458		19600	36710
印刷和记录媒介复制业	Printing and Reproduction of Recording Media	33698	34282	40101	32842

项　　目	Iten	从业人员 Employees	国 有 单 位 State-owned Units	城 镇 单 位 Urban Collective-Owned Units	其他类型 单 位 Units of Other Types of Ownership
文教、工美、体育和娱乐用品制造业	Culture,Art,Sportsand Entertainment Goods Manufacturing	29454		35087	29154
石油加工、炼焦和核燃料加工业	Petroleum Processing and Coking ,Processing of Nuclear Fuel	46578			46578
化学原料和化学制品制造业	Chemical Raw Material and Chemical Products	63931	54324	67977	66391
医药制造业	Manufacture of Medicines	43304	39911	43722	43319
化学纤维制造业	Manufacture of Chemical Fiber	33157			33157
橡胶和塑料制品业	Manufacture of Rubber and Plastic	40544	38975	28072	41263
非金属矿物制品业	Manufacture of Non-metallic Mineral Products	36354	57000	20896	36767
黑色金属冶炼和压延加工业	Smelting and Pressing of Ferrous Metals	49471		27637	49738
有色金属冶炼和压延加工业	Smelting and Pressing of Non-ferrous Metals	43338		24000	43400
金属制品业	Manufacture of Metal Products	41403	41251	28347	41487
通用设备制造业	Manufacture of General Purpose Machinery	45077	48986	32322	44395
专用设备制造业	Manufacture of Special Purpose Machinery	38437	45051	28863	37450
汽车制造业	Auto Vehicle manufacturing	86781	106337	33864	63686
铁路、船舶、航空航天和其他运输设	Railroads,Ships,Aerospase and other Transportation Facities	95840	64428	69938	96655
电气机械和器材制造业	Manufacture of Electrical Machinery and Equipment	47691	52581	22244	47980
计算机、通信和其他电子设备制造业	Manufacture of Communication Equipment, Computer and Other Electronic Equipment	51349	51143	18000	51366
仪器仪表制造业	Instrument Manufacting Industry	54876		65153	54786
其他制造业	Other Manufacting Industry	31754			31754
废弃资源综合利用业	Compre Hensive Utilization of Waste Resources	40545	39200	30426	40826
金属制品、机械和设备修理业	Metal Products,Machinery and Equipment Repair	43656	46446	24000	39126
(四)电力、热力、燃气及水生产和供应业	**Production and Supply of Power Heat,Gas and Water**	**70925**	**67640**	**20302**	**72363**
电力、热力生产和供应业	Production and Supply of Electricity and Heat Power	77138	79942	33613	76340
燃气生产和供应业	Production and Supply of Gas	47581	41183	17685	49593
水的生产和供应业	Production and Sypply of Water	42957	43478	15471	42638
(五) 建筑业	**Construction**	**44968**	**51800**	**36062**	**44714**
房屋建筑业	Construction of Buliding	45375	54558	36464	45112
土木工程建筑业	Construction of Civil Engineering	42384	46501	25302	42165
建筑安装业	Construction Installation	49777	58107	41613	49467
建筑装饰和其他建筑业	Construction Decoration and other Constraction	42509	44360	34806	42569
(六)批发和零售业	**Wholesale and Retail Trades**	**43419**	**59861**	**26617**	**39982**
批发业	Wholesale Trade	53888	61602	28869	47935
零售业	Retail Trade	37484	41564	24748	37555

4－9 续表 2 continued

项 目	Iten	从业人员 Employees	国有单位 State-owned Units	城镇单位 Urban Collective-owned Units	其他类型单位 Units of Other Types of Ownership
（七）交通运输、仓储和邮政业	**Transport, Storage and Post**	**62053**	**70004**	**22029**	**45298**
铁路运输业	Railway Transport	81069	81103	56827	80874
道路运输业	Road Transport	41161	37707	19030	43152
水上运输业	Water Transport	61884	58470		94071
航空运输业	Air Transport	101804	103351		39192
管道运输业	Transport Via Pipeline	74858	43721		76142
装卸搬运和运输代理业	Loading, Unlooding, Portage and Other Transport Services	38652	48516	24308	38461
仓储业	Storage	43199	45695	19092	38585
邮政业	Post	59898	60587		57804
（八）住宿和餐饮业	**Hotels and Catering Serrvices**	**34173**	**35709**	**28789**	**33618**
住宿业	Hotels	35758	35055	29104	36540
餐饮业	Catering Services	30923	39095	28236	29400
（九）信息传输、软件和信息技术服务业	**Information Transrission,Software and Information Technologh Services**	**64923**	**74461**	**50000**	**60124**
电信、广播电视和卫星传输服务	Telecommuricutions,Broadcasting Television and Satelite Transmission Services	67253	74906		61835
互联网和相关服务	Internet and Relatsd Services	41831	57659		40299
软件和信息技术服务业	Software and Infomation Technology Services	57956	57772	50000	57964
（十）金融业	**Financial Intermediation**	**81958**	**77464**	**71021**	**88281**
货币金融服务业	Monetary and Financial Services	91984	82702	72028	109564
资本市场服务业	Capital Market Services	88743	67004		98232
保险业	Insurance	45006	44377	23131	45579
其他金融业	Other Financial Activities	80882	123875		66406
（十一）房地产业	**Real Estate**	**44670**	**46185**	**31982**	**44393**
其中：房地产开发经营	Development and Managment of Real Estate	53463	38740	35817	56225
物业管理	Property Management	34140	45092	26233	33024
房地产中介服务	Agency Services for Real Estate	39701	44979	39600	33650
（十二）租赁和商务服务业	**Leasing and Business Services**	**45219**	**43565**	**37838**	**46499**
租赁业	Leasing	36258	52589		35183
商务服务业	Business Services	45411	43532	37838	46873
（十三）科学研究、技术服务业	**Scientific Research and Technical Service**	**62900**	**64171**	**45140**	**59863**
研究和试验发展	Research and Experimental Development	77397	77274	38929	79345
专业技术服务业	Professional Technical Services	60639	60825	45547	60447

4－9 续表 3 continued

项　　目	Iten	从业人员 Employees	国有单位 State-owned Units	城镇单位 Urban Collective-owned Units	其他类型单位 Units of Other Types of Ownership
科技推广和应用服务业	Services of Science and Technology Exchangs and Promotion	55118	58321		45696
(十四)水利、环境和公共设施管理业	**Water Conservancy, Environment and Public Facilities Management**	**33912**	**34784**	**24792**	**38604**
水利管理业	Water Conservancy Management	40801	40739	27671	49252
生态保护和环境治理业	Ecological Protection and Environmentel Treatment Services	33979	33438		39619
公共设施管理业	Puplic Facility Mangagement	32114	32818	24748	38014
(十五)居民服务、修理和其他服务业	**Household Services,Repairing and other Services**	**32797**	**43986**	**30711**	**27404**
居民服务业	Service to Households	37419	44915	49735	28176
机动车、电子产品和日用产品修理业	Motor Vehicle,Electronic Products and Household Products Repair Services	36184	34107	35949	36677
其他服务业	Other Services	26779	41751	22057	25296
(十六)教育	**Education**	**65436**	**65906**	**64239**	**48876**
其中:初等教育	Primary Education	58965	59132	59710	38048
中等教育	Secondary Education	62532	62732	72000	50979
高等教育	Higher Senion Education	87815	90619		45869
(十七)卫生和社会工作	**Health Care and Social Work**	**63307**	**65423**	**45526**	**40301**
卫生	Health Care	63846	65912	47513	40377
社会工作	Social Work	43937	47037	17065	36769
(十八)文化、体育和娱乐业	**Culture,Sports and Entertainment**	**55335**	**54459**	**39464**	**58805**
新闻和出版业	Journalism and Publishing Activities	49057	53291	21100	40978
广播、电视、电影和影视录音制作业	Broad Casting、TV, Movies and Audiovisual Activities	53138	55583	80435	39363
文化艺术业	Culture and Activities	53006	53527	20364	46622
体育	Sports	83518	58944		107338
娱乐业	Entertainment	45837	49560	31316	41818
(十九)公共管理、社会保障和社会组织	**Public Management,Social Securities and Social Organization**	**54321**	**54312**	**78453**	**46430**
其中：中国共产党机关	Organs of Communist Party of China	61711	61711		
国家机构	Government Agencies	54389	54375	78453	54581
人民政协、民主党派	People' s Political Consultative and Conference and Democratic Parties	67772	67772		
社会保障	Social Securities	36993	36993		
群众社团、社会团体和其他成员组织	Non-goverment Multitude Organization,Social Organizations and other	53840	54145		34059

CHAPTER ▶ 05

第五篇

固定资产投资

INVESTMENT IN FIXED ASSETS

5－1 历年全社会固定资产投资额

Total Investment in Fixed Assets

单位: 亿元　　　　unit:100 million yuan

年 份 Year	投资总额 Total Investment	国有经济 State-owned Units	集体经济 Collective-owned Units	个体经济 Self-employed Individual Units	其他经济 Others	#房地产投资 Real Estate Investment
1978	18.2	15.6	1.9	0.7		
1979	19.5	17.2	1.6	0.8		
1980	20.9	17.7	2.0	1.3		
1981	21.0	17.1	2.3	1.7		
1982	27.5	22.1	2.4	3.1		
1983	29.3	22.0	3.4	4.0		
1984	40.9	25.5	2.2	13.3		
1985	62.2	37.4	4.4	20.4		
1986	63.4	42.1	4.4	16.9		
1987	77.0	54.0	6.4	16.7		
1988	93.0	67.8	7.3	18.0		
1989	80.1	58.1	4.3	17.7		
1990	93.5	66.9	2.8	23.8		6.5
1991	114.0	85.6	6.0	22.4		7.7
1992	151.1	121.7	12.2	17.2		14.3
1993	253.6	207.7	23.4	22.6		29.6
1994	302.5	249.5	25.7	27.3		42.5
1995	341.9	279.8	21.2	40.9		35.6
1996	394.6	321.8	24.6	48.1		30.2
1997	364.5	295.1	32.9	36.5		25.3
1998	420.9	350.3	38.6	32.0		36.4
1999	498.8	414.6	42.5	41.7		53.0
2000	586.9	308.4	43.5	52.1	182.9	63.5
2001	679.7	373.5	26.2	70.8	209.2	93.0
2002	808.0	349.8	25.8	79.2	353.2	116.8
2003	969.0	416.4	32.1	87.4	433.1	139.2
2004	1171.6	452.3	51.8	87.4	579.9	162.5
2005	1802.4	892.3	85.4	117.8	706.9	195.7
2006	2804.3	1176.8	28.5	113.5	1485.5	310.2
2007	4003.2	1129.1	70.2	153.4	2650.5	490.1
2008	5608.2	1804.4	88.7	184.7	3530.4	640.8
2009	7259.5	1927.1	100.5	212.2	5019.7	756.7
2010	9621.8	2820.1	141.8	252.8	6407.1	921.0
2011	7441.7	1752.4	62.2	1263.2	4363.9	1195.4
2012	9511.6	2191.0	82.2	367.0	6871.4	1310.0
2013	9979.3	2478.7	59.9	382.4	7058.3	1252.4
2014	11339.6	2616.4	87.5	401.6	8234.1	1030.1
2015	12705.3	3031.1	93.6	309.8	9270.7	924.2
2016	13923.2	2846.0	83.8	259.5	10734.0	1016.8

注：从2011年开始，固定资产投资统计的起点标准，从计划总投资50万元提高到500万元，因此，2011年全社会固定资产投资额与以前年度不可比。
Note: Since 2011,the cut-off point of projects of investment has changed from 500000 yuan to 5000000 yuan,so data of 2011 are not comparable with precious years.

5－2 历年全社会住宅投资和房屋建筑面积
Total Investment in Residential Buildings and Floor Space of Buildings

年 份 Year	全社会住宅投资(万元) Total Investment in Residential Buildings(10000yuan)				房屋建筑面积(万平方米) Floor Space of Buildings(10000sq.m)		
	总计 Total	国有、其他类型 State-owned, Others	集体经济 Collective -owned Units	个体经济 Self-employed Individual Units	施工面积 Floor Spoce under Construcion	竣工面积 Floor Space Completed	# 住宅 Residential Buidings
1978	19754	12147	440	7167		864.0	248.5
1979	34264	26298	292	7674		664.5	326.0
1980	49115	36152	202	12761		773.9	505.0
1981	57153	39003	1467	16683		1135.0	623.1
1982	82136	50244	1383	30509		1495.4	1203.0
1983	74796	37531	4201	33064		1671.6	1131.8
1984	118432	40699	5369	72364		1862.5	1484.8
1985	172342	70802	8078	93462		2007.7	1476.6
1986	182512	64113	4139	114260		2352.8	1973.6
1987	220034	49538	16019	154477		1933.3	1536.1
1988	203785	92348	5090	106347		1463.5	1059.4
1989	190408	69363	2867	118178	1512.4	1356.3	930.2
1990	241290	88078	8579	144633	1462.6	1096.1	917.2
1991	275610	136689	4809	134112	1824.8	1074.2	761.6
1992	368529	220075	7006	141448	1956.6	1380.0	834.4
1993	740171	503732	75582	160857	2583.1	1833.6	1183.9
1994	797648	508561	53914	235173	2867.8	2011.7	1162.9
1995	842257	426009	39362	376886	2013.3	2007.6	1423.1
1996	808848	443593	43689	321566	2004.9	1923.0	1505.5
1997	820149	372063	83113	364973	1843.3	1798.8	1370.0
1998	870310	518165	32037	320108	2427.1	1954.4	1112.3
1999	1119595	685868	27135	406592	2744.8	1928.6	1300.3
2000	1584539	811784	298644	474111	3500.4	2616.9	1720.4
2001	1867332	1169351	243141	454840	4449.5	3106.5	1997.3
2002	1608617	1197583	138363	272671	4856.6	3349.0	1988.8
2003	1728015	1452431	85458	191126	4913.1	3367.3	1990.1
2004	1608043	1430143	44073	133827	3967.5	2017.5	957.8
2005	2175201	1891700	56609	226892	5110.6	2633.2	946.3
2006	3520595	3191143	25225	304227	6888.4	3409.4	1192.7
2007	5293696	4907428	25130	361138	9487.9	4302.4	1629.5
2008	6415919	5983445	54707	377767	11594.0	5655.2	2521.9
2009	7915956	7261667	14402	639887	13286.9	5906.3	2626.8
2010	9046137	8384024	12027	650086	16322.2	6316.0	3228.8
2011	10593873	9899094	14455	680324	15645.3	4876.9	2978.6
2012	11097180	10425862	195865	475453	16960.0	4573.9	2173.5
2013	10404829	9787259	45471	572099	19551.1	5458.8	2451.0
2014	8414182	7802594	300	611288	18426.0	5119.8	2076.1
2015	7829337	6845088	270	983979	16935.8	4673.1	1906.0
2016	7883460	7462848	500	420112	18735.6	4997.5	1504.0

5-3 全社会固定资产投资主要指标
Main Indicators of Total Investment in Fixed Assets in the Whole Country

单位：亿元　　unit：100 million yuan

指　　标	Item	2014	2015	2016
全社会投资额	**Total Social Investment (100 million yuan)**	**11339.62**	**12705.29**	**13923.20**
固定资产投资额(不含农户)	Fixed Asset Investment(Excluding Farmers)(100 million yuan))	11107.94	12508.59	13773.17
按登记注册类型分	**Type of Registration**			
内资企业	Domestic Funds	10767.11	12220.77	13405.28
#国有企业	Stute-owned	2457.94	2871.52	2423.42
集体企业	Collective	69.24	89.97	78.32
股份合作企业	Cooperative Units	17.30	30.65	11.24
联营企业	Joint Ownership	36.24	17.78	22.26
国有独资公司	State Owned Company	127.78	149.85	417.08
其他有限责任公司	Others Limited Liability Corprations	3547.03	3786.12	4123.22
股份有限公司	Share-holding Corporations Lted	546.14	568.32	659.92
港澳台商投资企业	Funds from Hongkong, Macao and Taiwan	88.14	81.85	94.47
外商投资企业	Foreign Fundece	82.76	92.83	163.93
个体投资	Personal Investment	401.61	309.84	259.52
按隶属关系分	**Grouped by Jurisdiction of Management**			
中央项目	Gentral Investment	756.44	878.35	382.77
地方项目	Local Investment	10583.18	11826.94	18940.43
按控股情况分	**Grouped by Hdding Situation**			
国有控股	State Holding	1899.57	3283.49	3501.21
集体控股	Collective Holding	126.37	139.58	173.86
私人控股	Private Holding	7461.11	8258.13	9134.29
港澳台商控股	Hongkong Macao and Taiwan Holdings	79.96	76.64	64.48
外商控股	Foreign Holding	55.15	52.22	90.71
其他控股	Other Holding	717.46	895.23	958.65
按构成分	**Grouped by structure**			
建筑安装工程	Construcion and Installtion	6692.80	7430.64	8570.91
设备、工器具购置	Parchase of Equipment and Instruments	3790.05	4298.03	4315.77
其他费用	Others	856.77	976.62	1036.52
按产业分	**Grouped by Industry**			
#住宅	Residental Buildings	841.42	782.93	788.35
第一产业	Pirmary Industry	608.51	632.45	807.04
第二产业	Secondary Industry	6306.61	7019.62	7187.78
第三产业	Tertiary Industry	4424.50	5053.21	5928.38

5－4　固定资产投资和房屋建筑面积（不含农户）

Fixed Asset Investment and Housing Construction Area

指　　标	Item	2014	2015	2016
施工建设项目个数（个）	**Number of Constraction Projects (Unit)**	**12705**	**13107**	**20533**
新开工	New	11198	11777	18546
全部建成投产项目	Total Projects Completed and Put into Use	10944	11198	18495
建成项目投产率（%）	Rate of Construction Projects Completed and Put into Use(%)	86.1	85.4	90.1
投资完成额（亿元）	**Investment Completion（100 million yuan）**	**11107.94**	**12508.59**	**13773.17**
按资金实际到位情况分（亿元）	**By Funding the Actual Place Situation（100 million yuan）**			
国家预算内资金	National Budget	290.77	436.46	555.83
国内贷款	Domestic Loans	530.73	439.81	653.54
利用外资	Foreign Investment	11.43	24.91	17.87
自筹资金	Self-raising Funds	9653.26	11082.31	11459.43
其他投资	Others	621.75	525.10	1086.50
新增固定资产（亿元）	**New Fixed Assets（100 million yuan）**	**9644.99**	**10900.14**	**9948.40**
固定资产交付使用率（%）	**Fixed Asset Delivery (%)**	**86.8**	**87.1**	**72.2**
房屋建筑面积（万平方米）	**Floor Space of Buildings(10000 sq.m)**			
施工面积	Floor Space under Construction	17916.33	16173.16	18256.66
#住宅	Residential Housing	9628.16	8534.54	8427.13
竣工面积	Floor Space Completed	4615.79	3913.96	4533.56
#住宅	Residential Housing	1665.25	1174.86	1070.04
商品房销售面积	Commercial Housing Sales Areas	1581.72	1491.85	1919.30

5－5 各行业按建设性质和构成分固定资产项目投资（2016年）

单位：万元

行 业	Sector	投资额 Investment	#新 建 New Construction
全 省 总 计	**National Total**	**127564070**	**60399731**
农、林、牧、渔业	**Agriculture,Forestry,Animal Husbandry and Fishery**	**7085023**	**3714306**
农业	Farming	2108734	1067001
林业	Forestry	282242	153289
畜牧业	Animal Husbandry	2751138	1551188
渔业	Fishery	136780	55117
农、林、牧、渔服务业	Agriculture, Forestry, Animal Husbandry and Fishery Services	1806129	887711
采矿业	**Mining**	**4499714**	**1468678**
煤炭开采和洗选业	Mining and Washing Coal	578352	214140
石油和天然气开采业	Extraction of Petroleum Natural Gas	1735297	869666
黑色金属矿采选业	Mining and Processing Ferrous Metal Ores	306939	47085
有色金属矿采选业	Mining and Processing of Non-ferrous Metal Ores	635898	132973
非金属矿采选业	Mining and Processing of Nonmetal Ores	989143	161174
开采辅助活动	Mining Auxiliary Activities	233785	38940
其他采矿业	Mining of Other Ores	20300	4700
制造业	**Manufacturing**	**60116414**	**20977353**
农副食品加工业	Processing of Food from Agricultural Products	7751952	3120707
食品制造业	Manufacture of Foods	3063923	1222456
酒、饮料和精制茶制造业	Liquor,Soft Drinle and Refined Tea Manufacturing	2235574	948315
烟草制品业	Manufacture of Tobacco	46633	31974
纺织业	Manufacture of Textile	369167	137942
纺织服装、服饰业	Textile and Clothing Apparel Industry	1031935	351252
皮革、毛皮、羽毛及其制品和制鞋业	Manufacture of Leather,Fur,Feather and Related Products	107292	42594
木材加工和木、竹、藤、棕、草制品业	Processing of Timber,Manfacture of Wood,Bamboo,Rattan, Palm and Straw Products	2464272	544096
家具制造业	Manufacture of Furniture	793998	226298
造纸和纸制品业	Manufacture of Paper and Paper Produts	770462	280844
印刷和记录媒介复制业	Prnting Peproduction of Recording Meida	717268	122773
文教、工美、体育和娱乐用品制造业	Culture,Art,Sports and Entertainment Goods Manufacturing	305910	85814
石油加工、炼焦和核燃料加工业	Processing of Petroleum,Coking,Processing of Nuclear Fuel	519310	220522
化学原料和化学制品制造业	Manufacture of Raw Chemical Materials and Chemical Products	4048308	1576935
医药制造业	Manufacture of Medicines	4123045	1689994
化学纤维制造业	Manufacture of Chemical Fibers	238775	111486
橡胶和塑料制品业	Manufacture of Rubber and Plastic	1666829	517565
非金属矿物制品业	Manufacture of Non-metallic Mineral Products	6111740	1727694
黑色金属冶炼和压延加工业	Simelting and Pressing of Ferrous Metals	478247	222174
有色金属冶炼和压延加工业	Smelting and Pressing of Non-ferrous Metals	403106	71635
金属制品业	Manufacture of Metal Products	2245644	646306
通用设备制造业	Manufacure of General PurPose Machinery	2759325	745150
专用设备制造业	Manufacture of Special Purpose Machinery	4095770	1272962
汽车制造业	Auto Vehide Manufacturing	7861642	2860504
铁路、船舶、航空航天和其他运输设备制造业	Railroads,Ships,Aerospase and other Transportation Facities	554435	193351
电气机械和器材制造业	Manufacture of Electrical Machinery and Equipment	1998087	859964

注：本表不含房地产投资、农户投资。
Note: This table does not contain real estate investment, rural households investment.

Industry by the Nature of Construction and Composition of Fixed Asset Investment Projects（2016）

unit:10000 yuan

#扩 建 Expansion	#改建和技术改造 Reconstruction and Technical Transformation	建筑安装工程投资 Construction and Instaccation	设备工器具购置 Purchase of Equipment and Instruments	其他费用 Others
22808531	**34329719**	**76859528**	**42411021**	**8293521**
1660902	**1249260**	**4751600**	**1670600**	**662823**
398114	508272	1299548	574984	234202
66814	48249	194170	31653	56419
721100	382682	1924243	570399	256496
45003	36660	87254	38208	11318
429871	273397	1246385	455356	104388
1276978	**1560453**	**3242298**	**1096686**	**160730**
12697	325555	407616	155871	14865
593850	271781	1555227	111243	68827
98137	161717	198358	101054	7527
169020	311905	474465	143425	18008
293429	424080	464606	486139	38398
109845	49815	134561	87279	11945
	15600	7465	11675	1160
10529323	**22767878**	**29218688**	**28088096**	**2809630**
1744560	2666076	4592963	2612905	546084
628980	1042323	1693225	1219833	150865
443194	749890	1253388	848300	133886
2950	7300	22014	7279	17340
46990	149256	189334	149229	30604
58203	535772	333977	666081	31877
22120	42578	50548	48030	8714
518343	1278884	1357392	972674	134206
188644	297681	384285	372237	37476
173852	253432	333798	422848	13816
209379	295993	336835	346142	34291
31280	159032	152450	139193	14267
48732	183822	318758	184622	15930
800963	1409844	2013667	1836507	198134
675493	1421118	2412644	1522281	188120
15099	112190	116477	118839	3459
367438	651900	780788	821474	64567
1543684	2363337	3273586	2607659	230495
74533	106706	270474	199544	8229
70264	236737	161818	229147	12141
525677	887591	1074280	1089445	81919
394921	1303082	1203095	1435766	120464
638599	1770604	1967032	1960170	168568
617555	3276607	2437966	5060116	363560
138846	162902	233421	259575	61439
220311	585091	921381	1027243	49463

单位：万元

5－5 续表1

行　业	Sector	投资额 Investment	#新 建 New Construction
计算机、通信和其他电子设备制造业	Manufacture of Communication Equipment, Computer and Other Electronic Equipment	623292	214923
仪器仪表制造业	Instrument Manufacting Industry	326082	67080
其他制造业	Other Manufacturing Industry	1972152	723248
废弃资源综合利用业	Compre Hensive Utilization of Waste Resouras	325326	128790
金属制品、机械和设备修理业	Metal Products,Machinery and Equipment Repair	106913	12005
电力、热力、燃气及水生产和供应业	**Production and Supply of Electricity,Gas and Water**	**5469364**	**3229655**
电力、热力生产和供应业	Production and Supply of Eletric Power and Heat Power	3836690	2489527
燃气生产和供应业	Prduction and Supply of Gas	689544	296773
水的生产和供应业	Prduction and Supply of Water	943130	443355
建筑业	**Construction**	**1779370**	**1128018**
房屋建筑业	Constraction of Buliding	246093	157362
土木工程建筑业	Constraction of Civil Engineering	1071634	762286
建筑安装业	Construction Installation	187129	107776
建筑装饰和其他建筑业	Constraction Decoration and other Constraction	274514	100594
批发和零售业	**Wholesale and Retail Trades**	**7467517**	**3096786**
批发业	Wholesale Trade	3909668	1314416
零售业	Retail Trade	3557849	1782370
交通运输、仓储和邮政业	**Transport,Storage and Post**	**11627467**	**7835594**
铁路运输业	Railway Transport	1942669	835029
道路运输业	Road Transport	5729880	4502832
水上运输业	Water Transport	10723	2000
航空运输业	Air Transport	483376	483376
管道运输业	Transport Via Pipeline	24531	12931
装卸搬运和运输代理业	Loading, Unlooding, Portage and Other Transport Services	219845	95816
仓储业	Storage	3171617	1875524
邮政业	Post	44826	28086
住宿和餐饮业	**Hotels and Catering Services**	**1543237**	**734526**
住宿业	Hotels	944826	536982
餐饮业	Catering Services	598411	197544
信息传输、软件和信息技术服务业	**Information Transmission,Software and Information Technologh Services**	**2261750**	**1443616**
电信、广播电视和卫星传输服务	Telecommurications,Broadcasting Television and Satelite Transmission	529500	217279
互联网和相关服务	Internet and Relatsd Services	272752	153446
软件和信息技术服务业	Software and Infomation Technology Services	1459498	1072891
金融业	**Finacial Intermediation**	**684786**	**513297**
货币金融服务	Monetary and Financial Services	141319	99021
资本市场服务	Capital Market Services	476540	382537
保险业	Insurance	29568	9470
其他金融业	Other Financial Activities	37359	22269
房地产业	**Real Estate**	**1935793**	**1368058**
房地产业	Real Estate	1935793	1368058
租赁和商务服务业	**Leasing and Business Services**	**2667086**	**1917754**
租赁业	Leasing	188201	39461

continued

unit:10000 yuan

#扩 建 Expansion	#改建和技术改造 Reconstruction and Technical Transformation	建筑安装工程投资 Construction and Instaccation	设备工器具购置 Purchase of Equipment and Instruments	其他费用 Others
57629	192268	206914	410826	5552
22795	162998	114744	202769	8569
172363	313752	773088	1137236	61828
65666	126109	216889	97370	11067
10260	23003	21457	82756	2700
692055	**1458825**	**3480086**	**1749284**	**239994**
429618	858297	2268961	1370680	197049
181487	190482	429053	240827	19664
80950	410046	782072	137777	23281
309302	**260948**	**1432883**	**268619**	**77868**
36226	29315	179940	46521	19632
216981	87567	984630	51038	35966
10970	49058	128139	57294	1696
45125	95008	140174	113766	20574
1426144	**1862329**	**4262273**	**2733576**	**471668**
853771	925334	2059517	1622415	227736
572373	936995	2202756	1111161	243932
2322160	**890793**	**8804187**	**1510865**	**1312415**
1079565	28075	1613050	107914	221705
463780	431037	4435105	548385	746390
3500		5000	5723	
		423940	16730	42706
	11600	16321	6020	2190
33303	65062	158835	50668	10342
742012	353519	2126900	755635	289082
	1500	25036	19790	
289417	**468317**	**1145573**	**291376**	**106288**
212700	176199	718719	153874	72233
76717	292118	426854	137502	34055
126492	**428514**	**1104882**	**1096781**	**60087**
73583	218430	400593	92691	36216
12965	45669	122272	140703	9777
39944	164415	582017	863387	14094
18385	**47235**	**481255**	**195089**	**8442**
6040	15900	85972	52267	3080
4865	14417	361329	114381	830
7480	12618	14115	12041	3412
	4300	19839	16400	1120
287231	**205943**	**1613824**	**170076**	**151893**
287231	205943	1613824	170076	151893
269358	**283227**	**1948993**	**546657**	**171436**
37110	32019	45763	132944	9494

5－5 续表2

单位：万元

行业	Sector	投资额 Investment	#新建 New Construction
商务服务业	Business Services	2478885	1878293
科学研究和技术服务业	**Scientific Research and Technical Services**	**1507683**	**623119**
研究和试验发展	Research and Experimental Development	464005	187429
专业技术服务业	Professional Technical Services	524090	187262
科技推广和应用服务业	Services of Science and Technology Exchangs and Promotion	519588	248428
水利、环境和公共设施管理业	**Water Conservancy,Environment and Public Facilities Management**	**11612891**	**8102116**
水利管理业	Water Conservancy Management	1917338	1413318
生态保护和环境治理业	Ecological Protection and Environmentel Treatment Services	1565541	1458254
公共设施管理业	Managment of Public Facilities	8130012	5230544
居民服务、修理和其他服务业	**Services to Households and Other Services**	**1054426**	**439511**
居民服务业	Services to Households	323625	164127
机动车、电子产品和日用产品修理业	Motor Vehicle,Electronic Products and Household Products Repair Services	435338	144446
其他服务业	Other Services	295463	130938
教育	**Education**	**1238575**	**674764**
教育	Education	1238575	674764
卫生和社会工作	**Health,Social Security and Social Welfare**	**1453801**	**879406**
卫生	Health	1006437	540239
社会工作	Social Work	447364	339167
文化、体育和娱乐业	**Culture,Sports and Entertainment**	**1077810**	**642982**
新闻和出版业	Journalism and Publishing Activities	44836	24954
广播、电视、电影和影视录音制作业	Broadcasting,TV,Movies and Audiovisual Activities	92376	50609
文化艺术业	Culture and Art Activities	393255	208403
体育	Sports Activities	328124	254411
娱乐业	Entertainments	219219	104605
公共管理、社会保障和社会组织	**Public Management,Social Securities and Social Organization**	**2481363**	**1610192**
中国共产党机关	Organs of Communist Party of China	3400	
国家机构	Government Agencies	1980962	1352244
人民政协、民主党派	People' s Political Consultative Conference and Democratic Parties		
社会保障	Social Securities	3627	3223
群众团体、社会团体和其他成员组织	Non-governmental Organizations Social Organizations and Religious Organizations	407054	203494
基层群众自治组织	Grass Roots Self-governing Organizations	86320	51231

continued

unit:10000 yuan

#扩 建 Expansion	#改建和技术改造 Reconstruction and Technical Transformation	建筑安装工程投资 Construction and Instaccation	设备工器具购置 Purchase of Equipment and Instruments	其他费用 Others
232248	251208	1903230	413713	161942
214858	**392764**	**786590**	**689366**	**31727**
85591	62386	242061	214978	6966
21517	207077	235475	274389	14226
107750	123301	309054	199999	10535
2274112	**1065037**	**9309916**	**765660**	**1537315**
344188	159832	1717056	79054	121228
50777	46012	607897	100029	857615
1879147	859193	6984963	586577	558472
233779	**244342**	**575338**	**403683**	**75405**
80742	78756	226634	66074	30917
144307	107953	215619	192271	27448
8730	57633	133085	145338	17040
291963	**169200**	**881948**	**283637**	**72990**
291963	169200	881948	283637	72990
212895	**190692**	**877981**	**438377**	**137443**
143405	170709	535632	380127	90678
69490	19983	342349	58250	46765
207498	**173761**	**759034**	**226745**	**92031**
3890	8235	31144	11903	1789
4426	26739	45115	42437	4824
104882	62121	264213	90305	38737
32900	32100	260815	36903	30406
61400	44566	157747	45197	16275
165679	**610201**	**2182179**	**185848**	**113336**
	3400	3400		
88245	458091	1740291	165106	75565
404		3627		
64600	138960	359401	13567	34086
12430	9750	75460	7175	3685

5-6 各行业按隶属关系、登记注册类型和控股情况分固定资产项目投资（2016年）

单位：万元

行 业	Sector	投资额 Investment	中 央 Contral
全 省 总 计	**National Total**	**127564070**	**3820886**
农、林、牧、渔业	**Agriculture,Forestry,Animal Husbandry and Fishery**	**7085023**	**4900**
农业	Farming	2108734	
林业	Forestry	282242	
畜牧业	Animal Husbandry	2751138	4900
渔业	Fishery	136780	
农、林、牧、渔服务业	Agriculture, Forestry, Animal Husbandry and Fishery Services	1806129	
采矿业	**Mining**	**4499714**	**130172**
煤炭开采和洗选业	Mining and Washing Coal	578352	
石油和天然气开采业	Extraction of Petroleum Natural Gas	1735297	87800
黑色金属矿采选业	Mining and Processing Ferrous Metal Ores	306939	
有色金属矿采选业	Mining and Processing of Non-ferrous Metal Ores	635898	23242
非金属矿采选业	Mining and Processing of Nonmetal Ores	989143	
开采辅助活动	Mining Auxiliary Activities	233785	19130
其他采矿业	Mining of Other Ores	20300	
制造业	**Manufacturing**	**60116414**	**1314018**
农副食品加工业	Processing of Food from Agricultural Products	7751952	5000
食品制造业	Manufacture of Foods	3063923	
酒、饮料和精制茶制造业	Liquor,Soft Drinle and Refined Tea Manufacturing	2235574	
烟草制品业	Manufacture of Tobacco	46633	30374
纺织业	Manufacture of Textile	369167	
纺织服装、服饰业	Textile and Clothing Apparel Industry	1031935	
皮革、毛皮、羽毛及其制品和制鞋业	Manufacture of Leather,Fur,Feather and Related Products	107292	
木材加工和木、竹、藤、棕、草制品业	Processing of Timber,Manfacture of Wood,Bamboo,Rattan, Palm and Straw Products	2464272	
家具制造业	Manufacture of Furniture	793998	
造纸和纸制品业	Manufacture of Paper and Paper Produts	770462	
印刷和记录媒介复制业	Prnting Peproduction of Recording Meida	717268	4695
文教、工美、体育和娱乐用品制造业	Culture,Art,Sports and Entertainment Goods Manufacturing	305910	
石油加工、炼焦和核燃料加工业	Processing of Petroleum,Coking,Processing of Nuclear Fuel	519310	56349
化学原料和化学制品制造业	Manufacture of Raw Chemical Materials and Chemical Products	4048308	
医药制造业	Manufacture of Medicines	4123045	549
化学纤维制造业	Manufacture of Chemical Fibers	238775	
橡胶和塑料制品业	Manufacture of Rubber and Plastic	1666829	3955
非金属矿物制品业	Manufacture of Non-metallic Mineral Products	6111740	
黑色金属冶炼和压延加工业	Simelting and Pressing of Ferrous Metals	478247	4909
有色金属冶炼和压延加工业	Smelting and Pressing of Non-ferrous Metals	403106	
金属制品业	Manufacture of Metal Products	2245644	
通用设备制造业	Manufacure of General PurPose Machinery	2759325	15015
专用设备制造业	Manufacture of Special Purpose Machinery	4095770	3421
汽车制造业	Auto Vehide Manufacturing	7861642	1060637
铁路、船舶、航空航天和其他运输设备制造业	Railroads,Ships,Aerospase and other Transportation Facities	554435	64346
电气机械和器材制造业	Manufacture of Electrical Machinery and Equipment	1998087	

注：本表不含房地产投资、农户投资。
Note: This table does not contain real estate investment, rural household investment.

Total Investment in Fixed Assets by Jurisdiction of Management, Registration Status and Holding Type (2016)

unit:10000 yuan

地 方 Place	内 资 Domestic Investment	港澳台商投资 Hongkong Macao and Taiwan Funds from	外商投资 Foreign Funded Exterprises	国有控股 State Holding	集体控股 Collective Holding	私人控股 Private Holding
123743184	**124188868**	**672538**	**1607748**	**33862770**	**1654481**	**83239284**
7080123	**6710429**	**51337**	**3350**	**1397455**	**181836**	**4893088**
2108734	1986210			144914	85817	1637910
282242	275522			159852	6660	105631
2746238	2540362	51337		283802	45713	2273481
136780	129661			28100	6200	100200
1806129	1778674		3350	780787	37446	775866
4369542	**4216900**	**12000**	**260060**	**1182280**	**143490**	**2851359**
578352	578352			42400	123500	407752
1647497	1475237		260060	1010647		464590
306939	306939			3800		303139
612656	635898			60722	12900	557416
989143	966389	12000		14635	7090	923733
214655	233785			45376		179129
20300	20300			4700		15600
58802396	**58246391**	**438318**	**1169246**	**2617886**	**546270**	**52421763**
7746952	7430251	92809	154156	148601	82942	6814609
3063923	3029941	14600	12301	177186	17118	2666422
2235574	2081925	26000	114109	95126	1997	1883238
16259	46633			34783	1600	4500
369167	350299	5600	13268			345499
1031935	1019595		4980	27189	3915	944326
107292	107292					107292
2464272	2407357	7320	6900	38434	3756	2294473
793998	789098					731428
770462	770462			6500	9035	689517
712573	700048		9620	12995	8398	657245
305910	305910					289350
462961	519310			56349		364871
4048308	3846381	143500	53927	123180	89296	3634267
4122496	3742661	50800	329584	135754	46691	3274671
238775	233786	4989		101615		129177
1662874	1640380		11299	23100	23557	1475086
6111740	6029439	18859	15300	69544	77679	5618411
473338	448027		30220	4909	2752	399060
403106	378568		24538	45010	4900	305416
2245644	2213104		19600	9300	9740	2137832
2744310	2697930		50620	71476	36423	2475481
4092349	3972160	44490	74520	35081	54246	3686358
6801005	7679540	24961	152641	1174214	24304	6249395
490089	554435			69972	8922	427380
1998087	1957937		40150	80300	32592	1766174

单位：万元

行　业	Sector	投资额 Investment	中央 Contral
计算机、通信和其他电子设备制造业	Manufacture of Communication Equipment, Computer and Other Electronic Equipment	623292	
仪器仪表制造业	Instrument Manufacting Industry	326082	4886
其他制造业	Other Manufacturing Industry	1972152	59882
废弃资源综合利用业	Compre Hensive Utilization of Waste Resouras	325326	
金属制品、机械和设备修理业	Metal Products,Machinery and Equipment Repair	106913	
电力、热力、燃气及水生产和供应业	**Production and Supply of Electricity,Gas and Water**	**5469364**	**787756**
电力、热力生产和供应业	Production and Supply of Eletric Power and Heat Power	3836690	747125
燃气生产和供应业	Prduction and Supply of Gas	689544	40631
水的生产和供应业	Prduction and Supply of Water	943130	
建筑业	**Construction**	**1779370**	
房屋建筑业	Constraction of Buliding	246093	
土木工程建筑业	Constraction of Civil Engineering	1071634	
建筑安装业	Construction Installation	187129	
建筑装饰和其他建筑业	Constraction Decoration and other Constraction	274514	
批发和零售业	**Wholesale and Retail Trades**	**7467517**	**73554**
批发业	Wholesale Trade	3909668	43654
零售业	Retail Trade	3557849	29900
交通运输、仓储和邮政业	**Transport,Storage and Post**	**11627467**	**925739**
铁路运输业	Railway Transport	1942669	841807
道路运输业	Road Transport	5729880	20593
水上运输业	Water Transport	10723	
航空运输业	Air Transport	483376	
管道运输业	Transport Via Pipeline	24531	
装卸搬运和运输代理业	Loading, Unlooding, Portage and Other Transport Services	219845	4000
仓储业	Storage	3171617	57839
邮政业	Post	44826	1500
住宿和餐饮业	**Hotels and Catering Services**	**1543237**	
住宿业	Hotels	944826	
餐饮业	Catering Services	598411	
信息传输、软件和信息技术服务业	**Information Transmission,Software and Information Technologh Services**	**2261750**	**129148**
电信、广播电视和卫星传输服务	Telecommuricactions,Broadcasting Television and Satelite Transmission	529500	121009
互联网和相关服务	Internet and Relatsd Services	272752	4500
软件和信息技术服务业	Software and Infomation Technology Services	1459498	3639
金融业	**Finacial Intermediation**	**684786**	**4900**
货币金融服务	Monetary and Financial Services	141319	4900
资本市场服务	Capital Market Services	476540	
保险业	Insurance	29568	
其他金融业	Other Financial Activities	37359	
房地产业	**Real Estate**	**1935793**	**38132**
房地产业	Real Estate	1935793	38132
租赁和商务服务业	**Leasing and Business Services**	**2667086**	**108184**
租赁业	Leasing	188201	7893

continued

unit:10000 yuan

地 方 Place	内 资 Domestic Investment	港澳台商投资 Hongkong Macao and Taiwan Funds from	外商投资 Foreign Funded Exterprises	国有控股 State Holding	集体控股 Collective Holding	私人控股 Private Holding
623292	615202	4390	3700	11108		565914
321196	326082			3975	4907	277315
1912270	1920399		47813	62185		1813909
325326	325326					290726
106913	106913				1500	102421
4681608	**5399999**	**69365**		**2779181**	**38981**	**2019262**
3089565	3773212	63478		1946600	27950	1298185
648913	686037	3507		158313	5061	516242
943130	940750	2380		674268	5970	204835
1779370	**1770670**			**1153081**	**30882**	**559217**
246093	237393			93884	4581	136188
1071634	1071634			896441	26301	141592
187129	187129			111236		69343
274514	274514			51520		212094
7393963	**7246161**	**32550**	**21403**	**493537**	**79400**	**6441981**
3866014	3839815		9529	220277	47900	3472713
3527949	3406346	32550	11874	273260	31500	2969268
10701728	**11475565**	**54272**	**47914**	**7320282**	**197147**	**3653411**
1100862	1936490		6179	1910565		32104
5709287	5714174		15706	4532020	41915	967341
10723	10723			5683		2052
483376	483376			436824		46552
24531	24531			11256		2500
215845	219845			20547		188278
3113778	3041600	54272	26029	388101	155232	2394609
43326	44826			15286		19975
1543237	**1402874**		**16618**	**108532**	**29274**	**1312479**
944826	866829		8537	84732	29274	750608
598411	536045		8081	23800		561871
2132602	**2233817**	**14696**	**9317**	**496977**	**2500**	**1559426**
408491	515226	14274		394171		101256
268252	268832			35525	2500	198467
1455859	1449759	422	9317	67281		1259703
679886	**684786**			**374346**	**17165**	**260895**
136419	141319			50754	17165	60980
476540	476540			306123		150457
29568	29568			4600		24968
37359	37359			12869		24490
1897661	**1932293**			**1358088**	**41738**	**424963**
1897661	1932293			1358088	41738	424963
2558902	**2655606**			**545742**	**12700**	**1864949**
180308	188201			12493	4300	153208

单位：万元

5－6 续表2

行　业	Sector	投资额 Investment	中 央 Contral
商务服务业	Business Services	2478885	100291
科学研究和技术服务业	**Scientific Research and Technical Services**	**1507683**	**75224**
研究和试验发展	Research and Experimental Development	464005	63723
专业技术服务业	Professional Technical Services	524090	11501
科技推广和应用服务业	Services of Science and Technology Exchangs and Promotion	519588	
水利、环境和公共设施管理业	**Water Conservancy,Environment and Public Facilities Management**	**11612891**	**121213**
水利管理业	Water Conservancy Management	1917338	8291
生态保护和环境治理业	Ecological Protection and Environmentel Treatment Services	1565541	5200
公共设施管理业	Managment of Public Facilities	8130012	107722
居民服务、修理和其他服务业	**Services to Households and Other Services**	**1054426**	**30888**
居民服务业	Services to Households	323625	30888
机动车、电子产品和日用产品修理业	Motor Vehicle,Electronic Products and Household Products Repair Services	435338	
其他服务业	Other Services	295463	
教育	**Education**	**1238575**	**2976**
教育	Education	1238575	2976
卫生和社会工作	**Health,Social Security and Social Welfare**	**1453801**	**60511**
卫生	Health	1006437	57511
社会工作	Social Work	447364	3000
文化、体育和娱乐业	**Culture,Sports and Entertainment**	**1077810**	**6800**
新闻和出版业	Journalism and Publishing Activities	44836	
广播、电视、电影和影视录音制作业	Broadcasting,TV,Movies and Audiovisual Activities	92376	
文化艺术业	Culture and Art Activities	393255	
体育	Sports Activities	328124	6800
娱乐业	Entertainments	219219	
公共管理、社会保障和社会组织	**Public Management,Social Securities and Social Organization**	**2481363**	**6771**
中国共产党机关	Organs of Communist Party of China	3400	
国家机构	Government Agencies	1980962	6771
人民政协、民主党派	People' s Political Consultative Conference and Democratic Parties		
社会保障	Social Securities	3627	
群众团体、社会团体和其他成员组织	Non-governmental Organizations Social Organizations and Religious Organizations	407054	
基层群众自治组织	Grass Roots Self-governing Organizations	86320	

continued

unit:10000 yuan

地 方 Place	内 资 Domestic Investment	港澳台商投资 Hongkong Macao and Taiwan Funds from	外商投资 Foreign Funded Exterprises	国有控股 State Holding	集体控股 Collective Holding	私人控股 Private Holding
2378594	2467405			533249	8400	1711741
1432459	**1460575**		**44758**	**318925**	**2560**	**1079784**
400282	419247		44758	125105		280539
512589	521740			165685	2560	338932
519588	519588			28135		460313
11491678	**11612891**			**9602334**	**139738**	**1257670**
1909047	1917338			1841142	35396	26500
1560341	1565541			1450548	2900	112093
8022290	8130012			6310644	101442	1119077
1023538	**975498**			**83976**	**11050**	**936500**
292737	319725			73974	11050	227861
435338	360310			5402		429936
295463	295463			4600		278703
1235599	**1215868**			**763769**	**12070**	**451428**
1235599	1215868			763769	12070	451428
1393290	**1435654**			**587515**	**36006**	**687469**
948926	992050			477232	18223	433990
444364	443604			110283	17783	253479
1071010	**1031528**		**35082**	**463910**	**63341**	**462231**
44836	44836			25695		19141
92376	92376			15185	2476	64765
393255	393255			198758	23205	148112
321324	286342		35082	165343	35100	98583
219219	214719			58929	2560	131630
2474592	**2481363**			**2214954**	**68333**	**101409**
3400	3400			3400		
1974191	1980962			1898100	18700	62482
3627	3627			3627		
407054	407054			282890		34077
86320	86320			26937	49633	4850

5-7 分行业固定资产投资施工投产项目个数（2016年）

Number of Investment in Fixed Assets Projects Under Construction and Put into Use by Sector (2016)

行业	Sector	施工项目（个）Number of Projects under Construction (unit)	#新开工 Started this Year	本年投产项目个数(个) Number of Projects Completed and Put into Use (unit)	项目建成投产率(%) Rate of Projects Completed and Put into Use (%)
全省总计	**National Total**	**20533**	**18546**	**18495**	**90.1**
农、林、牧、渔业	**Agriculture,Forestry,Animal Husbandry and Fishery**	**1545**	**1490**	**1403**	**90.8**
农业	Farming	496	478	429	86.5
林业	Forestry	74	65	64	86.5
畜牧业	Animal Husbandry	605	587	518	85.6
渔业	Fishery	37	36	35	94.6
农、林、牧、渔业	Agriculture, Forestry, Animal Husbandry and Fishery Services	333	324	357	107.2
采矿业	**Mining**	**605**	**577**	**577**	**95.4**
煤炭开采和洗选业	Mining and Washing Coal	55	49	54	98.2
石油和天然气开采业	Extraction of Petroleum Natural Gas	185	181	169	91.4
黑色金属矿采选业	Mining and Processing Ferrous Metal Ores	45	44	36	80.0
有色金属矿采选业	Mining and Processing of Non-ferrous Metal Ores	78	75	74	94.9
非金属矿采选业	Mining and Processing of Nonmetal Ores	193	183	198	102.6
开采辅助活动	Mining Auxiliary Activities	44	40	42	95.5
其他采矿业	Mining of Other Ores	5	5	4	80.0
制造业	**Manufacturing**	**10044**	**9198**	**9157**	**91.2**
农副食品加工业	Processing of Food from Agricultural Products	1477	1388	1276	86.4
食品制造业	Manufacture of Foods	477	449	405	84.9
酒、饮料和精制茶制造业	Liquor,Soft Drinle and Refined Tea Manufacturing	384	338	322	83.9
烟草制造业	Manufacture of Tobacco	8	5	4	50.0
纺织业	Manufacture of Textile	62	60	51	82.3
纺织服装、服饰业	Textile and Clothing Apparel Industry	177	162	145	81.9
皮革、毛皮、羽毛(绒)及其制品业	Manufacture of Leather,Fur,Feather and Related Products	26	24	26	100.0
木材加工及木、竹、藤、棕、草制品业	Processing of Timber,Manfacture of Wood,Bamboo,Rattan, Palm and Straw Products	525	503	515	98.1
家具制造业	Manufacture of Furniture	143	136	148	103.5
造纸及纸制品业	Manufacture of Paper and Paper Produts	133	124	127	95.5
印刷业和记录媒介的复制	Prnting Peproduction of Recording Meida	132	119	145	109.8
文教、工美、体育和娱乐用品制造业	Culture,Art,Sports and Entertainment Goods Manufacturing	65	60	66	101.5
石油加工、炼焦及核燃料加工业	Processing of Petroleum,Coking,Processing of Nuclear Fuel	49	43	51	104.1
化学原料及化学制品制造业	Manufacture of Raw Chemical Materials and Chemical Products	611	572	559	91.5
医药制造业	Manufacture of Medicines	485	398	362	74.6
化学纤维制造业	Manufacture of Chemical Fibers	29	21	18	62.1
橡胶和塑料制品业	Manufacture of Rubber and Plastic	315	289	285	90.5
非金属矿物制品业	Manufacture of Non-metallic Mineral Products	1110	1044	1049	94.5
黑色金属冶炼及压延加工业	Simelting and Pressing of Ferrous Metals	79	76	71	89.9
有色金属冶炼及压延加工业	Smelting and Pressing of Non-ferrous Metals	81	73	66	81.5
金属制品业	Manufacture of Metal Products	395	376	388	98.2
通用设备制造业	Manufacure of General PurPose Machinery	509	487	511	100.4
专用设备制造业	Manufacture of Special Purpose Machinery	763	708	698	91.5
汽车制造业	Auto Vehide Manufacturing	1167	969	854	73.2
铁路、船舶、航空航天和其他运输设备制造业	Railroads,Ships,Aerospase and other Transportation Facities	69	63	70	101.4
电气机械及器材制造业	Manufacture of Electrical Machinery and Equipment	294	255	320	108.8
计算机、通信和其他电子设备制造业	Manufacture of Communication Equipment, Computer and Other Electronic Equipment	107	100	118	110.3

注：本表不含房地产开发投资和农户投资。

Note:Real estate development investment and rural households investment is not included in the table.

5－7 续表1 continued

行　　业	Sector	施工项目(个) Number of Projects under Construction (unit)	#新开工 Started this Year	本年投产项目个数(个) Number of Projects completedand Put into use (unit)	项目建成投产率(%) Rate of Projects Completed and Put into use (%)
仪器仪表制造业	Instrument Manufacting Industry	59	58	55	93.2
其他制造业	Other Manufacturing Industry	250	243	388	155.2
废弃资源综合利用业	Compre Hensive Utilization of Waste Resouras	49	41	40	81.6
金属制品、机械和设备修理业	Metal Products,Machinery and Equipment Repair	14	14	24	171.4
电力、热力、燃气及水的生产和供应业	**Production and Supply of Electricity,Gas and Water**	**607**	**485**	**455**	**75.0**
电力、热力的生产和供应业	Production and Supply of Eletric Power and Heat Power	395	316	297	75.2
燃气生产和供应业	Prduction and Supply of Gas	98	84	83	84.7
水的生产和供应业	Prduction and Supply of Water	114	85	75	65.8
建筑业	**Construction**	**479**	**427**	**398**	**83.1**
房屋建筑业	Constraction of Buliding	54	41	54	100.0
土木工程建筑业	Constraction of Civil Engineering	286	257	250	87.4
建筑安装业	Construction Installation	65	63	29	44.6
建筑装饰业和其他建筑业	Constraction Decoration and other Constraction	74	66	65	87.8
批发和零售业	**Wholesale and Retail Trades**	**1364**	**1285**	**1501**	**110.0**
批发业	Wholesale Trade	676	634	819	121.2
零售业	Retail Trade	688	651	682	99.1
交通运输、仓储和邮政业	**Transport,Storage and Post**	**1168**	**1016**	**971**	**83.1**
铁路运输业	Railway Transport	26	14	15	57.7
道路运输业	Road Transport	535	444	414	77.4
水上运输业	Water Transport	2	2	4	200.0
航空运输业	Air Transport	3	1		
管道运输业	Transport Via Pipeline	9	7	6	66.7
装卸搬运和运输代理业	Loading, Unlooding, Portage and Other Transport Services	38	32	33	86.8
仓储业	Storage	550	511	491	89.3
邮政业	Post	5	5	8	160.0
住宿和餐饮业	**Hotels and Catering Services**	**305**	**280**	**263**	**86.2**
住宿业	Hotels	143	119	105	73.4
餐饮业	Catering Services	162	161	158	97.5
信息传输、软件和信息技术服务业	**Information Transmission,Software and Information Technologh Services**	**330**	**296**	**336**	**101.8**
电信、广播电视和卫星传输服务	Telecommuricaitons,Broadcasting Television and Satelite Transmission	74	68	64	86.5
互联网和相关服务	Internet and Relatsd Services	45	44	44	97.8
软件和信息技术服务业	Software and Infomation Technology Services	211	184	228	108.1
金融业	**Finacial Intermediation**	**66**	**57**	**82**	**124.2**
货币金融服务	Monetary and Financial Services	24	21	26	108.3
资本市场服务	Capital Market Services	28	22	40	142.9
保险业	Insurance	7	7	7	100.0
其他金融活动	Other Financial Activities	7	7	9	128.6
房地产业	**Real Estate**	**254**	**215**	**190**	**74.8**

5－7 续表 2 continued

行 业	Sector	施工项目(个) Number of Projects under Construction (unit)	#新开工 Started this Year	本年投产项目个数(个) Number of Projects completed and Put into Use (unit)	项目建成投产率(%) Rate of Projects Completed and Put into Use (%)
租赁和商务服务业	**Leasing and Business Services**	**363**	**315**	**338**	**93.1**
租赁业	Leasing	31	31	49	158.1
商务服务业	Business Services	332	284	289	87.0
科学研究和技术服务业	**Scientific Research and Technical Services**	**237**	**217**	**259**	**109.3**
研究与试验发展	Research and Experimental Development	46	41	62	134.8
专业技术服务业	Professional Technical Services	93	87	101	108.6
科技推广和应用服务业	Services of Science and Technology Exchangs and Promotion	98	89	96	98.0
水利、环境和公共设施管理业	**Water Conservancy,Environment and Public Facilities Management**	**1739**	**1440**	**1272**	**73.1**
水利管理业	Water Conservancy Management	327	264	236	72.2
生态保护和环境治理业	Ecological Protection and Environmentel Treatment Services	82	63	61	74.4
公共设施管理业	Managment of Public Facilities	1330	1113	975	73.3
居民服务和其他服务业	**Services to Households and Other Services**	**220**	**213**	**232**	**105.5**
居民服务业	Services to Households	79	76	74	93.7
机动车、电子产品和日用产品修理业	Motor Vehicle,Electronic Products and Household Products Repair Services	107	104	112	104.7
其他服务业	Other Services	34	33	46	135.3
教育	**Education**	**261**	**228**	**216**	**82.8**
教育	Education	261	228	216	82.8
卫生、社会保障和社会福利业	**Health,Social Security and Social Welfare**	**251**	**206**	**239**	**95.2**
卫生	Health	154	126	159	103.2
社会工作	Social Work	97	80	80	82.5
文化、体育和娱乐业	**Culture,Sports and Entertainment**	**230**	**199**	**183**	**79.6**
新闻出版业	Journalism and Publishing Activities	6	3	7	116.7
广播、电视、电影和音像业	Broadcasting,TV,Movies and Audiovisual Activities	24	20	20	83.3
文化艺术业	Culture and Art Activities	91	79	80	87.9
体育	Sports Activities	63	56	41	65.1
娱乐业	Entertainments	46	41	35	76.1
公共管理、社会保障和社会组织	**Public Management,Social Securities and Social Organization**	**465**	**402**	**423**	**91.0**
中国共产党机关	Organs of Communist Party of China	1	1	1	100.0
国家机构	Government Agencies	348	291	312	89.7
人民政协和民主党派	People' s Political Consultative Conference and Democratic Parties				
社会保障	Social Securities	5	3	1	20.0
群众团体、社会团体和宗教组织	Non-governmental Organizations Social Organizations and Religious Organizations	82	78	80	97.6
基层群众自治组织	Grass Roots Self-governing Organizations	29	29	29	100.0

5－8　能源工业固定资产投资额

Total Investment in Fixed Assets of Energy Industry

单位: 万元　　unit:10000 yuan

项　目	Item	2011	2012	2013	2014	2015	2016
总计	**Total**	**6939719**	**7391205**	**6627099**	**7576837**	**7852541**	**7359193**
煤炭开采和洗选业	Mining and Washing of Coal	881140	976546	563118	400879	456139	578352
石油和天然气开采业	Extraction of Petroleum and Natural Gas	1601332	2284882	1778972	2537289	2951103	1735297
电力、蒸汽、热水的生产和供应业	Production and Supply of Power and Hot Water	3868786	3453162	3484549	3505208	3594013	3836690
石油加工、炼焦及核燃料加工业	Processing of Petroleum,Coking and Processing of Nuclear Fuel	215587	306009	205732	299991	178010	519310
燃气生产和供应业	Production and Supply of Gas	372874	370606	594728	833470	673276	689544
能源投资占全社会固定资产投资比重(%)	Energy Investment Account for Percentage of Investment in Fixed Assets	9.3	7.8	6.6	6.7	6.2	5.3

5－9　基础设施固定资产投资额

Total Investment in Fixed Assets of Basic Construction

单位: 万元　　unit:10000 yuan

项　目	Item	2011	2012	2013	2014	2015	2016
总计	**Total**	**11886730**	**15928295**	**17406614**	**19571100**	**21811562**	**25226843**
交通运输、仓储及邮电通信业	Transport, Storage and Post	4832225	5282772	5848165	7789703	9555242	11627467
# 铁路	Railway Transport	1146530	1077022	1518596	1177224	1242953	1942669
道路	Road Transport	2354768	2773016	2632501	3899138	4303919	5729880
航空	Air Transport	7688	28550	21187	40500	76139	483376
仓储业	Storage	679286	1073028	1321693	2184219	3525321	3171617
邮电通信	Post	19322	27360	6800	75453	93596	44826
电力、热力的生产和供应业	Production and Supply of Power and Heat	3086849	3453162	3484549	3505208	3594013	3836690
燃气生产和供应业	Production and Supply of Gas	372874	370606	594728	833470	673276	689544
水的生产和供应业	Production and Supply of Water	409063	315204	396998	510696	364523	943130
公共设施管理业	Management of Public Facilities	3185719	6506551	7082174	6932023	7624508	8130012
基础设施投资占全社会固定资产投资比重(%)	Basic Construction Account for Percentage of Fixed Assets	16.0	16.7	17.5	17.3	17.2	18.1

5-10 房地产开发投资主要指标
Main Indicators of Investment for Real Estate Development

指　　标	Item	2014	2015	2016
企业个数（个）	**Number of Enterprises(unit)**	**1681**	**1727**	**1791**
内资	Domestic Investment Enterprises	1652	1702	1769
#国有	State-owned Enterprises	24	7	8
集体	Collective-owned Enterprises	1	1	1
股份有限公司	Joint Stock Corporations	823	90	89
港澳台投资	Investment Hong Kong,Macao and Taiwan	21	18	17
外商投资	Foreign Investment	8	7	5
投资完成额（亿元）	**Total Value of Investment Completed(100 million yuan)**	**1030.13**	**924.24**	**1016.76**
#住宅	Residential Buildings	732.47	648.81	710.69
按构成分	**Grouped by Use of Funds**			
#建筑安装工程	Construction and Installation	821.95	717.09	829.57
设备工器具购置	Purchase of Equipment and Instruments	12.81	8.11	10.12
本年实际到位资金（亿元）	**Actual Funds in Place this Year(100 million yuan)**	**1229.42**	**1211.74**	**1254.99**
国内贷款	Domestic Loans	126.19	180.82	141.45
利用外资	Foreign Investment	0.50	0.02	0.02
自筹资金	Self-raising Funds	658.92	557.72	583.16
其他投资	Others	443.81	473.19	530.37
本年购置土地面积（万平方米）	**Land Space Purchased This Year**	**928.40**	**793.19**	**699.59**
商品房销售情况	**Selling of Commercial Houses**			
房屋销售面积（万平方米）	Floor Space Commercial Buildings Sold(10000 sq.m)	1581.72	1491.85	1919.30
#住宅	Residential Buildings	1387.87	1304.82	1630.72
商品房销售额（亿元）	Total Sales of Commercial Buildings(100 million yuan)	808.58	816.87	1029.58

5－11　房地产开发企业从业人员数

Numer of Employed Persons in Enterprises for Real Estate Development

单位: 人　　unit:Person

年　份　Year	合 计 Total	国 有 State-owned Enterprises	集 体 Collective-owned Enterprises	股份有限公司 Share-holding Corporations Ltd	港澳台商投　资 Funds from Hong Kong, Macao and Taiwan	外商投资 Foreign Funded Enterprises	其 他 Others
2001	14465	4263	659	7565	367	128	1483
2002	14392	2263	390	1454	342	265	9678
2003	15331	2191	82	1748	389	372	10549
2004	24708	6034	55	2732	600	785	14502
2005	22332	1865	77	2202	643	714	16831
2006	27223	1689	84	2174	762	702	21812
2007	30527	1338	153	2249	834	636	25317
2008	30590	1554	194	2109	700	412	25621
2009	29080	652	178	2237	633	257	25123
2010	29837	477	187	1793	651	265	26464
2011	39452	1087	256	18207	1157	297	18448
2012	39288	1003	117	20353	1249	286	16280
2013	38831	2453	322	20825	1263	306	13662
2014	40977	459	34	2310	1233	327	36614
2015	42040	652	11	2013	1486	270	37608
2016	46104	4424	10	1968	1066	250	38386

5－12　房地产开发完成投资额

Actually Completed Investment for Real Estate Development

单位: 万元　　unit:10000 yuan

年　份　Year	本年完成投资额 Investment Completed This Year	按构成分　By Use of Funds			
		建筑安装工　程 Construction and Installation	设备、工器具购置 Purchase of Equipment and Instruments	其他费用 Others	#土地购置 Land Purchase
2001	929705	772558	8363	148784	31445
2002	1167724	953827	8810	205087	79155
2003	1392394	1056394	15690	320310	188938
2004	1624782	1191700	16900	416182	246472
2005	1957345	1468893	14843	473609	243325
2006	3101571	2336393	8446	756732	386437
2007	4900844	3741480	18736	1140628	587676
2008	6408364	5141808	63314	1203242	608292
2009	7566737	6179246	36572	1350919	712958
2010	9210117	7434156	14156	1761805	1252993
2011	11953911	9245197	40122	2668592	1868331
2012	13100259	9942288	107268	3050703	2255877
2013	12524257	9982382	121506	2420369	1735697
2014	10301285	8219491	128112	1953682	1552022
2015	9242409	7170884	81093	1990432	1502936
2016	10167618	8295669	101198	1770751	1395225

5-13 房地产开发建设按工程用途分的投资额和新增固定资产

Actually Completed Investment for Real Estate Development by Use and Newly Increased Fixed Assets

单位: 万元　　　　unit:10000 yuan

年　份 Year	按工程用途分的投资额 By Use of Projects				新　增 固定资产 Newly Increased Fixed Assets
	住宅 Residential Buildings	办公楼 Office Buildings	商品营业用　房 Houses for Business Use	其他 Others	
2001	678293	29180	167848	54384	803155
2002	798763	36066	249163	83732	943180
2003	977740	60698	291525	62431	967027
2004	1139836	63859	308426	112661	966120
2005	1454869	70410	330340	101726	834971
2006	2414788	90449	406237	190097	1462109
2007	3980067	72409	623715	224653	2147816
2008	5343926	93880	717163	253395	2783928
2009	6052327	153008	962807	398595	3220217
2010	7317269	138718	1160245	593885	5865131
2011	9208055	201628	1600637	943591	5907332
2012	9877438	313270	1789054	1120497	5655047
2013	9114450	418277	1935594	1055936	7635088
2014	7324687	301565	1867173	807860	5140347
2015	6488051	386251	1627431	740676	4950857
2016	7106948	417397	1893840	749433	4288724

5-14 房地产开发建设房屋施工面积

Floor Space of Buildings under Construction for Real Estate Development

单位: 平方米　　　　unit:sq.m

年　份 Year	施工房屋建筑面积 Floor Space of Buildings under Construction	#新开工 Started This Year	住宅 Residential Buidings	办公楼 Office Buildings	商业营业用　房 Houses for Business Use	其他 Others
2001	12572972	9952115	10047457	338612	1902865	284038
2002	14638817	10087551	10965950	403507	2845360	424000
2003	14377363	9602758	10807109	582667	2608218	379369
2004	15430259	10071186	11576669	745914	2626151	481525
2005	18899925	12861393	15252107	532375	2565886	549557
2006	28467199	21179229	23851539	611179	3343419	661062
2007	43700329	29328026	36559660	608497	5007037	1525135
2008	49213978	29449187	41488335	851454	4996421	1877768
2009	53693369	32623532	44389103	972208	5753849	2578209
2010	70694709	35253007	57588659	1046684	8104733	3954633
2011	91234149	49914466	72651099	1661309	11318643	5603098
2012	109357999	48267557	85125959	2072196	14708706	7451138
2013	121812769	37462431	93177664	3027171	16275329	9332605
2014	122684388	32575990	90670951	3497798	17593493	10922146
2015	115664727	20636601	82826622	4232641	17541676	11063788
2016	117973267	21159859	83059870	4737581	18405300	11770516

5-15 房地产开发建设房屋建筑面积和造价

Floor Space and Cost of Buildings Developed for Real Estate Development

年 份 Year	竣工房屋建筑面积(平方米) Floor Space of Buildings under Completed (sq.m)	住 宅 Residential Buildings	办公楼 Office Buildings	商业营业用 房 Houses for Business Use	其 他 Others	竣工房屋造价(元/平方米) Cost of Buildings Completed (yuan/sq.m)	#住 宅 Residential Buidings
2001	6286898	4980687	109414	1029711	167086	1084	1046
2002	7558510	5935498	211244	1224620	187148	1149	1065
2003	7109851	5383728	189393	1350399	186331	1154	1073
2004	7102486	5724869	253866	932166	191585	1112	1005
2005	6227590	4961164	168280	945772	152374	1086	994
2006	9348495	7859107	351082	952419	185887	1201	1124
2007	12917989	11474601	159565	932381	351442	1155	1122
2008	15419556	13432087	238090	1363988	385391	1379	1342
2009	14696419	12935916	99233	1280236	381034	1442	1385
2010	20305160	16949615	127446	2245284	982815	1675	1622
2011	18789327	15482168	194511	2072842	1039806	2032	1979
2012	19278702	16135936	164300	2230670	747796	2002	1945
2013	22536496	17699470	256054	3075023	1505949	2225	2148
2014	15738605	13092601	112706	1725400	807898	2081	2038
2015	12873999	10007531	345720	1530929	989819	2391	2322
2016	13516462	10083717	181931	2132178	1118636	2322	2258

5-16 商品房屋销售情况

Selling of Commercial Buildings

年 份 Year	实际销售商品房屋面积(平方米) Floor Space Commercial Buildings Sold (sq.m)	住 宅 Residential Buidings	办公楼 Office Buildings	商业营业用 房 Houses for Business Use	其他 Others	商品房屋销售额(万元) Total Sale of Commercial Buildings (10000 yuan)	#住 宅 Residential Buidings
2001	3851320	3378449	23162	437003	12706	597880	490070
2002	5182828	4326747	83260	724105	48716	862852	648388
2003	5011405	4363248	122582	460298	65277	788764	631448
2004	7016498	6010273	137436	774344	94445	1189469	930730
2005	7659092	6809214	147879	634788	67211	1443915	1184503
2006	9749103	8792384	214703	639662	102354	1959171	1634000
2007	12923870	11843969	94916	841107	143878	2955579	257830
2008	15838707	14357309	156715	1055241	269442	3971105	3444370
2009	19442978	17583736	97054	1391315	370873	5671879	4902250
2010	23821025	21053282	77461	2203046	487236	8686946	7359079
2011	24325555	21223389	99698	2390368	612100	10615628	8831622
2012	24524245	21594307	147547	2194900	587491	10169480	8368014
2013	22149634	19859455	212501	1573075	504603	9930394	8397317
2014	15817211	13878655	118308	1380355	439893	8085844	6676190
2015	14918487	13048225	178741	1292251	399270	8168691	6802577
2016	19192950	16307151	378692	1757264	749843	10295827	8064904

CHAPTER ▶ 06

第六篇

对外经济贸易和旅游业

FOREIGN ECONOMY TRADE AND INTERNATIONAL TOURISM

6－1 历年进出口贸易总额
Total Value of Imports and Exports

年 份 Year	进出口总额（万美元）Total Imports and Exports (USD 10000)	出口总额 Total Exports	进口总额 Total Imports	进出口总额（万元）Total Imports and Exports (10000yuan)	出口总额 Total Exports	进口总额 Total Imports
1978	3704	2357	1347	6372	4055	2317
1979	6067	4413	1654	9683	6840	2843
1980	11108	6625	4483	16024	9344	6680
1981	17196	12896	4300	30093	22568	7525
1982	17753	13207	4546	34172	25422	8750
1983	21884	16661	5223	42833	32610	10223
1984	34046	24972	9074	75048	55046	20002
1985	55072	42712	12360	176295	136731	39564
1986	71716	52515	19201	266855	195408	71447
1987	63946	46766	17180	237981	174044	63937
1988	70766	53214	17552	263363	198041	65322
1989	94459	68447	26012	351538	254732	96806
1990	95272	75172	20100	449821	354920	94901
1991	134933	102707	32226	716204	545154	171050
1992	192278	130678	61600	1095985	744865	351120
1993	298100	161649	136451	2592173	1405643	1186530
1994	361209	202247	158962	3052216	1708987	1343229
1995	271474	141932	129542	2266997	1185231	1081766
1996	283725	150440	133285	2354918	1248652	1106266
1997	185442	93293	92149	1535460	772466	762994
1998	165282	74904	90378	1368204	620075	748149
1999	221698	101956	119742	1835549	844145	991404
2000	255396	124164	131232	2114168	1027830	1086338
2001	313330	146343	166987	2593307	1211222	1382085
2002	370724	176815	193909	3068394	1463351	1605043
2003	617230	216199	401031	5108627	1789414	3319213
2004	679326	171504	507822	5622442	1419453	4202989
2005	652837	246688	406149	5268525	1990821	3277704
2006	791407	299668	491739	6179860	2340018	3839842
2007	1029943	385819	644124	7523322	2818254	4705068
2008	1334065	477159	856906	9265215	3313917	5951298
2009	1174744	313154	861590	8024676	2139155	5885521
2010	1684637	447640	1236997	11404150	3030299	8373851
2011	2204742	499848	1704894	14239988	3228418	11011570
2012	2457171	598269	1858902	15510892	3776573	11734319
2013	2585254	675701	1909553	16010995	4184751	11826244
2014	2637817	577771	2060045	16248195	3549578	12698617
2015	1893841	465382	1428458	11761751	2886332	8875419
2016	1844246	420568	1423678	12169092	2774005	9395086

注：本表1978–1996年为外贸部门统计数，进出口总额中未包括口岸代理进口数。从1997年开始为海关统计数。
Note：Data were obtained from the minstry of foreign trade during 1978 – 1996, and data have been obtain from the customs since 1997.

6－2 海关主要商品出口总值（2016年）
Total Value of Main Exports Commodities（2016）

单位：万美元　　　　unit:10000 dollars

品　　名	Item	数量 Amount	金额 Sum
出口贸易总值	**Total Exports Value**		**420568**
#肉及杂碎（吨）	Meat and Fried minced（tons）	2820	982
水海产品（吨）	Aquatic and Seawater Products（ton）	44351	13026
天然蜂蜜（吨）	Natural Honey(ton)	685	231
填充用羽毛.羽绒（吨）	Feathers and Down for Stuffing（ton）	75	399
中药材及中式成药（吨）	Chinese Herbal medicine and Chinese Medicine（ton）	2331	3261
蔬菜（吨）	Vegetables（ton）	20985	3263
鲜、干水果及坚果（吨）	Fresh、Dry Fruits and Nuts（ton）	13133	21692
粮食（万吨）	Grain（10000tons）	16	15182
食用油籽（吨）	Edible Oil（ton）	40206	5004
粘土及其他耐火矿物（吨）	Clay and Other Fire-resistant Minerals(ton)	10413	319
水泥及水泥熟料（吨）	Cement and Cemerd Clinker(ton)	64838	336
煤（万吨）	Cool（10000 tons）	9	807
医药品（吨）	Pharmaceutical Products（ton）	21854	16727
肥料（吨）	Fertilizer（ton）	147233	3551
塑料制品（吨）	Plastic Products（ton）	17172	4354
新的充气橡胶轮胎	New Rubber Tyres		5128
箱包及类似容器	Suitcase and Similar Packages		1257
锯材（吨）	Aluminum（ton）	9985	1141
胶合板及类似多层板(吨）	Veneer and Similar Products（ton）	98302	29880
家用或装饰用木制品（吨）	Wood for Household and Decoration（ton）	10924	2307
纸及纸板(未切成形的)（吨）	Paper and Newspaper(not cut)（ton）	5681	789
纺织纱线、织物及制品	Textile Yarn,Fabircs and Products		16375
服装及衣着附件	Clothing and Garniture		29919
鞋（万双）	Shoes（pairs）	48	802
玻璃制品	Glassvork		215
生铁及镜铁（吨）	Pig Iron and Spiegeleisen（ton）	56348	1140
铁合金（吨）	Iron Alloy(ton)	2306	260
钢材（吨）	Steels（ton）	239688	8460
未锻造的铝及铝材（吨）	Unwrought Aluminum and Rolled Aluminum（ton）	3549	1511
手用或机用工具（吨）	Hand Tools or Machine（ton）	4595	3696
金属加工机床（台）	Metal Processing machine tool（unit）	106	172
自动数据处理设备及其部件（台）	Automatie Data Processirg Equipment and Parts (set)	220555	166
变压器（个）	Transformer (set)	74810	71
原电池（万个）	Premary Battery (10000 units)	5056	145
扬声器（万个）	Loudspeaker (10000 units)	450	617
录.放像机（台）	Recording Camera（set）	76675	1833
通断保护电路装置及零件	Electrical Apparatus for Switching or Protecting Electrical		3542
二极管及类似半导体器件（万个）	Cricuits Diode and Similar Semiconductor（10000 units）	66441	3017

6－3　海关主要商品进口总值（2016年）
Total Value of Main Imports Commodities（2016）

单位: 万美元　　　　unit:10000 dollars

品　　名	Item	数量 Amount	金额 Sum
进口贸易总值	**Total Value of Imports**		**1423678**
#水海产品(吨)	Seefood (ton)	108890	19251
冻鱼.冻鱼片（吨）	Frozen Fish Frozen Fish Fillet (ton)	33131	4445
鲜、干水果及坚果（吨）	Fresh Dry Fruits and Nuts (ton)	24290	14827
粮食（吨）	Grain and Grist (ton)	784014	30260
酒类（升）	Wine (litre)	80670	3928
铁矿砂及其精矿（吨）	Iron Ores and Refined Ores (ton)	4929025	24362
铜矿砂及其精矿（吨）	Copper Sand and Refined Ores (ton)	310124	34661
铬矿砂及其精矿（吨）	Chrome Ore and Refined Ores (ton)	31036	523
煤（吨）	Coal (ton)	2014087	9046
成品油（吨）	Refined oil (ton)	6351	963
初级形状的塑料（吨）	Primary Shape Plastic (ton)	51708	10169
塑料制品（吨）	Plastic Products (ton)	2594	5430
非泡沫塑料的板.片.膜.箔（吨）	Unfoam Board,Fflake,Diaphragm,Foil (ton)	769	520
合成橡胶(包括乳胶)（吨）	Synthetic Rubber (Including latex) (ton)	4006	1029
原木（吨）	Timberlog (ton)	167266	2396
锯材（吨）	Sawn Timber (ton)	148117	5125
纸浆（吨）	Palp (ton)	34726	2498
纺织纱线.织物及制品	Textile Yarn,Fabrics and Proclucts		6961
钢材（吨）	Steel (ton)	123110	15600
钢铁制标准坚固件（吨）	Iron and Steel Fasteners Standard (ton)	20252	15998
钢铁和铝制机构体及其部件（吨）	Steel and Aluminum Goods and Parts (ton)	355	846
活塞式内燃机的零件（吨）	Piston Type Internal Combustion Engine Parts (ton)	5631	13459
液泵及液体提升机（台）	Liquid Pump and Liquid Hoist (set)	1561028	6666
制冷设备用压缩机（台）	Compressors for Refrigerating Equipment (set)	447824	6120
空气调节器（台）	Air Conditioners (set)	238082	5517
机械提升搬运装卸设备及零件	Mechanical Handling Equipment and Parts		6281
金属加工机床（台）	Metal Processing Machine Tool (set)	843	20178
橡胶或塑料加工机械及零件	Rubber or Plastic Processing Machinery and Parts		1404
型模及金属铸造用型箱（吨）	Mold and Metal Casting Type Box (ton)	1026	1312
阀门（万套）	Valve (10000 sets)	440	1585
电动机及发电机（万台）	Motors and Generators (10000 sets)	837	9835
变压.整流.电感器及零件	Transformer,Rectifier, Inductors and Parts		6364
蓄电池（万个）	Battery	43	6753
电视摄像机.数字照相机及视频摄录一体机（台）	Television Cameras,Digital Camers and a complete of Spare Parts (set)	297497	3002
无线电导航雷达及遥控设备（台）	Wireless Navigation Radar and Control Equipments (set)	6073386	2394
收音设备(包括收录音组合机及整套散件)	Radio Equipment		14097
电视.收音机及无线电讯装置的零附件（吨）	Television,Radiogram and Wireless Radiotelephone Equipment (ton)	822	31387
电容器（吨）	Capacitor (ton)	133	1584
电阻器（吨）	Resistor (ton)	72	1018
印刷电路（万块）	Printed Circuit (10000 Pieces)	1058	1284
通断保护电路装置及零件	Protection Devices and Electrical Parts		41499
二极管及类似半导体器件（百万个）	Diode and Similar Semiconductor (10000 sets)	1129	2847
集成电路（百万个）	Integrated Circuit (10000 sets)	334	15265
电线和电缆（吨）	Wire and Cable (ton)	2107	4555
汽车（辆）	Auto (included complete set of pieces) (set)	52920	257981
汽车零配件	Parts of Motor Vehicles		480876
医疗仪器及器械	Medical Instruments and Appliances		3054
计量检测分析自控仪器及器具	Measurement Analysis of the Control Instrument and Appliances		79352

6－4　全部企业按贸易方式分进出口总值表（2016年）
Total Value of Imports and Exports by Trade Mode（2016）

单位: 万美元　　unit:10000 dollars

指　　标	Item	进出口总值 Total Imports and Exports	出口总值 Total Exports	进口总值 Total Imports
进出口贸易总值	**Total Value of Imports and Exports**	**1844246**	**420568**	**1423678**
一般贸易	General Trade	1551882	269086	1282796
国家间、国际组织无偿援助和赠送的物资	Ponation of Tnternational Associations	366	366	
华侨、港澳同胞、外籍华人捐赠物资	Donation of Overseas Chinese			
加工贸易	Processing Trade	168708	119543	49165
补偿贸易	Compensation Trade			
来料加工装配贸易	Processing and Assembly Trade	14502	8700	5803
进料加工贸易	Processing Trade for Imported Material	154205	110844	43362
寄售、代销贸易	Sale by Consignment			
边境小额贸易（边民互市贸易除外）	Small Trade on Border	27229	11874	15354
加工贸易进口设备	Imported Equipment for Processing Trade			
对外承包工程出口货物	Exported Goods on Contracted Projects	740	740	
租赁贸易	Leasehold Trade			
外商投资企业作为投资进口的设备、物品	Imported Equipment used as Investment by Foreign Funded Enterprises	1148		1148
出料加工贸易	Prossing Trade for Exported Materials	6768	3176	3592
易货贸易	Dicker Trade	99	88	11
免税外汇商品	Tax-free Foreign Exchange Commodities			
保税监管场所进出境货物	Importing Goods in Bonded Supervision Places	48201	4951	43250
海关特殊监管区域物流货物	Goods in the Areas under Special Customs Supervision	22695	6591	16104
海关特殊监管区域进口设备	Imported Equipment in the Areas under Special Customs Supervision	176		176
其它	Others	16234	4152	12082

6－5 全部企业按主要国家（地区）分进出口总值表（2016年）

Total Value of Imports and Exports of All Enterprises by Major Countries（regions）（2016）

单位：万美元　　unit:10000 dollars

国　别（地区）	Region	进出口总值 Total Exports and Imports	出口总额 Total Exports	进口总额 Total Imports
进出口贸易总值	**Total Value of Imports and Exports**	**1844246**	**420568**	**1423678**
亚洲	**Asia**	**524538**	**236715**	**287823**
# 柬埔寨	Kampuchea	70	69	
香港	Hongkong	8893	8701	192
印度	India	17218	15274	1944
印度尼西亚	Indonesia	8638	8002	635
伊朗	Iran	8077	7893	185
伊拉克	Iraq	760	760	
以色列	Israel	2426	1759	667
日本	Japan	173474	37616	135857
约旦	Jordan	212	212	
马来西亚	Malayqia	13623	5054	8569
巴基斯坦	Pakistan	8832	8601	231
菲律宾	The Philippines	13780	9682	4098
沙特阿拉伯	Saudi Arabia	4030	3721	309
新加坡	Singapore	13677	11269	2408
韩国	South Korea	71138	45249	25889
叙利亚	Syria			
泰国	Thailand	38280	16787	1873
土耳其	Turkey	5499	3054	2445
阿拉伯联合酋长国	United Arab Emirates	1849	1242	607
越南	Vietnam	11191	10442	750
中国台湾	Taiwan,China	20460	4836	15624
哈萨克	Kazakstan	217	217	
非洲	**Africa**	**25679**	**12900**	**12779**
# 阿尔及利亚	Algeria	270	270	
埃及	Egypt	721	532	189
埃塞俄比亚	Ehtiopia	1097	551	546
加纳	Chana	79	79	
尼日利亚	Nigeria	1132	1131	1
南非（阿扎尼亚）	South Africa	12062	6228	5835
苏丹	Sudan	641	329	312

单位: 万美元

6－5 续表

unit:10000 dollars

国　　　别（地区）	Region	进出口总值 Total Exports and Imports	出口总额 Total Exports	进口总额 Total Imports
欧洲	**Europe**	**1126022**	**105589**	**1020433**
#比利时	Belgium	38097	7115	30982
丹麦	Denmark	2273	365	1909
英国	UK	13868	9617	4251
德国	Germany	637175	26308	610868
法国	France	15740	1886	13855
爱尔兰	Ireland	3117	2578	538
意大利	Italy	31431	7376	24055
卢森堡	Luxemburg	1148	2	1146
荷兰	Netherland	19728	12410	7318
西班牙	Spain	20394	4441	15953
奥地利	Austria	13901	793	13107
匈牙利	Hungary	65462	312	65150
挪威	Norway	3228	218	3010
波兰	Poland	12096	1230	10866
瑞典	Sueden	5286	2289	2997
瑞士	Switzerland	6879	209	6670
俄罗斯	Russia	43510	15665	27844
乌克兰	UKraine	3338	576	2762
捷克共和国	Czech Rep	53069	1245	51824
拉丁美洲	**Latin America**	**59329**	**15302**	**44027**
#阿根廷	Argentina	442	340	102
巴西	Brazil	17082	3360	13722
墨西哥	Mexico	11770	5563	6207
委内瑞拉	Venezuela	359	359	
北美洲	**North America**	**84905**	**45915**	**38990**
加拿大	Canada	9812	7138	2674
美国	USA	75093	38777	36316
大洋洲	**Oceanic and Pacific Islands**	**23773**	**4147**	**19626**
#澳大利亚	Austrialia	22760	3685	19075
国别不详的或联合国组织	**U.N.Organization**			
东盟组织	**The Association of Southest Asian**	**101303**	**63346**	**37956**
欧盟组织	**European Economic Community**	**1066800**	**88500**	**978299**

6－6　历年实际利用外资情况

Actually Utilization of Foreign Capital

单位：万美元　　　　unit：10000 dollars

年 份 Year	签订合同数（个） Number of Signed Contracts (unit)	签订合同外资金额（万美元） Contracted Foreign Investment	实际利用外资额（万美元） Total Amount of Foreign Capital Actually Used		
			合 计 Total	外商直接投资 Direct Foreign Investment	间接利用外资 Indirect Foreign Investment
1984	8	531	239	239	
1985	14	649	791	305	486
1986	15	751	741	240	501
1987	8	833	3067	262	2805
1988	26	1256	1876	376	1500
1989	45	3290	4581	1114	3467
1990	52	2098	9674	1760	7914
1991	122	18000	15414	6216	9198
1992	605	39718	25027	12885	12142
1993	1434	76575	63784	23784	40000
1994	1064	82608	80852	31834	49018
1995	667	85734	76740	39876	36864
1996	407	65420	95453	45155	50298
1997	395	48783	89724	40227	49497
1998	367	49542	57836	40917	16919
1999	355	45049	42055	30120	11935
2000	363	59615	49351	33701	15650
2001	337	57770	53288	33766	19522
2002	346	57310	55176	31703	23473
2003	340	72591	50608	31808	18800
2004	306	158717	57000	45266	11734
2005	348	94239	115102	66115	48987
2006	383	168594	165028	76064	88964
2007	342	155610	227062	88495	138567
2008	245	135517	300809	99331	201478
2009	193	104919	356661	113977	242684
2010	200	140552	416461	128042	288419
2011	138	125939	494705	148125	346580
2012	107	138965	581587	164866	416722
2013	101	73435	676415	181949	494466
2014	108	155506	765252	196643	568609
2015	70	119452	857187	212747	644440
2016	72	180028	943099	227449	715650

6－7　国外经济合作情况

Economic Cooperation with Foreign County

指 标	Item	新签合同（万美元） New Contracted (10000 USD)			实际完成（万美元） Actual Finish (10000 USD)		
		2014	2015	2016	2014	2015	2016
合计	**Total**	**26383**	**80188**	**70310**	**86886**	**63282**	**57768**
对外承包工程	Contracted Projects	8490	68286	39200	56481	36830	38257
对外劳务工程	Labor Cooperation	17893	11902	31110	30405	26452	19511

6－8 旅游事业发展情况（一）
Development of Tourism (One)

年 份 Year	星级饭店总数（个） Total Number of Star-ranked Holels (unit)	入境旅游人数（万人次） Number of International Tourists (10 000 person－times)	# 外国人 Foreigners	国际旅游外汇收入（万美元） Foreign Exchange Earning From Tourism (10 000 USD)	国内旅游人次（万人次） Number of Domestic Tourists (10 000 person－times)	国内旅游收入（万元） Income from Domestic Tourism (10 000yuan)	国内旅游人均花费（元） Domestic Tourism Spending Per Capita (yuan)
1981	135						
1982	130						
1983	130						
1984	156						
1985		2.4	1.0	165		1261	
1986		3.1	1.6	235		1203	
1987		3.6	1.5	255		1995	
1988		4.2	1.8	380		3174	
1989	23	2.5	1.2	335		3293	
1990	27	4.6	3.0	610		4353	
1991	33	6.2	3.6	859		7848	
1992	35	8.4	5.3	1106		25492	
1993	38	7.9	5.6	1110		27606	
1994	48	10.7	9.3	2488			
1995	52	15.6	14.5	4148			
1996	72	18.8	17.6	5310			
1997	73	20.0	18.1	5935	1240	167100	134.8
1998	86	13.1	11.6	3783	1317	266100	202.1
1999	95	15.9	14.1	4483	1463	349000	238.6
2000	151	22.3	19.2	5804	1809	519400	287.1
2001	151	27.2	23.7	7579	2225	773900	347.8
2002	172	29.4	25.9	8700	2455	1081700	440.6
2003	182	21.2	18.5	6638	2331	1362200	584.3
2004	176	32.4	27.7	9600	2588	1759200	679.8
2005	198	37.3	30.7	11953	2851	2193400	769.4
2006	210	44.9	36.8	14244	3193	2640000	826.9
2007	216	54.4	44.2	17931	3704	3365100	908.6
2008	236	61.7	52.5	21144	4497	4361000	969.8
2009	231	68.1	58.3	24294	5433	5641000	1038.3
2010	223	82.0	72.2	30492	6409	7123900	1111.6
2011	208	99.3	85.5	38528	7542	9042900	1199.0
2012	228	118.3	100.9	49477	8854	11468900	1295.3
2013	223	127.4	110.5	57053	10242	14416400	1407.6
2014	218	137.7	119.9	67538	12004	17665500	1471.7
2015	215	148.1	129.2	72414	13983	22207300	1588.2
2016	193	162.0	142.2	79121	16417	28459400	1733.5

6－9　旅游事业发展情况（二）

Development of Tourism（Two）

指　　标	Item	2014	2015	2016
入境旅游者人数（人次）	Total Number of International Tourists (person － time)	1376852	1480994	1619530
外国人	Foreigners	1199413	1292100	1421729
港澳同胞	Compatriots from HongKong and Macao	96366	105700	111713
台湾同胞	Compatriots from Taiwan	81073	83300	86088
海外旅游者人天数（人天）	Intenational Tourists for One Day(person － day)	3268452	3594071	3943478
外国人	Foreigners	2820818	3124512	3445299
港澳同胞	Compatriots from HongKong and Macao	246742	266735	287121
台湾同胞	Compatriots from Taiwan	200891	202824	211058
国际旅游外汇收入（万美元）	Foreign Exchange Earnings from Tourism(10000 USD)	67538	72414	79121
国内旅游人数（万人次）	Total Number of Domestic Tourists(10000 person － times)	12003.55	13982.80	16416.82
国内旅游收入（亿元）	Income from Domestic Tourism(100 million yuan)	1766.55	2220.73	2845.94
旅游接待总人数（万人次）	Total Number of Tourists(10000 person － times)	12141.24	14130.90	16578.77
旅游业总收入（亿元）	Total Income of Tourism(100 million yuan)	1807.71	2315.17	2897.37

注：海外旅游者人数及人天数中的外国人包括华侨数。
Note：The dafa of international tourists include overseas Chinese.

6－10　各地区旅游情况

Tourism Situation in Various Regions

地　区	Region	2015				2016			
		国内旅游人数（万人次）Number of Domestic Tourists(10000 Person－time)	入境人数（人次）Number of Tourists (Person－time)	国内旅游收入（亿元）Income from Domestic Tourism(100 million yuan)	旅游外汇收入（万美元）Exchange Earnings from Tourism (10000 USD)	国内旅游人数（万人次）Number of Domestic Tourists(10000 Person－time)	入境人数（人次）Number of Tourists (Person－time)	国内旅游收入（亿元）Income from Domestic Tourism(100 million yuan)	旅游外汇收入（万美元）Exchange Earnings from Tourism (10000 USD)
全　省	**Total**	**13982.80**	**1480994**	**2220.73**	**72413.93**	**16416.82**	**1619530**	**2845.94**	**79120.61**
长　春	Changchun	5682.99	430582	1023.18	31850.19	6655.22	452100	1318.74	34398.21
吉　林	Jilin	3798.12	104512	533.40	4156.53	4465.43	113215	675.39	4245.25
四　平	Siping	263.70	4838	37.55	136.26	343.54	5626	49.34	160.79
辽　源	Liaoyuan	216.07	367	30.96	14.50	252.82	1970	39.76	76.58
通　化	Tonghua	862.90	199018	117.49	4356.47	1009.85	240812	150.88	5275.33
白　山	Baishan	769.17	48044	97.56	2122.37	898.75	50027	124.77	2228.06
松　原	Songyuan	541.65	24800	87.46	1270.00	632.37	25600	112.27	1309.37
白　城	Baicheng	317.91	15073	46.85	428.62	369.80	15180	59.95	481.17
延　边	Yanbian	1530.29	653760	246.28	28078.99	1789.04	715000	314.84	30945.85
长白山管委会	Changbai	296.10	169000	26.28	5527.45	336.2	188000	28.91	6179.69

注：延边数据包含长白山管委会。
Note：Yanbian data include changbai mountain management committee.

6－11 各地区实际利用外商直接投资
Foreign Direct Investment Actually Used by Region

单位: 万美元 unit:10000 dollars

地 区	Region	2015 签订合同数（个）Number of Signed Contracts (unit)	2015 签订利用外资协议合同额 Foreign Capital Amount of the Contract	2015 实际利用外商直接投资 Foreign Direct investment	2016 签订合同数（个）Number of Signed Contracts (unit)	2016 签订利用外资协议合同额 Foreign Capital Amount of the Contract	2016 实际利用外商直接投资 Foreign Direct investment
全 省	**Total**	**70**	**119360**	**212747**	**72**	**180028**	**227449**
长 春	Changchun	30	44549	114515	26	97137	121386
吉 林	Jilin	2	137	25601	6	10210	27718
四 平	Siping			8385		46	8875
辽 源	Liaoyuan			8338		1688	8835
通 化	Tonghua	2	5039	5738	3	48697	6085
白 山	Baishan	3	4947	11150	1	19	15700
松 原	Songyuan	1	1667	11297			11979
白 城	Baicheng	1	212	5153		524	6269
延 边	Yanbian	17	1782	16840	31	10131	18390
长白山管委会	Changbai			655	1	10	695
公主岭	Gongzhuling		7457	2050		532	1517
梅河口	Meihekou	1	82	3025			
省 直	Shengzhi	13	53488		4	11035	

6－12 接待外国旅游人数
Reception Number of Oversea Travelling

国 家	Countries	2011	2012	2013	2014	2015	2016
旅游人数（万人次）	**Total Number of Tourists(10000 person－times)**	**7641.32**	**8972.55**	**10369.28**	**12141.24**	**14130.90**	**16578.77**
入境旅游人数（人次）	**Number of Oversea Visitor Arrivals(person－time)**	**993204**	**1182689**	**1273559**	**1376852**	**1480994**	**1619530**
外国人	Foreigners	854940	1009035	1104519	1199413	1292095	1421729
# 日本	Japan	74650	55125	52925	45768	47508	55445
韩国	South Korea	377940	443453	524902	612304	786576	853083
菲律宾	Philippines	871	4426	5116	4557	4049	4191
新加坡	Singapore	9568	9921	19955	40266	45360	49670
英国	United Kingdom	1524	3310	6855	9774	10829	11437
德国	Germany	21406	33747	52627	52736	56049	61953
俄罗斯	Russia	317054	319743	341880	290728	248802	187979
加拿大	Canada	1608	7182	5853	8653	10825	11505
美国	United States	7364	23391	19235	14325	15809	18104
港澳同胞	Chinese Compatriots form Hong Kong, Macao	83354	96960	93368	96366	105700	111713
台湾同胞	Chinese Compatriots from Taiwan Province	54910	76694	75672	81073	83300	86088

6-13 国内游客出游方式构成表
Table of Domestic Tourists Travel Mode

单位: % unit:%

年份 year	单位组织 Organization	家庭或与亲朋结伴 Family or Friends	旅行社组织 Travel Agency	个人旅行 Persanal Travel	自驾游 Self-driving	其他 Others
2001	25.13	23.26	7.35	19.85		24.41
2002	24.52	23.84	8.56	18.51		24.57
2003	24.98	23.67	8.69	21.19		21.47
2004	23.86	22.50	5.69	22.29		25.66
2005	25.46	24.32	11.73	20.97		17.52
2006	22.81	26.71	9.73	22.96		17.79
2007	19.00	25.70	7.80	24.50		23.00
2008	18.70	26.30	6.60	26.70		21.70
2009	19.00	26.00	6.00	22.00		27.00
2010	22.00	27.00	5.00	22.00		24.00
2011	20.00	27.00	7.00	24.00		22.00
2012	22.00	28.00	11.00	18.00		21.00
2013	21.00	28.90	12.50	19.90		17.70
2014	20.70	37.60	9.90	16.70		15.10
2015	9.90	36.90	18.20	18.90		16.10
2016	9.10	19.40	9.70	12.40	26.10	13.40

CHAPTER ▶ 07

第七篇

生产和消费

P… CONSUMPTION OF ENERGY

勘误

本书中第 98 页《6-13 国内游客出游方式构成表》2016 年数据有调整，现修订为：

6-13 国内游客出游方式构成表

单位：%

年份	单位组织	家庭或与亲朋结伴	旅行社组织	个人旅行	自驾游	其他
2016	10.7	19.4	11.1	25.6	21.3	12.0

7－1 历年能源生产总量及构成

Total Production of Energy and Its Composition

年 份 Year	能源生产总量 （万吨标准煤） Total Energy Production (10 000 tons of SCE)	占能源生产总量的比重（%） As Percentage of Total Energy Production			
		#原 煤 Coal	原 油 Crude Oil	天然气 Natural Gas	一次电力 Once power
1978	1635.6	81.0	16.2		2.8
1979	1689.4	79.2	15.8	1.2	3.9
1980	1530.3	75.9	16.5	2.0	5.6
1981	1493.2	74.4	15.6	0.8	9.1
1982	1538.5	79.1	15.8	0.7	4.3
1983	1637.2	77.8	15.5	0.7	6.0
1984	1787.6	76.9	15.3	0.5	7.3
1985	1947.2	76.3	15.6	0.5	7.5
1986	2142.2	71.0	15.8	0.6	12.6
1987	2201.6	68.4	18.6	0.6	12.4
1988	2292.4	69.4	19.6	0.6	10.4
1989	2369.9	73.5	20.6	0.6	5.3
1990	2572.3	72.5	19.8	0.5	7.2
1991	2593.3	70.5	18.9	0.6	10.0
1992	2259.4	71.2	21.8	1.0	6.0
1993	2248.7	69.3	21.5	1.2	8.0
1994	2311.1	68.8	20.5	1.0	9.6
1995	2512.9	67.6	19.5	0.9	12.0
1996	2452.0	68.2	21.8	1.0	9.0
1997	2499.5	68.8	23.2	1.4	6.6
1998	2134.6	64.2	26.6	1.6	2.3
1999	1969.9	62.9	26.0	1.9	9.2
2000	1885.6	61.4	26.4	2.0	10.3
2001	1956.7	57.8	28.4	1.9	11.9
2002	2109.5	61.5	28.6	1.4	8.5
2003	2205.3	65.6	30.9	1.4	2.1
2004	2458.9	67.3	28.0	1.9	2.9
2005	2574.3	62.7	30.6	2.8	3.8
2006	2879.2	65.0	30.8	1.1	2.3
2007	3146.9	67.9	28.2	1.0	2.5
2008	3584.8	67.4	26.9	2.5	2.2
2009	4192.9	70.2	21.5	5.0	2.5
2010	4790.8	70.0	20.9	4.9	3.5
2011	5083.7	70.7	20.8	5.1	2.8
2012	5710.8	71.2	20.3	5.3	2.7
2013	3763.3	47.9	26.7	8.4	14.0
2014	3634.1	49.8	26.1	8.2	12.3
2015	3226.2	47.0	29.5	8.4	10.9
2016	2851.0	34.1	31.2	9.2	18.1

注：2013年以后能源生产总量和能源结构是按等价值计算的，以前年份是按当量值计算的。

Note: After 2013,total energy production and energy structure are caculated according to the value of equal value.

7-2 历年能源消费总量及构成

Total Consumption of Energy and Its Composition

年 份 Year	能源消费总量 （万吨标准煤） Total Energy Consumption (10 000 tons of SCE)	占能源消费总量的比重（%） As Percentage of Total Energy Consumption			
		#煤品燃料 Coal fuel	油品燃料 Oil fuel	天然气 Natural Gas	一次电力 Once power
1978	1661.4	70.4	26.7		2.9
1979	1741.2	72.5	25.5		3.9
1980	1930.2	73.4	21.3	1.9	3.9
1981	1819.6	72.7	22.1	0.5	5.4
1982	2117.3	76.2	18.4	0.6	3.0
1983	2313.0	73.0	18.5	0.5	4.0
1984	2495.5	74.0	20.9	0.4	5.0
1985	2658.8	74.1	19.3	0.4	5.2
1986	2772.1	71.5	19.4	0.4	9.0
1987	3080.9	71.9	17.2	0.4	8.3
1988	3283.8	74.0	18.1	0.4	6.7
1989	3392.7	77.1	18.3	0.4	3.5
1990	3523.4	63.5	16.8	0.3	19.3
1991	3572.8	64.4	15.5	0.4	19.7
1992	3614.6	63.6	15.8	0.5	20.1
1993	3793.8	65.1	15.1	0.6	19.3
1994	3856.5	64.4	13.8	0.6	21.2
1995	3954.2	62.2	14.7	0.5	22.6
1996	4032.7	62.6	15.0	0.5	21.9
1997	4177.2	58.8	18.1	0.7	22.4
1998	3626.8	54.9	20.7	0.9	23.6
1999	3693.2	53.2	21.1	0.8	24.9
2000	3527.7	53.0	20.9	0.8	25.3
2001	3712.7	53.7	19.9	0.7	25.6
2002	4209.0	56.2	18.5	0.7	24.7
2003	4468.8	73.8	22.4	2.1	1.0
2004	4778.7	75.6	20.5	2.2	1.5
2005	5258.5	76.5	20.9	1.9	1.8
2006	5871.5	77.7	19.3	1.7	1.1
2007	6465.9	76.1	19.4	2.0	1.2
2008	7100.1	77.7	16.9	2.5	1.1
2009	7553.4	78.7	16.0	2.8	1.4
2010	8172.8	77.9	17.8	2.9	2.1
2011	8886.9	78.2	16.6	2.9	1.6
2012	9028.3	77.3	15.9	3.4	1.7
2013	8645.4	71.8	17.0	3.7	6.1
2014	8559.8	71.7	17.0	3.5	5.2
2015	8141.9	69.3	16.8	3.5	4.3
2016	8014.1	67.4	18.0	3.6	6.4

注：①2013年能耗总量按全国第三次经济普查数据重新进行了调整。
②2013年以后能源消费总量和能源结构是按等价值计算的，以前年份是按当量值计算的。

Note: ①The total amount of energy consumed in 2013 was adjusted for the third national economic census data.
②After 2013,the total energy consumption and energy structure are calculated according to the value of equal value.

7－3　2005-2016年全社会电耗及单位GDP电耗降低率

From 2005 to 2016, the Power Consumption and Unit GDP Power Consumption Rate of the Whole Society

年份 Year	电力消费总量 （万千瓦时） Total Electricity Consumption （Million Kw.h）	万元GDP电耗 环比降低率（%） Million yuan GDP energy consumption chain reduced rate (%)	万元GDP电耗 累计降低率（%） Million yuan GDP energy consumption total reduction rate (%)
2005	3782271		
2006	4124577	5.15	5.15
2007	4626384	3.39	8.37
2008	4964888	7.45	15.19
2009	5152544	8.67	22.55
2010	5769749	1.60	23.78
2011	6301527	4.03	26.86
2012	6369979	9.74	33.98
2013	6538451	5.22	37.43
2014	6678144	4.12	40.00
2015	6519580	8.33	45.00
2016	6676276	4.20	47.31

7－4　2005-2016年全社会能耗及单位GDP能耗降低率

From 2005 to 2016, Energy Consumption and Per Unit GDP Reduction Energy Consumption Rate of the Whole Society

年份 Year	能源消费总量 (等价值,万吨标准煤) Total Energy Consumption (10 000 tons of SCE)	万元GDP综合能耗 环比降低率（%） Million yuan GDP comprehensive energy consumption chain reduction rate (%)	万元GDP综合能耗 累计降低率（%） Million yuan GDP comprehensive energy consumption of cumulative reduction rate (%)
2005	5315.40		
2006	5908.21	3.32	3.32
2007	6557.34	4.41	7.59
2008	7221.41	5.02	12.24
2009	7697.77	6.19	17.67
2010	8297.31	5.31	22.04
2011	9103.04	3.59	24.83
2012	9443.04	7.36	30.36
2013	8645.40	6.03	34.56
2014	8559.79	7.05	39.18
2015	8141.89	10.69	45.68
2016	8014.09	7.91	49.98

7－5 分行业能源品种消费（实物量）（2016年）

行　　业	Item	原　煤 (万吨) Raw Coal (10000tons)
消费总计	**Total Consumption**	**9268.82**
一、农、林、牧、渔业	Agriculture,Forestry,Animal Husbandry and Fishery	81.73
二、工业合计	Industry	8154.32
轻工业	Light Industry	909.16
重工业	Heavy Industry	7245.16
（一）采矿业	Mining	905.78
煤炭开采和洗选业	Mining and Washing of Coal	783.15
石油和天然气开采业	Extraction of Petroleum and Natural Gas	1.81
黑色金属矿采选业	Mining and Processing of Ferrous Metal Ores	10.27
有色金属矿采选业	Mining and Processing of Non-ferrous Metal Ores	17.26
非金属矿采选业	Mining and Processing of Nonmetal Ores	26.36
开采辅助活动	Mining Support Activities	66.86
其他采矿业	Mining of Other Ores	0.07
（二）制造业	Manufacturing	2282.49
农副食品加工业	Processing of Food from Agricultural Produsts	368.68
食品制造业	Manufacture of Foods	40.28
酒、饮料和精制茶制造业	Manufacture of Wine,Beverages and Tea	125.50
烟草制品业	Manufacture of Tobacco	0.49
纺织业	Manufacture of Textile	13.20
纺织服装、服饰业	Manufacture of Textile and Apparel	6.46
皮革、毛皮、羽毛及其制品和制鞋业	Leather,Fur,Feathers and Footwear Industry	3.89
木材加工及木、竹、藤、棕、草制品业	Processing of Timber,Manfacture of Wood,Bamboo,Rattan,Palm and Straw Products	103.43
家具制造业	Manufacture of Furniture	2.65
造纸及纸制品业	Manufacture of Paper and Paper Products	41.07
印刷和记录媒介复制业	Printing,Reproduction of Recording Media	1.40
文教、工美、体育和娱乐用品制造业	Calture Education,Art,Sports and Entertainment Goods Industry	3.71
石油加工、炼焦和核燃料加工业	Processing of Petroleum,Coking,Processing of Nuclear Fuel	55.60
化学原料和化学制品制造业	Manufacture of Raw Chemical Materials and Chemical Products	292.22
医药制造业	Manufacture of Medicines	185.02
化学纤维制造业	Manufacture Chemical Fibers	105.13
橡胶和塑料制品业	Manufacture of Rubber and Plastic	10.47
非金属矿物制品业	Manufacture of Non－metallic Mineral Products	560.82
黑色金属冶炼和压延加工业	Smelting and Pressing of Ferrous Metals	169.12

Total Consumption of Energy by Sector (Actual Itern Quantity) (2016)

洗精煤 (万吨) Washed Coal (10000tons)	煤制品 (万吨) Coal Products (10000tons)	焦 炭 (万吨) Coke (10000tons)	焦炉煤气 (亿立方米) Coal Oven Gas (100 million cu.m)	原 油 (万吨) Crude Oil (10000tons)	汽 油 (万吨) Gasoline (10000tons)	煤 油 (万吨) Kerosene (10000tons)
426.62	**7.43**	**477.60**	**9.59**	**1051.29**	**178.68**	**20.41**
		7.32			23.87	0.03
426.62	1.55	469.80	9.34	1051.29	28.30	18.36
	0.38	0.05			8.59	16.98
426.62	1.17	469.75	9.34	1051.29	19.71	1.38
		0.70		13.03	3.16	
					0.19	
				12.78	0.49	
		0.70			0.61	
					0.27	
					0.64	
				0.25	0.96	
426.62	1.55	469.10	9.29	1038.19	23.34	17.86
	0.15				4.84	6.87
		0.02			0.86	
					0.83	
	0.21				0.05	
					0.07	
				0.02	1.63	
		0.02			0.51	
		0.01			0.21	
					0.08	
					0.17	
84.54				125.32	0.16	
15.50				912.85	2.10	
					0.79	10.11
					0.03	
					0.59	
		2.12	1.54		2.82	
326.58		453.71	7.75		0.34	

7－5 续表 1

行　　业	Item	原　煤 (万吨) Raw Coal (10000tons)
有色金属冶炼和压延加工业	Smelting and Pressing of Non–ferrous Metals	16.39
金属制品业	Manufacture of Metal Products	8.21
通用设备制造业	Manufacture of General Purpose Machinery	20.11
专用设备制造业	Manufacture of Special Purpose Machinery	21.92
汽车制造业	Manufacture of Automotive	87.03
铁路、船舶、航空航天和其他运输设备制造业	Manufacture of Railway,Ship,Aerospace and Other Transport Equipment	15.46
电气机械和器材制造业	Manufacture of Electrical Machinery and Equipment	8.99
通信设备、计算机和其他电子设备制造业	Manufacture of Communication Equipment,Computers and Other Electronic Equipment	2.25
仪器仪表制造业	Manufacture of Instrument	0.98
其他制造业	Other Manufacturing	11.68
废弃资源综合利用业	Wast Resources Utilization Industry	0.18
金属制品、机械和设备修理业	Metal Products,Machinery and Equipment Repair Industry	0.15
（三）电力、热力、燃气及水的生产和供应业	Production and Supply of Electricity,Gas and Water	4966.05
电力、热力的生产和供应业	Production and Supply of Electric Power and Heat Power	4963.39
燃气生产和供应业	Production and Supply of Gas	0.68
水的生产和供应业	Production and Supply of Water	1.98
三、建筑业	Construction	15.51
房屋和土木工程建筑业	Construction of Building and Civil Engineering	5.99
建筑安装业	Construction Installation	8.23
建筑装饰业	Construction Decoration	0.92
其它建筑业	Other Construction	0.37
四、交通运输储运业和邮政业	Transport,Storage and Post	294.01
铁路运输业	Railway Transport	
道路运输业	Road Transport	55.52
水上运输业	Water Transport	
航空运输业	Air Transport	2.80
管道运输业	Transport Via Pipeline	
装卸搬运及其他运输服务业	Loading,Unloading,Portage and Other Transport Services	1.57
仓储业	Storage	233.26
邮政业	Post	0.86
五、批发、零售业和住宿、餐饮业	Wholesale,Retail Trades,Hotels and Catering Services	119.41
六、其他行业	Others	310.85
七、城乡居民生活	Residential Comsumption	292.99

continued

洗精煤 (万吨) Washed Coal (10000tons)	煤制品 (万吨) Coal Products (10000tons)	焦　炭 (万吨) Coke (10000tons)	焦炉煤气 (亿立方米) Coal Oven Gas (100 million cu.m)	原　油 (万吨) Crude Oil (10000tons)	汽　油 (万吨) Gasoline (10000tons)	煤　油 (万吨) Kerosene (10000tons)
		7.11			0.08	
	0.62	3.63			0.71	
		0.12			0.93	0.88
		0.56			1.44	
	0.55	1.76			2.18	
					0.18	
		0.04			1.07	
					0.18	
					0.14	
	0.02				0.15	
					0.17	
					0.03	
			0.05	0.07	1.80	0.50
			0.05	0.07	1.28	0.50
					0.15	
					0.37	
		0.08			16.89	0.40
		0.07			10.76	0.04
		0.01			2.79	0.20
					2.30	0.16
					1.04	
					35.98	0.36
					0.20	
					30.17	
					0.10	
					0.06	0.36
					0.24	
					1.10	
					4.11	
		0.28			15.41	0.64
		0.12			34.30	0.62
	5.88		0.25		23.93	

7－5 续表 2

行　　业	Item	柴　油 （万吨） Diesel Oil (10000tons)
消费总计	**Total Consumption**	**343.73**
一、农、林、牧、渔业	Agriculture,Forestry,Animal Husbandry and Fishery	46.58
二、工业合计	Industry	49.56
轻工业	Light Industry	9.47
重工业	Heavy Industry	40.09
（一）采矿业	Mining	12.64
煤炭开采和洗选业	Mining and Washing of Coal	1.49
石油和天然气开采业	Extraction of Petroleum and Natural Gas	1.83
黑色金属矿采选业	Mining and Processing of Ferrous Metal Ores	2.94
有色金属矿采选业	Mining and Processing of Non-ferrous Metal Ores	0.85
非金属矿采选业	Mining and Processing of Nonmetal Ores	2.02
开采辅助活动	Mining Support Activities	3.51
其他采矿业	Mining of Other Ores	
（二）制造业	Manufacturing	35.85
农副食品加工业	Processing of Food from Agricultural Produsts	5.62
食品制造业	Manufacture of Foods	0.59
酒、饮料和精制茶制造业	Manufacture of Wine,Beverages and Tea	1.34
烟草制品业	Manufacture of Tobacco	0.01
纺织业	Manufacture of Textile	0.05
纺织服装、服饰业	Manufacture of Textile and Apparel	0.07
皮革、毛皮、羽毛及其制品和制鞋业	Leather,Fur,Feathers and Footwear Industry	
木材加工及木、竹、藤、棕、草制品业	Processing of Timber,Manfacture of Wood,Bamboo,Rattan,Palm and Straw Products	1.84
家具制造业	Manufacture of Furniture	0.60
造纸及纸制品业	Manufacture of Paper and Paper Products	0.47
印刷和记录媒介复制业	Printing,Reproduction of Recording Media	0.09
文教、工美、体育和娱乐用品制造业	Calture Education,Art,Sports and Entertainment Goods Industry	0.04
石油加工、炼焦和核燃料加工业	Processing of Petroleum,Coking,Processing of Nuclear Fuel	2.41
化学原料和化学制品制造业	Manufacture of Raw Chemical Materials and Chemical Products	2.74
医药制造业	Manufacture of Medicines	0.41
化学纤维制造业	Manufacture Chemical Fibers	0.06
橡胶和塑料制品业	Manufacture of Rubber and Plastic	0.64
非金属矿物制品业	Manufacture of Non－metallic Mineral Products	8.39
黑色金属冶炼和压延加工业	Smelting and Pressing of Ferrous Metals	0.58

continued

燃料油（万吨） Fuel Oil (10000tons)	液化石油气（万吨） Liquefied Petroleum Gas (10000tons)	炼厂干气（万吨） Refinery Dry Gas (10000tons)	其它石油制品（万吨） Other Petroleum Products (10000tons)	天然气（亿立方米） Natural Gas (100 million cu.m)	热力（万百万千焦） Heat Power (10 billion kilo-joule)	电力（亿千瓦时） Electric Power (100 million kwh)
38.05	**48.98**	**29.71**	**152.06**	**21.19**	**25404.87**	**667.63**
0.07	0.54			0.04		13.76
29.12	23.37	29.71	152.06	17.08	17708.00	406.13
0.04	11.69			0.65	5066.84	42.68
29.08	11.68	29.71	152.06	16.43	12641.16	363.45
				6.40	1996.45	40.20
					1211.51	7.90
				5.02	24.55	20.02
					0.04	2.88
					0.13	6.98
						2.07
				1.38	760.22	0.34
						0.01
29.05	23.37	29.71	152.06	10.60	14735.99	210.30
				0.12	878.21	11.97
				0.12	81.52	2.26
					1605.87	6.50
				0.09	20.09	0.89
					61.89	3.05
					97.76	0.44
					0.35	0.02
					5.28	3.37
				0.02	1.45	1.09
				0.08	25.02	3.01
	11.69				8.98	0.57
					0.01	0.08
	3.34	1.94	150.77	0.44	9.95	7.67
28.94		27.77		4.84	6070.51	28.24
0.04				0.22	123.76	6.96
					2161.93	4.41
			1.29	0.19	3.94	5.45
0.07				0.58	219.79	30.84
	3.67			0.03	6.90	32.61

7－5 续表 3

行　　业	Item	柴　油（万吨）Diesel Oil1 (10000tons)
有色金属冶炼和压延加工业	Smelting and Pressing of Non-ferrous Metals	0.33
金属制品业	Manufacture of Metal Products	0.70
通用设备制造业	Manufacture of General Purpose Machinery	0.50
专用设备制造业	Manufacture of Special Purpose Machinery	1.12
汽车制造业	Manufacture of Automotive	5.63
铁路、船舶、航空航天和其他运输设备制造业	Manufacture of Railway,Ship,Aerospace and Other Transport Equipment	0.23
电气机械和器材制造业	Manufacture of Electrical Machinery and Equipment	0.57
通信设备、计算机和其他电子设备制造业	Manufacture of Communication Equipment,Computers and Other Electronic Equipment	0.04
仪器仪表制造业	Manufacture of Instrument	0.12
其他制造业	Other Manufacturing	0.12
废弃资源综合利用业	Wast Resources Utilization Industry	0.52
金属制品、机械和设备修理业	Metal Products,Machinery and Equipment Repair Industry	0.02
（三）电力、热力、燃气及水的生产和供应业	Production and Supply of Electricity,Gas and Water	1.07
电力、热力的生产和供应业	Production and Supply of Electric Power and Heat Power	0.88
燃气生产和供应业	Production and Supply of Gas	0.12
水的生产和供应业	Production and Supply of Water	0.07
三、建筑业	Construction	40.13
房屋和土木工程建筑业	Construction of Building and Civil Engineering	2.65
建筑安装业	Construction Installation	22.29
建筑装饰业	Construction Decoration	2.31
其它建筑业	Other Construction	12.88
四、交通运输储运业和邮政业	Transport,Storage and Post	193.12
铁路运输业	Railway Transport	21.81
道路运输业	Road Transport	154.29
水上运输业	Water Transport	0.03
航空运输业	Air Transport	0.09
管道运输业	Transport Via Pipeline	
装卸搬运及其他运输服务业	Loading,Unloading,Portage and Other Transport Services	1.90
仓储业	Storage	11.05
邮政业	Post	3.95
五、批发、零售业和住宿、餐饮业	Wholesale,Retail Trades,Hotels and Catering Services	1.88
六、其他行业	Others	3.44
七、城乡居民生活	Residential Comsumption	9.02

continued

燃料油（万吨）Fuel Oil (10000tons)	液化石油气（万吨）Liquified Petroleum Gas (10000tons)	炼厂干气（万吨）Refinery Dry Gas (10000tons)	其它石油制品（万吨）Other Petroleum Products (10000tons)	天然气（亿立方米）Natural Gas (100 million cu.m)	热力（万百万千焦）Heat Power (10 billion kilo-joule)	电力（亿千瓦时）Electric Power (100 million kwh)
				0.12	0.04	8.83
				0.10	60.08	5.73
					18.14	2.02
				0.02	20.97	5.24
				3.56	1950.42	32.15
				0.04	67.56	1.16
	4.67			0.03	5.92	2.27
					1227.24	1.26
					1.13	0.23
						1.43
					0.89	0.46
					0.39	0.09
0.07				0.08	975.56	155.63
0.07					912.24	142.27
				0.08	0.07	1.45
					63.25	11.91
1.92	0.46				110.86	10.10
0.02	0.12				14.09	4.95
1.65	0.06				9.54	3.48
	0.23				73.85	0.35
0.25	0.05				13.38	1.32
5.41	0.96			0.25	442.36	22.95
	0.10				142.26	3.58
5.41	0.53			0.25	76.81	4.86
					24.71	0.55
					31.01	2.23
					72.41	2.79
					26.63	4.32
	0.20				53.10	4.08
	0.13				15.43	0.54
1.24	2.53			0.15	518.14	37.59
0.29	5.29			0.10	1415.06	64.66
	15.83			3.57	5210.45	112.44

7－6　地区能源平衡表（实物量）（2016年）

指　　标	Item	原　煤 (万吨) Raw Coal (10000tons)
一、可供本地区消费能源量	Total Energy Available for Consumption	9268.82
（一）年初库存量	Beginning Inventory	879.21
（二）一次能源生产量	Primary Energy Output	1684.10
（三）外省（区、市）调入量	Allocation from Outside	7524.37
（四）进口量	Imports	152.43
（五）我轮机在外国加油量	Refuelling Abroad for Our Ships and Planes	
（六）本省（区、市）调出量（－）	Allocation from Inside	−161.90
（七）出口量（－）	Exports	−4.00
（八）外轮、机在我国加油量（－）	Refuelling in China for Foreign Ships and Planes	
（九）年末库存量（－）	Inventories at the end	−805.39
二、加工转换投入（－）产出（＋）量	Output and Input in Processing and Transformation	−6043.99
（一）火力发电	Thermal Power	−3339.58
（二）供热	Heating	−1886.09
（三）煤炭洗选	Washing–dressing Coal	−812.31
（四）炼焦	Coking	
（五）炼油及煤制油	Petroleum Refining	
其中：油品再投入量（－）	Reinput for Oil	
（六）制气	Gas Production	
其中：焦炭再投入量（－）	Reinput for Coke	
（七）天然气液化	Natural Gas Liquefaction	
（八）煤制品加工	Coal Produts Processing	−6.01
（九）回收能	Recovery of Energy	
三、损失量	Energy Losses	
其中：运输和输配损失	Losses for Transportation and Transmission	
四、终端消费量	End–use Consumption	3224.83
（一）第一产业	Primary Industry	81.73
1. 农、林、牧、渔业	Agriculture,Forestry,Animal Husbandry and Fishery	81.73
（二）第二产业	Secondary Industry	2125.84
1. 工业	Industry	2110.33
#用作原料.材料	Material	23.73
2.建筑业	Construction	15.51
（三）第三产业	Tertiary Industry	724.27
1. 交通运输、仓储及邮政业	Transport,Storage and Post	294.01
2. 批发、零售和住宿、餐饮业	Wholesale,Retail Trade,Hotels and Catering Services	119.41
3. 其他	Others	310.85
（四）生活消费	Residential Consumption	292.99
1. 城镇	Urban	97.99
2.乡村	Rural	195.00
五、平衡差额（＋、－）	Balance	
六、消费量合计	Total Comsumption	9268.82

注：本表数据与GDP核算数据有关。
Note: Data in this table is in accordance with that of GDP.

Energy Balance Sheet (Actual Itern Quantity) (2016)

洗精煤 (万吨) Washed Coal (10000tons)	煤制品 (万吨) Coal Products (10000tons)	焦炭 (万吨) Coke (10000tons)	焦炉煤气 (万吨) Coal Oven Gas (10000tons)	原油 (万吨) Crude Oil (10000tons)	汽油 (万吨) Gasoline (10000tons)	煤油 (万吨) Kerosene (10000tons)
47.23	0.07	162.77		1051.29	-32.63	-7.81
28.34	0.03	14.05		26.89	21.71	0.13
				610.70		
71.12	0.05	159.08		461.91	229.43	20.29
						0.73
-27.83				-20.94	-262.75	-28.83
		-0.25			-0.01	
-24.40	-0.01	-10.11		-27.27	-21.01	-0.13
-47.23	7.36	314.83	9.31	-1035.51	211.26	28.22
-4.30			-0.25			
-11.20			-0.03		-0.05	
379.39						
-411.12		314.83	9.59			
				-1035.51	211.31	28.22
	7.36					
	7.43	477.60	9.31	15.78	178.63	20.41
		7.32			23.87	0.03
		7.32			23.87	0.03
	1.55	469.88	9.06	15.78	45.14	18.76
	1.55	469.80	9.06	15.78	28.25	18.36
	0.04	1.40			0.12	
		0.08			16.89	0.40
		0.40			85.69	1.62
					35.98	0.36
		0.28			15.41	0.64
		0.12			34.30	0.62
	5.88		0.25		23.93	
	2.04		0.25		15.45	
	3.84				8.48	
426.62	7.43	477.60	9.59	1051.29	178.68	20.41

7－6 续表

指　　标	Item	柴　油 （万吨） Diesel Oil (10000tons)
一、可供本地区消费能源量	Total Energy Available for Consumption	-5.92
（一）年初库存量	Beginning Inventory	23.41
（二）一次能源生产量	Primary Energy Output	
（三）外省（区、市）调入量	Allocation from Outside	212.28
（四）进口量	Imports	
（五）我轮机在外国加油量	Refuelling Abroad for Our Ships and Planes	
（六）本省（区、市）调出量（－）	Allocation from Inside	-220.53
（七）出口量（－）	Exports	
（八）外轮、机在我国加油量（－）	Refuelling in China for Foreign Ships and Planes	
（九）年末库存量（－）	Inventories at the end	-21.08
二、加工转换投入（－）产出（＋）量	Output and Input in Processing and Transformation	349.36
（一）火力发电	Thermal Power	-0.24
（二）供热	Heating	-0.05
（三）煤炭洗选	Washing-dressing Coal	
（四）炼焦	Coking	
（五）炼油及煤制油	Petroleum Refining	349.65
其中：油品再投入量（－）	Reinput for Oil	
（六）制气	Gas Production	
其中：焦炭再投入量（－）	Reinput for Coke	
（七）天然气液化	Natural Gas Liquefaction	
（八）煤制品加工	Cocal Produts Processing	
（九）回收能	Recovery of Energy	
三、损失量	Energy Losses	
其中：运输和输配损失	Losses for Transportation and Transmission	
四、终端消费量	End-use Consumption	343.44
（一）第一产业	Primary Industry	46.58
1. 农、林、牧、渔业	Agriculture,Forestry,Animal Husbandry and Fishery	46.58
（二）第二产业	Secondary Industry	89.40
1. 工业	Industry	49.27
其中：用作原料、材料	Material	0.31
2.建筑业	Construction	40.13
（三）第三产业	Tertiary Industry	198.44
1. 交通运输、仓储及邮政业	Transport,Storage and Post	193.12
2. 批发、零售和住宿、餐饮业	Wholesale,Retail Trade,Hotels and Catering Services	1.88
3. 其他	Others	3.44
（四）生活消费	Residential Consumption	9.02
1. 城镇	Urban	1.96
2. 乡村	Rural	7.06
五、平衡差额（＋、－）	Balance	
六、消费量合计	Total Comsumption	343.73

continued

燃料油（万吨）Fuel Oil (10000tons)	液化石油气（万吨）Liquefied Petroleum Gas (10000tons)	炼厂干气（万吨）Refinery Dry Gas (10000tons)	其它石油制品（万吨）Other Pertroleum Products (10000tons)	天然气（万吨）Natural Gas (10000tons)	热力（万百万千焦）Heat Power (10 billion kilo-joule)	电力（亿千瓦时）Electric Power (1000 million kw.h)
9.89	0.52	1.77	-48.59	21.80		92.63
1.53	0.87					
				19.80		168.00
10.64	4.42	4.33		2.00		129.13
	0.55					
-0.76	-4.58	-2.56	-47.72			-204.50
-0.06						
-1.46	-0.74		-0.87			
22.88	48.46	27.94	200.65	-1.55	25266.66	592.30
-1.58				-0.19	-138.21	592.30
-3.70				-0.70	24835.62	
28.16	48.46	27.94	200.65			
				-0.66		
					569.25	
					3040.52	29.42
					84.85	
32.77	48.98	29.71	152.06	20.25	22226.14	638.21
0.07	0.54			0.04		13.76
0.07	0.54			0.04		13.76
25.76	23.83	29.71	152.06	16.14	14724.98	386.81
23.84	23.37	29.71	152.06	16.14	14614.12	376.71
19.56			131.46	0.35		
1.92	0.46				110.86	10.10
6.94	8.78			0.50	2290.71	125.20
5.41	0.96			0.25	357.51	22.95
1.24	2.53			0.15	518.14	37.59
0.29	5.29			0.10	1415.06	64.66
	15.83			3.57	5210.45	112.44
	10.89			3.55	5210.45	73.20
	4.94			0.02		39.24
						17.30
38.05	48.98	29.71	152.06	21.19	25404.87	667.63

7－7　地区能源平衡表（标准量）（2016年）

单位: 万吨标准煤

指　　标	Item	原　煤 Raw Coal
一、可供本地区消费能源量	Total Energy Available for Consumption	5155.23
（一）年初库存量	Beginning Inventory	506.39
（二）一次能源生产量	Primary Energy Output	973.42
（三）外省（区、市）调入量	Allocation from Outside	4123.87
（四）进口量	Imports	108.88
（五）我轮机在外国加油量	Refuelling Abroad for Our Ships and Planes	
（六）本省（区、市）调出量（－）	Allocation from Inside	−88.45
（七）出口量（－）	Exports	−3.43
（八）外轮、机在我国加油量（－）	Refuelling in China for Foreign Ships and Planes	
（九）年末库存量（－）	Inventories at the end	−465.45
二、加工转换投入（－）产出（＋）量	Output and Input in Processing and Transformation	−3236.42
（一）火力发电	Thermal Power	−1605.29
（二）供热	Heating	−1057.50
（三）煤炭洗选	Washing−dressing Coal	−569.35
（四）炼焦	Coking	
（五）炼油及煤制油	Petroleum Refining	
其中：油品再投入量（－）	Reinput for Oil	
（六）制气	Gas Production	
其中：焦炭再投入量（－）	Reinput for Coke	
（七）天然气液化	Natural Gas Liquefaction	
（八）煤制品加工	Coal Products Processing	−4.28
（九）回收能	Recovery of Energy	
三、损失量	Energy Losses	
其中：运输和输配损失	Losses for Transportation and Transmission	
四、终端消费量	End−use Consumption	1918.80
（一）第一产业	Primary Industry	37.30
1. 农、林、牧、渔业	Agriculture,Forestry,Animal Husbandry and Fishery	37.30
（二）第二产业	Secondary Industry	1417.23
1. 工业	Industry	1410.15
其中：用作原料、材料	Material	12.66
2.建筑业	Construction	7.08
（三）第三产业	Tertiary Industry	330.56
1. 交通运输、仓储及邮政业	Transport,Storage and Post	134.19
2. 批发、零售和住宿、餐饮业	Wholesale,Retail Trade,Hotels and Catering Services	54.50
3. 其他	Others	141.87
（四）生活消费	Residential Consumption	133.72
1. 城镇	Urban	44.72
2.乡村	Rural	89.00
五、平衡差额（＋、－）	Balance	
六、消费量合计	Total Comsumption	

注：本表数据与GDP核算数据有关。
Note: Data in this table is in accordance with that of GDP.

Energy Balance Sheet（Standard Quantity）（2016）

unit:10000tons of SCE

洗精煤 Washed Coal	煤制品 Coal Products	焦 炭 Coke	焦炉煤气 Coal Oven Gas	原 油 Crude Oil	汽 油 Gasoline	煤 油 Kerosene
42.73	0.04	158.11		1529.83	-45.89	-11.20
25.59	0.02	13.65		38.42	31.94	0.19
				888.56		
64.22	0.03	154.53		671.71	339.44	30.00
						1.07
-25.05				-29.90	-386.35	-42.28
		-0.24			-0.01	
-22.03	-0.01	-9.82		-38.96	-30.91	-0.19
-40.57	3.90	286.78	52.34	-1507.29	308.73	41.24
-3.92			-1.43			
-10.20			-0.17		-0.07	
345.24						
-371.69		286.78	53.94			
				-1507.29	308.81	41.24
	3.90					
	3.94	444.89	52.34	22.54	262.84	30.03
		6.82			35.12	0.04
		6.82			35.12	0.04
	0.82	437.70	50.94	22.54	66.42	27.61
	0.82	437.63	50.94	22.54	41.57	27.02
	0.02	1.30			0.18	
		0.07			24.85	0.59
		0.37			126.09	2.38
					52.94	0.53
		0.26			22.67	0.94
		0.11			50.47	0.91
	3.12		1.41		35.21	
	1.08		1.41		22.73	
	2.04				12.48	
2.16						

7-7 续表

单位: 万吨标准煤

指　　标	Item	柴 油 Diesel Oil
一、可供本地区消费能源量	Total Energy Available for Consumption	-4.96
（一）年初库存量	Beginning Inventory	34.11
（二）一次能源生产量	Primary Energy Output	
（三）外省（区、市）调入量	Allocation from Outside	311.44
（四）进口量	Imports	
（五）我轮机在外国加油量	Refuelling Abroad for Our Ships and Planes	
（六）本省（区、市）调出量（-）	Allocation from Inside	-319.79
（七）出口量（-）	Exports	
（八）外轮、机在我国加油量（-）	Refuelling in China for Foreign Ships and Planes	
（九）年末库存量（-）	Inventories at the end	-30.72
二、加工转换投入（-）产出（+）量	Output and Input in Processing and Transformation	505.56
（一）火力发电	Thermal Power	-0.35
（二）供热	Heating	-0.07
（三）煤炭洗选	Washing-dressing Coal	
（四）炼焦	Coking	
（五）炼油及煤制油	Petroleum Refining	505.98
其中：油品再投入量(-)	Reinput for Oil	
（六）制气	Gas Production	
其中：焦炭再投入量（-）	Reinput for Coke	
（七）天然气液化	Natural Gas Liquefaction	
（八）煤制品加工	Coal Products Processing	
（九）回收能	Recovery of Energy	
三、损失量	Energy Losses	
其中：运输和输配损失	Losses for Transportation and Transmission	
四、终端消费量	End-use Consumption	500.60
（一）第一产业	Primary Industry	67.90
1. 农、林、牧、渔业	Agriculture,Forestry,Animal Husbandry and Fishery	67.90
（二）第二产业	Secondary Industry	130.31
1. 工业	Industry	71.82
其中：用作原料、材料	Material	0.45
2.建筑业	Construction	58.49
（三）第三产业	Tertiary Industry	289.25
1. 交通运输、仓储及邮政业	Transport,Storage and Post	281.49
2. 批发、零售和住宿、餐饮业	Wholesale,Retail Trade,Hotels and Catering Services	2.74
3. 其他	Others	5.01
（四）生活消费	Residential Consumption	13.15
1. 城镇	Urban	2.86
2. 乡村	Rural	10.29
五、平衡差额（+、-）	Balance	
六、消费量合计	Total Consumption	

continued

unit:10000tons of SCE

燃料油 Fuel Oil	液化石油气 Liquefied Petroleum Gas	炼厂干气 Refinery Dry Gas	其它石油制品 Other Pertroleum Products	天然气 Natural Gas	热力 Heat Power	电力（当量值）Electric Power（Equivalent Value）
14.41	1.38	3.07	-68.03	289.94		113.84
2.19	1.49					
				263.34		206.47
15.48	7.80	6.98		26.60		158.70
	0.94					
-1.09	-7.59	-3.92	-66.81			-251.33
-0.09						
-2.09	-1.27		-1.22			
32.40	82.59	43.62	280.91	-20.59	861.59	727.94
-2.26				-2.53	-4.71	727.94
-5.29				-9.31	846.89	
39.95	82.59	43.62	280.91			
				-8.76		
					19.41	
					103.68	36.16
					2.89	
46.82	83.97	46.69	212.88	269.35	757.91	784.36
0.10	0.93			0.53		16.91
0.10	0.93			0.53		16.91
36.80	40.85	46.69	212.88	214.68	502.12	475.39
34.06	40.06	46.69	212.88	214.68	498.34	462.98
27.94			184.04	4.66		
2.74	0.79				3.78	12.41
9.91	15.05			6.65	78.11	153.87
7.73	1.65			3.33	12.19	28.21
1.77	4.34			2.00	17.67	46.20
0.41	9.07			1.33	48.25	79.47
	27.14			47.48	177.68	138.19
	18.67			47.22	177.68	89.96
	8.47			0.27		48.23
						21.26

7－8　分行业能源终端消费（实物量）（2016年）

行　　业	Item	原　煤 (万吨) Raw Coal (10000tons)
消费总计	**Total Consumption**	**3224.83**
一、农、林、牧、渔业	Agriculture,Forestry,Animal Husbandry and Fishery	81.73
二、工业合计	Industry	2110.33
轻工业	Light Industry	776.63
重工业	Heavy Industry	1333.70
（一）采矿业	Mining	85.60
煤炭开采和洗选业	Mining and Washing of Coal	19.98
石油和天然气开采业	Extraction of Petroleum and Natural Gas	1.81
黑色金属矿采选业	Mining and Processing of Ferrous Metal Ores	10.27
有色金属矿采选业	Mining and Processing of Non-ferrous Metal Ores	17.26
非金属矿采选业	Mining and Processing of Nonmetal Ores	26.36
开采辅助活动	Mining Support Activities	9.85
其他采矿业	Mining of Other Ores	0.07
（二）制造业	Manufacturing	1789.15
农副食品加工业	Processing of Food from Agricultural Produsts	335.21
食品制造业	Manufacture of Foods	40.28
酒、饮料和精制茶制造业	Manufacture of Wine,Beverages and Tea	121.43
烟草制品业	Manufacture of Tobacco	0.49
纺织业	Manufacture of Textile	13.20
纺织服装、服饰业	Manufacture of Textile and Apparel	6.46
皮革、毛皮、羽毛及其制品和制鞋业	Leather,Fur,Feathers and Footwear Industry	3.89
木材加工及木、竹、藤、棕、草制品业	Processing of Timber,Manfacture of Wood,Bamboo,Rattan,Palm and Straw Products	92.69
家具制造业	Manufacture of Furniture	2.65
造纸及纸制品业	Manufacture of Paper and Paper Products	41.07
印刷和记录媒介复制业	Printing,Reproduction of Recording Media	1.40
文教、工美、体育和娱乐用品制造业	Calture Education,Art,Sports and Entertainment Goods Industry	3.71
石油加工、炼焦和核燃料加工业	Processing of Petroleum,Coking,Processing of Nuclear Fuel	6.46
化学原料和化学制品制造业	Manufacture of Raw Chemical Materials and Chemical Products	89.12
医药制造业	Manufacture of Medicines	185.02
化学纤维制造业	Manufacture Chemical Fibers	21.64
橡胶和塑料制品业	Manufacture of Rubber and Plastic	10.47
非金属矿物制品业	Manufacture of Non－metallic Mineral Products	524.16
黑色金属冶炼和压延加工业	Smelting and Pressing of Ferrous Metals	169.12

Industry Energy Consumption（Actual Itern Quantity）（2016）

洗精煤 (万吨) Washed Coal (10000tons)	煤制品 (万吨) Coal Products (10000tons)	焦 炭 (万吨) Coke (10000tons)	焦炉煤气 (亿立方米) Coal Oven Gas (100 million cu.m)	原 油 (万吨) Crude Oil (10000tons)	汽 油 (万吨) Gasoline (10000tons)	煤 油 (万吨) Kerosene (10000tons)
	7.43	**477.60**	**9.31**	**15.78**	**178.63**	**20.41**
		7.32			23.87	0.03
	1.55	469.80	9.06	15.78	28.25	18.36
	0.36	0.05			8.61	16.98
	1.19	469.75	9.06	15.78	19.64	1.38
		0.70		13.03	3.16	
					0.19	
				12.78	0.49	
		0.70			0.61	
					0.27	
					0.64	
				0.25	0.96	
	1.55	469.10	9.06	2.68	23.34	17.86
	0.15				4.84	6.87
		0.02			0.86	
					0.83	
	0.21				0.05	
					0.07	
				0.02	1.63	
		0.02			0.51	
		0.01			0.21	
					0.08	
					0.17	
					0.16	
				2.66	2.10	
					0.79	10.11
					0.03	
					0.59	
		2.12	1.54		2.82	
		453.71	7.52		0.34	

7－8 续表 1

行　　业	Item	原　煤 (万吨) Raw Coal (10000tons)
有色金属冶炼和压延加工业	Smelting and Pressing of Non-ferrous Metals	16.39
金属制品业	Manufacture of Metal Products	8.21
通用设备制造业	Manufacture of General Purpose Machinery	20.11
专用设备制造业	Manufacture of Special Purpose Machinery	21.92
汽车制造业	Manufacture of Automotive	20.37
铁路、船舶、航空航天和其他运输设备制造业	Manufacture of Railway,Ship,Aerospace and Other Transport Equipment	15.46
电气机械和器材制造业	Manufacture of Electrical Machinery and Equipment	8.99
通信设备、计算机和其他电子设备制造业	Manufacture of Communication Equipment,Computers and Other Electronic Equipment	2.25
仪器仪表制造业	Manufacture of Instrument	0.98
其他制造业	Other Manufacturing	5.67
废弃资源综合利用业	Wast Resources Utilization Industry	0.18
金属制品、机械和设备修理业	Metal Products,Machinery and Equipment Repair Industry	0.15
（三）电力、热力、燃气及水的生产和供应业	Production and Supply of Electricity,Gas and Water	235.58
电力、热力的生产和供应业	Production and Supply of Electric Power and Heat Power	232.92
燃气生产和供应业	Production and Supply of Gas	0.68
水的生产和供应业	Production and Supply of Water	1.98
三、建筑业	Construction	15.51
房屋和土木工程建筑业	Construction of Building and Civil Engineering	5.99
建筑安装业	Construction Installation	8.23
建筑装饰业	Construction Decoration	0.92
其它建筑业	Other Construction	0.37
四、交通运输储运业和邮政业	Transport,Storage and Post	294.01
铁路运输业	Railway Transport	
道路运输业	Road Transport	55.52
水上运输业	Water Transport	
航空运输业	Air Transport	2.80
管道运输业	Transport Via Pipeline	
装卸搬运及其他运输服务业	Loading,Unloading,Portage and Other Transport Services	1.57
仓储业	Storage	233.26
邮政业	Post	0.86
五、批发、零售业和住宿、餐饮业	Wholesale,Retail Trades,Hotels and Catering Services	119.41
六、其他行业	Others	310.85
七、城乡居民生活	Residential Comsumption	292.99

continued

洗精煤 (万吨) Washed Coal (10000tons)	煤制品 (万吨) Coal Products (10000tons)	焦　炭 (万吨) Coke (10000tons)	焦炉煤气 (亿立方米) Coal Oven Gas (100 million cu.m)	原　油 (万吨) Crude Oil (10000tons)	汽　油 (万吨) Gasoline (10000tons)	煤　油 (万吨) Kerosene (10000tons)
		7.11			0.08	
	0.62	3.63			0.71	
		0.12			0.93	0.88
		0.56			1.44	
	0.55	1.76			2.18	
					0.18	
		0.04			1.07	
					0.18	
					0.14	
	0.02				0.15	
					0.17	
					0.03	
				0.07	1.75	0.50
				0.07	1.23	0.50
					0.15	
					0.37	
		0.08			16.89	0.40
		0.07			10.76	0.04
		0.01			2.79	0.20
					2.30	0.16
					1.04	
					35.98	0.36
					0.20	
					30.17	
					0.10	
					0.06	0.36
					0.24	
					1.10	
					4.11	
		0.28			15.41	0.64
		0.12			34.30	0.62
	5.88		0.25		23.93	

7－8 续表 2

行 业	Item	柴 油（万吨）Diesel Oil (10000tons)
消费总计	**Total Consumption**	**343.44**
一、农、林、牧、渔业	Agriculture,Forestry,Animal Husbandry and Fishery	46.58
二、工业合计	Industry	49.27
轻工业	Light Industry	9.87
重工业	Heavy Industry	39.40
（一）采矿业	Mining	12.64
煤炭开采和洗选业	Mining and Washing of Coal	1.49
石油和天然气开采业	Extraction of Petroleum and Natural Gas	1.83
黑色金属矿采选业	Mining and Processing of Ferrous Metal Ores	2.94
有色金属矿采选业	Mining and Processing of Non-ferrous Metal Ores	0.85
非金属矿采选业	Mining and Processing of Nonmetal Ores	2.02
开采辅助活动	Mining Support Activities	3.51
其他采矿业	Mining of Other Ores	
（二）制造业	Manufacturing	35.81
农副食品加工业	Processing of Food from Agricultural Produsts	5.62
食品制造业	Manufacture of Foods	0.59
酒、饮料和精制茶制造业	Manufacture of Wine,Beverages and Tea	1.34
烟草制品业	Manufacture of Tobacco	0.01
纺织业	Manufacture of Textile	0.05
纺织服装、服饰业	Manufacture of Textile and Apparel	0.07
皮革、毛皮、羽毛及其制品和制鞋业	Leather,Fur,Feathers and Footwear Industry	
木材加工及木、竹、藤、棕、草制品业	Processing of Timber,Manfacture of Wood,Bamboo,Rattan,Palm and Straw Products	1.84
家具制造业	Manufacture of Furniture	0.60
造纸及纸制品业	Manufacture of Paper and Paper Products	0.47
印刷和记录媒介复制业	Printing,Reproduction of Recording Media	0.09
文教、工美、体育和娱乐用品制造业	Calture Education,Art,Sports and Entertainment Goods Industry	0.04
石油加工、炼焦和核燃料加工业	Processing of Petroleum,Coking,Processing of Nuclear Fuel	2.41
化学原料和化学制品制造业	Manufacture of Raw Chemical Materials and Chemical Products	2.70
医药制造业	Manufacture of Medicines	0.41
化学纤维制造业	Manufacture Chemical Fibers	0.06
橡胶和塑料制品业	Manufacture of Rubber and Plastic	0.64
非金属矿物制品业	Manufacture of Non－metallic Mineral Products	8.39
黑色金属冶炼和压延加工业	Smelting and Pressing of Ferrous Metals	0.58

continued

燃料油 （万吨） Fuel Oil (10000tons)	液化石油气 （万吨） Liquefied Petroleum Gas (10000tons)	炼厂干气 （万吨） Refinery Dry Gas (10000tons)	其它石油制品 （万吨） Other Petroleum Products (10000tons)	天然气 （亿立方米） Natural Gas (100 million cu.m)	热力 （万百万千焦） Heat Power (10 billion kilo-joule)	电力 （亿千瓦时） Electric Power (100 million kwh)
32.77	**48.98**	**29.71**	**152.06**	**20.25**	**22226.14**	**638.21**
0.07	0.54			0.04		13.76
23.84	23.37	29.71	152.06	16.14	14614.12	376.71
0.04	11.69			0.65	4083.99	41.71
23.80	11.68	29.71	152.06	15.49	10530.13	335.00
				5.80	766.86	40.20
					0.13	7.90
				5.02	6.34	20.02
					0.04	2.88
					0.13	6.98
						2.07
				0.78	760.22	0.34
						0.01
23.84	23.37	29.71	152.06	10.31	13353.18	210.30
				0.12	10.11	11.97
				0.12	81.52	2.26
					1599.98	6.50
				0.09	20.09	0.89
					61.89	3.05
					97.76	0.44
					0.35	0.02
					5.28	3.37
				0.02	1.45	1.09
				0.08	1.03	3.01
	11.69				8.98	0.57
					0.01	0.08
	3.34	1.94	150.77	0.44	9.95	7.67
23.73		27.77		4.58	5862.10	28.24
0.04				0.22	123.76	6.96
					2076.17	4.41
			1.29	0.19	3.94	5.45
0.07				0.58	81.58	30.84
	3.67			0.03	3.07	32.61

7－8 续表 3

行　　业	Item	柴　油（万吨）Diesel Oil1 (10000tons)
有色金属冶炼和压延加工业	Smelting and Pressing of Non-ferrous Metals	0.33
金属制品业	Manufacture of Metal Products	0.70
通用设备制造业	Manufacture of General Purpose Machinery	0.50
专用设备制造业	Manufacture of Special Purpose Machinery	1.12
汽车制造业	Manufacture of Automotive	5.63
铁路、船舶、航空航天和其他运输设备制造业	Manufacture of Railway,Ship,Aerospace and Other Transport Equipment	0.23
电气机械和器材制造业	Manufacture of Electrical Machinery and Equipment	0.57
通信设备、计算机和其他电子设备制造业	Manufacture of Communication Equipment,Computers and Other Electronic Equipment	0.04
仪器仪表制造业	Manufacture of Instrument	0.12
其他制造业	Other Manufacturing	0.12
废弃资源综合利用业	Wast Resources Utilization Industry	0.52
金属制品、机械和设备修理业	Metal Products,Machinery and Equipment Repair Industry	0.02
（三）电力、热力、燃气及水的生产和供应业	Production and Supply of Electricity,Gas and Water	0.82
电力、热力的生产和供应业	Production and Supply of Electric Power and Heat Power	0.63
燃气生产和供应业	Production and Supply of Gas	0.12
水的生产和供应业	Production and Supply of Water	0.07
三、建筑业	Construction	40.13
房屋和土木工程建筑业	Construction of Building and Civil Engineering	2.65
建筑安装业	Construction Installation	22.29
建筑装饰业	Construction Decoration	2.31
其它建筑业	Other Construction	12.88
四、交通运输储运业和邮政业	Transport,Storage and Post	193.12
铁路运输业	Railway Transport	21.81
道路运输业	Road Transport	154.29
水上运输业	Water Transport	0.03
航空运输业	Air Transport	0.09
管道运输业	Transport Via Pipeline	
装卸搬运及其他运输服务业	Loading,Unloading,Portage and Other Transport Services	1.90
仓储业	Storage	11.05
邮政业	Post	3.95
五、批发、零售业和住宿、餐饮业	Wholesale,Retail Trades,Hotels and Catering Services	1.88
六、其他行业	Others	3.44
七、城乡居民生活	Residential Consumption	9.02

continued

燃料油（万吨）Fuel Oil (10000tons)	液化石油气（万吨）Liquified Petroleum Gas (10000tons)	炼厂干气（万吨）Refinery Dry Gas (10000tons)	其它石油制品（万吨）Other Petroleum Products (10000tons)	天然气（亿立方米）Natural Gas (100 million cu.m)	热力（万百万千焦）Heat Power (10 billion kilo-joule)	电力（亿千瓦时）Electric Power (100 million kwh)
				0.12	0.04	8.83
				0.10	60.08	5.73
					18.14	2.02
				0.02	20.97	5.24
				3.53	1950.42	32.15
				0.04	18.94	1.16
	4.67			0.03	5.92	2.27
					1227.24	1.26
					1.13	0.23
						1.43
					0.89	0.46
					0.39	0.09
				0.03	494.08	126.21
					430.76	112.85
				0.03	0.07	1.45
					63.25	11.91
1.92	0.46				110.86	10.10
0.02	0.12				14.09	4.95
1.65	0.06				9.54	3.48
	0.23				73.85	0.35
0.25	0.05				13.38	1.32
5.41	0.96			0.25	357.51	22.95
	0.10				126.34	3.58
5.41	0.53			0.25	71.96	4.86
					21.00	0.55
					27.20	2.23
					22.10	2.79
					26.63	4.32
	0.20				49.59	4.08
	0.13				12.69	0.54
1.24	2.53			0.15	518.14	37.59
0.29	5.29			0.10	1415.06	64.66
	15.83			3.57	5210.45	112.44

7－9　分行业能源终端消费（标准量）（2016年）

单位：万吨标准煤

指　　标	Item	原　煤 Raw Coal
消费总计	**Total Consumption**	**1918.80**
一、农、林、牧、渔业	Agriculture,Forestry,Animal Husbandry and Fishery	37.30
二、工业合计	Industry	1410.15
轻工业	Light Industry	471.63
重工业	Heavy Industry	938.52
（一）采矿业	Mining	60.95
煤炭开采和洗选业	Mining and Washing of Coal	13.11
石油和天然气开采业	Extraction of Petroleum and Natural Gas	1.29
黑色金属矿采选业	Mining and Processing of Ferrous Metal Ores	7.97
有色金属矿采选业	Mining and Processing of Non-ferrous Metal Ores	12.79
非金属矿采选业	Mining and Processing of Nonmetal Ores	18.72
开采辅助活动	Mining Support Activities	7.02
其他采矿业	Mining of Other Ores	0.05
（二）制造业	Manufacturing	1185.18
农副食品加工业	Processing of Food from Agricultural Produsts	180.69
食品制造业	Manufacture of Foods	28.27
酒、饮料和精制茶制造业	Manufacture of Wine,Beverages and Tea	72.21
烟草制品业	Manufacture of Tobacco	0.35
纺织业	Manufacture of Textile	9.35
纺织服装、服饰业	Manufacture of Textile and Apparel	4.56
皮革、毛皮、羽毛及其制品和制鞋业	Leather,Fur,Feathers and Footwear Industry	2.75
木材加工及木、竹、藤、棕、草制品业	Processing of Timber,Manfacture of Wood,Bamboo,Rattan,Palm and Straw Products	65.29
家具制造业	Manufacture of Furniture	1.87
造纸及纸制品业	Manufacture of Paper and Paper Products	27.60
印刷和记录媒介复制业	Printing,Reproduction of Recording Media	1.00
文教、工美、体育和娱乐用品制造业	Calture Education,Art,Sports and Entertainment Goods Industry	2.65
石油加工、炼焦和核燃料加工业	Processing of Petroleum,Coking,Processing of Nuclear Fuel	4.91
化学原料和化学制品制造业	Manufacture of Raw Chemical Materials and Chemical Products	53.01
医药制造业	Manufacture of Medicines	130.25
化学纤维制造业	Manufacture Chemical Fibers	9.96
橡胶和塑料制品业	Manufacture of Rubber and Plastic	7.43
非金属矿物制品业	Manufacture of Non－metallic Mineral Products	374.23
黑色金属冶炼和压延加工业	Smelting and Pressing of Ferrous Metals	127.02

Industry Energy Consumption (Standard Quantity) (2016)

unit:10000tons of SCE

洗精煤 Washed Coal	煤制品 Coal Products	焦　炭 Coke	焦炉煤气 Coal Oven Gas	原　油 Crude Oil	汽　油 Gasoline	煤　油 Kerosene
	3.94	**444.89**	**52.34**	**22.54**	**262.85**	**30.03**
	0.00	6.82			35.12	0.04
	0.82	437.63	50.94	22.54	41.57	27.02
	0.19	0.05			12.67	24.99
	0.63	437.58	50.94	22.54	28.90	2.03
		0.65		18.61	4.65	
					0.28	
				18.26	0.72	
		0.65			0.90	
					0.40	
					0.94	
				0.36	1.41	
	0.82	436.98	50.94	3.83	34.35	26.28
	0.08				7.12	10.11
		0.02			1.27	
					1.22	
	0.11				0.07	
					0.10	
				0.03	2.40	
		0.02			0.75	
		0.01			0.31	
					0.12	
					0.25	
					0.24	
				3.80	3.09	
					1.16	14.88
					0.04	
					0.87	
		1.97	8.66		4.15	
		422.64	42.28		0.50	

7-9 续表 1

单位: 万吨标准煤

行业	Item	原煤 Raw Coal
有色金属冶炼和压延加工业	Smelting and Pressing of Non-ferrous Metals	11.69
金属制品业	Manufacture of Metal Products	5.83
通用设备制造业	Manufacture of General Purpose Machinery	14.47
专用设备制造业	Manufacture of Special Purpose Machinery	15.59
汽车制造业	Manufacture of Automotive	14.59
铁路、船舶、航空航天和其他运输设备制造业	Manufacture of Railway,Ship,Aerospace and Other Transport Equipment	7.35
电气机械和器材制造业	Manufacture of Electrical Machinery and Equipment	6.44
通信设备、计算机和其他电子设备制造业	Manufacture of Communication Equipment,Computers and Other Electronic Equipment	1.60
仪器仪表制造业	Manufacture of Instrument	0.63
其他制造业	Other Manufacturing	3.36
废弃资源综合利用业	Wast Resources Utilization Industry	0.13
金属制品、机械和设备修理业	Metal Products,Machinery and Equipment Repair Industry	0.11
（三）电力、热力、燃气及水的生产和供应业	Production and Supply of Electricity,Gas and Water	164.02
电力、热力的生产和供应业	Production and Supply of Electric Power and Heat Power	162.12
燃气生产和供应业	Production and Supply of Gas	0.49
水的生产和供应业	Production and Supply of Water	1.41
三、建筑业	Construction	7.08
房屋和土木工程建筑业	Construction of Building and Civil Engineering	2.73
建筑安装业	Construction Installation	3.76
建筑装饰业	Construction Decoration	0.42
其它建筑业	Other Construction	0.17
四、交通运输储运业和邮政业	Transport,Storage and Post	134.19
铁路运输业	Railway Transport	
道路运输业	Road Transport	25.34
水上运输业	Water Transport	
航空运输业	Air Transport	1.28
管道运输业	Transport Via Pipeline	
装卸搬运及其他运输服务业	Loading,Unloading,Portage and Other Transport Services	0.72
仓储业	Storage	106.46
邮政业	Post	0.39
五、批发、零售业和住宿、餐饮业	Wholesale,Retail Trades,Hotels and Catering Services	54.50
六、其他行业	Others	141.87
七、城乡居民生活	Residential Comsumption	133.72

continued

unit:10000tons of SCE

洗精煤 Washed Coal	煤制品 Coal Products	焦 炭 Coke	焦炉煤气 Coal Oven Gas	原 油 Crude Oil	汽 油 Gasoline	煤 油 Kerosene
		6.62			0.12	
	0.33	3.38			1.04	
		0.11			1.37	1.29
		0.52			2.12	
	0.29	1.64			3.21	
					0.26	
		0.04			1.57	
					0.26	
					0.21	
	0.01				0.22	
					0.25	
					0.05	
				0.10	2.58	0.74
				0.10	1.81	0.74
					0.22	
					0.54	
		0.07			24.85	0.59
		0.07			15.83	0.06
		0.01			4.11	0.29
					3.38	0.24
					1.53	
					52.94	0.53
					0.29	
					44.39	
					0.15	
					0.09	0.53
					0.35	
					1.62	
					6.05	
		0.26			22.67	0.94
		0.11			50.47	0.91
	3.12		1.41		35.21	

7－9 续表 2

单位：万吨标准煤

行　　业	Item	柴油 Diesel Oil
消费总计	**Total Consumption**	**500.60**
一、农、林、牧、渔业	Agriculture,Forestry,Animal Husbandry and Fishery	67.90
二、工业合计	Industry	71.82
轻工业	Light Industry	14.39
重工业	Heavy Industry	57.43
（一）采矿业	Mining	18.42
煤炭开采和洗选业	Mining and Washing of Coal	2.17
石油和天然气开采业	Extraction of Petroleum and Natural Gas	2.67
黑色金属矿采选业	Mining and Processing of Ferrous Metal Ores	4.29
有色金属矿采选业	Mining and Processing of Non－Ferrous Metal Ores	1.24
非金属矿采选业	Mining and Processing of Nonmetal Ores	2.94
开采辅助活动	Mining Support Activities	5.12
其他采矿业	Mining of Other Ores	
（二）制造业	Manufacturing	52.20
农副食品加工业	Processing of Food from Agricultural Produsts	8.19
食品制造业	Manufacture of Foods	0.86
酒、饮料和精制茶制造业	Manufacture of Wine,Beverages and Tea	1.95
烟草制品业	Manufacture of Tobacco	0.01
纺织业	Manufacture of Textile	0.07
纺织服装、服饰业	Manufacture of Textile and Apparel	0.10
皮革、毛皮、羽毛及其制品和制鞋业	Leather,Fur,Feathers and Footwear Industry	
木材加工及木、竹、藤、棕、草制品业	Processing of Timber,Manfacture of Wood,Bamboo,Rattan,Palm and Straw Products	2.68
家具制造业	Manufacture of Furniture	0.87
造纸及纸制品业	Manufacture of Paper and Paper Products	0.69
印刷和记录媒介复制业	Printing,Reproduction of Recording Media	0.13
文教、工美、体育和娱乐用品制造业	Calture Education,Art,Sports and Entertainment Goods Industry	0.06
石油加工、炼焦和核燃料加工业	Processing of Petroleum,Coking,Processing of Nuclear Fuel	3.51
化学原料和化学制品制造业	Manufacture of Raw Chemical Materials and Chemical Products	3.94
医药制造业	Manufacture of Medicines	0.60
化学纤维制造业	Manufacture Chemical Fibers	0.09
橡胶和塑料制品业	Manufacture of Rubber and Plastic	0.93
非金属矿物制品业	Manufacture of Non－Metallic Mineral Products	12.23
黑色金属冶炼和压延加工业	Smelting and Pressing of Ferrous Metals	0.85

continued

unit:10000tons of SCE

燃料油 Fuel Oil	液化石油气 Liquefied Petroleum Gas	炼厂干气 Refinery Dry Gas	其它石油制品 Other Petroleum Products	天然气 Natural Gas	热力 Heat Power	电力（当量值） Electric Power (Equivalent Value)
46.82	**83.97**	**46.69**	**212.88**	**269.35**	**757.91**	**784.36**
0.10	0.93			0.53		16.91
34.06	40.06	46.69	212.88	214.68	498.34	462.98
0.06	20.04			8.65	139.26	51.26
34.00	20.02	46.69	212.88	206.03	359.08	411.72
				77.15	26.15	49.41
						9.71
				66.77	0.22	24.60
						3.54
						8.58
						2.54
				10.37	25.92	0.42
						0.01
34.06	40.06	46.69	212.88	137.13	455.34	258.46
				1.60	0.34	14.71
				1.60	2.78	2.78
					54.56	7.99
				1.20	0.69	1.09
					2.11	3.75
					3.33	0.54
					0.01	0.02
					0.18	4.14
				0.27	0.05	1.34
				1.06	0.04	3.70
	20.04				0.31	0.70
						0.10
	5.73	3.05	211.08	5.85	0.34	9.43
33.90		43.64		60.92	199.90	34.71
0.06				2.93	4.22	8.55
					70.80	5.42
			1.81	2.53	0.13	6.70
0.10				7.71	2.78	37.90
	6.29			0.40	0.10	40.08

7－9 续表 3

单位: 万吨标准煤

行 业	Item	柴 油 Diesel Oil1
有色金属冶炼和压延加工业	Smelting and Pressing of Non-ferrous Metals	0.48
金属制品业	Manufacture of Metal Products	1.02
通用设备制造业	Manufacture of General Purpose Machinery	0.73
专用设备制造业	Manufacture of Special Purpose Machinery	1.63
汽车制造业	Manufacture of Automotive	8.21
铁路、船舶、航空航天和其他运输设备制造业	Manufacture of Railway,Ship,Aerospace and Other Transport Equipment	0.34
电气机械和器材制造业	Manufacture of Electrical Machinery and Equipment	0.83
通信设备、计算机和其他电子设备制造业	Manufacture of Communication Equipment,Computers and Other Electronic Equipment	0.06
仪器仪表制造业	Manufacture of Instrument	0.17
其他制造业	Other Manufacturing	0.17
废弃资源综合利用业	Wast Resources Utilization Industry	0.76
金属制品、机械和设备修理业	Metal Products,Machinery and Equipment Repair Industry	0.03
（三）电力、热力、燃气及水的生产和供应业	Production and Supply of Electricity,Gas and Water	1.20
电力、热力的生产和供应业	Production and Supply of Electric Power and Heat Power	0.92
燃气生产和供应业	Production and Supply of Gas	0.17
水的生产和供应业	Production and Supply of Water	0.10
三、建筑业	Construction	58.49
房屋和土木工程建筑业	Construction of Building and Civil Engineering	3.86
建筑安装业	Construction Installation	32.49
建筑装饰业	Construction Decoration	3.37
其它建筑业	Other Construction	18.77
四、交通运输储运业和邮政业	Transport,Storage and Post	281.49
铁路运输业	Railway Transport	31.79
道路运输业	Road Transport	224.89
水上运输业	Water Transport	0.04
航空运输业	Air Transport	0.13
管道运输业	Transport Via Pipeline	
装卸搬运及其他运输服务业	Loading,Unloading,Portage and Other Transport Services	2.77
仓储业	Storage	16.11
邮政业	Post	5.76
五、批发、零售业和住宿、餐饮业	Wholesale,Retail Trades,Hotels and Catering Services	2.74
六、其他行业	Others	5.01
七、城乡居民生活	Residential Comsumption	13.15

continued

unit:10000tons of SCE

燃料油 Fuel Oil	液化石油气 Liquified Petroleum Gas	炼厂干气 Refinery Dry Gas	其它石油制品 Other Petroleum Products	天然气 Natural Gas	热力 Heat Power	电力 （当量值） Electric Power （Equivalent Value）
				1.60		10.85
				1.33	2.05	7.04
					0.62	2.48
				0.27	0.72	6.44
				46.95	66.51	39.51
				0.53	0.65	1.43
	8.01			0.40	0.20	2.79
					41.85	1.55
					0.04	0.28
						1.76
					0.03	0.57
					0.01	0.11
				0.40	16.85	155.11
					14.69	138.69
				0.40		1.78
					2.16	14.64
2.74	0.79				3.78	12.41
0.03	0.21				0.48	6.08
2.36	0.10				0.33	4.28
	0.39				2.52	0.43
0.36	0.09				0.46	1.62
7.73	1.65			3.33	12.19	28.21
	0.17				4.31	4.40
7.73	0.91			3.33	2.45	5.97
					0.72	0.68
					0.93	2.74
					0.75	3.43
					0.91	5.31
	0.34				1.69	5.01
	0.22				0.43	0.66
1.77	4.34			2.00	17.67	46.20
0.41	9.07			1.33	48.25	79.47
	27.14			47.48	177.68	138.19

7－10　综合能源平衡表（标准量）

Overall Energy Balance Sheet（Standard Quantity）

单位: 万吨标准煤　　　　unit:10000tons of SCE

指　　标	Item	2015		2016	
		（当量值）Equivalent Value	（等价值）Equipollence	（当量值）Equivalent Value	（等价值）Equipollence
一、可供本地区消费能源量	Total Energy Available for Consumption	8027.72	8141.86	7899.18	8069.28
（一）年初库存量	Beginning Inventory	683.81	683.81	660.81	660.81
（二）一次能源生产量	Primary Energy Output	3015.52	3226.15	2542.49	2851.00
（三）外省（区、市）调入量	Allocation from Outside	5862.50	6133.95	6465.59	6702.72
（四）进口量	Imports	111.01	111.01	110.90	110.90
（五）我轮机在外国加油量	Refuelling Abroad for Our Ships and Planes				
（六）本省（区、市）调出量（－）	Allocation from Inside	−988.48	−1356.41	−1263.83	−1639.37
（七）出口量（－）	Exports	−4.11	−4.11	−3.78	−3.78
（八）外轮、机在我国加油量（－）	Refuelling in China for Foreign Ships and Planes				
（九）年末库存量（－）	Inventories at the end	−652.53	−652.53	−613.00	−613.00
二、加工转换投入（－）产出（+）量	Output and Input in Processing and Transformation	−1191.94	−108.16	−1295.27	−207.60
（一）火力发电	Thermal Power	−1083.78		−1087.67	
（二）供热	Heating	−240.20	−240.20	−239.62	−239.62
（三）煤炭洗选	Washing–dressing Coal	−70.99	−70.99	−65.05	−65.05
（四）炼焦	Coking	−26.61	−26.61	−20.62	−20.62
（五）炼油及煤制油	Petroleum Refining	−41.52	−41.52	−51.18	−51.18
其中：油品再投入量(–)	Reinput for Oil				
（六）制气	Gas Production	−3.41	−3.41		
其中：焦炭再投入量（－）	Reinput for Coke				
（七）天然气液化	Natural Gas Liquefaction	−0.25	−0.25	−0.99	−0.99
（八）煤制品加工	Coal Products Processing	−0.31	−0.31	−0.38	−0.38
（九）回收能	Recovery of Energy	275.13	275.13	170.22	170.22
三、损失量	Energy Losses	101.97	101.97	139.84	193.86
其中：运输和输配损失	Losses for Transportation and Transmission	2.55	2.55	2.89	2.89
四、终端消费量	End–use Consumption	6733.82	7931.77	6440.65	7612.62
（一）第一产业	Primary Industry	174.82	197.35	192.21	217.48
1. 农、林、牧、渔业	Agriculture,Forestry,Animal Husbandry and Fishery	174.82	197.35	192.21	217.48
（二）第二产业	Secondary Industry	4775.29	5546.54	4369.18	5079.50
1. 工业	Industry	4649.96	5403.19	4243.01	4934.78
其中：用作原料、材料	Material	475.66	475.66	411.61	411.61
2.建筑业	Construction	125.32	143.35	126.18	144.72
（三）第三产业	Tertiary Industry	1198.97	1406.76	1277.98	1507.89
1. 交通运输、仓储及邮政业	Transport,Storage and Post	654.26	689.57	684.61	726.76
2. 批发、零售和住宿、餐饮业	Wholesale,Retail Trade,Hotels and Catering Services	183.84	247.93	191.90	260.93
3. 其他	Others	360.87	469.26	401.46	520.20
（四）生活消费	Residential Consumption	584.75	781.11	601.28	807.76
1. 城镇	Urban	408.30	534.84	423.22	557.64
2. 乡村	Rural	176.45	246.27	178.06	250.12
五、平衡差额（+、－）	Balance	−0.01	−0.03	23.42	55.19
六、消费量合计	Total Comsumption	8027.73	8141.89	7875.75	8014.09

注：本表数据与GDP核算数据有关。
Note: Data in this table is in accordance with that of GDP.

7－11　煤炭能源平衡表

Coal Balance Sheet

单位：（实物量）万吨、（标准量）万吨标准煤　　unit:(Physical Quantity)10000tons、(Standard Quantity)10000tons of SCE

指　　标	Item	2015		2016	
		（实物量）Physical Quantity	（标准量）Standard Quantity	（实物量）Physical Quantity	（标准量）Standard Quantity
一、可供本地区消费能源量	Total Energy Available for Consumption	9805.31	5483.72	9416.84	5244.76
（一）年初库存量	Beginning Inventory	947.87	539.61	910.65	533.43
（二）一次能源生产量	Primary Energy Output	2634.44	1517.28	1684.10	973.42
（三）外省（区、市）调入量	Allocation from Outside	7258.06	4014.84	7717.74	4244.85
（四）进口量	Imports	152.59	109.00	152.43	108.88
（五）我轮机在外国加油量	Refuelling Abroad for Our Ships and Planes				
（六）本省（区、市）调出量（－）	Allocation from Inside	−273.00	−168.09	−208.74	−122.32
（七）出口量（－）	Exports	−4.00	−3.77	−4.00	−3.43
（八）外轮、机在我国加油量（－）	Refuelling in China for Foreign Ships and Planes				
（九）年末库存量（－）	Inventories at the end	−910.65	−525.14	−835.34	−490.06
二、加工转换投入（－）产出（+）量	Output and Input in Processing and Transformation	−5933.91	−3225.88	−5759.52	−3114.03
（一）火力发电	Thermal Power	−3519.98	−1663.09	−3343.88	−1609.21
（二）供热	Heating	−1830.68	−1032.63	−1897.29	−1067.71
（三）煤炭洗选	Washing−dressing Coal	−75.80	−70.99	−108.58	−65.05
（四）炼焦	Coking	−466.66	−421.49	−411.12	−371.69
（五）炼油及煤制油	Petroleum Refining				
其中：油品再投入量(−)	Reinput for Oil				
（六）制气	Gas Production	−42.07	−37.38		
其中：焦炭再投入量（－）	Reinput for Coke				
（七）天然气液化	Natural Gas Liquefaction				
（八）煤制品加工	Coal Products Processing	1.28	−0.31	1.35	−0.38
（九）回收能	Recovery of Energy				
三、损失量	Energy Losses				
其中：运输和输配损失	Losses for Transportation and Transmission				
四、终端消费量	End−use Consumption	3871.40	2257.84	3657.32	2128.56
（一）第一产业	Primary Industry	72.52	32.00	85.48	39.12
1.农、林、牧、渔业	Agriculture,Forestry,Animal Husbandry and Fishery	72.52	32.00	85.48	39.12
（二）第二产业	Secondary Industry	2326.73	1566.86	2155.66	1431.74
1.工业	Industry	2310.49	1559.61	2139.11	1424.15
其中：用作原料、材料	Material	137.37	82.03	27.63	14.55
2.建筑业	Construction	16.24	7.25	16.55	7.58
（三）第三产业	Tertiary Industry	1170.61	525.74	1117.31	520.87
1.交通运输、仓储及邮政业	Transport,Storage and Post	541.12	243.97	505.96	236.82
2.批发、零售和住宿、餐饮业	Wholesale,Retail Trade,Hotels and Catering Services	204.37	91.96	199.46	93.26
3.其他	Others	425.12	189.81	411.89	190.80
（四）生活消费	Residential Consumption	301.54	133.23	298.87	136.84
1.城镇	Urban	100.47	44.41	100.03	45.80
2.乡村	Rural	201.07	88.82	198.84	91.03
五、平衡差额（+、－）	Balance				2.16
六、消费量合计	Total Comsumption	9805.31		9416.84	

注：本表数据与GDP核算数据有关。
Note: Data in this table is in accordance with that of GDP.

7－12 石油能源平衡表

Petroleum Balance Sheet

单位：（实物量）万吨、（标准量）万吨标准煤

unit:(Physical Quantity)10000tons、(Standard Quantity)10000tons of SCE

指　标	Item	2015		2016	
		（实物量）Physical Quantity	（标准量）Standard Quantity	（实物量）Physical Quantity	（标准量）Standard Quantity
一、可供本地区消费能源量	Total Energy Available for Consumption	949.56	1363.86	973.87	1445.48
（一）年初库存量	Beginning Inventory	83.35	120.84	77.00	111.88
（二）一次能源生产量	Primary Energy Output	665.48	950.70	610.70	888.56
（三）外省（区、市）调入量	Allocation from Outside	674.07	976.58	971.21	1434.96
（四）进口量	Imports	1.28	2.02	1.28	2.02
（五）我轮机在外国加油量	Refuelling Abroad for Our Ships and Planes				
（六）本省（区、市）调出量（－）	Allocation from Inside	−397.55	−574.30	−610.68	−882.06
（七）出口量（－）	Exports	−0.07	−0.10	−0.07	−0.10
（八）外轮、机在我国加油量（－）	Refuelling in China for Foreign Ships and Planes				
（九）年末库存量（－）	Inventories at the end	−77.00	−111.88	−75.57	−109.78
二、加工转换投入（－）产出（＋）量	Output and Input in Processing and Transformation	−52.52	−42.70	−32.83	−59.22
（一）火力发电	Thermal Power	−0.37	−0.53	−1.82	−2.60
（二）供热	Heating	−0.45	−0.65	−3.80	−5.43
（三）煤炭洗选	Washing–dressing Coal				
（四）炼焦	Coking				
（五）炼油及煤制油	Petroleum Refining	−51.7	−41.52	−27.21	−51.18
其中：油品再投入量(−)	Reinput for Oil				
（六）制气	Gas Production				
其中：焦炭再投入量（－）	Reinput for Coke				
（七）天然气液化	Natural Gas Liquefaction				
（八）煤制品加工	Coal Products Processing				
（九）回收能	Recovery of Energy				
三、损失量	Energy Losses				
其中：运输和输配损失	Losses for Transportation and Transmission				
四、终端消费量	End–use Consumption	897.04	1321.17	941.04	1386.27
（一）第一产业	Primary Industry	68.96	100.87	71.09	104.09
1. 农、林、牧、渔业	Agriculture,Forestry,Animal Husbandry and Fishery	68.96	100.87	71.09	104.09
（二）第二产业	Secondary Industry	472.33	694.49	519.70	764.00
1. 工业	Industry	410.92	604.70	459.90	676.53
其中：用作原料、材料	Material	264.9	382.96	269.67	391.10
2.建筑业	Construction	61.41	89.80	59.80	87.47
（三）第三产业	Tertiary Industry	308.46	452.78	301.47	442.69
1. 交通运输、仓储及邮政业	Transport,Storage and Post	242.88	354.53	235.83	344.34
2. 批发、零售和住宿、餐饮业	Wholesale,Retail Trade,Hotels and Catering Services	21.34	31.94	21.70	32.47
3. 其他	Others	44.24	66.31	43.94	65.88
（四）生活消费	Residential Consumption	47.29	73.02	48.78	75.50
1. 城镇	Urban	28.45	44.56	28.30	44.26
2. 乡村	Rural	18.84	28.46	20.48	31.24
五、平衡差额（＋、－）	Balance				
六、消费量合计	Total Comsumption	949.56		973.87	

注：本表数据与GDP核算数据有关。
Note: Data in this table is in accordance with that of GDP.

7－13　电力能源平衡表（等价值）

Electrical Energy Balance Shect(equivalent)

单位：（实物量）亿千瓦时、（标准量）万吨标准煤

指　　标	Item	2015		2016	
		（实物量）Physical Quantity	（标准量）Standard Quantity	（实物量）Physical Quantity	（标准量）Standard Quantity
一、可供本地区消费能源量	Total Energy Available for Consumption	62.12	190.49	92.63	283.94
（一）年初库存量	Beginning Inventory				
（二）一次能源生产量	Primary Energy Output	114.63	351.51	168.00	514.98
（三）外省（区、市）调入量	Allocation from Outside	147.73	453.01	129.13	395.83
（四）进口量	Imports				
（五）我轮机在外国加油量	Refuelling Abroad for Our Ships and Planes				
（六）本省（区、市）调出量（－）	Allocation from Inside	–200.24	–614.03	–204.50	–626.86
（七）出口量（－）	Exports				
（八）外轮、机在我国加油量（－）	Refuelling in China for Foreign Ships and Planes				
（九）年末库存量（－）	Inventories at the end				
二、加工转换投入（－）产出（＋）量	Output and Input in Processing and Transformation	589.83	1808.68	592.30	1815.61
（一）火力发电	Thermal Power	589.83	1808.68	592.30	1815.61
（二）供热	Heating				
（三）煤炭洗选	Washing–dressing Coal				
（四）炼焦	Coking				
（五）炼油及煤制油	Petroleum Refining				
其中：油品再投入量(–)	Reinput for Oil				
（六）制气	Gas Production				
其中：焦炭再投入量（－）	Reinput for Coke				
（七）天然气液化	Natural Gas Liquefaction				
（八）煤制品加工	Coal Products Processing				
（九）回收能	Recovery of Energy				
三、损失量	Energy Losses			29.42	90.18
其中：运输和输配损失	Losses for Transportation and Transmission				
四、终端消费量	End–use Consumption	651.96	1999.20	638.21	1956.34
（一）第一产业	Primary Industry	12.26	37.59	13.76	42.18
1. 农、林、牧、渔业	Agriculture,Forestry,Animal Husbandry and Fishery	12.26	37.59	13.76	42.18
（二）第二产业	Secondary Industry	419.74	1287.11	386.81	1185.71
1. 工业	Industry	409.93	1257.03	376.71	1154.75
其中：用作原料、材料	Material				
2.建筑业	Construction	9.81	30.08	10.10	30.96
（三）第三产业	Tertiary Industry	113.09	346.78	125.20	383.78
1. 交通运输、仓储及邮政业	Transport,Storage and Post	19.22	58.94	22.95	70.35
2. 批发、零售和住宿、餐饮业	Wholesale,Retail Trade,Hotels and Catering Services	34.88	106.96	37.59	115.23
3. 其他	Others	58.99	180.89	64.66	198.21
（四）生活消费	Residential Consumption	106.87	327.71	112.44	344.67
1. 城镇	Urban	68.87	211.19	73.20	224.38
2. 乡村	Rural	38.00	116.52	39.24	120.28
五、平衡差额（＋、－）	Balance	–0.01	–0.03	17.30	53.03
六、消费量合计	Total Comsumption	651.96		667.63	

注：本表数据与GDP核算数据有关。
Note: Data in this table is in accordance with that of GDP.

CHAPTER ▶ 08

第八篇

财政、金融和保险

PUBLIC FINANCE、BANKING AND INSURANCE

8-1 历年财政收支额

Government Revenue and Expenditure

单位：亿元 unit:100 million yuan

年 份 Year	一般预算收入 General Budgetary Revenue	#增值税 Value-added Tax	#营业税 Operation Tax	#企业所得税 Enterprises' Income Tax	一般预算支出 General Budgetary Expenditure	#农业支出 Agriculture	#文教科卫事业费 Culture, Education Science & Public Health	#行政管理费 Administration Expenditure	#社会保障补助支出 Subsidies to Social Security Programs
1978	16.41				16.35	1.89	3.02	1.25	
1979	12.65				17.88	2.36	3.40	1.50	
1980	14.39				17.32	2.45	4.32	1.70	
1981	10.72				15.87	2.18	4.94	1.76	
1982	11.97				17.30	2.35	5.72	2.06	
1983	14.12				19.41	2.31	6.51	2.44	
1984	15.22				23.34	2.66	7.56	3.09	
1985	21.67				34.50	3.03	9.15	2.99	
1986	29.52				50.12	4.24	11.02	3.69	
1987	37.52				53.23	3.71	11.25	4.22	
1988	43.32				61.26	3.95	13.36	4.99	
1989	49.40				67.14	5.22	15.02	5.81	
1990	50.68				71.67	4.94	16.25	6.50	
1991	62.46				79.12	5.12	17.43	5.77	
1992	56.99				80.02	5.82	20.10	7.33	
1993	79.82				103.11	6.89	23.56	9.06	
1994	51.27				104.59	7.86	31.89	10.87	
1995	63.28				120.90	9.16	35.04	12.04	
1996	76.40				145.53	8.90	40.48	14.05	
1997	82.85	17.43	20.92	8.10	167.75	10.86	43.15	14.65	
1998	93.64	18.31	23.51	7.20	190.10	15.34	43.15	14.72	9.11
1999	101.28	18.89	23.84	10.41	234.62	13.07	49.67	15.76	19.27
2000	103.83	20.41	25.55	14.28	260.67	16.59	53.04	18.01	19.26
2001	121.10	24.20	28.03	20.68	326.43	19.63	64.52	22.38	28.91
2002	131.49	27.44	30.54	14.22	362.62	22.73	73.72	26.52	38.77
2003	154.00	30.69	35.02	11.80	409.23	22.76	82.39	31.23	49.56
2004	166.28	32.19	40.78	12.36	507.78	37.00	93.23	36.75	79.34
2005	207.15	39.53	47.59	13.91	631.12	42.60	112.44	45.13	104.89
2006	245.20	42.97	59.69	17.88	718.36	54.36	139.53	56.71	81.82
2007	320.69	52.92	75.86	29.41	883.76	80.07	144.41	141.66	154.37
2008	422.80	63.58	93.96	42.59	1180.12	107.34	188.03	174.25	199.86
2009	487.09	66.57	117.41	49.20	1479.21	204.45	216.99	182.67	250.44
2010	602.41	78.15	145.97	60.82	1787.25	238.94	250.20	198.04	253.36
2011	850.10	92.78	189.30	90.59	2201.74	255.57	529.12	231.40	298.99
2012	1041.25	102.68	218.12	111.21	2471.20	291.30	683.85	249.38	304.00
2013	1156.96	119.58	245.09	121.86	2744.81	318.26	697.37	267.31	360.13
2014	1203.38	139.78	228.78	143.22	2913.25	308.68	711.15	253.50	390.20
2015	1229.35	134.43	242.05	134.92	3217.10	408.61	837.79	247.13	462.28
2016	1263.78	267.88	111.44	134.01	3586.09	550.50	886.36	260.91	497.59

8-2 历年银行各项存款和各项贷款余额
Balance of Deposits and Loans of National Banking System

单位: 亿元　　　　unit:100 million yuan

年　份 Year	各项存款合计 Total Deposits	#单位存款 Corporate Deposits	#个人储蓄存款 Personal Savings Deposits	各项贷款合计 Total Loans	#短期贷款 Short-term Loans	#中长期贷款 Medium and long Term Loans
1978	24.94	5.95	5.86	61.16		
1979	23.97	7.95	7.62	66.15		
1980	30.87	10.28	10.64	75.70		
1981	36.98	10.97	14.56	92.68		
1982	42.62	12.88	18.91	107.05		
1983	56.63	16.26	25.28	124.31		
1984	71.65	23.37	34.23	154.79		
1985	86.42	32.45	43.97	159.79		
1986	118.07	41.91	58.36	246.30		
1987	147.43	50.85	83.20	285.52		
1988	178.27	54.91	109.49	331.69		
1989	203.75	47.08	141.26	384.41		
1990	252.15	53.79	196.59	507.01		
1991	315.13	67.37	253.28	629.01		
1992	408.87	98.35	315.42	762.00		
1993	494.57	112.91	389.44	934.88		
1994	611.26	152.61	535.56	1099.77		
1995	791.15	180.78	726.28	1302.76		
1996	1037.83	241.38	955.48	1608.84		
1997	1206.82	322.94	1071.33	1913.61		
1998	1345.52	304.60	1211.83	2118.79		
1999	1928.25	419.92	1328.91	2580.41		
2000	2236.71	535.41	1515.84	2651.19		
2001	2484.23	589.21	1796.90	2828.25		
2002	2878.28	693.79	2019.40	3057.70		
2003	3307.25	760.50	2161.40	3288.87		
2004	3683.50	804.94	2405.60	3435.03		
2005	4270.49	877.66	2798.10	3332.93		
2006	4963.71	1039.56	3107.50	3870.33		
2007	5318.59	1342.70	3186.80	4306.01		
2008	6362.48	1528.21	3923.14	4835.89		
2009	8318.00	2327.78	4614.39	6234.66		
2010	9606.70	2753.18	5147.26	7205.94	2809.74	4283.63
2011	10874.19	4524.72	5835.32	8126.17	2913.34	5024.79
2012	12706.13	5204.67	6875.10	9155.60	3288.59	5614.24
2013	14781.42	6192.36	7745.33	10696.52	3946.28	6486.06
2014	16400.10	6982.72	8556.71	12587.26	4844.84	7417.34
2015	18499.59		9543.80	15203.11	6053.56	8395.86
2016	21003.90		10553.35	17141.06	7057.00	9321.20

注：1.银行各项存款和各项贷款均不含外币。
　　2.从2013年起个人储蓄存款不含外币。从2015年起个人储蓄存款为住户存款。

Note:①All bank deposits and Loans exdluding foreign currency.
　　②Personal savings deposits exclading foreign currency.

8-3 分项目财政收入
Local Government Revenue by Item

单位: 万元 unit:10000 yuan

项 目	Item	2014	2015	2016
全口径财政收入	**Total Revenue**	**21885505**	**21439919**	
地方级财政收入	**Local Revenue**	**12033843**	**12293549**	**12637765**
一、税收收入	**Tax Revenue**	**8844028**	**8671214**	**8729660**
增值税	Value Added Tax	1397805	1344337	2678788
营业税	Business Tax	2287794	2420483	1114412
企业所得税	Corporate Income Tax	1432180	1349221	1340065
个人所得税	Individual Income Tax	349236	341058	417218
资源税	Resources Tax	133869	99986	73085
城市维护建设税	Urban Maintenance and Construction Tax	596705	631321	676584
房产税	Real Estates Tax	239608	276051	273138
印花税	Stamp Tax	118836	104624	107609
城镇土地使用税	Urban Land Use Tax	330732	306041	286895
土地增值税	Land Appreciation Tax	484745	361542	341439
车船使用税	Tax on Vehicles and Boat Operation	111312	130769	147296
耕地占用税	Farm Land Occupation Tax	569779	632072	611087
契税	Deed Tax	780034	663526	653569
烟叶税	Tabacoo Leaf Tax	11311	9337	7628
其他税收收入	Others	82	846	847
二、非税收入	**Non-tax Revenue**	**3189815**	**3622335**	**3908105**
国有资产经营收益	State-owned Assets Profit	240335	280167	358271
行政性收费收入	Income from Administrative Fees	863739	777906	837693
罚没收入	Penalty and Confiscate Income	345718	313324	287025
专项收入	Expert Project Income	476290	941067	929242
国有资源(资产)有偿使用收入	Income from Use of Seate-owned Resources(Assets)	1129627	1221043	1316433
其他收入	Other Income	134106	88828	179441

8-4 地方项目公共财政支出
Local Covernment Expenditure Item

单位: 万元 unit:10000 yuan

项 目	Item	2014	2015	2016
支出总计	**Total Expenditure**	**29132468**	**32170995**	**35860902**
一般公共服务	Expenditure for General Pablic Services	2535001	2471280	2609098
国防	Expenditure for National Defense	51842	53934	43481
公共安全	Expenditure for Public Security	1546255	1688662	2050822
教育	Expenditure for Education	4071041	4775745	4996967
科学技术	Expenditure for Science and Technology	364479	413929	410085
文化体育与传媒	Expenditure for Culture,Sport and the Media	611571	730066	720309
社会保障和就业	Expenditure for Social Security and Employment	3901986	4622815	4975921
医疗卫生与计划生育	Health and Family Planning	2064415	2458138	2736250
节能环保	Energ/saving and Environmental protection	1403017	1177034	1221379
城乡社区事务	Expenditure for Uran and Rural Community Affairs	2732923	3418580	3833541
农林水事务	Expenditure for Agriculture,Forestry,Water Affairs	3086795	4086102	5504950
交通运输	Expenditure for Transportation	2291050	1918276	2020488
资源勘探电力信息等事务	Resource Exploration Power Information	995793	1272577	1258141
商业服务业等事务	Basiness Serviles	282960	286772	300084
金融监管等事务支出	Expenditure on Financial Supervision	186163	55440	342511
援助其他地区支出	Aid in other Areas	25872	26714	24323
国土资源气象等事务	Land Resouvces Meteorology	297671	386982	456083
住房保障支出	Housing Secarity Expenditure	1372994	1359064	1364535
粮油物资储备事务	Grain and Oil Material Reserve	552772	492884	494644
国债还本付息支出	Debt Servicing Expenses	601232	237097	415800
其他支出	Other Expenditures	156636	238904	81490

8-5 分级地方公共财政收入

Government Budgetary Revenue by Level

单位：万元 unit:10000 yuan

项目	Item	2014	2015	2016
收入合计	**Total Revenue**	**12033843**	**12293549**	**12637765**
省级	Province	2672244	3077338	3074842
地级	Prefecture	4536693	4486967	4774217
县级	County	4406333	4348864	4515497
乡镇级	Township	418573	380380	273209
一、税收收入	**Tax Revenue**	**8844028**	**8671214**	**8729660**
省级	Province	2238366	2338429	2307489
地级	Prefecture	3267444	3142487	3305288
县级	County	2934558	2842114	2854402
乡镇级	Township	403660	348184	262481
增值税	**Value Added Tax**	**1397805**	**1344337**	**2678788**
省级	Province	555455	553511	1153514
地级	Prefecture	463359	456715	865517
县级	County	317351	301932	610369
乡镇级	Township	61640	32179	49388
营业税	**Business Tax**	**2287794**	**2420483**	**1114412**
省级	Province	1074573	1211840	564743
地级	Prefecture	402807	446398	185210
县级	County	714938	658958	323274
乡镇级	Township	95476	103287	41185
企业所得税	**Corporate Income Tax**	**1432180**	**1349221**	**1340065**
省级	Province	485937	457086	455500
地级	Prefecture	576454	519851	521764
县级	County	330709	335745	330868
乡镇级	Township	39080	36539	31933
个人所得税	**Individual Income Tax**	**349236**	**341058**	**417218**
省级	Province	112071	109489	129504
地级	Prefecture	130782	121027	144943
县级	County	95797	102783	133489
乡镇级	Township	10586	7759	9282
二、非税收收入	**Non-tax Revenue**	**3189815**	**3622335**	**3908105**
省级	Province	433878	738909	767353
地级	Prefecture	1269249	1344480	1468929
县级	County	1471775	1506750	1661095
乡镇级	Township	14913	32196	10728

8-6 分级公共财政支出

Public Finance Expenditure

单位：万元　　　　unit:10000 yuan

项　目	Item	2014	2015	2016
支出合计	**Total Expenditure**	**29132468**	**32170995**	**35860902**
省　级	Province	6547798	6586665	8214886
地　级	Prefecture	8151918	9237533	9734563
县　级	County	13446505	15222930	16815057
乡镇级	Township	986247	1123867	1096396
# 一般公共服务	**Expenditure for General Public Services**	**2535001**	**2471280**	**2609098**
省　级	Province	548741	414747	454086
地　级	Prefecture	630515	690539	717581
县　级	County	1101208	1083073	1147322
乡镇级	Township	254537	282921	290109
# 教　育	**Education**	**4071041**	**4775745**	**4996967**
省　级	Province	839965	992761	1006196
地　级	Prefecture	637170	774862	832995
县　级	County	2527273	2922401	3097228
乡镇级	Township	66633	85721	60548
# 科学技术	**Sxience and Technology**	**364479**	**413929**	**410085**
省　级	Province	128194	177443	166078
地　级	Prefecture	144948	147588	142832
县　级	County	88744	81583	99336
乡镇级	Township	2593	7315	1839
# 社会保障和就业	**Social Security and Employment**	**3901986**	**4622815**	**4975921**
省　级	Province	421002	297725	317460
地　级	Prefecture	1172638	1470760	1622713
县　级	County	2236848	2776152	2949529
乡镇级	Township	71498	78178	86219
# 医疗卫生与计划生育	**Health and family Planning**	**2064415**	**2458138**	**2736250**
省级	Province	227391	250366	282204
地级	Prefecture	446142	550225	631200
县级	County	1375793	1639121	1802832
乡镇级	Township	15089	18426	20014
# 节能环保	**Energy Saving and environmental protection**	**1403017**	**1177034**	**1221379**
省级	Province	214972	126788	315079
地级	Prefecture	505869	551624	522371
县级	County	663352	482353	365238
乡镇级	Township	18824	16269	18691
# 农林水	**Agricultural and forestry water**	**3086795**	**4086102**	**5504950**
省级	Province	838272	1304173	2400546
地级	Prefecture	272093	444914	577457
县级	County	1627731	1973365	2129801
乡镇级	Township	348699	363650	397146

8-7 农合机构本外币存贷款年末余额

Balance of Deposits and Loans of Agriculture Financial Institution at Year-end

单位: 亿元　　unit:100 million yuan

项　　目	Item	2014	2015	2016
各项存款	Total Deposits	2508.37	3137.08	4275.10
企事业单位存款	Deposits of Enterprises	730.76	1062.89	1853.29
各项贷款	Total Loans	1627.42	1907.84	2219.97
#短期贷款	Short-term Loans	649.70	753.82	962.67
中长期贷款	Medium and Long Term Loans	950.99	1061.06	1195.01

注：本表为金融机构可比口径。
Note:The statistics coverage in according to financial institutions.

8-8 保险业务主要指标

Main Indicators of Insurance Business

单位: 万元　　unit:10000 yuan

项　　目	Item	2011	2012	2013	2014	2015	2016
保费收入	**Premium Income**	**2233582**	**3956604**	**2664427**	**3300005**	**4313184**	**5571188**
企业财产保险	Enterprise Property Insurance	45530	51850	51475	57352	54648	56467
家庭财产保险	Family Property Insurance	4914	4947	7655	5982	7056	6195
机动车辆保险	Motor Vehicle Insurance	498074	563240	665703	795798	904152	1011862
货物运输保险	Freight Transport Insurance	23736	26410	23819	30048	26095	24009
工程保险	Engineering Insurance	8876	2802	9855	8048	4988	7668
责任保险	Liability Insurance	13545	16838	23896	29865	36741	35259
保证保险	Guarantee Insurance	14229	25289	31630	53183	47857	29999
农业保险	Agriculture Insurance	80068	88330	92694	92122	110768	148285
人寿保险	Life Insurance	1408462	1382348	1506753	1918905	2707838	3706150
意外伤害险	Accident Injury Insurance	35144	39744	44840	52620	62943	74624
健康险	Health Insurance	99949	122193	201891	251847	336737	458127
其他	Others	1055	1632614	4217	4235	13362	12543
赔款与给付	**Compensation and Payment**	**599700**	**714504**	**1006039**	**1120247**	**1263828**	**1612230**
企业财产保险	Enterprise Property Insurance	16249	19541	20693	18938	15624	22237
家庭财产保险	Family Property Insurance	1245	1744	2246	2837	3276	3758
机动车辆保险	Motor Vehicle Insurance	231279	301786	399754	422926	467048	535737
货物运输保险	Freight Transport Insurance	11199	14980	17435	19689	16614	18751
工程保险	Engineering Insurance	3159	1634	2202	2146	3492	4385
责任保险	Liability Insurance	5886	7737	9072	10687	13451	16125
保证保险	Guarantee Insurance	658	1409	2929	6277	12412	17731
农业保险	Agriculture Insurance	38267	50179	47473	56523	72400	100402
人寿保险	Life Insurance	244659	260654	414012	467294	527034	727338
意外伤害险	Accident Injury Insurance	8884	10279	10287	11859	14475	17525
健康险	Health Insurance	36560	44256	77601	99123	107969	138651
其他	Others	1655	305	2336	1947	10035	9589

8-9 金融机构人员数

Number of Personnel in Financial Institutions

单位: 人 unit:person

项　目	Item	2014	2015	2016
金融机构合计	**Total Financial Institutions**	**94873**	**97682**	**99041**
国有商业银行	**State – owned Commercial Bank**	**44404**	**44072**	**43526**
工商银行	Industrial and Commercial Bank	13411	13346	13131
农业银行	Agricultural Bank	13829	13519	13091
中国银行	Bank of China	6369	6350	6185
建设银行	Construction Bank	8904	8897	9154
交通银行	Bank of Communications	1891	1960	1965
政策性银行及国家开发银行合计	**Policy Banks and National Development Bank**	**1831**	**1813**	**1851**
国家开发银行	National Development Bank	167	169	167
中国进出口银行	The Export–Import Bank of China	42	42	41
中国农业发展银行	Agricultural Development Bank	1622	1602	1643
股份制商业银行合计	**Shareholding Bank**	**3283**	**3545**	**3997**
中信银行	China Citic Bank	461	472	498
中国光大银行	China Ever bright Bank	709	731	882
招商银行	China Merchants Ban	448	563	581
上海浦东发展银行	ShangHai Pudong Development Bank	362	387	497
中国民生银行	China Minsheng Bank	596	599	624
华夏银行	Huaxia Bank	218	261	325
兴业银行	Industrial Bank	489	532	590
城市商业银行	**City Commercial Bank**	**8670**	**9012**	**9030**
农村金融机构合计	**Rural Finanical Institutions**	**25584**	**27898**	**29123**
农村信用社	Rural Credit Coorpertive	10426	9303	6618
农村商业银行	Rural Commercial Bank	11572	15255	18371
农村合作银行	Rural Cooperative Bank	791		
村镇银行	Village Bank	2680	3218	3969
贷款公司	Loan Company	11	11	9
农村资金互助社	Rural Mutual Cooperatives	104	111	156
非银行金融机构合计	**Non–bank Financial Institutions**	**771**	**749**	**783**
企业集团财务公司	Financial Enterprise Group Company	170	150	190
信托公司	Trust Company	198	191	190
汽车金融公司	Auto Finance Company	403	408	403
邮政储蓄银行	**Postal Savings Bank**	**10078**	**10353**	**10485**
资产管理公司	**Assets Supervision Corporation**	**206**	**192**	**203**
外资金融机构	**Foreign Financial Institutions**	**46**	**48**	**43**

8-10 保险公司机构数（2016年）

Number of Institutions of Insurance Company （2016）

项　　目	Item	保险公司机构数(个) Number of Institutions (uint)	总公司 Head Offices	省级分公司 Branch Company of Province Level	地市级中心支公司 City Center Branch	地市级以下支公司 Branch Company of Prefecture and City Level	营销服务部 Services Department of Marketing
合　计	**Total**	**1941**	**3**	**34**	**207**	**683**	**1014**
中国人民财产保险股份有限公司吉林省分公司	Branch Company of Jilin Province of PICC Property and Casualty Co.Ltd.	554		1	9	69	475
中国太平洋财产保险股份有限公司吉林省分公司	Jilin Branch of China Pacific Property Insurance Co.Ltd.	59		1	9	49	
中国平安财产股份有限公司吉林分公司	Jilin Branch of Ping An Property and Casualty Insurance Company of China,Ltd.	47		1	9	36	1
天安财产保险股份有限公司吉林省分公司	Jilin Branch of Tian An Insurance Company Co.Ltd.	40		1	7	10	22
安华农业保险股份有限公司吉林省分公司	Jilin Branch of Anhua Agricultural Insurance Co.Ltd.	77	1	1	9	43	23
中国大地财产保险股份有限公司吉林分公司	Jilin Branch of China Continent Property & Casualty Insurance Co.Ltd.	51		1	9	22	19
安邦财产保险股份有限公司吉林分公司	Jilin Branch of AB Property and Casualty Co.Ltd.	53		1	9	11	32
都邦财产保险股份有限公司吉林分公司	Jilin Branch of Dubang Insurance Co.Ltd.	12	1	1	7	2	1
阳光财产保险股份有限公司吉林省分公司	Jilin Branch of sunshine Province and casualty Co.Ltd.	61		1	10	49	1
华安财产保险股份有限公司吉林分公司	Jilin Branch of Huaan Province and Casualty Co.Ltd.	2		1	1		
中航安盟财产保险有限公司吉林省分公司	Jilin Branch of Groupama AvicInsurance Co.Ltd.	41		1	4	16	20
中国人寿财产保险股份有限公司吉林省分公司	Branch Company of Jilin Province of China Life Insurance Co.Ltd.	41		1	9	31	
鑫安汽车保险股份有限公司吉林分公司	Xin An automobile insurance Co., Ltd.Jilin branch	2	1	1			
中华联合财产保险股份有限公司吉林分公司	China United Property Insurance Company Jilin branch	16		1	6	9	
华泰财产保险有限公司吉林分公司	Huatai Property Insurance Co., Ltd. Jilin branch	1		1			
太平财产保险有限公司	Taiping Property Insurance Co.Ltd	1		1			
永诚财产保险股份有限公司	Yongcheng Property Insurance Co.Ltd	1		1			
中国人寿保险股份有限公司吉林省分公司	Ping An Life Insurance Company of China Jilin branch	367		1	9	68	289
中国太平洋人寿保险股份有限公司吉林省分公司	Xinhua Life Insurance Company Jilin branch	53		1	9	38	5
中国平安人寿保险股份有限公司吉林分公司	Jilin Branch of Taikang Life Insurance Company of China,Ltd.	74		1	8	23	42
新华人寿保险股份有限公司吉林分公司	Jilin Branch of PICC Life Insurance Company of China,Ltd.	46		1	9	29	7
泰康人寿保险股份有限公司吉林分公司	Jilin Branch Taiping Life Insurance Co,Ltd.	107		1	8	36	62
中国人民人寿保险股份有限公司吉林省分公司	Jilin Branch Funde Sino Life Insurance Co.Ltd.	62		1	9	49	3
太平人寿保险股份有限公司吉林分公司	Jilin Branch of Ping An Annuity Insurance Co.Ltd.	33		1	9	22	1
富德生命人寿保险股份有限公司吉林分公司	Jilin Branch of Union Life Insuranle Co.Ltd.	37		1	9	25	2
平安养老保险股份有限公司吉林分公司	Jilin Branch of PICC Health Insurance Company Limited	3		1	2	0	
合众人寿保险股份有限公司吉林分公司	Jilin Branch of Union Life Insuranle Co.Ltd.	10		1	5	3	1
中国人民健康保险股份有限公司吉林分公司	Jilin Branch of PICC Health Insurance Company Limited	8		1	5	2	
英大泰和人寿保险股份有限公司吉林分公司	Jilin Branch of YingDa Taihe Life Insurance Co.Ltd.	12		1	3	0	8
阳光人寿保险股份有限公司吉林分公司	Jilin Branch of Yangguang Life Insurance Co.Ltd.	29		1	7	21	
安邦人寿保险股份有限公司吉林分公司	Jilin Branch of Anbang Life Insurance Co.Ltd.	6		1	5	0	
百年人寿保险股份有限公司吉林分公司	Century Life Insurance Co.Ltd.	11		1	4	6	
天安人寿保险股份有限公司吉林分公司	Jilin Branch Tianan Life Insurance Co.Ltd.	23		1	8	14	
泰康养老保险股份有限公司吉林分公司	Jilin Branch Taikang Pension Insurance Co.Ltd.	1		1			

CHAPTER ▶ 09

第九篇

价格指数

PRICE INDICES

9－1 各种价格指数

Various Price Indices

（上年=100）　　　　（Preceding year=100）

年 份 Year	居民消费价格指数 Consumer Price Index	城市居民 Urban Areas	农村居民 Rural Areas	商品零售价格指数 Retail Price Index	工业生产者出厂价格指数 Producer Price Index for Manufac-tured Goods	工业生产者购进价格指数 Industrial Producer Price Index	农业生产资料价格指数 Price Index of Agriculturat Production Data	固定资产投资价格指数 Investrment in Fixed Assets Price Index	建筑安装工程总价格指数 Construction and Installation Price Index
1978	100.1	100.1	100.3	100.2					
1979	101.7	101.7	101.1	101.2					
1980	105.6	108.6	104.9	106.3					
1981	101.6	101.6	101.2	101.7					
1982	104.2	104.2	101.9	103.0					
1983	104.5	103.0	101.7	102.6					
1984	103.5	103.6	103.3	104.2					
1985	110.3	110.3	107.9	109.7					
1986	106.0	106.0	105.1	105.4					
1987	107.6	108.0	105.3	107.5					
1988	120.3	121.6	117.1	119.9					
1989	117.2	116.9	119.3	116.9					
1990	104.9	103.9	108.2	103.9					
1991	106.8	107.1	105.2	105.1					
1992	108.0	109.3	103.9	107.1				116.4	
1993	112.6	113.2	108.8	111.3				128.8	
1994	120.6	123.2	117.1	119.9				107.3	
1995	115.2	115.1	115.6	114.2				109.6	
1996	107.2	107.7	105.8	105.1				102.9	
1997	103.7	103.7	103.7	101.8	101.4	103.9		104.4	106.4
1998	99.2	99.3	99.0	97.9	96.9	96.6		100.8	101.2
1999	98.0	97.9	98.6	96.7	100.1	97.7		102.2	106.1
2000	98.6	98.3	99.6	98.0	105.1	106.8		102.0	103.2
2001	101.3	101.5	100.5	100.9	100.3	101.8		101.1	102.6
2002	99.5	99.2	100.3	99.0	98.6	97.8		101.2	101.9
2003	101.2	101.1	101.5	100.5	102.5	104.8	101.0	101.1	102.3
2004	104.1	103.6	105.1	103.5	105.0	110.5	106.3	104.1	105.6
2005	101.5	101.4	101.9	101.1	104.3	107.0	109.2	102.0	102.5
2006	101.4	101.2	102.0	101.5	101.7	103.8	97.2	102.2	103.0
2007	104.8	104.4	106.1	103.3	102.7	105.2	106.0	103.9	105.2
2008	105.1	105.1	105.3	106.2	104.9	111.3	127.3	107.3	110.7
2009	100.1	99.9	100.7	99.3	96.1	95.3	96.4	99.4	99.4
2010	103.7	103.4	104.1	104.1	105.2	108.6	99.1	102.4	103.4
2011	105.2	105.2	105.4	104.9	105.4	106.1	111.4	105.6	105.6
2012	102.5	102.5	102.4	101.7	99.1	99.3	106.8	100.4	100.4
2013	102.9	102.9	102.9	101.6	98.7	99.4	100.8	100.0	100.0
2014	102.0	102.1	101.5	101.2	99.1	99.2	95.1	100.2	100.4
2015	101.7	101.7	101.6	99.8	95.3	96.6	100.2	97.6	96.3
2016	101.6	101.5	101.9	101.3	98.4	97.8	97.4	98.7	98.6

9-2 商品零售价格分类指数（2016年）

Retail Price Indices by Category（2016）

（上年=100）　　（Preceding year=100）

项　目	Item	全省 Total	城市 Urban	农村 Rural
商品零售价格指数	**General Retail Price Index**	**101.3**	**101.4**	**100.8**
食品	**Food**	**103.2**	**103.3**	**102.8**
粮食	Grain	100.3	100.6	98.2
薯类	Tubers	105.9	105.1	112.1
豆类	Beans	99.1	99.0	99.9
食用油	Cooking oil	100.0	100.1	99.5
菜	Vegetables	108.3	108.5	106.8
畜肉类	Livestock meat	109.1	109.3	107.5
禽肉类	Meet	99.5	99.5	99.9
水产品	Aquatic Products	101.6	101.7	101.3
蛋类	Eggs	97.8	97.8	98.4
奶类	Milk	101.0	101.1	100.3
干鲜瓜果类	Dried and Fresh Melons and Fruits	100.6	100.3	103.3
糖果糕点类	Confec tionery	100.0	99.8	101.8
#食　糖	Sugar	97.9	97.7	100.0
调味品	Falvoring	101.2	101.3	100.1
其他食品类	Other Food Products	100.5	100.4	101.5
在外餐饮	Dining out	102.7	102.9	101.5
饮料、烟酒	**Beverage,Tobacco and Liquor**	**101.5**	**101.5**	**101.6**
茶及饮料	Tea and Beverage	101.0	101.0	100.7
烟草	Tobacco	102.8	102.8	102.5
酒类	Liquor	100.1	100.0	101.0
服装、鞋帽	**Garments,Shoes and Hats**	**101.3**	**101.1**	**102.7**
服装	Garments	101.3	101.1	102.4
鞋帽袜	Footgear and Hats	101.3	101.0	103.6
其他衣着配件	Other Clothing accessories	101.0	101.1	100.5
纺织品	**Textiles**	**99.7**	**99.5**	**101.1**
服装材料	Clothing Meterial	100.5	100.3	102.4
床上用品	Bed Articles	99.6	99.4	100.8
家用电器及音像器材	**Household Appliances and Mu-sic and Video Equipment**	**98.9**	**99.0**	**98.8**
家庭设备	Household Facilities	99.8	99.7	100.5

9－2 续表 Continued

项　目	Item	全省 Total	城市 Urban	农村 Rural
文娱用耐用消费品	Durable Consumer Goods for Recre-ational Use	97.6	97.8	95.9
专业音像器材	Sound and Video Equipment	99.0	99.0	98.9
文化办公用品	**Cultural and Office Appliances**	**98.5**	**98.4**	**99.5**
日用品	**Articles for Daily Use**	**100.4**	**100.4**	**100.2**
日用百货	General Merchandise for Daily Use	100.1	100.2	99.2
清洗用品	Cleaning Supplies	100.3	100.2	100.4
其他日用品	Others	100.5	100.4	100.9
体育娱乐用品	**Sports and Recreation Articles**	**100.6**	**100.5**	**101.1**
体育户外用品	Sports Outdoor Goods	102.0	102.1	100.8
娱乐用品	Amusement Goods	100.2	100.1	101.1
交通、通信用品	**Transportation and Communi-cation Articles**	**99.6**	**99.7**	**98.4**
交通运输机械	Transportation Facility	99.1	99.1	99.0
通信器材	Communication Faciliy	100.3	100.7	97.4
家具	**Furniture**	**102.2**	**102.2**	**102.6**
化妆品	**Cosmetics**	100.8	100.8	100.8
金银饰品	**Gold,Sivle and Jewelry**	**104.3**	**104.6**	**102.2**
中西药品及医疗保健用品	**Traditional Chinese and Western Medicines and Health Care Articles**	**108.5**	**108.9**	**105.8**
医疗卫生器具	Medical Sanitation	100.6	100.7	100.1
中药	Traditional Chinese Medicine	106.8	107.2	103.6
西药	Westrn Medicine	112.0	112.6	107.7
保健器具及用品	Health Care Appliances and Articles	103.4	103.2	105.3
书报杂志及电子出版物	**Books,Newspapers,Magazines and Electronic Publications**	**101.0**	**101.1**	**100.3**
教材及参考书	Teaching Materials and Reference Books	100.9	100.9	100.3
书报杂志	Books, Newspapers and Magazines	101.0	101.2	100.0
计算机办公软件	Computer Office Softuare	101.8	101.9	101.0
燃料	**Fuels**	**98.4**	**98.6**	**96.3**
煤炭及制品	Coal and Related Products	99.2	99.7	95.6
石油及制品	Petroleum and Related Products	98.2	98.5	96.4
建筑材料及五金电料	**Building Materials and Hardware**	**100.5**	**100.6**	**100.1**
建筑装璜材料	Building Decoration Materials	100.6	100.7	100.1
五金水暖	Hardware	100.2	100.2	100.0

9-3 全省居民生活消费价格指数(2016年)

Consumer Price index of Residents Living in the Province(2016)

(上年=100) (preceding year=100)

项 目	Item	全省 Total	城市 Urban Indices	农村 Rural Indices
居民消费价格总指数	**General Consumer Price Index**	**101.6**	**101.5**	**101.9**
服务价格指数	**Services Pirce Index**	**100.8**	**100.5**	**101.5**
食品烟酒	Food Acconol and Tobacco	**103.2**	**103.2**	**103.3**
食品	Food	103.6	103.5	104.0
粮食	Grain	100.1	100.9	99.1
菜	Fresh Vegetables	108.3	108.5	107.2
#鲜 菜	Fresh Vegetables	108.8	109.2	107.2
畜肉类	Livestock Meat	110.8	109.0	115.1
禽肉类	Meat	100.2	100.0	100.7
水产品	Aquatic Products	101.9	102.0	101.3
干鲜瓜果类	Dired Fresh melon and Fruit	100.8	100.7	100.9
#鲜瓜果	Fresh Fruits	100.8	100.8	100.9
其他食品类	Other Food Products	101.0	100.7	101.5
烟酒	Tobacco and Liquor	101.8	101.7	101.9
衣着	**Clothing**	**101.8**	**101.5**	**102.8**
居住	**Live**	**99.7**	**99.8**	**99.5**
租赁房房租	Rent for Rent	100.0	100.2	98.9
住房保养维修及管理	Maintenance and Management of housing	99.0	100.3	97.5
水电燃料	Water and Electricity fuel	99.5	99.2	100.4
自有住房	Home ownership	99.9	100.0	99.8
生活用品及服务	**Supplies and Services**	**100.5**	**100.4**	**100.8**
家具	Furniture	101.9	101.8	102.5
室内装饰品	Upholstery	100.3	100.4	100.0
家用器具	Furniture Appliance	100.0	99.8	100.8
#床上用品	Bedding	99.9	99.6	100.7
家庭日用杂品	Household groceries	100.2	100.2	100.4
交通和通信	**Transporation and Communication**	**98.7**	**98.9**	**98.4**
交通	Transportation	97.9	97.8	98.1
#车辆修理与保养	Vehicle Repair and Maintenance	102.9	104.3	100.7
通信	Communication	100.3	100.7	99.1
#通信服务	Communication Service	100.6	100.9	100.0
教育文化和娱乐	**Education Culture and Entertainment**	**100.6**	**100.7**	**100.3**
学前教育	Preschoul Education	100.6	100.4	101.3
文化娱乐	Cultural Entertainment	100.1	100.3	98.9
医疗保健	**Health Care**	**106.1**	**105.5**	**107.2**
医疗服务	Medical Service	105.3	103.7	108.3
其他用品和服务	**Other Supplies and Services**	**102.2**	**102.6**	**101.1**
其他用品类	Other Items	102.3	102.5	101.5
其他服务类	Other Service Classes	102.1	102.6	100.9

9－4 固定资产投资价格指数
Price Indices of Investment in Fixed Assets

（上年=100）　　（preceding year=100）

年 份 Year	总指数 General Index	建筑安装工程 Construction and Installation	设备、工器具购置 Purchase of Equipments and Instruments	其他费用 Other Expenses
1992	116.4	119.4	110.1	110.1
1993	128.8	141.7	116.2	116.2
1994	107.3	108.0	109.3	109.3
1995	109.6	106.8	112.1	112.1
1996	102.9	105.7	98.4	98.4
1997	104.4	106.4	101.1	101.1
1998	100.8	101.2	100.1	100.1
1999	102.2	106.1	100.1	100.1
2000	102.0	103.2	99.4	99.4
2001	101.1	102.6	98.5	98.5
2002	101.2	101.9	98.6	98.6
2003	101.1	102.3	98.1	98.1
2004	104.1	105.6	101.1	101.1
2005	102.0	102.5	100.1	100.1
2006	102.2	103.0	100.5	100.5
2007	103.9	105.2	99.9	99.9
2008	107.3	110.7	100.4	100.4
2009	99.4	99.4	98.1	101.7
2010	102.4	103.4	99.9	104.8
2011	105.6	105.6	100.9	104.2
2012	100.4	100.4	99.0	102.4
2013	100.0	100.0	99.1	100.6
2014	100.2	100.4	99.7	100.6
2015	97.6	96.3	99.3	100.1
2016	98.7	98.6	98.7	100.0

9－5 主要原材料、燃料、动力购进价格指数
Main Purchasing Price Indices of Raw Materials、Fuels and Power

（上年=100）　　（preceding year=100）

类 别	Item	2014	2015	2016
全部原材料	**General Price Indices**	**99.2**	**96.6**	**97.8**
燃料、动力类	Fuel and Power	98.5	86.8	95.7
黑色金属材料类	Ferrous Metals	97.7	94.3	96.6
# 钢材	Steel	98.2	96.9	98.9
其它	Others	94.7	79.4	93.5
有色金属材料和电线类	Nonferrous Metals and Wire	97.9	97.4	98.7
化工原料类	Raw Chemical Materials	99.1	98.7	96.9
木材及纸浆类	Timber and Paper Pulp	100.5	100.3	100
建筑材料及非金属矿类	Buiding Materials and Nonmetal Minerals	99.7	101.3	98.5
其它工业原料及半成品类	Other Industrial Materials and Semi-finished Products	99.6	99.7	99.2
农副产品类	Agricultural Products	99.8	99.9	97.9
纺织原料类	Textile Materials	100.3	100.1	96.6

9－6 工业生产者出厂价格指数
Ex-Factory Price Indices of Industrial Products

（上年=100）　　　　（preceding year=100）

类　　别	Item	2014	2015	2016
全部工业品	**Total Industry Products**	**99.1**	**95.3**	**98.4**
轻工业	Light Industry	100.2	100.1	99.0
以农产品为原料	Using Farm Products as Raw Materials	100.4	100.1	99.0
以非农产品为原料	Using Non-farm Products as Raw Matericals	98.4	100.4	99.2
重工业	Heavy Industry	98.8	94.0	98.2
采掘	Mining and Quarrying	99.0	78.9	92.2
原料	Raw Materials	98.1	92.0	96.5
加工	Processing	99.0	97.0	99.4
生产资料	Means of Production	98.4	92.5	97.4
采掘	Mining and Quarrying	99.0	78.9	92.2
原料	Raw Materials	98.2	92.5	95.9
加工	Processing	98.3	96.0	99.0
生活资料	Consumer Goods	100.1	99.2	99.8
食品	Food	100.5	100.5	98.6
衣着	Clothing	101.4	100.8	100.4
一般日用品	Articles for Daily Use	98.3	100.1	101.0
耐用消费品	Durable Consumer Goods	100.0	98.0	101.0
按工业部门分	Grouped by Sector			
冶金工业	Meatllurgical Industry	93.3	86.6	101.1
电力工业	Power Industry	99.8	98.8	99.1
煤炭及炼焦工业	Coal and Coke Industry	95.8	95.9	99.1
石油工业	Petroleum Industry	100.1	68.1	87.8
化学工业	Chemical Industry	98.2	93.9	96.9
机械工业	Machine Manufacturing Industry	99.9	98.4	100.0
建筑材料工业	Building Materials Industry	99.6	97.5	96.6
森林工业	Timber Industry	101.0	99.8	100.2
食品工业	Food Industry	100.4	100.3	98.9
纺织工业	Textile Industry	98.9	98.3	97.8
缝纫工业	Tailoring Industry	101.3	100.8	100.2
皮革工业	Leather Industry	102.1	101.3	101.2
造纸工业	Paper Industry	99.6	99.1	99.5
文教艺术用品工业	Cultural, Educational and Handicraft Articles	100.0	100.1	100.1
其它工业	Others	99.6	100.2	95.8

9－7 工业生产者购进价格指数
Industrial Producer Price Index

（上年=100） （preceding year=100）

年 份 Year	总指数 General Index	燃料、动力类 Fuel、Power	黑色金属材料类 Black Metal Material	有色金属材料及电线类 Non ferrous Metals and wires	化 工 原料类 Chemical Row Material	木材及纸浆类 Wood and up	建筑材料及非金属类 Bailding Materials and Non metals	农 副 产品类 Agricaltural Products	纺 织 原料类 Spin
2003	104.8	105.9	105.2	103.0	102.9	101.8	97.4	106.1	106.4
2004	110.5	107.5	120.3	112.6	111.2	105.7	101.4	111.0	108.7
2005	107.0	115.1	108.8	108.1	106.1	107.1	101.2	101.4	99.5
2006	103.8	108.9	98.8	118.5	101.8	102.3	101.3	101.1	100.9
2007	105.2	103.9	103.7	111.6	109.1	103.1	102.8	108.0	101.5
2008	111.3	112.4	116.2	100.2	109.1	103.1	106.6	113.4	104.5
2009	95.3	95.5	91.3	88.6	90.8	93.0	102.2	97.2	100.1
2010	108.6	113.5	105.0	113.9	114.1	105.6	103.9	106.4	105.2
2011	106.1	111.4	105.7	103.5	106.8	108.0	102.4	109.3	106.5
2012	99.3	98.5	94.9	98.6	99.4	102.6	104.2	100.3	100.7
2013	99.4	98.3	97.6	97.2	99.9	100.8	99.8	99.9	100.3
2014	99.2	98.5	97.7	97.9	99.1	100.5	99.7	99.8	100.3
2015	96.6	86.8	94.3	97.4	98.7	100.3	101.3	99.9	100.1
2016	97.8	95.7	96.6	98.7	96.9	100.0	98.5	97.9	96.6

9－8 农业生产资料价格分类指数
Agricultural Production Data Price Classification Index

（上年=100） （preceding year=100）

年 份 Year	总指数 General Index	农用手工工具 Farm hand tools	饲 料 Feeding	仔畜幼禽及产品畜 Young Poutory and livestock Products	半机械化农具 Semi mechanized farm	机械化农具 Mechanized farm	化学肥料 Chemical Fertilized	农药及农药械 Pesticide	农用机油 Agricultural Oil	其他农业生产资料 Other Agricultural Production Data	农业生产服务 Agricaltural Production Service
2003	101.0	101.0	100.8	99.2	94.7	93.3	104.1	98.0	111.3	89.5	
2004	106.3	102.8	102.1	115.2	97.1	98.7	107.0	100.6	102.1	109.8	
2005	109.2	98.8	107.2	104.9	107.8	104.2	115.4	103.5	105.4	104.9	
2006	97.2	106.1	94.8	84.0	105.7	100.3	95.7	97.1	110.7	106.3	100.0
2007	106.0	99.1	115.6	142.0	112.6	100.4	102.8	102.2	106.0	101.5	115.0
2008	127.3	101.2	111.0	154.0	105.2	107.3	145.8	106.4	111.9	115.9	103.4
2009	96.4	106.7	101.5	86.9	104.9	104.0	87.7	95.6	98.5	110.2	113.4
2010	99.1	100.9	103.9	97.9	99.8	99.8	92.8	98.4	110.4	101.8	112.8
2011	111.4	109.3	108.8	124.8	100.6	103.9	115.3	99.7	113.0	107.6	107.1
2012	106.8	104.7	107.8	106.9	99.8	102.4	107.6	107.9	103.3	101.7	117.0
2013	100.8	101.9	105.7	102.5	100.7	100.7	96.3	104.7	101.9	101.3	105.8
2014	95.1	100.0	102.8	93.0	100.1	100.3	87.3	100.8	96.8	96.4	103.0
2015	100.2	99.6	105.1	114.5	99.9	100.2	100.8	99.7	82.2	96.2	102.7
2016	97.4	98.2	90.9	127.8	99.7	102.8	91.3	99.2	95.1	97.9	100.6

注：仔畜幼禽及产品畜，2015年以前为“产品畜”。
Note: Young poultry and livestock products were product stock before 2015.

9－9 农产品生产者价格指数
Agricultural Product Producer Price Index

（上年=100） （preceding year=100）

指 标	Item	2014	2015	2016
农产品生产价格指数	**Agricultural Product Production Price Index**	**102.9**	**100.6**	**93.1**
种植业产品	**Planting Products**	**104.7**	**99.8**	**87.5**
谷物	Grain	105.1	98.8	86.0
#稻谷	Rice	102.7	105.9	97.1
玉米	Corn	105.9	97.0	82.4
大豆	Soybean	99.2	100.0	89.9
油料	Oil	105.6	101.6	88.7
蔬菜	Vegetables	86.9	109.0	97.1
水果	Fruits	93.6	103.9	82.4
林业产品	**Agricultural Products**	**104.9**	**100.0**	**98.3**
畜牧业产品	**Animal Hasbandrg Products**	**97.4**	**103.1**	**109.8**
猪(毛重)	Pig	89.5	110.8	123.8
牛(毛重)	Cattle	109.5	96.6	95.4
羊(毛重)	Sheep	94.0	82.5	95.9
家禽(毛重)	Poultry	101.4	97.4	95.7
蛋类	Egg	108.4	94.2	94.6
奶类	Milk	112.9	98.8	93.6
渔业产品	**Fishery Products**	**96.4**	**98.2**	**98.6**
淡水养殖产品	Freshwater Aguaculture Products	96.4	98.2	98.6

CHAPTER ▶ 10

第十篇

人民生活

PEOPLE'S LIVELIHOOD

10－1 人民生活基本情况（一）
Basic Situation of People´s Life（一）

单位：元　　　　unit: yuan

年　份 Year	城镇居民家庭平均每人全年 Unbarn Househoolds Per Capita Annual				农村居民家庭平均每人全年 Rural Households Per Capita Annual				城镇居民家庭恩格尔系数(%) Engle's Coefficient of Urban Households (%)	农村居民家庭恩格尔系数(%) Engle's Coefficient of Rural Households (%)
	可支配收入 Disposable Income		消费支出 Living Expenditure	＃食品 Food	可支配收入 Disposable Income		生活性消费支出 Living Expenditure	＃食品 Food		
	绝对数 Absolute Figures	指数 Index (1978=100)			绝对数 Absolute Figures	指数 Index (1978=100)				
1978	290.20				181.65	100.0			59.3	
1979					222.50	122.5	193.83	130.90		67.5
1980	369.50				237.20	130.5	216.25	140.07	59.2	65.3
1981	401.00				293.34	161.5	246.08	152.40		61.9
1982	431.00				333.09	183.4	253.44	159.37		62.9
1983	451.31	155.5	392.40	224.71	462.50	254.6	274.98	174.23		63.4
1984	499.15	172.0	424.99	244.21	486.80	268.0	320.81	203.09		63.3
1985	607.50	209.3	554.15	303.19	413.74	227.7	364.47	199.48	54.7	56.5
1986	755.46	206.3	661.92	355.44	456.70	251.4	388.77	214.66		55.2
1987	851.64	293.5	715.20	390.00	523.09	288.0	441.60	239.54		54.2
1988	987.12	340.2	901.08	455.16	627.54	345.5	516.36	275.63		53.4
1989	1109.34	382.3	967.44	511.20	623.96	343.5	562.78	313.59		55.7
1990	1230.10	423.9	1053.96	552.60	717.30	394.8	585.71	332.27	52.4	56.7
1991	1395.36	480.8	1193.88	638.16	748.33	411.8	648.41	366.51	53.4	56.5
1992	1636.92	564.1	1374.72	690.72	807.41	444.4	643.13	381.53	50.2	59.3
1993	1953.12	673.0	1596.00	780.24	891.61	490.8	670.02	406.24	48.9	60.6
1994	2561.04	882.5	2096.40	1034.52	1271.63	699.8	853.73	532.47	49.3	62.4
1995	3174.84	1094.0	2598.00	1330.44	1609.61	885.8	1494.62	841.85	51.2	56.3
1996	3805.61	1311.4	3037.32	1438.92	2125.56	1169.8	1513.19	803.38	47.4	53.1
1997	4190.61	1444.0	3408.00	1600.68	2186.29	1203.2	1623.83	895.12	47.0	57.0
1998	4206.64	1449.6	3449.76	1585.44	2383.60	1311.8	1471.46	799.69	46.0	54.0
1999	4480.00	1543.8	3661.68	1561.92	2260.60	1244.1	1347.91	719.27	42.7	53.0
2000	4810.00	1657.7	4020.84	1582.68	2022.50	1113.1	1553.35	705.39	39.4	45.0
2001	5340.50	1840.3	4337.28	1650.96	2182.20	1201.0	1661.69	757.90	38.1	45.0
2002	6260.20	2157.2	4973.88	1809.48	2360.80	1299.3	1685.74	743.07	36.4	44.1
2003	7005.12	2413.9	5492.04	1957.92	2530.40	1392.6	1815.57	799.16	35.7	44.0
2004	7840.60	2701.8	6068.99	2180.09	3000.40	1652.1	1971.21	899.00	35.9	45.6
2005	8690.62	2995.1	6794.71	2356.00	3263.99	1796.9	2305.98	1003.22	34.7	43.5
2006	9775.07	3368.4	7352.64	2457.21	3641.13	2004.5	2700.66	1082.28	33.4	40.1
2007	11285.52	3888.9	8560.30	2842.68	4189.90	2306.0	3064.38	1240.50	33.2	40.0
2008	12829.45	4420.9	9729.05	3307.14	4932.74	2715.5	3443.24	1362.44	34.0	39.6
2009	14006.27	4826.4	10914.44	3637.32	5265.91	2898.9	3902.90	1371.12	33.3	35.1
2010	15411.47	5310.6	11679.04	3767.85	6237.44	3433.9	4147.36	1523.32	32.3	36.7
2011	17796.57	6132.5	13010.63	4252.85	7509.95	4134.3	5305.80	1872.10	32.7	35.3
2012	20208.04	6963.5	14613.53	4635.27	8598.17	4733.4	6186.17	2268.76	31.7	36.7
2013	22274.60	7675.6	15932.31	4658.13	9621.21	5296.6	7379.71	2438.49	29.2	33.0
2014	23217.82	8000.6	17156.14	4478.53	10780.12	5934.6	8139.82	2411.25	26.1	29.6
2015	24900.86	8580.6	17972.62	4640.58	11326.17	6235.2	8783.31	2550.80	25.8	29.0
2016	26530.42	9142.1	19166.38	4957.05	12122.94	6673.8	9521.40	2721.87	26.0	28.6

注：2014年城乡消费支出中食品包含烟酒。

从2013年起，农村居民人均纯收入改为农村居民人均可支配收入（以下同）。

Notes：The food in 2014 urban and rural consumer spending contains alcohol and tobacco.

Since 2013,the Per Capita net Income of Rural Residents has Changed to the Per Capita Disposable(The following).

10－2 人民生活基本情况（二）
Basic Situation of People´s Life（二）

年 份 Year	人均现住房建筑面积（平方米） Per Capita Living Space (sq.m)		职工平均工资 Average Wages of Staff and Workers		住户储蓄存款（含外币）(亿元) Personal Savings Deposits（Including foreign currency）(100 million yuan)	人均储蓄余额(元) Per Capita Savings Deposit(yuan)
	城镇 Urban	农村 Rural	绝对数(元) Value (yuan)	指数 Index(1978=100)		
1978		7.80	651	100.0	5.86	27
1979		9.17	700	107.5	7.62	35
1980		9.00	763	117.2	10.64	48
1981		9.89	770	118.3	14.56	65
1982		10.05	799	122.7	18.91	84
1983		9.93	823	126.4	25.28	111
1984		12.42	927	142.4	34.23	150
1985	4.60	11.42	1081	166.1	43.96	191
1986	4.90	11.99	1221	187.6	58.36	252
1987	5.20	12.87	1366	209.8	83.20	356
1988	5.30	13.04	1630	250.4	109.49	464
1989	5.50	13.12	1755	269.6	141.26	590
1990	5.60	13.42	1888	290.0	196.59	806
1991	5.70	13.87	2045	314.1	253.28	1030
1992	5.95	14.19	2308	354.5	315.42	1275
1993	6.20	15.96	2701	414.9	389.44	1560
1994	6.50	16.06	3666	563.1	535.55	2129
1995	6.90	16.07	4430	680.5	726.28	2847
1996	7.21	16.51	5370	824.9	955.48	3705
1997	7.70	18.64	5664	870.0	1071.33	4077
1998	8.10	17.52	6551	1006.3	1211.83	4584
1999	8.71	18.47	7158	1099.5	1328.90	5000
2000	9.14	17.72	7924	1217.2	1515.80	5652
2001	13.41	17.10	8771	1347.3	1797.00	6652
2002	15.88	17.57	9990	1534.6	2019.40	7481
2003	16.27	19.75	11081	1702.2	2161.40	8007
2004	18.55	19.78	12431	1909.5	2405.60	8882
2005	19.47	20.10	14409	2213.4	2798.06	10302
2006	19.88	20.68	16583	2547.3	3107.50	11427
2007	21.13	21.21	20513	3151.0	3186.80	11689
2008	27.22	21.94	23486	3607.7	3923.10	14359
2009	28.06	22.79	26230	4029.2	4614.40	16860
2010	29.03	22.88	29399	4516.0	5147.26	18767
2011	29.31	24.40	34197	5253.0	5835.32	21234
2012	29.09	24.71	38407	5899.7	6875.10	25460
2013	28.27	23.47	42846	6581.6	7803.80	28369
2014	28.15	26.20	46516	7145.3	8618.85	31321
2015	28.60	26.95	51558	7919.8	9633.76	34996
2016	28.70	28.30	56098	8617.2	10666.06	38882

注：①2011年以前为城市人均居住面积，2012年以后为城镇人均居住面积。
②从2012年职工平均工资为从业人员平均工资。
③个人储蓄存款，从2013年起含外币。
④个人储蓄存款从2015年起为住户存款。

Notes：①Before 2011, per capita living area is urban per capita living area.
②From 2012,the average wage of workers is the average wages of employees.
③Personal savings deposits, from 2013 onwards include foreign currency.
④Personal savings deposits,from year 2015 are household deposits.

10-3 居民消费水平及增长速度
Indices of Residents Consumption Level

年 份 Year	居民消费水平 (元) Level of Households Consumption (yuan)	农村居民 Rural Households	城镇居民 Urban Households	居民消费增长速度 (上年=100) Indices of Consumption (preceding Year=100)	农村居民 Rural Households	城镇居民 Urban Households
1978	246	165	427	6.3	8.5	4.0
1979	283	203	449	7.7	11.8	1.4
1980	305	214	491	7.5	5.3	9.0
1981	335	245	513	6.3	7.2	3.9
1982	369	267	564	8.9	10.1	6.5
1983	424	331	599	9.3	19.5	-0.7
1984	487	376	691	12.3	13.1	10.7
1985	522	384	765	2.3	-2.3	5.8
1986	593	420	884	4.9	1.4	7.0
1987	689	476	1038	8.3	9.1	6.7
1988	860	573	1316	3.7	1.6	4.8
1989	933	628	1405	-7.2	-9.0	-6.4
1990	955	649	1427	-1.0	-3.1	0.4
1991	1037	678	1585	2.8	-1.5	5.5
1992	1233	749	1958	6.0	3.0	7.4
1993	1458	850	2341	5.8	3.8	5.8
1994	1872	1062	2995	11.7	8.2	11.7
1995	2292	1291	3665	8.0	6.9	8.0
1996	2643	1488	4180	8.1	9.0	6.4
1997	2940	1609	4665	9.0	4.5	10.1
1998	2949	1582	4707	4.8	0.6	6.3
1999	2974	1519	4853	6.2	-1.2	9.5
2000	3178	1707	5034	5.6	-0.8	7.0
2001	3409	1810	5422	7.7	6.6	8.1
2002	3627	1820	5835	7.0	3.9	7.1
2003	4123	1949	6198	16.2	7.0	9.4
2004	4601	2139	6869	9.6	7.9	9.0
2005	5191	2504	7630	10.0	13.3	8.5
2006	5710	2969	8166	8.5	16.2	5.8
2007	6675	3369	9598	10.9	7.0	11.7
2008	7591	3854	10878	13.7	14.4	13.3
2009	8410	4239	12061	10.8	10.0	10.9
2010	9141	4663	13032	7.7	6.0	8.1
2011	10811	6239	14804	17.0	28.9	13.1
2012	12276	6977	16873	13.6	11.8	14.0
2013	13676	7773	18714	11.4	11.4	10.9
2014	13663	7810	18549	-0.1	0.5	-0.9
2015	14630	8837	19358	7.1	13.1	4.4
2016	13786	8390	18144	3.8	5.4	2.9

10－4 城镇居民家庭基本情况
The Basic Situation of Urban Households

指　　标	Item	2014	2015	2016
调查户数（户）	Number of Households Surveyed (Household)	2660	2650	2650
平均每户家庭人口数（人）	The Average Family Population (person)	2.67	2.66	2.64
平均每户就业人口数（人）	The Average Employment Population (person)	1.51	1.40	1.35
平均每户就业面%	Average Employment per Household (%)	56.55	52.63	51.14
平均每一就业者负担人数（含就业者本人）（人）	The Average Number of Employees per Job (including the employed person) (person)	1.77	1.90	1.96
平均每人可支配收入（元）	Average Disposable Income Per person (yuan)	23217.82	24900.86	26530.42
平均每人消费支出（元）	Per Capita Consumption Expenditure (yuan)	17156.14	17972.62	19166.38

10－5 城镇居民家庭人均可支配收入及总支出
Per Capita Cash Income and Expenditure of Urban Families

单位：元　　unit: yuan

指　　标	Item	2014	2015	2016
一、可支配收入	**Disposable Income**	**23217.82**	**24900.86**	**26530.42**
（一）工资性收入	Wage Income	13658.22	14791.80	15837.76
（二）经营净收入	Net Operating Income	2628.49	2655.45	2518.90
（三）财产净收入	Net Income of Property	1238.05	1368.49	1388.09
（四）转移净收入	Transfer Net Income	5693.06	6085.12	6785.67
二、非收入所得	**Non Income**	**836.96**	**681.77**	**987.97**
三、借贷性所得	**Borrowing Income**	**877.01**	**443.46**	**817.09**
四、总支出	**Total Expenditure**	**23308.75**	**24240.44**	**26684.66**
（一）消费支出	Consumption Expenditure	17156.14	17972.62	19166.38
（二）生产经营费用支出	Production and Operating Expenses	1458.06	1752.59	1809.84
（三）财产性支出	Property Expenses	25.40	37.79	33.64
（四）转移性支出	Transfer Expenditure	950.89	1130.41	1335.74
（五）部分商业保险支出	Part of the Commercial Insurance Expenditure	100.68	121.1	165.75
（六）购置资产及非经常性转移支出	Acquisition of Assets and Non Recurrent Transfer Expenses	3006.38	2682.21	3468.33
（七）借贷性支出	Borrowing Expenses	611.20	543.72	704.99

10－6 城镇居民家庭人均消费总支出和借贷支出

Household Consumption Expenditure and Borrowing Expenses Per Capita of Urban Households

单位：元

指　　标	Item	2015	2016
总支出	**Total Expenditure**	**24240.44**	**26684.66**
一、消费支出	Consumption Expenditure	17972.62	19166.38
二、生产经营费用支出	Production and Operating Expenses	1752.59	1809.84
（一）第一产业经营费用支出	First Industry Operating Expenses	317.51	368.15
（二）第二产业经营费用支出	Second Industry Operating Expenses	61.41	42.35
（三）第三产业经营费用支出	Third Industry Operating Expenses	1373.68	1399.33
三、财产性支出	Property Expenses	37.79	33.64
（一）生活贷款利息支出	Interest Expense of Living Loan	35.36	31.52
（二）其他财产性支出	Other Property Expenses	2.43	2.12
四、转移性支出	Transfer Expenditure	1130.41	1335.74
（一）个人所得税	Individual Income Tax	40.39	47.04
（二）社会保障支出	Social Security Expenditure	864.38	1097.78
1.个人缴纳的养老保险	Personal Payment of Pension Insurance	612.59	828.66
2.个人缴纳的医疗保险	Personal Payment of Medical Insurance	201.26	222.33
3.个人缴纳的失业保险	Unemployment Insurance for Individuals	38.42	33.32
4.其他社会保障支出	Other Social Security Expenses	12.11	13.46
1.城镇外来从业人员寄给家人的支出	Urban Migrant Workers Sent to the Family Expenses		
2.农村外来从业人员寄给家人的支出	Rural Migrant Workers Sent to the FamilyExpenses		
（三）外来从业人员寄给家人的支出	Employees Sent to the Family Expenses	0.19	0.64
（四）赡养支出	Maintenance Expenses	156.57	124.75
（五）其他转移性支出	Other Transfer Expenditure	68.88	65.52
五、部分商业保险支出	Part of the Commercial Insurance Expenses	121.10	165.75
（一）意外伤害保险	Accident Insurance	16.43	8.79
（二）商业医疗保险（含大病保险）	Commercial Health Insurance(Including Serious illness Insurance)	45.32	73.27
（三）其他非储蓄性商业保险	Other Non Savings Commercial Insurance	17.54	28.60
（四）其他储蓄性商业保险	Other Savings Commercial Insurance	41.82	55.10
六、购置资产及非经常性转移支出	Purchase of Assets and Transfer of Non-recurring Expenses	2682.21	3468.33
（一）购置资产支出	Asset Acquisition Expenses	400.98	1023.27
（二）非经常性转移支出	Non-recurrent Expenditure Transfers	2281.23	2445.06
七、借贷性支出	Loan Expenditures	543.72	704.99
（一）存入储蓄款	Saving Deposit	42.51	44.75
（二）借出款	Loan	5.52	76.92
（三）归还借款	Return Loan	45.38	46.14
（四）购买有价证券	Purchase of Securities	6.64	9.70
（五）其他投资支出	Other Investment Spending	2.54	5.47
（六）归还住房贷款	Return of Housing Loan	352.11	422.53
（七）归还汽车贷款	Return of Auto Loan	33.04	79.05
（八）归还教育贷款	Return of Education Loan		0.18
（九）归还其他贷款	Return other Loan	36.49	18.26
（十）其他借贷支出	Other Borrowing Cost	19.47	1.98

10－7 城镇居民家庭人均消费支出

Per Capita Consumption Expenditare of Urban Households

单位：元

指　　标	Item	2015	2016
消费支出	**Consumer Spending**	**17972.62**	**19166.38**
一、食品烟酒	**Food、Alcohol and Tobacco**	**4640.58**	**4957.05**
（一）食品	Food	3244.27	3506.43
1.谷物	Corn	485.18	498.15
2.薯类	Potato	38.55	44.24
3.豆类	Beans	63.18	66.33
4.食用油	Edible Oil	145.12	158.74
5.蔬菜和食用菌	Vegetables and Edible Fungi	455.38	490.18
6.肉类	Meat	664.08	760.92
7.禽类	Poultry	90.33	106.76
8.水产品	Aquatic Product	197.58	214.01
9.蛋类	Eggs	102.44	100.71
10.奶类	Milk	176.24	191.53
11.干鲜瓜果类	Dry and Fresh Fruits	506.17	532.60
12.糖果糕点类	Confectionery	98.36	112.06
13.其他食品	Other Foods	221.67	230.20
（二）烟酒	Tobacco and Wine	342.24	350.31
（三）饮料	Beverage	85.42	92.94
（四）饮食服务	Catering Services Industry	968.64	1007.37
二、衣着	**Clothing**	**1812.94**	**1818.96**
三、居住	**Reside**	**3532.25**	**3587.07**
（一）租赁房房租	Rental Housing Rent	125.22	90.91
（二）住房维修及管理	Housing Maintenance and Management	364.51	398.54
（三）水电燃料及其他	Water and Electricity of Fuel and Others	1259.40	1207.90
（四）自有住房折算租金	Converted Rent of its Own	1783.12	1889.72
四、生活用品及服务	**Supplies and Services**	**1026.65**	**1107.08**
（一）家具及室内装饰品	Furniture and Interior Decorations	148.99	176.16
（二）家用器具	Home Appliances	239.64	254.16
（三）家用纺织品	Home Textile	100.58	108.64
（四）家庭日用杂品	The Family Daily Sundry Goods	276.79	287.42
（五）个人用品	Personal Belongings	222.28	248.58
（六）家庭服务	Domestic Service	38.38	32.12
五、交通和通信	**Transportation Communication**	**2322.47**	**2691.01**
（一）交通	Transportation	1500.85	1825.63
（二）通信	Communication	821.62	865.38
六、教育文化娱乐	**Educational Entertainment**	**2161.81**	**2367.54**
（一）教育	Education	1245.83	1399.05
（二）文化娱乐	Entertainment	915.98	968.50
七医疗保健	**Medical Care**	**1924.20**	**2059.24**
（一）医疗器具及药品	Medical Equipment and Drugs	787.60	840.98
（二）医疗服务	Medical Service	1136.60	1218.25
八、其他用品和服务	**Other Goods and Services**	**551.72**	**578.44**
（一）其他用品	Other Goods	310.06	324.45
（二）其他服务	Other Services	241.66	253.99

10－8　城镇居民家庭平均每人购买的主要商品数量
Average Number of Major Commodities per Capita of Urban Households

单位：千克　　　　unit: kg

指　　标	Item	2014	2015	2016
谷　物	Corn	87.84	79.73	112.80
薯　类	Potato	16.26	11.46	2.73
豆　类	Beans	8.88	8.50	8.90
食用油	Edible Oil	11.81	11.83	12.40
其中：食用植物油	Edible Vegetable Oil			12.36
蔬菜和食用菌	Vegetables and Edible Fungi	100.03	96.03	107.51
猪　肉	Pork	15.13	14.08	14.42
牛　肉	Beef	2.31	2.54	3.11
羊　肉	Mutton	0.69	0.96	1.35
禽　类	Poultry	4.18	3.90	4.80
水产品	Aquatic Product	8.91	8.88	9.40
蛋　类	Eggs	9.74	10.53	11.20
奶　类	Milk	13.66	13.65	13.81
干鲜瓜果类	Dry and Fresh Fruits	60.00	57.80	62.32
糖果糕点类	Confectionery	5.46	5.16	5.90

10－9 城镇居民家庭平均每百户年末耐用消费品拥有量
Ownership of Major Durable Consumer Goods Per 100 Urban Households at Year-end

指　　标	Item	2014	2015	2016
家用汽车（辆）	Automobile(unit)	17	21	23
消毒碗柜（台）	Disinfection Cupboard(set)	2	3	2
洗碗机（台）	Dishwasher(set)	1	1	1
固定电话（部）	Telephone(unit)	50	51	42
移动电话（部）	Mobile Telephone(unit)	212	218	223
其中：接入互联网	Internet Access	62	85	116
计算机	Computer	65	69	66
其中：接入互联网	Internet Access	59	61	59
电冰箱（柜）（台）	Refrigerator(set)	92	93	96
彩色电视机（台）	Color TV set(set)	107	106	104
中高档乐器（架）	Other Mediun and High Grade Masical Instrument(set)	4	3	3
照相机（架）	Camera(set)	26	24	20
摄像机（架）	Video Camera(set)	7	5	4
洗衣机（台）	Washing Machine(set)	95	96	96

10－10 城镇居民家庭居住情况
Residential Situation of Urban Residents

项　　目	Item	2015	2016
现住房建筑面积（平方米）	**Housing Construction Area (sq.m)**	**28.60**	**28.70**
使用面积（平方米）	Use of Area (sq.m)	21.45	
本住户居住空间样式(%)	The Style of Residential Space (%)	100.00	100.00
单栋楼房	Pavilions Buildings	3.00	3.03
单栋平房	Pavilions Bungalow	14.40	14.93
四居室及以上单元房	Four Bedrooms and More than Four Bedrooms	0.50	0.42
三居室单元房	Three–bedroom Units	11.00	10.58
二居室单元房	Two Bedroom Flat	57.00	58.10
一居室单元房	One bedroom flat	9.70	9.28
筒子楼或连片平房	Tube–shaped Apartment or Shall Bungalow	4.20	3.58
其他	Other	0.20	0.07
现住房房屋来源(%)	**Housing Source of Housing (%)**	**100.00**	**100.00**
租赁公房	Public House Leasing	1.11	1.53
租赁私房	Rent of Privately Owned Houses	5.27	3.45
自建住房	Spontaneous Housing	12.01	12.20
购买商品房	Purchase of Commercial Housing	57.29	61.10
购买房改住房	Reform House Buying	11.16	11.20
购买保障性住房	Affordable House Buying	0.93	0.28
拆迁安置房	Resettlement Housing	9.11	7.76
继承或获赠住房	Inheriting or Receiving House	1.07	0.61
免费借用房	Free Housing	1.47	1.42
雇主提供免费住房	Employer Free Housing		0.03
其他来源	Other Sources	0.58	0.42
住宅有管道供水情况(%)	**Residential Pipe Water Supply (%)**	**100.00**	**100.00**
管道供水入户	Pipe Water Supply	93.74	94.71
管道供水至公共取水点	Pipe Water Supply to Public Water Intake Point	0.23	0.39

10－10 续表 continued

指　　标	Item	2015	2016
没有管道设施	No Pipeline Facilities	6.03	4.90
住户厕所类型(%)	**Household Toilet Type (%)**	**100.00**	**100.00**
水冲式卫生厕所	Water Flush Toilet	80.18	81.20
水冲式非卫生厕所	Non Sanitary Water Flush Toilet	0.37	0.79
卫生旱厕	Sanitary Dry Lavatory	3.35	3.11
普通旱厕	General Dry Lavatory	14.55	14.03
无厕所	No Toilet	1.54	0.88
住户厕所使用情况(%)	**Household Toilet Usage (%)**	**100.00**	**100.00**
本住户独用	The Sole Use of this Household	96.32	96.75
几户合用	Several Households Apply	0.37	0.46
公用厕所	Communal Lavatories	3.31	2.79
住户洗澡设施情况(%)	**Household Bathing Facilities (%)**	**100.00**	**100.00**
统一供热水	Unified Supply of Hot Water	4.82	5.94
家庭自装热水器	Home Self Heater	50.51	55.33
其他	Other	1.15	0.82
无洗澡设施	No Bathing Facilities	43.51	37.91
住户主要取暖设备状况(%)	**Household Main Heating Equipment Status (%)**	**100.00**	**100.00**
由市政或小区集中供暖	Central Heating by Municipal or District	79.39	80.67
自行供暖	Self Heating	18.95	17.39
无取暖设备	No Heating Equipment	1.66	1.94
主要炊用能源状况(%)	**The Main Cooking Energy Status (%)**	**100.00**	**100.00**
柴草	Firewood	7.17	6.98
煤炭	Coal	3.40	3.65
罐装液化石油气	Liquefied Petroleum Gas	31.75	30.93
管道液化石油气	Pipeline Liquefied Petroleum Gas	0.60	1.39
管道煤气	Pipe-line Coal Gas	8.27	5.77
管道天然气	Pipeline Gas	28.33	32.64
电	Electricity	20.38	18.41
燃料用油	Fuel Used Oil		
沼气	Methane		
其他	Other	0.04	0.08
无炊用行为	No Cooking Behavior	0.04	0.15

10－11　各地区城镇常住居民人均可支配收入
Per Capita Disposable Income of Urban Households in the Regions

单位：元　　　　　　　　　　　　　　　　　　　　　　　　unit: yuan

地　区	Region	2011	2012	2013	2014	2015	2016
全　省	**Total**	**17796.57**	**20208.04**	**22274.60**	**23217.82**	**24900.86**	**26530.42**
长　春	Changchun	20487.30	22969.68	26033.88	23908.00	29090.00	27195.00
吉　林	Jilin	19559.62	22067.56	25937.07	22437.00	28977.00	25520.00
四　平	Siping	18482.92	21387.28	25529.89	20894.00	28371.00	23707.00
辽　源	Liaoyuan	18757.39	21251.75	25378.75	20780.00	28009.00	23725.00
通　化	Tonghua	18903.81	21627.28	25635.60	20857.00	28430.00	23929.00
白　山	Baishan	18482.87	21282.00	25554.52	18288.00	28420.00	21270.00
松　原	Songyuan	19226.97	21703.51	25933.41	20810.00	28950.00	23947.00
白　城	Baicheng	17813.61	20154.31	24290.61	18150.00	26674.00	21090.00
延　边	Yanbian	19557.71	22013.35	25810.63	19830.00	28500.00	23276.00

注：2015年为中心城市数据。
Note: Data of 2015 is the central city data.

10－12　各地区农村常住居民人均可支配收入
Per Capita Disposable Income of Rural Households in Various Regions

单位：元　　　　　　　　　　　　　　　　　　　　　　　　unit: yuan

地　区	Region	2011	2012	2013	2014	2015	2016
全　省	**Total**	**7510**	**8598**	**9621**	**10780**	**11326**	**12123**
长　春	Changchun	7965	9064	10060	11286	11749	12576
吉　林	Jilin	7952	8977	10288	11000	11495	12285
四　平	Siping	7718	8760	9960	10723	11281	12063
辽　源	Liaoyuan	7557	8524	9845	10500	10973	11767
通　化	Tonghua	7716	8959	9935	9700	10117	10877
白　山	Baishan	7334	8134	9231	8600	9090	9775
松　原	Songyuan	7597	8562	9373	8708	9561	10258
白　城	Baicheng	5513	6191	6743	7312	7751	8387
延　边	Yanbian	6250	7350	8351	8466	8965	9675

注：2014年农民人均纯收入改为农村常住居民人均可支配收入。
Note: Since 2014 per capita net income households were changed into per capita disposable income of rural households.

10－13 农民家庭基本情况

Basic Situation of Rural Households

指　　标	Item	2014	2015	2016
调查户数（户）	Number of Houeholds Survey(household)	2140	2140	2150
常住人口（人）	Permanent Population in the Household Surveyed(person)	6827	6784	6601
平均每户常住人口（人）	Average Permanent Resident Population per Household(person)	3.19	3.17	3.07
平均每户整、半劳动力（人）	Average Full/Semi Labour Force per Households(person)	2.30	2.40	2.31
平均每个劳动力负担人口（人）	Average Number of Dependents per Laborer Force(person)	1.39	1.32	1.33
人均可支配收入（元）	Disposable Income(yuan)	10780.12	11326.17	12122.94
人均总收入（元）	Total Revenue(yuan)	18598.53	19734.37	20902.72
人均现住房建筑面积（平方米）	Per Capita Housing Constnruction area(sq.m)	26.20	26.95	28.30
新建（购）住房面积（人均）（平方米）	Floor Space of Newly Built(Per capita)(sq.m)	0.37	0.40	0.23

10－14 农民家庭平均每人可支配收入
The Average Income per Household of Farmers

单位：元 unit: yuan

指　　标	Item	2015	2016
可支配收入	**Disposable Income**	**11326.17**	**12122.94**
一、工资性收入	**Wage Income**	**2097.36**	**2363.14**
二、经营净收入	**Net Income From Operations**	**7878.07**	**7558.94**
（一）第一产业经营净收入	Net Income of the First Industry Operation	7357.00	7017.12
1.农业	Agriculture	6562.45	5981.21
2.林业	Forestry	299.86	380.11
3.牧业	Animal Husbandry	499.99	651.31
4.渔业	Fishery Industry	–5.30	4.49
（二）第二产业经营净收入	Second net Income of Industry Operation	86.67	98.43
1.采矿业	Mining	–0.15	
2.制造业	Manufacturing Industry	75.29	97.85
3.电力、热力、燃气及水生产和供应业	Electricity, Heat, Gas and Water Production and Supply Industry	–0.08	–0.32
4.建筑业	Construction Industry	11.61	0.90
（三）第三产业经营净收入	Third net Income of Industry Operation	434.40	443.39
1.批发和零售业	Wholesale and Retail	117.48	133.25
2.交通运输、仓储和邮政业	Transportation, Storage and Postal Services	82.00	86.33
3.住宿和餐饮业	Accommodation and Catering	19.25	23.68
4.房地产业	Realty Industry		–0.16
5.租赁和商务服务业	Leasing and Business Services	2.01	9.70
6.居民服务、修理和其他服务业	Resident Services, Repairs and Other Services	48.87	27.12
7.其他	Other	21.23	38.90

注：2014年指标有变动和调整。（以下同）
Note: Since 2014 indicators are changed and revised.

10－14 续表 continued

单位：元 unit: yuan

指　　标	Item	2015	2016
8.农林牧渔服务业	Agricultural Services Industry	143.58	124.58
三、财产净收入	**Net income of property**	**198.63**	**231.76**
（一）利息净收入	Net Interest Income	22.22	13.63
（二）红利收入	Dividend Income	0.50	1.25
（三）储蓄性保险净收益	Net Income of Savings Insurance	0.48	2.17
（四）转让承包土地经营权租金净收入	Net Income of the Transfer of Contracted Land Management Right	146.70	198.28
（五）出租房屋财产性收入	Rental Housing Property Income	6.39	5.25
（六）出租机械、专利、版权等资产的收入	Rental Machinery, Patents, Copyright and Other Assets of the Revenue	17.10	2.34
（七）其他财产净收入	Other Property net Income	5.24	8.85
（八）房屋虚拟租金	Virtual House Rent		
四、转移净收入	**Net Transfer Income**	**1152.10**	**1969.10**
（一）转移性收入	Transfer Income	1346.94	2224.19
1.养老金或离退休金	Pensions	280.66	350.78
2.社会救济和补助	Social Relief and Subsidies	28.93	39.58
3.政策性生活补贴	Policy Oriented Living Subsidy	4.36	8.18
4.报销医疗费	Reimbursement of Medical Expenses	167.04	180.73
5.家庭外出从业人员寄回带回收入	The Income of Sending Back and Bring Back From Family Goes Out Worker	265.62	230.00
6.赡养收入	Support Income	91.14	120.61
7.其他经常转移收入	Other Often Transfer Income	13.67	19.03
8.从政府和组织得到的实物产品和服务折价	Discounts on Physical Products and Services Received from the Government and Organizations	4.31	5.14
9.现金政策性惠农补贴	The Policy of Agricultural Subsidies Cash	475.19	1270.14
（二）转移性支出	Transfer Expenditure	194.84	255.09
1.个人所得税	Personal Income Tax	0.23	0.74
2.社会保障支出	Social Security Contribution	138.55	180.94
3.外来从业人员寄给家人的支出	Spending by Foreign Employees		
4.赡养支出	Maintenance Expenses	40.30	42.65
5.其他转移性支出	Other Transfer Expenses	15.75	30.76

10－15 农村家庭平均每人消费总支出

The Average Per Capita Consumption Expenditure of Rural Households

单位：元　　　　unit: yuan

指　　标	Item	2015	2016
总支出	**Aggregate Expenditure**	**20131.91**	**21102.06**
一、消费支出	**Consumer Expenditure**	**8783.31**	**9521.40**
（一）食品烟酒	Food Alcohol and Tobacco	2550.80	2721.87
（二）衣着	Dress	594.56	606.20
（三）居住	Living	1698.29	1817.10
（四）生活用品及服务	Daily Necessities and Services	353.53	375.63
（五）交通通信	Traffic Communication	1203.56	1334.49
（六）教育文化娱乐	Educational Entertainment	1117.70	1231.73
（七）医疗保健	Medical Care	1058.10	1230.49
（八）其他用品和服务	Other Supplies and Services	206.77	203.87
二、生产经营费用支出	**Production and Operating Expenses**	**7483.40**	**7854.77**
（一）第一产业经营费用支出	First Industry Operating Expenses	6817.75	7084.52
1.农业	Agriculture	4948.29	4890.65
2.林业	Forestry	21.25	22.68
3.牧业	Animal Husbandry	1836.66	2167.29
4.渔业	Fishery Industry	11.56	3.89
（二）第二产业经营费用支出	Second Industrial Operating Expenses	90.76	115.16
1.采矿业	Mining	0.17	
2.制造业	Manufacturing Industry	81.13	111.90
3.电力、热力、燃气及水生产和供应业	Electricity, Heat, Gas and Water Production and Supply Industry	0.08	0.32
4.建筑业	Construction Industry	9.38	2.94
（三）第三产业经营费用支出	Third Industrial Operating Expenses	574.88	655.09
1.批发和零售业	Wholesale and Retail	358.12	415.39
2.交通运输、仓储和邮政业	Transportation, Storage and Postal Services	97.93	73.80
3.住宿和餐饮业	Accommodation and Catering	20.70	37.06
4.房地产业	Realty Industry		0.16
5.租赁和商务服务业	Leasing and Business Services	0.05	2.88
6.居民服务、修理和其他服务业	Resident Services, Repairs and Other Services	20.92	25.26
7.其他	Other	14.30	16.82
8.农林牧渔服务业	Agricultural Services Industry	62.87	83.72
三、财产性支出	**Property Expenses**	**9.30**	**8.76**
四、转移性支出	**Transfer Expenditure**	**194.84**	**255.09**
五、部分商业保险支出	**Part of Commercial Insurance Expenses**	**57.06**	**79.19**
六、购置资产及非经常性转移支出	**Acquisition of Assets and Non Recurrent Transfer Expenses**	**2713.09**	**2719.61**
七、借贷性支出	**Borrowing Expenses**	**890.91**	**663.21**

10－16 农民家庭平均每人生活消费支出
Average Expenditure Per Capita of Rural Households

单位：元 unit: yuan

指 标	Item	2015	2016
生活消费支出	**Consumer Spending**	**8783.31**	**9521.40**
一、食品烟酒	**Food、Alcohol and Tobacco**	**2550.80**	**2721.87**
（一）食品	Food	1944.47	2082.40
1.谷物	Corn	448.02	492.69
2.薯类	Potato	28.34	39.29
3.豆类	Beans	52.23	53.73
4.食用油	Edible Oil	107.36	112.23
5.蔬菜和食用菌	Vegetables and Edible Fungi	250.72	226.29
6.肉类	Meat	397.71	465.78
7.禽类	Poultry	57.94	70.87
8.水产品	Aquatic Product	73.91	77.40
9.蛋类	Eggs	77.35	72.94
10.奶类	Milk	59.36	63.99
11.干鲜瓜果类	Dry and Fresh Fruits	209.18	209.15
12.糖果糕点类	Confectionery	37.13	43.52
13.其他食品	Other Foods	145.22	154.53
（二）烟酒	Tobacco and Wine	358.25	372.08
1.烟草	Tobacco	228.63	238.68
2.酒类	Wine	129.62	133.40
（三）饮料	Beverage	38.96	41.03
（四）饮食服务	Catering Services Industry	209.12	226.37
1.食堂用餐	Canteen	12.49	13.98
2.其他在外饮食	Others Outside the Diet	190.15	205.10
3.食品加工服务费	Food Processing Service Charge	6.48	7.29
二、衣着	**Clothing**	**594.56**	**606.20**
（一）衣类	Clothing	436.44	448.35
（二）鞋类	Footwear	158.12	157.35
三、居住	**Reside**	**1698.29**	**1817.10**
（一）租赁房房租	Rental Housing Rent	9.97	17.96
（二）住房维修及管理	Housing Maintenance and Management	359.23	266.16
（三）水电燃料及其他	Water and Electricity of Fuel and Others	581.92	718.97
（四）自有住房折算租金	Converted Rent of its Own	747.17	814.05
四、生活用品及服务	**Supplies and Services**	**353.53**	**375.63**
（一）家具及室内装饰品	Furniture and Interior Decorations	48.25	44.95
（二）家用器具	Home Appliances	76.74	75.54

10－16 续表 1 continued

单位：元 unit: yuan

指　　标	Item	2015	2016
（三）家用纺织品	Home Textile	31.50	31.8
（四）家庭日用杂品	The Family Daily Sundry Goods	143.37	152.95
（五）个人用品	Personal Belongings	48.53	63.42
（六）家庭服务	Domestic Service	5.14	6.98
五、交通通信	**Transportation Communication**	**1203.56**	**1334.49**
（一）交通	Transportation	828.18	877.34
1.交通工具	Transportation	321.14	308.56
2.交通费	Transportation Costs	153.29	174.45
3.交通工具用燃料	Fuel for Transportation	201.61	225.37
4.交通工具使用及维修	Transportation and Maintenance	152.13	168.96
#车辆保险支出	Among of Them: Vehicle Insurance Expenses	25.38	33.60
（二）通信	Communication	375.38	457.15
1.通信工具	Communication Tools	119.76	166.82
2.通信服务	Communication Services	255.62	290.33
六、教育文化娱乐	**Educational Entertainment**	**1117.70**	**1231.73**
（一）教育	Education	855.21	948.70
1.学前教育	Preschool Education	62.23	70.80
2.小学教育	Primary Education	155.17	175.85
3.初中教育	Junior High School Education	141.17	161.46
4.高中教育	Senior High School Education	139.11	156.61
5.中专职高教育	Secondary Vocational Education	26.75	32.29
6.大专及以上教育	Tertiary Education and Above	283.00	304.68
7.成人教育	Adult Education	47.77	47.11
（二）文化娱乐	Entertainment	262.49	283.03
1.文娱耐用消费品	Entertainment Consumer Goods	87.54	78.73
2.其他文娱用品	Other Recreational Articles	81.14	90.99
3.文化娱乐服务	Cultural Entertainment Service	93.82	113.31
七、医疗保健	**Medical Care**	**1058.10**	**1230.49**
（一）医疗器具及药品	Medical Equipment and Drugs	358.06	407.71
（二）医疗服务	Medical Service	700.04	822.78
1.门诊总费用	Total Outpatient Service	314.28	347.29
2.住院总费用	Total Hospitalization Expenses	385.76	475.49
八、其他用品和服务	**Other Goods and Services**	**206.77**	**203.87**
（一）其他用品	Other Goods	145.46	125.16
（二）其他服务	Other Services	61.31	78.71

10－17 农民家庭平均每人现金支出

Average Expenditure Per Capita of Rural Households

单位：元　　unit: yuan

指　　标	Item	2015	2016
现金支出	**Cash Expense**	**18406.08**	**19236.90**
一、现金消费支出	**Cash Expense**	**7292.18**	**7867.71**
二、生产经营现金费用支出	**Production and Operating Cash Expense**	**7248.69**	**7643.33**
（一）第一产业经营现金费用支出	First Industry Operating Cash Expense	6583.05	6873.08
1.农业	Agriculture	4895.48	4860.54
2.林业	Forestry	21.25	22.68
3.牧业	Animal Husbandry	1654.76	1985.97
4.渔业	Fishery Industry	11.56	3.89
（二）第二产业经营现金费用支出	Second Industry Operating Cash Expense	90.76	115.16
1.采矿业	Mining	0.17	
2.制造业	Manufacturing Industry	81.13	111.90
3.电力、热力、燃气及水生产和供应业	Electricity, Heat, Gas and Water Production and Supply Industry	0.08	0.32
4.建筑业	Construction Industry	9.38	2.94
（三）第三产业经营现金费用支出	Third Industry Operating Cash Expense	574.88	655.09
1.批发和零售业	Wholesale and Retail	358.12	415.39
2.交通运输、仓储和邮政业	Transportation, Storage and Postal Services	97.93	73.80
3.住宿和餐饮业	Accommodation and Catering	20.70	37.06
4.房地产业	Realty Industry		0.16
5.租赁和商务服务业	Leasing and Business Services	0.05	2.88
6.居民服务、修理和其他服务业	Resident Services, Repairs and Other Services	20.92	25.26
7.其他	Other	14.30	16.82
8.农林牧渔服务业	Agricultural Services Industry	62.87	83.72
三、现金财产性支出	**Cash and Property Expenses**	**9.30**	**8.76**
（一）生活贷款利息支出	Interest Expense of Life Loan	7.34	6.19
（二）其他财产性支出	Other Property Expenses	1.97	2.57
四、现金转移性支出	**Cash Transfer Expenses**	**194.84**	**255.09**
（一）个人所得税	Personal Income Tax	0.23	0.74
（二）社会保障支出	Social Security Contribution	138.55	180.94
（三）外来从业人员寄给家人的支出	Spending by Foreign Employees		
（四）赡养支出	Maintenance Expenses	40.30	42.64
（五）其他转移性支出	Other transfer Expenses	15.75	30.76
五、部分商业保险支出	**Part of Commercial Insurance Expenses**	**57.06**	**79.19**
（一）意外伤害保险	Accident Insurance	5.60	7.46
（二）商业医疗保险（含大病保险）	Commercial Medical Insurance (Including Serious Illness Insurance)	20.80	23.73
（三）其他非储蓄性商业保险	Other Non Savings Commercial Insurance	13.81	25.87
（四）其他储蓄性商业保险	Other Savings Commercial Insurance	16.84	22.14
六、购置资产及非经常性转移支出	**Acquisition of Assets and Non Recurrent Transfer Expenses**	**2713.09**	**2719.61**
（一）购置资产支出	Purchase of Assets	997.67	820.78
（二）非经常性转移支出	Non Recurrent Expenditure	1715.42	1898.82
七、借贷性支出	**Borrowing Expenses**	**890.91**	**663.21**
（一）存入储蓄款	Deposit Savings	147.70	86.51
（二）借出款	Loan	31.16	15.52
（三）归还借款	Return of Borrowing	450.47	381.13
（四）购买有价证券	Purchase of Securities		
（五）其他投资支出	Other Investment Expenses		
（六）归还住房贷款	Repayment of Housing Loans	21.42	19.26
（七）归还汽车贷款	Repayment of Auto Loan	3.94	12.90
（八）归还教育贷款	Repayment of Educational Loans		1.94
（九）归还其他贷款	Repayment of Other Loans	230.98	128.68
（十）其他借贷支出	Other Borrowing Expenses	5.25	17.27

10－18　农民家庭平均每人现金收入
Per Capita Cash Income of Household

单位：元　　unit: yuan

指　　标	Item	2015	2016
现金收入（未扣除生产费用）	**Part Five the Cash Income (Excluding Production Costs)**	**17125.00**	**19073.33**
一、现金工资性收入	**Cash Wage Income**	**2093.75**	**2354.34**
二、现金经营性收入	**Cash Operating Income**	**13647.85**	**14440.14**
（一）第一产业现金经营收入	First Industry Cash Operating Income	12367.41	13048.35
1.农业	Agriculture	9947.27	10184.60
2.林业	Forestry	40.72	34.51
3.牧业	Animal Husbandry	2373.16	2820.85
4.渔业	Fishery Industry	6.26	8.39
（二）第二产业现金经营收入	Second Industrial Cash Operating Income	193.90	226.55
1.采矿业	Mining	0.04	
2.制造业	Manufacturing Industry	170.27	220.38
3.电力、热力、燃气及水生产和供应业	Electricity, Heat, Gas and Water Production and Supply Industry		
4.建筑业	Construction Industry	23.59	6.17
（三）第三产业现金经营收入	Third Industrial Cash Operating Income	1086.55	1165.25
1.批发和零售业	Wholesale and Retail	490.29	564.49
2.交通运输、仓储和邮政业	Transportation, Storage and Postal Services	222.61	189.86
3.住宿和餐饮业	Accommodation and Catering	41.51	63.11
4.房地产业	Realty Industry		
5.租赁和商务服务业	Leasing and Business Services	2.05	16.95
6.居民服务、修理和其他服务业	Resident Services, Repairs and Other Services	73.62	57.35
7.其他行业	Other	45.94	56.63
8.农林牧渔服务业	Agricultural Services Industry	210.52	216.96
三、现金财产性收入	**Cash and Property Income**	**207.94**	**240.52**
（一）利息收入	Interest Income	29.56	19.82
（二）红利收入	Dividend Income	0.50	1.25
（三）储蓄性保险收益	Income of Savings Insurance	0.48	2.17
（四）转让承包土地经营权租金收入	Income of the Transfer of Contracted Land Management Right	146.70	198.28
（五）出租房屋财产性净收入	Rental Housing Property Income	6.39	5.25
（六）出租机械、专利、版权等资产的净收入	Rental Machinery, Patents, Copyright and Other Assets of the Revenue	17.10	2.34
（七）其他财产性收入	Other Property Income	7.20	11.42
四、现金转移性收入	**Cash Transfer Income**	**1175.59**	**2038.33**
（一）养老金或离退休金	Pensions	280.66	350.78
（二）社会救济和补助	Social Relief and Subsidies	28.93	39.58
（三）政策性生活补贴	Policy Oriented Living Subsidy	20.37	8.18
（四）家庭外出从业人员寄回带回收入	The Income of Sending Back and Bring Back from Family Goes Out Worker	265.62	230.01
（五）赡养收入	Support Income	91.14	120.61
（六）其他转移性收入	Other Transfer Income	13.67	19.03
（七）现金政策性惠农补贴	The Policy of Agricultural Subsidies Cash	475.19	1270.14

10－19 农民家庭平均每百户年末耐用消费品拥有量
Number of Durable Consumer Goods Owned of Rural Household at the Yearend

指　　标	Item	2015	2016
家用汽车(辆)	Home Car (Unit)	16.90	19.10
摩托车（辆）	Motorcycle (Unit)	74.14	69.97
助力车（台）	Booster Car (Unit)	12.73	14.51
洗衣机（台）	Washing Machine (set)	89.39	92.18
电冰箱（柜）（台）	Refrigerator (set)	89.08	93.70
微波炉（台）	Microwave Oven (Set)	6.46	7.04
彩色电视机（台）	Color TV Sets (Set)	111.73	108.26
#接入有线电视（台）	Access to Cable TV (Set)	78.62	77.77
空调（台）	Air Conditioning (Set)	0.34	0.93
热水器（台）	Water Heater (Set)	9.51	9.18
#太阳能热水器（台）	Solar Water Heater (Set)	5.00	5.89
消毒碗柜（台）	Disinfection Cabinet	0.20	0.12
洗碗机（台）	Dishwasher (Set)	0.04	0.05
排油烟机（台）	Range Hood	8.29	8.42
固定电话（部）	Telephone(Set)	32.53	26.90
移动电话（部）	Mobile Phone (Set)	240.67	241.62
#接入互联网（部）	Access to the Internet(Set)	59.65	85.05
计算机（台）	Computer (Set)	31.83	33.73
#接入互联网（台）	Access to the Internet (Set)	24.21	28.68
摄像机（台）	Video Camera (Set)	0.46	0.47
照相机（台）	Camera (Set)	2.88	2.32
中高档乐器（架）	Middle Grade Musical Instruments (Set)	0.26	0.36
健身器材（台）	Fitness Equipment (Set)	0.13	0.13
组合音响（套）	Combination Audio (Set)	1.82	0.91

10－20 农民家庭平均每人主要消费品消费量

The Average Household Consumption Per Capita of the Rural Households

指　　标	Item	2015	2016
谷物(公斤)	Corn(kg.)	76.57	142.14
薯类（公斤）	Potato(kg.)	5.83	2.41
豆类（公斤）	Beans(kg.)	7.16	8.76
食用油（公斤）	Edible oil(kg.)	10.43	11.08
蔬菜和食用菌（公斤）	Vegetables and Edible Fungi(kg.)	40.1	93.79
肉类（公斤）	Meet(kg.)	13.89	16.75
猪肉	Pork	11.67	13.9
牛肉	Beef	0.63	0.84
羊肉	Mutton	0.25	0.53
其他肉类及制品	Other Meats and Products	1.33	1.48
禽类（公斤）	Poultry(kg.)	1.81	4.69
水产品（公斤）	Aquatic Product(kg.)	4.86	5.07
蛋类（公斤）	Eggs(kg.)	5.14	9.20
奶类（公斤）	Milk(kg.)	4.49	4.33
干鲜瓜果类（公斤）	Dry and Fresh Fruits(kg.)	34.32	36.95
糖果糕点类（公斤）	Confectionery(kg.)	2.76	3.14
其他食品（元）	Other Food (yuan)	136.05	145.10
饮料	Drinks	38.96	41.03
烟酒	Alcohol	358.25	372.08
饮食服务	Food Service	206.21	218.57

10－21　农村居民家庭每百户拥有主要农业生产性固定资产数量
Rural Households Have the Number of Major Productive Fixed Assets

项　　目	Item	2015	2016
大中型农用拖拉机（台）	Large and Medium Sized Agricultural Tractors(unit)	19.88	19.63
小型农用拖拉机（台）	Small Farm Tractor(unit)	59.16	62.33
农用排灌动力机械（台）	Agricultural Irrigation Drainage Machinery(unit)	4.89	3.07
插秧机（台）	Rice Transplanter(unit)	4.00	4.82
收割机（台）	Harvester(unit)	4.45	4.80
脱粒机（台）	Threshing Machine	4.74	5.75
役畜（头）	Draft Animal(head)	14.51	13.03
产品畜（头）	Animal Products(head)	231.59	120.20

10－22　农村居民家庭平均居住情况
Rural Residents Living Situation

项　　目	Item	2015	2016
现住房建筑面积(平方米)	**Housing Construction Area(sq.m)**	**26.95**	**28.30**
期末拥有房屋情况	The end of the housing situation		
期末拥有房屋面积（平方米）	The End of the House Area(sq.m)	27.01	28.05
期末拥有房屋价值（万元）	The End of the Term Has a House Value(1000yuan)	2.55	2.78
期末拥有房屋市场价月租金（元）	The End of the Month With the Housing Market Price（yuan)	55.89	57.24
期内新购住房情况	Period of New Housing Purchase		
期内新购住房建筑面积（平方米）	Period of New Housing Construction Area(sq.m)	0.16	0.19
新购住房总金额（万元）	Total Amount of New Housing Purchase(1000yuan)	0.05	0.05
期内新建住房情况	Period of New Housing Situation		
期内新建住房竣工建筑面积（平方米）	Period of New Housing Construction Area(sq.m)	0.23	0.04
新建住房总费用（元）	Total Cost of New Housing(1000yuan)	0.03	0.01

CHAPTER ▶ 11

第十一篇

市政公用事业和环境保护

URBAN PUBLIC UTILITIES AND ENVIRONMENT

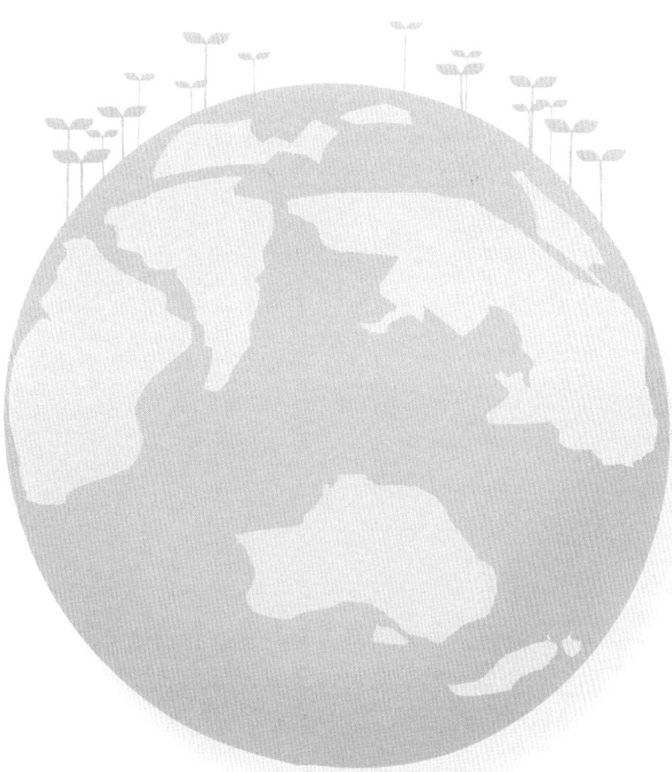

11－1 市政公用事业基本情况
Basic Statistics on Municipal Public Utilities

指　　标	Item	2014	2015	2016
自来水全年供水总量（万立方米）	Annual Volume of Tap Water Supply(10000 cu.m)	86207	106202	105306
# 居民家庭用水量	Water Consumption for Residential Use	28728	31118	32264
人均日生活用水（升）	Per Capita Daily Consumption of Tap Water for Residential Use(unit)	120.44	122.27	124.51
用水普及率（%）	Percetage of Population with Access to Tap Water(%)	93.79	93.64	93.40
年末实有道路长度（公里）	Length of Paved Roads at Year–end(km)	8922	8854	10669
年末实有道路面积（万平方米）	Area of Paved Roads(10000 sq.m)	16887	17009	17083
排水管道长度（公里）	Length of Sewage Pipelines(km)	9870	10319	8445
人工煤气全年供气量（万立方米）	Annual Gaswork Supply(10000 cu.m)	12827	7945	3868
# 家庭用量	Consumption of Gaswork for Residential Use	9200	6055	2832
煤气管道长度（公里）	Length of Gas Pipelines(km)	1881	341	335
液化气全年供气量（吨）	Annual Supply of LPG(ton)	184553	157752	177927
# 家庭用量	Residential Consumption of Liquefied Petorleum Gas for Residential Use	109049	91248	89061
燃气普及率（%）	Percentage of Population with Access to Gas(%)	91.98	92.46	93.00
集中供热总量（万吉焦）	Total Volume of Centralized Heating(10000 gigajoules)	22921	25437	25385
集中供热面积（万平方米）	Area of Centralized Heating(10000 sq.m)	45006	47990	51864
绿化覆盖面积（公顷）	Green Coverage Areas(hectare)	50909	54180	52315
公园、动物园个数（个）	Number of Parks and Zoos(unit)	183	191	232
公园、动物园面积（公顷）	Area of Parks and Zoos(hectare)	6231	6446	6956
生活垃圾清运量（万吨）	Volume of Garbage Disposal(10000 ton)	505	490	506
清运粪便（万吨）	Volume of Disposal of Excrement and Urine(10000 ton)	65.08	67.55	62.53

注：11-1~11-10表数据，由吉林省住房城乡建设厅提供。
Note: 11-1~11-10 data table provided by the housing and rural constraction department of jilin province.

11－2　城市建设用地（2016年）

City Constraction Land（2016）

单位：平方公里　　　　unit: sq.km

城　市	City	建成区面积 Area of Built Districts(sq.km)	城市现状建设用地面积 Area of Land Used for Urban Construction(sq.km)	本年征用土地面积 Requistition Land Area (sq.km)
全　省	**Total**	**1425.83**	**1379.46**	**68.10**
长春市	Changchun	519.04	508.48	18.66
榆树市	Yushu	23.41	20.25	
德惠市	Dehui	31.00	30.97	1.55
吉林市	Jilin	189.04	189.04	
蛟河市	Jiaohe	19.91	19.91	10.17
桦甸市	Huadian	19.50	19.50	
舒兰市	Shulan	25.00	24.51	4.40
磐石市	Panshi	23.80	18.60	13.09
四平市	Siping	58.94	60.67	0.78
双辽市	Shuangliao	21.50	21.08	
辽源市	Liaoyuan	46.30	46.30	
通化市	Tonghua	54.81	54.25	0.25
集安市	Ji' an	8.71	7.20	
白山市	Baishan	47.35	41.52	
临江市	Linjiang	10.05	9.66	
松原市	Songyuan	50.80	50.69	0.41
扶余市	Fuyu	13.57	13.57	0.31
白城市	Baicheng	43.18	42.92	0.29
洮南市	Taonan	23.00	22.00	
大安市	Da' an	19.19	19.19	0.19
延吉市	Yanji	35.50	33.91	3.97
图们市	Tumen	11.01	9.29	11.40
敦化市	Dunhua	30.80	27.65	0.78
珲春市	Hunchun	17.89	15.89	0.07
龙井市	Longjing	12.00	10.88	
和龙市	Helong	12.55	10.88	
公主岭市	Gongzhuling	32.58	32.07	1.78
梅河口市	Meihekou	25.40	18.58	

11－3 城市供水（2016年）
Tap Water Supply in City（2016）

城　市	City	综合生产能力（万立方米/日）Production Capacity of Tap Water Supply（10000cu.m/day）	供水管道长度（公里）Length of Water Supply Pipelines (km)	全年供水总量（万立方米）Annual Volume of Tap Water Supply（10000cu.m）	#生活用水 For Produtive Use	#生产用水 Residential	用水人口（万人）Number of Residents with Access to Tap Water (10000 persons)	人均日生活用水量（升）Per Capita Daily Consumption of Tap Water for Residential Use（litre）
全　省	**Total**	**631.02**	**11359.51**	**105306.07**	**32264.41**	**25670.59**	**1065.05**	**124.51**
长春市	Changchun	138.67	2908.09	38588.26	11188.43	4996.37	355.66	164.55
榆树市	Yushu	3.28	246.95	1183.33	548.91	240.43	24.44	71.25
德惠市	Dehui	4.20	347.89	1350.00	404.00	526.09	22.50	55.76
吉林市	Jilin	265.00	1299.91	19225.00	4999.00	9498.00	125.77	117.59
蛟河市	Jiaohe	3.00	64.59	915.46	322.25	45.96	13.90	83.49
桦甸市	Huadian	6.73	134.60	816.00	264.00	191.00	15.49	65.80
舒兰市	Shulan	4.00	136.71	997.00	399.00	405.00	11.23	111.49
磐石市	Panshi	2.45	132.60	770.00	399.00	77.50	12.30	106.72
四平市	Siping	18.99	1188.91	4009.95	1229.00	1328.20	47.92	100.93
双辽市	Shuangliao	2.05	85.25	678.50	230.00	242.30	11.20	92.27
辽源市	Liaoyuan	21.23	508.00	3247.04	761.00	927.73	46.50	72.49
通化市	Tonghua	16.50	563.48	4077.44	1369.20	583.86	43.56	88.86
集安市	Ji' an	3.00	147.39	940.24	131.00	142.00	8.14	81.45
白山市	Baishan	12.91	363.64	2491.01	851.12	760.83	35.73	72.16
临江市	Linjiang	3.10	88.22	520.00	162.00	52.00	9.41	76.28
松原市	Songyuan	19.00	439.80	5466.00	2231.00	1638.20	47.58	163.29
扶余市	Fuyu	2.52	51.20	567.20	248.20	115.00	7.20	148.10
白城市	Baicheng	11.00	411.00	2110.00	835.00	325.00	27.80	124.17
洮南市	Taonan	2.05	110.00	451.90	195.30	159.50	16.30	42.93
大安市	Da' an	2.64	106.51	665.26	225.50	283.26	12.13	52.67
延吉市	Yanji	19.02	480.23	5374.42	1687.02	118.40	50.29	142.24
图们市	Tumen	1.51	121.97	448.10	154.91	46.07	7.00	85.97
敦化市	Dunhua	21.45	233.40	2266.12	616.60	1135.50	23.40	95.28
珲春市	Hunchun	7.50	143.50	1646.80	461.60	609.00	16.52	145.58
龙井市	Longjing	4.50	123.73	833.18	296.50	212.90	10.18	98.38
和龙市	Helong	6.20	366.92	912.00	670.00	74.00	9.00	221.00
公主岭市	Gongzhuling	20.10	327.81	3201.86	826.87	634.49	25.90	106.21
梅河口市	Meihekou	8.42	227.21	1554.00	558.00	302.00	28.00	97.46

11－4　城市市政设施（2016年）
Level of Public Facilities in City（2016）

城　市	City	年末实有道路长度(公里) Length of Paved Roads at Year-end(km)	年末实有道路面积(万平方米) Area of Paved Roads（10000sq.m）	城市桥梁(座) Number of Bridges(unit)	城市排水管道长度(公里) Lengtn of Sewer Pipelines(km)	城市污水日处理能力(万立方米) Sewage Disposal Capacity（10000cu.m）	城市道路照明灯(盏) Urban Road Lights (zhan)
全　省	**Total**	**10669.41**	**17083.82**	**861**	**8445.35**	**316.2**	**527874**
长春市	Changchun	5125.60	7712.67	349	3207.63	120.3	132593
榆树市	Yushu	171.71	255.83	5	150.64	3.0	6375
德惠市	Dehui	204.39	255.91	3	135.90	3.0	4306
吉林市	Jilin	1086.20	1642.40	77	1058.54	72.0	42469
蛟河市	Jiaohe	169.30	157.64	15	117.21	2.5	8109
桦甸市	Huadian	76.50	181.30	14	97.00	3.0	7482
舒兰市	Shulan	121.30	120.90	31	56.00	2.0	8008
磐石市	Panshi	95.51	264.10		110.00	3.0	5625
四平市	Siping	368.66	697.64	11	217.51	9.0	27000
双辽市	Shuangliao	86.61	90.76	3	103.92	2.5	2640
辽源市	Liaoyuan	225.41	538.18	50	218.60	10.0	20033
通化市	Tonghua	297.28	415.79	61	219.74	11.5	94287
集安市	Ji' an	28.80	62.62	4	63.60	2.0	1475
白山市	Baishan	323.51	425.14	56	178.78	8.0	16162
临江市	Linjiang	56.84	79.53	14	87.55	2.5	6392
松原市	Songyuan	276.80	934.00	8	248.00	15.0	29304
扶余市	Fuyu	91.67	177.32	6	82.10	3.0	3450
白城市	Baicheng	209.70	338.74	10	339.80	5.0	10378
洮南市	Taonan	133.00	121.70	2	135.00	3.0	5865
大安市	Da' an	129.31	237.24	4	162.56	2.0	5505
延吉市	Yanji	210.13	561.24	19	319.09	10.0	11062
图们市	Tumen	40.89	69.65	13	64.25	2.0	2903
敦化市	Dunhua	261.00	343.00	9	247.59	5.0	13085
珲春市	Hunchun	253.05	306.36	8	190.90	3.0	9665
龙井市	Longjing	86.98	99.59	5	89.56	1.4	6319
和龙市	Helong	52.10	82.40	12	108.08	4.0	11701
公主岭市	Gongzhuling	291.86	463.17	49	326.80	5.0	13821
梅河口市	Meihekou	195.30	449.00	23	109.00	3.5	21860

11－5 城市绿地和园林（2016年）

Basic Statistics on Parlcs and Green Aress in Citics（2016）

城　市	City	绿地面积(公顷) Area of Green Land (hectare)	#公园绿地 Park Green Areas	公园(个) Number of Parks(unit)	公园面积(公顷) Area of Parks (hectare)	建成区绿化面积(公顷) Developed (hectare)
全　省	**Total**	**52315.44**	**15244.00**	**232**	**6956.84**	**49858.12**
长春市	Changchun	20916.69	6334.93	59	1887.64	19996.88
榆树市	Yushu	723.00	191.00	3	49.00	701.00
德惠市	Dehui	680.07	67.53	5	65.12	680.00
吉林市	Jilin	7328.00	1537.00	8	489.00	6828.00
蛟河市	Jiaohe	602.00	312.00	6	312.00	597.00
桦甸市	Huadian	704.85	290.69	3	16.90	698.74
舒兰市	Shulan	412.00	155.00	1	14.00	390.00
磐石市	Panshi	701.00	132.60	2	132.60	701.00
四平市	Siping	1866.31	557.87	8	434.24	1848.38
双辽市	Shuangliao	367.84	103.00	1	96.50	358.89
辽源市	Liaoyuan	1722.86	485.33	33	464.10	1722.86
通化市	Tonghua	2068.00	655.00	17	634.00	2068.00
集安市	Ji' an	327.72	90.52	7	86.24	327.72
白山市	Baishan	1339.73	408.67	9	147.00	1316.73
临江市	Linjiang	405.00	217.00	4	137.00	376.00
松原市	Songyuan	2252.00	881.10	13	413.00	2224.00
扶余市	Fuyu	210.50	65.30	1	21.00	203.50
白城市	Baicheng	1380.86	366.80	7	234.80	1348.36
洮南市	Taonan	709.50	148.00	1	17.00	669.50
大安市	Da' an	562.00	278.07	4	320.00	535.00
延吉市	Yanji	1516.00	497.00	4	148.00	1418.00
图们市	Tumen	335.12	91.00	4	73.00	335.12
敦化市	Dunhua	1620.00	532.00	13	332.00	1443.00
珲春市	Hunchun	825.00	181.50	2	150.00	703.00
龙井市	Longjing	509.00	131.00	7	8.00	477.00
和龙市	Helong	260.39	54.59	2	10.00	228.44
公主岭市	Gongzhuling	670.00	189.50	2	34.70	660.00
梅河口市	Meihekou	1300.00	290.00	6	230.00	972.00

注：辽源市公园数据口径调整。
Note: The statistical coverage of parks in Liaoyuan has been adjusted.

11－6 城市市容环境卫生（2016年）

Basic Statistics on Urban Sanitation in Cities（2016）

城 市	City	清扫保洁面积（万平方米）Area Under Cleaning Program (10000 sq.m)	生活垃圾清运量（万吨）Volume of Garbage Disposal (10000tons)	粪便清运量（万吨）Volume of Excrement and Urine Disposal (10000 tons)	市容环卫专用车辆设备总数（台）Number of Special Vehicles for Environmental Sanitation(unit)	公厕数量（座）Number of Public Lavatories (unit)	#三级以上 Third Grade and Above
全 省	**Total**	**18880**	**506.29**	**62.53**	**6852**	**3586**	**1357**
长春市	Changchun	8268	175.93	5.29	4063	1217	628
榆树市	Yushu	202	15.21	3.20	97	40	6
德惠市	Dehui	285	14.60	0.38	119	84	14
吉林市	Jilin	1686	38.34	3.24	800	242	149
蛟河市	Jiaohe	190	8.40	0.90	27	62	
桦甸市	Huadian	230	10.19	2.01	45	40	9
舒兰市	Shulan	117	9.77	1.99	31	35	4
磐石市	Panshi	148	5.70	0.46	42	32	
四平市	Siping	901	14.29	6.30	122	169	79
双辽市	Shuangliao	242	6.48	1.60	40	60	20
辽源市	Liaoyuan	395	10.45	2.74	90	182	70
通化市	Tonghua	600	24.30	3.17	311	183	52
集安市	Ji' an	67	6.30	1.65	24	37	25
白山市	Baishan	377	20.01	7.50	128	132	12
临江市	Linjiang	132	7.31	3.20	48	7	3
松原市	Songyuan	928	20.61	1.70	93	132	46
扶余市	Fuyu	130	7.04	2.45	46	39	
白城市	Baicheng	642	18.25	1.54	130	77	
洮南市	Taonan	540	6.75	0.00	23	53	27
大安市	Da' an	192	6.27	0.12	40	125	
延吉市	Yanji	668	21.23	4.50	181	128	75
图们市	Tumen	90	4.93	1.20	45	70	6
敦化市	Dunhua	341	10.00	3.12	76	110	40
珲春市	Hunchun	506	6.16	0.30	60	58	20
龙井市	Longjing	75	5.20	0.30	26	95	3
和龙市	Helong	90	4.25	1.18	22	56	4
公主岭市	Gongzhuling	304	16.32	2.15	58	37	
梅河口市	Meihekou	534	12.00	0.34	65	84	65

11－7 城市设施水平（2016年）

Level of Public Facilities in City（2016）

城　市	City	用水普及率(%) Urban Water Penetration (%)	燃气普及率(%) City Gas Penetration (%)	建成区供水管道密度(公里/平方公里) Density of Sewer Pipelines (km/sq.km)	人均城市道路面积(平方米) Per Capita Area of Paved Roads (sq.m)	人均公园绿地面积(平方米) Per Capita Public Green Areas (sq.m)	建成区绿地率(%) Bailit-up Area Green Space Rate (%)
全　省	**Total**	**93.40**	**93.00**	**7.97**	**14.98**	**13.37**	**31.32**
长春市	Changchun	99.81	99.94	5.60	21.65	17.78	33.92
榆树市	Yushu	82.43	94.77	10.55	8.63	6.44	28.88
德惠市	Dehui	83.33	57.26	11.22	9.48	2.50	18.32
吉林市	Jilin	98.57	98.40	6.88	12.87	12.05	33.10
蛟河市	Jiaohe	95.21	86.30	3.24	10.80	21.37	27.32
桦甸市	Huadian	95.68	77.08	6.90	11.20	17.95	33.52
舒兰市	Shulan	84.31	84.08	5.47	9.08	11.64	14.16
磐石市	Panshi	91.11	86.89	5.57	19.56	9.82	27.97
四平市	Siping	72.21	95.72	20.17	10.51	8.41	30.79
双辽市	Shuangliao	79.43	38.65	3.97	6.44	7.30	13.78
辽源市	Liaoyuan	95.35	95.57	10.97	11.04	9.95	33.22
通化市	Tonghua	94.06	98.90	10.28	8.98	14.14	33.68
集安市	Ji' an	98.43	98.67	16.92	7.57	10.95	31.63
白山市	Baishan	89.24	84.17	7.68	10.62	10.21	22.80
临江市	Linjiang	95.24	95.14	8.78	8.05	21.96	32.74
松原市	Songyuan	96.06	97.19	8.66	18.86	17.79	38.76
扶余市	Fuyu	57.23	63.75	3.77	14.10	5.19	13.15
白城市	Baicheng	98.51	95.32	9.52	12.00	13.00	27.61
洮南市	Taonan	100.00	36.81	4.78	7.47	9.08	27.35
大安市	Da' an	76.39	60.08	5.55	14.94	17.51	24.52
延吉市	Yanji	92.51	99.96	13.53	10.32	9.14	36.34
图们市	Tumen	85.68	94.25	11.08	8.53	11.14	26.39
敦化市	Dunhua	97.10	100.00	7.58	14.23	22.07	44.58
珲春市	Hunchun	82.19	81.24	8.02	15.24	9.03	34.57
龙井市	Longjing	82.76	83.58	10.31	8.10	10.65	35.17
和龙市	Helong	87.63	97.37	29.24	8.02	5.32	18.20
公主岭市	Gongzhuling	92.17	88.97	10.06	16.48	6.74	19.74
梅河口市	Meihekou	98.31	99.02	8.95	15.77	10.18	33.19

11－8 城市集中供热情况
Basic Statistics on Heating in City

指　标	Item	2014	2015	2016
供热能力	**Heating Capacity**			
蒸汽(吨/小时)	Steam（ton/hour)	1597	1403	1453
热水（兆瓦）	Hot Water(mw)	41997	42760	42992
供热总量	**Quantity of Heat Supplied**	**22921**	**25437**	**25385**
蒸汽（万吉焦）	Steam(10000 gigajoules)	457	828	990
热水（万吉焦）	Hot Water(10000 gigajoules)	22464	24609	24395
管道长度	**Length of Pipelines**			
蒸汽（公里）	Steam(km)	293	723	107
热水（公里）	Hot Water(km)	17308	18587	18879
供热面积（万平方米）	**Area of Centralized Heating(10000 sq.m)**	**45006**	**47990**	**51864**

11－9 城市燃气用气户数和供气总量
Number of City Gas Users and Total Gas Supply

指　标	Item	用气户数（户）Gas Users（household）			供气总量（万立方米）Total Gas Supply（10000cu.m）		
		2014	2015	2016	2014	2015	2016
液化石油气	Liquefied Petroleum Gas	1569531	1126177	1111374	184553	157752	177927
#家庭用量	Residential Use	1378684	1023015	1002924	109049	91248	89061
天然气	Natural Gas	2334393	2336434	2978512	115403	111432	130251
#家庭用量	Residential Use	2013772	2285966	2925454	27779	33220	39518
煤气	Coal Gas	389445	130000	132883	12827	7945	3868
#家庭用量	Residential Use	380301	129494	132377	9200	6055	2832

11－10 城市环境卫生情况
Basic Statistics on Urban Sanitation

指　标	Item	2014	2015	2016
清运垃圾粪便工作量	**Volume of Garbage, Excrement and Crine Disposal**			
实际清扫面积(万平方米)	Actually Cleaning Areas(10000 sq.m)	14504	16957	18880
生活垃圾清运量（万吨）	Volume of Garbage Disposal(10000 ton)	504.60	490.25	506.29
清运粪便（万吨）	Volume of Excrement and Urine Disposal(10000 ton)	65.08	67.55	62.53
环境卫生设施	**Environment Sanitation Equipment**			
公共厕所（座）	Public Lavatories(unit)	3729	3643	3586
垃圾无害化处理厂（座）	Garbage Innocuous Disposal Plant(unit)	17	25	28
垃圾无害化处理能力（吨/日）	Capacity of Garbage Innocuous Disposal(ton/day)	10893	13243	15095
粪便无害化处理量（万吨）	Volume of Excrement and Urine Disposal(10000 ton)	43	39	39

11－11 城市燃气设备能力
Capacity of City Gas Facilities

指　标	Item	2014	2015	2016
液化石油气	**Liquefied Petroleum Gas**			
储气能力(吨)	Capacity of Gas Tank(ton)	22737	19724	19696
天然气	**Natural Gas**			
储气能力（万立方米）	Capacity of Gas Tank(10000 cu.m)	268	792	807
管道长度（公里）	Length of Pipelines(km)	6978	8414	9309
煤气	**Coal Gas**			
储气能力（万立方米）	Capacity of Gas Tank(10000 cu.m)	28	9	9
管道长度（公里）	Length of Pipelines(km)	1881	341	336

11－12　城市固体废物处理利用情况（2016年）

Disposal and Utilization of Municipal Solid Waste（2016）

单位：万吨　　　　unit: 10000tons

地　区	Region	一般工业固体废物产生量 General Industrial solid Waste Generation	一般工业固体废物综合利用量 General Industrial Solid Waste Comprehensive Utilizatio	一般工业固体废物处置量 General Industrial Solid Waste Disposal	一般工业固体废物贮存量 General Industrial Solid Waste Storage
全　省	**Total**	**4006.38**	**2233.99**	**1069.38**	**734.02**
长春市	Changchun	538.19	531.28	6.96	
吉林市	Jilin	1114.83	521.15	79.03	540.46
四平市	Siping	142.77	133.80	9.03	0.02
辽源市	Liaoyuan	105.03	105.01	0.18	
通化市	Tonghua	337.59	272.07	61.04	4.48
白山市	Baishan	172.15	152.14	0.01	20.00
松原市	Songyuan	80.13	74.87	5.94	0.18
白城市	Baicheng	94.88	94.76	0.12	
延吉市	Yanbian	335.73	206.79	34.17	94.79
梅河口市	Meihekou	35.15	35.15		
公主岭市	Gongzhuling	24.06	24.08	0.01	
珲春市	Hunchun	1019.97	76.97	872.89	74.09
长白山管委会	Munagement Committee	5.90	5.90		

11－13　环保重点城市空气质量情况（2016年）

Ambient Quality in key Cities of Environmental Protection（2016）

地　区	Region	二氧化硫年平均浓度(μg/m3) Annual Average Concentration of SO_2(μg/m3)	二氧化氮年平均浓度(μg/m3) Annual Average Concentration of NO_2(μg/m3)	可吸入颗粒物(PM10)年平均浓度(μg/m3) Annual Average Concentration of PM_{10}(μg/m3)	一氧化碳日均值第95百分位浓度(mg/m3) 95th Percentile Daily Average Concentration of Co (mg/m3)	臭氧(O3)日最大8小时第90百分位浓度(μg/m3) 90th Percentile Daily Maximum 8 Hours Average Concentration of O_3(μg/m3)	细颗粒物(PM2.5)年平均浓度(μg/m3) Aunual Average Concentration of PM2.5 (μg/m3)	空气质量达到及好于二级的天数 Days of Air Quality Equal to or Above Grade Ⅱ (day)
长春市	Changchun	28	40	78	1.6	141	46	291
吉林市	Jilin	23	30	69	1.5	151	42	290
四平市	Siping	22	32	77	1.5	130	46	295
辽源市	Liaoyuan	25	28	63	1.9	157	46	277
通化市	Tonghua	29	31	76	2.3	129	42	309
白山市	Baishan	35	27	81	1.9	136	50	292
松原市	Songyuan	15	23	69	1.4	154	35	302
白城市	Baicheng	12	20	75	1.1	119	48	307
延吉市	Yanbian	14	23	49	1.4	115	31	340

11－14 城市废水中主要污染物排放情况（2016年）
Main Pollutant Emission in Waste Water（2016）

地 区	Region	工业废水排放量（万吨）Volume of Industrial Waste Water Emission (10000tons)	工业化学需氧量排放量(吨) Industrial Chemical Oxygen Demand Emissions(ton)	工业氨氮排放量(吨) Industrial Oxygen Ammonia Emissions(ton)	城镇生活污水排放量(万吨) Urban Sewage Emissions (10000 tons)	生活化学需氧量排放量(吨) Chemcial Oxygen Demand Emission(ton)	生活氨氮排放量(吨) Oxygen Living Ammonia Emission (ton)
全 省	**Total**	**19237.55**	**16019.94**	**1226.41**	**77735.29**	**156817.69**	**21583.02**
长春市	Changchun	2548.47	3206.03	474.01	21277.75	22329.66	3423.12
吉林市	Jilin	8836.91	7240.59	430.81	17752.00	25500.00	4000.00
四平市	Siping	1110.45	767.72	49.22	4751.30	14433.16	1969.84
辽源市	Liaoyuan	511.11	330.92	35.73	3009.03	7187.56	1098.75
通化市	Tonghua	1054.05	565.88	36.94	3973.66	10652.39	1754.96
白山市	Baishan	1209.67	915.64	83.31	4405.15	19521.11	2496.28
松原市	Songyuan	520.98	288.80	43.20	4322.80	18544.81	1740.71
白城市	Baicheng	265.22	366.81	11.35	4290.59	12285.11	1691.16
延吉市	Yanbian	507.75	407.32	28.45	9257.94	15795.15	2519.19
梅河口	Meihekou	234.17	157.16	9.81	1140.00	3452.00	79.80
公主岭	Gongzhuling	374.31	664.90	20.75	2088.80	2802.90	229.00
珲 春	Hunchun	2055.56	1060.40	2.54	1253.14	2744.98	366.91
长白山管委会	Munagement Committee	8.90	47.76	0.28	393.13	1568.87	213.31

注：①全省总计中未含长白山管委会。（以下同）
②2016年数据统计口径发生变化，故与往年不可比。
Note: ①Changbai Mountain Administrative Committee of the Province not included in Statistics.
②The data's coverage of 2016 are changed,so it is not comparable with previous years.

11－15 城市废气中主要污染物排放情况（2016年）
Main Pollutant Emission in Waste Gas（2016）

单位：吨　　unit: ton

地 区	Region	工业二氧化硫排放量 Industrial Sulful Emissions	工业氮氧化物排放量 Industrial Nitrogen Oxide Emissions	工业烟(粉)尘排放量 Industrial Soot Emissions	生活二氧化硫排放量 Industrial Sulfur Dioxide Emissions	生活氮氧化物排放量 Life Nitrogen Oxide Emissions	生活烟尘排放量 Life Soot Emissions
全 省	**Total**	**129713.43**	**137262.49**	**144424.54**	**58159.82**	**12797.83**	**58092.63**
长春市	Changchun	21892.92	37458.71	24451.06	7344.00	1600.00	8000.00
吉林市	Jilin	35467.96	39139.80	47644.25	9071.11	1564.00	9000.00
四平市	Siping	14392.76	15092.51	7024.01	22904.94	5416.49	21557.59
辽源市	Liaoyuan	5688.74	4480.95	4949.41	2844.86	790.24	3160.96
通化市	Tonghua	12204.18	8266.06	17009.8	265.20	69.07	280.80
白山市	Baishan	5239.01	5128.42	8747.43	2828.53	633.60	3100.00
松原市	Songyuan	7416.49	8373.70	4125.88	1960.85	450.62	1708.83
白城市	Baicheng	7037.53	5411.22	6033.98	3145.85	746.54	2960.8
延吉市	Yanbian	7723.15	7489.33	18063.65	4593.83	1080.90	4864.05
梅河口	Meihekou	3269.09	2536.08	494.33	129.92	23.20	104.40
公主岭	Gongzhuling	2505.34	1789.75	1255.65	1403.80	46.18	1847.20
珲 春	Hunchun	6356.34	1256.73	2297.20	1349.46	294.00	1176.00
长白山管委会	Munagement Committee	519.93	495.24	2327.89	317.48	83.00	332.00

注：2016年数据统计口径发生变化，故与往年不可比。
Note: The data's coverage of 2016 are changed, so it is not comparable with previous years.

11－16　分地区废气中主要污染物排放情况（2016年）
The Emission of Major Pollutants in the Waste Gas by Region（2016）

单位：万吨　　unit: 10000tons

地　区	Region	二氧化硫 Sulphur Dioxide	氮氧化物 Nitrogen Oxides	烟(粉)尘 Smoke and Dust
全　省	**Total**	**18.81**	**30.07**	**21.87**
长春市	Changchun	2.94	8.26	3.72
吉林市	Jilin	4.45	7.51	5.97
四平市	Siping	3.73	2.89	2.95
辽源市	Liaoyuan	0.85	1.07	0.90
通化市	Tonghua	1.25	1.39	1.78
白山市	Baishan	0.81	1.41	1.29
松原市	Songyuan	0.94	2.35	0.74
白城市	Baicheng	1.02	1.96	1.03
延吉市	Yanbian	1.23	1.64	2.41
梅河口市	Meihekou	0.34	0.60	0.09
公主岭市	Gongzhuling	0.39	0.65	0.37
珲春市	Hunchun	0.77	0.27	0.36
长白山管委会	Munagement Committee	0.08	0.06	0.27

11－17　分地区固体废物处理利用情况（2016年）
The Utilization of Solid Waste by Region（2016）

单位：吨　　unit: ton

地　区	Region	一般工业固体废物产生量 Common Industrial solid Waste Produced	一般工业固体废物综合利用量 Common Industrial Solid Waste Comprehensive Utilizatio	一般工业固体废物处置量 Common Industrial Solid Waste Disposal	一般工业固体废物贮存量 Stock of Common Industrial Solid Waste	一般工业固体废物倾倒丢弃量 Common Industrial Solid Wasteds Discharged	危险废物产生量 Hazardous Wastes Produced	危险废物综合利用量 Hazardous Wastes Utilized	危险废物处置量 Hazardous Wastes Disposed	危险废物贮存量 Stock of Hazardous Wastes
全　省	**Total**	**40063800**	**22339900**	**10693800**	**7340200**	**107**	**2005500**	**622600**	**667300**	**743900**
长春市	Changchun	5381900	5312800	69600			97500	3060	94100	300
吉林市	Jilin	11148300	5211500	790300	5404600	5	1809900	594400	500500	715100
四平市	Siping	1427700	1338000	90300	200	100	11500	3700	560	7300
辽源市	Liaoyuan	1050300	1050100	1800			6700	5	6200	500
通化市	Tonghua	3375900	2720700	610400	44800		4500	2370	2200	3
白山市	Baishan	1721500	1521400	100	200000		2		2	
松原市	Songyuan	801300	748700	59400	1800	2	62800	15500	57400	16900
白城市	Baicheng	948900	947600	1200			5200	2000	3100	800
延 吉市	Yanbian	3357300	2067900	341700	947900		2600		2600	16
梅河口	Meihekou	351500	351500							
公主岭	Gongzhuling	240600	240800	50			490	10	400	80
珲　春	Hunchun	10199700	769700	8728900	740900		4200	1500	90	2920
长白山管委会	Munagement Committee	59000	59000							

11－18　分地区废水中主要污染物排放情况（2016年）
The Discharge of Major Pollutants in the Waste Water by Region（2016）

地　区 Region		废　水排放总量 (万吨) Total Waste Water Discharged (10000 tons)	废水中主要污染物排放量 Main Pollutant Emission in Waste Water				
			化学需氧量 (万吨) COD (10000 tons)	氨氮 (万吨) Ammonia Nitrogen (10000 tons)	总氮 (万吨) Total Nitrogen (10000 tons)	总磷 (吨) Total Phorus (10000 tons)	石油类 (吨) Petroleum (10000 tons)
全省	**Total**	**97073.31**	**17.74**	**2.32**	**3.38**	**2444.00**	**323.73**
长春	Changchun	23881.49	2.64	0.40	0.55	150.80	69.17
吉林	Jilin	26599.27	3.34	0.45	0.63	892.07	214.39
四平	Siping	5681.81	1.52	0.20	0.25	225.07	0.87
辽源	Liaoyuan	3523.32	0.75	0.11	0.16	109.22	
通化	Tonghua	5033.30	1.16	0.18	0.33	240.80	10.39
白山	Baishan	5619.45	2.16	0.27	0.39	280.16	0.20
松原	Songyuan	4851.95	1.90	0.18	0.28	53.24	0.46
白城	Baicheng	4557.58	1.28	0.17	0.21	103.31	15.80
延边	Yanbian	9772.84	1.68	0.26	0.34	253.60	3.16
梅河口	Meihekou	1374.57	0.36	0.01	0.01	11.24	
公主岭	Gongzhuling	2465.00	0.37	0.03	0.13	90.77	
珲春	Hunchun	3310.11	0.38	0.04	0.05	15.32	9.29
长白山管委会	Munagement Committee	402.63	0.17	0.02	0.03	23.74	

地　区 Region		废水中主要污染物排放量 Main Pollutant Emission in Waste Water						
		挥发酚 (千克) Volatile Phenol (kg)	铅 (千克) Plumbum (kg)	汞 (千克) Mercury (kg)	镉 (千克) Cadmium (kg)	六价铬 (千克) Hexavakent Chromium (kg)	总铬 (千克) Total Chromium (kg)	砷 (千克) Arsenic (kg)
全省	**Total**	**811.58**	**219.43**	**5.40**	**70.93**	**64.13**	**116.80**	**1594.07**
长春	Changchun	24.95	0.01	0.75	0.02	52.22	76.89	13.08
吉林	Jilin	307.67	27.04	0.67	3.10	11.09	18.46	14.50
四平	Siping							
辽源	Liaoyuan							
通化	Tonghua	432.00	9.93	0.36	2.64		5.28	2.01
白山	Baishan		18.03	0.64	4.98		10.23	4.07
松原	Songyuan	1.96	2.28	0.21	0.45	0.79	0.85	1.07
白城	Baicheng		2.30	0.06	0.46		1.05	0.58
延边	Yanbian	45.00	7.34	0.29	1.58	0.02	3.30	1.65
梅河口	Meihekou							
公主岭	Gongzhuling		2.12	0.09	0.35		0.71	0.71
珲春	Hunchun		150.39	2.34	57.35		0.01	1556.41
长白山管委会	Munagement Committee							

CHAPTER ▶ 12

第十二篇 农业

AGRICULTURE

12－1 农村基层组织情况

Rural Grassroots Organization

年 份 Year	乡政府（个） Township Governments (unit)	镇政府（个） Town Governments (unit)	村民委员会（个） Number of Village' s Committes(unit)	乡村总户数（万户） Number of Rural Households (10000 households)	乡村人口数（万人） Rural Population (10000 persons)
1978	898		9733	295.20	1481.50
1979	902		9907	299.65	1477.64
1980	928		10104	303.90	1477.70
1981	932		10146	310.10	1480.40
1982	930		10163	315.00	1479.50
1983	936		10126	314.20	1477.50
1984	933		10162	317.10	1479.30
1985	656	263	10144	317.84	1464.15
1986	646	265	10163	317.70	1449.97
1987	640	294	10190	320.58	1446.91
1988	641	290	10299	325.26	1447.35
1989	641	288	10273	331.46	1453.58
1990	641	288	10300	340.93	1465.79
1991	638	289	10297	344.02	1475.71
1992	560	366	10288	347.76	1477.36
1993	530	396	10305	348.35	1466.15
1994	482	438	10299	348.40	1445.04
1995	475	443	10234	348.82	1434.54
1996	468	444	10139	351.10	1436.90
1997	466	445	10112	353.99	1430.00
1998	453	445	10121	357.82	1433.05
1999	433	454	10133	364.35	1442.03
2000	398	458	10107	370.01	1440.47
2001	354	452	10005	369.80	1433.00
2002	326	460	9850	376.05	1443.46
2003	315	456	9569	377.91	1439.40
2004	311	454	9365	381.84	1440.08
2005	198	426	9375	383.69	1443.62
2006	198	425	9335	390.67	1443.31
2007	198	423	9317	394.79	1454.96
2008	198	423	9321	399.08	1460.28
2009	196	426	9316	402.84	1470.82
2010	196	425	9319	411.31	1476.02
2011	196	425	9314	416.91	1489.82
2012	194	426	9314	420.42	1491.76
2013	187	431	9313	422.59	1495.78
2014	185	433	9302	426.86	1497.38
2015	182	428	9270	428.18	1492.15
2016	182	428	9313	424.88	1475.38

12－2 农业生产条件
Agricultural Production Conditions

项　　目	Item	2014	2015	2016
一、主要农业机械拥有量	Main agricultural machinery			
农业机械总动力（万千瓦）	Total agricultural machinery (Million kilowatts)	2919.1	3152.5	3102.1
大中型拖拉机（混合台）	Large and medium tractors (mixed platform)	480824	541422	556378
小型拖拉机（台）	Small tractors (set)	660819	646438	629491
大中型机引农具（台）	Large and medium-sized machine dragger (set)	811032	834012	898032
联合收割机（台）	combine harvesters(set)	46677	63238	73046
机动脱粒机（台）	Motorized threshing machine (set)	170462	171257	170201
机动水稻插秧机(台)	The automatic rice transplanter (set)	43695	51862	63918
粮食加工机械（台）	Grain processing machinery (set)	121549	122390	115087
油料加工机械（台）	Oil processing machinery (set)	9777	9893	10118
二、农业机械作业面积	Agricultural machinery operating area			
机耕面积（千公顷）	Plowing area (1000 hectares)	4980.1	5071.9	5029.1
占耕地面积比重（%）	Accounting for the proportion of arable land area (%)	88.6	87.5	81.1
机播面积（千公顷）	Sowing area (1000 hectares)	5004.6	5158.5	5230.3
占播种面积比重（%）	Percentage of sown area (%)	89.1	89.0	84.3
机收面积(千公顷)	Machine area (1000 hectares)	2917.0	3299.0	3585.6
占播种面积比重（%）	Percentage of sown area (%)	51.9	56.9	57.8
三、农村用电量	rural power consumption			
农村用电量（万千瓦小时）	Rural power consumption (million kilowatt hours)	487526	496003	511253
每公顷用电量（千瓦时）	Electricity per hectare (kwh)	820.9	831.1	851.5
四、农田水利	irrigation and water conservancy			
农用排灌机械（台）	Agricultural irrigation and drainage machinery (set)	461169	464256	467561
农用水泵(台)	Farm water pump (stage)	594761	595633	597197
有效灌溉面积(千公顷)	Effective irrigation area (thousand ha)	1628.8	1790.9	1832.2
占耕地面积比重（%）	Accounting for the proportion of arable land area (%)	27.4	30.0	30.5
机电灌溉面积(千公顷)	Electromechanical irrigation area (thousand hectares)	1048.3	1062.4	1072.6
占有效灌溉面积(%)	Account for effective irrigation area (%)	64.3	59.3	58.5

12－3 各地区设施农业生产情况（2016年）
Regional Facilities for Agricultural Production（2016）

单位：公顷、吨　　　　unit:ha.ton

地区 Region		一、蔬菜 Vegetables		二、瓜果类 Fruits		三、花卉苗木 Flowers and Trecs	四、食用菌 Edible Fungus		五、其他作物 Others
		种植面积 Sown Area	产量 Output	种植面积 Sown Area	产量 Output	种植面积 Sown Area	种植面积 Sown Area	产量 Output	种植面积 Sown Area
全　省	**Total**	**25177**	**979775**	**5443**	**151837**	**214**	**909**	**14700**	**2059**
长　春	Changchun	8499	382203	1668	39530	159	44	992	106
吉　林	Jilin	2149	89006	414	8838	9	99	3053	362
四　平	Siping	3182	175957	506	9357	1	40	1367	19
辽　源	Liaoyuan	339	12349	54	1858		40	1157	
通　化	Tonghua	1094	37647	122	4215	42	95	3015	1
白　山	Baishan	963	42263	234	5815	1	117	2742	20
松　原	Songyuan	5809	149376	887	33515		5	96	
白　城	Baicheng	1950	53278	1475	47047				1551
延　边	Yanbian	1192	37696	83	1662	2	469	2279	

12－4 特种作物生产情况
Special Crop Production

指 标	Item	播种面积（公顷） Seeded Area(ha)			产量（吨） Yield(ton)		
		2014	2015	2016	2014	2015	2016
人参	Ginseng	6523	5657	6334	28924	26996	27145
甘草	Licorice	59	57	19	135	468	4
枸杞	Chinese Wolfberry	195	6	108	274	12	94

指 标	Item	产量（吨）Yield(ton)		
		2014	2015	2016
食用菌	Edible Fungus	101228	105058	106234
#黑木耳	Black Fungus	67941	69473	72143
香菇	Mushrooms	2843	3511	2045
蘑菇类	Mushroom	26272	28986	25990

12－5 农村基本情况和农村劳动力资源
Rural Basic Situation and Rural Labor Resources

指　　标	Item	2014	2015	2016
一、农村基层组织情况	**Rural Grassroots Organization**			
乡镇个数（个）	Number of Towns (unit)	618	610	610
乡	Township	185	182	182
镇	Town	433	428	428
村民委员会（个）	Villagers Committee (unit)	9302	9270	9313
二、农村社会基础设施	**Rural Social Infrastructure**			
自来水受益村（个）	Tap Water Benefit Village (unit)	6269	6430	6445
通有线电视村（个）	Cable TV Village (unit)	8670	8712	8825
通宽带村（个）	Broadband Village (unit)	8616	8827	8978
三、农村人口	**Rural Population**			
乡村户数（万户）	Rural Households (10000 Subscribers)	426.9	428.2	424.9
乡村人口数（万人）	Rural Population (10000 Person)	1497.4	1492.2	1475.4
四、农村劳动力资源	**Rural Labor Resources**			
乡村劳动力资源数（万人）	Rural Labor Resources (10000 Person)	855.96	860.84	853.15
乡村劳动力（万人）	Rural Labor Force (10000 Person)	757.95	760.22	752.26
按性别分	By Gender			
男劳动力	Male Labor Force	422.3	423.4	419.79
女劳动力	female Labor Force	335.6	336.8	332.47

12－6 历年农林牧渔业总产值和指数

Total Output Value and Index of Forestry and Animal Husbandry and Fishery over the Years

年份 Year	农林牧渔总产值（亿元） Gross Output Value of Agriculture, Forestry, Animal Husbandry and Fishery（100million yuan）					指数（1949=100） Indices of Agriculture, Forestry Animal Husbandry and Fishery（1949=100）				
	总产值 Total	农业 Farming	林业 Forestry	畜牧业 Animal Husbandry	渔业 Fishery	总产值 Total	农业 Farming	林业 Forestry	牧业 Animal Husbandry	渔业 Fishery
1978	37.78	32.23	0.87	4.61	0.08	289.2	293.8	4225.7	190.9	288.6
1979	42.02	34.99	1.13	5.80	0.08	279.5	276.4	4703.3	214.0	234.6
1980	47.47	35.56	2.47	9.39	0.05	290.8	277.8	7851.3	241.3	246.5
1981	56.89	44.81	0.20	9.97	0.15	311.2	299.8	8486.6	245.4	383.6
1982	60.58	48.95	2.54	8.83	0.26	329.2	314.6	9022.4	268.9	449.8
1983	78.11	65.42	2.10	10.28	0.31	425.2	433.4	9070.9	260.1	521.4
1984	88.99	72.81	3.55	12.23	0.39	469.7	476.3	10585.0	291.1	625.1
1985	85.89	63.91	3.32	18.12	0.55	432.2	407.4	10760.2	385.1	862.8
1986	98.43	76.07	2.94	18.58	0.84	451.0	433.8	9360.2	382.2	1104.9
1987	120.81	93.14	2.93	23.45	1.28	516.1	515.4	8891.9	374.1	1333.3
1988	140.91	106.41	2.84	29.50	2.17	543.8	534.9	8928.8	429.9	1719.5
1989	133.79	91.52	3.46	36.25	2.56	480.4	447.8	8914.9	469.5	1920.4
1990	189.09	140.67	4.19	41.42	2.81	608.4	599.8	7682.6	497.2	2108.7
1991	188.38	135.74	4.42	45.16	3.06	605.1	580.1	7781.2	540.9	2336.9
1992	204.39	146.00	5.10	50.02	3.27	622.8	588.1	7782.7	586.1	2458.2
1993	243.95	174.63	5.10	60.35	3.86	685.2	640.8	7547.9	671.8	2859.0
1994	405.48	270.81	8.54	120.14	5.99	755.3	664.3	7994.5	876.6	3061.3
1995	490.28	301.44	8.28	173.32	7.24	800.2	646.9	7421.2	1117.0	3229.4
1996	581.04	363.68	7.57	201.99	7.80	953.2	760.9	7010.5	1382.8	3544.5
1997	565.54	315.45	7.99	233.39	8.71	932.8	656.4	7564.2	1616.7	3869.7
1998	666.48	394.86	8.08	254.11	9.43	1080.0	825.4	7870.2	1680.4	4150.2
1999	675.30	388.40	10.45	266.84	9.61	1101.0	818.1	9993.9	1766.7	4231.6
2000	609.37	320.27	11.38	268.72	9.00	1039.4	705.2	10243.8	1869.8	4150.2
2001	691.83	405.40	13.83	263.24	9.36	1195.7	787.1	12742.2	2194.6	6184.6
2002	734.21	410.22	33.91	271.13	10.83	1352.8	892.0	29981.7	2276.1	7242.5
2003	792.14	438.34	33.77	298.44	13.56	1438.0	936.4	30731.3	2471.5	7649.4
2004	940.67	486.23	32.85	399.06	13.44	1551.6	1015.3	28232.8	2666.8	7974.9
2005	1050.49	518.13	39.90	467.59	14.87	1733.1	1077.8	33110.5	3151.9	8777.2
2006	1155.50	597.02	44.35	483.46	16.98	1863.1	1181.7	32481.4	3314.2	10007.8
2007	1418.90	653.03	48.79	683.74	18.29	1960.0	1133.3	29135.8	3910.8	10588.2
2008	1614.80	749.20	54.97	770.21	22.52	2156.0	1305.6	28145.2	4137.6	11763.5
2009	1734.26	777.45	58.91	825.52	23.47	2270.3	1280.8	31353.8	4576.2	13163.4
2010	1850.28	866.94	68.34	831.45	25.35	2352.0	1361.5	32890.1	4599.1	13255.5
2011	2275.15	1020.44	81.85	1074.49	31.12	2474.3	1460.9	34830.6	4718.7	13944.8
2012	2502.02	1166.58	98.10	1130.36	34.14	2620.3	1528.1	35910.3	5053.7	14530.5
2013	2670.60	1261.68	98.12	1198.53	36.74	2712.6	1619.8	38179.5	5094.1	14965.8
2014	2763.01	1342.54	104.43	1195.02	40.13	2823.8	1726.7	39706.7	5155.2	16941.3
2015	2880.62	1400.38	109.82	1244.87	39.91	2945.2	1809.6	43875.9	5330.5	17398.7
2016	2724.88	1231.98	107.21	1252.85	42.99	3039.4	1904.8	43902.2	5379.5	18599.2

注：本表绝对数按当年价格计算，指数按可比价格。2003年起总产值包括农林牧渔服务业产值。

Note: Data in value terms in this table are calculated at current prices,while the indices are calculated at constant prices since 2003,gross output ralue includes the services in support of agriculture,forestry,aninmal husbandry and fishery.

12－7　农林牧渔业分项产值
Agricultural and Forestry and Animal Husbandry and Fishery Sub Production Value

单位：万元　　unit: 10000yuan

指　　标	Item	2014	2015	2016	2016年为2015年的%（按可比价计算）2016 as Precentage of 2015 (calculated at constant price)
农林牧渔业总产值	**Gross output value of agriculture , Forestry, Animal Husbandry and fishery**	**27630091**	**28806158**	**27248757**	**103.2**
一、农业产值	Total Value of Agriculture Production	13425364	14003751	12319799	105.3
（一）谷物及其他作物	Cereals and other Crops	8909010	9659508	8273701	104.2
（二）蔬菜园艺作物	Vegetable Horticultural Crops	3333235	3145610	2830594	99.1
（三）水果、坚果、饮料作物	Fruit, Nuts, Beverage Crops	900219	960486	1010012	139.9
（四）中药材	Traditional Chinese Medicinal Materials	282100	238147	205492	93.7
二、林业产值	Forestry Output Value	1044278	1098211	1072094	100.1
（一）林木的培育和种植	Cultivation and Cultivation of Forest Trees	324718	370326	466213	130.1
（二）竹木采运	Wood Harvesting	323806	312885	175821	54.3
（三）林产品	Forest Product	395754	415000	430060	107.9
三、畜牧业产值	Animal Husbandry Output Value	11950174	12448681	12528480	100.9
（一）牲畜饲养	Livestock Breeding	4840571	5024825	4425483	92.3
（二）猪的饲养	Swine Rearing	3886169	3758951	4534142	117.7
（三）家禽饲养	Poultry Rearing	3103331	3506146	3398630	94.7
（四）狩猎和捕捉动物	Hunting and Catching Animals				
（五）其他畜牧业	Other Animal Husbandry	120104	158759	170226	114.2
四、渔业产值	Fishery Output Value	401280	399064	429947	106.9
五、农林牧渔服务业产值	Animal Husbandry and Fishery Services Industry	808995	856451	898437	102.7

12－8 农林牧渔业中间消耗

Intermediate Consumption of Agriculture, Forestry, Animal Husbandry and Fishery

单位：万元 unit: 10000 yuan

项　　目	Item	2014	2015	2016
农林牧渔业中间消耗总计	**Total of Intermediate Consumption of Agriculture, Forestry, Animal Husbandry and Fishery**	**11928154**	**12359961**	**11756138**
农业中间消耗	Intermediate Consumption of Agriculture	4539115	4740513	4193835
中间物质消耗	Intermediate Substance Consumption	4078328	4100428	3603852
对非物质生产部门劳务支出	Labor Expenses for the Non Material Production Department	460787	640085	589983
林业中间消耗	Forest Intermediate Consumption	390873	429724	417723
中间物质消耗	Intermediate Substance Consumption	319346	339717	333403
对非物质生产部门劳务支出	Labor Expenses for the Non Material Production Department	71527	90007	84320
牧业中间消耗	Animal Husbandry Intermediate Consumption	6488944	6663919	6587230
中间物质消耗	Intermediate Substance Consumption	6347210	6464312	6402144
对非物质生产部门劳务支出	Labor Expenses for the Non Material Production Department	141734	199607	185086
渔业中间消耗	Intermediate Consumption of Fishery	156499	152777	166316
中间物质消耗	Intermediate Substance Consumption	130185	125955	138297
对非物质生产部门劳务支出	Labor Expenses for the Non Material Production Department	26314	26822	28019
农林牧渔服务业中间消耗	Intermediate Consumption of Agriculture, Forestry, Manimal Husbandry and Fishery	352722	373028	391034
中间物质消耗	Intermediate Substance Consumption	229012	238012	241579
对非物质生产部门劳务支出	Labor Expenses for the Non Material Production Department	123710	135016	149455

12－9 农业生产主要条件和农用化肥施用量

Effective Irrigation Area and Application of Agricultural Chemical Fertilizer

年份 Year	农业机械总动力（万千瓦） Total Power of Agricultural Machinery (10000kw)	有效灌溉面积（千公顷） Irrigation Area (1000 hextares)	农村用电量（亿千瓦小时） Electricity Consumption in Rural Area(100 Million kw.h)	化肥施用量（实物量）（万吨） Consumption of Chemical Fertilizer(10000tons)	氮肥 Nitrogenous Fertilizer	磷肥 Phosphatic Fertilizer	钾肥 Potassic Fertilizer	复合肥 Compound Fertilizer	每公顷化肥施用量（公斤） Fertilizer Application per Hectare(kg)
1978	284.1	598.6	8.1	66.7					
1979	303.1	570.8	8.8	91.3					
1980	367.5	730.7	9.7	120.2					
1981	395.8	744.9	11.2	144.9					
1982	396.1	733.5	12.3	135.3					
1983	417.7	716.1	12.4	152.2					
1984	452.7	711.4	12.4	180.5					
1985	476.3	696.3	11.9	159.2					
1986	528.5	717.5	13.9	179.1					
1987	534.9	752.9	14.9	195.8					
1988	552.6	774.5	15.8	190.7					
1989	590.5	836.0	16.2	201.2					
1990	629.0	881.9	16.8	233.1					
1991	587.5	923.3	18.2	248.1					
1992	591.4	914.8	19.0	245.0					
1993	607.1	908.9	19.8	236.9					
1994	598.8	910.1	21.5	245.1					
1995	661.4	904.4	21.5	266.6					
1996	718.7	936.0	22.1	283.9	196.1	34.0	12.1	41.8	717.0
1997	773.2	1078.0	22.7	282.7	192.1	34.5	13.1	43.0	709.0
1998	827.5	1250.9	22.5	289.3	195.5	33.9	15.1	44.8	722.0
1999	897.3	1293.2	23.3	293.6	193.6	35.5	17.1	47.4	732.0
2000	1015.4	1315.0	23.8	281.3	181.5	34.5	17.0	48.4	704.0
2001	1096.5	1383.0	24.1	280.6	176.6	34.6	17.0	52.4	694.0
2002	1150.7	1499.0	23.9	283.3	170.1	38.7	17.8	56.6	604.0
2003	1230.6	1546.0	23.1	287.3	164.6	39.2	18.4	65.1	628.0
2004	1319.8	1595.0	26.2	304.7	162.9	44.3	19.5	78.0	708.0
2005	1471.3	1613.7	28.7	306.0	159.3	38.8	20.0	87.9	711.0
2006	1572.3	1636.4	30.2	317.8	159.6	38.9	20.9	98.4	635.8
2007	1678.3	1640.6	32.6	331.9	161.7	40.7	22.1	107.4	663.5
2008	1800.0	1678.9	34.7	343.8	160.4	41.7	23.9	117.9	685.5
2009	2001.2	1683.7	37.5	359.0	162.8	41.4	24.0	130.8	672.6
2010	2144.7	1726.8	39.5	371.7	165.2	41.4	24.0	140.7	666.4
2011	2355.0	1831.7	42.5	391.9	169.5	42.6	26.0	153.3	634.8
2012	2554.7	1851.9	46.1	410.5	172.4	43.6	28.8	165.8	634.0
2013	2726.6	1853.7	48.2	425.8	173.2	44.3	29.3	179.2	640.3
2014	2919.1	1628.8	48.8	440.1	170.6	44.8	31.3	193.4	741.0
2015	3152.5	1790.9	49.6	444.4	167.3	43.7	30.9	202.5	744.6
2016	3101.3	1832.2	51.1	444.6	161.3	43.4	30.4	209.5	740.6

12－10　农作物播种面积

Crop Sown Area

单位：千公顷　　　　unit: 1000ha

年份 Year	农作物总播种面积（千公顷）Total Sown Area of Crops(1000ha)	粮食播种面积 Grain Sown Area	谷物 Grain	#水稻 Rice	玉米 Corn	高粱 Sorghum	#大豆 Soybean	薯类 Potato	#马铃薯 Potato	油料 Oil
1978	4053.1	3603.1	3019.1	278.1	1520.1	281.9	584.4			106.2
1979	4060.5	3600.1	3023.5	260.5	1595.6	281.9	576.5			118.9
1980	4057.0	3524.3	2967.8	252.5	1681.9	234.0	556.5			186.3
1981	4074.8	3509.3	2904.0	253.7	1551.3	275.5	605.3			232.3
1982	4065.6	3555.2	2968.2	260.4	1605.5	313.1	587.0			192.5
1983	4069.6	3586.5	3086.7	266.4	1714.9	302.7	499.7			175.3
1984	4079.8	3501.7	3104.6	284.7	1854.8	276.2	397.1			288.1
1985	4063.9	3283.5	2805.3	322.5	1679.6	199.8	478.1			437.4
1986	4036.8	3469.5	2980.4	348.5	1989.9	163.9	489.1			272.8
1987	4036.9	3485.7	2999.6	367.5	2122.2	135.4	486.1			241.4
1988	4035.2	3422.5	2877.6	379.6	1987.3	152.5	544.9			248.7
1989	4021.4	3430.9	2893.6	389.7	1983.1	150.3	537.3			232.7
1990	4039.8	3525.9	3062.1	418.4	2219.1	124.3	463.8			200.9
1991	4065.9	3542.0	3110.8	433.4	2280.1	107.5	431.2			187.5
1992	4048.7	3536.9	3099.4	442.4	2234.0	118.3	437.5			154.1
1993	4050.7	3526.7	2832.1	427.7	2039.0	140.6	543.6			153.0
1994	4059.6	3566.7	2870.1	416.5	2100.2	159.9	504.9			154.0
1995	4059.8	3576.9	3051.3	424.1	2344.1	128.4	378.6			151.0
1996	4063.0	3624.5	3198.5	434.1	2481.3	150.3	296.1			119.0
1997	4067.4	3592.1	3133.1	453.1	2454.2	111.5	309.6			112.4
1998	4061.6	3567.2	3104.7	459.0	2421.3	99.9	304.3			121.9
1999	4064.3	3513.4	3074.6	465.2	2375.5	113.6	278.3			165.8
2000	4065.6	3357.1	2567.2	483.9	1821.1	121.8	538.9	123.4		271.9
2001	4045.7	3357.2	2614.2	465.4	1927.2	99.0	476.8	112.5		234.0
2002	4687.7	4037.6	3385.5	666.1	2579.5	90.0	415.0			257.8
2003	4717.1	4013.8	3318.5	541.0	2627.2	95.2	430.0			301.8
2004	4904.0	4312.1	3562.0	600.1	2901.5	53.6	525.9			222.1
2005	4953.1	4294.5	3554.4	654.0	2775.2	85.2	504.8			288.5
2006	4984.6	4325.5	3582.0	664.0	2805.9	80.2	448.4			287.8
2007	5040.3	4334.7	3618.2	669.9	2853.7	62.3	355.9			305.6
2008	4998.2	4391.2	3777.7	658.7	2922.5	72.9	373.4			212.3
2009	5077.6	4427.7	3747.3	660.4	2957.2	89.3	437.4			243.0
2010	5221.4	4492.2	3865.0	673.5	3046.7	95.6	376.8			303.1
2011	5222.3	4545.1	3977.0	691.3	3134.2	100.8	304.8			245.1
2012	5315.1	4610.3	4161.6	701.2	3284.3	126.8	230.0	81.9	76.4	266.6
2013	5413.1	4789.9	4375.7	726.7	3499.1	115.0	214.5	79.6	74.1	276.6
2014	5615.3	5000.7	4595.0	747.1	3696.6	115.9	213.6	74.1	66.8	266.3
2015	5679.2	5078.0	4722.1	761.7	3800.0	114.5	161.4	71.2	66.9	269.2
2016	5676.3	5021.7	4615.1	780.7	3656.9	124.3	200.1	78.2	73.8	317.1

12－11 主要农产品产量（一）

Main Farm Output（one）

单位：万吨 unit:

年份 Year	粮食 Grain						
		谷物 Grain	#稻谷 Unhusked Rice	#小麦 Wheat	#玉米 Corn	豆类 Beans	薯类 Potato
1978	914.70		121.15	19.89	489.49		
1980	859.60		107.40	16.80	506.90		
1985	1225.26		183.66	10.33	793.13		
1990	2046.52		289.42	12.75	1529.55		
1995	1992.40	1867.90	296.90	19.10	1478.50	89.70	34.80
1996	2326.60	2211.90	347.40	20.60	1753.40	74.90	39.80
1997	1808.30	1707.20	376.20	13.00	1260.30	73.70	27.40
1998	2506.00	2368.60	385.50	10.60	1924.70	88.10	49.30
1999	2305.60	2184.20	405.90	16.10	1692.60	74.20	47.20
2000	1638.00	1448.30	374.80	16.30	993.20	140.60	49.10
2001	1953.40	1775.57	371.20	11.58	1328.40	134.18	43.65
2002	2214.80	1988.12	370.00	7.94	1540.00	184.96	41.72
2003	2259.60	2015.60	318.20	6.00	1615.30	191.10	52.90
2004	2510.00	2285.36	437.62	3.37	1810.00	166.91	57.73
2005	2581.21	2371.48	478.00	2.68	1815.00	152.83	75.89
2006	2720.00	2531.00	493.00	3.00	1984.00	150.00	39.00
2007	2454.00	2337.00	500.00	1.55	1800.00	92.14	25.00
2008	2840.00	2698.82	579.00	3.22	2083.00	111.18	30.00
2009	2460.00	2348.00	505.00	1.00	1810.00	85.00	27.00
2010	2842.50	2654.11	568.50	1.24	2004.00	112.90	75.49
2011	3171.00	3015.24	623.50	1.30	2339.00	101.26	54.50
2012	3343.00	3221.73	532.03	0.99	2578.78	52.57	68.69
2013	3551.00	3443.80	563.27	0.91	2775.74	58.78	48.44
2014	3532.80	3420.85	587.60	0.10	2733.50	55.45	56.54
2015	3647.04	3538.93	630.10	0.10	2805.73	48.64	59.47
2016	3717.21	3601.60	654.10	0.10	2833.00	62.50	265.55

注：水果产量为园林水果产量，2016年薯类产量为鲜薯产量。
Note: Fruit Production is the yield of gardenfruit, In 2016, potato production is the yield of fresh potato.

12－11 主要农产品产量（二）
Main Farm Output（two）

单位：万吨　　　　unit:

年份 Year	油料 Oil Plants	麻类 Hemp	甜菜 Beet	烟叶 Tobacco	园参 Ginseng	蔬菜 Vegetables	水果 Fruits
1978	12.29	1.26	45.13	2.48	0.16	351.04	5.65
1980	26.60	1.56	117.66	1.54	0.22	302.94	4.45
1985	48.36	1.27	87.69	3.79	0.52	329.29	6.59
1990	46.74	0.38	116.40	5.41	1.92	450.16	13.33
1995	25.55	0.25	83.64	3.07	1.35	530.55	27.97
1996	21.70	0.18	70.21	5.79	1.41	587.59	31.06
1997	15.93	0.10	32.90	7.21	1.30	642.43	37.49
1998	21.28	0.05	55.56	4.26	1.37	736.87	45.54
1999	31.40	0.10	25.80	4.90	1.50	822.60	49.60
2000	38.96	0.12	44.39	5.99	1.65	836.43	48.62
2001	34.34	0.33	69.44	4.88	2.02	777.84	200.79
2002	46.12	0.83	76.18	5.13	1.99	859.44	80.27
2003	57.13	0.37	7.02	5.01	2.51	881.01	59.38
2004	38.10	0.30	3.55	5.40	2.51	699.89	68.30
2005	54.45	0.61	7.35	5.97	3.21	832.56	66.20
2006	58.37	0.12	11.08	7.04	2.87	814.00	67.95
2007	43.71	0.05	15.85	6.13	3.13	878.46	65.43
2008	51.84	0.25	24.27	6.53	3.58	857.60	66.29
2009	50.40	0.05	6.63	6.65	2.75	968.42	64.06
2010	70.44	0.02	7.75	7.23	2.82	1078.75	65.08
2011	69.56	0.02	16.27	7.23	3.69	971.38	60.63
2012	80.72	0.01	20.94	8.13	3.21	957.54	59.75
2013	84.02		6.20	6.06	3.22	939.21	61.25
2014	79.69		6.40	5.40	2.89	875.95	58.89
2015	76.42		1.30	4.45	2.70	859.95	53.40
2016	82.54	0.001	1.41	3.97	2.71	852.44	50.97

注：水果产量为园林水果产量，2016年薯类产量为鲜薯产量。
Note: Fruit Production is the yield of gardenfruit, In 2016, potato production is the yield of fresh potato.

12－12 主要农业产品产量和大牲畜饲养量
Output of Major Agricultural Products Over the Years and Lorge Number of Liestock Raised

年 份 Year	大牲畜年底头数(万头) End of the Head of large livestock (10000heads)	肉类(万吨) Meat (10000tons)	猪肉 Pork	牛肉 Beef	羊肉 Mutton	奶类(万吨) Milk (10000tons)	水产品(万吨) Aquatic Products (10000tons)
1978	231.62	15.64	15.13	0.34	0.17	2.02	1.03
1979	234.27	21.30				2.78	0.81
1980	236.76	24.57	23.63	0.76	0.18	3.07	0.84
1981	231.83	25.11				3.10	1.30
1982	234.44	28.29				3.47	1.54
1983	245.71	26.33				3.82	1.79
1984	279.59	26.22				4.91	2.14
1985	294.59	32.02	28.53	1.08	0.31	7.43	2.96
1986	284.89	37.46				8.01	3.83
1987	274.52	38.09				8.52	4.51
1988	281.90	41.02				9.47	5.81
1989	292.17	45.07				11.06	6.61
1990	309.07	51.79	38.94	3.63	0.81	12.11	7.09
1991	318.55	56.97				12.66	7.86
1992	341.12	64.04				11.32	8.49
1993	359.26	76.66				9.80	9.79
1994	424.03	101.00	61.75	11.62	1.40	10.89	10.50
1995	498.66	134.60	77.30	17.49	1.87	11.32	11.06
1996	572.20	184.50	102.52	25.74	2.59	8.63	12.08
1997	602.96	211.50	115.00	32.00	3.00	9.89	13.20
1998	494.80	223.71	117.20	28.30	2.60	13.35	14.20
1999	522.10	236.40	121.50	31.30	3.10	14.54	14.47
2000	539.80	247.90	127.10	33.50	3.20	15.00	14.01
2001	551.00	258.20	134.00	35.20	3.40	16.44	11.02
2002	560.39	263.50	134.90	37.00	3.50	18.89	10.51
2003	599.41	275.00	135.10	46.20	3.80	23.28	10.87
2004	615.20	288.00	143.00	49.00	4.00	26.00	11.98
2005	634.94	310.00	158.00	51.00	4.20	30.00	11.89
2006	684.37	315.00	159.00	55.00	4.30	35.00	13.07
2007	740.65	347.80	177.90	59.30	4.60	48.00	15.16
2008	800.90	384.50	200.00	64.50	5.00	65.00	15.50
2009	556.65	226.20	113.20	41.90	3.60	44.50	16.50
2010	537.60	238.90	119.80	43.20	3.80	44.60	16.60
2011	505.60	243.90	122.00	43.40	3.90	46.00	17.28
2012	504.30	260.00	132.70	45.00	4.10	49.76	18.21
2013	503.10	262.60	136.30	45.00	4.20	48.34	18.58
2014	490.65	261.94	140.40	46.00	4.50	49.31	19.01
2015	501.01	260.17	136.00	46.58	4.78	52.33	19.52
2016	475.10	260.40	130.56	47.10	4.81	52.85	20.07

12－13　主要农作物播种面积和产量
Main Crop Acreage and Yield

项　目	Item	2014			2015			2016		
		播种面积（千公顷）Total Sown Area (1000 ha)	总产量（万吨）Output (10000 tons)	单产（公斤/公顷）Yield Per Unit Area (kg/ha)	播种面积（千公顷）Total Sown Area (1000 ha)	总产量（万吨）Output (10000 tons)	单产（公斤/公顷）Yield Per Unit Area (kg/ha)	播种面积（千公顷）Total Sown Area (1000 ha)	总产量（万吨）Output (10000 tons)	单产（公斤/公顷）Yield Per Unit Area (kg/ha)
农作物总播种面积	Sown Area	5615.30			5679.20			5676.30		
粮食作物合计	Total of Grain Crops	5000.72	3532.80	7064.67	5077.95	3647.04	7182.10	5021.66	3717.21	7402.35
谷物	Cereal	4595.00	3420.85	7444.70	4722.14	3538.93	7494.34	4615.13	3601.60	7803.90
# 水稻	Rice	747.10	587.60	7865.10	761.71	630.10	8272.24	780.67	654.10	8378.70
小麦	Wheat	0.40	0.10	4005.00	0.26	0.10	4030.20	0.27	0.10	3703.70
玉米	Corn	3696.60	2733.50	7394.60	3799.96	2805.73	7383.56	3656.87	2833.00	7747.06
高粱	Grain Sorghum	115.90	84.80	7616.60	114.54	83.84	7320.00	124.32	89.45	7195.14
豆类	Soy Beans	331.60	55.45	1673.70	284.63	48.64	1708.70	328.33	62.50	1903.57
# 大豆	Soy	213.60	37.40	1750.90	161.37	29.03	1799.10	200.13	39.85	1991.21
薯类	Potato	74.10	56.54	7624.80	71.18	59.47	8355.00	78.18	53.11	6793.30
# 马铃薯	Potato	66.80	55.70	8338.30	66.89	55.89	8355.00	73.78	49.98	6774.19
油料	Oil－bearing Crops	266.31	85.70	3218.16	269.16	76.42	2839.32	317.08	82.54	2603.13
# 葵花籽	Sunflower Seeds	96.64	23.76	2458.61	84.84	16.95	1998.17	82.29	13.53	1644.10
烟叶	Tobacco Crops	20.61	5.40	2620.09	15.61	4.45	2850.71	14.56	3.97	2729.12
# 烤烟	Flue－cured Tobacco	10.56	2.82	2670.45	8.31	2.17	2615.48	10.07	2.53	2514.60
园参	Garden Ginseng	6.52	2.89	4432.52	5.66	2.70	4772.19	6.33	2.71	4288.36
蔬菜	Vegetables	211.06	875.95	41502.42	200.52	859.95	42887.07	200.43	852.44	42530.62
水果	Fruits	51.20	170.85	33369.14	46.79	155.57	33244.97	56.56	190.12	33614.18

注：1.粮食作物、玉米、水稻播种面积和产量为抽样调查数。2.此表中水果为瓜果类，不包含园林水果。
3.此表薯类为折粮产量。4.此表蔬菜产量含食用菌。

Note：①The grain crop, corn, rice sown area and yield are from the sample survey number. ②Fruits in this table exclude garden fruit.
③Potato yields in this table are converted in to those of grain. ④Vegatable yields in clude edible fungus in this table.

12－14 林业、渔业和其他畜牧业生产情况

Output of Forestry、Fishery and Other Livestock Production

项　　目	Item	2014	2015	2016
造林面积（千公顷）	Area of Afforestation(1000ha)	153.31	112.00	88.65
#用材林	Commercial Forest	58.30	44.59	39.44
经济林	Economic Forest	7.78	9.88	8.56
防护林	Shelter Forest	42.40	57.41	40.56
零星植树（万株）	Surrounding Tree of Planting(10000plants)	933.76	1859.43	926.40
年末实有育苗面积（千公顷）	Areas Growing Seeding at End of the Year(1000ha)	12.99	11.48	10.50
水产品产量（吨）	Output of Aquatic Products(ton)	190100	195200	200683
#养殖产量	Output of Cultured	169468	175546	181174
养殖面积（千公顷）	Areas of Cultured(1000ha)	313.10	316.90	318.85
水果总产量（吨）	Output of Fruits(ton)	588991	534047	509744
年末实有水果面积（千公顷）	Actual Area of Fruits at End of the Year(1000ha)	52.87	47.95	46.55
蚕茧产量（吨）	Output of Silkworm Cocoons(ton)	3378	3422	3255
蜂蜜产量（吨）	Honey(ton)	14782	14865	15171
鹿茸产量（公斤）	Pilose Amtler(kg)	298679	297781	355828

12－15　畜牧业生产情况
Livestock Production

项　　目	Item	2014	2015	2016
大牲畜年末头数(万头)	Large Animals(year－end)(10000 heads)	490.7	501.0	475.1
牛	Cattle and Buffaloes	430.9	450.7	427.3
# 奶牛	#Cows	24.5	26.2	25.0
马	Horses	30.1	25.6	24.66
驴	Donkeys	21.8	17.3	16.49
骡	Mules	7.9	7.4	6.68
肉类总产量(万吨)	Output of Meat(10000 tons)	261.9	260.2	260.4
# 猪 肉	#Prok	140.4	136.0	130.6
牛 肉	Beef	46.0	46.6	47.1
羊 肉	Mutton	4.5	4.8	4.8
肉猪出栏头数(万头)	Slaughtered Fattened Hogs(10000 heads)	1721.1	1664.3	1619.3
猪年末头数(万头)	Hogs(10000 heads)	1000.4	972.4	948.1
# 能繁殖母猪	#Sow	123.5	117.6	110.3
羊年末只数(万只)	Sheep and Coats(year－end) (10000 heads)	410.8	452.9	438.4
山 羊	Coats	54.4	54.6	52.53
绵 羊	Sheep	356.4	398.3	385.91
鹿年末只数(万只)	Deer (year－end)(10000 heads)	67.8	67.8	63.5
牛 奶(吨)	Cow Milk(ton)	493056.4	523267.0	528499.0
羊 奶(吨)	Goat Milk(ton)	5283.0	5179.0	5254.0
绵 羊 毛(吨)	Sheep Wool(ton)	14261.4	15109.0	15645.4
# 细羊毛	#Semi－fine Wool	7469.7	7644.0	8011.4
家 禽(万只)	Poultry(10000 units)	15018.0	16527.0	15105.8
禽 蛋(万吨)	Poultry Eggs(10000 tons)	98.5	107.3	114.4

12－16　农业事业机构和气象台站
Agricultural Institution and Meteorological Station

单位：个　　　　(unit)

指　　标	Item	2014	2015	2016
农业技术推广站	Agricultural Technology Spreading Stations	733	746	747
畜牧兽医站	Veterinary Stations	672	673	673
气象台、站	Meterological Obsrvatories and Stations	66	66	65
气 象 台	Meterological Obsrvatories	11	11	11
气 象 站	Weather Stations	55	55	54

12－17　农业自然灾害受灾情况
Agricultural Natural Disaster Disaster Situation

指　　标	Item	2014	2015	2016
受灾面积(万公顷)	**Disaster Areas (10000ha)**	**195.6**	**84.6**	**74.8**
#旱　灾	Drought	182.7	70.0	52.4
洪涝灾	Flood	2.4	2.4	7.1
风雹灾	Wind and Hail	8.9	12.2	6.1
绝收面积(万公顷)	**Areas Affected(10000ha)**	**27.5**	**7.4**	**9.0**
#旱　灾	Drought	25.3	6.0	5.2
洪涝灾	Flood	0.6	0.4	0.9
风雹灾	Wind and Hail	1.4	1.0	0.8
受灾人口(万人)	Disaster Population(10000persons)	575.0	450.5	259.8
转移安置人口(人)	Population Arranged(person)	11508	5008	52069
损坏房屋(间)	Houses Damaged(room)	19438	6885	19978
其中：倒塌房屋	Houses Collapsed	3524	54	1070
直接经济损失(亿元)	Dircet Economic Losses (100million yuan)	123.5	81.9	98.8

12－18 商品粮基地县基本情况（2016年）

Basic Conditions for Commodity Grain County（2016）

市、县 City，County		乡村人口（人）Pural (Persone)	耕地面积（公顷）Area of Cultivated Land (ha)	农林牧渔业总产值（现价、万元）Total Value of AFAF (Current price) (10000 yuan)	粮食播种面积（公顷）Grain Grops Sown Area (ha)	粮食总产量（吨）Output of Grain (ton)	每公顷粮食产量（公斤）Output of Grain per Hectare(kg)
农安县	Nong' an	880822	377319	1728749	342155	3009159	8795
榆树市	Yushu	1027548	391007	1852399	378706	3393036	8960
德惠市	Dehui	668778	209532	1418190	207702	1525518	7345
永吉县	Yongji	284516	70474	384761	68429	483458	7065
蛟河市	Jiaohe	250447	113240	695070	105965	612816	5783
桦甸市	Huadian	216203	96125	799317	125694	706268	5619
舒兰市	Shulan	453396	142005	945493	139848	969956	6936
磐石市	Panshi	335502	105283	848033	111244	762747	6857
梨树县	Lishu	551400	213649	1687637	225449	2156827	9567
伊通满族自治县	Yitong	345608	124297	871393	122837	1040004	8467
公主岭市	Gongzhuling	793565	285533	1846194	304120	3001259	9869
双辽市	Shuangliao	233580	174448	765025	155406	1122350	7222
东丰县	Dongfeng	268514	126805	623593	128428	862010	6712
东辽县	Dongliao	269151	107802	384261	99818	604342	6054
通化县	Tonghua	151123	28928	146653	26488	158426	5981
辉南县	Huinan	181092	79606	319203	74418	517796	6958
梅河口市	Meihekou	329213	104000	489266	99863	574309	5751
前郭尔罗斯蒙古族自治县	Qianguo	425301	306825	1435062	242146	2091623	8638
长岭县	Changling	473522	332569	1363805	287679	1797870	6250
扶余市	Fuyu	603050	320942	1368396	251358	2138386	8507
镇赉县	Zhenlai	159257	194474	553564	192216	1027866	5347
洮南市	Taonan	265858	192977	519478	206674	918743	4445
大安市	Da' an	229652	121547	377424	101280	788717	7787
敦化市	Dunhua	209802	169752	533845	164002	510621	3114

注：乡村人口为公安年报数。

Note: the agricultural population is annual statistical data from security department.

CHAPTER ▶ 13

第十三篇

工　业

INDUSTRY

13－1 规模以上工业企业主要指标（2016年）

单位：万元

项　　目	Item	企业单位数(个) Number of Enterprises (unit)	#亏损企业 Loss－making Enterprises
总计	**Total**	**6003**	**415**
一、按登记注册类型分组:	**Grouped by Status Registration**		
内资企业	Domestic Enterprises	5682	366
国有企业	State-owned Enterprises	45	19
中央企业	Central Enterprises	16	7
地方企业	Local Enterprises	29	12
集体企业	Collective-owned Enterprises	31	2
股份合作企业	Stock Cooperative	7	
联营企业	Joint Venture Enterprises	3	
国有联营企业	State Joint Ownership Enterprises	1	
集体联营企业	Collective Joint Ownership Enterprises	1	
国有与集体联营企业	State-owned and Collective Joint Ownership Enterprises		
其他联营企业	Other Joint Ownership Enterprises	1	
有限责任公司	Limited Liability Corporations	2223	208
国有独资公司	State Sole Funded Corporations	96	20
其他有限责任公司	Other Limited Liability Corporations	2127	188
股份有限公司	Joint Stock Corporations	341	38
私营企业	Private Enterprises	2990	97
私营独资企业	Private-funded Enterprises	102	3
私营合伙企业	Private Partnership Enterprises	7	
私营有限责任公司	Private Limited Liability Corporations	2736	91
私营股份有限公司	Private Joint Stock Corporations	145	3
其他企业	Other Enterprises	42	2
港、澳、台商投资企业	Hong Kong,Macao and Taiwan Invesment Enterprises	83	13
合资经营企业(港或澳、台资)	Joint-venture Enterprises	36	4
合作经营企业(港或澳、台资)	Cooperative Enterprises	5	
港澳台商独资经营企业	Hong Kong,Macao and Taiwan Investment Enterprises	34	7
港澳台商投资股份有限公司	Hong Kong,Macao and Taiwan Investment Joint Stock Corporations	4	1
其他港澳台商投资企业	Other Hongkong,Macao and Taiwan Enterprises	4	1
外商投资企业	Foreign Investment Enterprises	238	36
中外合资经营企业	Sino-foreign Joint Venture	132	15
中外合作经营企业	Sino-foreign Cooperative Operation Enterprises	10	2
外资企业	Foreign Invested Enterprises	91	18
外商投资股份有限公司	Foreign Investment Joint Stock Corporation	3	1
其他外商投资企业	Other Foreign Investment Enterprises	2	

Main Indicators of Industrial Enterprises above Designated Size（2016）

unit: 10000 yuan

工业总产值（当年价格）Gross Industrial Output Value（current price）	工业销售产值（当年价格）Sales Value of Industry（current price）	产成品 Finished Goods	资产总计 Total Assets	流动资产合计 Total Current Assets	应收帐款 Account Receivable	固定资产合计 Total Fixed Assets	固定资产原价 Original Value of Fixed Assets
240866069	**234123799**	**5403969**	**189694654**	**82883216**	**14873972**	**76117150**	**177172675**
219785981	213578723	4649520	169112610	71591114	11296401	69251076	162190903
41642043	40677730	1301387	41402470	22967495	825452	10655185	18268950
40623671	39950674	1289767	40133381	22463034	756576	10254611	16950244
1018372	727056	11620	1269089	504462	68876	400574	1318706
543320	518784	8080	340778	179688	39959	149667	339741
141636	139164	1001	50216	18990	6024	15591	72301
30432	30674	1136	39928	22620	11085	10563	13119
17214	17214	936	20328	17082	10325	2798	3735
2402	2350	200	801	601	257	200	202
10817	11110		18798	4937	504	7565	9182
66018525	64294811	1285366	53250164	18769375	4365558	25888039	57256883
7460926	7356550	95718	12145004	3142891	600001	7989846	14530329
58557599	56938261	1189648	41105161	15626484	3765557	17898193	42726554
35761947	34888068	1123085	39385430	17992283	3562178	13854906	27617014
73452967	70872810	889539	27812235	10419615	2448262	13080014	47701087
2923830	2829364	14609	579443	190712	35198	315307	2958016
117106	115486	53	27904	11059	988	6508	71152
65527455	63229851	813605	25247116	9381119	2140955	11947586	42110942
4884576	4698110	61273	1957772	836725	271121	810614	2560977
2195111	2156682	39926	6831390	1221048	37883	5597111	10921810
5042022	4823428	186019	4918074	1872977	507189	2672685	5236289
2141147	2158393	44982	1492547	627914	204386	691037	1931988
555341	359189	38707	342788	157248	6540	166417	258302
1722349	1668038	80201	2066156	819103	230941	1077208	2198165
189296	203153	21824	227385	187346	62699	32502	48096
433889	434655	305	789199	81367	2624	705522	799738
16038067	15721648	568430	15663969	9419125	3070381	4193390	9745483
9635386	9431801	391098	9773336	5951446	1991283	2621130	4756197
535505	577606	4771	651500	298519	42741	209021	608620
4683493	4529398	148418	3642308	2017857	726468	1150965	3974761
936050	938191	2765	935364	726415	288865	138600	292283
247634	244652	21378	661462	424888	21025	73674	113622

单位：万元

13-1 续表 1

项 目	Item	企业单位数(个) Number of Enterprises (unit)	#亏损企业 Loss - making Enterprises
二、按经济组织类型分组	**Grouped by Ownership**		
独资企业	Solely-invested Enterprise	303	49
国有企业	State-owned Enterprises	45	19
集体企业	Collective-owned Enterprises	31	2
私营独资企业	Private-funded Enterprises	102	3
港澳台商独资经营企业	Enterprises with Sole Investment form Hong Kong,Macao and Taiwan	34	7
外资企业	Enterprises with Sole Funds	91	18
合作、合伙企业	Cooperation and Partnership Enterprises	80	5
股份合作企业	Stock Cooperative	7	
国有联营企业	State Joint Ownership Enterprises	1	
集体联营企业	Collective Joint Ownership Enterprises	1	
国有与集体联营企业	State-owned Collective Joint Ownership Enterprises		
其他联营企业	Other Joint Ownership Enterprises	1	
私营合伙企业	Private Partnership Enterprises	7	
合作经营企业(港或澳、台资)	Cooperative Enterprises	5	
中外合作经营企业	Sino-foreign Cooperative Enterprises	10	2
其他企业（内资）	Other Enterprises（domistic Investment）	42	2
其他港澳台商投资企业	Other Hongkong,Macao and Taiwan Enterprises	4	1
其他外商投资企业	Other Foreign Funded Enterprises	2	
股份有限公司	Joint Stock Corporation	493	43
股份有限公司(内资)	Joint Stock Corporation（domistic Investment）	341	38
私营股份有限公司	Private Joint Stock Corporations	145	3
港澳台商投资股份有限公司	Hong Kong, Macao and Taiwan Investment Joint Stock Corporation	4	1
外商投资股份有限公司	Joint Stock Corporation Foreign Investment	3	1
有限责任公司	Limited Liability Corporations	5127	318
国有独资公司	State Sole Funded Corporations	96	20
私营有限责任公司	Private Limited Liability Corporations	2736	91
合资经营企业(港或澳、台资)	Joint-venture Entersprises	36	4
中外合资经营企业	Sino-foreign Equity Joint Venture	132	15
其他有限责任公司	Other Limited Liability Corporations	2127	188
三、在总计中:亏损企业	Loss-making Enterprises	415	415
在总计中:国有控股企业	State-owned Holding Enterprises	370	105
在总计中:农村工业	Village Industry	40	2
在总计中:轻工业	Light Industry	2577	142
重工业	Heavy Industry	3426	273
在总计中:大型企业	Large-sized Enterprise	101	23
中型企业	Mdeium-sized Enterprise	531	81
小型企业	Small-sized Enterprise	5371	311

contiued

unit: 10000 yuan

工业总产值（当年价格）Gross Industrial Output Value (current price)	工业销售产值（当年价格）Sales Value of Industry (current price)	产成品 Finished Goods	资产总计 Total Assets	流动资产合计 Total Current Assets	应收帐款 Account Receivable	固定资产合计 Total Fixed Assets	固定资产原价 Original Value of Fixed Assets
51515034	50223313	1552695	48031154	26174855	1858017	13348332	27739632
41642043	40677730	1301387	41402470	22967495	825452	10655185	18268950
543320	518784	8080	340778	179688	39959	149667	339741
2923830	2829364	14609	579443	190712	35198	315307	2958016
1722349	1668038	80201	2066156	819103	230941	1077208	2198165
4683493	4529398	148418	3642308	2017857	726468	1150965	3974761
4256655	4058108	107277	9394387	2235739	128909	6784405	12858663
141636	139164	1001	50216	18990	6024	15591	72301
17214	17214	936	20328	17082	10325	2798	3735
2402	2350	200	801	601	257	200	202
10817	11110		18798	4937	504	7565	9182
117106	115486	53	27904	11059	988	6508	71152
555341	359189	38707	342788	157248	6540	166417	258302
535505	577606	4771	651500	298519	42741	209021	608620
2195111	2156682	39926	6831390	1221048	37883	5597111	10921810
433889	434655	305	789199	81367	2624	705522	799738
247634	244652	21378	661462	424888	21025	73674	113622
41771868	40727521	1208946	42505950	19742768	4184863	14836622	30518370
35761947	34888068	1123085	39385430	17992283	3562178	13854906	27617014
4884576	4698110	61273	1957772	836725	271121	810614	2560977
189296	203153	21824	227385	187346	62699	32502	48096
936050	938191	2765	935364	726415	288865	138600	292283
143322512	139114855	2535050	89763163	34729854	8702183	41147791	106056010
7460926	7356550	95718	12145004	3142891	600001	7989846	14530329
65527455	63229851	813605	25247116	9381119	2140955	11947586	42110942
2141147	2158393	44982	1492547	627914	204386	691037	1931988
9635386	9431801	391098	9773336	5951446	1991283	2621130	4756197
58557599	56938261	1189648	41105161	15626484	3765557	17898193	42726554
10333084	9823215	812483	32640259	10054033	1974244	17659833	33012278
75106712	73558739	2684928	96680186	44371445	4897886	38857729	69994211
785180	766283	10772	199261	99169	24254	57817	81318
81876625	79040166	1734519	43844182	19527186	3905699	15277159	44805576
158989444	155083632	3669450	145850472	63356029	10968273	60839991	132367099
83088536	81721097	2344964	96379806	43809500	6147221	36436941	67742174
35903361	34521175	997906	33994136	14221622	3255602	14555639	34380255
121874172	117881526	2061100	59320712	24852094	5471149	25124571	75050246

13－1 续表 2

单位：万元

项　　目	Item	负债合计 Total Liabilities	所有者权益合计 Total Owners' Equities
总计	**Total**	**99326662**	**90227940**
一、按登记注册类型分组:	**Grouped by Status Registration**		
内资企业	Domestic Enterprises	86134434	82849436
国有企业	State-owned Enterprises	18942244	22460225
中央企业	Central Enterprises	18086013	22047368
地方企业	Local Enterprises	856232	412857
集体企业	Collective-owned Enterprises	169206	166869
股份合作企业	Stock Cooperative	12924	37293
联营企业	Joint Venture Enterprises	19126	20801
国有联营企业	State Joint Ownership Enterprises	10592	9737
集体联营企业	Collective Joint Ownership Enterprises	210	591
国有与集体联营企业	State-owned and Collective Joint Ownership Enterprises		
其他联营企业	Other Joint Ownership Enterprises	8325	10473
有限责任公司	Limited Liability Corporations	31062695	22143786
国有独资公司	State Sole Funded Corporations	8620594	3524408
其他有限责任公司	Other Limited Liability Corporations	22442101	18619378
股份有限公司	Joint Stock Corporations	20799834	18562065
私营企业	Private Enterprises	12447862	15307550
私营独资企业	Private-funded Enterprises	203755	373002
私营合伙企业	Private Partnership Enterprises	12380	10479
私营有限责任公司	Private Limited Liability Corporations	11422458	13777379
私营股份有限公司	Private Joint Stock Corporations	809270	1146689
其他企业	Other Enterprises	2680543	4150847
港、澳、台商投资企业	Hong Kong,Macao and Taiwan Invesment Enterprises	3370799	1547275
合资经营企业(港或澳、台资)	Joint-venture Enterprises	652729	839818
合作经营企业(港或澳、台资)	Cooperative Enterprises	246124	96664
港澳台商独资经营企业	Hong Kong,Macao and Taiwan Investment Enterprises	1845639	220516
港澳台商投资股份有限公司	Hong Kong,Macao and Taiwan Investment Joint Stock Corporations	62185	165200
其他港澳台商投资企业	Other Hongkong,Macao and Taiwan Enterprises	564122	225077
外商投资企业	Foreign Investment Enterprises	9821429	5831229
中外合资经营企业	Sino-foreign Joint Venture	6678111	3089189
中外合作经营企业	Sino-foreign Cooperative Operation Enterprises	254547	394898
外资企业	Foreign Invested Enterprises	2034210	1604878
外商投资股份有限公司	Foreign Investment Joint Stock Corporation	407870	527494
其他外商投资企业	Other Foreign Investment Enterprises	446691	214771

contiued

unit: 10000 yuan

主营业务收入 Revenue from Principal Business	主营业务成本 Cost of Principal Business	销售费用 Selling Cost	管理费用 Management Cost	财务费用 Finance Cost	利息支出 Interest Expense	利润总额 Total Profits
234313690	**195651149**	**9557991**	**10690190**	**2431659**	**2078964**	**12684904**
213972396	178676695	8952483	9524292	2061833	1733910	11701646
47001356	37349013	2634897	2015896	-68050	62898	4490182
46570578	36982302	2619079	1960207	-79372	51524	4493979
430778	366711	15819	55689	11322	11375	-3797
507684	397094	10083	34200	1070	875	30385
114491	103600	1503	2085	1210	693	5928
29679	23899	571	1311	-11	7	3592
16167	11966	12	490	-11	7	3164
2402	2000					383
11110	9932	559	811			45
61152203	52442880	1977555	2659632	893961	698889	2660539
7486064	7037341	126994	348078	192376	183127	-191943
53666138	45405540	1850562	2311554	701585	515762	2852482
34363308	26698719	2422683	1900229	504450	443019	1853219
68801165	59601035	1863257	2735208	680262	465470	3182823
2813744	2541466	42428	106728	15767	12848	82871
115533	102341	3057	3724	988	47	4756
61292638	52971714	1737720	2497606	631478	425143	2840843
4579251	3985515	80052	127150	32029	27433	254352
2002512	2060456	41934	175731	48942	62059	-525021
4251226	3529199	177852	236499	96316	78974	40087
1651332	1412938	52730	76993	19762	9331	90389
399772	354817	16806	16373	11721	11721	5988
1567912	1292834	66096	101791	62746	55440	-126033
203173	110008	33544	27833	204	251	30796
429037	358601	8678	13509	1883	2231	38948
16090067	13445255	427656	929399	273511	266081	943171
9726343	8249359	163302	440346	202599	232825	571663
570956	470659	35536	30600	10537	10176	29856
4582950	3789178	170765	310965	54104	20174	216143
968443	706674	55343	130603	2547	506	107936
241376	229384	2709	16884	3724	2400	17573

13－1 续表 3

单位：万元

项 目	Item	负债合计 Total Liabilities	所有者权益合计 Total Owners' Equities
二、按经济组织类型分组	**Grouped by Ownership**		
独资企业	Solely-invested Enterprise	23195053	24825491
国有企业	State-owned Enterprises	18942244	22460225
集体企业	Collective-owned Enterprises	169206	166869
私营独资企业	Private-funded Enterprises	203755	373002
港澳台商独资经营企业	Enterprises with Sole Investment form Hong Kong,Macao and Taiwan	1845639	220516
外资企业	Enterprises with Sole Funds	2034210	1604878
合作、合伙企业	Cooperation and Partnership Enterprises	4236457	5150829
股份合作企业	Stock Cooperative	12924	37293
国有联营企业	State Joint Ownership Enterprises	10592	9737
集体联营企业	Collective Joint Ownership Enterprises	210	591
国有与集体联营企业	State-owned Collective Joint Ownership Enterprises		
其他联营企业	Other Joint Ownership Enterprises	8325	10473
私营合伙企业	Private Partnership Enterprises	12380	10479
合作经营企业(港或澳、台资)	Cooperative Enterprises	246124	96664
中外合作经营企业	Sino-foreign Cooperative Enterprises	254547	394898
其他企业（内资）	Other Enterprises（domistic Investment）	2680543	4150847
其他港澳台商投资企业	Other Hongkong,Macao and Taiwan Enterprises	564122	225077
其他外商投资企业	Other Foreign Funded Enterprises	446691	214771
股份有限公司	Joint Stock Corporation	22079159	20401448
股份有限公司(内资)	Joint Stock Corporation（domistic Investment）	20799834	18562065
私营股份有限公司	Private Joint Stock Corporations	809270	1146689
港澳台商投资股份有限公司	Hong Kong, Macao and Taiwan Investment Joint Stock Corporation	62185	165200
外商投资股份有限公司	Joint Stock Corporation Foreign Investment	407870	527494
有限责任公司	Limited Liability Corporations	49815993	39850173
国有独资公司	State Sole Funded Corporations	8620594	3524408
私营有限责任公司	Private Limited Liability Corporations	11422458	13777379
合资经营企业(港或澳、台资)	Joint-venture Entersprises	652729	839818
中外合资经营企业	Sino-foreign Equity Joint Venture	6678111	3089189
其他有限责任公司	Other Limited Liability Corporations	22442101	18619378
三、在总计中:亏损企业	Loss-making Enterprises	25746146	6893849
在总计中:国有控股企业	State-owned Holding Enterprises	55423477	41256705
在总计中:农村工业	Village Industry	68345	130915
在总计中:轻工业	Light Industry	19659896	24106748
重工业	Heavy Industry	79666766	66121192
在总计中:大型企业	Large-sized Enterprise	51820954	44558851
中型企业	Mdeium-sized Enterprise	18651087	15343044
小型企业	Small-sized Enterprise	28854621	30326045

contiued

unit: 10000 yuan

主营业务收入 Revenue from Principal Business	主营业务成本 Cost of Principal Business	销售费用 Selling Cost	管理费用 Management Cost	财务费用 Finance Cost	利息支出 Interest Expense	利润总额 Total Profits
56473645	45369585	2924269	2569581	65636	152235	4693548
47001356	37349013	2634897	2015896	–68050	62898	4490182
507684	397094	10083	34200	1070	875	30385
2813744	2541466	42428	106728	15767	12848	82871
1567912	1292834	66096	101791	62746	55440	–126033
4582950	3789178	170765	310965	54104	20174	216143
3903354	3703757	110793	260217	78993	89333	–418381
114491	103600	1503	2085	1210	693	5928
16167	11966	12	490	–11	7	3164
2402	2000					383
11110	9932	559	811			45
115533	102341	3057	3724	988	47	4756
399772	354817	16806	16373	11721	11721	5988
570956	470659	35536	30600	10537	10176	29856
2002512	2060456	41934	175731	48942	62059	–525021
429037	358601	8678	13509	1883	2231	38948
241376	229384	2709	16884	3724	2400	17573
40114175	31500916	2591622	2185815	539230	471209	2246303
34363308	26698719	2422683	1900229	504450	443019	1853219
4579251	3985515	80052	127150	32029	27433	254352
203173	110008	33544	27833	204	251	30796
968443	706674	55343	130603	2547	506	107936
133822515	115076891	3931307	5674577	1747800	1366187	6163434
7486064	7037341	126994	348078	192376	183127	–191943
61292638	52971714	1737720	2497606	631478	425143	2840843
1651332	1412938	52730	76993	19762	9331	90389
9726343	8249359	163302	440346	202599	232825	571663
53666138	45405540	1850562	2311554	701585	515762	2852482
9749832	9586418	301925	1056412	714570	663548	–2267997
79486811	64379997	3340987	3991032	823245	943242	4639494
660587	563571	7265	17330	6369	4085	30278
74600599	61040349	4383541	3347557	708485	514580	3982138
159713090	134610800	5174450	7342633	1723174	1564385	8702767
89597162	71702434	4941524	4382362	689385	744776	5694599
32442170	27011256	1264832	1739356	503939	456303	1943615
112274358	96937459	3351636	4568473	1238335	877885	5046691

单位：万元

项　　目	Item	亏损企业亏损总额 Total Loss	本年应付职工薪酬 The Year of Payable Employees
总计	**Total**	**2267997**	**9832314**
一、按登记注册类型分组：	**Grouped by Status Registration**		
内资企业	Domestic Enterprises	1725468	8889706
国有企业	State-owned Enterprises	132924	2101131
中央企业	Central Enterprises	119015	2014530
地方企业	Local Enterprises	13910	86601
集体企业	Collective-owned Enterprises	976	22592
股份合作企业	Stock Cooperative		3934
联营企业	Joint Venture Enterprises		1397
国有联营企业	State Joint Ownership Enterprises		725
集体联营企业	Collective Joint Ownership Enterprises		274
国有与集体联营企业	State-owned and Collective Joint Ownership Enterprises		
其他联营企业	Other Joint Ownership Enterprises		398
有限责任公司	Limited Liability Corporations	715965	3129768
国有独资公司	State Sole Funded Corporations	330987	1306363
其他有限责任公司	Other Limited Liability Corporations	384978	1823405
股份有限公司	Joint Stock Corporations	225578	1909764
私营企业	Private Enterprises	70025	1381548
私营独资企业	Private-funded Enterprises	769	38065
私营合伙企业	Private Partnership Enterprises		1741
私营有限责任公司	Private Limited Liability Corporations	66911	1253839
私营股份有限公司	Private Joint Stock Corporations	2345	87903
其他企业	Other Enterprises	580000	339572
港、澳、台商投资企业	Hong Kong,Macao and Taiwan Invesment Enterprises	203287	241675
合资经营企业(港或澳、台资)	Joint-venture Enterprises	1921	132261
合作经营企业(港或澳、台资)	Cooperative Enterprises		8707
港澳台商独资经营企业	Hong Kong,Macao and Taiwan Investment Enterprises	200235	85032
港澳台商投资股份有限公司	Hong Kong,Macao and Taiwan Investment Joint Stock Corporations	1096	8524
其他港澳台商投资企业	Other Hongkong,Macao and Taiwan Enterprises	34	7151
外商投资企业	Foreign Investment Enterprises	339242	700933
中外合资经营企业	Sino-foreign Joint Venture	242673	437364
中外合作经营企业	Sino-foreign Cooperative Operation Enterprises	2323	26095
外资企业	Foreign Invested Enterprises	93122	185524
外商投资股份有限公司	Foreign Investment Joint Stock Corporation	1124	37916
其他外商投资企业	Other Foreign Investment Enterprises		14035

contiued

unit: 10000 yuan

全部从业人员年平均人数（人）Annual Average Employed (person)	总资产贡献率（%）Total Assets Contribution Rate(%)	资产负债率（%）Assets-liability Ratio(%)	流动资产周转率（次/年）Current Assets Turnover (times/year)	成本费用利润率（%）Ratio of Pre-tax Profit to Cost(%)	产品销售率（%）Proportion of Products Sold (%)
1396436	**13.3**	**52.4**	**2.9**	**5.7**	**97.2**
1280288	13.7	50.9	3.1	5.8	97.2
163430	20.5	45.8	2.2	10.1	97.7
148486	21.1	45.1	2.2	10.2	98.3
14944	1.3	67.5	0.9	-0.8	71.4
5333	15.6	49.7	2.9	6.3	95.5
976	16.1	25.7	6.0	5.5	98.3
227	10.8	47.9	1.3	13.5	100.8
46	18.6	52.1	1.0	24.0	100.0
75	55.3	26.2	4.0	19.1	97.9
106	0.5	44.3	2.3	0.4	102.7
491533	10.4	58.3	3.3	4.5	97.4
144918	3.9	71.0	2.5	-2.4	98.6
346615	12.3	54.6	3.5	5.6	97.2
244851	10.9	52.8	2.0	5.8	97.6
342305	18.4	44.8	6.6	4.9	96.5
10198	23.2	35.2	14.8	3.1	96.8
614	22.7	44.4	10.5	4.3	98.6
310752	18.0	45.2	6.5	4.9	96.5
20741	21.6	41.3	5.5	6.0	96.2
31633	-5.7	39.2	1.6	-22.6	98.3
29494	5.3	68.5	2.3	1.0	95.7
11210	9.1	43.7	2.7	5.7	100.8
2616	6.3	71.8	2.6	1.5	64.7
13884	-0.2	89.3	2.0	-8.1	96.9
982	20.2	27.4	1.1	17.9	107.3
802	7.8	71.5	5.3	10.2	100.2
86654	11.6	62.7	1.7	6.2	98.0
47219	12.5	68.3	1.7	6.3	97.9
2642	7.4	39.1	1.9	5.5	107.9
30024	10.5	55.9	2.3	4.9	96.7
5078	15.0	43.6	1.4	11.9	100.2
1691	3.3	67.5	0.6	6.5	98.8

单位：万元

项 目	Item	亏损企业亏损总额 Total Loss	本年应付职工薪酬 The Year of Payable Employees
二、按经济组织类型分组	**Grouped by Ownership**		
独资企业	Solely-invested Enterprise	428027	2432345
国有企业	State-owned Enterprises	132924	2101131
集体企业	Collective-owned Enterprises	976	22592
私营独资企业	Private-funded Enterprises	769	38065
港澳台商独资经营企业	Enterprises with Sole Investment form Hong Kong,Macao and Taiwan	200235	85032
外资企业	Enterprises with Sole Funds	93122	185524
合作、合伙企业	Cooperation and Partnership Enterprises	582357	402631
股份合作企业	Stock Cooperative		3934
国有联营企业	State Joint Ownership Enterprises		725
集体联营企业	Collective Joint Ownership Enterprises		274
国有与集体联营企业	State-owned Collective Joint Ownership Enterprises		
其他联营企业	Other Joint Ownership Enterprises		398
私营合伙企业	Private Partnership Enterprises		1741
合作经营企业(港或澳、台资)	Cooperative Enterprises		8707
中外合作经营企业	Sino-foreign Cooperative Enterprises	2323	26095
其他企业（内资）	Other Enterprises（domistic Investment）	580000	339572
其他港澳台商投资企业	Other Hongkong,Macao and Taiwan Enterprises	34	7151
其他外商投资企业	Other Foreign Funded Enterprises		14035
股份有限公司	Joint Stock Corporation	230142	2044106
股份有限公司(内资)	Joint Stock Corporation（domistic Investment）	225578	1909764
私营股份有限公司	Private Joint Stock Corporations	2345	87903
港澳台商投资股份有限公司	Hong Kong, Macao and Taiwan Investment Joint Stock Corporation	1096	8524
外商投资股份有限公司	Joint Stock Corporation Foreign Investment	1124	37916
有限责任公司	Limited Liability Corporations	1027471	4953232
国有独资公司	State Sole Funded Corporations	330987	1306363
私营有限责任公司	Private Limited Liability Corporations	66911	1253839
合资经营企业(港或澳、台资)	Joint-venture Entersprises	1921	132261
中外合资经营企业	Sino-foreign Equity Joint Venture	242673	437364
其他有限责任公司	Other Limited Liability Corporations	384978	1823405
三、在总计中:亏损企业	Loss-making Enterprises	2267997	1656985
在总计中:国有控股企业	State-owned Holding Enterprises	1654883	5488974
在总计中:农村工业	Village Industry	1408	10599
在总计中:轻工业	Light Industry	335587	2300882
重工业	Heavy Industry	1932410	7531432
在总计中:大型企业	Large-sized Enterprise	1602388	5585515
中型企业	Mdeium-sized Enterprise	339485	1771071
小型企业	Small-sized Enterprise	326124	2475727

contiued

unit: 10000 yuan

全部从业人员年平均人数（人） Annual Average Employed (person)	总资产贡献率（%） Total Assets Contribution Rate(%)	资产负债率（%） Assets-liability Ratio(%)	流动资产周转率（次/年） Current Assets Turnover (times/year)	成本费用利润率（%） Ratio of Pre-tax Profit to Cost(%)	产品销售率（%） Proportion of Products Sold (%)
222869	18.9	48.3	2.3	8.8	97.5
163430	20.5	45.8	2.2	10.1	97.7
5333	15.6	49.7	2.9	6.3	95.5
10198	23.2	35.2	14.8	3.1	96.8
13884	-0.2	89.3	2.0	-8.1	96.9
30024	10.5	55.9	2.3	4.9	96.7
41201	-2.3	45.1	1.8	-10.0	95.3
976	16.1	25.7	6.0	5.5	98.3
46	18.6	52.1	1.0	24.0	100.0
75	55.3	26.2	4.0	19.1	97.9
106	0.5	44.3	2.3	0.4	102.7
614	22.7	44.4	10.5	4.3	98.6
2616	6.3	71.8	2.6	1.5	64.7
2642	7.4	39.1	1.9	5.5	107.9
31633	-5.7	39.2	1.6	-22.6	98.3
802	7.8	71.5	5.3	10.2	100.2
1691	3.3	67.5	0.6	6.5	98.8
271652	11.5	51.9	2.1	6.0	97.5
244851	10.9	52.8	2.0	5.8	97.6
20741	21.6	41.3	5.5	6.0	96.2
982	20.2	27.4	1.1	17.9	107.3
5078	15.0	43.6	1.4	11.9	100.2
860714	12.8	55.5	3.9	4.8	97.1
144918	3.9	71.0	2.5	-2.4	98.6
310752	18.0	45.2	6.5	4.9	96.5
11210	9.1	43.7	2.7	5.7	100.8
47219	12.5	68.3	1.7	6.3	97.9
346615	12.3	54.6	3.5	5.6	97.2
224184	-4.0	78.9	1.0	-18.8	95.1
492038	13.0	57.3	1.9	6.1	97.9
3051	19.9	34.3	6.7	4.8	97.6
462720	15.7	44.8	3.8	5.7	96.5
933716	12.6	54.6	2.6	5.7	97.5
553735	13.8	53.8	2.1	6.7	98.4
302819	10.7	54.9	2.3	6.3	96.2
539882	14.0	48.6	4.5	4.7	96.7

13－2 按行业分规模以上工业企业主要指标（2016年）

单位：万元

项 目	Iten	企业单位数(个) Number of Enterprises (unit)	#亏损企业 Loss－making Enterprises
总计	**Total**	**6003**	**415**
煤炭开采和洗选业	Mining and Washing of Coal	48	12
石油和天然气开采业	Extraction of Petroleum and Natural Gas	35	24
黑色金属矿采选业	Mining and Procssing of Ferrous Metal Ores	74	8
有色金属矿采选业	Mining and Processing of Non-ferrous Metal Ores	46	3
非金属矿采选业	Mining and Processing of Nonmetal Ores	67	2
开采辅助活动	Mining Support Activities	20	3
其他采矿业	Mining of Other Ores	1	
农副食品加工业	Processing of Food form Agricultural Products	1132	37
食品制造业	Manufacture of Food	243	18
酒、饮料和精制茶制造业	Manufacture of Wine,Beverages and Tea	233	13
烟草制品业	Manufacture of Tobacco	5	
纺织业	Manufacture of Textile	41	2
纺织服装、服饰业	Manufacture of Textile and Apparel	64	5
皮革、毛皮、羽毛及其制品和制鞋业	Leather,Fur,Feathers and Footwear Industry	9	
木材加工和木、竹、藤、棕、草制品业	Processing of Timber，Manufacture of Wood，Bamboo，Rattan，Palm and Straw Products	300	9
家具制造业	Manufacture of Furniture	86	4
造纸和纸制品业	Manufacture of Paper and Paper Products	86	7
印刷和记录媒介复制业	Printing，Reproduction of Recording Media	60	5
文教、工美、体育和娱乐用品制造业	Calture Education ,Art,Sports and Entertainment Goods Industry	29	1
石油加工、炼焦和核燃料加工业	Processing of Petroleum，Coking，Processing of Nuclear Fuel	33	4
化学原料和化学制品制造业	Manufacture of Raw Chemical Materials and Chemical Products	362	30
医药制造业	Manufacture of Medicines	352	31
化学纤维制造业	Manufacture of Chemical Fibers	8	2
橡胶和塑料制品业	Manufacture of Rubber and Plastic	190	6
非金属矿物制品业	Manufacture of Non-metallic Mineral Products	575	28
黑色金属冶炼和压延加工业	Smelting and Pressing of Ferrous Metals	67	7
有色金属冶炼和压延加工业	Smelting and Pressing of Non- ferrous Metals	29	2
金属制品业	Manufacture of Metal Products	188	7
通用设备制造业	Manufacture of General Purpose Machinery	205	9
专用设备制造业	Manufacture of Special Purpose Machinery	260	13
汽车制造业	Manufacture of Automotive	536	42
铁路、船舶、航空航天和其他运输设备制造业	Manufacture of Railway,Ship,Aerospace and Other Transport Equipment	45	4
电气机械和器材制造业	Manufacture of Electrical Machinery and Equipment	147	10
计算机、通信和其他电子设备制造业	Manufacture of Compater,Communication and Other Electronic Equipment	39	3
仪器仪表制造业	Manufacture of Instrument	30	
其他制造业	Other Manufacturing	25	
废弃资源综合利用业	Wast Resources Utilization Industry	17	1
金属制品、机械和设备修理业	Metal Products,Machinery and Equipment Repair Industry	5	1
电力、热力生产和供应业	Production and Supply of Electric Power and Heat Power	256	51
燃气生产和供应业	Production and Supply of Gas	36	4
水的生产和供应业	Production and Supply of Water	19	7

Main Indicators of Industrial Enterprises above Designated Size by Industrial Sector (2016)

unit: 10000 yuan

工业总产值（当年价格）Gross Industrial Output Value (current price)	工业销售产值（当年价格）Sales Value of Industry (current price)	产成品 Finished Goods	资产总计 Total Assets	流动资产合计 Total Current Assets	应收帐款 Account Receivable	固定资产合计 Total Fixed Assets	固定资产原价 Original Value of Fixed Assets
240866069	**234123799**	**5403969**	**189694654**	**82883216**	**14873972**	**76117150**	**177172675**
2193161	2129061	44985	3414357	1052085	193912	1871936	3740044
1823752	1817058	37757	8485137	1460748	66213	6833666	13119936
2438000	2405683	27856	2018989	458553	84171	743706	3149701
1884358	1863445	28615	1488659	454774	30419	790923	1467879
1090775	1066669	21471	365695	141935	24139	180280	513264
729649	720933	16500	1818614	673320	248971	946424	2318675
23237	23237	374	10556	1354	1083	8973	9210
32888761	31911493	646421	12211657	5109974	695790	5280668	15956454
5623733	5236380	93441	2945326	1202597	237996	1276568	3967087
6294910	6043024	179378	3561356	1245258	259000	1774800	4521970
1361565	1321095	29805	1825249	1391225	173529	364945	665977
2094438	2034974	27379	991344	336358	205163	584737	2809838
1418708	1383654	30997	621722	300258	48093	191786	1920166
277338	269675	4568	82984	33229	5870	43385	444760
9680996	9457047	182539	4251440	1295840	234792	1832952	6874247
1585354	1482905	16599	564171	193447	40067	278503	466790
1665336	1637611	15070	993852	300641	95223	567707	966046
932827	886626	15594	961096	214759	58050	156967	371617
491063	466575	6104	135924	55524	12139	64165	352057
1702222	1620687	19576	747759	258189	44150	357941	1166287
16127597	15714138	318493	9759351	3059330	465500	5381164	14959622
20648367	19961052	578899	15313167	7574925	1763399	3396770	7521521
766944	724120	24292	977123	470719	44606	282677	732701
3853823	3662314	50236	1914494	828158	310201	896398	1621167
17409083	16920143	436819	12182281	6856511	1117131	4418205	11113377
5398087	5234523	105051	7924669	1528452	163177	3947990	8462821
1746043	1659134	282799	5693854	3000529	520624	1980714	3147493
4386850	4264852	60599	2095282	881857	265054	859658	2615426
5049039	4854787	87346	2222940	1097869	335185	807064	3476111
7179563	6872962	137974	2726121	1162273	362039	1257583	5160373
60790323	59556785	1678836	52183566	30671857	4210166	12182681	22426910
3985396	3889943	53399	5666170	4236320	1505120	956124	1603689
4238603	4128519	79132	2195374	1014876	286496	804396	2822255
938180	916669	27455	991530	515957	108963	362552	637507
534444	520526	8887	359629	205756	40895	109997	178614
480081	465070	2117	94276	33293	12049	35110	356845
311482	304516	2825	221638	102091	17131	77114	85626
52399	51449	1664	58622	18906	11071	20736	34335
9503392	9385925	17871	17732297	2959208	544096	13305678	23199135
863124	856476	3687	993086	187661	20286	604574	1260756
403069	402067	561	893300	296600	12013	278934	954392

单位：万元

项 目	Iten	负债合计 Total Liabilities	所有者权益合计 Total Owners' Equities
总计	**Total**	**99326662**	**90227940**
煤炭开采和洗选业	Mining and Washing of Coal	2863902	550455
石油和天然气开采业	Extraction of Petroleum and Natural Gas	3166176	5318962
黑色金属矿采选业	Mining and Procssing of Ferrous Metal Ores	1120409	898581
有色金属矿采选业	Mining and Processing of Non-ferrous Metal Ores	801953	676534
非金属矿采选业	Mining and Processing of Nonmetal Ores	114109	251585
开采辅助活动	Mining Support Activities	1680109	138505
其他采矿业	Mining of Other Ores	3366	7190
农副食品加工业	Processing of Food form Agricultural Products	6610781	5564928
食品制造业	Manufacture of Food	1234819	1708863
酒、饮料和精制茶制造业	Manufacture of Wine,Beverages and Tea	1837216	1724139
烟草制品业	Manufacture of Tobacco	1059297	765952
纺织业	Manufacture of Textile	518734	472611
纺织服装、服饰业	Manufacture of Textile and Apparel	392972	228749
皮革、毛皮、羽毛及其制品和制鞋业	Leather,Fur,Feathers and Footwear Industry	43388	39596
木材加工和木、竹、藤、棕、草制品业	Processing of Timber，Manufacture of Wood，Bamboo，Rattan，Palm and Straw Products	1852547	2381889
家具制造业	Manufacture of Furniture	207799	344588
造纸和纸制品业	Manufacture of Paper and Paper Products	568390	425306
印刷和记录媒介复制业	Printing，Reproduction of Recording Media	301206	655698
文教、工美、体育和娱乐用品制造业	Calture Education ,Art,Sports and Entertainment Goods Industry	70473	65452
石油加工、炼焦和核燃料加工业	Processing of Petroleum，Coking，Processing of Nuclear Fuel	458241	289519
化学原料和化学制品制造业	Manufacture of Raw Chemical Materials and Chemical Products	4952677	4771552
医药制造业	Manufacture of Medicines	5002760	10310404
化学纤维制造业	Manufacture of Chemical Fibers	569634	407489
橡胶和塑料制品业	Manufacture of Rubber and Plastic	845767	1066082
非金属矿物制品业	Manufacture of Non-metallic Mineral Products	7144971	5105544
黑色金属冶炼和压延加工业	Smelting and Pressing of Ferrous Metals	6081300	1843368
有色金属冶炼和压延加工业	Smelting and Pressing of Non- ferrous Metals	4505649	1188205
金属制品业	Manufacture of Metal Products	887122	1173177
通用设备制造业	Manufacture of General Purpose Machinery	1054563	1156994
专用设备制造业	Manufacture of Special Purpose Machinery	1206394	1512768
汽车制造业	Manufacture of Automotive	23734251	28439475
铁路、船舶、航空航天和其他运输设备制造业	Manufacture of Railway,Ship,Aerospace and Other Transport Equipment	3742761	1920189
电气机械和器材制造业	Manufacture of Electrical Machinery and Equipment	972189	1213187
计算机、通信和其他电子设备制造业	Manufacture of Compater,Communication and Other Electronic Equipment	423375	568154
仪器仪表制造业	Manufacture of Instrument	124435	233642
其他制造业	Other Manufacturing	35187	47416
废弃资源综合利用业	Wast Resources Utilization Industry	79193	142445
金属制品、机械和设备修理业	Metal Products,Machinery and Equipment Repair Industry	40883	17739
电力、热力生产和供应业	Production and Supply of Electric Power and Heat Power	11828467	5903827
燃气生产和供应业	Production and Supply of Gas	736527	256559
水的生产和供应业	Production and Supply of Water	452673	440627

contiued

unit: 10000 yuan

主营业务收入 Revenue from Principal Business	主营业务成本 Cost of Principal Business	销售费用 Selling Cost	管理费用 Management Cost	财务费用 Finance Cost	利息支出 Interest Expense	利润总额 Total Profits
234313690	**195651149**	**9557991**	**10690190**	**2431659**	**2078964**	**12684904**
2164747	2093269	35481	177266	47834	32923	-87461
1725140	1865432	48179	162587	82484	77815	-636261
2263680	2051304	31940	85049	38028	29338	44802
1813534	1504558	47227	112678	24869	15181	104394
1041202	901775	27063	43533	8539	3792	45444
1079368	970646	11782	89012	52705	54907	-31585
23245	16205	1763	1664	1770		1587
30012021	26733729	746678	924585	299632	219263	987949
4727999	4023839	194566	185167	52836	36719	238303
5915707	4958657	232077	265607	68230	51741	258075
1303530	470713	33325	109431	7571	9778	70342
1971827	1775862	39374	79794	11111	6229	70250
1377782	1264018	31985	45549	7940	4388	29932
272614	234541	9634	12914	1543	1155	11439
8964878	7889942	254175	363059	113713	71966	338148
1506291	1252535	59711	66438	26386	16656	85760
1609905	1405321	46049	62102	18890	14914	85847
871797	676430	29308	48785	24381	11382	101256
490703	420425	12977	18022	4966	3976	25848
1505586	1293881	14123	46706	11991	10325	36659
15267778	12329592	329834	798421	138526	96102	505744
18509237	12625649	2768139	1208649	121522	93501	1747556
580847	515635	19564	27919	18355	19024	15931
3592282	2998499	84971	160099	36525	26168	225670
16114634	13940221	461157	696103	257413	217814	698402
5152580	4726371	84937	201078	115722	65272	139791
1752053	1509226	42164	108073	221758	239949	-104532
4146278	3608470	104777	162062	53801	39750	200664
4719483	4021081	125937	238110	48948	31715	261768
6640752	5772826	168742	273420	60545	40617	336287
66290401	53563527	3049129	3020033	-4401	110636	5941522
4071798	3199668	102088	310028	5750	12596	420017
4107230	3578909	99244	166213	42653	31761	214907
928025	742917	29016	67726	10441	10466	90609
508327	430033	12176	27017	3587	2809	40019
483897	421206	15795	22265	4746	721	15901
284088	245928	4813	9366	1946	1300	17320
51127	44791	470	3796	783	778	509
9125290	8423995	77443	210035	366703	347214	99663
953382	827392	49777	35526	14822	13732	29606
392647	322132	20402	44307	6099	4592	6823

单位：万元

13－2 续表 2

项 目	Iten	亏损企业亏损总额 Total Loss	本年应付职工薪酬 The Year of Payable Employees
总计	**Total**	**2267997**	**9832314**
煤炭开采和洗选业	Mining and Washing of Coal	137686	352345
石油和天然气开采业	Extraction of Petroleum and Natural Gas	662195	368694
黑色金属矿采选业	Mining and Procssing of Ferrous Metal Ores	53013	69150
有色金属矿采选业	Mining and Processing of Non-ferrous Metal Ores	4509	80530
非金属矿采选业	Mining and Processing of Nonmetal Ores	287	21407
开采辅助活动	Mining Support Activities	88266	203431
其他采矿业	Mining of Other Ores		334
农副食品加工业	Processing of Food form Agricultural Products	219625	537780
食品制造业	Manufacture of Food	13712	141523
酒、饮料和精制茶制造业	Manufacture of Wine,Beverages and Tea	27105	181025
烟草制品业	Manufacture of Tobacco		109482
纺织业	Manufacture of Textile	1420	171278
纺织服装、服饰业	Manufacture of Textile and Apparel	7632	42113
皮革、毛皮、羽毛及其制品和制鞋业	Leather,Fur,Feathers and Footwear Industry		6633
木材加工和木、竹、藤、棕、草制品业	Processing of Timber, Manufacture of Wood, Bamboo, Rattan, Palm and Straw Products	12011	240101
家具制造业	Manufacture of Furniture	3143	52290
造纸和纸制品业	Manufacture of Paper and Paper Products	7857	46669
印刷和记录媒介复制业	Printing, Reproduction of Recording Media	1805	44510
文教、工美、体育和娱乐用品制造业	Calture Education ,Art,Sports and Entertainment Goods Industry	48	15351
石油加工、炼焦和核燃料加工业	Processing of Petroleum, Coking, Processing of Nuclear Fuel	6485	31052
化学原料和化学制品制造业	Manufacture of Raw Chemical Materials and Chemical Products	223888	729440
医药制造业	Manufacture of Medicines	33190	673038
化学纤维制造业	Manufacture of Chemical Fibers	850	42035
橡胶和塑料制品业	Manufacture of Rubber and Plastic	4427	157394
非金属矿物制品业	Manufacture of Non-metallic Mineral Products	39270	418377
黑色金属冶炼和压延加工业	Smelting and Pressing of Ferrous Metals	99919	194183
有色金属冶炼和压延加工业	Smelting and Pressing of Non- ferrous Metals	219540	61878
金属制品业	Manufacture of Metal Products	12611	109126
通用设备制造业	Manufacture of General Purpose Machinery	4165	141910
专用设备制造业	Manufacture of Special Purpose Machinery	11322	139113
汽车制造业	Manufacture of Automotive	136922	2775631
铁路、船舶、航空航天和其他运输设备制造业	Manufacture of Railway,Ship,Aerospace and Other Transport Equipment	7426	281109
电气机械和器材制造业	Manufacture of Electrical Machinery and Equipment	9804	98723
计算机、通信和其他电子设备制造业	Manufacture of Compater,Communication and Other Electronic Equipment	826	59165
仪器仪表制造业	Manufacture of Instrument		25762
其他制造业	Other Manufacturing		5512
废弃资源综合利用业	Wast Resources Utilization Industry	312	12335
金属制品、机械和设备修理业	Metal Products,Machinery and Equipment Repair Industry	578	2320
电力、热力生产和供应业	Production and Supply of Electric Power and Heat Power	203542	1083683
燃气生产和供应业	Production and Supply of Gas	2181	39506
水的生产和供应业	Production and Supply of Water	10426	66378

contiued

unit: 10000 yuan

全部从业人员年平均人数（人）Annual Average Employed (person)	总资产贡献率（%）Total Assets Contribution Rate(%)	资产负债率（%）Assets-liability Ratio(%)	流动资产周转率（次/年）Current Assets Turnover (times/year)	成本费用利润率（%）Ratio of Pre-tax Profit to Cost(%)	产品销售率（%）Proportion of Products Sold (%)
1396436	**13.3**	**52.4**	**2.9**	**5.7**	**97.2**
68283	0.4	83.9	2.2	-3.4	97.1
36109	-5.6	37.3	1.2	-29.5	99.6
13645	6.0	55.5	4.9	2.0	98.7
14390	11.4	53.9	4.0	6.2	98.9
5718	22.9	31.2	7.3	4.6	97.8
21337	2.3	92.4	1.6	-2.8	98.8
53	32.3	31.9	17.2	7.4	100.0
127356	12.6	54.1	5.9	3.4	97.0
32112	12.7	41.9	3.9	5.3	93.1
38362	15.2	51.6	4.8	4.7	96.0
3636	44.5	58.0	1.0	11.0	97.0
32419	9.1	52.3	5.9	3.7	97.2
14970	7.2	63.2	4.6	2.2	97.5
1481	22.3	52.3	8.2	4.4	97.2
58843	12.0	43.6	7.0	3.9	97.7
9443	25.6	36.8	7.8	6.1	93.5
11325	12.5	57.2	5.4	5.6	98.3
6067	17.2	31.3	4.1	13.0	95.1
3890	31.4	51.9	8.8	5.7	95.0
8005	25.4	61.3	5.8	2.7	95.2
77153	21.4	50.8	5.1	3.7	97.4
138291	16.7	32.7	2.5	10.4	96.7
8739	4.8	58.3	1.3	2.7	94.4
22314	16.8	44.2	4.4	6.7	95.0
71987	10.8	58.7	2.4	4.4	97.2
32118	3.5	76.7	3.5	2.7	97.0
10115	3.0	79.1	0.6	-5.6	95.0
22875	15.4	42.3	4.7	5.1	97.2
28376	17.8	47.4	4.3	5.9	96.2
32701	18.2	44.3	5.7	5.4	95.7
269975	20.4	45.5	2.3	9.5	98.0
24072	9.1	66.1	1.0	11.5	97.6
19092	15.0	44.3	4.1	5.5	97.4
9598	12.4	42.7	1.8	10.6	97.7
4193	14.3	34.6	2.5	8.5	97.4
1564	29.2	37.3	14.5	3.4	96.9
2768	11.1	35.7	2.8	6.4	97.8
1050	3.5	69.7	2.7	1.0	98.2
94792	4.7	66.7	3.1	1.1	98.8
6771	5.6	74.2	5.1	3.2	99.2
10448	2.5	50.7	1.4	1.7	99.8

13－3　按行业分大中型工业企业主要指标（2016年）

单位：万元

项　　目	Item	企业单位数(个) Number of Enterprises (unit)	#亏损企业 Loss－making Enterprises
总计	**Total**	**632**	**104**
煤炭开采和洗选业	Mining and Washing of Coal	21	11
石油和天然气开采业	Extraction of Petroleum and Natural Gas	7	4
黑色金属矿采选业	Mining and Procssing of Ferrous Metal Ores	10	2
有色金属矿采选业	Mining and Processing of Non-ferrous Metal Ores	13	1
非金属矿采选业	Mining and Processing of Nonmetal Ores	1	
开采辅助活动	Mining Support Activities	6	2
其他采矿业	Mining of Other Ores		
农副食品加工业	Processing of Food form Agricultural Products	47	2
食品制造业	Manufacture of Food	14	3
酒、饮料和精制茶制造业	Manufacture of Wine,Beverages and Tea	24	5
烟草制品业	Manufacture of Tobacco	3	
纺织业	Manufacture of Textile	10	1
纺织服装、服饰业	Manufacture of Textile and Apparel	10	2
皮革、毛皮、羽毛及其制品和制鞋业	Leather,Fur,Feathers and Footwear Industry	1	
木材加工和木、竹、藤、棕、草制品业	Processing of Timber，Manufacture of Wood，Bamboo，Rattan，Palm and Straw Products	35	3
家具制造业	Manufacture of Furniture	5	2
造纸和纸制品业	Manufacture of Paper and Paper Products	7	2
印刷和记录媒介复制业	Printing，Reproduction of Recording Media	4	1
文教、工美、体育和娱乐用品制造业	Calture Education ,Art,Sports and Entertainment Goods Industry	2	
石油加工、炼焦和核燃料加工业	Processing of Petroleum，Coking，Processing of Nuclear Fuel	7	2
化学原料和化学制品制造业	Manufacture of Raw Chemical Materials and Chemical Products	27	7
医药制造业	Manufacture of Medicines	55	3
化学纤维制造业	Manufacture of Chemical Fibers	2	1
橡胶和塑料制品业	Manufacture of Rubber and Plastic	11	
非金属矿物制品业	Manufacture of Non-metallic Mineral Products	36	4
黑色金属冶炼和压延加工业	Smelting and Pressing of Ferrous Metals	10	3
有色金属冶炼和压延加工业	Smelting and Pressing of Non- ferrous Metals	7	1
金属制品业	Manufacture of Metal Products	7	2
通用设备制造业	Manufacture of General Purpose Machinery	19	2
专用设备制造业	Manufacture of Special Purpose Machinery	12	3
汽车制造业	Manufacture of Automotive	106	9
铁路、船舶、航空航天和其他运输设备制造业	Manufacture of Railway,Ship,Aerospace and Other Transport Equipment	11	1
电气机械和器材制造业	Manufacture of Electrical Machinery and Equipment	15	2
计算机、通信和其他电子设备制造业	Manufacture of Compater,Communication and Other Electronic Equipment	9	
仪器仪表制造业	Manufacture of Instrument	2	
其他制造业	Other Manufacturing		
废弃资源综合利用业	Wast Resources Utilization Industry	2	
金属制品、机械和设备修理业	Metal Products,Machinery and Equipment Repair Industry	1	
电力、热力生产和供应业	Production and Supply of Electric Power and Heat Power	60	17
燃气生产和供应业	Production and Supply of Gas	4	1
水的生产和供应业	Production and Supply of Water	9	5

According to the Industry of Carge and Mediumsized Industrial Enterprises of the Main Indicators（2016）

unit: 10000 yuan

工业总产值（当年价格）Gross Industrial Output Value（current price）	工业销售产值（当年价格）Sales Value of Industry（current price）	产成品 Finished Goods	资产总计 Total Assets	流动资产合计 Total Current Assets	应收帐款 Account Receivable	固定资产合计 Total Fixed Assets	固定资产原价 Original Value of Fixed Assets
118991897	**116242272**	**3342869**	**130373942**	**58031122**	**9402823**	**50992580**	**102122429**
1368631	1330786	39247	3192009	950287	168876	1779437	3123992
1271426	1267825	33566	7988564	1275872	47170	6703139	12456199
545138	535778	15161	1022741	256161	37637	344926	1295056
876717	862521	22346	1099517	351315	17428	589391	840892
14536	13407	112	2558	1859	110	699	2676
484988	485458	14150	1576882	650454	245537	738688	2083803
8348825	8274690	183788	4226631	1911139	268848	1953165	5194679
1627674	1403212	6726	1046631	509338	83183	346047	905925
2151883	1996098	139539	1645566	649832	117348	826891	1839543
1087452	1046505	24196	1628493	1292062	152453	279833	536492
1087232	1045794	22126	604239	243642	175399	350004	1233809
428053	415048	13573	263046	108699	16861	78374	945998
54913	54134	685	21299	9219	1051	12080	36167
2280821	2250728	102130	1496964	536975	58708	556561	2347632
249255	242743	5234	128928	31958	1916	58796	128033
267102	268104	4684	571353	164722	59675	354572	390131
67854	61152	3999	616508	54322	4232	27960	82959
93767	74487	908	25256	8090	1776	17167	15985
1063123	989788	14734	444762	138161	9555	227553	650719
7317821	7264400	152454	5753760	1456903	96745	3461653	8445685
12916897	12595090	381762	10922774	5408552	1348195	1991156	3514182
663934	623355	23752	933543	450930	36509	265463	646222
701713	662225	15116	523627	278376	86932	229606	362776
1964933	1823037	44572	2002947	967813	250391	925221	2103792
3077794	3009504	70725	7288497	1183200	56319	3747423	6967082
915567	846917	270736	5267600	2831946	461899	1745519	2347854
266815	255733	21615	393377	224185	86182	89648	341476
1257938	1200009	55491	974582	587317	181464	289357	1134660
747413	703736	59334	585387	244527	57708	294921	918735
53272662	52307871	1492341	47440781	28143037	3305188	10732165	19163089
3645847	3560387	36505	5390207	4058928	1431415	893699	1448436
1224619	1189688	46357	1016336	544805	134822	344336	1374892
478284	464483	12539	688819	368788	64709	262629	465133
42407	38316	3247	182223	114103	15771	49391	67749
115739	119588		90582	65846	10297	6397	10696
24770	24770		27686	5102	4243	10808	15334
6766641	6714191	8377	11907899	1572507	291438	9845400	17424393
53488	53488	1045	636350	101577	5578	388874	526850
167229	167229		745016	278574	9256	173635	732705

13－3 续表 1

单位：万元

项目	Item	负债合计 Total Liabilities	所有者权益合计 Total Owners' Equities
总计	**Total**	**70472041**	**59901895**
煤炭开采和洗选业	Mining and Washing of Coal	2781124	410886
石油和天然气开采业	Extraction of Petroleum and Natural Gas	2868551	5120013
黑色金属矿采选业	Mining and Procssing of Ferrous Metal Ores	614284	408457
有色金属矿采选业	Mining and Processing of Non-ferrous Metal Ores	640066	459451
非金属矿采选业	Mining and Processing of Nonmetal Ores	1492	1066
开采辅助活动	Mining Support Activities	1662756	-85874
其他采矿业	Mining of Other Ores		
农副食品加工业	Processing of Food form Agricultural Products	3014743	1211886
食品制造业	Manufacture of Food	537843	508788
酒、饮料和精制茶制造业	Manufacture of Wine,Beverages and Tea	1053237	592329
烟草制品业	Manufacture of Tobacco	863948	764545
纺织业	Manufacture of Textile	418170	186070
纺织服装、服饰业	Manufacture of Textile and Apparel	196240	66806
皮革、毛皮、羽毛及其制品和制鞋业	Leather,Fur,Feathers and Footwear Industry	16654	4645
木材加工和木、竹、藤、棕、草制品业	Processing of Timber，Manufacture of Wood，Bamboo，Rattan，Palm and Straw Products	876696	620268
家具制造业	Manufacture of Furniture	63332	65597
造纸和纸制品业	Manufacture of Paper and Paper Products	394036	177318
印刷和记录媒介复制业	Printing，Reproduction of Recording Media	195080	421428
文教、工美、体育和娱乐用品制造业	Calture Education ,Art,Sports and Entertainment Goods Industry	8663	16593
石油加工、炼焦和核燃料加工业	Processing of Petroleum，Coking，Processing of Nuclear Fuel	329427	115335
化学原料和化学制品制造业	Manufacture of Raw Chemical Materials and Chemical Products	3356607	2397153
医药制造业	Manufacture of Medicines	2998726	7924048
化学纤维制造业	Manufacture of Chemical Fibers	548224	385320
橡胶和塑料制品业	Manufacture of Rubber and Plastic	300735	222892
非金属矿物制品业	Manufacture of Non-metallic Mineral Products	1262739	740208
黑色金属冶炼和压延加工业	Smelting and Pressing of Ferrous Metals	5777807	1510690
有色金属冶炼和压延加工业	Smelting and Pressing of Non- ferrous Metals	4301386	966214
金属制品业	Manufacture of Metal Products	220242	173135
通用设备制造业	Manufacture of General Purpose Machinery	501914	472667
专用设备制造业	Manufacture of Special Purpose Machinery	308806	276581
汽车制造业	Manufacture of Automotive	21366553	26074227
铁路、船舶、航空航天和其他运输设备制造业	Manufacture of Railway,Ship,Aerospace and Other Transport Equipment	3613250	1776957
电气机械和器材制造业	Manufacture of Electrical Machinery and Equipment	431215	585121
计算机、通信和其他电子设备制造业	Manufacture of Compater,Communication and Other Electronic Equipment	326097	362722
仪器仪表制造业	Manufacture of Instrument	63908	118315
其他制造业	Other Manufacturing		
废弃资源综合利用业	Wast Resources Utilization Industry	28538	62045
金属制品、机械和设备修理业	Metal Products,Machinery and Equipment Repair Industry	23889	3797
电力、热力生产和供应业	Production and Supply of Electric Power and Heat Power	7634711	4273187
燃气生产和供应业	Production and Supply of Gas	459138	177212
水的生产和供应业	Production and Supply of Water	411217	333799

contiued

unit: 10000 yuan

主营业务收入 Revenue from Principal Business	主营业务成本 Cost of Principal Business	销售费用 Selling Cost	管理费用 Management Cost	财务费用 Finance Cost	利息支出 Interest Expense	利润总额 Total Profits
122039332	**98713690**	**6206355**	**6121717**	**1193324**	**1201079**	**7638213**
1366954	1356536	22783	162489	45027	30657	-111642
1173284	1380607	29223	126672	67300	63687	-622740
479560	427021	8272	32841	14686	11472	-1572
831173	673358	14560	55786	14451	12384	58796
13407	10511	514	410	362	362	1218
824465	762818	8438	75651	51786	53988	-59242
7830439	6893866	243911	289026	109934	89963	144373
1140069	932573	85083	42120	15998	16383	63398
2008250	1648119	107636	102569	28789	24684	98066
1040529	341819	30300	92779	8098	9778	69968
1045924	937515	23334	36992	6103	1600	46026
400595	375163	11468	13039	3616	1735	2349
54134	41244	4061	5954	6	6	2865
2087747	1881046	61320	101668	31551	25232	41669
235743	196103	10144	9102	6497	3438	13239
255303	231807	11015	13209	5934	7526	7421
68888	56215	2617	6533	4797	4486	32756
93573	70860	4351	6316	2548	1868	9297
926041	770516	2585	27837	7775	6938	13804
7103818	5229200	104945	461635	75387	56064	167968
12122129	7948708	2106351	700041	67303	59765	1319943
498285	440709	18899	25102	17712	18955	12593
625869	549338	10538	25490	10270	7225	34230
1868956	1549999	60317	119820	57139	47765	147789
3095510	2861506	56354	134289	104505	59426	88917
961175	786368	26688	83694	216969	236118	-124951
249150	209551	7043	20472	6862	7059	6281
1233598	1029563	30978	66819	11338	9191	90591
718714	605574	23044	38997	14441	10946	34897
59286740	47604580	2875536	2672149	-83686	55425	5539303
3728311	2907831	93722	292459	2840	10260	401479
1183383	1032764	28502	55989	13844	11058	55296
457549	348486	17761	49210	6872	7439	49809
35143	22037	1617	5280	1497	1445	9381
116866	106381	525	2742	630	396	8054
24770	22562		1510	564	561	167
6540272	6251103	18954	115020	232946	225134	-14400
152527	95856	28516	14073	8004	7849	9143
160491	123880	14454	35936	2633	2813	-8326

单位：万元

13－3 续表 2

项　　目	Item	亏损企业亏损总额 Total Loss	本年应付职工薪酬 The Year of Payable Employees
总计	**Total**	**1941873**	**7356587**
煤炭开采和洗选业	Mining and Washing of Coal	136051	339734
石油和天然气开采业	Extraction of Petroleum and Natural Gas	633960	351406
黑色金属矿采选业	Mining and Procssing of Ferrous Metal Ores	32314	41232
有色金属矿采选业	Mining and Processing of Non-ferrous Metal Ores	2658	63248
非金属矿采选业	Mining and Processing of Nonmetal Ores		1864
开采辅助活动	Mining Support Activities	88135	197212
其他采矿业	Mining of Other Ores		
农副食品加工业	Processing of Food form Agricultural Products	190224	195444
食品制造业	Manufacture of Food	6068	53713
酒、饮料和精制茶制造业	Manufacture of Wine,Beverages and Tea	10849	96828
烟草制品业	Manufacture of Tobacco		90617
纺织业	Manufacture of Textile	836	153419
纺织服装、服饰业	Manufacture of Textile and Apparel	7085	18845
皮革、毛皮、羽毛及其制品和制鞋业	Leather,Fur,Feathers and Footwear Industry		1654
木材加工和木、竹、藤、棕、草制品业	Processing of Timber, Manufacture of Wood, Bamboo, Rattan, Palm and Straw Products	6513	104505
家具制造业	Manufacture of Furniture	2259	13762
造纸和纸制品业	Manufacture of Paper and Paper Products	3350	11777
印刷和记录媒介复制业	Printing, Reproduction of Recording Media	1150	7859
文教、工美、体育和娱乐用品制造业	Calture Education ,Art,Sports and Entertainment Goods Industry		4134
石油加工、炼焦和核燃料加工业	Processing of Petroleum, Coking, Processing of Nuclear Fuel	6242	21817
化学原料和化学制品制造业	Manufacture of Raw Chemical Materials and Chemical Products	175313	557958
医药制造业	Manufacture of Medicines	15225	532768
化学纤维制造业	Manufacture of Chemical Fibers	117	39374
橡胶和塑料制品业	Manufacture of Rubber and Plastic		90073
非金属矿物制品业	Manufacture of Non-metallic Mineral Products	23842	88401
黑色金属冶炼和压延加工业	Smelting and Pressing of Ferrous Metals	89578	164824
有色金属冶炼和压延加工业	Smelting and Pressing of Non- ferrous Metals	219499	44113
金属制品业	Manufacture of Metal Products	3407	34251
通用设备制造业	Manufacture of General Purpose Machinery	2670	72363
专用设备制造业	Manufacture of Special Purpose Machinery	3528	30556
汽车制造业	Manufacture of Automotive	111642	2539759
铁路、船舶、航空航天和其他运输设备制造业	Manufacture of Railway,Ship,Aerospace and Other Transport Equipment	7009	266396
电气机械和器材制造业	Manufacture of Electrical Machinery and Equipment	2766	37693
计算机、通信和其他电子设备制造业	Manufacture of Compater,Communication and Other Electronic Equipment		39042
仪器仪表制造业	Manufacture of Instrument		8206
其他制造业	Other Manufacturing		
废弃资源综合利用业	Wast Resources Utilization Industry		8027
金属制品、机械和设备修理业	Metal Products,Machinery and Equipment Repair Industry		900
电力、热力生产和供应业	Production and Supply of Electric Power and Heat Power	148811	949190
燃气生产和供应业	Production and Supply of Gas	494	25247
水的生产和供应业	Production and Supply of Water	10280	58377

contiued

unit: 10000 yuan

全部从业人员年平均人数（人）Annual Average Employed (person)	总资产贡献率（%）Total Assets Contribution Rate(%)	资产负债率（%）Assets-liability Ratio(%)	流动资产周转率（次/年）Current Assets Turnover (times/year)	成本费用利润率（%）Ratio of Pre-tax Profit to Cost(%)	产品销售率（%）Proportion of Products Sold (%)
856554	**13.0**	**54.1**	**2.2**	**6.6**	**97.7**
64755	-1.0	87.1	1.6	-6.3	97.2
32391	-6.2	35.9	0.9	-38.8	99.7
6762	2.5	60.1	1.9	-0.3	98.3
10256	8.8	58.2	2.4	7.7	98.4
303	83.0	58.3	7.2	10.3	92.2
19421	0.5	105.5	1.3	-6.5	100.1
					0.0
37005	6.9	71.3	4.1	1.9	99.1
10116	10.5	51.4	2.2	5.9	86.2
17376	13.2	64.0	3.1	5.2	92.8
3514	41.2	53.1	0.8	14.2	96.2
27940	8.5	69.2	4.3	4.6	96.2
7631	2.3	74.6	3.7	0.6	97.0
391	13.5	78.2	5.9	5.6	98.6
23955	5.8	58.6	4.0	2.0	98.7
2373	20.8	49.1	7.4	6.0	97.4
3185	3.6	69.0	1.6	2.8	100.4
1449	6.6	31.6	1.3	46.4	90.1
901	60.4	34.3	11.6	11.1	79.4
5644	33.7	74.1	6.7	1.7	93.1
44606	27.1	58.3	5.0	2.8	99.3
103489	17.3	27.5	2.2	12.2	97.5
8026	4.6	58.7	1.2	2.5	93.9
5358	10.4	57.4	2.3	5.6	94.4
18319	12.4	63.0	1.9	8.2	92.8
25228	2.6	79.3	2.7	2.7	97.8
7689	2.6	81.7	0.3	-11.2	92.5
4997	4.7	56.0	1.1	2.6	95.9
11626	14.1	51.5	2.1	7.9	95.4
6372	11.5	52.8	2.9	5.1	94.2
222113	21.1	45.0	2.2	9.9	98.2
20946	9.0	67.0	0.9	12.1	97.7
6910	8.7	42.4	2.2	4.9	97.2
5992	10.5	47.3	1.3	11.8	97.1
1239	6.5	35.1	0.3	30.8	90.4
					0.0
1492	11.7	31.5	1.8	7.2	103.3
460	2.6	86.3	4.9	0.7	100.0
74549	4.6	64.1	4.2	-0.2	99.2
3306	3.1	72.2	1.5	6.2	100.0
8469	0.2	55.2	0.6	-4.4	100.0

13－4 按行业分国有及国有控股工业企业主要指标（2016年）

单位：万元

项目	Item	企业单位数(个) Number of Enterprises (unit)	#亏损企业 Loss－making Enterprises
总计	**Total**	**370**	**105**
煤炭开采和洗选业	Mining and Washing of Coal	10	8
石油和天然气开采业	Extraction of Petroleum and Natural Gas	8	7
黑色金属矿采选业	Mining and Procssing of Ferrous Metal Ores	5	4
有色金属矿采选业	Mining and Processing of Non-ferrous Metal Ores	6	1
非金属矿采选业	Mining and Processing of Nonmetal Ores	2	
开采辅助活动	Mining Support Activities	3	2
其他采矿业	Mining of Other Ores		
农副食品加工业	Processing of Food form Agricultural Products	18	1
食品制造业	Manufacture of Food	2	1
酒、饮料和精制茶制造业	Manufacture of Wine,Beverages and Tea	7	1
烟草制品业	Manufacture of Tobacco	5	
纺织业	Manufacture of Textile		
纺织服装、服饰业	Manufacture of Textile and Apparel	1	
皮革、毛皮、羽毛及其制品和制鞋业	Leather,Fur,Feathers and Footwear Industry		
木材加工和木、竹、藤、棕、草制品业	Processing of Timber, Manufacture of Wood, Bamboo, Rattan, Palm and Straw Products	20	6
家具制造业	Manufacture of Furniture		
造纸和纸制品业	Manufacture of Paper and Paper Products	1	
印刷和记录媒介复制业	Printing, Reproduction of Recording Media	1	1
文教、工美、体育和娱乐用品制造业	Calture Education ,Art,Sports and Entertainment Goods Industry	1	
石油加工、炼焦和核燃料加工业	Processing of Petroleum, Coking, Processing of Nuclear Fuel	1	
化学原料和化学制品制造业	Manufacture of Raw Chemical Materials and Chemical Products	12	4
医药制造业	Manufacture of Medicines	14	4
化学纤维制造业	Manufacture of Chemical Fibers	1	
橡胶和塑料制品业	Manufacture of Rubber and Plastic	4	1
非金属矿物制品业	Manufacture of Non-metallic Mineral Products	26	4
黑色金属冶炼和压延加工业	Smelting and Pressing of Ferrous Metals	8	4
有色金属冶炼和压延加工业	Smelting and Pressing of Non- ferrous Metals	1	1
金属制品业	Manufacture of Metal Products	4	2
通用设备制造业	Manufacture of General Purpose Machinery	8	2
专用设备制造业	Manufacture of Special Purpose Machinery	9	3
汽车制造业	Manufacture of Automotive	27	5
铁路、船舶、航空航天和其他运输设备制造业	Manufacture of Railway,Ship,Aerospace and Other Transport Equipment	4	1
电气机械和器材制造业	Manufacture of Electrical Machinery and Equipment	3	
计算机、通信和其他电子设备制造业	Manufacture of Compater,Communication and Other Electronic Equipment	8	
仪器仪表制造业	Manufacture of Instrument	3	
其他制造业	Other Manufacturing		
废弃资源综合利用业	Wast Resources Utilization Industry	2	1
金属制品、机械和设备修理业	Metal Products,Machinery and Equipment Repair Industry	1	1
电力、热力生产和供应业	Production and Supply of Electric Power and Heat Power	127	32
燃气生产和供应业	Production and Supply of Gas	4	1
水的生产和供应业	Production and Supply of Water	13	7

The main Indicators of Stato–owned and State holding Industrial Enterprises in the Industry（2016）

unit: 10000 yuan

工业总产值（当年价格）Gross Industrial Output Value（current price）	工业销售产值（当年价格）Sales Value of Industry（current price）	产成品 Finished Goods	资产总计 Total Assets	流动资产合计 Total Current Assets	应收帐款 Account Receivable	固定资产合计 Total Fixed Assets	固定资产原价 Original Value of Fixed Assets
75106712	**73558739**	**2684928**	**96680186**	**44371445**	**4897886**	**38857729**	**69994211**
493410	460198	24862	2340109	611172	119864	1418284	2543979
779221	783209	30431	6462964	1157716	22738	5292970	9713969
163402	164162	4607	851355	70514	36980	375683	512951
615310	613642	19926	794520	299045	15707	398368	570043
14883	14624	700	19499	7060	534	12439	15026
298925	304242	11752	1463491	561949	204850	715829	2043788
1553555	1257210	234908	920466	645123	43618	132359	314626
567011	301014	265	292287	170218	38128	67671	303438
730296	773241	79138	645844	240316	73319	322069	478981
1361565	1321095	29805	1825249	1391225	173529	364945	665977
41706	36886	4680	55600	46770	2397	8830	2923
560765	563372	77839	942645	499363	95302	175902	376657
107167	108798		361322	100685	48375	260638	271099
5955	6640	2947	42293	10517	2209	4432	17537
3264	7876	845	4720	3909	126	715	
19679	19679		35401	17594	14071	16264	31393
5446035	5455995	133283	2749669	483311	11387	1976795	6305615
501124	437587	14646	469212	184074	50274	220576	462563
624513	599515	21285	892174	428812	35072	246212	625883
62129	60611	834	54320	49309	34869	3462	7233
3900641	3898698	276597	6317637	4588608	459791	1640552	2471345
971252	970462	20046	2707190	519984	58204	1375014	2247797
358360	318980	249403	3459655	1761764	326458	1090796	1529046
133922	126396	20655	270984	153032	65685	39905	88772
427805	428397	34618	493364	296161	94697	145282	395487
73763	74967	45130	213914	168063	45291	35397	66952
43586668	42874241	1275840	40699235	23486227	1078485	9393341	15089928
3497311	3430542	29474	5202820	3941016	1363006	857809	1393374
143812	146649	12111	176988	136709	10172	9007	47530
225205	217032	10640	269615	131700	23288	120229	159378
40140	40229	1841	124156	81577	16024	22437	39275
49918	53738		50932	27688	1532	10430	13783
6129	6129		15960	7006	3886	5108	13618
7447306	7391119	14773	14095308	1717374	310631	11562806	19964660
46841	43885	942	540404	91220	7629	317398	422216
247726	247683	109	818886	284636	9762	217776	787371

单位：万元

13-4 续表 1

项　目	Item	负债合计 Total Liabilities	所有者权益合计 Total Owners' Equities
总计	**Total**	**55423477**	**41256705**
煤炭开采和洗选业	Mining and Washing of Coal	2116377	223733
石油和天然气开采业	Extraction of Petroleum and Natural Gas	2600722	3862243
黑色金属矿采选业	Mining and Procssing of Ferrous Metal Ores	650321	201033
有色金属矿采选业	Mining and Processing of Non-ferrous Metal Ores	531666	262854
非金属矿采选业	Mining and Processing of Nonmetal Ores	5442	14057
开采辅助活动	Mining Support Activities	1561529	-98039
其他采矿业	Mining of Other Ores		
农副食品加工业	Processing of Food form Agricultural Products	825681	94785
食品制造业	Manufacture of Food	219083	73204
酒、饮料和精制茶制造业	Manufacture of Wine,Beverages and Tea	375355	270489
烟草制品业	Manufacture of Tobacco	1059297	765952
纺织业	Manufacture of Textile		
纺织服装、服饰业	Manufacture of Textile and Apparel	30896	24704
皮革、毛皮、羽毛及其制品和制鞋业	Leather,Fur,Feathers and Footwear Industry		
木材加工和木、竹、藤、棕、草制品业	Processing of Timber, Manufacture of Wood, Bamboo, Rattan, Palm and Straw Products	679453	263192
家具制造业	Manufacture of Furniture		
造纸和纸制品业	Manufacture of Paper and Paper Products	228657	132665
印刷和记录媒介复制业	Printing, Reproduction of Recording Media	36883	5410
文教、工美、体育和娱乐用品制造业	Calture Education ,Art,Sports and Entertainment Goods Industry	1828	2892
石油加工、炼焦和核燃料加工业	Processing of Petroleum, Coking, Processing of Nuclear Fuel	1517	33884
化学原料和化学制品制造业	Manufacture of Raw Chemical Materials and Chemical Products	1373019	1376650
医药制造业	Manufacture of Medicines	261498	207713
化学纤维制造业	Manufacture of Chemical Fibers	535281	356893
橡胶和塑料制品业	Manufacture of Rubber and Plastic	8983	45337
非金属矿物制品业	Manufacture of Non-metallic Mineral Products	4388798	1928839
黑色金属冶炼和压延加工业	Smelting and Pressing of Ferrous Metals	2426561	280629
有色金属冶炼和压延加工业	Smelting and Pressing of Non- ferrous Metals	3228096	231559
金属制品业	Manufacture of Metal Products	152834	118149
通用设备制造业	Manufacture of General Purpose Machinery	264950	228414
专用设备制造业	Manufacture of Special Purpose Machinery	189572	24342
汽车制造业	Manufacture of Automotive	17724775	22974460
铁路、船舶、航空航天和其他运输设备制造业	Manufacture of Railway,Ship,Aerospace and Other Transport Equipment	3527130	1675690
电气机械和器材制造业	Manufacture of Electrical Machinery and Equipment	141049	35939
计算机、通信和其他电子设备制造业	Manufacture of Compater,Communication and Other Electronic Equipment	126609	143006
仪器仪表制造业	Manufacture of Instrument	24245	99912
其他制造业	Other Manufacturing		
废弃资源综合利用业	Wast Resources Utilization Industry	31995	18936
金属制品、机械和设备修理业	Metal Products,Machinery and Equipment Repair Industry	10223	5737
电力、热力生产和供应业	Production and Supply of Electric Power and Heat Power	9271341	4823965
燃气生产和供应业	Production and Supply of Gas	375482	164921
水的生产和供应业	Production and Supply of Water	436329	382557

contiued

unit: 10000 yuan

主营业务收入 Revenue from Principal Business	主营业务成本 Cost of Principal Business	销售费用 Selling Cost	管理费用 Management Cost	财务费用 Finance Cost	利息支出 Interest Expense	利润总额 Total Profits
79486811	**64379997**	**3340987**	**3991032**	**823245**	**943242**	**4639494**
490060	534219	13988	139840	36541	23671	-123695
809355	1018817	24730	124273	42074	57803	-593259
107733	103922	1658	33516	16694	12565	-48447
613489	517573	6992	24384	11496	10979	33801
14558	11333	746	1052	57	57	1076
620958	600460	204	61127	46528	48620	-67822
1107268	1010275	19939	22347	37204	19962	28525
33273	29187	2569	2079	1451	1496	-1564
781025	661875	12764	31519	8384	7542	48814
1303530	470713	33325	109431	7571	9778	70342
36886	31781	1410	1231	470	405	2840
535940	477233	19572	49091	25242	18313	830
108798	95889	7738	6608	1992	4017	5822
6640	5909	443	1457	633	642	-1150
7511	6525	122	446			513
19679	15490	218	503	-9		3004
5639751	4061506	47355	328765	27816	28388	101578
416877	201085	69712	57367	3479	2798	69397
473833	419762	17259	22857	17818	18973	12710
33951	29103	1091	1754	991	78	1025
3719723	3246169	127654	185342	117358	118633	95123
880952	859719	15099	69656	38681	16485	-74271
399631	378479	15983	61595	181643	202546	-219499
130324	108581	5026	14767	1781	2531	1056
417505	354983	14413	27122	3551	2669	16803
69665	51511	3079	13020	868	1870	310
49064421	38832553	2684037	2111107	-114228	26136	4817786
3591101	2810405	88724	276222	725	8750	386102
142529	123137	2865	6782	3349	1993	6901
214188	147125	11364	32398	327	823	37032
34561	24243	1582	6298	-241	18	8141
51419	48264	46	2456	553	393	1588
5807	4887		1564	47	47	-578
7220091	6802017	48020	112432	291594	284368	13498
142924	97964	23495	10262	6347	6194	5940
240858	187303	17768	40364	4460	3701	-776

单位：万元

13－4 续表 2

项 目	Item	亏损企业亏损总额 Total Loss	本年应付职工薪酬 The Year of Payable Employees
总计	**Total**	**1654883**	**5488974**
煤炭开采和洗选业	Mining and Washing of Coal	130600	286417
石油和天然气开采业	Extraction of Petroleum and Natural Gas	593442	335675
黑色金属矿采选业	Mining and Procssing of Ferrous Metal Ores	48960	31060
有色金属矿采选业	Mining and Processing of Non-ferrous Metal Ores	2658	40272
非金属矿采选业	Mining and Processing of Nonmetal Ores		515
开采辅助活动	Mining Support Activities	88135	190230
其他采矿业	Mining of Other Ores		
农副食品加工业	Processing of Food form Agricultural Products	1536	22147
食品制造业	Manufacture of Food	2811	13720
酒、饮料和精制茶制造业	Manufacture of Wine,Beverages and Tea	96	15565
烟草制品业	Manufacture of Tobacco		109482
纺织业	Manufacture of Textile		
纺织服装、服饰业	Manufacture of Textile and Apparel		2007
皮革、毛皮、羽毛及其制品和制鞋业	Leather,Fur,Feathers and Footwear Industry		
木材加工和木、竹、藤、棕、草制品业	Processing of Timber, Manufacture of Wood, Bamboo, Rattan, Palm and Straw Products	11577	72081
家具制造业	Manufacture of Furniture		
造纸和纸制品业	Manufacture of Paper and Paper Products		3134
印刷和记录媒介复制业	Printing, Reproduction of Recording Media	1150	2771
文教、工美、体育和娱乐用品制造业	Calture Education ,Art,Sports and Entertainment Goods Industry		726
石油加工、炼焦和核燃料加工业	Processing of Petroleum, Coking, Processing of Nuclear Fuel		470
化学原料和化学制品制造业	Manufacture of Raw Chemical Materials and Chemical Products	141492	444980
医药制造业	Manufacture of Medicines	16916	47954
化学纤维制造业	Manufacture of Chemical Fibers		35087
橡胶和塑料制品业	Manufacture of Rubber and Plastic	103	1698
非金属矿物制品业	Manufacture of Non-metallic Mineral Products	3330	148434
黑色金属冶炼和压延加工业	Smelting and Pressing of Ferrous Metals	78597	77177
有色金属冶炼和压延加工业	Smelting and Pressing of Non- ferrous Metals	219499	17450
金属制品业	Manufacture of Metal Products	3090	26179
通用设备制造业	Manufacture of General Purpose Machinery	1776	32900
专用设备制造业	Manufacture of Special Purpose Machinery	2262	19402
汽车制造业	Manufacture of Automotive	107757	2123906
铁路、船舶、航空航天和其他运输设备制造业	Manufacture of Railway,Ship,Aerospace and Other Transport Equipment	7009	245290
电气机械和器材制造业	Manufacture of Electrical Machinery and Equipment		7605
计算机、通信和其他电子设备制造业	Manufacture of Compater,Communication and Other Electronic Equipment		20908
仪器仪表制造业	Manufacture of Instrument		9717
其他制造业	Other Manufacturing		
废弃资源综合利用业	Wast Resources Utilization Industry	312	4168
金属制品、机械和设备修理业	Metal Products,Machinery and Equipment Repair Industry	578	596
电力、热力生产和供应业	Production and Supply of Electric Power and Heat Power	180277	1017065
燃气生产和供应业	Production and Supply of Gas	494	19066
水的生产和供应业	Production and Supply of Water	10426	63122

contiued

unit: 10000 yuan

全部从业人员年平均人数（人）Annual Average Employed (person)	总资产贡献率（%）Total Assets Contribution Rate(%)	资产负债率（%）Assets-liability Ratio(%)	流动资产周转率（次/年）Current Assets Turnover (times/year)	成本费用利润率（%）Ratio of Pre-tax Profit to Cost(%)	产品销售率（%）Proportion of Products Sold (%)
492038	**13.0**	**57.3**	**1.9**	**6.1**	**97.9**
52593	-2.7	90.4	1.1	-13.5	93.3
28409	-7.4	40.2	0.7	-49.0	100.5
3541	-3.3	76.4	1.6	-30.4	100.5
6398	8.0	66.9	2.1	6.0	99.7
166	10.9	27.9	2.1	8.2	98.3
17413	-1.4	106.7	1.1	-9.5	101.8
3904	5.2	89.7	1.8	2.6	80.9
2344	0.0	75.0	0.2	-4.3	53.1
3880	13.4	58.1	3.3	6.8	105.9
3636	44.5	58.0	1.0	11.0	97.0
673	6.2	55.6	0.8	8.1	88.4
15927	2.4	72.1	1.1	0.1	100.5
697	2.1	63.3	1.1	5.2	101.5
451	0.9	87.2	0.8	-12.8	111.5
192	16.7	38.7	2.0	7.0	241.3
63	12.4	4.3	1.1	18.5	100.0
35061	51.0	49.9	12.0	2.2	100.2
5271	19.3	55.7	2.3	20.9	87.3
7020	4.7	60.0	1.2	2.6	96.0
427	2.3	16.5	0.7	3.1	97.6
5272	5.3	69.5	0.9	2.3	100.0
11307	-1.9	89.6	1.8	-7.3	99.9
3185	-0.7	93.3	0.2	-34.4	89.0
3166	2.1	56.4	0.9	0.8	94.4
5634	5.7	53.7	1.4	4.2	100.1
3145	3.2	88.6	0.4	0.5	101.6
157629	22.2	43.6	2.2	10.5	98.4
17748	8.8	67.8	0.9	12.1	98.1
924	6.9	79.7	1.1	4.9	102.0
3057	17.4	47.0	1.7	19.2	96.4
1122	7.9	19.5	0.4	25.3	100.2
400	5.3	62.8	1.9	3.0	107.7
230	-1.4	64.1	0.9	-8.6	100.0
79320	4.6	65.8	4.3	0.2	99.3
2502	2.4	69.5	1.6	4.2	93.7
9331	1.3	53.3	0.9	-0.3	100.0

13－5 按行业分私营工业企业主要指标（2016年）

单位：万元

项目	Item	企业单位数(个) Number of Enterprises (unit)	#亏损企业 Loss－making Enterprises
总计	**Total**	**2990**	**97**
煤炭开采和洗选业	Mining and Washing of Coal	21	1
石油和天然气开采业	Extraction of Petroleum and Natural Gas	1	
黑色金属矿采选业	Mining and Procssing of Ferrous Metal Ores	40	2
有色金属矿采选业	Mining and Processing of Non-ferrous Metal Ores	21	1
非金属矿采选业	Mining and Processing of Nonmetal Ores	41	1
开采辅助活动	Mining Support Activities	1	
其他采矿业	Mining of Other Ores	1	
农副食品加工业	Processing of Food form Agricultural Products	675	10
食品制造业	Manufacture of Food	135	7
酒、饮料和精制茶制造业	Manufacture of Wine,Beverages and Tea	119	2
烟草制品业	Manufacture of Tobacco		
纺织业	Manufacture of Textile	20	
纺织服装、服饰业	Manufacture of Textile and Apparel	27	1
皮革、毛皮、羽毛及其制品和制鞋业	Leather,Fur,Feathers and Footwear Industry	7	
木材加工和木、竹、藤、棕、草制品业	Processing of Timber, Manufacture of Wood, Bamboo, Rattan, Palm and Straw Products	156	1
家具制造业	Manufacture of Furniture	49	3
造纸和纸制品业	Manufacture of Paper and Paper Products	57	4
印刷和记录媒介复制业	Printing, Reproduction of Recording Media	16	2
文教、工美、体育和娱乐用品制造业	Calture Education ,Art,Sports and Entertainment Goods Industry	17	
石油加工、炼焦和核燃料加工业	Processing of Petroleum, Coking, Processing of Nuclear Fuel	15	1
化学原料和化学制品制造业	Manufacture of Raw Chemical Materials and Chemical Products	178	9
医药制造业	Manufacture of Medicines	105	6
化学纤维制造业	Manufacture of Chemical Fibers	2	
橡胶和塑料制品业	Manufacture of Rubber and Plastic	101	2
非金属矿物制品业	Manufacture of Non-metallic Mineral Products	309	11
黑色金属冶炼和压延加工业	Smelting and Pressing of Ferrous Metals	37	1
有色金属冶炼和压延加工业	Smelting and Pressing of Non- ferrous Metals	8	1
金属制品业	Manufacture of Metal Products	105	
通用设备制造业	Manufacture of General Purpose Machinery	101	3
专用设备制造业	Manufacture of Special Purpose Machinery	136	
汽车制造业	Manufacture of Automotive	264	17
铁路、船舶、航空航天和其他运输设备制造业	Manufacture of Railway,Ship,Aerospace and Other Transport Equipment	21	2
电气机械和器材制造业	Manufacture of Electrical Machinery and Equipment	73	1
计算机、通信和其他电子设备制造业	Manufacture of Compater,Communication and Other Electronic Equipment	15	
仪器仪表制造业	Manufacture of Instrument	16	
其他制造业	Other Manufacturing	17	
废弃资源综合利用业	Wast Resources Utilization Industry	8	
金属制品、机械和设备修理业	Metal Products,Machinery and Equipment Repair Industry	1	
电力、热力生产和供应业	Production and Supply of Electric Power and Heat Power	58	5
燃气生产和供应业	Production and Supply of Gas	14	3
水的生产和供应业	Production and Supply of Water	2	

Main Indicators of Private Industrial Enterprises by Industry (2016)

unit: 10000 yuan

工业总产值（当年价格）Gross Industrial Output Value (current price)	工业销售产值（当年价格）Sales Value of Industry (current price)	产成品 Finished Goods	资产总计 Total Assets	流动资产合计 Total Current Assets	应收帐款 Account Receivable	固定资产合计 Total Fixed Assets	固定资产原价 Original Value of Fixed Assets
73452967	**70872810**	**889539**	**27812235**	**10419615**	**2448262**	**13080014**	**47701087**
514080	498145	2054	144659	45913	15386	60139	420574
96835	96482	47	24260	8139	560	16121	88649
1114462	1091860	7817	418406	114140	14346	198339	1125378
645277	642807	3491	251592	41041	10064	189622	587797
714515	699188	8426	219017	84331	14919	105075	297674
52562	52562		53427	40656	23163	12771	22202
23237	23237	374	10556	1354	1083	8973	9210
15726632	15354031	179426	4822545	1876437	302926	2051421	6902109
2477383	2372350	33893	905238	353890	83808	380638	1201542
2873182	2819673	30887	770304	243555	39596	425604	2021332
638909	625064	5492	138374	58581	17764	69646	976656
411873	404264	9317	198629	108182	13209	73253	446356
174372	169126	3667	66489	25700	3753	36150	194912
4544334	4416412	50040	1693663	410754	80586	790577	3074567
900095	838725	12599	320987	104627	19654	148894	275468
954675	935159	9588	338240	107430	24933	179753	516943
252265	243181	3135	58551	22865	7758	28536	120047
321729	295768	3731	85880	29511	5351	53158	338703
606920	593864	7149	280568	74931	7794	180260	589863
4515136	4332719	60328	1655390	621521	137117	779273	3193130
3929811	3776785	57478	1706846	759736	169602	669088	2301413
35112	34299	214	13472	6925	1267	6547	20748
1769154	1685339	22947	842175	294743	129686	435937	929917
7719625	7434372	95900	2828597	1073317	284418	1356096	5026257
2720224	2582071	29395	1202544	257619	34433	910697	3843841
197953	196116	2388	85090	36214	11065	38860	370975
2624488	2532462	19398	1031604	364760	101930	475990	1527552
2298303	2134122	23342	740344	322761	98599	340379	1658095
4002521	3768241	38339	1306902	467931	102027	729136	3042179
6056339	5814687	133170	2968815	1477400	453670	1086690	3212932
272385	250580	7255	224468	125874	57403	56804	163599
1784809	1724537	14932	680294	269854	85891	319866	743596
338958	326800	4104	95670	43578	14970	42422	87821
279289	270797	2088	69102	31386	8444	29282	45778
362934	355589	1134	56483	20566	7257	19422	341777
129261	122753	2781	87432	23796	4489	48047	49055
14619	13247	1499	12031	4422	1982	4251	4626
872503	861777	1268	1239292	436751	54640	606358	1362331
424011	422130	414	134416	27238	2218	88537	476888
62194	61492	37	29884	1187	500	27406	88597

单位：万元

13－5 续表 1

项 目	Item	负债合计 Total Liabilities	所有者权益合计 Total Owners' Equities
总计	**Total**	**12447862**	**15307550**
煤炭开采和洗选业	Mining and Washing of Coal	81548	63111
石油和天然气开采业	Extraction of Petroleum and Natural Gas	10559	13701
黑色金属矿采选业	Mining and Procssing of Ferrous Metal Ores	157078	261328
有色金属矿采选业	Mining and Processing of Non-ferrous Metal Ores	93659	157932
非金属矿采选业	Mining and Processing of Nonmetal Ores	62521	156496
开采辅助活动	Mining Support Activities	43881	9545
其他采矿业	Mining of Other Ores	3366	7190
农副食品加工业	Processing of Food form Agricultural Products	2104490	2704287
食品制造业	Manufacture of Food	326237	577357
酒、饮料和精制茶制造业	Manufacture of Wine,Beverages and Tea	284177	486127
烟草制品业	Manufacture of Tobacco		
纺织业	Manufacture of Textile	51983	86391
纺织服装、服饰业	Manufacture of Textile and Apparel	105736	92892
皮革、毛皮、羽毛及其制品和制鞋业	Leather,Fur,Feathers and Footwear Industry	34702	31787
木材加工和木、竹、藤、棕、草制品业	Processing of Timber, Manufacture of Wood, Bamboo, Rattan, Palm and Straw Products	752885	929809
家具制造业	Manufacture of Furniture	121395	191371
造纸和纸制品业	Manufacture of Paper and Paper Products	147798	190286
印刷和记录媒介复制业	Printing, Reproduction of Recording Media	31790	24402
文教、工美、体育和娱乐用品制造业	Calture Education ,Art,Sports and Entertainment Goods Industry	41152	44728
石油加工、炼焦和核燃料加工业	Processing of Petroleum, Coking, Processing of Nuclear Fuel	134150	146418
化学原料和化学制品制造业	Manufacture of Raw Chemical Materials and Chemical Products	705296	919676
医药制造业	Manufacture of Medicines	723551	983294
化学纤维制造业	Manufacture of Chemical Fibers	7006	6467
橡胶和塑料制品业	Manufacture of Rubber and Plastic	308710	533463
非金属矿物制品业	Manufacture of Non-metallic Mineral Products	1215875	1684278
黑色金属冶炼和压延加工业	Smelting and Pressing of Ferrous Metals	715229	487315
有色金属冶炼和压延加工业	Smelting and Pressing of Non- ferrous Metals	39288	45802
金属制品业	Manufacture of Metal Products	395498	612503
通用设备制造业	Manufacture of General Purpose Machinery	348814	384483
专用设备制造业	Manufacture of Special Purpose Machinery	468240	838083
汽车制造业	Manufacture of Automotive	1607630	1351347
铁路、船舶、航空航天和其他运输设备制造业	Manufacture of Railway,Ship,Aerospace and Other Transport Equipment	98949	125520
电气机械和器材制造业	Manufacture of Electrical Machinery and Equipment	261983	411764
计算机、通信和其他电子设备制造业	Manufacture of Compater,Communication and Other Electronic Equipment	38750	56920
仪器仪表制造业	Manufacture of Instrument	30059	37491
其他制造业	Other Manufacturing	24301	20509
废弃资源综合利用业	Wast Resources Utilization Industry	41687	45745
金属制品、机械和设备修理业	Metal Products,Machinery and Equipment Repair Industry	5190	6842
电力、热力生产和供应业	Production and Supply of Electric Power and Heat Power	750925	488366
燃气生产和供应业	Production and Supply of Gas	66202	68215
水的生产和供应业	Production and Supply of Water	5576	24308

contiued

unit: 10000 yuan

主营业务收入 Revenue from Principal Business	主营业务成本 Cost of Principal Business	销售费用 Selling Cost	管理费用 Management Cost	财务费用 Finance Cost	利息支出 Interest Expense	利润总额 Total Profits
68801165	**59601035**	**1863257**	**2735208**	**680262**	**465470**	**3182823**
497639	455150	8110	11510	2596	1445	14446
96482	82262	3276	4246	464	348	5115
1074079	944051	23433	33892	13201	9059	48716
629375	536733	16909	39469	2184	1188	31560
693141	602058	15003	28866	7292	2782	28094
72720	69647		1186	794	909	1277
23245	16205	1763	1664	1770		1587
14677408	12888080	391597	494067	124576	89620	613891
2235189	1914171	76066	96259	20774	13635	106547
2748245	2346343	85063	98924	19876	12222	112587
580833	519253	11704	33763	3564	3116	14739
401451	366509	8917	14258	1793	1146	12085
174308	140796	8996	11435	1167	821	9780
4171712	3659474	127283	167942	41878	23017	151282
846343	702915	32742	35870	15803	8207	50618
923754	793516	28113	42576	9824	5929	46427
250928	205992	8644	14263	8074	6355	9883
317178	273308	9638	13537	3802	2900	15585
584975	509700	7011	15157	7381	6898	13858
4229139	3696357	112312	167283	33832	24866	169651
3506998	2971973	126064	148498	16718	11647	172441
34299	30796	426	536	54	47	2422
1700120	1385008	37852	84065	14510	11722	133305
7087588	6034853	213861	333717	77510	54554	357262
2629598	2424487	23119	60353	20883	9083	69765
200039	184932	3524	2513	883	530	7451
2508927	2165626	68504	99178	34333	25463	133143
2147134	1816406	67491	104533	29979	20694	120140
3737642	3220203	91623	156185	37319	25491	219947
5660853	4836556	151499	252767	71122	54315	295121
261890	215204	7007	16223	2884	2205	14054
1732869	1489985	47426	65053	19239	13026	104896
335874	294445	5992	9319	3304	2490	22811
264558	221500	7789	14318	1423	976	18838
374273	321901	13515	17609	4628	643	13320
107631	93356	2987	4920	799	777	4438
13247	10757	330	360	143	145	750
797913	721035	8093	28425	22042	16190	27107
410081	383813	9145	9472	1245	436	4576
61492	55681	433	1000	601	575	3309

单位：万元

项 目	Item	亏损企业亏损总额 Total Loss	本年应付职工薪酬 The Year of Payable Employees
总计	**Total**	**70025**	**1381548**
煤炭开采和洗选业	Mining and Washing of Coal	3522	15322
石油和天然气开采业	Extraction of Petroleum and Natural Gas		1058
黑色金属矿采选业	Mining and Procssing of Ferrous Metal Ores	649	17579
有色金属矿采选业	Mining and Processing of Non-ferrous Metal Ores	9	13273
非金属矿采选业	Mining and Processing of Nonmetal Ores	253	13936
开采辅助活动	Mining Support Activities		1006
其他采矿业	Mining of Other Ores		334
农副食品加工业	Processing of Food form Agricultural Products	21264	237348
食品制造业	Manufacture of Food	2455	44382
酒、饮料和精制茶制造业	Manufacture of Wine,Beverages and Tea	1269	64836
烟草制品业	Manufacture of Tobacco		
纺织业	Manufacture of Textile		14522
纺织服装、服饰业	Manufacture of Textile and Apparel	201	19008
皮革、毛皮、羽毛及其制品和制鞋业	Leather,Fur,Feathers and Footwear Industry		4712
木材加工和木、竹、藤、棕、草制品业	Processing of Timber, Manufacture of Wood, Bamboo, Rattan, Palm and Straw Products	8	76873
家具制造业	Manufacture of Furniture	2288	24979
造纸和纸制品业	Manufacture of Paper and Paper Products	4502	26824
印刷和记录媒介复制业	Printing, Reproduction of Recording Media	398	4509
文教、工美、体育和娱乐用品制造业	Calture Education ,Art,Sports and Entertainment Goods Industry		9999
石油加工、炼焦和核燃料加工业	Processing of Petroleum, Coking, Processing of Nuclear Fuel	11	10995
化学原料和化学制品制造业	Manufacture of Raw Chemical Materials and Chemical Products	2422	70751
医药制造业	Manufacture of Medicines	5353	69333
化学纤维制造业	Manufacture of Chemical Fibers		998
橡胶和塑料制品业	Manufacture of Rubber and Plastic	13	41240
非金属矿物制品业	Manufacture of Non-metallic Mineral Products	6605	127713
黑色金属冶炼和压延加工业	Smelting and Pressing of Ferrous Metals	52	40604
有色金属冶炼和压延加工业	Smelting and Pressing of Non- ferrous Metals	41	2842
金属制品业	Manufacture of Metal Products		47537
通用设备制造业	Manufacture of General Purpose Machinery	163	47293
专用设备制造业	Manufacture of Special Purpose Machinery		71323
汽车制造业	Manufacture of Automotive	10742	153329
铁路、船舶、航空航天和其他运输设备制造业	Manufacture of Railway,Ship,Aerospace and Other Transport Equipment	410	20026
电气机械和器材制造业	Manufacture of Electrical Machinery and Equipment	2667	33525
计算机、通信和其他电子设备制造业	Manufacture of Compater,Communication and Other Electronic Equipment		9447
仪器仪表制造业	Manufacture of Instrument		6916
其他制造业	Other Manufacturing		4163
废弃资源综合利用业	Wast Resources Utilization Industry		2128
金属制品、机械和设备修理业	Metal Products,Machinery and Equipment Repair Industry		560
电力、热力生产和供应业	Production and Supply of Electric Power and Heat Power	3044	23428
燃气生产和供应业	Production and Supply of Gas	1687	5818
水的生产和供应业	Production and Supply of Water		1079

contiued

unit: 10000 yuan

全部从业人员年平均人数（人）Annual Average Employed (person)	总资产贡献率（%）Total Assets Contribution Rate(%)	资产负债率（%）Assets-liability Ratio(%)	流动资产周转率（次/年）Current Assets Turnover (times/year)	成本费用利润率（%）Ratio of Pre-tax Profit to Cost(%)	产品销售率（%）Proportion of Products Sold (%)
342305	**18.4**	**44.8**	**6.6**	**4.9**	**96.5**
4158	18.3	56.4	10.8	3.0	96.9
196	30.2	43.5	11.9	5.7	99.6
5229	18.6	37.5	9.4	4.8	98.0
3163	18.7	37.2	15.3	5.3	99.6
3774	26.4	28.6	8.2	4.3	97.9
444	6.6	82.1	1.8	1.8	100.0
53	32.3	31.9	17.2	7.4	100.0
61934	19.2	43.6	7.8	4.4	97.6
13351	18.4	36.0	6.3	5.0	95.8
14473	29.7	36.9	11.3	4.4	98.1
3725	15.9	37.6	9.9	2.6	97.8
5196	8.4	53.2	3.7	3.1	98.2
1143	23.6	52.2	6.8	6.0	97.0
20168	13.6	44.5	10.2	3.8	97.2
5872	26.9	37.8	8.1	6.4	93.2
6693	20.1	43.7	8.6	5.3	98.0
1306	41.7	54.3	11.0	4.2	96.4
2559	29.6	47.9	10.8	5.2	91.9
3357	24.4	47.8	7.8	2.6	97.9
16070	15.8	42.6	6.8	4.2	96.0
15380	16.9	42.4	4.6	5.3	96.1
251	22.8	52.0	5.0	7.6	97.7
10229	22.1	36.7	5.8	8.6	95.3
33943	20.8	43.0	6.6	5.4	96.3
10160	9.2	59.5	10.2	2.8	94.9
766	11.7	46.2	5.5	3.9	99.1
10033	20.6	38.3	6.9	5.6	96.5
11612	26.7	47.1	6.7	6.0	92.9
16884	24.6	35.8	8.0	6.3	94.2
35287	16.3	54.2	3.8	5.5	96.0
3500	11.9	44.1	2.1	5.7	92.0
7965	23.6	38.5	6.5	6.4	96.6
2047	32.5	40.5	7.7	7.3	96.4
1505	36.1	43.5	8.4	7.7	97.0
1027	42.0	43.0	18.2	3.7	98.0
610	9.8	47.7	4.5	4.4	95.0
280	10.6	43.1	3.0	6.0	90.6
6091	4.2	60.6	1.8	3.5	98.8
1530	10.2	49.3	15.1	1.1	99.6
341	17.8	18.7	51.8	5.7	98.9

13－6　按行业分外商投资和港澳台商投资工业企业主要指标（2016年）

单位：万元

项　　目	Item	企业单位数(个) Number of Enterprises (unit)	#亏损企业 Loss－making Enterprises
总计	**Total**	**321**	**49**
煤炭开采和洗选业	Mining and Washing of Coal		
石油和天然气开采业	Extraction of Petroleum and Natural Gas	2	2
黑色金属矿采选业	Mining and Procssing of Ferrous Metal Ores		
有色金属矿采选业	Mining and Processing of Non-ferrous Metal Ores	1	
非金属矿采选业	Mining and Processing of Nonmetal Ores	5	1
开采辅助活动	Mining Support Activities		
其他采矿业	Mining of Other Ores		
农副食品加工业	Processing of Food form Agricultural Products	28	8
食品制造业	Manufacture of Food	8	2
酒、饮料和精制茶制造业	Manufacture of Wine,Beverages and Tea	23	6
烟草制品业	Manufacture of Tobacco		
纺织业	Manufacture of Textile	5	
纺织服装、服饰业	Manufacture of Textile and Apparel	2	
皮革、毛皮、羽毛及其制品和制鞋业	Leather,Fur,Feathers and Footwear Industry		
木材加工和木、竹、藤、棕、草制品业	Processing of Timber, Manufacture of Wood, Bamboo, Rattan, Palm and Straw Products	16	
家具制造业	Manufacture of Furniture	3	1
造纸和纸制品业	Manufacture of Paper and Paper Products		
印刷和记录媒介复制业	Printing, Reproduction of Recording Media	1	
文教、工美、体育和娱乐用品制造业	Calture Education ,Art,Sports and Entertainment Goods Industry	1	
石油加工、炼焦和核燃料加工业	Processing of Petroleum, Coking, Processing of Nuclear Fuel	1	
化学原料和化学制品制造业	Manufacture of Raw Chemical Materials and Chemical Products	20	2
医药制造业	Manufacture of Medicines	29	5
化学纤维制造业	Manufacture of Chemical Fibers		
橡胶和塑料制品业	Manufacture of Rubber and Plastic	9	1
非金属矿物制品业	Manufacture of Non-metallic Mineral Products	10	
黑色金属冶炼和压延加工业	Smelting and Pressing of Ferrous Metals	5	
有色金属冶炼和压延加工业	Smelting and Pressing of Non- ferrous Metals	5	1
金属制品业	Manufacture of Metal Products	4	3
通用设备制造业	Manufacture of General Purpose Machinery	4	1
专用设备制造业	Manufacture of Special Purpose Machinery	10	
汽车制造业	Manufacture of Automotive	93	7
铁路、船舶、航空航天和其他运输设备制造业	Manufacture of Railway,Ship,Aerospace and Other Transport Equipment	3	
电气机械和器材制造业	Manufacture of Electrical Machinery and Equipment	10	4
计算机、通信和其他电子设备制造业	Manufacture of Compater,Communication and Other Electronic Equipment	2	1
仪器仪表制造业	Manufacture of Instrument	1	
其他制造业	Other Manufacturing		
废弃资源综合利用业	Wast Resources Utilization Industry	1	
金属制品、机械和设备修理业	Metal Products,Machinery and Equipment Repair Industry		
电力、热力生产和供应业	Production and Supply of Electric Power and Heat Power	15	4
燃气生产和供应业	Production and Supply of Gas	4	
水的生产和供应业	Production and Supply of Water		

The Main Indicators of Industrial Enterprises by Foreign Investment and Hongkong、Macao and Taiwan Investment by Industry（2016）

unit: 10000 yuan

工业总产值（当年价格）Gross Industrial Output Value（current price）	工业销售产值（当年价格）Sales Value of Industry（current price）	产成品 Finished Goods	资产总计 Total Assets	流动资产合计 Total Current Assets	应收帐款 Account Receivable	固定资产合计 Total Fixed Assets	固定资产原价 Original Value of Fixed Assets
21080088	**20545075**	**754449**	**20582044**	**11292102**	**3577570**	**6866074**	**14981772**
50363	50363	903	208079	53265	8671	146249	646680
43489	43489		106508	18529		56376	112834
71609	69490	690	22417	4746	862	13618	30572
2363893	2325858	99861	2352875	1189440	108400	937796	2367717
318806	363862	10474	519259	288759	36576	123955	180467
893319	681274	50805	1109753	376484	52757	563526	807310
187734	183327	1787	98607	18021	7631	26922	148905
247846	246391	1959	26490	12521	6344	12572	848112
1260425	1242409	27546	401418	118494	16380	137371	1314889
32253	31802	1284	8804	4988	190	3514	6008
94485	80969	5782	42515	33662	9952	8255	14924
115614	115205		17804	3517	41	5550	7024
7052	7052	236	21327	9957	1034	3374	5316
1487955	1424040	54259	1688934	537245	136653	1130098	1584558
1081543	1029157	34398	940370	544465	63760	220016	514992
378643	374047	7917	413248	202360	80731	191380	323285
181680	187159	3095	97078	32270	5953	47495	77468
287881	281709	6844	158598	116630	33869	39121	51514
584269	521165	267179	4018779	2036809	451346	1300373	1812951
73775	70149	4602	58615	38515	13615	17676	25447
217675	221144	2632	177219	124199	30552	44943	153137
683509	681422	5187	204092	152200	64510	27628	204359
9662867	9519309	153031	6719225	4990564	2356830	1124983	2284413
48696	77457		133094	127744	12546	3633	19931
316443	313898	10876	197856	99998	44509	70659	351996
17228	19524	2506	32301	29661	9709	1453	2371
8677	8677		4287	3266	838	1021	2239
			8235	2574	811	4216	4216
246123	258493		674405	97868	18209	525936	972264
116236	116236	595	119853	23353	4296	76367	105875

单位：万元

13－6 续表 1

项　　目	Item	负债合计 Total Liabilities	所有者权益合计 Total Owners' Equities
总计	**Total**	**13192228**	**7378504**
煤炭开采和洗选业	Mining and Washing of Coal		
石油和天然气开采业	Extraction of Petroleum and Natural Gas	212820	-4741
黑色金属矿采选业	Mining and Procssing of Ferrous Metal Ores		
有色金属矿采选业	Mining and Processing of Non-ferrous Metal Ores	52277	54232
非金属矿采选业	Mining and Processing of Nonmetal Ores	16688	5728
开采辅助活动	Mining Support Activities		
其他采矿业	Mining of Other Ores		
农副食品加工业	Processing of Food form Agricultural Products	2089777	263098
食品制造业	Manufacture of Food	211606	307653
酒、饮料和精制茶制造业	Manufacture of Wine,Beverages and Tea	768544	341209
烟草制品业	Manufacture of Tobacco		
纺织业	Manufacture of Textile	25866	72741
纺织服装、服饰业	Manufacture of Textile and Apparel	16646	9844
皮革、毛皮、羽毛及其制品和制鞋业	Leather,Fur,Feathers and Footwear Industry		
木材加工和木、竹、藤、棕、草制品业	Processing of Timber, Manufacture of Wood, Bamboo, Rattan, Palm and Straw Products	169791	225592
家具制造业	Manufacture of Furniture	5845	2959
造纸和纸制品业	Manufacture of Paper and Paper Products		
印刷和记录媒介复制业	Printing, Reproduction of Recording Media	162	42353
文教、工美、体育和娱乐用品制造业	Calture Education ,Art,Sports and Entertainment Goods Industry	10049	7755
石油加工、炼焦和核燃料加工业	Processing of Petroleum, Coking, Processing of Nuclear Fuel	6778	14549
化学原料和化学制品制造业	Manufacture of Raw Chemical Materials and Chemical Products	902148	786786
医药制造业	Manufacture of Medicines	453830	486540
化学纤维制造业	Manufacture of Chemical Fibers		
橡胶和塑料制品业	Manufacture of Rubber and Plastic	239018	172175
非金属矿物制品业	Manufacture of Non-metallic Mineral Products	52546	44532
黑色金属冶炼和压延加工业	Smelting and Pressing of Ferrous Metals	85748	72850
有色金属冶炼和压延加工业	Smelting and Pressing of Non- ferrous Metals	3565685	453094
金属制品业	Manufacture of Metal Products	55132	3483
通用设备制造业	Manufacture of General Purpose Machinery	65336	111883
专用设备制造业	Manufacture of Special Purpose Machinery	68480	135612
汽车制造业	Manufacture of Automotive	3476820	3242404
铁路、船舶、航空航天和其他运输设备制造业	Manufacture of Railway,Ship,Aerospace and Other Transport Equipment	89462	40413
电气机械和器材制造业	Manufacture of Electrical Machinery and Equipment	94849	103006
计算机、通信和其他电子设备制造业	Manufacture of Compater,Communication and Other Electronic Equipment	4568	27732
仪器仪表制造业	Manufacture of Instrument	1005	3282
其他制造业	Other Manufacturing		
废弃资源综合利用业	Wast Resources Utilization Industry	2491	5744
金属制品、机械和设备修理业	Metal Products,Machinery and Equipment Repair Industry		
电力、热力生产和供应业	Production and Supply of Electric Power and Heat Power	363997	310408
燃气生产和供应业	Production and Supply of Gas	84264	35589
水的生产和供应业	Production and Supply of Water		

contiued

unit: 10000 yuan

主营业务收入 Revenue from Principal Business	主营业务成本 Cost of Principal Business	销售费用 Selling Cost	管理费用 Management Cost	财务费用 Finance Cost	利息支出 Interest Expense	利润总额 Total Profits
20341294	**16974454**	**605508**	**1165898**	**369826**	**345054**	**983258**
47269	72775	1655	1934	19859	737	-49184
43489	39286	23	7526	-67		3560
50861	37241	6687	5279	379	305	593
2331150	2035657	86512	92642	61984	46446	-77283
336238	271206	28401	10764	9759	9372	16981
672392	502984	62708	54819	24479	22033	9549
183928	156031	5635	12431	87	11	9353
246391	242139	1382	1322	401	266	75
1140152	1047287	24812	29922	6449	3641	28618
32514	30000	622	2121	141	16	-416
80969	72181	30	1269	-52		7713
120205	99102	2121	2582	839	825	8327
8260	6277		1395	137	136	2466
1182336	935893	58802	97270	10142	4218	68537
713349	437994	85690	71190	15899	11138	114218
362689	314830	6553	17698	6952	4272	15046
186659	155277	8485	13830	1038	679	7279
145540	134605	2442	3622	1420	62	4387
588276	530355	23273	74028	190448	210769	-206750
70149	66698	1308	2148	1523	1201	-1531
221445	170340	-2422	11437	-570	2	38409
655632	590945	21228	23411	2308	2105	17615
10173188	8412005	163534	580719	-79	10602	906859
82191	67093	1873	10116	-4042		7623
313918	250755	7374	24484	3117	1138	28567
19554	17685	396	1355	-205	2	432
8432	7435	13	711	-52		121
7000			413	-2		1700
244794	211867	2176	5298	15700	13332	15363
72324	58515	4196	4165	1838	1747	5032

单位：万元

13－6 续表 2

项 目	Item	亏损企业 亏损总额 Total Loss	本年应付 职工薪酬 The Year of Payable Employees
总计	**Total**	**542529**	**942608**
煤炭开采和洗选业	Mining and Washing of Coal		
石油和天然气开采业	Extraction of Petroleum and Natural Gas	49184	6180
黑色金属矿采选业	Mining and Procssing of Ferrous Metal Ores		
有色金属矿采选业	Mining and Processing of Non-ferrous Metal Ores		9746
非金属矿采选业	Mining and Processing of Nonmetal Ores	34	581
开采辅助活动	Mining Support Activities		
其他采矿业	Mining of Other Ores		
农副食品加工业	Processing of Food form Agricultural Products	193722	82246
食品制造业	Manufacture of Food	1227	16691
酒、饮料和精制茶制造业	Manufacture of Wine,Beverages and Tea	21039	62020
烟草制品业	Manufacture of Tobacco		
纺织业	Manufacture of Textile		5285
纺织服装、服饰业	Manufacture of Textile and Apparel		4017
皮革、毛皮、羽毛及其制品和制鞋业	Leather,Fur,Feathers and Footwear Industry		
木材加工和木、竹、藤、棕、草制品业	Processing of Timber, Manufacture of Wood, Bamboo, Rattan, Palm and Straw Products		20674
家具制造业	Manufacture of Furniture	855	991
造纸和纸制品业	Manufacture of Paper and Paper Products		
印刷和记录媒介复制业	Printing, Reproduction of Recording Media		709
文教、工美、体育和娱乐用品制造业	Calture Education ,Art,Sports and Entertainment Goods Industry		984
石油加工、炼焦和核燃料加工业	Processing of Petroleum, Coking, Processing of Nuclear Fuel		119
化学原料和化学制品制造业	Manufacture of Raw Chemical Materials and Chemical Products	34065	80434
医药制造业	Manufacture of Medicines	1626	22702
化学纤维制造业	Manufacture of Chemical Fibers		
橡胶和塑料制品业	Manufacture of Rubber and Plastic	157	26538
非金属矿物制品业	Manufacture of Non-metallic Mineral Products		4952
黑色金属冶炼和压延加工业	Smelting and Pressing of Ferrous Metals		4621
有色金属冶炼和压延加工业	Smelting and Pressing of Non- ferrous Metals	219499	34436
金属制品业	Manufacture of Metal Products	1532	3865
通用设备制造业	Manufacture of General Purpose Machinery	327	18601
专用设备制造业	Manufacture of Special Purpose Machinery		8809
汽车制造业	Manufacture of Automotive	10130	472456
铁路、船舶、航空航天和其他运输设备制造业	Manufacture of Railway,Ship,Aerospace and Other Transport Equipment		8676
电气机械和器材制造业	Manufacture of Electrical Machinery and Equipment	2937	22863
计算机、通信和其他电子设备制造业	Manufacture of Compater,Communication and Other Electronic Equipment	500	1659
仪器仪表制造业	Manufacture of Instrument		1294
其他制造业	Other Manufacturing		
废弃资源综合利用业	Wast Resources Utilization Industry		763
金属制品、机械和设备修理业	Metal Products,Machinery and Equipment Repair Industry		
电力、热力生产和供应业	Production and Supply of Electric Power and Heat Power	5696	13181
燃气生产和供应业	Production and Supply of Gas		6518
水的生产和供应业	Production and Supply of Water		

contiued

unit: 10000 yuan

全部从业人员年平均人数（人）Annual Average Employed (person)	总资产贡献率（%）Total Assets Contribution Rate(%)	资产负债率（%）Assets-liability Ratio(%)	流动资产周转率（次/年）Current Assets Turnover (times/year)	成本费用利润率（%）Ratio of Pre-tax Profit to Cost(%)	产品销售率（%）Proportion of Products Sold (%)
116148	**10.1**	**64.1**	**1.8**	**5.1**	**97.5**
1173	-20.7	102.3	0.9	-51.1	100.0
570	3.3	49.1	2.4	7.6	100.0
154	8.2	74.4	10.7	1.2	97.0
16596	0.0	88.8	2.0	-3.4	98.4
1357	5.0	40.8	1.2	5.3	114.1
8402	8.1	69.3	1.8	1.5	76.3
1194	11.6	26.2	10.2	5.4	97.7
1115	1.7	62.8	19.9	0.0	99.4
5558	10.9	42.3	9.6	2.6	98.6
324	-4.0	66.4	6.5	-1.3	98.6
141	23.1	0.4	2.4	10.5	85.7
265	80.6	56.4	34.2	8.0	99.7
118	15.3	31.8	0.8	31.6	100.0
4158	7.1	53.4	2.2	6.2	95.7
5498	19.5	48.3	1.3	18.6	95.2
3019	6.1	57.8	1.9	4.2	98.8
1270	13.6	54.1	5.8	4.1	103.0
733	4.1	54.1	1.3	3.0	97.9
5457	0.1	88.7	0.3	-25.3	89.2
718	0.6	94.1	1.8	-2.1	95.1
811	28.1	36.9	1.8	21.5	101.6
1756	11.0	33.6	4.3	2.8	99.7
50421	20.6	51.7	2.1	9.7	98.5
632	5.3	67.2	0.6	10.2	159.1
2220	22.3	47.9	3.2	9.9	99.2
162	3.1	14.1	0.7	2.2	113.3
185	4.9	23.4	2.7	1.4	100.0
90	22.4	30.3	2.7	28.8	
1113	5.8	54.0	2.5	6.5	105.0
938	7.3	70.3	3.2	7.2	100.0

13－7 按行业分集体工业企业主要指标（2016年）

单位：万元

项　　目	Item	企业单位数(个) Number of Enterprises (unit)	#亏损企业 Loss－making Enterprises
总计	**Total**	**31**	**2**
煤炭开采和洗选业	Mining and Washing of Coal		
石油和天然气开采业	Extraction of Petroleum and Natural Gas		
黑色金属矿采选业	Mining and Procssing of Ferrous Metal Ores	2	
有色金属矿采选业	Mining and Processing of Non-ferrous Metal Ores		
非金属矿采选业	Mining and Processing of Nonmetal Ores	1	
开采辅助活动	Mining Support Activities	1	
其他采矿业	Mining of Other Ores		
农副食品加工业	Processing of Food form Agricultural Products	2	1
食品制造业	Manufacture of Food	1	
酒、饮料和精制茶制造业	Manufacture of Wine,Beverages and Tea		
烟草制品业	Manufacture of Tobacco		
纺织业	Manufacture of Textile		
纺织服装、服饰业	Manufacture of Textile and Apparel		
皮革、毛皮、羽毛及其制品和制鞋业	Leather,Fur,Feathers and Footwear Industry		
木材加工和木、竹、藤、棕、草制品业	Processing of Timber, Manufacture of Wood, Bamboo, Rattan, Palm and Straw Products	4	
家具制造业	Manufacture of Furniture		
造纸和纸制品业	Manufacture of Paper and Paper Products		
印刷和记录媒介复制业	Printing, Reproduction of Recording Media	2	
文教、工美、体育和娱乐用品制造业	Calture Education ,Art,Sports and Entertainment Goods Industry		
石油加工、炼焦和核燃料加工业	Processing of Petroleum, Coking, Processing of Nuclear Fuel		
化学原料和化学制品制造业	Manufacture of Raw Chemical Materials and Chemical Products	5	
医药制造业	Manufacture of Medicines	1	
化学纤维制造业	Manufacture of Chemical Fibers		
橡胶和塑料制品业	Manufacture of Rubber and Plastic	2	
非金属矿物制品业	Manufacture of Non-metallic Mineral Products	4	1
黑色金属冶炼和压延加工业	Smelting and Pressing of Ferrous Metals	1	
有色金属冶炼和压延加工业	Smelting and Pressing of Non- ferrous Metals		
金属制品业	Manufacture of Metal Products		
通用设备制造业	Manufacture of General Purpose Machinery	2	
专用设备制造业	Manufacture of Special Purpose Machinery	1	
汽车制造业	Manufacture of Automotive	1	
铁路、船舶、航空航天和其他运输设备制造业	Manufacture of Railway,Ship,Aerospace and Other Transport Equipment		
电气机械和器材制造业	Manufacture of Electrical Machinery and Equipment		
计算机、通信和其他电子设备制造业	Manufacture of Compater,Communication and Other Electronic Equipment		
仪器仪表制造业	Manufacture of Instrument		
其他制造业	Other Manufacturing		
废弃资源综合利用业	Wast Resources Utilization Industry		
金属制品、机械和设备修理业	Metal Products,Machinery and Equipment Repair Industry	1	
电力、热力生产和供应业	Production and Supply of Electric Power and Heat Power		
燃气生产和供应业	Production and Supply of Gas		
水的生产和供应业	Production and Supply of Water		

By the Industry Main Indicators of Collective Industrial Enterpvises (2016)

unit: 10000 yuan

工业总产值（当年价格）Gross Industrial Output Value (current price)	工业销售产值（当年价格）Sales Value of Industry (current price)	产成品 Finished Goods	资产总计 Total Assets	流动资产合计 Total Current Assets	应收帐款 Account Receivable	固定资产合计 Total Fixed Assets	固定资产原价 Original Value of Fixed Assets
543320	**518784**	**8080**	**340778**	**179688**	**39959**	**149667**	**339741**
24288	24652	474	5004	3874	835	495	2398
10558	10558		1886	939	790	935	1554
34289	29441	2399	55864	46578	17302	9285	16457
40117	39704	119	9844	1790	556	7663	18447
81416	81416	10	70065	2328	27	67737	179960
17504	17504	288	11172	2138	877	3606	3376
10371	4698	414	27556	25527	8075	2029	6437
88590	88847	3086	87344	68490	3287	16526	41261
23778	23118	380	6507	915	114	5592	10475
46300	46300	200	5953	2170	498	3384	5072
29315	20158	557	12498	5117	2816	7028	12217
3660	3660		2441	1883	753	163	
49723	49723	5	16444	9079	43	7365	8039
62136	58174		22441	6628	3356	14333	32207
16404	15959	69	4897	1624	456	3273	1399
4871	4871	79	861	608	174	253	442

单位：万元

13－7 续表 1

项 目	Item	负债合计 Total Liabilities	所有者权益合计 Total Owners' Equities
总计	**Total**	**169206**	**166869**
煤炭开采和洗选业	Mining and Washing of Coal		
石油和天然气开采业	Extraction of Petroleum and Natural Gas		
黑色金属矿采选业	Mining and Procssing of Ferrous Metal Ores	1528	3476
有色金属矿采选业	Mining and Processing of Non-ferrous Metal Ores		
非金属矿采选业	Mining and Processing of Nonmetal Ores	445	1442
开采辅助活动	Mining Support Activities	56432	-568
其他采矿业	Mining of Other Ores		
农副食品加工业	Processing of Food form Agricultural Products	1623	8222
食品制造业	Manufacture of Food	44548	25516
酒、饮料和精制茶制造业	Manufacture of Wine,Beverages and Tea		
烟草制品业	Manufacture of Tobacco		
纺织业	Manufacture of Textile		
纺织服装、服饰业	Manufacture of Textile and Apparel		
皮革、毛皮、羽毛及其制品和制鞋业	Leather,Fur,Feathers and Footwear Industry		
木材加工和木、竹、藤、棕、草制品业	Processing of Timber，Manufacture of Wood，Bamboo，Rattan，Palm and Straw Products	1945	9227
家具制造业	Manufacture of Furniture		
造纸和纸制品业	Manufacture of Paper and Paper Products		
印刷和记录媒介复制业	Printing，Reproduction of Recording Media	9857	17699
文教、工美、体育和娱乐用品制造业	Calture Education ,Art,Sports and Entertainment Goods Industry		
石油加工、炼焦和核燃料加工业	Processing of Petroleum，Coking，Processing of Nuclear Fuel		
化学原料和化学制品制造业	Manufacture of Raw Chemical Materials and Chemical Products	16451	66191
医药制造业	Manufacture of Medicines	214	6293
化学纤维制造业	Manufacture of Chemical Fibers		
橡胶和塑料制品业	Manufacture of Rubber and Plastic	4739	1214
非金属矿物制品业	Manufacture of Non-metallic Mineral Products	11307	1191
黑色金属冶炼和压延加工业	Smelting and Pressing of Ferrous Metals	1059	1382
有色金属冶炼和压延加工业	Smelting and Pressing of Non- ferrous Metals		
金属制品业	Manufacture of Metal Products		
通用设备制造业	Manufacture of General Purpose Machinery	14944	1500
专用设备制造业	Manufacture of Special Purpose Machinery	2017	20425
汽车制造业	Manufacture of Automotive	1773	3124
铁路、船舶、航空航天和其他运输设备制造业	Manufacture of Railway,Ship,Aerospace and Other Transport Equipment		
电气机械和器材制造业	Manufacture of Electrical Machinery and Equipment		
计算机、通信和其他电子设备制造业	Manufacture of Compater,Communication and Other Electronic Equipment		
仪器仪表制造业	Manufacture of Instrument		
其他制造业	Other Manufacturing		
废弃资源综合利用业	Wast Resources Utilization Industry		
金属制品、机械和设备修理业	Metal Products,Machinery and Equipment Repair Industry	325	536
电力、热力生产和供应业	Production and Supply of Electric Power and Heat Power		
燃气生产和供应业	Production and Supply of Gas		
水的生产和供应业	Production and Supply of Water		

contiued

unit: 10000 yuan

主营业务收入 Revenue from Principal Business	主营业务成本 Cost of Principal Business	销售费用 Selling Cost	管理费用 Management Cost	财务费用 Finance Cost	利息支出 Interest Expense	利润总额 Total Profits
507684	**397094**	**10083**	**34200**	**1070**	**875**	**30385**
24652	23088	65	290	32	32	881
6235	5800		84			230
31574	27766	68	4340	5		190
39584	35706	144	159	113	113	3303
75271	69874	1913	2206	33	33	1003
17596	15853	189	499	120	3	912
12271	6649	20	1396	-72	5	4266
87959	68077	3399	9767	176	178	6407
23118	16182	2287	1294	321	321	2665
46300	12280	384	384	131	14	807
28036	26668	241	1411	60	41	-398
3571	3005	11	251	19	2	283
48723	33622		10226	2		3013
41963	36300	496	313	51	51	4728
15959	11585	789	1571	73	84	1972
4871	4641	77	9	7		123

单位：万元

项　　目	Item	亏损企业亏损总额 Total Loss	本年应付职工薪酬 The Year of Payable Employees
总计	**Total**	**976**	**22592**
煤炭开采和洗选业	Mining and Washing of Coal		
石油和天然气开采业	Extraction of Petroleum and Natural Gas		
黑色金属矿采选业	Mining and Procssing of Ferrous Metal Ores		716
有色金属矿采选业	Mining and Processing of Non-ferrous Metal Ores		
非金属矿采选业	Mining and Processing of Nonmetal Ores		461
开采辅助活动	Mining Support Activities		3939
其他采矿业	Mining of Other Ores		
农副食品加工业	Processing of Food form Agricultural Products	30	650
食品制造业	Manufacture of Food		590
酒、饮料和精制茶制造业	Manufacture of Wine,Beverages and Tea		
烟草制品业	Manufacture of Tobacco		
纺织业	Manufacture of Textile		
纺织服装、服饰业	Manufacture of Textile and Apparel		
皮革、毛皮、羽毛及其制品和制鞋业	Leather,Fur,Feathers and Footwear Industry		
木材加工和木、竹、藤、棕、草制品业	Processing of Timber, Manufacture of Wood, Bamboo, Rattan, Palm and Straw Products		781
家具制造业	Manufacture of Furniture		
造纸和纸制品业	Manufacture of Paper and Paper Products		
印刷和记录媒介复制业	Printing, Reproduction of Recording Media		1521
文教、工美、体育和娱乐用品制造业	Calture Education ,Art,Sports and Entertainment Goods Industry		
石油加工、炼焦和核燃料加工业	Processing of Petroleum, Coking, Processing of Nuclear Fuel		
化学原料和化学制品制造业	Manufacture of Raw Chemical Materials and Chemical Products		9506
医药制造业	Manufacture of Medicines		204
化学纤维制造业	Manufacture of Chemical Fibers		
橡胶和塑料制品业	Manufacture of Rubber and Plastic		700
非金属矿物制品业	Manufacture of Non-metallic Mineral Products	946	1604
黑色金属冶炼和压延加工业	Smelting and Pressing of Ferrous Metals		431
有色金属冶炼和压延加工业	Smelting and Pressing of Non- ferrous Metals		
金属制品业	Manufacture of Metal Products		
通用设备制造业	Manufacture of General Purpose Machinery		402
专用设备制造业	Manufacture of Special Purpose Machinery		369
汽车制造业	Manufacture of Automotive		622
铁路、船舶、航空航天和其他运输设备制造业	Manufacture of Railway,Ship,Aerospace and Other Transport Equipment		
电气机械和器材制造业	Manufacture of Electrical Machinery and Equipment		
计算机、通信和其他电子设备制造业	Manufacture of Compater,Communication and Other Electronic Equipment		
仪器仪表制造业	Manufacture of Instrument		
其他制造业	Other Manufacturing		
废弃资源综合利用业	Wast Resources Utilization Industry		
金属制品、机械和设备修理业	Metal Products,Machinery and Equipment Repair Industry		96
电力、热力生产和供应业	Production and Supply of Electric Power and Heat Power		
燃气生产和供应业	Production and Supply of Gas		
水的生产和供应业	Production and Supply of Water		

contiued

unit: 10000 yuan

全部从业人员年平均人数（人）Annual Average Employed (person)	总资产贡献率（%）Total Assets Contribution Rate(%)	资产负债率（%）Assets-liability Ratio(%)	流动资产周转率（次/年）Current Assets Turnover (times/year)	成本费用利润率（%）Ratio of Pre-tax Profit to Cost(%)	产品销售率（%）Proportion of Products Sold (%)
5333	**15.6**	**49.7**	**2.9**	**6.3**	**95.5**
233	28.1	30.5	6.4	3.8	101.5
111	34.2	23.6	6.6	3.9	100.0
1212	12.5	101.0	0.7	0.6	85.9
275	43.0	16.5	22.1	9.1	99.0
155	4.4	63.6	32.3	1.4	100.0
252	10.4	17.4	8.2	5.5	100.0
212	16.6	35.8	0.5	53.4	45.3
1115	13.9	18.8	1.4	7.2	100.3
78	69.3	3.3	25.3	13.3	97.2
349	15.1	79.6	21.3	1.8	100.0
701	0.1	90.5	5.5	-1.4	68.8
163	12.5	43.4	1.9	8.6	100.0
177	29.6	90.9	5.4	6.9	100.0
106	24.1	9.0	6.3	12.7	93.6
154	58.8	36.2	9.8	14.1	97.3
40	18.1	37.8	8.0	2.6	100.0

13－8　工业企业产品产量

Industrial Enterprises Major Products Outputs

项　　目	Item	2015	2016
原煤（吨）	Total(ton)	26224599	16431486
无烟煤（吨）	Anthracite(ton)	1550000	840000
烟煤（吨）	Bituminous Coal(ton)	13304865	9311671
一般烟煤	General Bituminous Coal	13304865	9311671
褐煤（吨）	Wood Coal(ton)	11369734	6279815
洗煤（吨）	Coal Washing(ton)	8814445	7037229
#洗精煤	Washed Coal	4566322	3793873
天然原油（吨）	Crude Petroleum Oil(ton)	6654755	6107034
天然气（万立方米）	Natural Gas(10000 cu.m)	193955	197658
铁矿石原矿（吨）	Iron Ore(ton)	19830064	18352721
铜金属含量（吨）	Copper Content(ton)	14291	15277
铅金属含量（吨）	Lead Metal Content(ton)	9980	9073
锌金属含量（吨）	Zinc Content(ton)	7137	5826
稀有稀土金属矿（吨）	Rare Earch Metal Ore (ton)	8933	9045
钼精矿折合量（折纯钼45%）（吨）	Molybdenum in Quantity(ton)	8933	9045
石灰石（吨）	Limestore (ton)	11859398	13008249
建筑用天然石料（吨）	Natual Stone for Building (ton)	294606	289606
大米（吨）	Rice(ton)	11190263	12350198
饲料（吨）	Feed(ton)	8073802	7659534
#配合饲料	Compound Feed	3389015	3404825
混合饲料	Mixed Feed	3697612	3148492
精制食用植物油（吨）	Refined Edible Vegetable Oil(ton)	732690	551409
鲜、冷藏肉（吨）	Fresh, Frozen Meat(ton)	1629271	1689175
冻肉（吨）	Cold Meat (ton)	2775	3147
冷冻水产品（吨）	Frozen Aquatic Products (ton)	155	
膨化食品（吨）	Puffed Foods (ton)	1364	
速冻食品（吨）	Quick Frozen Foods (ton)	181833	253225
速冻米面食品（吨）	Frozen Rice food(ton)	149885	154675
方便面（吨）	Instant Noodles(ton)	87613	76518
乳制品（吨）	Dairy(ton)	175836	167224
#液体乳	Liquid Milk	143657	123945
固体及半固体乳制品（吨）	Solid and Semi-solid Dairy Products (ton)	32180	43279
乳粉	Milk	32140	43279
罐头（吨）	Canned Foods(ton)	10908	14805
酱油（吨）	Soy Sauce(ton)	75374	76479
营养、保健食品（吨）	Nutrition and Health Foods (ton)	3402	6702
冷冻饮品（吨）	Frozen Drinks(ton)	332532	312951
食品添加剂（吨）	Food Additives(ton)	18396	6357
饲料添加剂（吨）	Feed Additives (ton)	32336	72481
发酵酒精（折96度，商品量）（千升）	Fermentation Alcohol(Thousands Litres)	1730163	1708962
饮料酒（千升）	Potable Spirit(Thousands Litres)	2255250	2374734
#白酒（折65度，商品量）	Chinese Liquor	677102	781675
啤酒	Beer	1385144	1370823
葡萄酒	Wine	168534	197868
果酒及配制酒（千升）	Fruit Wine and Liquor Preparation (thousard litres)	728	902
软饮料（吨）	Soft Drink(ton)	9862976	9219910
#碳酸饮料类（汽水）	Carbonated Drink (soft drink)	573585	644758
包装饮用水类	Packaged Water	8547020	7648904
果汁和蔬菜汁饮料类	Fruit and Vegetable Juice Drinks	407321	449612

13－8 续表 1 continued

项　　目	Item	2015	2016
卷烟(万支)	Cigarette(10000)	5840000	5456761
纱（吨）	Yarn(ton)	37151	30633
棉纱	Cotton Yarn	9703	7295
棉混纺纱	Blended Yarn	14017	12488
化学纤维纱	Chemical Fiber Yarn	13430	14106
布（万米）	Cloth(10000 million meters)	3640	3000
#棉布	Cotton(10000 million meters)	3640	3000
毛机织物（呢绒）（万米）	Wool Fabrics(10000 million meters)	1261	1278
亚麻布（含亚麻≥55%）（万米）	Linen(10000 million meters)	95	
无纺布（无纺织物）（吨）	Non-woven(ton)	944	983
服装（万件）	Clothing(10000 pieces)	22446	22772
梭织服装	Woven Garments	4805	5478
西服套装	Suits	32	30
衬衫	Shirt	105	77
针织服装	Knitwear	17641	17294
轻革（平方米）	Light Leather(sq.m)	607739	753464
皮革鞋靴（万双）	Leather Footwear(10000 pieces)	144	148
人造板（立方米）	Wood-based Panels(cu.m)	7235528	6968966
#胶合板	Plywood	1158500	914604
纤维板	Fiberboard	794308	716306
刨花板	Particleboard	604529	837889
人造板表面装饰板（立方米）	Plywood Cladding(cu.m)	2472072	2789857
细木工板（立方米）	Core-board (cu.m)	68543	46675
实木木地板（立方米）	Solid Wood Flooring(cu.m)	9771852	10331893
复合木地板（立方米）	Laminate Flooring(cu.m)	37455089	28984633
家具（件）	Furniture(set)	3171226	3177149
#木质家具（件）	Wood Furniture (set)	2327366	2384547
金属家具（件）	Metal Furniture (set)	43269	45407
软体家具（件）	Upholstered Furniture (set)	149172	156305
纸浆（原生浆及废纸浆）（吨）	Pulp(ton)	21235	23097
机制纸及纸板（外购原纸加工除外）（吨）	Machine-made Paper and Paperboard (ton)	763727	751479
涂布类印刷用纸（吨）	Coated Printing Paper Category	17641	269145
卫生用纸原纸（吨）	Sanitary Paper Base Paper	274498	
包装用纸及纸板（吨）	Packaging Paper and Paperboard (ton)	5411	6063
箱纸板（吨）	Linerboard	5411	6063
纸制品（吨）	Paper Products(ton)	692034	781493
#瓦楞纸箱	Corrugated	480631	557675
单色印刷品（令）	Monochrome Printing(order)	72137	62729
多色印刷品（对开色令）	Multi-color Print(order)	3558642	3333555
原油加工量（吨）	Crude Runs (ton)	9473410	10355081
汽油（吨）	Gasoline(ton)	1967903	2113070
柴油（吨）	Diesel Oil(ton)	3496057	3496499
燃料油（吨）	Fuel Oil(ton)	231986	2113071

13－8 续表 2 continued

项　　目	Item	2015	2016
石脑油	Naphtha	829389	929808
液化石油气（吨）	Liquefied Petroleum Gas(ton)	467634	484575
石油焦（吨）	Solvent Oil(ton)	187832	209292
焦炭（吨）	Coke(ton)	3721503	3148335
#机焦	Coke Machine	3721503	3148335
硫酸（折100%）（吨）	Sulfuric Acid(ton)	712841	331970
盐酸（氯化氢,含量31%）（吨）	Hydrochloric Acid(ton)	56114	29232
浓硝酸（折100%）（吨）	Concentrated Nitric Acid(ton)	15396	12766
磷酸（含量85%）（吨）	Phosphoric Acid (85% vol)(ton)	18000	30120
烧碱（折100%）（吨）	Caustic Soda(ton)	85226	22147
#离子膜法烧碱（折100%）	Ion-exchange Membrane Caustic Soda	85226	22147
乙烯（吨）	Ethylene(ton)	666802	807360
纯苯（吨）	Benzene(ton)	232458	267892
精甲醇（吨）	Refined Methanol(ton)	10237	9890
合成氨（无水氨）（吨）	Synthesis Ammonia(ton)	496636	347667
农用氮、磷、钾化学肥料总计（折纯）（吨）	Agricultural Nitrogen, Phosphorus and Potassium Fertilizers Total(ton)	571107	158710
氮肥（折含N100%）	Nitrogenous Fertilizer	551507	69056
#尿素（折含N100%）	Urea	172260	51805
磷肥（折五氧化二磷100%）	Phosphate	19600	80559
化学农药原药（折有效成分100%）（吨）	Chemical Pesticides(ton)	23080	21336
涂料（吨）	Paint(ton)	119765	129940
初级形态的塑料（吨）	Primary Plastic(ton)	1050251	1244347
高密度聚乙烯树酯（HDPE）	High Density Polyethylene Resin	253538	266659
线性低密度聚乙烯树酯（LLDPE）	Linear Low Density Polyethylene Resin	173871	254425
聚氯乙烯树脂	PVC Resin	32670	
ABS树脂	ABS Resin	536386	603193
合成橡胶（吨）	Synthetic Rubber(ton)	150015	171528
合成纤维单体（吨）	Synthetic Fiber Monomers(ton)	429973	454400
化学试剂（吨）	Chemical Reagents(ton)	9573	10518
合成洗涤剂（吨）	Synthetic Detergent(ton)	241828	279112
#合成洗衣粉	Synthetic Detergent	121579	123530
化学药品原药（吨）	Chemical Medicines(ton)	6525	8229
中成药（吨）	Chinese Patent Medicine (ton)	347299	391040
兽用药品（吨）	Veterinary Drugs (ton)	206	272
化学纤维用浆粕（吨）	Chemical Fiber Pulp(ton)	15511	
化学纤维（吨）	Chemical Fiber(ton)	302137	353461
#人造纤维（纤维素纤维）	Man-made Fibers	25116	32187
#粘胶纤维长丝	Viscose Filament	25116	32187

13－8 续表 3 continued

项 目	Item	2015	2016
合成纤维	Synthetic Fiber	279653	321274
涤纶纤维	Polyester Fiber	27096	35891
腈纶纤维	Acrylic Fiber	249925	285383
橡胶轮胎外胎（条）	Rubber Tire(piece)	3226214	3536540
#子午线轮胎外胎	Radial Tire	3226214	3536540
其中：子午线轮胎外胎（条）	Radial Tire and Outer Tire	3226214	3536540
塑料制品（吨）	Plastic Products(ton)	914931	947003
#塑料薄膜	Plastic Film	186864	218401
#农用薄膜	Agricultural Film	186864	215891
泡沫塑料	Foam	21136	11753
塑料人造革、合成革	Plastic Artificial Leather, Synthetic Leather	3571	3245
日用塑料制品	Household Plastic Products	50110	34452
硅酸盐水泥熟料（吨）	Portland Cement Clinker(ton)	25720097	25574429
#窑外分解窑水泥熟料	Outside the Kiln Cement Clinker Kiln	24368657	23823609
水泥（吨）	Cement(ton)	40410939	38875019
#强度等级42.5水泥（含R型）	Strength Grade 42.5 Cement	20241363	18456966
商品混凝土（立方米）	Commercial Concrete (cu.m)	8372317	8643195
水泥混凝土排水管（千米）	Concrete Drainage Pipes(km)	1420	1933
水泥混凝土电杆（根）	Cement Concrete Pole(piece)	33958	25908
预应力混凝土桩（米）	Prestressed Concrete Piles(meter)	10798084	11889608
砖（万块）	Brick(10000 piece)	1039512	1169979
瓦（万片）	Tile(10000 piece)	413307	514710
天然大理石建筑板材（平方米）	Natural Marble Building Boards(sq.m)	1007906	
天然花岗石建筑板材（平方米）	Natural Granite Building Boards(sq.m)	13590685	12850472
沥青和改性沥青防水卷材（平方米）	Asphalt and Modified Bitumen Membrane(sq.m)	5458273	5960000
平板玻璃（重量箱）	Plate Glass(box)	3660699	8630000
钢化玻璃（平方米）	Armoured Glass(sq.m)	2792564	2802779
夹层玻璃（平方米）	Laminated Glass(sq.m)	167892	177023
中空玻璃（平方米）	Insulating Glass (sq.m)	50490	49274
日用玻璃制品（吨）	Household Glass Products (ton)	27649	39206
玻璃包装容器（吨）	Glass Containers(ton)	532127	507159
玻璃纤维纱（吨）	Glass Fiber Yarn (ton)	2750	2850
耐火材料制品（吨）	Fire-resisting Materials (ton)	246031	303519
石墨及炭素制品（吨）	Graphite and Carbon Products(ton)	260165	317602
生铁（吨）	Pig Iron(ton)	9749321	8476399
粗钢（吨）	Crude Steel(ton)	10668141	8320262
铸铁件（吨）	Iron Casting(ton)	427559	557436
铸钢件（吨）	Steel Casting(ton)	6518	7163
钢材（吨）	Rolled Steel(ton)	11524541	9613869
大型型钢	Large steel	83876	69780
中小型型钢	Medium,Small Steel	43690	45785
棒材	Bar	1176555	384091
钢筋	Steel Bar	1267137	982759
线材（盘条）	Wire Rod	1812165	1605384
中板（吨）	Medium Board (ton)	4471	1758
热轧薄板（吨）	Hot Pressed Sheet (ton)	3140	14236
冷轧薄板	Cold Rolled Sheet	51775	87427
中厚宽钢带	Medium Wide Steel Belt	4496416	3888419
热轧薄宽钢带	Hot-rolled Thin Wide Steel Belt	421112	409221
热轧窄钢带	Hot-rolled Narrow Steel Belt	1046181	993657

13－8 续表 4 continued

项 目	Item	2015	2016
冷轧窄钢带	Cold-rolled Narrow Steel Belt	98582	125605
无缝钢管	Seamless Steel Pipe	430814	412554
焊接钢管	Welded Steel Pipe	578940	588866
其他钢材（吨）	Other Steel (ton)	9687	
用外购国产钢材再加工生产的钢材（吨）	Domestically Produced Steel Used for Further Processing Production Steel(ton)	908963	895153
用进口钢材再加工生产钢材（吨）	Re-processing of Imported Steel Preducts (ton)	51226	72385
用外购钢材再加工生产钢材（吨）	Steel Processing Production of Steel (ton)	960189	967537
铁合金（吨）	Ferroalloy(ton)	391884	276597
十种有色金属（吨）	Ten Kind of Ferrous Metals (ton)		1609
镁（吨）	Magnesium(ton)	1578	1609
黄金（千克）	Gold(kg)	2668	5993
铝材（吨）	Aluminum(ton)	153525	158969
钢结构（吨）	Steel Structure (ton)	69398	106558
金属门窗及类似制品（吨）	Metal Cutting Tools(10000 piece)	13299	74882
金属切削工具（万件）	Steel Strand(ton)	717	732
锻件（吨）	Industrial Boiler(Evaporation ton)		10747
工业锅炉（蒸发量吨）	Engine(kw)	13797	11676
发动机（千瓦）	Automotive Engine	11732	275363376
其中：汽车用发动机	Automolive Engine	249172110	275363376
金属切削机床（台）	Metal Cutting Machine Tool and Numerical Control	419	344
电焊机（台）	Crane(ton)	37806	39517
起重机（吨）	Transportation Machinery(ton)	213196	133403
输送机械（输送机和提升机）（吨）	Pump(set)	31555	30936
泵（台）	Gas Compressor(set)	140021	68487
气体压缩机（台）	Compressors for Refrigerating Equipment	17136	25124
#制冷设备用压缩机（台）	Valve(ton)	11855	12939
非制冷设备用压缩机（台）	Gas Separation and Liquefaction Equipment (set)	5281	12185
阀门（吨）	Antifriction Bearing(10000 set)	709	688
滚动轴承（万套）	Gear(ton)	19714	13114
齿轮（吨）	Industrial Furnace(unit)	4055	4366
风机（台）	Scale(unit)	30766	31720
气体分离及液化设备（台）	Gas Separation and Liquefaction Equipment (set)	1095	1276
衡器（秤）（台）	Special Equipment Package(unit)	5070	4480
包装专用设备（台）	Mine Equipment(ton)	4489	4350
矿山专用设备（吨）	Oil Drilling Equipment(set)	50027	61016
金属冶炼设备（吨）	Refining and Chemical Production Equipment(ton)	18571	8773
炼油、化工生产专用设备（吨）	Mold(set)	34751	39625
模具（套）	Special Equipment for Feed Production(unit)	614225	679289
农产品初加工机械（台）	Primary Processing Mechinery for Agriculture Products (set)	121	155
印刷专用设备（吨）	Special Prinling Equipment (ton)	154	89
电子工业专用设备	Special Equipment for Electronic Industry	2872	1048
大型拖拉机（台）	Large Tractor(unit)	725	791
中型拖拉机（台）	Medium-sized Tractors(unit)	907	1033
小型拖拉机（台）	Small Tractors(unit)	6361	7515

13－8 续表 5 continued

项　　目	Item	2015	2016
机械化农业及园艺机具（台）	Mechanization of Agriculture and Horticulture (set)	63159	42081
其中：土壤耕整机械（台）	Soil Tillage Machine (set)	9179	1591
种植施肥机械（台）	Plantin and Ferfilizing Machine (set)	15289	1799
收获机械（台）	Harvesting Manchinery(unit)	8672	10771
#谷物收获机械（台）	Grain Harvesting Manchinery(unit)	3390	3870
玉米收获机械（台）	Maize Harvester(unit)	5282	6901
收获后处理机械（台）	Post Harvest Handing Machinery(unit)	28975	27702
环境污染防治专用设备（台、套）	Pollution Prevention Special Equipment(unit)	2906	1638
#大气污染防治设备（台）	Air Pollution Control Equipment (unit)	1356	1638
水质污染防治设备（台、套）	Water Pollution Control Equipment(unit)	1550	
汽车（辆）	Motor Vehicle(coach)	2248834	2606907
#基本型乘用车（轿车）	Car	1631337	1829543
1升<排量≤1.6升	1 Litre < Displacement ≤ 1.6 Litres	1077254	1320272
1.6升<排量≤2.0升	1.6Litres < Displacement ≤ 2.0 Litres	487932	419389
2.0升<排量≤2.5升	2.0 Litres< Displacement ≤ 2.5 Litres	66151	89882
多功能乘用车（MPV）	Multi-Purpose Vehicle	29589	56095
运动型多用途乘用车（SUV）	Sports Utility Vehicle	349411	455755
客车	Bus	47226	19522
大型客车（车长>10米）	Large Bus	830	336
中型客车（7米<车长≤10米）	Medium Bus	964	236
轻型客车（车长≤7米）	Light Bus	45432	18950
载货汽车	Lorry	125621	121869
改装汽车（辆）	Modified Car(coach)	24376	22873
动车组（辆）	Electrical Multiple Unit(coach)	896	976
铁路客车（辆）	Railway Passenger Car(coach)	166	202
城市轨道车辆（辆）	Urban Rail Vehicle (set)	1503	1313
发电机组（发电设备）（千瓦）	Generating Set (kw)	144	158
变压器（千伏安）	Transformer(KVA)	7331075	7959142
#电力变压器(额定容量≥8000kVA，电压≥500kV)	Power Transformer	1330940	1655040
电力电容器（千乏）	Power Capacitor(kilovar)	7205	7729
高压开关板（面）	High-voltage Switch Board(piece)	1960	2085
低压开关板（面）	Low-voltage Switch Board(piece)	248760	299955
高压开关设备（11万伏以上）（台）	High-voltage Switchgear(set)	4030	5908
通信及电子网络用电缆（对千米）	Communications and Electronic Networks Used Cable	59656	64800
电力电缆（千米）	Power Cable(km)	506679	590162
绝缘制品（吨）	Insulation Products(ton)	12584	15300
灯具及照明装置（套、台、个）	Lamps and Lighting Fittings(set)	136787	867034
半导体分立器件（万只）	Semiconductor Discrete Devices(set)	344070	431661
光电子器件（万只、片、套）	Optoelectronic Devices(set)	124042	128500
电子元件（万支）	Eletronic Component (10000 sets)	325	172
工业自动调节仪表与控制系统（台、套）	Industrial Instrumentation and Control Systems Automatically Adjust	28355	228684
电工仪器仪表（台）	Electric Instruments(set)	9554	1992
分析仪器及装置（台、套）	Analytical Instruments and Devices(set)	1076	1210
试验机（台）	Testing Machine(set)	321	161
环境监测专用仪器仪表（台）	Enviromenttal Monitoring Special Instrumentation(set)	5402	5456
汽车仪器仪表（台）	Automotive Instrumentation(set)	694071	558819
光学仪器（台、个）	Optical Instrument(set)	75860	395363
眼镜成镜（副）	Spectacle Lens (set)	1889000	2060000
发电量（万千瓦小时）	Power Capacity(10000 kw.h)	7110041	7390462
#火力发电量	Thermal Power Capacity	5595520	5783608
水力发电量	Hydraulic Power Capacity	547959	786588
风力发电量	Wind Power Capacity	721999	811209
煤气生产量（万立方米）	Gas Production(10000 cu.m)	1326460	1130033
自来水生产量（万立方米）	Water Production(10000 cu.m)	75524	74773

13－9 各地区主要工业产品产量（2016年）

Output of Major Industrial Products by Region（2016）

地 区	Region	原煤（万吨）Coal (10000tons)	天然原油（万吨）Crude Oil (10000tons)	原油加工（万吨）Grude Runs (10000 tons)	发电量(亿千瓦小时) Electricity (100 million kw.h)	汽车（万辆）Motor Vehicle (10000 sen)	轿车（万辆）Car (Coach)	水泥（万吨）Cement (10000tons)	粗钢（万吨）Crude Steel (10000tons)	钢材（万吨）Steel (10000tons)
长 春	Changchun	207.83	3.51	62.26	226.24	253.99	182.95	1622.59	3.77	17.73
吉 林	Jilin	116.18		910.19	119.19	6.70		514.44	383.60	437.84
四 平	Siping	1.05	68.12		81.12			452.49		4.02
辽 源	Liaoyuan	625.19			24.48			31.70	162.93	157.90
通 化	Tonghua	87.21			35.26			259.93	281.73	317.38
白 山	Baishan	113.87			63.26			422.20		
松 原	Songyuan		325.03	46.36	36.24			228.09		
白 城	Baicheng		198.31		107.21			117.00		
延 边	Yanbian	428.81	15.73	16.70	46.05			239.07		26.51

地 区	Region	机制纸及纸板(万吨) Machinemade Paper and Paperboard (10000 tons)	化学纤维（万吨）Chemical Fibers (10000 tons)	乙烯（万吨）Ethylene (10000 tons)	合成氨（万吨）Synthetic Ammonia (10000 tons)	农用化肥（万吨）Chemical Fertilizer (10000 tons)	中成药（万吨）Chinee Patert Medicine (10000 tons)	实木地板(万立方米) Solid Wood Flooring (10000 du.m)	服装（万件）Garments (10000 pieces)
长 春	Changchun					3.91	0.91		1046.60
吉 林	Jilin	25.90	31.76	80.74	26.61	6.78	1.64	202.70	301.10
四 平	Siping		3.59				1.68		417.90
辽 源	Liaoyuan	2.66					2.36		
通 化	Tonghua	9.63			2.28	1.48	19.12		47.00
白 山	Baishan	34.08					0.36		77.80
松 原	Songyuan				5.89	3.70			
白 城	Baicheng	2.88					1.12		1346.10
延 边	Yanbian						10.96	830.49	19535.90

CHAPTER ▶ 14

第十四篇

建筑业

CONSTRUCTION

14－1 历年建筑业企业主要指标

Main Indicators on Construction Enterprises Over the Years

年 份 Year	建筑业企业增加值(亿元) Total Value-added of Construction Enterprises (100 million yuan)	资产合计(亿元) Total Assets (100 million yuan)	利润总额(亿元) Total Profits (100 million yuan)	税金总额(亿元) Total Tax (100 million yuan)	按总产值计算劳动生产率(元/人) Overall Labor Productivity by Gross Output Value (yuan/person)	房屋建筑面积(万平方米) Floor Space of Building Construction (10 000 sq.m) 施工面积 Under Construction	竣工面积 Completed
1978						388	194
1979						560	280
1980			0.34			673	329
1981			0.76			643	312
1982			0.54			726	342
1983			0.80			872	479
1984			0.64			886	503
1985			0.69			970	508
1986			0.83			989	493
1987			1.04			1007	538
1988			1.65			1135	629
1989			1.31			1041	584
1990			0.78			913	546
1991			1.30			1121	645
1992			1.85			1446	866
1993	27.85	96.15	2.53	3.52	23739	1685	995
1994	35.37	117.35	1.49	3.60	23759	1526	916
1995	39.05	150.59	0.62	3.88	29820	1311	755
1996	46.27	169.31	-0.73	4.25	35488	1345	803
1997	44.31	184.94	1.15	4.37	38556	1290	826
1998	41.00	187.96	-1.65	4.69	42695	1290	814
1999	47.77	201.87	0.07	5.34	47832	1447	929
2000	64.83	252.92	1.73	7.09	61177	2209	1440
2001	65.15	323.16	3.69	9.97	70159	2474	1716
2002	75.18	383.14	2.44	11.29	69734	2476	1597
2003	62.33	405.14	2.35	14.63	76978	2532	1629
2004	76.25	461.69	4.24	13.52	96414	2823	1750
2005	91.97	490.03	2.47	18.67	109612	3166	1745
2006	106.77	525.68	7.52	21.66	128476	3638	1933
2007	304.00	519.78	10.27	22.56	128949	4586	2543
2008	377.65	663.52	41.25	37.16	140431	5436	3378
2009	487.32	652.23	38.56	39.34	158801	5369	3956
2010	583.87	895.92	46.18	45.86	170784	5901	4273
2011	693.53	1128.60	88.93	57.39	244299	7447	4195
2012	794.29	1943.52	73.61	68.12	313780	11321	6034
2013	824.88	2065.64	89.10	73.28	390827	12519	6344
2014	891.40	2086.41	109.15	87.28	311540	13993	7372
2015	927.06	2415.25	98.85	73.14	250282	12237	5603
2016	960.90	2553.62	91.92	64.60	283854	10634	5211

注：1.自2002年起，建筑业增加值核算口径有所调整。
2.从2004年第一次全国经济普查开始，建筑业增加值按新核算方法核算。

Note:a) Since 2002, the statistical coverage of value added of construction have been adjusted.
b) New accounting methods were applied in 2004 during the First Economic Census in calculating the value-added of the construction industry.

14－2　建筑施工企业生产情况（2016年）

项　　目	Item	按经济类型分 Grouped by Type of Economy		
		总计 Total	内资企业 Domestic Fumded	国有 State-owned
企业个数（个）	Number of Enterprises(unit)	2673	2665	56
建筑业总产值（千元）	Value of Construction Output (1000 yuan)	228356262	227332766	7103593
1.建筑工程	Construction Engineering	191058559	190388651	4247300
2.安装工程	Installation Engineering	23891309	23577191	2687776
3.其他产值	Other	13406394	13366924	168517
竣工产值(千元)	Output Value of Building Completed(1000 yuan)	154238573	153506450	4251677
房屋建筑施工面积(平方米)	Floor Space of Buildings under Construction(sq.m)	106343925	106087296	899250
# 本年新开工	#New Starting This Year	54086909	54086909	611450
# 投标承包	Contract to Tender	72453275	72372325	895150
年末自有施工机械设备净值(千元)	Year End Meehanical Eguipment Own Construction Machinery net Value (1000 yuan)	13010103	12951825	141235
年末自有施工机械设备总台数(台)	Year End Meehanical Eguipment Own Construction Machinery (Total value)	66187	64123	3161
年末自有施工机械设备总功率(千瓦)	Year End Meehanical Eguipment Own Construction Machinery Total power(Tatal Power)	2558434	2423012	89412

Production Situation of Construction Enterprises（2016）

按经济类型分 Grouped by Type of Economy				
集体 Collective-owned	股份合作企业 Joint Venture	私营企业 Private Enterprises	港澳台商投资企业 Funded from Hong Kong Macao and Taiwan	外商投资企业 Foreign Funded
38	6	1166	6	2
1609830	25353	82107018	989046	34450
667903	23103	68240709	635458	34450
888722	2250	6575881	314118	
53205		7290428	39470	
1261361	65953	60526412	697673	34450
666146	33606	37222599	175679	80950
638289	33606	18471677		
520700		24501188		80950
56228	7120	4550866	53278	5000
672	42	20966	2063	1
19318	1140	864975	135342	80

14－2 续表

项 目	Item	按行业类别分 Grouped by Sector 房屋建筑业 Construction of Buildings	土木工程建筑业 Civil Engineering	建筑安装业 Construction Installaton
企业个数（个）	Number of Enterprises(unit)	1053	678	542
建筑业总产值（千元）	Value of Construction Output (1000 yuan)	130214970	64494115	27162193
1.建筑工程	Construction Engineering	120077322	52225233	14409837
2.安装工程	Installation Engineering	5886206	5256535	11321897
3.其他产值	Other	4251442	7012347	1430459
竣工产值(千元)	Output Value of Building Completed(1000 yuan)	94859834	33530351	21101814
房屋建筑施工面积(平方米)	Floor Space of Buildings under Construction(sq.m)	90477242	4209383	10854899
# 本年新开工	#New Starting This Year	47662458	2312530	3834706
# 投标承包	Contract to Tender	59684919	2749572	9795355
年末自有施工机械设备净值(千元)	Year End Meehanical Eguipment Own Construction Machinery net Value (1000 yuan)	6859974	2898216	3046801
年末自有施工机械设备总台数(台)	Year End Meehanical Eguipment Own Construction Machinery (Total value)	31498	21643	10434
年末自有施工机械设备总功率(千瓦)	Year End Meehanical Eguipment Own Construction Machinery Total power(Tatal Power)	1160563	926462	347546

continued

建筑装饰业 Building Decoration and Other Constructions	按隶属关系分 Grouped by Subordinate Relationship		
	中央 National	省级 Province	地市 City
270	50	107	346
4110678	21468931	17041766	33422687
3319973	16463632	15822513	29084789
239295	4382045	751031	3448589
551410	623254	468222	889309
3541529	5126171	8193972	24475546
664769	1921316	8163962	19499912
168355	752755	3827443	8195441
149908	1438719	4186747	16796282
154451	634503	748511	5102618
2320	11456	5827	8955
61531	322115	134830	317119

14－3　建筑施工企业财务状况（2016年）

单位: 千元

项　　目	Item	按经济类型分 Grouped by Type of Economy 总计 Total	内资企业 Domestic Funded	国有 State-owned
资产合计	Total Assets	255361508	252602860	7186016
流动资产合计	Total Current Assets	208811667	206377142	5901952
固定资产合计	Total Fixed Assets	23415030	23160823	663107
流动负债合计	Total Current Liabilities	139408929	137445633	6984336
长期负债合计	Total Long-term Liabilities	7423384	7404808	230842
负债合计	Total Liabilities	158279440	156296568	7267184
所有者权益合计	Total Owners ' Equities	97082068	96306292	-81168
工程结算收入	Engineering Setlement in come	216312178	215313872	7756877
工程结算成本	Engineering Settlement Cost	182622865	181740013	5519629
工程结算税金及附加	Clearing and Settlement of Engineering Settlement	5522094	5505293	82582
管理费用	Management Expenses	7538196	7491931	337340
财务费用	Cost of Financing	1586951	1561103	20860
营业利润	Operating Profit	9063800	9024593	97541
营业外支出	Non-business Expenditure	216674	216657	19447
利润总额	Total Profits	9191557	9152160	107904
应交所得税	Income Tax Payable	2926459	2914148	45571
应收工程款	Accounts Receivable	84861371	83920166	2654147

Building Construction Company Financial Position（2016）

unit:1000 yuan

					按行业类别分 Grouped by Sector			
集 体 Collctive-owned	股份合作企业 Stock Cooperation	私营企业 Private Enterprises	港澳台商投资企业 Funded from Hong Kong Macao and Taiwan	外商投资企业 Foreign Funded	房屋建筑业 Building Construction	土木工程建筑业 Civil Engineering	建筑安装业 Construction Installaton	建筑装饰业 Building Decoration and Other Constructions
1883031	73091	89046153	2717382	41266	112126477	99131435	26507336	14285001
1467115	63268	72288794	2413832	20693	95331653	76440823	22222041	12008150
228694	9700	8163072	253818	389	8331343	12002387	2211773	575057
1316640	38693	39728707	1927936	35360	66190736	52065080	14418197	5231415
-2999		1392635	18576		3116575	3644298	507041	137836
1330818	38693	44887614	1947512	35360	72947448	62027262	16099756	5536296
552217	34398	44158539	769870	5906	39179029	37104173	10407580	8748705
1825462	21261	76404456	990671	7635	121813717	62170029	23436681	7155187
1227464	15474	63310520	875329	7523	103556335	51330125	19924127	6356502
38236	504	2178147	16774	27	3426575	1393691	487368	189222
212486	2635	2579764	45064	1201	2703931	2881715	1393121	363667
-404	17	579272	25847	1	698535	643924	100328	137405
4625	1340	4621885	40325	-1118	5433778	2290860	1139112	108663
3772		64574	17		90354	67342	54559	3179
16295	1340	4640686	40515	-1118	5500085	2311520	1174372	106638
10126	292	1235173	12121	190	1743374	725574	357075	81418
622444	32988	34765609	941205		39431268	29265969	9779587	5521707

14－3　续表

项　　目	Item	按隶属关系分		
		中央 National	省级 Province	地市 City
资产合计	Total Assets	19757084	25855062	33669913
流动资产合计	Total Current Assets	16180062	19983076	27300064
固定资产合计	Total Fixed Assets	1405756	2466788	4378980
流动负债合计	Total Current Liabilities	17232712	14319763	18480580
长期负债合计	Total Long-term Liabilities	448507	105015	754840
负债合计	Total Liabilities	17781479	17322337	20494809
所有者权益合计	Total Owners ' Equities	1975605	8532725	13175104
工程结算收入	Engineering Setlement in come	17417405	18247702	32739695
工程结算成本	Engineering Settlement Cost	16163348	14868601	27155995
工程结算税金及附加	Clearing and Settlement of Engineering Settlement	183266	499989	691020
管理费用	Management Expenses	754136	664991	1147292
财务费用	Cost of Financing	126861	87427	192250
营业利润	Operating Profit	-461228	657182	1153019
营业外支出	Non-business Expenditure	19951	8089	62700
利润总额	Total Profits	-449365	668678	1234342
应交所得税	Income Tax Payable	50612	286481	501744
应收工程款	Accounts Receivable	3557053	6703152	12911374

continued

按企业资质登记分组							
施工总承包 Construction General Contract				专业承包 Specialized Contraction			
特级 Special Grade	一级 First Grade	二级 Second Grade	三级 Third Grade		一级 First Grade	二级 Second Grade	三级 Third Grade
11091845	74970214	68259572	58012082	43027795	9849091	11872312	21289750
8292661	61624392	55111009	48148715	34275100	7631532	9739524	11723472
491312	6092689	7739957	5625489	3350350	544126	1303809	1478750
8854588	47768669	37153953	27157629	17731932	5385994	5833179	6132137
283307	2065861	1597917	2902088	585151	19645	158900	403446
9137895	53343125	42343271	33228184	19430456	5498254	6258691	7277570
1952930	21627089	25916301	24709558	22172759	4283382	5613621	7455257
7923063	60591653	64941579	55689416	25969689	4527953	8118847	10656839
7660986	52377973	56246224	44093826	21197180	3744908	6405268	8527481
103327	1346727	1686077	1749972	604282	82532	191929	262567
175654	1581226	1906604	1806760	1978932	349491	656861	825311
58059	551524	360412	389855	219519	120861	53581	44098
-546342	1832840	3084488	3262525	1342994	248252	354102	809708
28560	44874	44227	43955	54722	3595	12114	39007
-524612	1907105	3125696	3215305	1380320	248772	361646	838779
135408	753162	867770	769416	386702	60704	96855	224214
4020471	27168009	21644607	17419983	14059549	2223512	3793833	4526144

14－4　各地区建筑业基本情况（2016年）

Regional Construction Basic Situation（2016）

单位：千元　　　　unit：1000 yuan

地　区	Region	企业单位数（个）Number of Enterprises	有工作量的建筑企业个数（个）Enterprises with Projects	签订的合同额 Contract Amount	#上年结转合同额 Last Years Contract	建筑业总产值 Yalue of Construction output	建筑工程 Construction Engineering
总　计	**Total**	**2673**	**2191**	**360117064**	**143066173**	**228356262**	**191058559**
长　春	Changchun	1287	1044	213247267	94468654	118201342	93676508
吉　林	Jilin	425	365	52620976	24074082	36293327	30778437
四　平	Siping	138	120	12315264	4004174	8413590	7583282
辽　源	Liaoyuan	104	81	7689728	2927486	4808858	4383999
通　化	Tonghua	135	122	17931564	2103297	18048694	16349465
白　山	Baishan	117	93	5507056	1873734	3695117	3334081
松　原	Songyuan	164	138	28434244	6452997	24163890	21833170
白　城	Baicheng	82	68	7427849	1890341	4957356	3855310
延　边	Yanbian	221	160	14943116	5271408	9774088	9264307

地　区	Region	安装工程 Installation Engineering	其他产值 Other	竣工产值 Out put Value of Building	房屋建筑施工面积（平方米）Floor Space Building under Construction(sq.m)	其中：本年新开工 New Starting This Year	其中：实行投标承包 Contract to Tender
总　计	**Total**	**23891309**	**13406394**	**154238573**	**106343925**	**54086909**	**72453275**
长　春	Changchun	14353028	10171806	70989826	57092288	23977551	42910282
吉　林	Jilin	4602463	912427	23863940	15118105	8175678	9264879
四　平	Siping	705717	124591	7234583	4295380	2092839	1456293
辽　源	Liaoyuan	285839	139020	2998525	3633553	1710744	2247231
通　化	Tonghua	977437	721792	15014691	6950476	5076020	3974223
白　山	Baishan	248543	112493	2348464	2187444	1065903	1435722
松　原	Songyuan	1877429	453291	20615421	8344910	7045467	5039145
白　城	Baicheng	561951	540095	3195642	1914123	1350761	1145884
延　边	Yanbian	278902	230879	7977481	6807646	3591946	4979616

14－5 各地区的建筑业企业房屋竣工价值（2016年）

various Regions of Construction Industry Enterprises in As Built Housing Value（2016）

单位：千元 unit：1000 yuan

地 区	Region	合计 Total	住宅 Residenle	商业及服务用房 Houses for Business Use	办公用 Office Buildings	科研、教育、医疗用房屋 Scientific Research Educution Medical Use	厂房及建筑物 Buildings and Buildings
总 计	**Total**	**82664063**	**58550945**	**4774015**	**4500785**	**2311102**	**6376649**
长 春	Changchun	35339428	21009681	1517941	2846142	1422328	3391479
吉 林	Jilin	13961420	10300529	1786427	469053	68815	1006923
四 平	Siping	3841217	3272529	4030	112820	163112	263746
辽 源	Liaoyuan	1816891	1547213	6130	47540	9751	36565
通 化	Tonghua	6455982	5660056	295552	34714	117013	326280
白 山	Baishan	1206542	1163149	15056	8893	18444	1000
松 原	Songyuan	13083508	10871014	465191	637442	78297	911622
白 城	Baicheng	1554394	1228933	57346	169800	44315	
延 边	Yanbian	5404681	3497841	626342	174381	389027	439034

14－6 各地区建筑企业财务情况（2016年）

Regional Construction Enterprise Financial Situation（2016）

单位：千元 unit：1000 yuan

地 区	Region	资产合计 Total Assets	营业收入 Operating Revenue	营业成本 Operating Costs	营业税金及附加 Taxes and other Charges on Primcipal Business	管理费用 Management Expenses	营业利润 Business Profit	利润总额 Total Profits	应付职工薪酬（本年贷方累计发生额） Employee Benefits Payable（the total amount of credit this year）
总 计	**Total**	**255361508**	**222197982**	**195125326**	**5955981**	**7538196**	**9063800**	**9191557**	**16202798**
长 春	Changchun	141243726	117000087	103808921	2715158	3767934	4904217	5068185	8141987
吉 林	Jilin	37352539	35257636	31498469	971545	1259732	632644	663248	2826522
四 平	Siping	6793850	7968973	6909045	279901	302699	357319	354972	692453
辽 源	Liaoyuan	17206630	7228663	6149005	205950	186526	576509	593554	495941
通 化	Tonghua	10790143	16018898	14248107	534058	570013	454998	440770	1128645
白 山	Baishan	6748346	3231883	2859485	75774	145844	112615	104983	298087
松 原	Songyuan	12340311	18813247	16119890	668106	596375	1223244	1211115	1473992
白 城	Baicheng	6333166	5486291	4849576	113167	296463	186817	192516	356172
延 边	Yanbian	16552797	11192304	8682828	392322	412610	615437	562214	788999

CHAPTER ▶ 15

第十五篇

交通运输和邮电通信业

TRANSPORTATION，POSTAL AND TELECOMMUNICATIONS SERVICES

15－1 历年交通运输基本情况
Basic Conditions of Transportation

年 份 Year	铁路里程（公里）Length of Railways (km)	公路里程（公里）Length of Highways (km)	客运量（万人）Passenger Traffic (10000 persons)	#铁路 Railways	#公路 Highways	#水运 Waterways	货运量（万吨）Freight Traffic (10000 tons)	#铁路 Railways	#公路 Highways	#水运 Waterways
1978	3720	23836	11876	7790	4080	3	10666	5048	5602	16
1979	3720	23545	12476	8080	4390	4	11480	6235	5228	17
1980	3719	23545	13205	8380	4819	5	9249	5169	4071	9
1981	3721	24026	14216	8959	5250	5	9023	5191	3821	11
1982	3730	24047	15539	9583	5948	7	9913	5436	4464	13
1983	3730	24115	16530	9917	6605	7	10167	5645	4511	11
1984	3781	24271	17869	10203	7657	7	10812	5459	5339	14
1985	3489	24271	17181	9432	7744	4	11680	5762	5902	16
1986	3482	24625	19299	9145	10142	5	18047	5662	12369	16
1987	3482	24688	21783	9399	12369	6	21172	5842	15311	19
1988	3488	24966	26641	10139	16483	7	22218	6213	15980	25
1989	3488	25326	21403	9421	11956	14	20589	6493	14076	20
1990	3472	26468	18731	7810	10889	17	23148	6122	17005	21
1991	3473	27110	19259	7408	11810	20	23591	6317	17253	21
1992	3473	27192	20135	7630	12458	22	24055	6516	17519	20
1993	3473	28374	18667	7973	10656	13	23497	6844	16629	24
1994	3487	29581	20716	8305	12310	64	26285	6531	19333	421
1995	3480	31321	21367	7894	13371	48	26655	6123	20477	55
1996	3479	32098	20620	6781	13728	52	27604	6154	21394	56
1997	3479	33075	21124	6200	14821	47	27582	6483	21020	79
1998	3474	33812	22376	5849	16431	46	28039	5751	22221	67
1999	3549	34516	23366	5897	17352	60	32435	6058	22261	58
2000	3568	35216	24084	5785	18170	62	33323	5766	23640	46
2001	3568	39747	24492	5346	19001	70	33059	5671	23649	60
2002	3564	41095	25027	4962	19904	78	34291	5781	24777	79
2003	3562	44008	24513	4232	20112	87	34804	6044	25211	72
2004	3555	47255	27192	4687	22293	108	36683	6552	26659	75
2005	3641	50308	27724	4618	22870	113	37529	6634	27441	87
2006	3475	84444	29050	4590	24198	115	38829	6107	28965	89
2007	3635	85445	31651	4855	26506	116	41560	6199	31573	84
2008	3749	87099	56225	5320	50511	198	34373	7118	23558	125
2009	3913	88430	58823	5687	52723	170	38960	7478	27032	261
2010	4037	90437	64783	5770	58577	140	44977	7674	33013	226
2011	4000	91754	68494	6138	61830	215	51905	7877	39308	270
2012	4383	93208	73037	6261	66175	241	59768	7355	47130	331
2013	4395	94218	34562	6628	27403	116	49470	6202	38063	232
2014	4441	96041	35464	6935	27866	202	53023	5761	41830	407
2015	4530	97326	36894	7158	29013	188	47900	4071	38708	193
2016	4530	102484	35490	7566	27186	156	49721	3669	40777	339

15－2 历年旅客周转量和货物周转量

Each Year Passenger Turnover and Goods Turnover

年 份 Year	旅客周转量（百万人公里）Passenger－Kilometers (million passenger-km)	#铁路 Railways	#公路 Highways	#水运 Waterways	货物周转量（百万吨公里）Freight Ton－Kilometers (million ton-km)	#铁路 Railways	#公路 Highways	#水运 Waterways
1978	7802	6514	1286.05	1.77	25782	25042	686.93	53.36
1979	8181	6812	1366.49	2.43			655.33	54.30
1980	8429	6946	1479.61	3.12	24558	23967	562.16	28.98
1981	9169	7555	1610.53	3.28	24663	24009	612.67	41.61
1982	9947	8085	1859.27	3.19	28038	27212	778.44	48.10
1983	10931	8857	2070.72	3.14	31576	30747	790.08	39.08
1984	12392	9817	2571.86	2.99	31882	30726	1095.33	60.46
1985	13464	10671	2790.82	2.28	34316	33077	1160.29	78.89
1986	15113	11209	3901.27	2.55	38130	33556	4491.42	82.58
1987	16753	12259	4491.42	2.68	42257	35992	6162.00	103.01
1988	18773	13976	4794.45	2.90	43373	36865	6369.83	137.89
1989	17649	12968	4674.81	5.94	46623	39838	6657.56	127.22
1990	14788	10430	4350.39	7.49	43471	37858	5479.90	132.74
1991	15511	10625	4877.85	8.32	45028	38760	6148.22	119.96
1992	17221	11721	5491.90	8.56	46776	40599	6086.88	90.05
1993	17171	12812	4352.44	6.85	47980	41146	6731.47	102.76
1994	17809	13059	4733.48	16.29	49564	41350	8002.55	211.80
1995	17711	12552	5148.28	10.52	49731	42023	7600.25	107.26
1996	16821	11398	5411.21	11.44	50188	42230	7850.21	107.66
1997	17609	11717	5881.67	10.28	52070	44132	7827.38	110.64
1998	18409	11616	6785.78	7.25	59094	38543	7872.19	69.12
1999	19683	12347	7329.05	7.09	61781	40971	8127.69	70.68
2000	20667	12952	7679.26	5.89	61204	40621	8564.35	26.57
2001	21223	13263	7951.00	9.12	61394	41372	8601.00	35.81
2002	23232	13274	8416.54	7.00	61552	40916	9293.52	30.00
2003	21649	11505	8841.82	8.11	62017	42255	9056.59	21.29
2004	25615	14680	9002.10	11.79	69917	49986	9592.91	13.00
2005	26602	15185	9279.00	9.00	70825	50668	9875.00	43.00
2006	28063	16262	10024.00	9.06	72212	50464	10625.33	48.94
2007	32247	18184	11249.00	13.52	76403	52988	12400.11	57.07
2008	43232	19120	21290.00	43.00	126425	59227	56360.00	123.00
2009	45600	19771	22858.47	26.59	128300	56969	59621.16	141.86
2010	51131	20593	26958.00	20.06	139194	59590	68314.00	126.94
2011	55188	22894	28653.00	28.18	158169	63525	81600.00	120.75
2012	57232	22914	30676.00	32.54	173129	62106	97406.00	108.32
2013	45517	24476	16869.67	24.90	181356	57730	110000.00	134.23
2014	47263	25095	17327.30	24.80	186154	50981	119078.00	138.16
2015	48357	25222	17782 .00	27.49	157931	37116	105122 .00	59.13
2016	48650	26233	16872.00	21.00	163084	39124	108477.00	62.00

15－3 交通运输里程
Length of Transportation Routes

单位：公里　　　　unit：km

项　　目	Item	2014	2015	2016
一、铁路	Railways			
正线延展里程	Extention Length of the Track Lines	4441	4530	4530
营业里程	Length of Railways in Operation	3588	3664	3664
二、公路通车里程	Length of Highways	96041	97326	102484
等级路	Expressway and Class I to IV Highways	88667	90087	97158
高速公路	Express way	2348	2629	3113
一级	First Class	2016	2027	2081
二级	Second Class	9109	9300	9432
三级	Third Class	10673	10665	9107
四级	Fourth Class	64520	65465	73425
等外路	Highways Below Class IV	7374	7239	5326
三、内河通航里程	Length of Navigable Inland Waterways	1621	1621	1621

15－4 客运量及旅客周转量
Passenger Traffic and Passenger－kilometers

项　　目	Item	客运量（万人） Passenger Traffic (10000 persons)			旅客周转量（万人公里） Passenger－kilometers (10000 passenger－km)		
		2014	2015	2016	2014	2015	2016
全社会总计	**Total**	**35464**	**36894**	**35490**	**4726312**	**4835681**	**4865085**
铁　路	Railways	6935	7158	7566	2509527	2522164	2623334
公　路	Highways	27866	29013	27186	1732730	1778174	1687249
水　运	Waterways	202	188	156	2483	2749	2150
民　航	Civil Aviation	461	536	582	481572	532594	552352

15－5 货运量及货物周转量
Freight Transport Quantity and Freight Turnover

项　　目	Item	货运量（万吨） Freight Traffic (10000 tons)		货物周转量（万吨公里） Freight Ton－kilometeters (10000 ton-km)	
		2015	2016	2015	2016
全社会总计	**Total**	**47900**	**49721**	**15793100**	**16308383**
铁路	Railways	4071	3669	3711570	3912379
# 地方铁路	Local Railways	356	265	21170	16661
公路	Highways	38708	40777	10512239	10847715
民航	Civil Aviation	3	3	5994	6019
管道	Pipelines	4925	4933	1557392	1536078
水运	Waterways	193	339	5913	6192

15－6 各地区公路客货运输量
Passenger and Freight Traffic by Region

地　　区	Region	客运量（万人） Passenger Traffic (10000 Persons)		旅客周转量（万人公里） Passenger－kilometers (10000 passenger－km)		货运量（万吨） Freight Traffic (10000 tons)		货物周转量（万吨公里） Freight ton－kilometeters (10000 ton－km)	
		2015	2016	2015	2016	2015	2016	2015	2016
全　省	**Total**	**29013**	**27186**	**1778174**	**1687249**	**38708**	**40777**	**10512239**	**10847715**
长春	Changchun	7621	7113	467598	441730	10344	10895	2812268	2902064
吉林	Jilin	4096	3838	237429	224618	5167	5444	1559321	1608961
四平	Siping	3554	3327	195129	184933	7600	8010	2431304	2508697
辽源	Liaoyuan	1006	944	78735	74425	1673	1760	415981	429223
通化	Tonghua	2673	2508	186238	175433	2084	2194	465556	480378
白山	Baishan	1852	1754	108826	103286	1009	1061	266246	274720
松原	Songyuan	3020	2839	162175	153787	5811	6123	1750081	1805788.18
白城	Baicheng	1581	1489	102259	97184	1446	1522	246458	254301
延边	Yanbian	2462	2304	219298	212774	3509	3699	555124	573380
长白山管委会	Changbai Mountain Management Committee	1148	1070	20487	19079	65	69	9900	10203

15 – 7 民用汽车拥有量
Possession of Civil Vehicles

单位：辆　　unit: coach

项　目	Item	2014	2015	2016
民用汽车合计	**Total**	**2919240**	**3182399**	**3556006**
载客汽车	Passenger Vehicles	2407444	2710290	3092738
# 大型	Large	36414	35925	36900
小轿车	Minicar	1615694	1833874	2097633
载货汽车	Trucks	422215	409959	419125
# 普通载货汽车	Ordinary Truck	229375	212606	212631
其他汽车	Others	89581	62150	44143
在合计中	**In Total**			
私人汽车	**Private Vehicles**	**2494115**	**2796332**	**3176063**
载客汽车	Passenger Vehicles	2118355	2452012	2839182
# 大型	Large	4855	4497	4610
小轿车	Minicar	1464671	1695056	1963074
载货汽车	Trucks	298107	294454	304801
# 普通载货汽车	Ordinary Truck	181715	174866	179010
其他专用汽车	Other Special Purpose Vehicles	77653	49866	32080

注：全省民用汽车拥有量中不包括三轮汽车和低速货车。
Note: It was not include tricar and low – speed trucks in Civil Motor Vehicles Owned.

15 – 8 各地区民用汽车拥有量（2016年）
Possession of Civil Vehicles by Region（2016）

单位：辆　　unit: coach

地　区	Region	民用汽车 Civil Vehicles	#私人 Private	载客汽车 Passenger Vehicles	#私人 Private	载货汽车 Trucks	#私人 Private
长　春	Changchun	1437488	1280940	1291843	1181240	128460	86865
吉　林	Jilin	501849	448694	441246	406207	53858	37565
四　平	Siping	338420	303497	270355	254427	64010	45701
辽　源	Liaoyuan	116669	104133	99237	90884	16330	12523
通　化	Tonghua	191720	168718	162705	147488	25430	18403
白　山	Baishan	107313	91741	90439	79337	15329	11308
松　原	Songyuan	360364	327858	303506	282600	52603	42847
白　城	Baicheng	236103	217452	206366	191981	26637	22944
延　边	Yanbian	254636	223534	217421	197068	34789	25219

注：各地区相加不等于全省总计。
Note: The sum of the regions is not equal with the whole province.

15－9 民用车辆拥有量分组（2016年）
Civil Vehicles Possession by Group（2016）

单位：辆 unit：coach

项目	Item	总计 Total	#个人 Individual	#营运 Working	#非营运 Non－Working	#校车 School Bus
合计	**Total**	**5565806**	**3963673**	**511782**	**3862410**	**5745**
汽车	**Vehicles**	**3556006**	**3176063**	**454817**	**3095444**	**5745**
载客汽车	Passenger Vehicles	3092738	2839182	111108	2975885	5745
大型	Large	36900	4610	23475	8626	4799
中型	Medium	16069	5426	4377	10754	938
小型	Small	2983897	2775788	83212	2900677	8
微型	Mini car	55872	53358	44	55828	
轿车	Car	2097633	1963074	81647	2015986	
载货汽车	Trucks	419125	304801	318453	100672	
重型	Heavy	130231	67967	122304	7927	
中型	Medium	26352	20018	23496	2856	
轻型	Light	261656	216056	172320	89336	
微型	Mini	886	760	333	553	
普通货车车	General	212631	179010	137907	74724	
摩托车	**Motorcycles**	**777182**	**773869**	**11737**	**765445**	
普通	Ordinary	768126	764832	11725	756401	
轻型	Light	9056	9037	12	9044	
拖拉机	**Tractor**	**1185869**				
大型	Large					
小型	Small					
挂车	**Trailers**	**45829**	**13351**	**44947**	**882**	
其他类型车	**Others**	**920**	**390**	**281**	**639**	

15－10 历年邮电通信业务情况

Postal and Telecommunication Services over the Years

年 份 Year	邮电业务总量（万元） Business Volume of Post and Telecommu-nications (10 000 yuan)	邮政业务总量 Business Volume of Post	电信业务总量 Business Volume of Telecommu-nications	函 件（万件） Number of Letters (10 000 pcs)	本地电话用户（万户） Subscribers of Local Telephone (10 000 subscribers)	移动电话用户（万户） Subscribers of Mobile Telephone (10 000 subscribers)	本地电话局用交换机容量（门） Capacity of Local Telephone Exchanges (line)	长途光缆线路长度（公里） Length of Optical Cable Lines (km)	电话普及率（含移动）（部/百人） Populariza-tion Rate of Telephone (sets/100 persons)
1978	3853			7478	4.4				0.2
1979	3999			8167	4.8				0.2
1980	4055			8333	5.0				0.2
1981	6057			8309	5.4				0.2
1982	6293			8237	5.9				0.3
1983	6779			8646	6.4				0.3
1984	7517			9953	7.2				0.3
1985	8886			12114	8.1		185556		0.4
1986	9503			13278	9.3		200493		0.4
1987	10540			13933	10.7		233586		0.5
1988	13539			16269	13.3		266321		0.6
1989	17046			16545	16.8		335172		0.7
1990	41556			15805	20.3		391408		0.8
1991	51394			13151	25.0		465565		1.0
1992	70063			12369	33.0		564261		1.3
1993	106797			13831	49.9		896393		2.0
1994	155114			15416	75.9		1791260		3.0
1995	212153			15333	107.8		2501105		4.2
1996	290041			14045	137.6		3189912	3793	5.3
1997	375102			11518	164.5		3551886	4493	6.3
1998	538459			10405	192.6		3656308	4702	7.4
1999	839500	85500	754000	9838	223.0	110.0	4060000	5086	12.7
2000	1163500	91500	1072000	9500	260.0	203.3	5560000	5461	17.6
2001	929500	91900	837600	10900	294.0	339.0	5650000	12785	24.0
2002	1122300	100300	1022000	16086	325.0	463.0	7760000	13289	29.7
2003	1582900	112900	1470000	17200	421.3	633.0	8410000	16044	39.7
2004	2113800	112800	2001000	7154	473.3	763.0	9950000	18668	46.4
2005	2858100	133100	2725000	6300	769.0	916.0	10370000	19197	62.0
2006	3382300	155600	3226700	6200	734.0	1138.0	11320000	20000	69.0
2007	4131800	165800	3966000	6600	746.0	1311.0	7060000	19834	74.9
2008	4558500	176500	4382000	7000	622.0	1441.2	5710000	16000	75.5
2009	5326000	205600	5120000	8088	581.3	1574.2	8600000	20161	78.9
2010	6527000	238000	6289000	9319	595.2	1805.4	8370000	21801	87.6
2011	2353000	151000	2202000	6587	579.3	2004.1	7970000	21843	94.1
2012	2622000	223000	2399000	5006	581.0	2257.0	9170000	22704	103.2
2013	2772000	258000	2514000	4369	579.0	2372.1	9038000	23431	111.0
2014	3281600	306600	2975000	3034	574.8	2612.3	8857000	23544	115.8
2015	3894300	361300	3533000	1923	572.3	2604.1	5912000	23877	115.5
2016	5752300	460300	5292000	1523	520.3	2654.8	4893000	23396	115.5

15－11 邮电业务总量

Business Volume of Postal and Telecommunication Services

项　　目	Item	2014	2015	2016
包件（万件）	Package(10000 pcs)	130	95	62
特快专递（万件）	Express Mail Services(10000 pcs)	1090	973	1268
订销报纸期发数（万份）	Issue of Newspapers(10000 pcs)	123	126	113
订销杂志期发数（万份）	Issue of Magazines(10000 pcs)	74	61	49
邮政储蓄平均余额（亿元）	Postal Deposits Balance(100 million yuan)	811	860	890
集邮业务（万枚）	Stamps for Collection(10000 pcs)	3415	3633	3598
移动电话用户（万户）	Mobile Telephone Subscribers(10000 subscribers)	2612	2604	2655
#3G移动电话用户（万户）	3G mobile phone users(10000 subscribers)	852.6	822.7	338.6
互联网络宽带接入用户（万户）	Internet Broad Band Users(10000 subscribers)	414.9	426.4	440.0
#手机上网用户	Mobile Internet user	1580.5	1720.3	1923.3
移动互联网接入流量（亿G）	Mobile Internet access traffic(billions G)			3.56
邮政局、所（处）	Postal and Postal Offices(unit)	1004	1000	1002
# 农村	#Rural	717	720	718
邮路长度（公里）	Length of Postal Routes(km)	180241	167692	154622
# 铁路邮路	#Railway Routes	8571	7496	6396
航空邮路	Aviation Routes	91514	78860	84486
汽车邮路	Highway Routes	79391	81099	63653
本地网中继光缆线路长度（公里）	Local Network Length of Optical Cable Lines(km)	167453	184524	137648
火车邮箱（辆）	Railway Postal Boxes(unit)	16	15	12
邮政汽车（辆）	Postal Vehicles(unit)	729	927	1652

CHAPTER ▶ 16

第十六篇

批发零售贸易和餐饮业

WHOLESALE，RETAIL TRADE AND CATERING SERVICES

16－1 历年社会消费品零售总额

Total Retail Sales of Consumer Goods

单位：万元 unit：10000 yuan

年 份 Year	社会消费品零售总额 Total Retail Sales of Consumer Goods	按城乡分 Grouped by Urban and Rural		按行业分 Grouped by Sector		
		城 镇 Urban	乡 村 Rural	批发零售贸易业 Wholesale and Retail Trades	住宿和餐饮业 Hotels and Catering Services	其他行业 Others
1978	385620	291514	94106	346032	15854	23734
1979	453079	316707	136372	388943	18937	45199
1980	528330	377198	151132	438715	24509	65106
1981	592590	430405	162185	481611	29934	81045
1982	670226	490219	180007	531540	38307	100379
1983	755406	555884	199522	589343	46380	119683
1984	914002	662759	251243	711368	52394	150240
1985	1119958	843468	276490	862671	65462	191825
1986	1278126	979384	298742	972965	71948	233213
1987	1454974	1131042	323932	1086680	81881	286413
1988	1808111	1441649	366462	1344761	104819	358531
1989	1982953	1592980	389973	1479969	112779	390205
1990	1989470	1607039	382431	1478528	108295	402647
1991	2236919	1840771	396148	1666612	117840	452467
1992	2614745	2199504	415241	1924394	143653	546698
1993	3343703	2863910	479793	2424135	205796	713772
1994	4075974	3489145	586829	2835541	311446	928987
1995	4948232	4291301	656931	3352296	393027	1202909
1996	5710259	4851313	858946	3702892	588976	1418391
1997	6363939	5443801	920138	4051446	583022	1729471
1998	6990899	6070339	920560	4380291	637065	1973543
1999	7543181	5980241	1562940	6468115	750146	324920
2000	8335214	6702331	1632883	6934171	1015132	385911
2001	9318770	7604115	1714655	7782754	1230265	305751
2002	10362472	8642210	1720262	8628310	1458547	275615
2003	11409082	9583657	1825425	9778923	1573420	56739
2004	12869444	10870650	1998794	11403545	1415677	50222
2005	14608055	12418366	2189689	12662653	1897789	47613
2006	16758413	14315479	2442934	14400797	2300776	56840
2007	19992025	17058728	2933297	17178073	2768516	45437
2008	24842571	21360896	3481675	21279062	3546703	16806
2009	29573297	25285381	4287916	26981555	2560746	30996
2010	35049165	31071747	3977418	31521763	3496402	31000
2011	41198175	36738161	4460014	37280303	3880872	37000
2012	47729404	42361521	5367883	42227134	5502270	
2013	54264253	48067966	6196287	48038108	6226146	
2014	60808998	53853046	6955952	54004584	6804414	
2015	66464584	58701719	7762866	58836807	7627778	
2016	73104224	64545134	8559090	64089000	9015223	

注：从2005年的数据是按经济普查数据进行调整后的数据。
Note：Data was adjusted by economic census since 2005.

16－2 社会消费品零售总额
Total Retail Sales of Consumer Goods

单位：万元　　　　unit：10000 yuan

项　　目	Item	2014	2015	2016
社会消费品零售总额	**Total Retair Sales of Consumer Goods**	**60808998**	**66464584**	**73104224**
一、按销售地区分	Grouped by Region			
城镇的零售额	Urban Retail Sales	53853046	58701719	64545134
乡村的零售额	Rural Retail Sales	6955952	7762866	8559090
二、按行业分	Grouped by Sector			
批发、零售贸易业	Wholesale and Retail Trades	54004584	58836807	64089000
限额以上	Above Designated Size	21667828	23209629	25876476
限额以下及个体户	Under Designated Size and Individual	32336756	35627178	38212524
住宿和餐饮业	Hotels and Catering Services	6804414	7627778	9015223
星级（限额以上）企业	Above Designated Size	1425507	1517812	1723039
星级以外（限额以下）企业和个体户	Below Designated Size and Individual	5378907	6109966	7292184

16－3 各地区社会消费品零售总额
Total Retail Sales of Consumer Goods by Region

单位：亿元　　　　unit：100 million yuan

地　区	Region	2011	2012	2013	2014	2015	2016
长　春	Changchun	1515.85	1739.64	1970.04	2217.55	2409.29	2650.28
吉　林	Jilin	803.87	935.64	1066.68	1197.11	1313.23	1446.51
四　平	Siping	337.66	394.79	449.98	503.82	551.48	605.83
辽　源	Liaoyuan	126.83	147.23	167.55	189.05	206.74	226.19
通　化	Tonghua	290.73	339.37	388.92	439.74	483.28	532.37
白　山	Baishan	163.14	190.28	217.62	244.21	266.19	292.74
松　原	Songyuan	388.62	453.08	514.80	556.46	610.03	669.21
白　城	Baicheng	190.18	221.45	251.46	283.88	310.49	340.24
延　边	Yanbian	302.94	351.45	399.38	449.08	481.30	531.2

注：从2005年开始数据调整。
Note: Data was adjusted since 2005.

16－4 限额以上批发零售贸易业商品购进、销售、库存总额（2016年）

单位：万元

项 目	Item	法人企业数（个）Number of Corporation Units (unit)	产业活动单位（个）Number of Economic Active Units (unit)	从业人数（人）Number of Person Employed (person)
总 计	**Total**	**2440**	**5216**	**133884**
按登记注册类型分	**Grouped by Status of Registration**			
内资企业	Domestic Enterprises	2413	5168	129758
国有企业	State- owned Enterprises	52	247	9274
集体企业	Collective- owned Enterprises	20	26	667
股份合作企业	Cooperative Enterprises	4	9	1930
联营企业	Joint Venture Enterprises			
有限责任公司	Limited Liability Corporations	888	2127	56174
股份有限公司	Company Limited by Shares	104	969	17177
私营企业	Private Enterprises	1333	1778	44216
其他企业	Others	12	12	320
港、澳、台商投资企业	Hongkong Macao and Taiwan Funded Enterprises	13	32	2268
外商投资企业	Foreign Funded Enterprises	14	16	1858
按国民经济行业分	**Grouped by Sector**	**2440**	**5216**	**133884**
批发业合计	**Total Wholesale Trade**	**723**	**1434**	**38708**
农、林、牧产品批发业	Food, Beverages and Tobacco	184	221	11427
食品、饮料及烟草制品批发业	Food, Beverage and Tobaccos	92	137	7851
#米、面制品及食用油批发业	Rice, Flour and Edible Oil	23	23	693
烟草制品批发业	Tobaccos	9	44	4965
纺织、服装及日用品批发业	Textiles Garment and Daily Consumer Artides	29	29	981
#服装批发业	Ganrent	7	7	216
家用电器批发	Household Appliances	6	6	312
文化、体育用品及器材批发业	Culture, Sports Goods and Equipments	10	10	973
医药及医疗器材批发业	Medicines and Medical Appliances	138	140	6157
矿产品、建材及化工产品批发业	Mineral Products, Building Materials and Chemica Products	137	760	7253
#煤炭及制品批发业	Coal and related Products	18	18	508
石油及制品批发业	Petroleum and Related Products	21	623	4976
金属及金属矿批发业	Metals and Mineral Products	28	28	504
建材批发业	Construction Materials	35	35	431
化肥批发业	Chemical Fertilizer	16	37	444

Total Purchases、Sales and Inventory of Enterprises above Designated Size of Wholesale and Retail Trade (2016)

unit: 10000 yuan

购进总额 Total Goods Purchase	#进口 Import	销售总额 Total Sales	批发 Wholesale	#出口 Emport	零售 Retail Trade	年末库存总额 Inventory (year - end)
35788735	**520809**	**38408063**	**16627170**	**207819**	**21780893**	**6164697**
34240128	487083	36679685	15296582	207819	21383103	6105996
3191244	1027	2769029	2403002	3782	366027	3226748
66773	290	73905	1700		72205	4070
45343		61692			61692	3748
14736233	346158	14144487	5735166	92290	8409321	1513207
8479525	36	10852564	4125432	13724	6727132	370334
7667816	139572	8710234	3026841	98024	5683394	985746
53194		67774	4441		63332	2143
155164		187892	69113		118779	10634
1393443	33726	1540487	1261475		279012	48068
35788735	**520809**	**38408063**	**16627170**	**207819**	**21780893**	**6164697**
19619658	**292175**	**18447901**	**15137302**	**191605**	**3310600**	**4715854**
3534737	3065	3093366	2199273	36341	894093	3274505
2018114	3002	2422912	2346516		76396	580205
473047		175447	169240		6207	414946
1267512	1027	1886811	1886811			124312
226783	2014	243583	210353	14182	33230	23496
37907		41022	34144	14141	6877	8058
91747	2014	94573	94573			3350
108879		110138	103830		6307	21947
1887221	65028	2251868	1922047		329821	170198
9874646	197392	8130230	6204392	125274	1925838	498096
185385		186726	133859		52868	24768
6862209	290	4865165	3015626		1849538	136966
1556810	193687	1652727	1648512	123322	4215	99616
269182	615	296411	285712	652	10699	26580
419606	2800	585849	583129	1300	2720	109248

16－4 续表

单位：万元

项　　目	Item	法人企业数（个）Number of Corporation Units (unit)	产业活动单位（个）Number of Economic Active Units (unit)	从业人数（人）Number of Person Employed (person)
机械设备、五金交电及电子产品批发业	Machinery,Hardware and Electronic Equipment	119	123	3514
#汽车批发	Automobile	10	10	480
汽车零配件批发	Automobile Parts	20	20	908
摩托车及零配件批发	Motoracyde and Spare Parts	2	2	65
计算机、软件及辅助设备批发	Computer, Software and Assistant Applicanes	5	5	53
贸易经纪与代理	Trade Broker and Agency	1	1	20
其他批发业	Others	13	13	532
零售业合计	**Total Retail Trade**	**1717**	**3782**	**95176**
综合零售业	Synthesize Retail Trade	230	389	34823
#百货零售业	General Merchandise	132	169	19792
超级市场零售业	Supermarkets	65	96	10984
食品、饮料及烟草制品专门零售业	Food Beverage and Tobaccos	147	219	4332
纺织、服装及日用品专门零售业	Texitles, Garments, Daily Consumer Articles	89	115	5058
纺织品及针织品零售	Texitles and Knitwear Retail	4	4	164
#服装零售业	Garments	56	60	3886
文化、体育用品及器材专门零售业	Culture, Sports Appliances and Equipments	84	118	2816
#体育用品零售业	Sports Goods and Equipment Retail	3	3	87
图书、报刊零售业	Books and Newspapers	47	69	2012
医药及医疗器材专门零售业	Medicines and Medical Appliances	141	1333	11650
#药品零售业	Medicines	107	1299	11025
汽车、摩托车、燃料及零配件专门零售业	Motor Vehicles, Motorcycles, Fuel and Parts	602	1114	25870
#汽车零售业	Motor Vehicles	461	476	18566
机动车燃料零售业	Fuel of Motor Vehicles	83	580	6405
家用电器及电子产品专门零售业	Household Electric Appliances and Electronic Products	175	235	5564
#家用视听设备零售业	Household Electric Applicance	26	31	1651
计算机、软件及辅助设备零售业	Computer, Software and Assistant Appliances	67	67	1111
通讯设备零售业	Telecommuncation Equipment	18	46	559
五金、家具及室内装修材料专门零售业	Handware, Fumiture and Decoratiou Material	134	136	2358
货摊、无店铺及其他零售业	Stall Goods, Non- shop and Others Retail	115	123	2705
#邮购及电视、电话零售	Distribution of Post and E- commerce Sales	1	1	23

continued

unit: 10000 yuan

购进总额 Total Goods Purchase	#进口 Import	销售总额 Total Sales	批发 Wholesale	#出口 Emport	零售 Retail Trade	年末库存总额 Inventory (year－end)
1793171	21505	1999785	1959198	14601	40587	129132
60238		63858	57319	1666	6538	9115
1309315	16502	1473316	1472706	7581	610	41662
9306		10960	10960			3339
14774		14973	14973			268
873		931	931			8
175235	169	195090	190762	1208	4328	18269
16169077	**228635**	**19960162**	**1489869**	**16214**	**18470294**	**1448843**
4796189	422	7259962	33750	200	7226212	284919
3875143	412	6174247	23657	200	6150591	215680
750699	10	889848	5101		884747	56849
509824	291	628378	160222	1	468156	91024
637545	36	849441	52215	650	797225	77633
12789		12832	650	650	12183	219
434211		537736	29607		508129	50823
253095	86	244118	39659	961	204459	77976
9993		10779	1605		9174	5260
107771	50	112192	446		111746	26565
948884	1484	1062522	424678		637843	131809
911754	443	1017726	412176		605551	126254
7673701	212661	8402628	615092	4985	7787536	664297
4701941	212661	5247257	47236		5200022	575434
2826888		3002573	518099		2484474	66190
745096	884	806629	67999		738630	69132
228848		241365	23855		217511	18761
152596	564	165465	26853		138612	12644
73227		73250	8643		64607	8940
272820	12043	305347	70864	9417	234483	27700
331924	728	401139	25390		375749	24353
4760		6800			6800	

16－5 限额以上批发零售企业财务状况（2016年）

单位：万元

项目	Item	流动资产合计 Total Circulating Funds	固定资产原价 Original Value of Fixed Assets	累计折旧 Depreciation	#本年折旧 Depreciation This Year
批发、零售贸易企业总计	**Total**	**17221153**	**3340983**	**1379440**	**248447**
一、批发企业	**Wholesale Trade**	**11461712**	**879205**	**506662**	**87500**
（一）按登记注册类型分组	Grouped by Status of Registration				
内资企业	Domestic Investment Enterprises	11285803	878727	503333	87147
国有企业	State- owned Enterprises	4883369	308698	223103	23267
集体企业	Collective- owned Enterprises	830	10	2	2
股份合作企业	Stock Cooperative Enterprises				
联营企业	Joint Venture Enterprises				
有限责任公司	Limited Liability Corporations	3920256	256212	137676	22504
股份有限公司	Joint Stock Corporations	1084865	98129	69386	28403
私营企业	Private Enterprises	1396088	214772	72704	12908
其他企业	Others	395	907	462	63
港、澳、台商投资企业	Hongkong Macao and Taiwan Investment Enterprises	8897	22	80	19
外商投资企业	Foreign Investment Enterprises	167012	456	3249	335
（二）按国民经济行业分组	Grouped by Sector				
农、林、牧产品批发	Food, Beverages and Tabacco	5237405	300446	138227	17331
食品、饮料及烟草制品批发	Food, Beverage and Tobaccos	1533275	177196	125001	14149
#米、面制品及食用油批发	Rice, Flour and Edible Oil	789183	15256	7035	866
烟草制品批发	Tobaccos	589920	142414	111716	12476
纺织、服装及日用品批发	Texitles, Garment and Daily Consumer Articles	68642	6075	1704	440
#服装批发	Garment	11713	412	266	88
家用电器批发	Household Electric Appliances	16037	208	378	35
文化、体育用品及器材批发	Culture, Sports Goods and Appliances	92125	14620	9217	612
医药及医疗器材批发	Medicines and Medical Appliances	1317628	73848	26360	6269
矿产品、建材及化工产品批发	Mineral,Construction and Chemical Products	2575198	235895	180758	43646
#煤炭及制品批发	Coal and Related Products	94824	10029	3863	794
石油及制品批发	Petroleum and Related Products	314739	166290	146008	34891
金属及金属矿批发	Metals and Mineral Products	1413706	22485	17414	2727
建材批发	Consmtction Materials	262619	5504	1505	280
化肥批发	Chemical Fertilizer	339259	9371	1773	564
机械设备、五金交电及电子产品批发	Machinery, Hardware and Electronic Equipment	489709	50168	21291	3884
#汽车批发	Motorvehicles, Motorcycles and Parts	21174	3117	916	366
汽车零配件批发	Automobile Parts	255046	8606	8770	1594
摩托车及零配件批发	Motoracycde and Spare Parts	4320	3088	1519	217
计算机、软件及辅助设备批发	Computer,Software and Assistant Appliances	3600	50	72	2
贸易经纪与代理	Trade Broker and Agency	55	474		
其他批发	Others	147676	20485	4103	1169

Main Financial Indicators of Enterprises Above Designated Size of Wholesale and Retail Trades (2016)

unit: 10000 yuan

资产总计 Total Assets	负债合计 Total Liabilities	实收资本 Paid - up Capital	营业收入 Operating Revenue	主营业务收入 Revenue from Principal Business	营业成本 Operating Cost	主营业务成本 Cost of Principal Business	主营业务税金及附加 Tax and Extra Charges on Principal Business
23010465	**17862834**	**4581477**	**33725311**	**33281725**	**29937229**	**29831464**	**377806**
13301976	**10645571**	**1912092**	**17407551**	**17369553**	**15698006**	**15702973**	**274886**
13121504	10483505	1895497	16081805	16043973	14512275	14517309	272203
5281544	4543502	144004	2614337	2607502	2145242	2119082	240200
853	812	41	505	505	336	336	1
4739300	3710719	1129625	6321222	6306874	5774375	5811032	13035
1323978	1021680	298420	4286596	4275717	4115214	4111008	3591
1773813	1205851	323271	2859000	2853358	2477091	2475835	15377
2016	941	135	145	18	17	17	
9203	7073	4026	68303	68303	66752	66752	79
171270	154992	12570	1257444	1257278	1118979	1118912	2605
5801313	4750453	962858	3107437	3096039	2933810	2972447	3168
1830097	1171214	75343	2282529	2280704	1710782	1687725	241476
814785	774418	37999	176242	175939	163796	162395	309
771055	201048	11507	1756865	1755463	1271246	1249742	239625
100699	84976	9409	240799	239989	221391	221364	540
12500	14291	1425	43216	43216	36678	36678	36
17213	18259	2200	93008	92980	89242	89215	82
131831	89518	33435	98015	96735	81416	81313	308
1520935	1242389	120599	2157198	2153728	1756652	1755348	9014
3161161	2766825	585302	7354034	7338533	7061541	7053036	13507
120554	91824	23352	183405	183404	169773	169365	2843
611605	642182	249577	4235556	4226803	4112875	4105607	3198
1586487	1327572	232285	1702326	1702174	1630061	1629934	2555
293748	255798	40879	281787	278742	263116	263115	3100
368272	323047	28560	408900	405351	384951	384251	885
586496	417038	101604	1968386	1964950	1751526	1751112	6169
28093	13182	3050	50366	50365	40759	40759	222
274728	213729	23420	1467551	1467367	1312018	1311951	3022
9834	5982	1700	9367	9367	7698	7698	84
3650	1362	2000	14973	14973	14737	14737	5
529	853	3	931	931	883	883	3
168915	122306	23540	198222	197946	180005	179746	700

单位：万元

16－5 续表 1

项 目	Item	流动资产合计 Total Circulating Funds	固定资产原价 Original Value of Fixed Assets	累计折旧 Depreciation	#本年折旧 Depreciation This Year
二、零售企业	**Total of Retail Trade**	**5759442**	**2461778**	**872779**	**160947**
（一）按登记注册类型分组	Grouped by Status of Registration				
内资企业	Domestic Investment Enterprises	5208636	2378918	766015	149549
国有企业	State- owned Enterprises	7770	1435	690	105
集体企业	Collective- owned Enterprises	3822	2904	921	73
股份合作企业	Stock Coopertive Enterprises	6857	6023	1203	171
联营企业	Joint Venture Enterprises				
有限责任公司	Limited Liability Corporations	2371020	907221	305440	57936
股份有限公司	Joint Stock Corporations	717130	978969	306898	61517
私营企业	Private Enterprises	2097106	464892	150245	29576
其他企业	Others	4930	17475	618	172
港、澳、台商投资企业	Hongkong Macao and Taiwan Investment Enterprises	479684	62286	91818	7607
外商投资企业	Foreign Investment Enterprises	71122	20575	14945	3792
（二）按国民经济行业分组	Grouped by Sector				
综合零售	Synthesize Retail Trade	1719257	1454047	465662	92256
#百货零售	General Merchandise	1497585	1272633	399900	78471
超级市场零售	Supermarket	189832	168323	58469	12998
食品、饮料及烟草制品专门零售	Food Beverage and Tobaccos	300222	61708	20198	2981
纺织、服装及日用品专门零售	Texitles, Garments,Doily Consumer Aiticles	235290	129840	42584	3384
#服装零售	Garments	191393	122246	39201	2947
文化、体育用品及器材专门零售	Culture, Sports Appliances and Equipments	127928	19866	14897	1655
#体育用品零售	Sports Goods and Equipment Retail	5290	1118	209	49
图书、报刊零售	Books and Newspapers	53112	15758	13630	1391
医药及医疗器材专门零售	Medicines and Medical Appliances	641832	51721	20086	3925
#药品零售	Medicines	616103	50500	19564	3846
汽车、摩托车、燃料及零配件专门零售	Motorvehicles Fuel and Parts	2148309	572916	269173	49483
#汽车零售	Motorvehicles	1815685	316273	141277	33557
汽车零配件零售	Motorvehicles Parts Retail	72068	8798	4172	733
摩托车及零配件零售	Motoracyde and Spare Parts	1505	12	2	
家用电器及电子产品专门零售	Household Electric Appliances and Electronic Products	282023	67556	10392	3080
#家用视听设备零售	Household Audio-visual equipment Retail	112586	17649	2875	1480
日用家电设备零售	Household Appliances Retail	86161	41592	4205	743
计算机、软件及辅助设备零售	Computer, Software andAssistant Applicances	43725	5036	2079	584
通信设备零售	Telecommuncation Equipment	26900	2787	898	119
五金、家具及室内装修材料专门零售	Hardware, Furniture and Decoration Materials	145111	48326	6632	2084
货摊、无店铺及其他零售	Stall Goods, Non- shop and Others Retail	159470	55798	23155	2100
#邮购及电视、电话零售	Distribution of Post and E-commerce Sales	1756	33	60	

continued

unit：10000 yuan

资产总计 Total Assets	负债合计 Total Liabilities	实收资本 Paid – up Capital	营业收入 Operating Revenue	主营业务收入 Revenue from Principal Business	营业成本 Operating Cost	主营业务成本 Cost of Principal Business	主营业务税金及附加 Tax and Extra Charges on Principal Business
9708489	**7217263**	**2669385**	**16317760**	**15912172**	**14239223**	**14128491**	**102920**
8991573	6652747	2615057	15659418	15285113	13680868	13575927	101162
10051	8068	1563	29133	28286	26424	26072	187
8098	4441	3162	69215	69215	60118	60118	838
13039	9554	2727	61596	61596	58974	58974	308
3899120	3014385	1081230	6662662	6546760	5789993	5734702	44637
2124456	1553326	135229	3109867	2890463	2653493	2631665	22917
2913785	2057427	1388760	5659171	5621019	5035835	5008365	31937
23025	5546	2386	67774	67774	56032	56032	337
614082	486686	20213	366060	342387	298988	296014	1000
102834	77830	34114	292283	284672	259368	256549	758
3856036	2986053	414738	4699712	4397780	3752775	3723522	38833
3384048	2596698	324555	3584459	3299343	2785091	2756804	31365
411087	347307	75675	913137	898145	790629	789741	5786
426577	313742	82493	623675	619560	519131	516678	5036
413333	295496	93173	772851	759580	652984	634827	23664
353517	254189	83068	463596	451131	378815	364449	5946
160595	115154	31340	237054	233506	191667	190901	2232
6459	4444	1464	10024	10024	7779	7779	222
80116	58081	17139	110688	107140	85571	84850	279
749145	580891	80663	1044049	1040209	892725	892509	3421
721842	561274	75775	999459	995621	857719	857520	3005
3267498	2373965	1810440	7448711	7374818	6929967	6873303	20987
2460503	1807637	1703385	5172412	5108743	4780644	4741870	17290
85421	54163	11522	137836	137451	127760	127489	307
1658	1169	273	13881	13881	11617	11617	347
386229	273350	54882	806616	802669	705329	702715	3013
147311	118667	13737	237763	237420	213247	212198	722
138063	99741	8899	298672	296889	257963	257963	833
55223	31562	16544	170954	169597	146325	145124	1036
31836	16714	10795	72660	72195	64101	63736	386
208817	122233	44494	295733	295408	259239	258980	2909
240260	156380	57162	389361	388643	335408	335056	2825
2193	982	1000	5812	5812	4604	4604	18

单位：万元

16－5 续表 2

项　　目	Item	其他业务利润 Profits of Other Business	销售费用 Sales Expenses
批发、零售贸易企业总计	**Total**	**254024**	**1404564**
一、批发企业	**Wholesale Trade**	**42669**	**724453**
（一）按登记注册类型分组	Grouped by Status of Registration		
内资企业	Domestic Investment Enterprises	42570	594625
国有企业	State- owned Enterprises	1052	156650
集体企业	Collective- owned Enterprises		34
股份合作企业	Stock Cooperative Enterprises		
联营企业	Joint Venture Enterprises		
有限责任公司	Limited Liability Corporations	4927	185952
股份有限公司	Joint Stock Corporations	10885	131880
私营企业	Private Enterprises	25706	119892
其他企业	Others		218
港、澳、台商投资企业	Hongkong Macao and Taiwan Investment Enterprises		1764
外商投资企业	Foreign Investment Enterprises	99	128064
（二）按国民经济行业分组	Grouped by Sector		
农、林、牧产品批发	Food, Beverages and Tabacco	25362	106811
食品、饮料及烟草制品批发	Food, Beverage and Tobaccos	-415	88769
#米、面制品及食用油批发	Rice, Flour and Edible Oil	32	15502
烟草制品批发	Tobaccos	-710	59789
纺织、服装及日用品批发	Textiles, Garment and Daily Consumer Articles		8501
#服装批发	Garment		2432
家用电器批发	Household Electric Appliances		3157
文化、体育用品及器材批发	Culture, Sports Goods and Appliances	442	4037
医药及医疗器材批发	Medicines and Medical Appliances	1290	207912
矿产品、建材及化工产品批发	Mineral,Construction and Chemical Products	13371	153867
#煤炭及制品批发	Coal and Related Products		3394
石油及制品批发	Petroleum and Related Products	11243	116863
金属及金属矿批发	Metals and Mineral Products		14615
建材批发	Consmtction Materials	22	5960
化肥批发	Chemical Fertilizer	500	6012
机械设备、五金交电及电子产品批发	Machinery, Hardware and Electronic Equipment	2105	150790
#汽车批发	Motorvehicles, Motorcycles and Parts	572	2643
汽车零配件批发	Automobile Parts	890	131051
摩托车及零配件批发	Motoracycle and Spare Parts		311
计算机、软件及辅助设备批发	Computer,Software and Assistant Appliances		
贸易经纪与代理	Trade Broker and Agency		67
其他批发	Others	513	3699

continued

unit：10000 yuan

管理费用 Management Expenses	营业利润 Operating Profits	利润总额 Total Profit	应交所得税 Income – tax Payable	应付工资 Wages Payable	本年应交增值税 Value – added Tax Payable
1010004	**534441**	**1045842**	**133795**	**782970**	**452319**
298378	**146237**	**706719**	**86923**	**356953**	**286051**
297503	139380	700503	82368	344954	271662
96908	–139774	163997	38635	147018	74627
1	134			30	1
87299	141632	435103	26257	80918	93542
19587	5106	218	7561	29728	76634
93504	132577	101000	9914	87139	26857
205	–295	185		122	
125	–418	–318	143	284	18
750	7275	6534	4412	11716	14372
43275	–178837	178755	3842	43687	–2066
101096	139037	177719	42992	129772	82308
6336	–39064	1288	685	4607	269
75754	138605	137726	35239	112340	72442
4611	5537	5660	699	4815	1137
1768	2606	2628	23	1579	4
629	–435	–343	157	1568	257
10014	4463	5044	1120	8524	249
70735	97838	272303	20612	35719	97164
36938	36783	31104	7074	104846	80682
4127	1121	1217	66	1751	–300
9882	–7423	–13777	2233	42718	72021
9974	8349	9764	2872	3192	8369
4038	1135	2302	495	51669	–1207
3421	8994	6625	1134	3539	1092
27899	30169	25164	7812	27936	22008
3902	2645	3523	650	1736	2206
5529	16585	14215	6132	17386	16805
486	588	599		271	69
180	35	35	5	76	13
6		–88		51	
3806	11246	11059	2772	1603	4569

单位：万元

16－5 续表 3

项　　目	Item	其他业务利润 Profits of Other Business	销售费用 Sales Expenses
二、零售企业	**Total of Retail Trade**	**211355**	**680111**
（一）按登记注册类型分组	Grouped by Status of Registration		
内资企业	Domestic Investment Enterprises	193035	645155
国有企业	State- owned Enterprises	435	783
集体企业	Collective- owned Enterprises		2983
股份合作企业	Stock Coopertive Enterprises	792	356
联营企业	Joint Venture Enterprises		
有限责任公司	Limited Liability Corporations	52454	355956
股份有限公司	Joint Stock Corporations	119845	124647
私营企业	Private Enterprises	19509	159699
其他企业	Others		732
港、澳、台商投资企业	Hongkong Macao and Taiwan Investment Enterprises	17281	17537
外商投资企业	Foreign Investment Enterprises	1039	17418
（二）按国民经济行业分组	Grouped by Sector		
综合零售	Synthesize Retail Trade	179121	261527
#百货零售	General Merchandise	165609	196355
超级市场零售	Supermarket	13428	56058
食品、饮料及烟草制品专门零售	Food Beverage and Tobaccos	1151	23943
纺织、服装及日用品专门零售	Texitles, Garments,Doily Consumer Aiticles	2343	31267
#服装零售	Garments	2036	26206
文化、体育用品及器材专门零售	Culture, Sports Appliances and Equipments	4266	11980
#体育用品零售	Sports Goods and Equipment Retail		1502
图书、报刊零售	Books and Newspapers	3607	7870
医药及医疗器材专门零售	Medicines and Medical Appliances	2528	68835
#药品零售	Medicines	2526	67251
汽车、摩托车、燃料及零配件专门零售	Motorvehicles Fuel and Parts	17213	219072
#汽车零售	Motorvehicles	15078	120147
汽车零配件零售	Motorvehicles Parts Retail	804	4266
摩托车及零配件零售	Motoracycde and Spare Parts	33	803
家用电器及电子产品专门零售	Household Electric Appliances and Electronic Products	2742	40264
#家用视听设备零售	Household Audio-visual equipment Retail	343	9509
日用家电设备零售	Household Appliances Retail	1397	24794
计算机、软件及辅助设备零售	Computer, Software andAssistant Applicances	320	4861
通信设备零售	Telecommuncation Equipment	281	603
五金、家具及室内装修材料专门零售	Hardware, Furniture and Decoration Materials	1201	7777
货摊、无店铺及其他零售	Stall Goods, Non- shop and Others Retail	790	15446
#邮购及电视、电话零售	Distribution of Post and E-commerce Sales		1186

continued

unit: 10000 yuan

管理费用 Management Expenses	营业利润 Operating Profits	利润总额 Total Profit	应交所得税 Income – tax Payable	应付工资 Wages Payable	本年应交增值税 Value – added Tax Payable
711626	**388204**	**339124**	**46872**	**426017**	**166268**
681537	375040	311110	43573	410221	157296
1506	83	229	9	688	171
1982	3086	2952	39	1878	98
1435	305	202	227	3878	328
316709	128577	81473	19338	152128	51123
129811	76012	78817	6994	85747	52639
229245	157323	147045	16967	164999	49448
848	9654	392		903	3490
22359	10677	26719	1622	8838	898
7731	2488	1295	1677	6957	8074
331081	162631	143129	14201	124549	34985
290027	140335	107148	11835	84214	29854
31441	18441	34922	2078	33397	4091
41277	30159	31727	4400	13307	7307
43451	16656	15705	1414	18815	6978
36583	11490	11148	1103	14176	6260
18956	11016	9401	272	12067	916
445	34	34	6	370	121
13183	3007	3733	115	9082	346
40255	31309	32936	7124	42641	16528
34492	29802	31486	6926	40190	14647
171880	85675	66531	14985	136141	84745
145014	79426	64488	12189	90985	46577
4502	1383	730	301	2663	811
646	379	68	8	189	208
35585	22840	19328	2050	61649	7111
8514	7987	7599	839	5904	1431
10295	4202	4156	410	7587	2560
10161	7877	5879	704	45914	2458
5258	1834	1010	80	1384	494
15250	8365	6836	1121	7657	3543
13891	19555	13531	1307	9191	4155
115	-109	-109		98	311

16－6　限额以上餐饮企业主要财务状况（2016年）

单位：万元

项　　目	Item	流动资产合计 Total Circulating Funds	固定资产原价 Original Value of Fixed Assets	累计折旧 Depreciation	#本年折旧 Depreciation This Year
总　　计	**Total**	**495150**	**707015**	**377351**	**49910**
一、住宿业	**Hotels**	**323596**	**504225**	**292892**	**39434**
（一）按登记注册类型分组	Grouped by Status of Registration				
内资企业	Domestic Investment Enterprises	285107	454514	238375	28511
国有企业	State- owned Enterprises	49191	140692	76822	8526
集体企业	Collective- owned Enterprises	892	128	295	16
股份合作企业	Stock Cooperative Enterprises	149	821	438	41
联营企业	Joint Venture Enterprises				
有限责任公司	Limited Liability Corporations	153156	212402	119143	13123
股份有限公司	Joint Stock Corporations	4557	15071	11722	1026
私营企业	Private Enterprises	75741	81920	28194	5642
其他企业	Others	1421	3480	1761	138
港、澳、台商投资企业	Hongkong Macao and Taiwan Investment Enterprises	14485	1501	4839	63
外商投资企业	Foreign Investment Enterprises	24004	48211	49678	10860
（二）按国民行业分组	Grouped by Sector				
旅游饭店	Tour Restaurant	296202	464028	276414	36386
一般旅馆	General Restaurant	20388	38765	14386	2828
其他住宿服务	Other Hotel Services	7005	1433	2092	221
二、餐饮业	**Catering Services**	**171554**	**202790**	**84459**	**10476**
（一）按注册类型分组	Grouped by Status of Registration				
内资企业	Domestic Investment Enterprises	171335	202373	83969	10428
国有企业	State- owned Enterprises	7245	56445	16687	2170
集体企业	Collective- owned Enterprises	870	928	332	30
股份合作企业	Stock Cooperative Enterprises				
联营企业	Joint Venture Enterprises				
有限责任公司	Limited Liability Corporations	69228	66784	28294	3149
股份有限公司	Joint Stock Corporations	12494	5242	1730	206
私营企业	Private Enterprises	72711	67345	34772	4578
其他企业	Others	8788	5629	2155	296
港、澳、台商投资企业	Hongkong Macao and Taiwan Investment Enterprises				
外商投资企业	Foreign Investment Enterprises	219	417	490	48
（二）按国民行业分组	Grouped by Sector				
正餐服务	Restaurant	164155	193098	81096	10018
快餐服务	Fast Food	5047	8489	3057	417
饮料及冷饮服务	Beverages and Drinks	591	35	5	
其他餐饮服务	Others	1761	1168	302	41

Main Financial Indicators of Enterprises above Designated Size of Catering and Hotels (2016)

unit: 10000 yuan

资产总计 Total Assets	负债合计 Total Liabilities	实收资本 Paid－up Capital	营业收入 Operating Revenue	主营业务收入 Revenue from Principal Business	营业成本 Operating Cost	主营业务成本 Cost of Principal Business
1452952	**946147**	**405732**	**615540**	**610930**	**312986**	**305725**
1002306	**751510**	**248327**	**318649**	**315983**	**152675**	**147553**
893937	655981	218112	291083	288417	139502	137974
228948	131391	59501	80209	79788	38820	38724
1050	579	25	7316	7316	3806	3806
971	902	552	389	389	191	191
422269	353707	85254	123299	121651	54908	54021
27049	12124	5593	5715	5630	2623	2623
208657	155734	65635	69051	68539	35643	35243
4993	1544	1553	5105	5105	3511	3366
33081	38380	2813	7286	7286	2444	2444
75288	57149	27401	20281	20281	10729	7135
914278	680151	226402	260502	258091	119878	115437
78535	59154	19596	42954	42699	27182	26524
9493	12206	2329	15193	15193	5615	5592
450646	**194636**	**157405**	**296891**	**294947**	**160311**	**158172**
450011	193910	155396	296145	294201	160032	157894
73136	20067	19155	30625	30625	13746	13746
1848	1464	553	3103	3103	2253	2253
169865	71753	37231	164380	163213	86991	86529
22868	22587	4639	9084	9052	4931	4931
167864	71741	93284	83823	83078	50030	48353
14429	6299	534	5130	5130	2082	2082
636	726	2009	746	746	279	279
427147	187701	146188	255851	253907	135320	133181
19865	5228	9854	37474	37474	22408	22408
626	525	100	230	230	110	110
3008	1182	1263	3335	3335	2473	2473

单位：万元

16－6 续表 1

项目	Item	主营业务税金及附加 Tax and Extra Charges on Principal Business	其他业务利润 Profits of Other Business	销售费用 Sales Expenses
总　计	**Total**	**16264**	**28042**	**155351**
一、住宿业	**Hotels**	**8212**	**12971**	**86527**
（一）按登记注册类型分组	Grouped by Status of Registration			
内资企业	Domestic Investment Enterprises	7754	12971	77878
国有企业	State- owned Enterprises	2283	1207	22935
集体企业	Collective- owned Enterprises	381		1232
股份合作企业	Stock Cooperative Enterprises	19		157
联营企业	Joint Venture Enterprises			
有限责任公司	Limited Liability Corporations	2909	9104	33473
股份有限公司	Joint Stock Corporations	318	96	2156
私营企业	Private Enterprises	1739	2527	17842
其他企业	Others	105	38	83
港、澳、台商投资企业	Hongkong Macao and Taiwan Investment Enterprises	153		2020
外商投资企业	Foreign Investment Enterprises	305		6630
（二）按国民行业分组	Grouped by Sector			
旅游饭店	Tour Restaurant	6725	12517	75345
一般旅馆	General Restaurant	1183	407	7412
其他住宿服务	Other Hotel Services	303	48	3771
二、餐饮业	**Catering Services**	**8052**	**15071**	**68824**
（一）按注册类型分组	Grouped by Status of Registration			
内资企业	Domestic Investment Enterprises	8039	15071	68705
国有企业	State- owned Enterprises	260		6744
集体企业	Collective- owned Enterprises	80		400
股份合作企业	Stock Cooperative Enterprises			
联营企业	Joint Venture Enterprises			
有限责任公司	Limited Liability Corporations	4389	13393	44150
股份有限公司	Joint Stock Corporations	291	64	2006
私营企业	Private Enterprises	2832	1614	14178
其他企业	Others	187		1227
港、澳、台商投资企业	Hongkong Macao and Taiwan Investment Enterprises			
外商投资企业	Foreign Investment Enterprises	13		119
（二）按国民行业分组	Grouped by Sector			
正餐服务	Restaurant	7631	8762	56840
快餐服务	Fast Food	354	6309	11594
饮料及冷饮服务	Beverages and Drinks	20		95
其他餐饮服务	Others	47		295

continued

unit: 10000 yuan

管理费用 Management Expenses	营业利润 Operating Profits	利润总额 Total Profit	应交所得税 Income – tax Payable	应付工资 Wages Payable
140542	**–26253**	**–29462**	**2161**	**120547**
91061	**–31465**	**–32576**	**730**	**63952**
80759	–28181	–27739	730	59490
23656	–8512	–7113	7	18249
1793	103	76	15	567
233	–212	–212		201
37130	–14686	–13208	491	27405
2533	–2141	–1412	17	2254
15152	–3991	–5717	201	10353
263	1258	–153		461
2752	–939	–924		1030
7550	–2345	–3913		3432
76437	–28203	–32038	490	53876
9976	–3719	–1090	171	6651
4649	458	552	69	3426
49481	**5212**	**3114**	**1430**	**56595**
49256	5113	2929	1429	56341
12056	–2334	–2171		4763
171	184	–20		513
22903	4373	3426	624	37018
2648	–1323	–1396	53	1842
10918	3470	2306	596	11649
561	744	785	156	556
225	99	185	1	255
47273	4049	1697	1371	49619
1976	903	1167		6453
3	1			22
229	259	250	60	502

16－7 限额以上批发零售贸易业、星级住宿业和限额以上餐饮业基本情况

Basic Conditions of Wholesale、Retail Trades、Star－ranking Hotels and Catering Services above Designated Size

项 目	Item	法人企业数（个）Number of Corporation Units (unit)		产业活动单位（个）Number of Economic Active Units (unit)		从业人数（人）Number of Person Employed (person)	
		2015	2016	2015	2016	2015	2016
总 计	**Total**	**2080**	**2866**	**2743**	**5688**	**145354**	**180263**
一、批发业	**Wholesale Trade**	**523**	**723**	**737**	**1435**	**33870**	**42664**
内资企业	Domestic Investment Enterprises	519	718	737	1430	33113	42222
国有企业	State－owned Enterprises	53	46	501	237	10985	8612
集体企业	Collective－owned Enterprises		1		1		5
股份合作企业	Stock Cooperative Enterprises						
联营企业	Joint Venture Enterprises						
有限责任公司	Limited Liability Corporations	193	260	74	539	12186	17425
股份有限公司	Joint Stock Corporations	25	35	123	242	2611	3381
私营企业	Private Enterprises	244	375	39	410	7271	12771
其他企业	Others	4	1		1	60	28
港、澳、台商投资企业	Hongkong Macao and Taiwan Investment Enterprises	3	3		3	436	101
外商投资企业	Foreign Investment Enterprises	1	2		2	321	341
二、零售业	**Retail Trade**	**1191**	**1717**	**1594**	**3790**	**82930**	**100253**
内资企业	Domestic Investment Enterprises	1170	1695	1571	3747	79005	96602
国有企业	State－owned Enterprises	7	6	5	10	274	172
集体企业	Collective－owned Enterprises	21	19	3	25	662	605
股份合作企业	Stock Cooperative Enterprises	6	4	6	9	1983	1943
联营企业	Joint Venture Enterprises						
有限责任公司	Limited Liability Corporations	485	628	536	1589	34370	41697
股份有限公司	Joint Stock Corporations	52	69	667	727	14486	18286
私营企业	Private Enterprises	585	958	354	1376	26828	33603
其他企业	Others	14	11		11	402	296
港、澳、台商投资企业	Hongkong Macao and Taiwan Investment Enterprises	9	10	19	29	2002	2175
外商投资企业	Foreign Investment Enterprisesries	12	12	4	14	1923	1476
三、住宿业	**Hotels**	**182**	**201**	**193**	**215**	**17478**	**18782**
内资企业	Domestic Investment Enterprises	177	194	186	207	16489	17656
国有企业	State－owned Enterprises	47	46	49	47	5408	4998
集体企业	Collective－owned Enterprises	3	2	3	2	207	159
股份合作企业	Stock Cooperative Enterprises	1	1	1	1	58	55
联营企业	Joint Venture Enterprises						
有限责任公司	Limited Liability Corporations	66	76	73	81	6329	6594
股份有限公司	Joint Stock Corporations	7	10	7	10	555	543
私营企业	Private Enterprises	49	54	49	61	3740	3316
其他企业	Others	4	5	4	5	192	1991
港、澳、台商投资企业	Hongkong Macao and Taiwan Investment Enterprises	2	3	4	4	351	345
外商投资企业	Foreign Investment Enterprises	3	4	3	4	638	781
四、餐饮业	**Catering Services**	**184**	**225**	**219**	**248**	**11076**	**18564**
内资企业	Domestic Investment Enterprises	182	222	217	245	11026	18484
国有企业	State－owned Enterprises	8	8	8	8	1208	1103
集体企业	Collective－owned Enterprises	5	4	7	5	268	168
股份合作企业	Stock Cooperative Enterprises						
联营企业	Joint Venture Enterprises						
有限责任公司	Limited Liability Corporations	68	80	75	82	5084	11100
股份有限公司	Joint Stock Corporations	11	12	14	14	621	593
私营企业	Private Enterprises	83	113	106	131	3585	5296
其他企业	Others	7	5	7	5	260	224
港、澳、台商投资企业	Hongkong Macao and Taiwan Investment Enterprises						
外商投资企业	Foreign Investment Enterprises	2	3	2	3	50	80

16－8　限额以上餐饮企业主要经营情况

Main Business of Enterprises above Designated Size of Catering and Hotels

单位：万元　　　　unit：10000 yuan

项　　目	Item	法人企业（个） Corporation Units(unit)		产业活动单位（个） Number of Economic Active Units(unit)		营业额 Turnover		餐费收入 Catering Income	
		2015	2016	2015	2016	2015	2016	2015	2016
总　　计	**Total**	**366**	**426**	**412**	**463**	**599606**	**615069**	**367706**	**371083**
一、住宿业	**Hotels**	**182**	**201**	**193**	**215**	**315207**	**319575**	**136392**	**133703**
按国民行业分组	Grouped by Sector								
旅游饭店	Tour Restaurant	141	144	148	155	269249	261396	117423	113366
一般旅馆	Greneral Restaurant	31	46	35	49	31101	42404	10707	14264
其他住宿服务	Other Hotel Services	10	11	10	11	14857	15775	8262	6072
二、餐饮业	**Catering Services**	**184**	**225**	**219**	**248**	**284399**	**295494**	**231314**	**237381**
按国民行业分组	Grouped by Sector								
正餐服务	Restaurant	180	215	213	236	248531	253749	195486	195986
快餐服务	Fast Food	2	5	4	7	33431	38190	33422	37899
饮料及冷饮服务	Beverages and Drinks		1		1		220		220
其他餐饮服务	Others	2	4	2	4	2437	3335	2405	3276

16－9 各地区限额以上批发零售贸易情况（1）
Basic Conditions on Wholesale and Retail Trades above Designated Size by Region（1）

地 区	Region	批发零售贸易业法人企业（个）Wholesale and Retail Trades Corporation Units (unit)		#零售贸易业 Retail Trade		批发零售贸易从业人员（人）Wholesale and Retail Trades Employees (person)		#零售贸易业 Retail Trade	
		2015	2016	2015	2016	2015	2016	2015	2016
全 省	**Total**	**1714**	**2440**	**1191**	**1717**	**116800**	**133884**	**82930**	**95176**
长 春	Changchun	540	1022	332	669	47126	59826	35423	44465
吉 林	Jilin	414	483	284	338	18090	19208	12133	12802
四 平	Siping	171	210	131	163	12529	12949	7087	7527
辽 源	Liaoyuan	64	70	53	59	5049	5548	3998	4483
通 化	Tonghua	189	208	131	143	9279	9297	6285	6079
白 山	Baishan	53	65	48	60	4186	4334	3772	3910
松 原	Songyuan	81	123	62	94	5941	6790	3393	4067
白 城	Baicheng	50	56	31	40	4882	4906	3135	3346
延 边	Yanbian	152	203	119	151	9718	11026	7704	8497

16－10 各地区限额以上批发零售贸易情况（2）（2016年）
Basic Conditions on Wholesale and Retail Trades above Designated Size by Region（2）（2016）

地 区	Region	批发零售贸易业购进总额（万元）Total Purchases (10000 yuan)	批发零售贸易销售总额（万元）Total Sales (10000 yuan)	#批 发 Wholesale	#零 售 Retail Trade	批发零售贸易业库存总额（万元）Inventories (10000 yuan)
全 省	**Total**	**35788735**	**38408063**	**16627170**	**21780893**	**6164697**
长 春	Changchun	16393600	17419614	7608565	9811048	2004288
吉 林	Jilin	6967248	7530711	4284445	3246266	1023097
四 平	Siping	2742056	3099414	793854	2305560	378016
辽 源	Liaoyuan	824785	657981	187213	470768	526103
通 化	Tonghua	2550514	3080814	1206274	1874539	337525
白 山	Baishan	587125	721526	235416	486110	37371
松 原	Songyuan	2564827	2332716	967891	1364825	1167645
白 城	Baicheng	1152069	1295494	484384	811110	287408
延 边	Yanbian	2006514	2269795	859127	1410668	403245

16-11　城乡个体工商户基本情况
Basic Statistics on Urban and Rural Individual Economy

行业	Item	户数（户）Households (subscribers)		从业人数（人）Employees (person)		注册资金（万元）Registered Funds (10000 yuan)	
		2015	2016	2015	2016	2015	2016
合　计	**Total**	**1362270**	**1471874**	**3360967**	**3753317**	**8153930**	**10621677**
按城乡分	**Grouped by Urban and Rural**						
城　镇	Urban	993195	968669	2443131	2578542	4897008	5501113
乡　村	Rural	369075	503205	917836	1174775	3256922	5120564
按行业分	**Grouped by Sector**						
农林牧渔业	Agriculture,Forestry,Animal Husbandry and Fishrey	81919	100067	254521	282597	1607095	2217541
采矿业	Mining	913	906	4268	4178	35753	33413
制造业	Manufacturing	60489	64908	184308	181230	558474	673148
电力、热力、燃气及水的生产和供应业	Prodction and Supply for Electricity、Gas and Water	264	309	832	1001	15147	12670
建筑业	Construction	3535	4448	15399	20733	39219	90441
交通运输、仓储业和邮政业	Transport,Storage and Post	60339	68062	83823	144332	477582	585374
信息传输、计算机服务和软件业	Information Transmission,Compture Service and Software	5105	5177	10527	10596	28487	37240
批发零售业	Wholesale and Retail Trades	786248	819223	1668981	1885700	3482667	4356309
住宿和餐饮业	Hotels and Catering Services	169350	192447	627437	657480	959647	1312483
房地产业	Real Estate	983	1167	2086	2558	4690	8126
租赁和商务服务业	Leasing and Business Services	14098	17635	35026	39244	104290	160381
居民服务和其他服务业	Services to Households and Other Services	141408	163009	389583	443209	621619	856408
卫生、社会保障社会福利业	Health、Solial Security and Social Welfare	7148	8300	16731	20294	60978	87043
文化体育和娱乐业	Culture,Sports and Entertainment	5636	5501	16074	15789	81259	97696
其他行业	Others	25748	20715	51371	44376	77023	93405

16-12 城乡私营企业基本情况

Basic Statistics on Urban and Rural Private Enterprises

行业	Item	户数（户）Household (subscribers)		雇工人数（人）Investors (person)		投资人数（人）Employee (person)		注册资金（万元）Registered Funds (10000 yuan)	
		2015	2016	2015	2016	2015	2016	2015	2016
合计	**Total**	**258267**	**284264**	**1954208**	**1891830**	**488376**	**506377**	**97846970**	**144926693**
按经济类型分	**Crouped by Ownership**								
独资企业	Foreign Funded	29677	23646	189779	136979	29224	23277	1775729	6799310
合伙企业	Partnership Enterprises	1230	1286	7755	8454	6052	7471	2900910	5657337
有限责任公司	Limited Iiability Corporation	225652	257216	1723720	1707051	446044	466634	88643553	126758536
股份有限公司	Joint Stock Corporations	1708	2116	32954	39346	7056	8995	4526778	5711510
按行业分	**Grouped by Sector**								
农林牧渔业	Farming,Forestry,Animal Husbandry and Fishrey	15382	16171	108075	97267	27060	26835	4339531	11007992
采矿业	Mining	1886	1627	29336	25387	3531	3137	1286694	1625744
制造业	Manfacturing	32979	31435	394304	353515	70259	64100	13290194	16976738
电力、势力、燃气及水的生产和供应业	Production and Supply for Elec-tricity、Gas and Water	1629	1862	22439	18751	4062	4258	1312038	2202941
建筑业	Constuction	16390	19352	335172	334663	32589	36000	12673253	18919633
交通运输、仓储业和邮政业	Transport,Storage and Post	9523	10593	63988	62529	17719	17638	2141764	2966293
信息传输、计算机服务和软件业	Information、Transmission Computer Service and Software	9945	11949	46457	49870	16347	19858	1884669	4254902
批发零售业	Wholesale and Retail Trade	94094	102562	486856	477100	165163	165458	17721494	26008734
住宿和餐饮业	Hotels and Catering Services	3696	3840	32224	27467	6258	6727	788137	1022979
房地产业	Real Estate	10018	10547	76340	73493	21461	21203	7905623	8942497
租赁和商务服务业	Leasing and Business Services	32325	38244	165103	168802	61244	69661	20396331	28269870
居民服务和其他服务业	Household Services and Other Services	7878	7947	49526	41358	13777	13357	1012608	1512274
卫生、社会保障社会福利业	Health、Social Security and Social Welfare	551	722	7446	9097	813	1244	374176	694762
文化体育和娱乐业	Culture Sports and Entertainment	1783	2746	10472	12994	3169	4759	482866	1032741
其他行业	Others	20188	24667	126470	139537	44924	52142	12237592	19488593

16－13 各地区限额以上批发零售贸易企业按商品类别分社会消费品零售总额（2016年）

Total Retail Sales of Social Consumer Goods by Category of Enterprises above Designated Size（2016）

单位：万元 unit：(10000 yuan)

地区	Region	社会消费品零售总额 Total Retail Sales of Consumer Goods	食品类 Food	粮油、肉禽蛋 Grain,Oil, Meat,Poultry and Eggs	其他食品类 Other Food	烟、酒、茶、饮料 Tobacco, Liquor,Tea and Beverages	衣着类 Clothing	针、纺织品 Knitwear and Textiles	服装鞋帽类 Clothing, Shoes and Hats	用品类 Articles
全省	**Total**	**25876476**	**4235355**	**1669936**	**1642183**	**923236**	**3959683**	**630320**	**3329363**	**12972687**
长春	Changchun	10577514	1300730	313173	750119	237438	1589180	258716	1330464	6263503
吉林	Jilin	4198668	730797	158743	410914	161140	492460	64668	427791	2125655
四平	Siping	2515207	444364	285506	97064	61794	798083	154908	643175	775223
辽源	Liaoyuan	482084	104704	36569	41665	26470	75214	4906	70309	211481
通化	Tonghua	2914975	503934	150071	146162	207701	492642	82052	410590	1691287
白山	Baishan	645932	107767	16980	27121	63666	67865	8958	58908	235883
松原	Songyuan	1568889	695962	629041	33164	33757	93865	11591	82274	465403
白城	Baicheng	1099509	55587	18350	14537	22700	81277	6240	75036	292521
延边	Yanbian	1868934	291312	61425	121436	108451	269081	38280	230800	909488
长白山管委会	Changbai Mountain Management Committee	4764	199	79		119	16		16	2245

地区	Region	#日用品 Atricles for Daily Use	#生活电器 Household Appliances	#文化体育娱乐 Culture and Sports Articles	#化妆品 Cosmetics	#金银珠宝 Jewelry	#中西药品 Transitional Chinese and Western Medicines	#书报杂志 Newspaper and Magazines	#建筑材料 Construction Material	燃料类 Fuel
全省	**Total**	**844156**	**1764044**	**507463**	**351197**	**712957**	**1145361**	**120745**	**832214**	**4708750**
长春	Changchun	363383	786703	203915	165824	381483	290046	43260	410041	1424101
吉林	Jilin	90365	212962	56972	41896	126953	137112	28001	173446	849756
四平	Siping	85024	190016	53658	19062	63344	51083	8493	20007	497537
辽源	Liaoyuan	21987	44460	11539	8960	14102	20028	2847	4819	90685
通化	Tonghua	145520	188749	87291	67083	54201	412979	10150	152440	227112
白山	Baishan	13336	51074	13749	10395	11019	29913	4810	4684	234417
松原	Songyuan	22833	67310	13903	18919	6151	27940	5403	18114	313659
白城	Baicheng	13013	70126	4281	8574	18777	36838	12302	21717	670124
延边	Yanbian	88532	151309	62155	10485	36928	139423	5481	26945	399054
长白山管委会	Changbai Mountain Management Committee	164	1336							2305

16－14　按登记注册类型分连锁零售企业基本情况（2016年）

行　业	Item	总店数（个）Nunber of head office	门店总数（个）TotalNumber of Store(unit)
合　计	**Total**	**25**	**1202**
内资企业	Domestic Funded Enterprises	23	1182
国有企业	State-owned Enterprises		
集体企业	Collective-owned Enterprises		
股份合作企业	Cooperative Enterprises	1	211
联营企业	Toint Venture Enterprises		
国有联营企业	State Owned Joint Venture Enterprises		
集体联营企业	Colleetive Owned Joint Venture Entenprises		
国有与集体联营企业	State Owned and Collective Owned Joint Venture Enterprises		
其他联营企业	Others		
有限责任公司	Limilted Liability Corporations	12	571
国有独资公司	State Owned Enterprise		
其他有限责任公司	Other Limited Liability Corporations	12	571
股份有限公司	Share-holding Corporations Limited		
私营企业	Private Enterprise	9	382
私营独资企业	Private-funded Enterprises		
私营合伙企业	Private Partnership Enterprises		
私营有限责任公司	Private Limited Liability Commpany	9	382
私营股份有限公司	Private Share-holding Corporations Ltd		
其他企业	Others	1	18
港、澳、台商投资企业	Hongkong Macao and Taiwan Invested Enterprises	2	20
合资经营企业	Joint Venture Enterprises		
合作经营企业	Cooperative Enterprises		
独资经营企业	Solely Invested Enterprise	2	20
投资股份有限公司	Investment Limited by share Lted		
其他港澳台商投资企业	Other Hongkong Macao and Taiwan Investment Enterpriese		
外商投资企业	Foreign Invested Enterprises		
中外合资经营企业	Joint-ventrue Enterprises		
中外合作经营企业	Cooperative Enterprises		
外资企业	Enterprises with Sole Funds		
外商投资股份有限公司	Companites Limited by Shares with Foreign Investment		
其他外商投资企业	Other Foreign Invested Enterprises		

The Basic Situation of Chain Retail Enterprises by the of Registration（2016）

年末从业人数 (人) Number of Employees end of the year (person)	年末零售营业面积 (万平方米) Retail Sales Area at the end of the year(10000 sq.m)	商品销售额 (亿元) Commodity sales (100 million yuan)	商品购进总额 (亿元) Total Commodity Purchase (100 million yuan)	统一配送商品购进额 (亿元) Unitorm Distribation of Goods prchased(100 million yuan)
10926	**48.33**	**147.53**	**133.51**	**130.93**
10784	48.07	147.17	133.22	130.64
2346	1.70	98.53	91.87	91.87
5133	40.84	36.74	30.70	28.89
5133	40.84	36.74	30.70	28.89
3220	5.32	11.65	10.63	9.87
3220	5.32	11.65	10.63	9.87
85	0.20	0.25	0.01	0.01
142	0.27	0.36	0.29	0.29
142	0.27	0.36	0.29	0.29

16 - 15　按行业和业态分连锁零售企业基本情况（2016年）

行　业	Item	总店数（个）Nunber of Head office	门店总数（个）Total Number of Store(unit)
总计	**Total**	**25**	**1202**
按行业分	Grouped by Sector		
综合零售	Syntnesize Retail Trade	4	112
食品、饮料及烟草制品专门零售	Food Beverage and Tobaccos	2	57
纺织、服装及日用品专门零售	Textiles、Garments、Doily Consumer Aiticles	2	20
文化、体育用品及器材专门零售	Culture,Sports Appciances and Equipments		
医药及医疗器材专门零售	Medicines and Medical Applianles	10	752
汽车、摩托车、燃料及零配件专门零售	Motorvehicles Fueland Parts	1	211
家用电器及电子产品专门零售	Household Electric Appliances and Electronic Products	5	45
五金、家具及室内装饰材料专门零售	Hardware, Furniture and Decoration Matericals		
货摊、无店铺及其他零售业	Stall Govds, Non-shop and Others Retail	1	5
按业态分	According to Business Distribution		
便利店	Convenience Store		
折扣店	Discount Store		
超市	Supermarket	3	110
大型超市	Large Supermarket		
仓储会员店	Warehouse Club		
百货店	Department Stores	1	2
专业店	Specialty Store	16	1008
其中：加油站	Gas Station	1	211
专卖店	Specialty Store	5	82
家具建材商店	Furniture Store		
厂家直销中心	Fectory Direat Selling Center		
其他	Others		

Basic Situation of Retail Enterprises by Industry and Retail Industry（2016 ）

年末从业人数 (人) Number of Employees end of the year (person)	年末零售营业面积 (万平方米) Retail Sales Area at the end of the year(10000 sq.m)	商品销售额 (亿元) Commodity sales (100 million yuan)	商品购进总额 (亿元) Total Commodity Purchase (100 million yuan)	统一配送商品购进额 (亿元) Unitorm Distribation of Goods prchased(100 million yuan)
10926	**48.33**	**147.53**	**133.51**	**130.93**
2226	5.36	15.91	15.04	15.04
571	0.59	4.01	3.30	3.30
142	0.27	0.36	0.29	0.29
4164	30.34	9.51	4.42	3.66
2346	1.70	98.53	91.87	91.87
1434	10.05	18.69	18.13	16.32
43	0.03	0.51	0.46	0.46
2179	5.16	15.89	15.03	15.03
47	0.20	0.01	0.01	0.01
7944	42.09	126.73	114.43	111.84
2346	1.70	98.53	91.87	91.87
756	0.88	4.88	4.05	4.05

16 - 16　亿元以上商品交易市场基本情况（2016年）
More than millions of the Basic Situation of Commodity Trading Market（2016）

行　　业	Item	市场数量(个) Market Quantity(unit)	摊位数(个) Booth Number (unit)	营业面积(万平方米) Business Area (10000 sq.m)	成交额(亿元) Turnover (100 million yuan)
总计	**Total**	**56**	**48860**	**322.32**	**656.07**
一、综合市场	Comprehensive Market	15	16820	82.18	79.04
综合贸易市场	Integrated trade Market	15	16820	82.18	79.04
生产资料综合市场	Production data Synthesis Martet	1	3400	10.00	4.01
工业消费品综合市场	Industrial Consumer Goods Integrated Market	4	6473	22.22	28.73
农产品综合市场	Agricultural Pralucts Integrated Market	4	1300	28.68	26.85
其他综合市场	Other Integrated Markets	6	5647	21.28	19.44
二、专业市场	Professional Market	41	32040	240.14	577.04
生产资料市场	Production data Market	10	4634	59.24	41.20
农业生产用具市场	Agricultural Production Equipment Market				
农用生产资料市场	Agricultural Production data Market	1	60	0.85	2.23
煤炭市场	Coal Market				
木材市场	Timber Market	1	160	22.50	1.34
建材市场	Building Materials Msrket	3	883	10.82	10.93
化工材料及制品市场	Chemical Materials and Products Market				
金属材料市场	Metal Material Market	2	2461	14.10	17.28
机械设备市场	Machinery Market				
其他生产资料市场	Other Production data Markets	3	1070	10.97	9.41
农产品市场	Agricultural Market	10	5499	37.85	128.44
粮油市场	Grain and Oil Market				
肉禽蛋市场	Meat and Poultry Market				
水产品市场	Aquatic Procluct Market	1	1305	12.06	64.82
蔬菜市场	Vegetable Market	3	777	5.68	32.43
干鲜果品市场	Dry Fruit Market	2	142	4.77	10.54
棉麻土畜、烟叶市场	Cotton,Hemp,Tobacco Market				
其他农产品市场	Other Agricultural Market	4	3275	15.34	20.65
食品、饮料及烟酒市场	Food,Beverage and Alcohol Market	1	115	0.13	1.10
食品饮料市场	Food,Beverage Market				
茶叶市场	Tea Market				
烟酒市场	Alcohol Market				
其他食品饮料及烟酒市场	Others Food Bererage and Alcohol Market	1	115	0.13	1.10
纺织、服装、鞋帽市场	Textile,Clothing Shoes and hat Market	9	13951	26.18	51.11
布料及纺织品市场	Textiles Markets				
服装市场	Clothing Market	6	11424	20.28	44.29
鞋帽市场	Shoes and hat Market				
其他纺织服装鞋帽市场	Others Textiles,Clothing,Shoes and hat Market	3	2527	5.90	6.82
日用品及文化用品市场	Commodities and Cultural Goods Martes				
小商品市场	Small Commodity Market				

16－16 续表 continued

行 业	Item	市场数量(个) Market Quantity(unit)	摊位数(个) Booth Number (unit)	营业面积(万平方米) Business Area (10000 sq.m)	成交额(亿元) Turnover (100 million yuan)
箱包市场	Luggage Market				
玩具市场	Toy Market				
文具市场	Stationery Market				
图书、报刊杂志市场	Books、Newspapers and Magazines				
音像制品及电子出版物市场	Market for Audio and Video Products and Electronic Pablications				
体育用品市场	Sports Market				
其他日用品及文化用品市场	Other Commodities and Cultaral Products Market				
黄金、珠宝、玉器等首饰市场	Gold、Jewelry and Jade Jewely Market				
电器、通讯器材、电子设备市场	Electronics, Communication Equipment、Electronic Equipment Market	1	320	0.22	6.28
家电市场	Home Appliance Market				
通讯器材市场	Communication Equipment Market	1	320	0.22	6.28
照相、摄像器材市场	Photography、Camera Market				
计算机及辅助设备市场	Computer and Ancillary Equipment Market				
其他电器、通讯器材、电子设备市场	Other Appliances、Communications Equipment、Electronic Equipment Market				
医药、医疗用品及器材市场	Medicine、Medical Supplies and Equinment	2	2040	4.90	83.50
中药材市场	Chinese Medicine Market	2	2040	4.90	83.50
其他医药、医疗用品及器材市场	Other Medical、Medical Supplies and Equipment Market				
家具、五金及装饰材料市场	Furniture、Hardware and Decorative Material Market	5	3057	46.32	13.28
家具市场	Furniture Market	3	1825	24.70	7.47
装饰材料市场	Decorative Material Market				
灯具市场	Lamps Market				
厨具、盥洗设备市场	Kitchenware、Bathroom Equipment Market				
五金材料市场	Hardware Market	1	850	19.93	4.73
其他装修市场	Other Decorative Markets	1	382	1.69	1.09
汽车、摩托车及零配件市场	Automobile、Motorcycle and Parts Market	3	2424	65.29	252.12
汽车市场	Automobile Market	3	2424	65.29	252.12
摩托车市场	Motorcycle Market				
机动车零配件市场	Auto Parts Market				
花、鸟、鱼、虫市场	The Market of Birds and Fish				
花卉市场	Flower Market				
鸟市场	Birds Market				
观赏鱼市场	Fish Market				
其他花鸟鱼虫市场	Others Birds and Fish Market				
旧货市场	Flea Market				
古玩、古董、字画市场	Antique、Calligraphy and Painting Market				
邮票、硬币市场	Stamp and Coin Market				
其他旧货市场	Others Hea Market				
其他专业市场	Other Professional Market				

16-17 亿元以上商品交易市场摊位分类情况

More than Millions of the Commodity exchange Market Stalls Classitication

行 业	Item	2015		2016	
		摊位数(个)(Unit)	成交额(亿元)(100 million yuan)	摊位数(个)(Unit)	成交额(亿元)(100 million yuan)
总 计	**Total**	**48878**	**668.62**	**48860**	**656.07**
粮油、食品类	Food、Beverage、Tobacco	8271	120.21	8356	142.69
粮油类	Grain and oil	1089	4.75	989	4.50
肉禽蛋类	Poultry and Eggs	1279	5.52	1317	5.90
水产品类	Aquatic Proudcts	1262	41.07	1249	43.46
蔬菜类	Vegetable	2084	47.74	2368	65.30
干鲜果品类	Dry Fresh Truit	804	17.06	834	18.30
饮料类	Eeverage	455	1.37	419	1.38
烟酒类	Tobacco	600	0.98	630	1.00
服装、鞋帽、针纺织品类	Clothing Shoes and Hats、Needle Textiles	15915	60.56	15962	53.85
化妆品类	Cosetics	317	0.77	322	1.02
金银珠宝类	Jewellery	60	1.23	65	2.01
日用品类	Daily Necessities	1495	8.03	1213	5.57
儿童玩具类	Children Toys	115	0.29	156	0.43
五金、电料类	Hardware、Electrical Meterials	2746	13.17	2758	10.64
体育、娱乐用品类	Sports and Entertainment Products	32	0.13	24	0.10
照相器材类	Photographic Equipment	2	0.01		
书报杂志类	Booksand Magazines	33	0.03	30	0.01
电子出版物及音像制品类	Electronic Publications and Aadio-visual Product	278	1.30	269	1.41
家用电器和音像器材类	Household Appliances and Aadio-visual Equipment	461	3.04	391	4.46
中西药品类	Dhamace Uticals	2089	69.93	2148	83.94
西药类	Western Medicine	19	0.11	19	0.11
中草药及中成药类	Chinese herbal Medicines and Proprietary Chinese Medicine	2065	69.40	2125	83.82
文化办公用品类	Office Supply	1016	9.45	450	0.77
计算机及其配套产品	Computer and Its Supportion Products	652	8.78		
家具类	Furniture	1307	12.66	2081	14.25
通讯器材类	Communication Equipment	483	5.74	476	6.03
煤炭及制品类	Coal and Products				
木材及制品类	Wood and Products	437	2.07	462	2.10
石油及制品类	Petroceum and Products				
化工材料及制品类	Chemical Meterials and Products	735	2.01	1016	2.29
化肥类	Chemical Ferfilizer	724	1.46	791	1.56
金属材料类	Metallic Matericals	1688	16.18	1320	14.20
建筑及装潢材料类	Construction and Decoration Meterials	3189	25.16	2518	23.03
机电产品及设备类	Mechanical and Electrical Products and Equipment	391	1.61	447	1.30
农机类	Agricultural Machinery	157	1.00	93	0.55
汽车类	Car	3015	282.49	2738	256.69
种子饲料类	Seed feed	201	0.70	236	0.75
棉麻类	Cotton	203	0.24	203	0.26
其他类	Other	3461	29.58	4326	26.32

CHAPTER ▶ 17

第十七篇

教育、科技和文化事业

EDUCATION， SCIENCE AND TECHNOLOGY AND CULTURE

17－1 历年教育基本情况
Basic Statistics on Education

年 份 Year	在校学生数（万人） Student Enrollment（10000 persons）				专任教师数（人） Number of Full－time Teachers（person）			
	普通高等学校 Regular Institutions of Higher Education	中等学校 Secondary Schools	#普通中学 Regular Secondary Schools	小学 Primary Schools	普通高等学校 Regular Institutions of Higher Education	中等学校 Secondary Schools	#普通中学 Regular Secondary Schools	小学 Primary Schools
1978	3.00	209.10	205.95	342.97	7221	101705	96732	124978
1979	3.57	196.57	192.26	350.41	7931	106588	100814	133875
1980	3.80	189.29	183.14	355.29	8468	103427	96189	133402
1981	4.65	173.87	169.21	349.30	8641	100443	93508	134664
1982	4.14	165.14	156.42	330.98	9670	98244	89129	133796
1983	4.54	156.39	143.60	306.12	10570	95818	84399	129288
1984	5.10	158.24	141.89	300.88	10956	94443	81494	132786
1985	5.95	158.47	138.70	299.81	12443	96294	82201	134515
1986	6.55	154.42	133.77	306.90	13580	97188	82108	137499
1987	6.87	154.49	133.45	299.39	13752	99868	83609	142040
1988	7.29	152.31	129.77	291.02	14707	102334	84897	144864
1989	7.31	141.80	120.18	283.42	14726	102626	85211	147118
1990	7.28	140.41	119.57	276.12	14791	101692	84492	145952
1991	7.25	145.32	124.02	267.24	14664	104064	86460	147729
1992	7.57	152.36	129.80	259.95	14706	104489	86962	146337
1993	8.63	152.95	129.46	257.35	14864	105149	87622	147678
1994	9.52	151.47	126.64	264.19	14956	106326	88238	150242
1995	10.08	155.18	128.74	269.03	15024	107533	88908	152734
1996	10.50	156.82	128.71	274.91	15497	109883	91241	153537
1997	11.02	158.49	129.00	280.07	15610	110514	92019	149396
1998	11.79	158.35	127.89	274.27	15531	110651	92482	151758
1999	13.96	162.14	133.68	260.38	15166	108245	90943	152052
2000	17.53	167.75	143.12	241.59	17476	106110	90007	150291
2001	21.78	169.18	148.81	221.01	18194	103631	88921	145092
2002	26.47	173.36	155.20	202.22	19975	104834	91291	144586
2003	31.95	177.38	157.76	183.31	21824	109079	92338	141363
2004	36.22	180.51	159.96	174.14	25011	110318	93056	140904
2005	40.73	176.43	154.74	162.52	28129	111590	94248	137675
2006	43.51	174.81	149.01	155.60	29918	113603	94619	134450
2007	47.02	170.55	144.68	153.67	31667	113703	94464	131475
2008	50.41	167.32	139.46	150.07	32539	114192	94202	129118
2009	53.10	166.88	133.76	146.11	33239	115160	95614	128301
2010	54.44	159.03	128.84	144.46	33982	114622	94666	124502
2011	56.28	149.63	122.41	143.92	35647	123544	104417	111487
2012	57.89	140.22	116.96	142.37	37022	124482	105467	108035
2013	59.95	129.08	109.79	136.19	38003	124565	106386	103035
2014	61.82	118.87	103.83	126.89	38549	125464	107839	100146
2015	63.27	113.60	100.15	127.98	39152	122988	106636	96841
2016	64.23	113.83	100.81	126.42	39823	122262	107627	95884

17－2 各级各类教育基本情况（2016年）
Basic Statistics on Education by Level and Type（2016）

学校类别	Item	学校数(所) Number of Schools (unit)	教职工数(人) Teachers and Staff (person) 合计 Total	其中：专任教师 Fill－time Teachers	毕业生数（人）Graduates (person)	招生数（人）New Students Enrollment (person)	在校学生数（人）Students Enrollment (person)
一、研究生	Postgraduate	21			17479	19680	59981
科研机构	Scientific Research Insitutions	2			34	74	156
普通高校	Regular Institutions of Higher Education	19			17445	19606	59825
＃地方所属	Local－owned	17			7070	8455	23796
二、高等教育	Higher Education	73	65383	41111	254575	229017	779139
普通高校	Regular Institutions of Higher Education	60	63359	39823	164912	179302	642263
＃地方属	Local－owned	58	49709	33462	150645	164898	584317
成人高等学校	Adult Institutions	13	2024	1288	89663	49715	136876
＃地方属	Local－owned	13	2024	1288	79413	43990	121579
三、高中阶段教育	Senior Secondary Education	518	61710	48690	187906	186492	534065
普通高中教育	Regular Senior Secondary Education	241	42348	34150	138986	139534	404209
中等职业教育	Vocational Secondary Education	277	19362	14540	48920	46958	129856
中等技术学校	Technical Secondary Schools	45	4459	3233	13307	11102	36960
中等师范学校	Teacher Training Schools	1			130	59	146
成人中等专业学校	Specialized Secondary Schools for Adults	75	5528	4374	2012	1615	3685
职业高中	Vocational Senior Secondary Schools	156	9109	6818	23394	23947	66244
其他机构（不计校数）	Others (Regardless of number of school)	23	266	115	4418	2966	9834
附设中职班（不计校数）	Secondary Vocational School(Regardless of number of school)				5659	4708	12987
四、初中阶段教育	Junior Secondary Education	1172	90182	73572	205994	217027	604277
普通初中	Regular Junior Secondary Schools	1167	90073	73477	205870	216901	603900
职业初中	Junior Secondary Vocational Schools	5	109	95	124	126	377
五、小学教育	Pimary Education	4281	112673	95884	219500	204937	1264211
六、特殊教育	Special Education	49	1837	1552	684	1338	7484
七、工读学校	Schools for Juvenile Delingguents	3	110	57	92	66	158
八、幼儿园	Kindergartens	4133	53141	29631	177769	225953	463445

17－3　各级各类成人学校基本情况

单位：人

项　　目	Item	招生数New 2015
一、成人高等学校	**Higher Education Schools for Adults**	**5878**
广播电视大学	Radio and TV Universities	699
职工大学	Schools of Higher Education for Staff and Workers	3003
农民大学	Schools of Higher Education for Peasants	444
管理干部学院	College for Management Cadres	507
教育学院	Pedagogical Colleges	1225
二、成人中等学校	**Secondary Schools for Adults**	**1854**
职工中等专业学校	Specialized Secondary Schools for Staff and Workers	
农民中等专业学校	Specialized Secondary Schools for Peasants	
广播电视和函授中等专业学校	Radio、TV and Corrspondence Specialized Secondary Schools	
三、成人技术培训学校	**Technical Training Schools for Adults**	
四、成人中小学	**Primary Schools for Adults**	
职工中学	The middle School	
农民中学	Secondary Schools for Peasants	
职工小学	The Primary School	
农民小学	Primary School for Peasants	
其中：扫盲班	Literacy Classes	

Student Enrollment in Adult Schools by Level and Type

unit: person

Students Enrollment	在校生数 Students Enrollment		毕业生数 Graduates	
2016	2015	2016	2015	2016
3664	**16621**	**9956**	**9514**	**9916**
172	2639	871	1577	1938
2710	7466	5729	3384	4271
327	1085	771	625	624
282	1284	789	776	777
173	4147	1796	3152	2306
1615	**4134**	**3685**	**3150**	**2012**
	422003	**407550**	**239863**	**224848**
	14083	**9394**	**6496**	**7342**
	290	178		112
	2706	1300	2774	1300
	11087	7916	3722	5930
	9657	7916	2242	5930

17－4 高等学校分学科研究生情况
Basic Statistics on Postgraduates in Institution of Higher Education by Field of Study

单位：人 unit: person

指 标	Item	研究生合计 Total Postgraduates		博士学位 Doctor		硕士学位 Master	
		2015	2016	2015	2016	2015	2016
招生数	**New Students Enrollment**						
总计	**Total**	**19101**	**19680**	**2206**	**2254**	**16895**	**17426**
哲 学	Philosophy	173	167	45	36	128	131
经济学	Economics	847	820	145	134	702	686
法 学	Law	1812	1945	217	257	1595	1688
教育学	Education	1837	1988	68	69	1769	1919
文 学	Literature	1268	1333	109	116	1159	1217
历史学	History	430	391	79	78	351	313
理 学	Science	2390	2491	557	499	1833	1992
工 学	Engineering	4643	4450	510	501	4133	3949
农 学	Agriculture	759	961	85	93	674	868
医 学	Medicine	2439	2506	250	313	2189	2193
军事学	Military	1				1	
管理学	Management	1661	1729	123	141	1538	1588
艺术学	Art	841	899	18	17	823	882
#学术型学位	Academic Degree	11869	11742	2199	2227	9670	9515
#专业学位	Professional Degree	7232	7938	7	27	7225	7911
在校学生数	**Students Enrollment**						
总计	**Total**	**58087**	**59981**	**9786**	**10172**	**48301**	**49809**
哲 学	Philosophy	497	574	167	184	330	390
经济学	Economics	2309	2472	770	790	1539	1682
法 学	Law	5807	6076	1019	1128	4788	4948
教育学	Education	6286	6410	213	204	6073	6206
文 学	Literature	3874	3815	514	556	3360	3259
历史学	History	1376	1389	381	367	995	1022
理 学	Science	7181	7445	1988	2000	5193	5445
工 学	Engineering	14139	14093	2361	2500	11778	11593
农 学	Agriculture	2200	2429	373	390	1827	2039
医 学	Medicine	6810	7462	1275	1295	5535	6167
军事学	Military	6	3			6	3
管理学	Management	5195	5285	671	707	4524	4578
艺术学	Art	2407	2528	54	51	2353	2477
#学术型学位	Academic Degree	38340	38476	9763	10130	28577	28346
#专业学位	Professional Degree	19747	21505	23	42	19724	21463

17－5 高等学校研究生情况
Basic Statistics on Postgraduates in Institutions of Higher Education

单位：人　　　　　　　　　　　　　　　　　　　　　　　　unit：person

指　标	Item	研究生合计 Total Postgraduates		博士学位 Doctor		硕士学位 Master	
		2015	2016	2015	2016	2015	2016
毕业生数	Graduates	18100	17479	1823	1696	16277	15783
招生数	New Student Enrollment	19101	19680	2206	2254	16895	17426
在学研究生数	Number of Postgraduate Enrollment	58087	59981	9786	10172	48301	49809
毕业班学生数	Students in Graduating Class	20569	22326	5406	5719	15163	16607

17－6 幼儿园基本情况
Basic Statistics on Kindergartens

指　标	Item	2014	2015	2016
园数(所）	Number of Kindergartens(unit)	4039	4174	4133
在园幼儿数（万人）	Students Enrollment(10000 person)	46	46	46
教职工数（人）	Teachers and Staff(person)	47445	50183	53141
#专任教师数	Number of Full-time Teachers	27381	28399	29631

17－7 特殊教育基本情况
Basic Statistics on Special Education

指　　标	Item	2014	2015	2016
学校数(所)	Number of Schools(unit)	47	47	49
招生数（人）	New Students Enrollment(person)	765	953	1338
在校学生数（人）	Students Enrollment(person)	5403	6015	7484
毕业生数（人）	Graduates(person)	643	592	684
教职工数（人）	Teachers and Staff(person)	1768	1773	1837
# 专任教师数	Number of Full-time Teachers	1418	1463	1552

17－8 小学净入学率
Net Primary School Enrollment

指　　标	Item	2014	2015	2016
校内外学龄人口数(万人)	Number of School-age Population in and out of School(10000 person)	121.99	123.89	123.44
在校学龄人口数（万人）	School Age Population(10000 person)	121.65	123.62	123.20
净入学率（%）	Net Emollment(%)	99.72	99.78	99.81
#其中：女	Female	99.77	99.79	99.79

17－9 普通高等教育普通本科在校学生数
General Higher Education Undergraduate Students

单位：人　　　　unit: person

项　　目	Item	招生 New Students Enrollment		在校生 Students Enrollment		毕业生 Graduates	
		2015	2016	2015	2016	2015	2016
总计	**Total**	**120284**	**121472**	**471344**	**475665**	**109828**	**113696**
哲学	Philosophy	71	71	266	265	65	64
经济学	Economics	6721	6801	26805	26759	6345	6683
法学	Law	3376	3594	13910	13985	3180	3532
教育学	Education	5028	5341	20004	19935	5165	5181
文学	Literature	11708	11848	47729	46606	12257	12773
#外语	Foreign Language	6834	7011	29036	28046	7652	7765
历史学	History	620	626	2529	2539	570	622
理学	Science	8210	8567	31362	32608	7362	7712
工学	Engineering	40050	39697	152072	154411	36037	35806
农学	Agriculture	3106	2949	11677	11728	2439	2655
医学	Medicine	6878	7414	28240	29628	5711	5621
管理学	Management	18744	19191	75713	75401	18171	19278
艺术学	Art	15772	15373	61037	61800	12526	13769
总计中：师范生	Normal university student	11119	11565	43376	45080	11142	11843

17－10 普通高等教育分科专任教师数（2016年）
Numbers of Full Time Teacher by Field of Study in Regular Higher Educational Institutions (2016)

单位：人　　　　unit: person

项　　目	Item	合计 Total	正高级 Senior Title	副高级 Sub-Senior Title	中级 Middle Title	初级 Junior Title	无职称 No Rank
总计	**Total**	**41111**	**6462**	**13243**	**15669**	**4983**	**754**
#女	Female	22379	2742	7113	8995	3069	460
哲学	Philosophy	1257	203	366	484	195	9
经济学	Economics	2213	380	780	748	281	24
法学	Law	1827	307	551	694	238	37
教育学	Education	3878	397	1247	1526	637	71
#体育	Sports	1868	164	660	798	229	17
文学	Literature	6363	734	1970	2753	748	158
#外语	Foreign Language	3929	399	1173	1892	417	48
历史学	History	406	95	119	169	18	5
理学	Science	4784	1030	1642	1655	396	61
工学	Engineering	10580	1766	3541	3931	1158	184
#计算机	Computer	2284	216	766	1041	237	24
农学	Agriculture	1269	288	410	462	95	14
#林学	Forestry	148	23	41	67	17	
医学	Medicine	2619	548	874	849	267	81
管理学	Management	2679	419	883	1016	304	57
艺术	Art	3236	295	860	1382	646	53

17－11 各级学校生师比
Student–teacher Ratio by Level of School

单位：人　　unit：person

指　　标	Item	2014	2015	2016
普通高校	**Institutions of Higher Education**			
专任教师数	Number of Full–lime Teachers	38549	39152	39823
生师比	Student–faculty Ratios	17.50	17.74	17.05
中等学校	**Secondary School**			
专任教师数	Full–time Number	125464	122988	122262
生师比	Student–faculty Ratios	9.50	10.35	9.31
小学	**Primary School**			
专任教师数	Full–time Number	100146	96841	95884
生师比	Student–faculty Rations	12.70	11.63	11.53

17－12 平均每万人口在校学生数
Student Enrollment per 10000 Population

指　　标	Item	2014	2015	2016
各级学校在校生数占全省人口比重(%)	Students as Percentage of Total Population(%)	13.9	13.8	13.6
平均每万人口中（人）	Per 10000 Population(person)			
高等学校	Institutions of Higher Education	316	317	305
高中阶段	Senior Secondary	222	211	204
初中阶段	Junior Secondary	226	216	220
小　学	Primary Secondary	461	465	459
幼儿园	Kindergartens	168	169	168

17－13 职业技术培训机构情况（2016年）

Vocational Technical Training Institutions（2016）

单位：人　　　　unit：person

项　目	Item	学校数(所) School of Number(unit)	教职工数 Teachers and staff	#专任教师 Number of Full-time teachers	结业学生数 Garduates	注册学生数 Number of Registered students
总　计	**Total**	**2400**	**10518**	**6684**	**224848**	**407550**
职工技术培训学校（机构）	**Staff technical training school(Institution)**	**56**	**1471**	**846**	**21991**	**53398**
教育部门办	Education Department	27	1252	729	11094	11461
其他部门办	other	29	219	117	10897	41937
民办	Private					
农村成人文化技术培训学校（机构）	**Rural Adult Cultural and technical training school(Institution)**	**1154**	**3114**	**1473**	**149047**	**232900**
教育部门办	Education Department	1127	3042	1425	141402	224944
#县办	Country	36	259	233	22591	22731
乡办	Township	174	766	342	53162	126054
村办	Village	917	2017	850	65649	76159
其他部门办	Other	27	72	48	7645	7956
民办	Private					
其他培训机构（含社会培训机构）	**Other training Institutions**	**1190**	**5933**	**4365**	**53810**	**121252**
教育部门办	Education Department	4	124	111	328	1007
其他部门办	Other	80	575	233	4360	4380
民办	Private	1106	5234	4021	49122	115865

17－14 中等职业学校(机构)情况（2016年）

Secondary Vocational school(Institutions)（2016）

单位：个　　　　unit：unit

项　目	Item	总计 Total	教育部门 Education Department	非教育部门 Non Education Department	地方企业 Local Enterprises	民办 Private
中等职业学校	Secondary vocational school	277	172	37	1	67
普通中等专业学校	General secondary vocational school	46	30	12		4
成人中等专业学校	Adult secondary specialized school	75	61	14		
职业高中学校	Vocational high school	156	81	11	1	63
其他中职机构	Other vocational Institutions	23	15	5		3
附设中职班(不计校数)	Secondary Vocational school (Excluding the number of schools)	28	20	2		6

注：中等职业学校未含技工学校数据（相关表同）。
Note: Seoondary Vocational school has not included the data of technical school(related to the same table).

17－15　中等职业学校分学科学生情况（2016年）

Subject Students in Secondary Vocational school（2016）

单位：人　　　　unit：person

项　目	Item	毕业生数 Graduaes	#获得职业资格证书 Obtain professional aualification certificate	招生数 New student Enrollment	在校学生数 Students Enrollment
总　计	**Total**	**48920**	**29499**	**46958**	**129856**
农林牧渔类	Agriculture、Forestry、Animal、Husbandry and Fishery	12505	5458	5324	18742
资源环境类	Resource Environment	146	63	70	473
能源与新能源类	Energy and New Energy	102	68	79	499
土木水利类	Civil Engineering Water Conservancy	2190	1354	1818	4839
加工制造类	Manufacturing	5106	3821	5952	17284
石油化工类	Petroleum Chemical Industry	194	194	122	397
轻纺食品类	Textile Food	48	46	65	197
交通运输类	Transportation	4787	3715	6902	17858
信息技术类	Information Technology	3617	2314	4998	11595
医药卫生类	Medical Science	7349	3304	7217	20375
休闲保健类	Leisure Health	269	265	511	1184
财经商贸类	Finance and Trade	2480	1284	2986	7441
旅游服务类	Tourism Service	1441	852	2183	5767
文化艺术类	Culture and Art	1723	954	1392	3887
体育与健身	Sports and Fitness	444	220	654	1777
教育类	Education	5923	5279	5967	15928
司法服务类	Judicial Service	1	1		
公共管理与服务类	Public Management and Service	568	297	677	1523
其他	Other	27	10	41	90

17－16 科技事业发展情况
Development of Science and Technology

指标	Item	2011年	2012年	2013年	2014年	2015年	2016年
研究与实验发展(R&D)活动	**R&D Activities**						
研究与实验发展折合全时人员（人年）	Full-time Equivalent of R&D Personnel(Year)	44815	49961	44607	49774	49276	48252
研究与实验发展经费支出（万元）	Expenditure on R&D(10000 yuan)	934767	1098010	1182863	1307243	1414089	1396668
研究与实验发展经费支出占地区生产总值比重（%）	R&D Expenditure as GDP Proportion(%)	0.88	0.92	0.91	0.95	1.01	0.95
技术成果	**Technological Achievement and Natioral Awards**						
科技成果总数（项）	Number of Achievements in Science and Technology(Item)	500	606	680	696	816	717
#应用技术成果（项）	Application of Technology Results(Item)	419	480	577	592	639	588
国家奖励	**Natioral awards**						
#国家自然科学奖（项）	State Natural Science Award(Item)	1	2	3	5	3	1
国家技术发明奖（项）	State Technological Invention Award(Item)		1	1	2	1	1
国家科技进步奖（项）	Number of National Scientific and Technological Progress Prizes Awarded(Item)	1	1	2	2	6	2
技术市场成交额（亿元）	**Technical Market(100 million yuan)**	**26.3**	**25.1**	**34.7**	**28.2**	**26.4**	**115.4**
科技服务	**Technology Services**						
气象观测站点(气象台站总数)（个）	Meteorological Observation Site(unit)	56	56	55	55	55	54
地震台站（个）	Seismic Stations(unit)	18	18	37	37	37	37
质量监督	**Quality Supervision**						
产品质量检验机构（个）	Product Quality Inspection Agency(unit)	723	750	807	823	85	859
监督抽查产品（种）	Quality Checks of Products(kind)	28	35	35	30	33	35
监督抽查产品（批次）	Supervision and Checking of Products(batch)	625	755	725	625	668	726
专利	**Patents**						
专利申请受理量（件）	Number of Paterts Application Accepted(piece)	8196	9171	10751	11933	14800	18922
专利申请授权量（件）	Number of Patents Application Granted(piece)	4920	5923	6219	6696	8878	9995

注：2015年产品质量检验机构统计口径有变更，2014年以前为全省口径数据，2015年仅为吉林省质量技术监督局所掌握数据。

Note: The statistical coverage of the reporting system of the quality supervision and inspection department changed in 2015.Data of 2014 and previous years are figures of the whole province.Since 2015,the data are only those surveyed by Administration of quality supervision and inspection of Jilin province.

17－17 全部规模以上工业企业限额以上R&D项目情况

Industrial Enterprises R&D Projects Situation

项　　目	Item	2015 全部科技项目数(项) All the Technology Projects (Item)	2015 参加科技项目人员(人) Project Personnel for S&T (person)	2015 本年度项目经费内部支出(万元) Annual Project Internal Expenditures (10000yuan)	2016 全部科技项目数(项) All the Technology Projects (Item)	2016 参加科技项目人员(人) Project Personnel for S&T (person)	2016 本年度项目经费内部支出(万元) Annual Project Internal Expenditures (10000yuan)
总计	**Total**	**2014**	**26716**	**739894**	**2253**	**23699**	**662511**
一、按项目来源分组	**Grouped by Projects (topic) Source**						
国家科技项目	National Science and Technology Project	34	800	41306	45	742	7560
地方科技项目	Local Technology Projects	117	1374	18584	121	1072	18200
其他企业委托科技项目	Enterprises Entrust Technological Projects	65	824	30565	100	1086	85499
本企业自选科技项目	Optional Projects	1774	23589	647979	1948	20466	546338
来自境外的科技项目	Projects from Foreign Technology	5	18	91	9	38	723
其他科技项目	Other Technology Projects	19	111	1369	30	295	4191
二、按项目合作形式分组	**Grouped by Projects (topic) Cooperating Types**						
与境外机构合作	Cooperation with Foreign Institutions	10	135	7007	33	671	82184
与境内高校合作	Cooperation with Domestic Universities	106	1259	17316	176	2287	26409
与境内独立研究院所合作	Cooperate with Domestic Independent Research Institution	126	1224	49863	148	1872	93140
与境内注册的外商独资企业合作	Cooperate with Domestic Registed Foreign-owned Enterprises	3	29	965	7	61	8953
与境内注册的其他企业合作	Cooperate with Other Domestic Registration Enterprises	45	390	7904	93	784	10686
独立研究	Independently	1692	23298	651450	1774	17766	437194
其他	Others	32	381	5388	22	258	3946
三、按项目活动类型分组	**Grouped by Projects (topic) Activities Types**						
基础研究	Basic Research	4	19	103	5	28	401
应用研究	Applied Research	225	2311	28570	215	1007	17631
试验发展	Experimental Development	1785	24386	711220	2033	22664	644479
四、按项目成果形式分组	**Grouped by Projects Results**						
论文或专著	Papers or Monographs	21	171	5368	113	1595	7783
自主研制的新产品原型或样机、样件、样品、配方、新装置	Independently Developed New Prodact Prototype,Sample,Recjpes,New Device	564	4846	99722	995	10844	426452
自主开发的新技术或新工艺、新工法	Inderperdently Developed of New Technology or New Techniques,New Constrution Method	1336	20287	595326	1029	9965	199107
发明专利	Patents for Inventions	92	1396	38917	109	1129	26570
实用新型专利	Utility Model Patent						
外观设计专利	Design Patent						
带有技术、工艺参数的图纸、技术标准、操作规范	Technology、Drawing of the Prdess Parameters、Technical Standard、practices						
基础软件	Basic Software	1	16	560	7	166	2600
应用软件	Application Software						
其他	Others						
五、按项目技术经济目标分组	**Grouped by Projects Technical and Economic Target**						
科学原理的探索、发现	Scientific Principles of Exploration、Discovery	26	126	1628	7	47	753
技术原理的研究	Technical Principles Research	232	2457	30456	268	1449	26325
开发全新产品	Development of New Products	722	6670	177074	1074	11214	432027
增加产品功能或提高性能	Add Product Features or Improve Performance	833	14570	461948	512	6038	116816
提高劳动生产率	Increase Labor Productivity	42	574	10631	90	1405	31480
减少能源消耗或提高能源使用效率	Reduce Energy Consumption or Improve Energy Efficiency in the use	56	638	26840	105	1377	26780
节约原材料	Conservation of Raw Materials	50	957	18352	30	434	9124
减少环境污染	Reduce Environmental Pollution	25	252	5510	36	396	7282
其他	Others	28	472	7454	131	1339	11925

17－17 续表 continued

项　目	Item	2015 全部科技项目数(项) All the Technology Projects (Item)	2015 参加科技项目人员(人) Project Personnel for S&T (person)	2015 本年度项目经费内部支出(万元) Annual Project Internal Expenditures (10000yuan)	2016 全部科技项目数(项) All the Technology Projects (Item)	2016 参加科技项目人员(人) Project Personnel for S&T (person)	2016 本年度项目经费内部支出(万元) Annual Project Internal Expenditures (10000yuan)
六、企业规模分组	**Group by Size of Enterprises**						
大　型	Large-sized Enterprise	1197	20142	629126	1122	15155	492162
中　型	Mdeium-sized Enterprise	414	3458	50705	480	4256	104355
小　型	Small-sized Enterprise	403	3116	60062	649	4275	65905
微　型	Mini-sized Enterprise				2	13	88
七、隶属关系分组	**Group by Administration**						
中　央	National	834	15064	510455	775	10885	365676
地　方	City	1180	11652	229438	1478	12814	296835
八、登记注册类型分组	**Grouped by Status Registration**						
内资企业	Domestic Enterprises	1726	23802	653385	2002	21266	576580
港、澳、台商投资企业	Enterprises with Funds Hong Kong,Macao and Taiwan	106	1324	40699	31	622	27153
外商投资企业	Foreign Funded Enterprises	182	1590	45809	220	1811	58778
九、按新国民经济行业大类分组	**Grouping by National Economy Industry**						
采矿业	Mining	36	823	10403	37	726	8033
制造业	Manufacturing	1976	25881	729429	2171	21721	651169
电力、热力、燃气及水的生产和供应业	Production and Supply of Electricity，Gas and Water	2	12	62	45	1252	3309
十、企业控股情况分组	**Grouping by Enterprises Share Holding Situation**						
国有控股	State-owned Holding	1009	16861	540319	996	12692	406513
集体控股	Collective Holding	49	763	13719	49	587	11927
私人控股	Private Holding	625	5229	70242	834	6678	115857
港澳台商控股	Hong Kong, Macao and Taiwan Funded Holding	60	523	27384	11	211	20102
外商控股	Foreign Holdings	85	365	14012	101	577	30892
其　他	Others	186	2975	74218	262	2954	77220
十一、按地区分组	**Grouped by Region**						
长　春	Changchun	1213	17984	575796	1276	14473	451396
吉　林	Jilin	282	3423	79390	419	4291	130392
四　平	Siping	97	549	7159	123	631	8439
辽　源	Liaoyuan	84	697	16164	46	605	12883
通　化	Tonghua	192	1900	26687	234	1897	29049
白　山	Baishan	29	236	9413	38	259	9057
松　原	Songyuan	46	903	12570	39	766	9104
白　城	Baicheng	18	208	2643	18	110	3725
延　边	Yanbian	53	816	10071	60	667	8466

17－18　工业企业R&D人员情况（2016年）

项　　目	Item	研究与试验发展(R&D)人员（人）Research and Development (R&D) Personnel(person)
总计	**Total**	**33889**
一、按企业规模分组	**Group by Size of Enterprises**	
大 型	Large-sized Enterprise	24582
中 型	Mdeium-sized Enterprise	4728
小 型	Small-sized Enterprise	4566
微 型	Mini-sized Enterprise	13
二、按隶属关系分组	**Group by Administration**	
中 央	National	19884
地 方	City	14005
三、按登记注册类型分组	**Grouped by Status Registration**	
内资企业	Domestic Funded	31268
港、澳、台商投资企业	Enterprises with Funds Hong Kong,Macao and Taiwan	733
外商投资企业	Foreign Funded Enterprises	1888
四、按新国民经济行业大类分组	**Grouping by National Economy Industry**	
采矿业	Mining	1173
制造业	Manufacturing	31302
电力、热力、燃气及水的生产和供应业	Production and Supply of Electricity，Gas and Water	1414
五、按企业控股情况分组	**Grouping by Enterprises Share Holding Situation**	
国有控股	State-owned Holding	21980
集体控股	Collective Holding	814
私人控股	Private Holding	7094
港澳台商控股	Hong Kong, Macao and Taiwan Funded Holding	292
外商控股	Foreign Holdings	596
其 他	Others	3113
六、按地区分组	**Grouped by Region**	
长 春	Changchun	23560
吉 林	Jilin	4610
四 平	Siping	733
辽 源	Liaoyuan	682
通 化	Tonghua	1961
白 山	Baishan	302
松 原	Songyuan	1219
白 城	Baicheng	112
延 边	Yanbian	710

注：按企业规模分组包含部分规模以下小型工业企业数据（下同）。
Note:Contains some small sized industrial enterprise data.(the same below)

Industrial Enterprises R&D Human Resource Situation（2016）

其中：				其中
#本年度参加项目人员 Personnel Involved in the Project This Year	#科技管理和服务人员 S&T Management and Service Personnel	#女性 Female	#研究人员 Researchers	全时人员 Full-time Personnel
23699	**10190**	**9752**	**15553**	**26471**
15155	9427	6987	12079	19897
4256	472	1388	1763	3297
4275	291	1371	1704	3269
13		6	7	8
10885	8999	5412	10196	16145
12814	1191	4340	5357	10326
21266	10002	9112	14527	24373
622	111	178	228	549
1811	77	462	798	1549
726	447	465	621	691
21721	9581	8890	14279	25466
1252	162	397	653	314
12692	9288	6006	11093	17650
587	227	367	331	618
6678	416	2265	2669	5109
211	81	107	101	177
577	19	108	208	484
2954	159	899	1151	2433
14473	9087	6374	11763	19647
4291	319	1320	1592	3219
631	102	188	220	479
605	77	126	247	439
1897	64	934	643	1274
259	43	86	137	195
766	453	496	645	729
110	2	32	45	83
667	43	196	261	406

17－18 续表

项　　目	Item	非全时人员 Part-time Personnel
总计	**Total**	**7418**
一、按企业规模分组	**Group by Size of Enterprises**	
大　型	Large-sized Enterprise	4685
中　型	Mdeium-sized Enterprise	1431
小　型	Small-sized Enterprise	1297
微　型	Mini-sized Enterprise	5
二、按隶属关系分组	**Group by Administration**	
中　央	National	3739
地　方	City	3679
三、按登记注册类型分组	**Grouped by Status Registration**	
内资企业	Domestic Funded	6895
港、澳、台商投资企业	Enterprises with Funds Hong Kong,Macao and Taiwan	184
外商投资企业	Foreign Funded Enterprises	339
四、按新国民经济行业大类分组	**Grouping by National Economy Industry**	
采矿业	Mining	482
制造业	Manufacturing	5836
电力、热力、燃气及水的生产和供应业	Production and Supply of Electricity，Gas and Water	1100
五、按企业控股情况分组	**Grouping by Enterprises Share Holding Situation**	
国有控股	State-owned Holding	4330
集体控股	Collective Holding	196
私人控股	Private Holding	1985
港澳台商控股	Hong Kong, Macao and Taiwan Funded Holding	115
外商控股	Foreign Holdings	112
其　他	Others	680
六、按地区分组	**Grouped by Region**	
长　春	Changchun	3913
吉　林	Jilin	1391
四　平	Siping	254
辽　源	Liaoyuan	243
通　化	Tonghua	687
白　山	Baishan	107
松　原	Songyuan	490
白　城	Baicheng	29
延　边	Yanbian	304

contiued

R&D人员折合全时当量（人年） Full-time Equivalent of R&D Personnel (person-year)		其中		
	#研究人员 Researchers	基础研究	应用研究人员 Applied Researchers	试验发展人员 Personnel of Experimental Development
26976	**12901**	**12**	**841**	**26123**
21934	10941	11	760	21164
2667	1003		28	2639
2373	955	1	53	2319
1	1		1	1
18812	9687		760	18052
8166	3214	12	81	8072
25297	12224	12	806	24479
284	100		16	268
1395	577		19	1375
1169	619			1169
25184	11993	12	841	24331
624	288			624
19794	10093		766	19029
395	144			395
4020	1563	12	39	3969
150	64		16	134
408	140			408
2210	895		21	2189
20353	10399		731	19622
2967	998		63	2904
343	110		31	311
303	113			303
1163	387		1	1162
134	59	11		123
1168	618	1	4	1163
73	29			73
473	188		11	463

17－19 工业企业R&D经费情况（2016年）

单位：万元

项 目	Item	R&D经费内部支出合计 R&D Internal Expenditures	经常费支出 Ordinary Expenditure
总计	**Total**	**908602**	**834180**
一、按企业规模分组	**Group by Size of Enterprises**		
大 型	Large-sized Enterprise	717170	671879
中 型	Mdeium-sized Enterprise	112918	95163
小 型	Small-sized Enterprise	78337	67064
微 型	Mini-sized Enterprise	178	74
二、按隶属关系分组	**Group by Administration**		
中 央	National	570619	549501
地 方	City	337983	284679
三、按登记注册类型分组	**Grouped by Status Registration**		
内资企业	Domestic Funded	816792	747849
港、澳、台商投资企业	Enterprises with Funds Hong Kong,Macao and Taiwan	28515	28001
外商投资企业	Foreign Funded Enterprises	63296	58330
四、按新国民经济行业大类分组	**Grouping by National Economy Industry**		
采矿业	Mining	39016	37807
制造业	Manufacturing	865778	792564
电力、热力、燃气及水的生产和供应业	Production and Supply of Electricity，Gas and Water	3809	3809
五、按企业控股情况分组	**Grouping by Enterprises Share Holding Situation**		
国有控股	State-owned Holding	621022	591288
集体控股	Collective Holding	18062	10929
私人控股	Private Holding	130015	106038
港澳台商控股	Hong Kong, Macao and Taiwan Funded Holding	20396	20062
外商控股	Foreign Holdings	33207	30606
其 他	Others	85901	75258
六、按地区分组	**Grouped by Region**		
长 春	Changchun	637760	609781
吉 林	Jilin	142954	116481
四 平	Siping	9476	8033
辽 源	Liaoyuan	13864	12846
通 化	Tonghua	38277	26817
白 山	Baishan	11091	9535
松 原	Songyuan	40164	38911
白 城	Baicheng	4818	2584
延 边	Yanbian	10198	9193

Industrial Enterprises R&D Expenditure Situation（2016）

unit: 10000 yuan

	其中			
#人员劳务费	资产性支出 Assets Expenditure	土建工程支出 Civil Works Expenditures	仪器设备支出	政府资金 Government Funds
268891	**74422**	**9150**	**65272**	**21107**
223710	45291	8676	36615	9531
24913	17754	145	17609	4679
20257	11273	329	10944	6892
11	104		104	5
187998	21118	3482	17636	4596
80894	53304	5668	47636	16511
243210	68943	9111	59831	19822
4558	514		514	1124
21124	4966	39	4927	162
25449	1209	33	1175	932
240668	73214	9116	64097	20175
2774				
200802	29735	3524	26211	6009
2655	7132	4991	2142	1841
31656	23978	446	23532	9416
2247	334		334	1080
4745	2601		2601	5
26786	10643	189	10454	2755
201510	27979	3755	24224	7724
24976	26473	215	26258	3622
2347	1444	11	1432	203
1754	1019	9	1010	210
6387	11460	5059	6401	4512
2746	1556	61	1495	1763
25637	1253	33	1220	942
548	2234	6	2228	1272
2986	1005	1	1004	858

单位：万元

17－19 续表

项　　目	Item	其中 企业资金 Enterprise Funds	国外资金 Foreign Funds
总计	**Total**	**884786**	**446**
一、按企业规模分组	**Group by Size of Enterprises**		
大 型	Large-sized Enterprise	707445	
中 型	Mdeium-sized Enterprise	106981	398
小 型	Small-sized Enterprise	70187	48
微 型	Mini-sized Enterprise	173	
二、按隶属关系分组	**Group by Administration**		
中 央	National	565866	31
地 方	City	318920	415
三、按登记注册类型分组	**Grouped by Status Registration**		
内资企业	Domestic Funded	794305	446
港、澳、台商投资企业	Enterprises with Funds Hong Kong,Macao and Taiwan	27347	
外商投资企业	Foreign Funded Enterprises	63134	
四、按新国民经济行业大类分组	**Grouping by National Economy Industry**		
采矿业	Mining	38084	
制造业	Manufacturing	842894	446
电力、热力、燃气及水的生产和供应业	Production and Supply of Electricity, Gas and Water	3809	
五、按企业控股情况分组	**Grouping by Enterprises Share Holding Situation**		
国有控股	State-owned Holding	614820	31
集体控股	Collective Holding	16220	
私人控股	Private Holding	118137	415
港澳台商控股	Hong Kong, Macao and Taiwan Funded Holding	19316	
外商控股	Foreign Holdings	33202	
其 他	Others	83091	
六、按地区分组	**Grouped by Region**		
长 春	Changchun	629605	
吉 林	Jilin	137108	444
四 平	Siping	9273	
辽 源	Liaoyuan	13654	
通 化	Tonghua	33720	1
白 山	Baishan	9327	
松 原	Songyuan	39222	
白 城	Baicheng	3536	
延 边	Yanbian	9340	

contiued

unit: 10000 yuan

其中 其他资金 Others	R&D经费外部支出合计 R&D Exterior Expenditures	#对境内研究机构支出 Expenditure on domestic Research Institutions	#对境内高等学校支出 Expenditure on Domestic Colleges and Universities
2263	**80847**	**27912**	**12914**
194	63326	16671	11440
859	8609	6203	447
1210	8887	5033	1007
	25	5	20
126	51066	10079	9339
2137	29781	17834	3575
2219	75676	25006	12904
44	104	94	10
	5067	2812	0
	1358		1358
2263	77424	27422	10572
	2065	490	985
162	59362	14373	9340
	1733	1420	163
2047	9211	3921	3357
	2556	2023	
54	7985	6175	54
431	63653	18146	8089
1779	4862	2628	902
	760	464	165
	123	60	54
44	5808	4624	135
	2153	347	1799
	1373		1373
10	563	522	39
	1554	1120	359

17－20 工业企业办研究机构情况（2016年）

项　　目	Item	机构数（个） Number of In Stitutions (Unit)	机构人员（人） Agency Personnel (Person)
总计	**Total**	**198**	**18995**
一、按企业规模分组	**Group by Size of Enterprises**		
大　型	Large-sized Enterprise	47	13418
中　型	Mdeium-sized Enterprise	52	3305
小　型	Small-sized Enterprise	99	2272
微　型	Mini-sized Enterprise		
二、按隶属关系分组	**Group by Administration**		
中　央	National	16	9572
地　方	City	182	9423
三、按登记注册类型分组	**Grouped by Status Registration**		
内资企业	Domestic Funded	187	18024
港、澳、台商投资企业	Enterprises with Funds Hong Kong,Macao and Taiwan	8	369
外商投资企业	Foreign Funded Enterprises	3	602
四、按新国民经济行业大类分组	**Grouping by National Economy Industry**		
采矿业	Mining	6	1795
制造业	Manufacturing	191	17180
电力、热力、燃气及水的生产和供应业	Production and Supply of Electricity，Gas and Water	1	20
五、按企业控股情况分组	**Grouping by Enterprises Share Holding Situation**		
国有控股	State-owned Holding	26	10782
集体控股	Collective Holding	13	707
私人控股	Private Holding	115	5055
港澳台商控股	Hong Kong, Macao and Taiwan Funded Holding	6	258
外商控股	Foreign Holdings	1	207
其　他	Others	37	1986
六、按地区分组	**Grouped by Region**		
长　春	Changchun	54	9502
吉　林	Jilin	53	3412
四　平	Siping	15	685
辽　源	Liaoyuan	11	533
通　化	Tonghua	20	1560
白　山	Baishan	14	285
松　原	Songyuan	8	1768
白　城	Baicheng	3	168
延　边	Yanbian	20	1082

The Situation of Research In Stitutions of Industrial Enterprises（2016）

#博士毕业 PHD Graduate	#硕士毕业 Master Graduate	机构内部开展科技活动经费支出(万元) Expenditure of Situation Inner Develop Technology Activities (10000yuan)	#仪器设备原价 Equipment	#进口 Import
428	**3317**	**525230**	**719358**	156743
252	2892	435621	585153	110588
71	208	71289	70807	29878
105	217	18319	63398	16278
197	2342	368376	420187	37384
231	975	156854	299171	119359
413	3183	488131	679324	147732
9	41	16781	4138	10
6	93	20318	35896	9001
16	261	39130	24845	7404
412	3056	485850	691040	149339
		250	3474	
237	2554	372324	511593	97518
3	45	8702	6801	460
137	435	83738	115930	45845
3	39	15373	2802	
	7	4728	21945	
48	237	40365	60288	12921
214	2431	346334	400291	20421
104	338	61899	175573	77480
20	35	5798	7842	287
8	40	32068	33268	28173
39	109	21035	30433	1296
12	36	5785	25429	15933
20	248	39088	24608	7164
1	11	577	5349	120
10	69	12647	16565	5869

17－21　工业企业自主知识产权保护情况（2016年）

项　目	Item	专利申请数（件）Number of Patent Applications(piece)	#发明专利 Invention Patents
总计	**Total**	**2655**	**1176**
一、按企业规模分组	**Group by Size of Enterprises**		
大 型	Large-sized Enterprise	1600	736
中 型	Mdeium-sized Enterprise	443	170
小 型	Small-sized Enterprise	611	269
微 型	Mini-sized Enterprise	1	1
二、按隶属关系分组	**Group by Administration**		
中 央	National	1320	603
地 方	City	1335	573
三、按登记注册类型分组	**Grouped by Status Registration**		
内资企业	Domestic Funded	2446	1112
港、澳、台商投资企业	Enterprises with Funds Hong Kong,Macao and Taiwan	38	15
外商投资企业	Foreign Funded Enterprises	171	49
四、按新国民经济行业大类分组	**Grouping by National Economy Industry**		
采矿业	Mining	26	5
制造业	Manufacturing	2414	1045
电力、热力、燃气及水的生产和供应业	Production and Supply of Electricity， Gas and Water	215	126
五、按企业控股情况分组	**Grouping by Enterprises Share Holding Situation**		
国有控股	State-owned Holding	1468	673
集体控股	Collective Holding	45	14
私人控股	Private Holding	782	355
港澳台商控股	Hong Kong, Macao and Taiwan Funded Holding	23	9
外商控股	Foreign Holdings	78	13
其 他	Others	259	112
六、按地区分组	**Grouped by Region**		
长 春	Changchun	1795	774
吉 林	Jilin	359	165
四 平	Siping	82	33
辽 源	Liaoyuan	81	25
通 化	Tonghua	145	78
白 山	Baishan	30	21
松 原	Songyuan	58	19
白 城	Baicheng	50	21
延 边	Yanbian	55	40

拥有发明专利数（件）Inventive Patents Owned（piece)	#国外授权 Foreign Authorized	专利所有权转让及许可数(项) Patent Right of Ownership Transfer and the License Number(item)	专利所有权转让与许可收入(万元) Patent Right of Ownership Transfer and Licensing Revenue (10000yuan)	发表科技论文(篇) S&T Thesis Issued（piece）	拥有注册商标数(件) Number of Registered Trademarks (pieces)	#境外注册 Overseas Registration	形成国家或行业标准数(项) Formation of National or Industry Standard Digital (item）
3395	**40**	**33**	**0.8**	**1825**	**3914**	**466**	**374**
1728	19	1		1687	2711	429	103
738	5	23	0.8	102	578	36	21
928	16	9		36	625	1	250
1							
1079	6			1277	1537	412	53
2316	34			548	2377	54	321
2957	39	23	0.8	1789	3848	465	312
95	1	9		10	54	1	
343		1		26	12		62
5				306	1		
3253	40	33	0.8	1303	3913	466	373
137				216			1
1487	14			1583	1721	426	57
68				1	90		21
1150	16	15		144	1371	30	222
24	1	8		10	14	1	
194		1		5	1		
472	9	9	0.8	82	717	9	74
1943	17	14	0.8	1044	1721	417	261
595	10	2		171	218	6	38
79		3		9	245		5
115		11		146	149	1	7
321	4	3		136	1288	23	26
57	8			115	19	1	4
28	1			163	8		1
48					10		
209				41	256	18	32

17－22 工业企业新产品开发和经费支出情况

Expenditures for New Product Development and Fanding of Industrial Enterprises

单位：万元 unit: 10000 yuan

项目	Item	2015 新产品开发项目数 Number of New Products Development Pprojects	2015 新产品开发经费支出 Expenditure on New Products Development	2016 新产品开发项目数 Number of New Products Development Pprojects	2016 新产品开发经费支出 Expenditure on New Products Development
总计	**Total**	**2548**	**1167919**	**2470**	**1243953**
一、按企业规模分组	**Group by Size of Enterprises**				
大　型	Large-sized Enterprise	1263	969599	995	1024695
中　型	Mdeium-sized Enterprise	622	122327	616	120198
小　型	Small-sized Enterprise	663	75994	856	98880
微　型	Mini-sized Enterprise			3	181
二、按隶属关系分组	**Group by Administration**				
中　央	National	873	736231	570	843808
地　方	City	1675	431688	1900	400145
三、按登记注册类型分组	**Grouped by Status Registration**				
内资企业	Domestic Funded	2119	1087639	2084	1155217
港、澳、台商投资企业	Enterprises with Funds Hong Kong,Macao and Taiwan	81	13312	46	15254
外商投资企业	Foreign Funded Enterprises	348	66968	340	73481
四、按新国民经济行业大类分组	**Grouping by National Economy Industry**				
采矿业	Mining	3	515	2	6
制造业	Manufacturing	2538	1166989	2467	1243938
电力、热力、燃气及水的生产和供应业	Production and Supply of Electricity，Gas and Water	7	415	1	9
五、按企业控股情况分组	**Grouping by Enterprises Share Holding Situation**				
国有控股	State-owned Holding	1164	888252	862	921785
集体控股	Collective Holding	56	15666	74	28128
私人控股	Private Holding	844	127968	999	146642
港澳台商控股	Hong Kong, Macao and Taiwan Funded Holding	51	3633	9	4402
外商控股	Foreign Holdings	169	28424	163	42870
其　他	Others	264	103977	363	100126
六、按地区分组	**Grouped by Region**				
长　春	Changchun	1549	860482	1331	979073
吉　林	Jilin	340	168069	409	140327
四　平	Siping	111	9827	161	16603
辽　源	Liaoyuan	111	18706	94	22345
通　化	Tonghua	267	74165	300	48566
白　山	Baishan	38	8048	41	6088
松　原	Songyuan	16	3499	3	901
白　城	Baicheng	25	6923	26	8274
延　边	Yanbian	91	18200	105	21776

17－23　工业企业技术获取和技术改造情况

Industrial Enterprises Technology Acquiring and Technology Transforming Situation

单位：万元　　　　unit: 10000 yuan

项　目	Item	2015				2016			
		引进国外技术经费支出 Expenditure for Import Foreign Technology	引进技术的消化吸收经费支出 Expenditure for Absorb and Digest of Introduction Technology	购买国内技术经费支出 Expenditures for Inner Technology	技术改造经费支出 Expenditures for Technical Renovation	引进国外技术经费支出 Expenditure for Import Foreign Technology	引进技术的消化吸收经费支出 Expenditure for Absorb and Digest of Introduction Technology	购买国内技术经费支出 Expenditures for Inner Technology	技术改造经费支出 Expenditures for Technical Renovation
总计	**Total**	**268421**	**6779**	**86504**	**286305**	**51379**	**144743**	**1261**	**414559**
一、按企业规模分组	**Group by Size of Enterprises**								
大　型	Large-sized Enterprise	266262	4457	79666	234903	50833	142114		393412
中　型	Mdeium-sized Enterprise	2112	2261	2175	43467	546	2568	149	12555
小　型	Small-sized Enterprise	47	61	4664	7935		61	1112	8592
微　型	Mini-sized Enterprise								
二、按隶属关系分组	**Group by Administration**								
中　央	National	266262		79643	175458	50286	144498	49	268312
地　方	City	2159	6779	6861	110847	1092	245	1212	146247
三、按登记注册类型分组	**Grouped by Status Registration**								
内资企业	Domestic Funded	266898	6779	86354	277275	51379	144743	1261	410554
港、澳、台商投资企业	Enterprises with Funds Hong Kong, Macao and Taiwan			150	130				
外商投资企业	Foreign Funded Enterprises	1523			8900				4005
四、按新国民经济行业大类分组	**Grouping by National Economy Industry**								
采矿业	Mining	268421	6779	86504	255268				
制造业	Manufacturing				31037	51379	142358	1261	410803
电力、热力、燃气及水的生产和供应业	Production and Supply of Electricity, Gas and Water						2384		3756
五、按企业控股情况分组	**Grouping by Enterprises Share Holding Situation**								
国有控股	State-owned Holding	266721	1405	80125	212180	51379	144603	49	364488
集体控股	Collective Holding				5420				221
私人控股	Private Holding	177	917	6230	42184		86	1112	31667
港澳台商控股	Hong Kong, Macao and Taiwan Funded Holding			150	130				
外商控股	Foreign Holdings	1523							
其　他	Others		4457		26392		54	100	18183
六、按地区分组	**Grouped by Region**								
长　春	Changchun	267833	70	80208	140680	50286	144558	1135	189695
吉　林	Jilin		280	6270	69679	547	25	126	104845
四　平	Siping		156	4	4539				2275
辽　源	Liaoyuan	130	30		1006				13945
通　化	Tonghua		4457	23	50681				102166
白　山	Baishan				6878		54		133
松　原	Songyuan				8				8
白　城	Baicheng	459	1785		9963	545.7	105		1021.3
延　边	Yanbian		1		2871		1		472

17－24 群众文化事业基本情况
Basic Statistics on Mass Culture

指　　标	Item	2014	2015	2016
机构数（个）	**Number of Institutions(unit)**	**974**	**979**	**979**
群众艺术馆	Mass Art Centers	14	14	14
文化馆	Cultural Centers	64	64	64
文化站	Cultural Stations	896	901	901
从业人员数（人）	**Employment(person)**	**4561**	**4534**	**6739**
文化活动情况	**Cultural Activities**			
举办展览（次）	Number of Exhibitions(time)	1565	1781	1658
组织文艺活动（次）	Organization of Artistic Activities(time)	15380	14977	14892
举办训练班（班）	Training Courses(class)	6901	8096	12640

17－25 公共图书馆、博物馆和文物保护单位基本情况
Basic Statistics on Public Libraries、Museums and Cultural Relic Agencies

指　　标	Item	单位 unit	2014	2015	2016
公共图书馆	**Public Libraries**				
单位数	Institutions	个 unit	66	66	66
从业人员数	Number of Empolyed Persons	人 person	1642	1628	1620
藏书	Collections	万册/件 10000volume/pcs	1663	1768	1862
阅览室座席	Seating Capacity of Reading Rooms	千个 1000seats	20	19	21
建筑面积	Floor Space of Public Buildings	千平方米 1000sq.m	247	272	278
# 阅览室	Reading Room	千平方米 1000sq.m	77	81	82
书库	Stack Rooms	千平方米 1000sq.m	45	46	48
借阅人次	Total Number of Circulation	万人次 10000 person-times	318	353	357
借阅册次	Number of Books Borrowed by Reader	万册次 10000 volume-times	612	748	737
博物馆	**Museums**				
单位数	Institutions	个 unit	78	76	77
从业人员数	Number of Empolyed Persons	人 person	1214	1127	1218
文物藏品	Number of Collections	万件 10000pcs	37	42	44
举办展览	Number of Exhibitions	次 time	428	381	352
参观人次	Number of Visitors	千人次 1000 person-times	9594	9491	9428
文物保护单位	**Agencies of Historical Relics Preservation**				
单位数	Institutions	个 unit	52	52	52
从业人员	Number of Person Empolyed	人 person	137	138	164
藏品	Number of Collections	万件 10000pcs	5.0	0.5	0.5

17－26 电影事业基本情况
Basic Statistics on Film

指 标	Item	2014	2015	2016
电影制片厂(个)	Number of Film Studios (unit)	1	1	1
电影发行放映管理机构(个)	Film Administrations(unit)	52	52	52
专业电影放映单位(个)	Film Projection Institutions(unit)	621	661	683
电影院（个）	Cinemas(unit)	88	128	150
农村电影放映队（个）	Rural Film Projection Teams(unit)	533	533	533
电影放映从业人员（人）	Personnel for Film(person)	4300	4500	4800
放映场次合计（千场）	Number of Shows(1000 times)	649.9	781.7	1177
观众人次（千人次）	Number of Spectators(1000 person/times)	17448	21016	22850

17－27 图书出版
Books Published

指 标	Item	种类（种） Number of Publications(kind)			总印数（万册） Total Printed Copies(10000 copies)		
		2014	2015	2016	2014	2015	2016
总计	**Total**	**21565**	**23823**	**26923**	**25500**	**24792**	**23923**
书籍	Books	21564	23823	26923	25497	24792	23923

17－28 期刊出版
Magazines Published

指　　标	Item	种类（种） Number of Publications(kind)			总印数（万册） Total Printed Copies (10000 copies)			总印张（万印张） Printed Sheets (10000 sheets)		
		2014	2015	2016	2014	2015	2016	2014	2015	2016
总计	**Total**	**236**	**239**	**237**	**9490**	**8433**	**7731**	**431489**	**406213**	**36269**
综合	General Books	3	3	3	65	47	36	4335	3169	259
哲学、社会科学	Philosophy and Social Sciences	60	62	62	2063	1799	1597	97108	84438	7416
自然科学、技术	Natural Sciences and Technology	103	103	102	559	516	378	52011	49631	3624
文化、教育	Culture and Education	42	43	43	1408	1269	1174	52501	48315	4508
文学、艺术	Literature and Arts	28	28	27	5395	4801	4546	225534	220660	20461
少年儿童读物	Children Books	8	7	7	288	515	481	11820	21800	2041
画刊	Illustrated Periodical	2	1	1	23	11	11	1251	752	84

17－29 报纸出版
Newspapers Published

指　　标	Item	种类（种） Number of Publications(kind)		总印数（万份） Total Printed Copies (10000 copies)		总印张（千印张） Printed Sheets (1000 sheets)	
		2015	2016	2015	2016	2015	2016
总计	**Total**	**52**	**51**	**81153**	**78857**	**2513952**	**2046263**
综合报	General Newspapers	23	22	35304	32885	1745939	1292595
专业报	Specialized Newspapers	17	17	43555	44067	705420	713257
省级报纸合计	Total Newspapers of Provincial Level	24	24	60515	59559	1891094	1541593
综合报	General Newspapers	4	4	18296	17048	1168404	828046
专业报	Specialized Newspapers	12	12	40505	41025	677652	685532
市级报纸合计	Total Newspapers of Municipal Level	28	27	20638	19298	622858	504670
综合报	General Newspapers	19	18	17008	15837	577535	464549
专业报	Specialized Newspapers	5	5	3050	3042	27768	27726

17－30　工会基本情况
Basic Statistics on Trade Union

指　　标	Item	2014	2015	2016
基层工会组织数（个）	Number of Grassroot Trade Unions (unit)	28189	27429	27767
职工人数（万人）	Staff and Workers(10000 persons)	370	345	344
#女职工人数	Female Workers	127	126	126
会员人数（万人）	Membership(10000 persons)	358	337	336
#女会员人数	Female Members	124	124	124
女职工工作委员会（个）	Female Worker's Committee(unit)	27779	27055	27449
建立工会经费审查组织（个）	Investigating Expenses of Trade Union Organizations(unit)	6264	10102	8995
建立职工代表大会制度的单位（个）	Staff and Worker's Congress Regulation (unit)	22956	22536	23151
实行厂务公开的单位（个）	Opening Service Unit(unit)	22271	22146	21492
建立工会劳动保护监督检查委员会（个）	Labor Protective Supervising and Investigating Committee(unit)	10006	10805	11387
建立工会劳动法律监督组织（个）	Labor Law Supervising Organizations (unit)	4509	5736	6436
建立劳动争议调解委员会的单位（个）	Labor Dispute Mediating Commission (unit)	7395	8607	8226
建有职工技协组织（个）	Organization for Staff and Workers (unit)	2689	1677	1128

CHAPTER ▶ 18

第十八篇

体育、卫生和其他事业

SPORTS，PUBLIC HEALTH AND OTHERS

18－1　体委系统体育工作者
Personnel of Physical Culture and Sports Commissions

单位：人　　　　unit：person

项　目	Item	2014	2015	2016
合计	**Total**	**4467**	**4268**	**4199**
专职教练员	Full-time Coaches	786	810	801
运动员	Athletes	717	675	700
管理干部	Administrative Cadre	1124	834	867
文化教师	Full-time Teachers	342	419	417
科技人员	Scientific and Technical Personnel	49	49	52
医务人员	Medical Personnel	37	32	33
公务员	Civil Servants	547	580	498
公勤人员	Logistics Workers	293	323	311
其他	Others	572	546	520

18－2　运动员获奖情况
Players Awards

单位：枚　　　　（unit）

项　目	Item	获得金牌 Gold			获得银牌 Silver			获得铜牌 Bronze		
		2014	2015	2016	2014	2015	2016	2014	2015	2016
全国比赛	National Competitions	69	61	67	84	75	91	83	79	78
竞技体育在世界大赛中	Sports in the World Series	8	16	15	8	11	4	3	8	8

18－3 裁判员、运动员发展人数

Athletes and Referees in Grades by Type of Sports

单位：人 unit：person

指　　标	Item	2014	2015	2016
等级裁判员合计	**Number of Referees in Grades**	**2214**	**1480**	**225**
一级裁判员	First Grade Referees	843	828	
二级裁判员	Secondary Grade Referees	1356	652	225
等级运动员合计	**Number of Athletes in Grades**	**781**	**904**	**1015**
国际级运动健将	International Master of Sports	9	2	1
发展国家运动健将	National Master of Sports	18	34	57
一级运动员	First Grade Athletes	239	247	244
二级运动员	Second Grade Athletes	515	621	713

18－4　历年卫生事业基本情况

Basic Statistics on Health

年　份 Year	卫生机构数（个） Number of Health Institutions (unit)	#医院、卫生院 Hospitals and Health Centers	卫生机构床位数（万张） Number of Beds in Health Institutions (10000 beds)	#医院、卫生院 Hospitals and Health Centers	卫生技术人员数（万人） Medical Technical Personnel (10000 persons)	执业（助理）医师 Certified (Assistant) Doctors	每万人口 Per10000persons 床位数（张） Number of Beds(bed)	每万人口 Per10000persons 医生数（人） Number of Doctors (person)
1978	3889	1220	6.27	5.80	7.36	3.03	29.2	14.1
1979	4263	1227	6.57	5.97	8.19	3.15	30.1	14.5
1980	4274	1249	6.71	6.06	8.57	3.45	30.4	15.6
1981	4565	1251	6.84	6.17	9.44	3.60	30.7	16.1
1982	4494	1268	7.20	6.49	9.70	3.66	31.9	16.2
1983	4540	1266	7.38	6.61	9.99	3.77	32.5	16.7
1984	4557	1275	7.69	6.83	10.35	3.90	33.6	17.1
1985	4568	1269	7.88	6.97	10.54	3.98	34.3	17.3
1986	4539	1268	8.23	7.30	10.79	4.01	35.5	17.3
1987	4566	1281	8.65	7.61	11.04	4.11	37.0	17.6
1988	4447	1272	8.93	7.82	11.34	4.60	37.9	19.5
1989	4425	1290	9.07	7.95	11.70	4.79	37.8	20.0
1990	4407	1299	9.21	8.06	12.00	5.03	37.8	20.6
1991	4369	1295	9.27	8.14	12.43	5.13	37.7	20.8
1992	4189	1290	9.49	8.40	12.77	5.15	38.3	20.8
1993	4006	1306	9.65	8.58	12.91	5.26	38.7	21.0
1994	3920	1341	9.47	8.45	13.23	5.39	37.7	21.3
1995	3891	1310	9.66	8.41	13.42	5.61	37.9	22.0
1996	3720	1327	9.49	8.41	13.42	5.56	36.8	21.6
1997	3663	1329	9.50	8.44	13.51	5.63	36.5	21.6
1998	3832	1324	9.32	8.33	13.56	5.89	35.8	22.6
1999	3912	1314	9.21	8.27	13.71	6.15	35.2	23.5
2000	3323	1293	8.93	8.05	13.20	5.97	34.0	22.7
2001	7417	1299	9.15	8.25	13.37	6.17	34.7	23.4
2002	2080	1432	8.51	7.97	11.63	4.21	32.1	19.3
2003	7695	1431	8.61	8.18	12.86	4.76	32.4	21.5
2004	8219	1425	8.64	8.11	12.87	5.83	32.5	21.9
2005	8755	1380	8.77	8.21	12.57	5.64	32.3	18.5
2006	9696	1386	9.09	8.55	12.85	5.91	33.4	21.7
2007	9683	1388	9.44	8.92	12.58	5.70	34.6	20.9
2008	9659	1370	9.93	9.35	12.79	5.75	36.3	21.1
2009	9565	1361	10.83	10.07	13.10	5.87	39.6	21.4
2010	9532	1346	11.51	10.65	13.84	6.21	41.9	22.6
2011	8178	1329	12.14	9.54	13.91	5.96	44.2	21.7
2012	19729	1345	12.81	11.87	14.41	6.15	46.6	22.4
2013	19913	1351	13.32	12.41	14.60	6.20	48.4	22.5
2014	19891	1355	14.11	13.20	15.14	6.32	51.3	23.0
2015	20619	1391	14.47	13.54	15.91	6.73	52.6	24.4
2016	20828	1436	15.12	14.23	16.65	6.96	55.3	25.5

18－5　卫生机构、床位、技术人员情况（2016年）

单位：人

项　　目	Item	卫生机构（个）Number of Health Institutions (unit)	卫生机构实有床位（张）Number of Bed in Health Institutions (Bed)	卫生技术人员 Health teachnical Personnel	执业（助理）医师 Certified (Assistant) Doctors	执业医师 Certified Doctors
总　计	**Total**	**20828**	**151155**	**166527**	**69613**	**61230**
一、医 院	Hospital	661	124817	107894	40670	38003
综合医院	General Hospital	374	84977	75534	28363	26657
中医医院	Traditional Chinese Medicine Hospital	84	14721	14665	5831	5378
中西医结合医院	Synthetical Hospital	9	2607	2427	1070	1024
民族医院	National Hospital	3	137	145	60	59
专科医院	Specialized Hospital	188	22115	15024	5325	4869
二、基层医疗卫生机构	Basic Medical Institutions	19588	20876	45558	23429	18410
社区卫生服务中心(站)	Community Health Service Centers(stations)	394	3160	6994	2891	2482
乡镇卫生院	Health Center of Township	774	17429	19031	8349	5805
中心卫生院	Central Health Center	207	7300	7980	3564	2597
乡卫生院	Health Center of Township	567	10129	11051	4785	3208
村卫生室	Village Health Clinic	10172		2000	1802	919
门诊部	Clinics	563	237	3698	2167	1871
三、专业公共卫生机构	Professional Public Health Institutions	429	3164	11697	4992	4403
疾病预防控制中心	Disease Precaution and Control Centre	67		3647	1824	1564
专科疾病防治所(站、中心)	Special Disease Prevention and Cure Hospital	50	413	911	446	379
妇幼保健院(所、站)	Mathernity and Child Health Care Centre	71	2109	4585	2258	2040
卫生监督所(中心)	Health Supervision Stations	41		1248		

注：各项相加不等于总计。
Note: The subentry figures do not add up to the total.

Health Institution、Beds、Teachnical Pevsonnel（2016）

unit：person

注册护士 Registered Nurses	药师（士）Pharmacists（Person）	技师（士）Technicians（Person）	检验师（士）Examiner（Person）	其他 Other	见习医师 Trainee Doctors	其他技术人员 Other Technical Personnel
65736	**7931**	**8411**	**5727**	**14836**	**2333**	**8818**
50288	5239	5568	3605	6129	1647	5688
36218	3324	3853	2535	3776	970	3535
5705	1060	768	451	1301	428	669
967	148	101	63	141	69	141
47	19	9	5	10	1	1
7286	685	832	549	896	179	1332
12638	2294	1454	914	5743	563	1796
2693	471	329	221	610	121	542
5070	1240	931	579	3441	326	1192
2299	534	423	253	1160	141	345
2771	706	508	326	2281	185	847
198						
1150	88	133	86	160	36	60
2443	340	1261	1098	2661	107	1095
321	74	630	601	798	41	337
202	60	96	72	107	11	108
1450	162	347	242	368	52	328
				1248		50

18－6 各地区卫生机构情况（2016年）
Basic Statistics on Health Institutions by Region（2016）

单位：个 （unit）

地 区	Region	卫生机构 Number of Health Institutions	医院 Hospital	卫生院 Health Center	妇幼机构 Maternity and Child Care Centers	疾病控制机构 Disease Control Center
全 省	**Total**	**20828**	**661**	**775**	**71**	**67**
长 春	Changchun	4404	164	133	12	14
吉 林	Jilin	3519	139	97	12	12
四 平	Siping	2098	69	94	7	4
辽 源	Liaoyuan	947	21	42	3	3
通 化	Tonghua	2091	63	90	8	6
白 山	Baishan	1181	39	63	7	6
松 原	Songyuan	2718	49	89	6	6
白 城	Baicheng	1674	42	92	7	6
延 边	Yanbian	2196	75	75	9	10

注：卫生机构包含乡卫生室。
Note: Health Institutions include Township clinic.

18－7 各地区卫生床位、人员情况（2016年）
Beds and Employed Personnel by Region（2016）

单位：张、人 unit：bed，person

地 区	Region	卫生机构实有床位 Health Institutions Beds	医院床位 Hospital Beds	卫生技术人员 Medical Technical Personnel	执业(助理)医师 Certified (Assistants) Physicians	注册护士 Registered Nurses
全 省	**Total**	**151155**	**124817**	**223186**	**69613**	**65736**
长 春	Changchun	48728	43871	68637	21251	20944
吉 林	Jilin	28276	23779	39397	12236	12895
四 平	Siping	16326	12942	25800	6964	6616
辽 源	Liaoyuan	6140	4645	9369	2818	2920
通 化	Tonghua	13463	9823	17285	5935	4754
白 山	Baishan	9677	7232	10814	3566	3344
松 原	Songyuan	8926	7246	18563	5674	4244
白 城	Baicheng	8237	5840	13725	4633	3490
延 边	Yanbian	11382	9439	19596	6536	6529

注：医院床位数为实际营业数。
Note:the number of hospital beds is actual sales.

18－8 各地区医疗卫生机构住院服务情况（2016年）
Medical and Health Institutions in Various Regions of Hospital（2016）

项目	Item	入院人数（万人）Admission Number (10000 Persons)	出院人数（万人）Discharge Number (10000 Persons)	住院病人手术人次（万人次）Number of Patients hospitalized (10000 Persons /time)	死亡率（%）Death Rate (%)	病床工作日（日）Bed working day(day)	每百门急诊入院人数（人）Number of Admission Per hundred out patient and Emergency Department (person)	居民年住院率（%）Residents Annual Hospitalization Rate(%)
全　省	**Total**	**368.71**	**365.72**	**69.90**	**0.97**	**285.73**	**5.60**	**13.49**
长　春	Changchun	135.32	134.40	30.40	0.79	302.18	5.46	4.95
吉　林	Jilin	63.66	63.38	13.30	1.40	285.93	5.57	2.33
四　平	Siping	37.21	36.35	5.63	0.76	272.73	6.54	1.36
辽　源	Liaoyuan	18.23	18.18	2.07	0.77	331.49	7.85	0.67
通　化	Tonghua	27.95	27.62	5.04	0.97	264.99	5.05	1.02
白　山	Baishan	17.81	17.60	2.00	1.04	258.12	8.01	0.65
松　原	Songyuan	25.05	25.08	4.59	0.50	282.56	6.66	0.92
白　城	Baicheng	19.10	18.88	2.50	1.04	267.41	6.70	0.70
延　边	Yanbian	24.38	24.24	4.38	1.62	261.05	3.37	0.89

注：居民年住院率为入院人数除以当地人口数。表中使用的人口数为公安厅统计结果。
Note: Resident' s annual Rate of hospitalization for admission are admission number divided by the number of local population.

18－9 医疗机构运营情况（2016年）
Operation of Medial Institutions（2016）

项目	Item	合计 Total	医院 Hospitals	卫生院 Health centers	门诊部 out-patient Department	妇幼保健院 Mother and Child Health Care Hospital	专科疾病防治院 Specialist Disease Prevention and treatment Institute
门诊服务	**Outpatient Service**						
诊疗人次（万人次）	Person(10000 person/time)	10767.92	5070.80	969.41	173.21	171.74	30.63
#门诊	Outpatient	8955.66	4399.23	925.58	147.32	160.95	30.28
#急诊	Emergency Treatment	597.88	545.30	25.84		3.86	0.20
住院服务	**Admission service**						
入院人数（万人）	Admission Number(10000 person)	368.71	337.43	17.51	0.21	4.60	0.87
住院病人手术人次（万人）	Patient Operation(10000 person)	69.90	68.49			1.29	0.00
每百门急诊的入院人数（人）	Number of Admissions Per hundred outpatient and Emergency Department(person)	5.60	6.82	1.84		2.79	2.87
床位利用	**Bed utilization**						
平均床位周转率（次）	Average Bed turnover Rate(time)	25.52	28.12	10.71		27.39	8.34
平均床位工作日（日）	Average Bed working days(Day)	258.35	285.73	104.70		157.41	250.98
床位使用率(%)	Bed Utilization(%)	70.78	78.28	28.69		43.13	68.76
出院者平均住院日（日）	Average length of hospital stay(day)	9.39	9.58	7.55		5.59	32.30

18－10 残疾人事业基本情况（2016年）
Basic Information of Person with Disabilities（2016）

项　　目	Item	2016
视力残疾康复	**Rehabilitation of Visual Disability**	
盲人白内障复明手术（例）	Cataractsurgery for Blind People(case)	914
低视力者配用助视器（人）	Low-sighted People Use a Visual Aid(person)	2166
盲人定向行走训练（人）	Blind Directed Walking Training (person)	2253
聋儿康复	**Rehabilitation for Deaf Children**	
聋儿康复训练（人）	Rehabilitation Training for the Deaf(person)	195
聋儿入普幼普小（人）	Deaf are in Ordinary Elementary School(person)	75
家长支持性服务（人）	Parent Support Services(person)	101
精神病防治康复	**Mental Rehabilitation**	
孤独症儿童康复训练数（人）	Number of Rehabilitation Training for Autistic Children(person)	588
肢体残疾康复	**Physical Disability Rehabilitation**	
肢体残疾儿童康复训练（人）	Physical Handicapped Child Rehabilitation Training(person)	761
智力残疾康复	**Rehabilitation of Intellectual Disability**	
智力残疾儿童康复训练数（人）	Rehabilitation Traning for Children with Mental Disabilities(person)	728
辅助器具配置	**Accessory Appliance Configuration**	
未入学适龄残疾儿童少年（人）	Unenrolled Children with Disabilities(person)	2071
职业教育与培训机构数（个）	Professional Education and Training In Stitution Number(unit)	149
当年安排在业人数（人）	Number of People Scheduled to be in business (person)	79370
按比例就业（人）	Scale Employment(person)	3639
集中就业（人）	Concentrated Employment(person)	4850
个体就业（人）	Individual Employment(person)	20118
就业（人）	Employment(person)	117066
保健按摩员培训（人）	Health Massager Training (person)	837
医疗按摩员培训（人）	Medical Massager Training(person)	246
本年扶持贫困残疾人（人次）	This Year Supports Poor People with Disabilities(person time)	22440
全省残疾人总数（万人）	Total Number of Disabled Persons in the Province(10000 person)	193
残疾人工作者（人）	Disabled Worker(person)	3042
残疾人来信（件）	Letter from Disablea Persons (piece)	323
个人访（人次）	Personal Visit (person time)	3767
集体访（批次）	Collective Visit (batch)	41
集体访（人次）	Collective Visit (person time)	608

18－11 律师、调解工作基本情况
Basic Statistics on Lawyers and Mediation

项　　目	Item	2014	2015	2016
律师工作	**Lawyers**			
律师机构（处）	Law Offices(unit)	423	447	724
# 律师（人）	# Full-time Lawyers(person)	3694	3951	4432
聘请担任常年法律顾问单位（处）	Number of Units with Permanent Legal Advisors(unit)	3808	3571	3653
民事代理（件）	Agent of Civil Cases(piece)	11482	14868	16179
刑事辩护、代理（件）	Defender of Criminal Cases(piece)	2734	3571	2957
非诉讼法律事务（件）	Agent of Non-litigious Legal Affairs(piece)	431	478	613
解答法律咨询（件）	Agent of Legal Advisory Services(piece)	1241	743	803
代写法律事务文书（件）	Agent of Legal Documents Written on Behalf of Clients(piece)	437	370	378
人民调解工作	**People' s Mediation Work**			
专职司法助理员（人）	Full-time Judical Assistants(person)	1008	1973	2033
人民调解委员会（个）	People' s Mediation Committees(unit)	15382	15295	15021
调解人员（人）	Mediators(person)	74477	71843	67064
调解民间纠纷（件）	Civil Disputes Mediated(piece)	237514	216710	232904

18－12 婚姻登记情况
Basic Statistics on Marriage Registrations and Divorces

项　　目	Item	2014	2015	2016
结婚登记(万对）	Marriage Registration(10000 couple)	25	24	22
#涉外、港澳台、华侨及出国人员结婚登记(对)	Foreign、Hongkong、Macao and Taiwan、overseas chinese and overseas personnel to getmarried(couple)	958	593	756
离婚登记（万对）	Divorce Registration(10000 couple)	11	12	12
#涉外、港澳台、华侨及出国人员离婚登记(对)	Foreign、Hongkong、Macao and Taiwan、overseas chinese and overseas personnel to Divorce(couple)	108	119	107

18－13 公证工作基本情况
Basic Statistics on Notarization

项　　目	Item	2014	2015	2016
公证机构和人员	**Institutions and Personnel**			
公证处（个）	**Nortarial Offices(unit)**	**70**	**70**	**70**
公证人员（人）	**Nortarial Personel(person)**	**610**	**711**	**745**
#公　证　员	# Notaries	368	364	368
助理公证员	Assistant Notaries	242	347	377
办理公证（项目）总计（件）	**Notarized Documents(piece)**	**423196**	**413245**	**497510**
国内公证合计	Domestic Justice Total	225780	245942	314306
涉外公证合计	International Justice Total	186883	165814	181350
涉台、港、澳公证合计	Relate to Taiwan、Hongkong and Macao Notarization Summation	10533	1489	1854
涉台公证合计	Relate to Taiwan Notarization Summation	5259	689	
涉港澳公证合计	Relate to Hongkong and Macao Notarization Summation	5274	800	

18－14 社会救助情况（2016年）
Basic Statistics on Social Assistance（2016）

项　　目	Item	2016
城乡最低生活保障人数（万人）	Urban and Rural Minimum Living Accowance (10000 person)	149.4
其中：城市最低生活保障人数（万人）	The Number of Urban Minimum Living Accowance (10000 person)	67.8
农村最低生活保障人数（万人）	The Number of Rural Minimum Living Accowance (10000 person)	81.6
城乡最低生活保障救助资金（亿元）	Urban and Rural Minimum Living Accowance Relief Fund (100 million)	45.7
特困人员救助供养人数（万人）	The Number of People Who are Trapped in the Resuce (10000 person)	12.4
特困人员救助供养资金（亿元）	The Rescue Fund for the needy (100 million)	5.3
城乡医疗救助人次数（万人次）	The Number of Urban and Rural Medical Assistance People (10000 person pertimes)	220.1
城乡医疗救助资金（亿元）	Urban and Rural Medical Assistance Funds (100 million)	7.0

说明：按照《中央财政困难群众基本生活救助补助资金管理办法》（财社〔2015〕1号）文件规定，城乡低保资金统筹使用。
Note:As"Central Financial Difficulties of the Masses Basic Living Assistance Grant Funds Management Approach""Financial Socilty 2015#1"Document rule,urban and rural minimum auiwance co-ordinate using.

18－15 火灾情况
The Fire Situation

项目	Item	单位 unit	2011	2012	2013	2014	2015	2016
火灾数	Number of Fire	起Case	7587	5657	12489	13237	10760	9813
城市	City	起Case	1966	1944	3860	3288	2666	2858
农村	Rural	起Case	4311	2476	6072	7204	6558	4936
其他	Other	起Case	1310	1237	2557	2745	1516	2019
死亡人数	Number of deaths	人Person	13	3	138	19	13	28
城市	City	人Person	6	2	128	9	5	8
农村	Rural	人Person	7	1	10	8	7	14
其他	Other					2	1	6
受伤人数	Number of Injured	人Person	5	1	85	30	5	6
城市	City	人Person	4		84	12	5	
农村	Rural	人Person	1	1	1	14		3
其他	Other					4		3
损失金额	Amount of Loss	万元10000 Yuan	3720	2725	24355	5418	6584	7570
城市	City	万元10000 Yuan	1027	899	2248	3411	2992	2509
农村	Rural	万元10000 Yuan	1372	636	2144	1836	3153	2981
其他	Other	万元10000 Yuan	1321	1190	19963	171	439	2079

注：结案中含上年旧存（以下各表同）。
Note: Data of cases settled include cases turned over from previous year (The same applies to the tables following).

18－16 交通事故情况
Traffic Accident Situation

项目	Item	单位 unit	2011	2012	2013	2014	2015	2016
交通事故数	**Number of Traffic Accidents**	**起Case**	**3639**	**2817**	**2456**	**2792**	**2801**	**6541**
城市	City	起Case	1835	1309	1131	1392	1429	3105
农村	Rural	起Case	1804	1508	1325	1400	1372	3436
机动车	Motor Vehicle	起Case	3535	2761	2407	2727	2695	6317
汽车	Automobile	起Case	2735	2134	1831	2177	2127	5109
摩托车	Motorcycle	起Case	674	509	490	500	517	1085
拖拉机	Tractor	起Case	33	42	36	25	37	79
其他	Other	起Case	93	76	50	25	14	44
非机动车	Num-motor Vehicles	起Case	76	40	38	57	62	194
# 自行车	Bicycle	起Case	36	19	13	10	21	38
行人、乘车人	Pedestrian,Passenger	起Case	18	11	9	8	13	28
其他	Other	起Case	10	5	1	5	4	2
死亡人数	**Number of deaths**	**人Person**	**1422**	**1388**	**1345**	**1323**	**1308**	**2704**
城市	City	人Person	417	450	422	428	465	773
农村	Rural	人Person	1005	938	923	895	843	1931
受伤人数	**Number of Injured**	**人Person**	**4033**	**2764**	**2310**	**2688**	**2721**	**6645**
城市	City	人Person	1927	1180	1088	1336	1315	2977
农村	Rural	人Person	2106	1584	1222	1352	1406	3668
损失金额	**Amount of Loss**	**万元10000 Yuan**	**5972**	**3117**	**3118**	**3447**	**3207**	**6053**
城市	City	万元10000 Yuan	4057	1503	1585	1628	1191	2643
农村	Rural	万元10000 Yuan	1915	1614	1533	1819	2016	3410

18－17 人民法院审理刑事一审案件收结案情况
First Trial Criminal Cases Accepted and Concluded by Courts

单位：件 (case)

项目	Item	收案 Cases Accepted 2015	2016	结案 Cases Concluded 2015	2016
合计	**Total**	**22098**	**24131**	**22601**	**25386**
危害公共安全罪	Crimes of Endangering Public Security	4880	4740	4983	4961
破坏社会主义市场经济秩序罪	Crimes of Disrupting the Order of the Socialist Market Economy	1127	2244	1155	2309
侵犯公民人身权利民主权利罪	Crimes of Infringing upon Citizens' Right of the Person and Democratic Rights	4059	3562	4203	3800
侵犯财产罪	Crimes of Property Violation	6181	7961	6417	8213
妨害社会管理秩序罪	Crimes of Obstructing Administration of Public Order	4938	4801	5009	5076
危害国防利益罪	Crimes of Impairing the Interests of National Defence	4	14	3	13
贪污贿赂罪	Crimes of Embezzlement and Bribery	743	650	625	848
渎职罪	Crimes of Dereliction of Duty	164	157	203	166
其他	Others	2	2	3	
合计中含自诉案件	Private Prosecution of Total	322	285	283	306

注：结案中含上年旧存（以下各表同）。
Note: Data of cases settled include cases turned over from previous year (The same applies to the tables following).

18－18 人民法院审理婚姻家庭、继承一审案件收结案情况（2016年）
First Trial Civil Cases of Marriages,Family Affairs and Inheritance Accepted and Concluded by Courts（2016）

单位：件 (case)

项目	Item	收案 Cases Accepted	结案 Cases Concluded	调解 Mediation	判决 Judgement	驳回 Reject	撤诉 Withdrawal	其他 Other
合计	**Total**	**32576**	**35231**	**11326**	**12282**	**976**	**10335**	**312**
婚姻家庭	Marriages and Family Affairs	29924	32379	9584	11665	904	9938	288
离婚	Divorce	24147	25916	7503	9208	729	8310	166
赡养纠纷	Support Disputes	883	966	191	394	25	340	16
抚养、扶养关系纠纷	Upbringing and Maintenance Relationship Disputes	1703	1792	1009	380	30	365	8
抚养费纠纷	Upbringing Fee Disputes	237	237	53	143	3	38	
其他	Others	2954	3468	828	1540	117	885	98
继承	Inheritance	2652	2852	1742	617	72	397	24
法定继承	Legal Inheritance	584	651	452	112	8	77	2
遗嘱继承	Testament Inheritance	59	91	44	23	5	18	1
其他	Others	2009	2110	1246	482	59	302	21

18－19　人民法院审理合同纠纷一审案件收结案情况（2016年）
First Trial Cases of Contracts Disputes Accepted and Concluded by Courts（2016）

单位：件　　(case)

项目	Item	收案 Cases Accepted	结案 Cases Concluded	调解 Mediation	判决 Judgement	驳回 Reject	撤诉 Withdrawal	其他 Other
合计	**Total**	**119213**	**131397**	**23683**	**55415**	**10339**	**39692**	**2268**
借款合同	Loan Contracts	51787	56884	12056	24814	4380	15012	622
买卖合同	Trade Contracts	18305	20377	4051	9533	1394	5127	272
电信合同	Telecom Contracts	55	61	9	32		17	3
租赁合同	Lease Contracts	3248	3679	456	1900	251	1029	43
劳动争议	Labour Disputes	6569	7488	1295	3921	624	1250	398
房地产合同	Real Estate Contracts	1340	1598	226	890	122	330	30
供用动力合同	Labor Contracts	1800	1804	117	316	432	933	6
建设工程合同	Construction Contracts	2926	3215	543	1690	223	679	80
农村承包合同	Rural Contracts	693	797	100	436	85	166	10
承揽合同	Contracts for Work	751	844	187	376	57	195	29
担保合同	Contract of Guaranty	1403	1519	985	327	29	168	10
服务合同	Service Contract	12571	13118	636	2233	1258	8747	244
其他	Others	17765	20013	3022	8947	1484	6039	521

18－20　人民法院审理权属、侵权纠纷及其他民事一审案件收结案情况（2016年）
First Trial Cases of Disputes of Right,Infringement of Right and Other Civil Affairs Accepted and Concluded by Courts（2016）

单位：件　　(case)

项目	Item	收案 Cases Accepted	结案 Cases Concluded	调解 Mediation	判决 Judgement	驳回 Reject	撤诉 Withdrawal	其他 Other
合计	**Total**	**37459**	**42775**	**4973**	**22030**	**2826**	**9370**	**3576**
所有权及其相关权利	Ownership and Related Rights	9419	11005	1197	4961	1348	3203	296
特别程序	Special Proceedings	5185	5225	1	2310	106	239	2569
人身权纠纷	Personal Rights Disputes	15621	18211	2765	11170	669	3415	192
特殊侵权纠纷	Disputes of Special In-fringement	1994	2474	221	1378	362	469	44
不当得利	Unjustified Enrichment	1197	1479	93	651	100	382	253
票据、证券、股票纠纷	Disputes of Bills,Securities and Stocks	180	388	1	25		362	
其他	Others	3863	3993	695	1535	241	1300	222

CHAPTER ▶ 19

第十九篇

市(州)和县(市)概况

GENERAL SURVEY OF CITY（STATE）AND COUNTY（CITY）

19－1 城市社会经济基本情况（2016年）

指　标	Item	长春市 Changchun 全市 Total
一、土地面积及水资源	**Land Area and Water Resources**	
行政区域土地面积（平方公里）	Administrative Area Land Area(sq.km)	20594
其中：居住用地面积	Residential land area	191.09
公共管理与公共服务用地面积	The Area of Public Administration and Public Service Land	51.69
工业用地面积	Industrial Land Area	130.89
水资源总量（万立方米）	Total Amount of Water Resources（10000 cu.m）	437700
二、人口与就业（万人）	**Population and Employment(10000 persons)**	
(一)人口	Population	
城镇人口	Urban Population	368.03
从业人员期末人数(城镇)	Final Number of employees (urban)	125.88
第一产业(农、林、牧、渔业)	Primary Industry (Agriculture, Forestry, Animal Husbandry and Fishery)	1.19
第二产业	Secondary Industry	58.92
(1)采矿业	Mining	0.93
(2)制造业	Manufacturing	37.50
(3)电力、热力、燃气及水的生产和供应业	Production and Supply of Power ,Gas and Water	6.02
(4)建筑业	Construction	14.48
第三产业	Tertiary Industry	65.76
(1)批发和零售业	Wholesale and Retail Trades	6.13
(2)交通运输、仓储及邮政业	Transportation, Storage and Post	4.80
(3)住宿和餐饮业	Hotels and Catering Services	1.67
(4)信息传输、软件和信息技术服务业	Information Transmission, Compater Services and Software	3.51
(5)金融业	Financial Intermediation	4.72
(6)房地产业	Real Estate	3.93
(7)租赁和商业服务业	Leasing and Business Services	3.98
(8)科学研究和技术服务业	Scientific Research and Technical Services	4.49
(9)水利、环境和公共设施管理业	Management of Water Conservancy, Environment and Public Facilities	2.84
(10)居民服务、修理和其他服务业	Neighborhood Service Repair and other Services	1.33
(11)教育	Education	12.56
(12)卫生和社会工作	Health and Social Work	6.13
(13)文化、体育和娱乐业	Culture, Sports and Entertainment	1.55
(14)公共管理、社会保障和社会组织	Public Management, Social Security and Social Organizations	8.12
(15)国际组织	International Organization	
城镇私营和个体从业人员(人)	Urban Private and Individual Employees（person）	1553795
城镇登记失业人员数(人)	Urban Registered Unemployed Persons（person）	70263
三、综合经济（万元）	**Comprehensive Economy(10000 yuan)**	
(一）财政（万元）	Finance（10000 Yuan）	
公共财政支出	Public Finance Expenditure	7705743
文化体育与传媒支出	Cultural Sports and Media Expenses	159943
城乡社区事务支出	Urban and Rural Community Affairs	1605332

	吉林市 Jilin		四平市 Siping		辽源市 Liaoyuan	
市区 District	全市 Total	市区 District	全市 Total	市区 District	全市 Total	市区 District
6991	27711	3774	14382	758	5140	432
151.73	104.86	58.58	48.18	23.31	34.12	27.60
47.57	16.49	10.87	7.18	4.30	2.95	1.86
119.58	65.37	55.61	19.26	10.94	13.77	8.81
	880500		260300		148700	
	223.06		119.64		60.17	
113.04	39.03	25.99	19.24	8.26	12.71	9.37
0.42	0.99	0.08	0.79	0.17	0.25	0.02
55.63	17.13	12.78	5.02	2.54	6.95	6.34
0.93	0.96		0.08	0.08	1.91	1.91
35.16	11.50	9.30	2.75	1.61	4.21	3.72
5.61	1.36	0.93	0.75	0.39	0.43	0.35
13.93	3.32	2.56	1.44	0.48	0.41	0.36
56.98	20.90	13.12	13.44	5.55	5.51	3.01
5.53	1.12	0.77	0.67	0.33	0.25	0.14
4.32	1.08	0.70	0.72	0.37	0.30	0.21
1.64	0.22	0.19	0.09	0.05	0.02	0.02
3.38	0.57	0.52	0.50	0.34	0.19	0.16
4.27	1.15	0.86	0.84	0.37	0.48	0.33
3.77	0.79	0.58	0.30	0.19	0.18	0.14
3.89	0.31	0.24	0.07	0.03	0.06	0.06
4.25	0.61	0.45	0.55	0.22	0.15	0.10
2.40	1.34	0.87	0.74	0.38	0.28	0.13
1.30	0.05	0.03	0.06	0.02	0.02	0.01
9.22	5.16	2.76	3.67	1.12	1.32	0.51
5.19	2.95	1.78	2.21	0.93	0.74	0.36
1.42	0.37	0.31	0.28	0.09	0.10	0.06
6.41	5.17	3.07	2.74	1.11	1.42	0.81
	550224	357812	374432	279171	251554	156855
54649	29921	19733	10499	2628	11641	8656
6035680	3802096	2238314	2612708	819930	1105557	583458
144243	67277	49270	33701	6436	14995	8404
1508820	513155	371229	229326	50535	63808	43364

19－1 续表 1

指　　标	Item	长春市 Changchun 全市 Total
交通运输支出	Transportation Expenses	217337
住房保障支出	Housing Security Expenses	265250
(二)金融（万元）	Finance（10000 yuan）	
年末金融机构各项存款余额	The end of the Financial Institutions of the Deposit Balance	110344634
其中：居民储蓄存款余额	Savings Deposits	42180932
年末金融机构各项贷款余额	The end of the Financial Institutions of the Loan Balance	99217577
四、工业	**Industry**	
规模以上工业法人企业	Above scale Industrial Corporation	
（一）企业个数（个）	Industrial Enterprises	1580
(1)内资企业	Domestic Investment Enterprises	1419
其中：国有企业	State-owned Enterprises	14
私营企业	Private Enterprises	759
(2)港、澳、台商投资企业	Investment Hong Kong, Macao and Taiwan	31
(3)外商投资企业	Foreign Investment	131
(二)工业总产值(当年价)（万元）	Industrial Output Value (10000 yuan)	
(1)内资企业	Domestic Investment Enterprises	79304142
其中：国有企业	State-owned Enterprises	40494999
私营企业	Private Enterprises	11867071
(2)港、澳、台商投资企业	Investment Hong Kong, Macao and Taiwan	1782622
(3)外商投资企业	Foreign Investment	10437801
五、交通运输、通讯与能源	**Transport,Post,Telecommunication and Power**	
(一)交通运输	Transport	
公路客运量（全社会）（万人）	Highway Passenger Traffic (Whole Society)(10000 persons)	7113
公路货运量（全社会）（万吨）	Highway Freight Traffic (Whole Socieyt)(10000 tons)	10895
水运客运量（全社会）（万人）	Waterway Passenger Traffic (Whole Society)(10000 persons)	26.50
水运货运量（全社会）（万吨）	Waterway Freight (Whole Society)(10000 tons)	210
民用航空客运量（万人）	Civil Aviation Passenger Traffic(10000 persons)	477.00
民用航空货邮运量（吨）	Civil Aviation Cargo Traffic(ton)	86554
沿海港口货物吞吐量(规模以上)(万吨)	Coastal Port Cargo Throughput (Above Scale)(10000 tons)	
内河港口货物吞吐量(规模以上)(万吨)	Inland Port Cargo Throughput (Above Scale)(10000 tons)	
公路里程（公里）	Highway Mileage(km)	23613
境内高速公路里程（公里）	Domestic Highway Mileage(km)	383
(二)邮电通信	Post and Telecommunications	
年末邮政局(所)数（处）	Post Year-end Number(unit)	205

continued

	吉林市 Jilin		四平市 Siping		辽源市 Liaoyuan	
市区 District	全市 Total	市区 District	全市 Total	市区 District	全市 Total	市区 District
159545	91619	62809	183894	32213	75611	28879
179884	142765	80592	111019	30551	65527	44833
101906399	26784001	19156127	12419438	4586589	4970991	2914666
35624264	17223407	11604473	8898453	3165877	3836571	2141155
90790126	21085152	15032948	10861553	4298349	4051158	2307198
1044	1062	456	599	229	314	158
890	1032	436	580	219	307	153
10	12	8	4	3		
510	719	264	293	52	230	98
29	11	6	13	9	3	2
125	19	14	5	1	4	3
68686294	30442978	18023628	18359963	6520275	14997966	9211148
39896596	728644	647462	48168	37866		
7835060	15195176	6155940	8935948	1975616	10589269	5536146
1692537	937036	772119	928945	344530	340685	323662
10011715	858797	423132	366988	734	198625	140505
	3838		3327		2248	
	5444		8010		2284	
	61.57		11.60			
	15193		10453		4915	
	328		382		151	
85	143	56	110	21	49	7

指 标	Item	长春市 Changchun 全市 Total
邮政业务收入（万元）	Postal Revenue (10000 yuan)	229045
电信业务收入（万元）	Telecom Business Revenue(10000 yuan)	932332
固定电话年末用户数（万户）	Fixed Telepbone end of the year(10000 subscribers)	116
移动电话年末用户数（万户）	Mobile Phone Users of the year(10000 subscribers)	1489
其中：3G移动电话用户	3G Mobile Phone Users	518
互联网宽带接入用户数（万户）	Internet Broadband Access Users(10000 subscribers)	100
(三)能源电力	Energy Power	
规模以上工业能源消费量（万吨标准煤）	Above Scale Industrial Energy Consumption (1000 ton standard coal)	1912
全社会用电量（万千瓦时）	Total Electricity Consumption(million kw.h)	2096500
其中：工业用电	Industrial Electricity	1107400
城乡居民生活用电	Urban and Rural Residents Electricity Consamption	351200
六、贸易、外经与旅游	**Trade, Foreign Economic and Tourism**	
(一)贸易	Trade	
限额以上批发零售贸易业商品销售总额（万元)	Total Sales for Whole Sale and Tetail Trades Above Quota(10000 yuan)	17295738
限额以上批发零售企业数（法人数)(个）	Wholesale and Retail Trades Corporation Units Above Quota(unit)	594
其中：零售业	Retail Trades	364
(二)外经	Foreign Economic	
货物进口额（海关数)（万美元）	Total Imports (Castoms Number)(USD10000)	1224725
货物出口额（海关数）（万美元）	Total Exports (Castoms Number)(USD10000)	191566
外商直接投资合同项目（个）	Direct Foreign Investment(unit)	28
当年实际使用外资额（万美元）	Total Amount of Foreign Capital Actually Used(USD10000)	649792
(三)旅游	Tourism	
入境游客人数（含一日游游客）（人）	Number of International Tourists (One Day Visitors)(persons)	452100
其中：外国人	Forigners	356580
港、澳、台同胞	Compatriots from Hong Kong, Macao and Taiwan	94600
国际旅游（外汇）收入（万美元）	Foreign Exchange Earnings from Tourism(USD10000)	34398
七、固定资产投资	**Fixed Asset Investment**	
(一)固定资产投资	Fixed Asset Investment	
固定资产投资（不含农户）（万元）	Fixed Asset Investment(10000 yuan)	46590403
其中：房地产开发投资	Real Estate Development adn Investment	5966477
全年新增固定资产（万元）	Total New Fixed Investment(10000 yuan)	31634256
(二)房地产	Real Estate	
商品房销售面积（万平方米）	Commercial Housing Sales Area(10000sq.m)	1017.75
其中：住宅	Residence	834.49
其中：别墅、高档公寓	Vila,Apartments	23.74
商品房销售额（万元）	Commercial Sales (10000yuan)	6673697
其中：住宅	Residence	5021673
其中：别墅、高档公寓	Vila,Apartments	307829
待售面积（万平方米）	Pending Sales Area(10000sq.m)	711.51
八、教育、科技、文化与卫生	**Education, Science and Technology, Culture and Health**	

continued

	吉林市 Jilin		四平市 Siping		辽源市 Liaoyuan	
市区 District	全市 Total	市区 District	全市 Total	市区 District	全市 Total	市区 District
	72141		43984		10950	
	281000		173000		68000	
	77		36		23	
	419		286		113	
	219		112		58	
	71		43		17	
	1382		345		250	
1551000	1443885	928324	540895	78188	231477	
808100	1072453	735253	280248	20935	151538	
227000	176308	82390	116118	25018	44397	
16806556	8369922	5195387	3099414	972013	649395	411952
529	483	209	210	58	64	45
337	339	159	163	52	53	41
	32844		4008		13414	
	44840		3362		16454	
24	6					
616126	115403		28516	15596	32455	
	113215		5626		1970	
	69125		5488		1220	
	44090				750	
	4245		161		77	
37354517	28048577	17650330	8841900	2791844	6584642	3566398
5392308	1318258	993350	427912	223057	121525	111111
24093404	22748677	10937648	6200375	1870027	4729067	2356143
908.69	268.1	194.27	84.74	39.02	39.72	35.58
748.22	234.92	169.26	80.91	37.98	33.17	29.08
23.74	0.59	0.59			1.92	1.92
6305872	1215728	968658	313563	164724	165793	153599
4763647	1052048	855684	285636	152255	120181	108114
307829	4455	4455			9740	9740
564.07	202.09	118.65	90.44	48.32	89.66	87.74

指 标	Item	长春市 Changchun 全市 Total
(一)教育	Education	
普通高等学校数（所）	Regular Institutions of Higher Education(unit)	38
普通高等学校专任教师数（人）	The Number of Full-time Teachers in Higher Education(person)	27113
普通高等学校在校学生数（人）	The Number of Student Enrollment in Higher Education(person)	434366
(二)科技	Science and Technology	
专利申请受理量（项）	Number of Patents Application Accepted (Item)	13327
专利申请授权量（项）	Number of Patents Application Granted(Item)	7062
其中：发明	Imention	1982
(三)文化	Culture	
体育场馆数（个）	Stadium Number(unit)	64
剧场、影剧院数（个）	Theater Number(unit)	47
公共图书馆图书总藏量（千册）	Total Storage Quantity of Public Library Books(1000 Volume)	4905.71
订销报刊杂志累计份数（千份）	Total Number of Copies of the Magazine(1000 Volume)	98261.53
广播节目综合人口覆盖率（%）	Radio Program Comprehensive Population Coverage(%)	100.00
电视节目综合人口覆盖率（%）	TV Program Comprehensive Coverage(%)	100.00
有线电视入户率（%）	Cable TV Households(%)	55.86
(四)卫生	Health	
医院、卫生院床位数(张)	Hospital Beds（bed）	47129
医生数（执业医师+执业助理医师）(人)	Doctors (Practicing Doctors + Practicing Assistant Doctors)（person）	21251
九、社会保障	**Social Security**	
城镇职工基本养老保险参保人数（人）	Town Workers Basic Endowment Insurance Insured Number (person)	2112286
城镇居民社会养老保险参保人数（人）	Town Residents Society Endowment Insurance Insured Number (person)	1887402
城镇职工基本医疗保险参保人数（人）	Town Workers Basic Health Care Insurance Insured Number (person)	1615286
城镇居民基本医疗保险参保人数（人）	Town Residats Basic Health Care Insurance Insured Number (person)	2459101
失业保险参保人数（人）	Unemployment Insurance(person)	958664
工伤保险参保人数（人）	Number of Insurance for Work-Related Injury Insurance(person)	1425640
生育保险参保人数（人）	Number of Maternity Insurance(person)	1136810
社会福利院数（个）	Social Welfare Institute(unit)	548
社会福利院床位数（张）	Social Welfare Institute(unit)	41606
社区服务设施数（个）	Community Service Facilities(unit)	437
城市社区综合服务设施覆盖率（%）	Coverage of Urban Community Service Facilities(%)	100
城市居民最低生活保障人数（人）	Urban Residents Minimum Living Security(person)	114528
十、公共管理	**Public Management**	
(一)事故	Accident	
交通事故死亡人数（人）	Traffic Accident Death Toll(person)	820
交通事故损失额（万元）	Traffic Accident Loss(10000 yuan)	3037
火灾事故死亡人数（人）	Death Toll from Fire Accident(person)	4
火灾事故损失额（万元）	Fire Accident Loss(10000 yuan)	2313

continued

市区 District	吉林市 Jilin 全市 Total	吉林市 Jilin 市区 District	四平市 Siping 全市 Total	四平市 Siping 市区 District	辽源市 Liaoyuan 全市 Total	辽源市 Liaoyuan 市区 District
38	8	8	4	4	1	1
27113	5706	5706	2348	2348	327	327
434366	104018	104018	39028	39028	5780	5780
12994	2432	2087	504	337	327	224
6895	1327	1113	264	186	143	101
1979	213	173	42		19	15
62	62	20	9	3	4	2
37	5	4	2	1	2	2
4554.90	2535.13	1861.70	735.49	517.56	426.28	273.01
67265.25	48049.11	24385.00	26267.23	10065.40	10379.00	5793.00
100.00	98.28	100.00	100.00	100.00	96.50	100.00
100.00	96.87	100.00	100.00	100.00	97.00	100.00
67.92	51.46	64.20	51.60	43.87	45.05	48.69
37306	26209	16516	15331	6680	6140	3031
17080	12236	7888	6964	2460	2818	1495
1787227	653708	434960	249262	151180	135471	95813
406841	1046506	257655	599066	69764	339457	33867
1399847	948791	613195	563108	235278	264006	185905
1945270	1420363	840923	791018	249011	347050	234033
803447	427759	309275	194600	114800	72265	43852
1321084	819958	569245	320188	127183	205075	133750
1004269	552598	382741	285131	107126	156211	101793
374	253	161	121	63	151	98
29594	23099	14014	14611	5317	8800	5177
399	279	209	136	81	41	30
100	100	100	100	100	100	100
64803	97373	46540	58222	22007	57691	38760
461	372	166	311	59	87	40
2584	933	180	317	76	43	15
2	6	3	3		1	
930	558	137	342	56	171	31

指　　标	Item	长春市 Changchun 全市 Total
(二)社会治安	Public Security	
刑事案件立案数（起）	Criminal Case Filing Number(unit)	6846
罪犯人数（人）	Crime(person)	7817
其中：青少年人数(年龄14-25周岁)	Number of Teenagers (Age 14-25 years old)	1301
十一、市政公用事业	**Municipal Utility**	
(一)基础设施	Infrastructure	
城市维护建设资金支出（万元）	City Maintenance and Construction Fund(10000 yuan)	
售水量（万吨）	The Sale of Water(10000 tons)	
供气总量(人工煤气、天然气)（万立方米）	Total Gas Supply (Artificial Gas, Natural Gas)(10000 cu.m)	
其中：家庭用量	Family Dosage	
用气人口（万人）	Gas Population(10000 person)	
液化石油气供气总量（吨）	Liquefied Petroleum Gas Supply(ton)	
其中：家庭用量	Family Dosage	
用液化气人口（万人）	Liquefied Gas Population(10000 person)	
(二)公共交通	Public Transportation	
年末实有公共汽(电)车营运车辆数（辆）	The end of the year Number of Bus operatin Vehicles	
全年公共汽(电)车客运总量（万人次）	Total Passenger Traffic(10000 person-times)	
年末实有出租汽车数（辆）	Taxi Nubmer at the end of the Year(coach)	
轨道交通线路长度（公里）	Rail Transit Line Length(km)	
轨道交通客运总量（万人次）	Total Rail Transit Passenger(10000 person-times)	
十二、环境保护	**Environmental Protection**	
工业废气排放量（万立方米）	Industrial Emissions(10000 cu.m)	74822511.69
工业二氧化硫产生量（吨）	Industrial Sulfur Dioxide Production(ton)	116716
工业氮氧化物产生量（吨）	Industrial Nitrogen Oxide(ton)	91083
工业烟（粉）尘产生量（吨）	Industrial Soot Production(ton)	1785257
一般工业固体废物综合利用率（%）	General Industrial Solid Waste Comprehensive Utilization(%)	98.70
污水处理率(%)	Sewage Treatment Rate(%)	92.53
污水处理厂集中处理率(%)	Centralized Treatment Rate of Sewage Treatment Plant(%)	92.52
生活垃圾无害化处理率(%)	Living Garbage Harmless Treatment Rate(%)	91.81
空气质量达到及好于二级的天数(天）	Air Auality to Reach and Better Second Level(day)	291

continued

	吉林市 Jilin		四平市 Siping		辽源市 Liaoyuan	
市区 District	全市 Total	市区 District	全市 Total	市区 District	全市 Total	市区 District
4400	3840	1650	3840	529	974	519
5152	5615	2646	3884	697	1092	611
902	382	151	33	10	46	15
1009625		80000		19463		36000
26512.76		15500.00		3723.65		2196.04
59306		38098		3180		1452
26499		4233		2340		31
328.19		122.99		52.80		14.46
48816		37575		2130		2811
7038		1159		2030		1210
27.93		2.57		10.72		32.15
4342		1355		339		376
67409		26040		5589		4800
15401		5259		2797		1201
64						
8077.8						
	14424010.93		6401793.39		3286247.20	
	135334		49451		21236	
	80168		31850		10417	
	4059825		1079108		947739	
	46.77		93.67		100.00	
	93.28		90.79		89.82	
	92.96		90.79		89.82	
	75.37		41.83		82.55	
	242		295		277	

19－1 续表 5

指　标	Item	通化市 Tonghua 全市 Total
一、土地面积及水资源	**Land Area and Water Resources**	
行政区域土地面积（平方公里）	Administrative Area Land Area(sq.km)	15612
其中：居住用地面积	Residential land area	33.31
公共管理与公共服务用地面积	The Area of Public Administration and Public Service Land	7.28
工业用地面积	Industrial Land Area	8.14
水资源总量（万立方米）	Total Amount of Water Resources（10000 cu.m）	444300
二、人口与就业（万人）	**Population and Employment(10000 persons)**	
(一)人口	Population	
城镇人口	Urban Population	114.3
从业人员期末人数(城镇)	Final Number of employees (urban)	27.46
第一产业(农、林、牧、渔业)	Primary Industry (Agriculture, Forestry, Animal Husbandry and Fishery)	0.43
第二产业	Secondary Industry	14.96
(1)采矿业	Mining	0.61
(2)制造业	Manufacturing	11.32
(3)电力、热力、燃气及水的生产和供应业	Production and Supply of Power ,Gas and Water	0.76
(4)建筑业	Construction	2.27
第三产业	Tertiary Industry	12.07
(1)批发和零售业	Wholesale and Retail Trades	0.76
(2)交通运输、仓储及邮政业	Transportation, Storage and Post	0.61
(3)住宿和餐饮业	Hotels and Catering Services	0.11
(4)信息传输、软件和信息技术服务业	Information Transmission, Compater Services and Software	0.44
(5)金融业	Financial Intermediation	0.98
(6)房地产业	Real Estate	0.55
(7)租赁和商业服务业	Leasing and Business Services	0.26
(8)科学研究和技术服务业	Scientific Research and Technical Services	0.36
(9)水利、环境和公共设施管理业	Management of Water Conservancy, Environment and Public Facilities	0.56
(10)居民服务、修理和其他服务业	Neighborhood Service Repair and other Services	0.18
(11)教育	Education	2.47
(12)卫生和社会工作	Health and Social Work	1.40
(13)文化、体育和娱乐业	Culture, Sports and Entertainment	0.21
(14)公共管理、社会保障和社会组织	Public Management, Social Security and Social Organizations	3.18
(15)国际组织	International Organization	
城镇私营和个体从业人员(人)	Urban Private and Individual Employees（person）	299697
城镇登记失业人员数(人)	Urban Registered Unemployed Persons（person）	6400
三、综合经济（万元）	**Comprehensive Economy(10000 yuan)**	
(一）财政（万元）	Finance（10000 Yuan）	
公共财政支出	Public Finance Expenditure	2588675
文化体育与传媒支出	Cultural Sports and Media Expenses	41355
城乡社区事务支出	Urban and Rural Community Affairs	266772

continued

	白山市 Baishan		松原市 Songyuan		白城市 Baicheng	
市区 District	全市 Total	市区 District	全市 Total	市区 District	全市 Total	市区 District
746	17505	2729	21089	1250	25759	2578
18.03	33.28	20.03	30.76	15.77	42.83	11.84
4.43	4.52	2.48	7.59	3.66	8.69	3.14
6.27	8.50	6.31	10.84	6.80	21.75	11.66
	915500		162300		242200	
	91.42		94.75		85.8	
14.60	17.02	9.20	26.39	11.37	20.73	9.51
0.01	1.90	0.47	2.03	0.07	2.23	0.85
9.91	6.15	4.10	12.13	6.75	4.37	2.02
0.05	2.45	2.28	4.92	4.73	0.04	
8.91	2.19	0.91	4.41	1.15	2.36	1.05
0.38	0.67	0.29	0.85	0.15	0.59	0.19
0.57	0.83	0.62	1.96	0.71	1.38	0.78
4.68	8.97	4.63	12.23	4.56	14.14	6.64
0.29	0.32	0.23	0.74	0.32	0.66	0.39
0.33	0.41	0.28	0.68	0.17	0.52	0.13
0.05	0.08	0.05	0.19	0.05	0.12	0.06
0.27	0.24	0.18	0.30	0.28	0.29	0.17
0.59	0.63	0.43	0.78	0.45	0.91	0.52
0.32	0.17	0.11	0.25	0.10	0.22	0.11
0.10	0.52	0.30	0.10	0.04	0.17	0.08
0.13	0.19	0.11	0.31	0.10	0.57	0.43
0.15	0.30	0.20	0.64	0.29	1.04	0.42
0.13	0.03	0.03	0.20	0.16	0.44	0.42
0.69	1.66	0.68	3.05	0.85	3.25	1.45
0.51	0.89	0.44	1.41	0.42	1.45	0.73
0.11	0.26	0.07	0.20	0.11	0.16	0.07
1.02	3.27	1.52	3.38	1.22	4.33	1.67
98857	158995	83266	462936	225720	212674	86553
1153	12548	7077	13033	5560	12923	4353
833235	1788066	723706	2235018	868912	2224702	716731
13209	22672	7938	26920	7657	42631	8494
81284	210826	52068	134219	77611	202546	84027

指 标	Item	通化市 Tonghua 全市 Total
交通运输支出	Transportation Expenses	67635
住房保障支出	Housing Security Expenses	153929
(二)金融（万元）	Finance（10000 yuan）	
年末金融机构各项存款余额	The end of the Financial Institutions of the Deposit Balance	12794049
其中：居民储蓄存款余额	Savings Deposits	8059296
年末金融机构各项贷款余额	The end of the Financial Institutions of the Loan Balance	6950334
四、工业	**Industry**	
规模以上工业法人企业	Above scale Industrial Corporation	
（一）企业个数（个）	Industrial Enterprises	618
(1)内资企业	Domestic Investment Enterprises	598
其中：国有企业	State-owned Enterprises	4
私营企业	Private Enterprises	259
(2)港、澳、台商投资企业	Investment Hong Kong, Macao and Taiwan	5
(3)外商投资企业	Foreign Investment	15
(二)工业总产值(当年价)（万元）	Industrial Output Value (10000 yuan)	
(1)内资企业	Domestic Investment Enterprises	22537975
其中：国有企业	State-owned Enterprises	33783
私营企业	Private Enterprises	6484814
(2)港、澳、台商投资企业	Investment Hong Kong, Macao and Taiwan	396546
(3)外商投资企业	Foreign Investment	596860
五、交通运输、通讯与能源	**Transport,Post,Telecommunication and Power**	
(一)交通运输	Transport	
公路客运量（全社会）（万人）	Highway Passenger Traffic (Whole Society)(10000 persons)	2508
公路货运量（全社会）（万吨）	Highway Freight Traffic (Whole Socieyt)(10000 tons)	2194
水运客运量（全社会）（万人）	Waterway Passenger Traffic (Whole Society)(10000 persons)	28.61
水运货运量（全社会）（万吨）	Waterway Freight (Whole Society)(10000 tons)	
民用航空客运量（万人）	Civil Aviation Passenger Traffic(10000 persons)	3.70
民用航空货邮运量（吨）	Civil Aviation Cargo Traffic(ton)	235
沿海港口货物吞吐量(规模以上)(万吨)	Coastal Port Cargo Throughput (Above Scale)(10000 tons)	
内河港口货物吞吐量(规模以上)(万吨)	Inland Port Cargo Throughput (Above Scale)(10000 tons)	
公路里程（公里）	Highway Mileage(km)	7496
境内高速公路里程（公里）	Domestic Highway Mileage(km)	392
(二)邮电通信	Post and Telecommunications	
年末邮政局(所)数（处）	Post Year-end Number(unit)	114

continued

	白山市 Baishan		松原市 Songyuan		白城市 Baicheng	
市区 District	全市 Total	市区 District	全市 Total	市区 District	全市 Total	市区 District
25063	79641	34439	210485	71622	102978	18236
45543	98520	36310	91294	43394	153637	61410
4134586	8778019	5257162	11090590	4122878	7371919	3254543
2436769	4475110	2287753	6552275	2677160	4210004	1782812
2665277	4170307	2620093	9315759	2272928	7064323	2388603
139	368	132	620	169	335	104
135	350	128	610	164	317	97
2	1		5	2		
19	131	27	278	42	108	27
1	6	1	5	1	6	3
3	11	3	5	4	12	4
10619797	13477000	6295500	21015631	5807051	6422825	1375924
10247	34500		148342	38983		
417176	5183700	1536800	8513052	1477441	2201190	351004
129815	377300	91700	97051	2163	69919	30000
22855	509600	129600	254993	232509	883357	705411
	1754		2839		1489	
	1061		6123		1522	
	8.15		17.00		0.41	
			95.81		33.12	
	26.81					
	1916					
	6851		12915		11141	
	264		366		334	
19	62	9	96	38	87	20

指　　标	Item	通化市 Tonghua 全市 Total
邮政业务收入（万元）	Postal Revenue (10000 yuan)	40758
电信业务收入（万元）	Telecom Business Revenue(10000 yuan)	128000
固定电话年末用户数（万户）	Fixed Telepbone end of the year(10000 subscribers)	49
移动电话年末用户数（万户）	Mobile Phone Users of the year(10000 subscribers)	188
其中：3G移动电话用户	3G Mobile Phone Users	99
互联网宽带接入用户数（万户）	Internet Broadband Access Users(10000 subscribers)	32
(三)能源电力	Energy Power	
规模以上工业能源消费量（万吨标准煤）	Above Scale Industrial Energy Consumption (1000 ton standard coal)	751
全社会用电量（万千瓦时）	Total Electricity Consumption(million kw.h)	463871
其中：工业用电	Industrial Electricity	297653
城乡居民生活用电	Urban and Rural Residents Electricity Consamption	86897
六、贸易、外经与旅游	**Trade, Foreign Economic and Tourism**	
(一)贸易	Trade	
限额以上批发零售贸易业商品销售总额（万元)	Total Sales for Whole Sale and Tetail Trades Above Quota(10000 yuan)	3121810
限额以上批发零售企业数（法人数)(个）	Wholesale and Retail Trades Corporation Units Above Quota(unit)	189
其中：零售业	Retail Trades	131
(二)外经	Foreign Economic	
货物进口额（海关数)（万美元）	Total Imports (Castoms Number)(USD10000)	27141
货物出口额（海关数）（万美元）	Total Exports (Castoms Number)(USD10000)	18075
外商直接投资合同项目（个）	Direct Foreign Investment(unit)	4
当年实际使用外资额（万美元）	Total Amount of Foreign Capital Actually Used(USD10000)	46939
(三)旅游	Tourism	
入境游客人数（含一日游游客）（人）	Number of International Tourists (One Day Visitors)(persons)	240812
其中：外国人	Forigners	238454
港、澳、台同胞	Compatriots from Hong Kong, Macao and Taiwan	2358
国际旅游（外汇）收入（万美元）	Foreign Exchange Earnings from Tourism(USD10000)	5275
七、固定资产投资	**Fixed Asset Investment**	
(一)固定资产投资	Fixed Asset Investment	
固定资产投资（不含农户）（万元）	Fixed Asset Investment(10000 yuan)	10657295
其中：房地产开发投资	Real Estate Development adn Investment	639013
全年新增固定资产（万元）	Total New Fixed Investment(10000 yuan)	5559752
(二)房地产	Real Estate	
商品房销售面积（万平方米）	Commercial Housing Sales Area(10000sq.m)	188.59
其中：住宅	Residence	164.46
其中：别墅、高档公寓	Vila,Apartments	0.06
商品房销售额（万元）	Commercial Sales (10000yuan)	715303
其中：住宅	Residence	592217
其中：别墅、高档公寓	Vila,Apartments	282
待售面积（万平方米）	Pending Sales Area(10000sq.m)	190.13
八、教育、科技、文化与卫生	**Education, Science and Technology, Culture and Health**	

continued

	白山市 Baishan		松原市 Songyuan		白城市 Baicheng	
市区 District	全市 Total	市区 District	全市 Total	市区 District	全市 Total	市区 District
	27281		28400		22887	
	76000		141038		110000	
	35		36		31	
	112		328		178	
	76		143		77	
	20		34		25	
	307		698		357	
	327729	197500	507128	329123	455010	
	213315	144700	298009	236606	267328	
	60739	28653	91072	33087	84399	
1204067	721526	479732	2493429	809131	1295494	1021892
71	65	29	94	32	56	18
55	60	26	72	25	40	16
	13584		2079		4247	
	18545		16545		8928	
	1		4	2	4	2
	29860	10165	38557	17978	17512	2769
	50027		25600		15180	
	40538		12605		7791	
	9489		12995		7389	
	2228		1309		481	
2110981	6627200	2824109	14157342	4401638	7290400	1601118
112437	135986	83984	352662	104462	241223	211060
1160928	5301161	2397610	12862429	3938044	4796515	793565
69.34	63.22	18.74	38.98	20.08	24.22	17.88
65.15	50.45	17.04	35.84	18.02	22.07	16.48
	1.77		0.15	0.15	0.96	0.96
291293	173635	49217	158758	91003	96720	81499
260082	118742	41128	139756	80584	86461	72149
	3005		916	916	7692	7692
104.15	99.1	72.89	102.28	57.49	18.86	17.24

19－1 续表 9

指　　标	Item	通化市 Tonghua 全市 Total
(一)教育	Education	
普通高等学校数（所）	Regular Institutions of Higher Education(unit)	1
普通高等学校专任教师数（人）	The Number of Full-time Teachers in Higher Education(person)	829
普通高等学校在校学生数（人）	The Number of Student Enrollment in Higher Education(person)	12858
(二)科技	Science and Technology	
专利申请受理量（项）	Number of Patents Application Accepted (Item)	485
专利申请授权量（项）	Number of Patents Application Granted(Item)	205
其中：发明	Imention	54
(三)文化	Culture	
体育场馆数（个）	Stadium Number(unit)	9
剧场、影剧院数（个）	Theater Number(unit)	3
公共图书馆图书总藏量（千册）	Total Storage Quantity of Public Library Books(1000 Volume)	928.55
订销报刊杂志累计份数（千份）	Total Number of Copies of the Magazine(1000 Volume)	25318.70
广播节目综合人口覆盖率（%）	Radio Program Comprehensive Population Coverage(%)	98.83
电视节目综合人口覆盖率（%）	TV Program Comprehensive Coverage(%)	99.22
有线电视入户率（%）	Cable TV Households(%)	65.72
(四)卫生	Health	
医院、卫生院床位数(张)	Hospital Beds（bed）	12350
医生数（执业医师+执业助理医师）(人)	Doctors (Practicing Doctors + Practicing Assistant Doctors)（person）	5935
九、社会保障	**Social Security**	
城镇职工基本养老保险参保人数（人）	Town Workers Basic Endowment Insurance Insured Number (person)	460419
城镇居民社会养老保险参保人数（人）	Town Residents Society Endowment Insurance Insured Number (person)	239189
城镇职工基本医疗保险参保人数（人）	Town Workers Basic Health Care Insurance Insured Number (person)	1155139
城镇居民基本医疗保险参保人数（人）	Town Residats Basic Health Care Insurance Insured Number (person)	483756
失业保险参保人数（人）	Unemployment Insurance(person)	158091
工伤保险参保人数（人）	Number of Insurance for Work-Related Injury Insurance(person)	306725
生育保险参保人数（人）	Number of Maternity Insurance(person)	273499
社会福利院数（个）	Social Welfare Institute(unit)	167
社会福利院床位数（张）	Social Welfare Institute(unit)	8967
社区服务设施数（个）	Community Service Facilities(unit)	100
城市社区综合服务设施覆盖率（%）	Coverage of Urban Community Service Facilities(%)	100
城市居民最低生活保障人数（人）	Urban Residents Minimum Living Security(person)	66311
十、公共管理	**Public Management**	
(一)事故	Accident	
交通事故死亡人数（人）	Traffic Accident Death Toll(person)	146
交通事故损失额（万元）	Traffic Accident Loss(10000 yuan)	211
火灾事故死亡人数（人）	Death Toll from Fire Accident(person)	
火灾事故损失额（万元）	Fire Accident Loss(10000 yuan)	538

continued

	白山市 Baishan		松原市 Songyuan		白城市 Baicheng	
市区 District	全市 Total	市区 District	全市 Total	市区 District	全市 Total	市区 District
1	1	1	1	1	3	3
829	244	244	500	500	1045	1045
12858	1713	1713	2772	2772	20130	20130
276	203	134	382	198	282	118
106	115	78	225	119	143	67
	19		17	4	21	12
4	7	2	7	3	16	4
1	2	1	1	1	4	2
361.34	889.01	253.95	823.00	292.00	534.53	280.90
8937.43	19414.84	6640.35	26364.90	13667.68	14779.51	5897.04
98.25	88.91	90.38	98.14	99.21	99.27	100.00
99.95	95.37	93.95	98.94	99.00	99.94	100.00
85.73	43.04	48.67	41.69	63.29	39.08	55.27
4298	8276	4373	8795	3466	7331	2722
1595	3566	1668	5674	2016	4633	1675
235636	209660	95917	362883	190370	172766	72042
130518	175986	67723	855764	120279	479256	74736
15950	278474	54049	404043	222891	372167	134207
174152	388139	215449	502183	199008	463901	166200
96895	115540	50302	163071	102179	132853	69099
161564	161124	40886	345470	209073	246690	63000
101191	177791	53189	315143	134401	280310	64060
72	48	29	95	53	45	14
1200	3761	2422	9258	2300	7236	1247
46	73	73	104	60	97	52
100	100	100	100	100	100	100
19805	87096	42495	49768	23466	67936	21766
33	101	48	345	77	181	43
7	88	44	219	75	60	25
	3	1	4			
80	315	70	343	14	1109	398

19－1 续表 10

指　　标	Item	通化市 Tonghua 全市 Total
(二)社会治安	Public Security	
刑事案件立案数（起）	Criminal Case Filing Number(unit)	2312
罪犯人数（人）	Crime(person)	3749
其中：青少年人数(年龄14-25周岁)	Number of Teenagers (Age 14-25 years old)	441
十一、市政公用事业	**Municipal Utility**	
(一)基础设施	Infrastructure	
城市维护建设资金支出（万元）	City Maintenance and Construction Fund(10000 yuan)	
售水量（万吨）	The Sale of Water(10000 tons)	
供气总量(人工煤气、天然气)（万立方米）	Total Gas Supply (Artificial Gas, Natural Gas)(10000 cu.m)	
其中：家庭用量	Family Dosage	
用气人口（万人）	Gas Population(10000 person)	
液化石油气供气总量（吨）	Liquefied Petroleum Gas Supply(ton)	
其中：家庭用量	Family Dosage	
用液化气人口（万人）	Liquefied Gas Population(10000 person)	
(二)公共交通	Public Transportation	
年末实有公共汽(电)车营运车辆数（辆）	The end of the year Number of Bus operatin Vehicles	
全年公共汽(电)车客运总量（万人次）	Total Passenger Traffic(10000 person-times)	
年末实有出租汽车数（辆）	Taxi Nubmer at the end of the Year(coach)	
轨道交通线路长度（公里）	Rail Transit Line Length(km)	
轨道交通客运总量（万人次）	Total Rail Transit Passenger(10000 person-times)	
十二、环境保护	**Environmental Protection**	
工业废气排放量（万立方米）	Industrial Emissions(10000 cu.m)	9923403.17
工业二氧化硫产生量（吨）	Industrial Sulfur Dioxide Production(ton)	42539
工业氮氧化物产生量（吨）	Industrial Nitrogen Oxide(ton)	16186
工业烟（粉）尘产生量（吨）	Industrial Soot Production(ton)	1247279
一般工业固体废物综合利用率（%）	General Industrial Solid Waste Comprehensive Utilization(%)	80.71
污水处理率(%)	Sewage Treatment Rate(%)	95.09
污水处理厂集中处理率(%)	Centralized Treatment Rate of Sewage Treatment Plant(%)	95.09
生活垃圾无害化处理率(%)	Living Garbage Harmless Treatment Rate(%)	88.75
空气质量达到及好于二级的天数(天）	Air Auality to Reach and Better Second Level(day)	309

continued

市区 District	白山市 Baishan 全市 Total	白山市 Baishan 市区 District	松原市 Songyuan 全市 Total	松原市 Songyuan 市区 District	白城市 Baicheng 全市 Total	白城市 Baicheng 市区 District
666	1045	403	2078	697	1202	430
796	1431	587	3508	1483	1525	606
69	101	13	418	357	188	73
26957		51897		23934		126091
2023.60		1701.86		4871.00		1630.00
3868		769		8512		2301
2832		309		2339		210
42.80		11.26		35.74		6.00
2000		3645		6024		5005
1200		3105		6024		5000
3.00		22.44		12.40		20.90
432		357		498		234
7796		3610		9000		2300
1484		1402		2177		1815
	3774252.10		5437128.85		5009433.00	
	41370		21729		26852	
	19129		13897		19282	
	1141080		244412		575732	
	88.37		93.43		99.87	
	88.24		96.17		87.74	
	88.24		96.17		87.74	
	84.74		91.77		79.63	
	292		302		307	

19－2 各市县生产总值（2016年）

单位:万元

市、县 City, County		各市县生产总值 Gross Domestic Product by City and County	农林牧渔业 Agriculture forestry animal husbandry and fishery	工业 Industry	建筑业 Construction	批发和零售业 Wholesale and Retail Trades	交通运输仓储及邮政业 Transport, Storage and Post	住宿和餐饮业 Hotels and Catering Services	信息传输、计算机服务、和软件业 Information Transmission, Computer Services and Software	金融业 Financial Industry
长春市	**Changchun**	**59864200**	**3323546**	**25015602**	**4673830**	**5893007**	**2601401**	**1176101**	**2114490**	**2605925**
榆树市	Yushu	4078628	860319	764434	360229	367307	551643	90487	35502	85106
德惠市	Dehui	4408170	800127	1315704	355113	328921	245666	36517	29195	29268
农安县	Nong' an	4307343	935629	862119	375192	347630	303788	102899	34367	365690
吉林市	**Jilin**	**24535091**	**2512004**	**9019731**	**1577192**	**2043406**	**1641312**	**613203**	**655505**	**969738**
桦甸市	Huadian	2464242	431626	1097858	127527	149551	117705	48342	48318	28956
蛟河市	Jiaohe	1906451	348825	701880	129988	124065	135751	55304	24227	42090
磐石市	Panshi	2533307	475960	837351	192479	170534	279877	63400	22197	92890
舒兰市	Shulan	1946630	539081	443650	125020	206347	126037	30062	23580	82659
永吉县	Yongji	1042489	195260	277931	141934	77678	76508	20939	8044	27031
四平市	**Siping**	**11938035**	**3100040**	**4323301**	**374122**	**793485**	**550173**	**392538**	**279691**	**312782**
公主岭市	Gongzhuling	4433589	996491	1510579	172109	348089	256263	32032	119800	129883
梨树县	Lishu	2227883	940529	531162	17600	104094	151401	55621	52054	9322
伊通满族自治县	Yitong	1599743	550119	408153	61300	170616	91985	24376	11893	25215
双辽市	Shuangliao	1592821	427733	751850	17500	89900	88146	37213	18890	8992
辽源市	**Liaoyuan**	**7652485**	**595642**	**4082541**	**312842**	**564972**	**296254**	**190418**	**145578**	**246977**
东丰县	Dongfeng	1810216	338133	827181	27568	191700	105948	70937	24651	72960
东辽县	Dongliao	1622088	220679	972542	38029	52434	77684	19341	61898	57968
通化市	**Tonghua**	**9475914**	**911656**	**3939929**	**580000**	**1131992**	**605042**	**194369**	**230816**	**265146**
梅河口市	Meihekou	3305051	265460	1204595	228454	391074	193248	144120	82619	97611
集安市	Ji' an	1060277	102113	352253	57715	132044	137245	33085	34242	64064
通化县	Tonghua	1316775	91250	600110	67637	53174	46702	36309	37504	19898
辉南县	Huinan	1001176	176946	291022	131420	116485	54848	33403	16365	28573
柳河县	Liuhe	966635	185761	427914	29787	43990	35148	13432	9407	68121

注：各市县相加不等于地区数。
Note: The sum of data by city and county is not equal to the region.

Gross Domestic Product by City and County (2016)

unit:10000 yuan

房地产业 Real Estate	租赁和商务服务业 Leasing and Business Services	科学研究、技术服务和地质勘查业 Scientific Research Technical Services and Geological Prospecting	水利、环境和公共设施管理业 Management of Water Conservancy、Environment and Public Facilities	居民服务和其他服务业 Resident Services and Other Services	教育 Education	卫生和社会工作 Health and Social Work	文化、体育和娱乐业 Culture, Sports and Entertainment	公共管理、社会保障和社会组织 Public Management Social Security and Social Organization	第一产业 Primary Industry	第二产业 Secondary Industry	第三产业 Tertiary Industry	人均生产总值（元） Per Capita CDP(yuan)
1423902	**2683809**	**1213907**	**180704**	**1407641**	**2242619**	**921181**	**860316**	**1526219**	**3235327**	**29573109**	**27055764**	**79434**
72315	44377	27045	32454	84895	162270	129816	221113	189316	841003	1124333	2113292	35100
62230	3193	3879	2834	1092557	37530	10713	22754	31969	781758	1670817	1955595	48124
78914	1683	5287	11080	453205	175992	135912	27951	90005	906080	1237311	2163952	37452
1209612	**637416**	**254560**	**99001**	**602373**	**1064583**	**782849**	**218667**	**633939**	**2403494**	**10555662**	**11575935**	**57818**
67670	49987	7991	6132	65568	59386	42948	50064	64613	417051	1220021	827170	56223
65338	8632	5919	11671	58987	65350	39219	20338	68867	345764	828330	732357	43606
94166	35489	8607	5325	49670	99494	26140	10316	69412	453009	1026189	1054109	48244
91730	21254	5527	9669	68301	60198	40521	12904	60090	515192	568670	862768	30737.9
51146	5962	3191	5928	24098	65210	21705	2395	37529	180358	419865	442266	31026
301171	**82974**	**90442**	**68922**	**174224**	**355493**	**349280**	**78419**	**310978**	**3017987**	**4684719**	**4235329**	**36732**
193633	74482	35236	23933	145467	139589	85068	84933	86002	945890	1682688	1805011	42144
67200	9885	11007	19889	56431	59832	57269	14158	70429	914185	548762	764936	32079
64942	10058	13214	14823	50416	45441	21879	12130	23183	536519	469104	594120	35113
20877	5585	7997	6353	11293	32973	32425	5298	29796	418713	767403	406705	43049
236581	**71182**	**9603**	**8102**	**363903**	**123593**	**68714**	**55709**	**279874**	**590590**	**4376571**	**2685324**	**63480**
39839	1683	2039	2351	11474	21277	12491	10409	49575	337006	853094	620116	45643
22745	922	1844	2312	4258	32782	17621	4269	34760	217592	1008154	396342	47167
395209	**220665**	**59495**	**27073**	**132093**	**254039**	**149566**	**63911**	**314913**	**844478**	**4519929**	**4111507**	**42979**
120588	40253	29618	15478	74019	125870	63675	73547	154822	240363	1433049	1631639	54801
37148	4960	1680	3060	19050	27180	13330	15700	25408	99489	409968	550820	49155
34347	48756	28773	37764	35628	48554	55746	65632	8991	90329	667327	559119	54866
59033	10108	6745	3066	13477	15329	14188	8182	21986	162417	422442	416317	29558
28588	4863	392	2849	15879	24373	29272	13565	33294	171000	457701	337934	26125

单位: 万元

19－2 续表

市、县 City, County		各市县生产总值 Gross Domestic Product by City and County	农林牧渔业 Agriculture forestry animal husbandry and fishery	工业 Industry	建筑业 Construction	批发和零售业 Wholesale and Retail Trades	交通运输仓储及邮政业 Transport, Storage and Post	住宿和餐饮业 Hotels and Catering Services	信息传输、计算机服务、和软件业 Information Transmission, Computer Services and Software	金融业 Financial Industry
白山市	**Baishan**	**6966243**	**593916**	**3555990**	**235500**	**491982**	**271476**	**275344**	**159314**	**278632**
临江市	Linjiang	988304	76447	500220	14988	35179	51698	34371	8859	11053
抚松县	Fusong	1802153	220731	842868	17215	157117	72096	124640	19058	46613
靖宇县	Jingyu	689727	70729	353455	11219	42494	27499	27165	5504	3901
长白朝鲜族自治县	Changbai	416479	52504	188137	8047	15398	17199	15456	12616	10521
松原市	**Songyuan**	**16516898**	**2761406**	**6153296**	**1001812**	**1514333**	**991127**	**523097**	**300152**	**452173**
长岭县	Changling	3095295	775560	1087943	77394	295922	176907	67374	49330	57397
前郭尔罗斯蒙古族自治县	Qianguo	3382140	766934	1029823	103350	356814	205507	155438	60445	109989
乾安县	Qian' an	1975231	230127	1114882	80123	127818	89263	35870	25758	36679
扶余市	Fuyu	3590583	811503	1165326	99997	397432	358274	87321	65506	95354
白城市	**Baicheng**	**7001392**	**1120252**	**2943762**	**178600**	**533489**	**221634**	**159367**	**179394**	**233779**
洮南市	Taonan	1368495	252831	506156	92938	92020	72196	16150	41875	34692
大安市	Da' an	1408499	187066	747238	23600	54851	39281	11890	28710	24828
镇赉县	Zhenlai	1336185	273939	568280	12288	72012	17911	37366	28530	34800
通榆县	Tongyu	1223080	197377	414457	5990	74248	41259	51580	36406	27990
延边朝鲜族自治州	**Yanbian**	**8758065**	**706247**	**3679780**	**381290**	**1043407**	**418256**	**246920**	**140214**	**346132**
延吉市	Yanji	3213170	53171	1080247	112819	419437	250869	191199	154309	130431
图们市	Tumen	436962	16779	192844	35250	32811	16967	11236	8889	27705
敦化市	Dunhua	1786337	304586	697821	76628	218123	42171	58182	33654	61837
龙井市	Longjing	396028	45415	110920	26137	23584	15647	10958	10577	22917
珲春市	Hunchun	1409745	54725	898510	56188	64461	65600	27640	17280	18951
和龙市	Helong	555645	57729	286372	31934	11684	29154	7512	9331	30764
汪清县	Wangqing	669497	107925	246123	50099	41651	16236	15229	14005	36752
安图县	Antu	697578	65919	182680	36738	53518	42564	19057	9362	29927

continued

unit: 10000 yuan

房地产业 Real Estate	租赁和商务服务业 Leasing and Business Services	科学研究、技术服务和地质勘查业 Scientific Research Technical Services and Geological Prospecting	水利、环境和公共设施管理业 Management of Water Conservancy、Environment and Public Facilities	居民服务和其他服务业 Resident Services and Other Services	教育 Education	卫生和社会工作 Health and Social Work	文化、体育和娱乐业 Culture, Sports and Entertainment	公共管理、社会保障和社会组织 Public Management Social Security and Social Organization	第一产业 Primary Industry	第二产业 Secondary Industry	第三产业 Tertiary Industry	人均生产总值（元） Per Capita CDP(yuan)
152724	**224257**	**19404**	**19885**	**152766**	**159002**	**136774**	**77400**	**161877**	**586852**	**3791490**	**2587901**	**56411**
21574	2293	8699	9935	112653	43454	30710	12892	13279	76066	515208	397030	60800
91203	10621	4043	27124	56183	33775	16561	13402	48903	218771	860083	723299	61381
14414	2844	6446	2366	18077	23431	15997	3900	60286	69090	364674	255963	49266
10586	3604	4560	4958	5022	15020	10957	6304	35590	52070	192642	171767	51737
428068	**185540**	**95684**	**50861**	**547879**	**459854**	**270761**	**94665**	**686190**	**2689665**	**6920564**	**6906669**	**59413.30216**
80631	39400	17425	12126	92723	75159	41441	13092	135471	764799	1164787	1165709	48725
97048	48761	24895	19993	102284	95661	58613	25150	121435	742157	1097001	1542982	58393
34912	23207	2377	6840	41105	34871	20706	6407	64286	222871	1195005	557355	71774
103635	12789	10233	5193	85861	93793	54917	4443	139006	788103	1260476	1542004	49662
345084	**107408**	**27939**	**244078**	**122717**	**129179**	**123547**	**101861**	**229302**	**1097062**	**3122362**	**2781968**	**35892**
60125	25035	2622	5465	31089	37652	32397	4863	60389	232748	599094	536653	32529
33646	82339	1579	3367	35933	29039	24516	33586	47030	182747	770838	454914	36069
73019	32224	7736	4492	37180	41489	20826	6007	68086	263125	580568	492492	49215
72377	38490	2510	17748	37551	65023	26423	14580	99071	195736	420447	606897	33927
313767	**245678**	**63985**	**25662**	**162556**	**309245**	**174749**	**71406**	**428771**	**691872**	**4061070**	**4005123**	**41154**
127800	110341	53310	16453	83882	126267	102249	62117	138269	49943	1193066	1970161	59149
21060	1346	990	2026	15010	14926	9338	2271	27514	16568	228094	192300	37156.63
58789	8252	5954	7804	23011	58322	37516	15606	78081	298032	774449	713856	38148
16688	6945	4763	2814	4400	36459	25153	4199	28452	44868	137057	214103	24416
58218	7138	6635	6863	21798	27701	6811	5413	65813	53805	954698	401242	61802
11459	2144	1650	3500	3844	23400	9579	2416	33173	56970	318306	180369	31271
24634	10617	2131	3882	3261	31426	15196	15427	34903	106904	296222	266371	29584
37497	84824	5114	5263	4700	30034	14528	3159	72694	64658	219418	413502	34212

19－3 各市县生产总值指数（2016年）

单位: %

市、县 City，County		各市县生产总值 Gross Domestic Product by City and County	农林牧渔业 Agriculture forestry animal husbandry and fishery	工业 Industry	建筑业 Construction	批发和零售业 Wholesale and Retail Trades	交通运输仓储及邮政业 Transport, Storage and Post	住宿和餐饮业 Hotels and Catering Services	信息传输、计算机服务、和软件业 Information Transmission, Computer Services and Software	金融业 Financial Industry
长春市	**Changchun**	**107.7**	**103.7**	**106.4**	**108.1**	**105.6**	**102.3**	**106.8**	**119.9**	**109.7**
榆树市	Yushu	107.1	104.1	107.4	106.6	108.2	103.3	106.2	117.1	126.6
德惠市	Dehiu	108.4	103.7	107.8	103.8	105.4	101.1	105.0	118.3	110.0
农安县	Nong' an	108.5	104.3	104.6	106.5	105.4	102.6	104.7	119.9	133.5
吉林市	**Jilin**	**103.1**	**103.8**	**96.0**	**110.5**	**104.5**	**102.3**	**107.5**	**112.1**	**113.7**
桦甸市	Huadian	98.4	103.7	88.2	121.7	105.4	101.9	107.3	119.5	113.1
蛟河市	Jiaohe	99.1	103.7	90.9	87.9	105.0	101.7	107.3	122.6	104.4
磐石市	Panshi	105.1	103.8	99.0	112.3	105.9	102.0	107.8	109.0	121.7
舒兰市	Shulan	102.4	103.8	90.9	115.3	104.6	101.3	107.7	110.7	112.6
永吉县	Yongji	103.9	103.7	94.2	121.1	104.2	101.0	107.6	122.5	123.3
四平市	**Siping**	**99.2**	**103.5**	**87.8**	**104.0**	**109.2**	**108.4**	**108.4**	**103.5**	**106.1**
公主岭市	Gongzhuling	102.9	104.1	93.5	111.9	121.6	103.6	104.0	118.2	126.8
梨树县	Lishu	97.0	101.1	77.4	116.0	106.1	107.0	115.3	114.4	109.3
伊通满族自治县	Yitong	97.8	104.1	77.2	111.2	110.6	101.5	103.5	121.4	106.9
双辽市	Shuangliao	99.0	100.2	96.0	102.0	100.0	107.0	106.9	102.2	119.1
辽源市	**Liaoyuan**	**106.4**	**103.8**	**107.0**	**103.3**	**104.7**	**105.5**	**106.2**	**106.1**	**112.5**
东丰县	Dongfeng	94.1	104.3	83.3	86.3	106.9	107.2	108.2	110.3	108.3
东辽县	Dongliao	106.9	104.0	107.1	107.2	108.3	111.0	108.5	111.7	112.2
通化市	**Tonghua**	**96.2**	**103.0**	**88.8**	**101.0**	**100.9**	**102.1**	**102.0**	**101.5**	**104.4**
梅河口市	Meihekou	102.3	104.0	94.5	100.6	106.6	102.1	109.5	129.1	119.2
集安市	Ji' an	105.2	103.9	101.3	98.2	105.1	103.9	108.0	121.9	111.1
通化县	Tonghua	101.3	103.6	95.0	90.8	100.9	103.0	99.9	110.4	112.4
辉南县	Huinan	104.9	102.8	102.1	101.9	101.6	102.6	105.7	121.3	123.6
柳河县	Liuhe	107.5	103.8	107.9	103.1	105.8	104.9	100.2	99.7	127.7

Gross Domestic Product and Indices by City and County (2016)

unit: %

房地产业 Real Estate	租赁和商务服务业 Leasing and Business Services	科学研究、技术服务和地质勘查业 Scientific Research Technical Services and Geological Prospecting	水利、环境和公共设施管理业 Management of Water Conservancy、Environment and Public Facilities	居民服务和其他服务业 Resident Services and Other Services	教育 Education	卫生和社会工作 Health and Social Work	文化、体育和娱乐业 Culture, Sports and Entertainment	公共管理、社会保障和社会组织 Public Management Social Security and Social Organization	第一产业 Primary Industry	第二产业 Secondary Industry	第三产业 Tertiary Industry	人均生产总值 Per Capita GDP
109.3	**122.4**	**110.4**	**84.6**	**119.6**	**105.8**	**105.2**	**119.8**	**102.5**	**103.7**	**106.7**	**109.4**	**107.7**
105.8	118.9	109.5	105.2	118.5	109.6	102.1	119.4	104.0	104.1	107.2	108.4	107.6
104.7	119.3	103.4	103.4	118.5	103.4	103.4	118.4	103.4	103.7	106.9	112.0	110.8
105.0	129.5	108.2	106.0	121.7	105.7	106.4	123.5	105.9	104.3	105.1	112.6	108.8
106.6	**126.0**	**101.0**	**95.6**	**125.8**	**106.7**	**109.5**	**134.3**	**101.8**	**104.3**	**97.9**	**108.2**	**103.7**
104.1	119.7	103.9	82.1	140.8	93.3	101.3	128.7	115.1	103.7	90.7	109.6	100.7
111.9	122.6	116.7	110.3	122.6	110.2	110.3	122.6	110.6	106.4	90.4	107.3	100.2
128.6	122.4	120.9	109.0	109.0	108.3	132.2	120.3	111.3	104.0	101.9	109.1	106.0
102.2	109.3	107.3	111.3	110.8	112.2	111.8	110.5	110.9	103.9	95.3	106.7	103.6
116.5	107.2	100.5	100.4	97.3	104.7	105.2	104.8	105.2	103.7	112.8	106.1	103.9
106.1	**103.5**	**119.7**	**119.7**	**109.7**	**116.4**	**119.7**	**103.5**	**119.7**	**103.5**	**88.8**	**110.2**	**99.8**
104.5	111.6	103.3	103.3	114.4	104.4	103.8	114.9	104.0	103.5	95.1	111.4	103.9
110.6	120.3	88.2	108.9	116.0	113.1	113.0	117.3	121.3	101.1	78.7	109.9	97.6
107.4	121.2	117.5	117.5	121.2	117.5	117.5	121.2	117.5	104.1	80.4	110.6	97.9
101.8	101.5	101.8	102.0	101.3	102.4	105.1	100.7	101.4	100.2	96.1	103.3	99.0
106.4	**117.9**	**103.5**	**105.5**	**102.8**	**101.8**	**103.1**	**107.0**	**111.9**	**103.8**	**106.7**	**106.5**	**107.2**
107.1	113.0	110.3	110.6	114.2	110.6	108.8	107.7	108.1	104.3	83.4	107.9	94.8
107.2	105.5	106.7	105.9	105.8	101.8	101.4	102.1	104.0	104.0	107.1	108.3	108.0
103.7	**101.9**	**102.1**	**101.0**	**109.0**	**102.3**	**103.8**	**117.3**	**101.3**	**102.7**	**90.2**	**102.5**	**96.5**
105.8	145.7	126.8	107.9	103.6	104.1	105.9	151.7	107.4	103.7	95.3	110.0	102.8
115.5	125.0	100.6	108.0	124.0	111.0	110.0	125.0	111.3	103.8	100.9	109.2	105.7
133.7	107.7	125.8	112.2	114.7	109.2	115.8	112.7	108.4	104.0	94.7	110.0	101.3
116.6	125.8	106.1	111.3	125.8	107.7	108.5	134.9	107.2	102.9	102.0	108.9	105.9
104.4	103.5	109.8	106.3	103.1	109.0	107.5	113.1	110.7	103.5	107.5	110.0	107.5

单位: %

市、县 City，County		各市县生产总值 Gross Domestic Product by City and County	农林牧渔业 Agriculture forestry animal husbandry and fishery	工业 Industry	建筑业 Construction	批发和零售业 Wholesale and Retail Trades	交通运输仓储及邮政业 Transport, Storage and Post	住宿和餐饮业 Hotels and Catering Services	信息传输、计算机服务、和软件业 Information Transmission, Computer Services and Software	金融业 Financial Industry
白山市	**Baishan**	**107.3**	**104.2**	**104.4**	**110.3**	**105.4**	**107.9**	**107.6**	**123.6**	**113.2**
临江市	Linjiang	107.2	103.3	104.1	192.1	108.4	108.9	108.9	112.5	107.2
抚松县	Fusong	107.3	104.5	104.1	86.7	112.6	111.5	113.4	126.0	105.2
靖宇县	Jingyu	107.5	104.0	107.6	97.9	109.0	109.2	109.6	114.3	108.9
长白朝鲜族自治县	Changbai	107.2	103.6	105.6	103.8	106.7	107.5	109.0	118.0	112.4
松原市	**Songyuan**	**102.6**	**104.1**	**96.0**	**106.2**	**105.1**	**102.8**	**107.2**	**118.6**	**118.7**
长岭县	Changling	105.3	104.3	103.2	106.6	111.2	109.2	108.1	115.2	100.6
前郭尔罗斯蒙古族自治县	Qianguo	102.7	104.1	96.1	100.5	104.7	106.0	105.3	110.8	114.7
乾安县	Qian' an	102.5	103.9	100.4	102.7	105.9	108.0	106.4	108.7	124.6
扶余市	Fuyu	105.6	104.1	103.8	105.4	110.5	104.5	105.1	114.2	115.0
白城市	**Baicheng**	**102.8**	**103.9**	**98.6**	**108.2**	**106.8**	**103.0**	**107.4**	**113.0**	**107.6**
洮南市	Taonan	102.5	103.8	95.9	107.2	111.4	111.5	109.5	102.4	113.7
大安市	Da' an	101.7	104.3	97.3	107.4	106.1	104.0	107.8	110.5	107.9
镇赉县	Zhenlai	101.7	104.3	95.5	113.3	108.7	107.6	108.6	118.4	99.9
通榆县	Tongyu	104.9	103.6	101.4	111.5	105.5	103.0	108.0	106.0	108.7
延边朝鲜族自治州	**Yanbian**	**102.8**	**102.4**	**96.2**	**103.3**	**106.5**	**103.5**	**107.7**	**114.3**	**111.4**
延吉市	Yanji	103.7	103.2	93.3	102.6	108.7	105.2	118.1	124.9	107.2
图们市	Tumen	102.4	103.1	94.1	112.5	108.0	103.2	109.6	122.8	108.3
敦化市	Dunhua	102.5	103.2	94.6	116.6	105.4	102.0	109.0	122.7	108.0
龙井市	Longjing	102.7	103.5	94.9	85.4	108.9	102.5	105.7	122.2	111.8
珲春市	Hunchun	101.0	103.5	97.2	95.7	108.3	102.8	103.7	118.6	124.7
和龙市	Helong	101.3	102.0	97.0	95.2	107.1	104.2	109.8	109.3	110.4
汪清县	Wangqing	103.1	103.7	95.4	104.2	107.5	104.5	107.7	120.1	114.7
安图县	Antu	103.3	95.7	93.2	100.6	108.2	102.8	106.3	118.5	121.3

continued

unit: %

房地产业 Real Estate	租赁和商务服务业 Leasing and Business Services	科学研究、技术服务和地质勘查业 Scientific Research Technical Services and Geological Prospecting	水利、环境和公共设施管理业 Management of Water Conservancy、Environment and Public Facilities	居民服务和其他服务业 Resident Services and Other Services	教育 Education	卫生和社会工作 Health and Social Work	文化、体育和娱乐业 Culture, Sports and Entertainment	公共管理、社会保障和社会组织 Public Management Social Security and Social Organization	第一产业 Primary Industry	第二产业 Secondary Industry	第三产业 Tertiary Industry	人均生产总值 Per Capita CDP
110.9	**141.0**	**107.3**	**107.0**	**124.1**	**108.5**	**111.5**	**133.6**	**103.5**	**104.2**	**104.7**	**112.4**	**109.3**
105.1	117.3	107.0	115.2	117.6	106.2	105.3	106.2	106.2	103.3	105.4	110.6	110.5
103.6	139.9	108.1	108.4	140.6	108.5	108.1	153.3	110.1	104.3	103.8	113.4	109.3
106.3	114.3	107.9	108.0	114.3	107.8	107.8	114.3	107.8	104.0	107.3	109.0	107.5
107.0	115.1	135.2	111.9	117.3	108.4	108.6	113.4	109.0	103.6	105.4	110.6	108.5
106.8	**118.0**	**107.4**	**107.8**	**118.7**	**106.7**	**107.2**	**117.9**	**106.9**	**104.0**	**97.1**	**108.3**	**102.6**
106.1	115.1	102.9	102.9	115.2	103.6	101.6	115.2	101.4	104.2	103.3	108.3	104.9
107.2	107.4	107.7	100.3	111.0	100.5	102.9	124.5	115.0	104.2	96.1	107.2	102.4
104.3	108.7	101.0	101.0	108.7	101.0	101.0	108.7	101.0	103.8	100.6	106.6	106.4
106.8	114.2	105.7	105.7	114.2	105.7	105.7	114.2	105.7	104.1	103.9	108.1	105.9
111.5	**113.8**	**106.1**	**102.8**	**110.3**	**103.1**	**102.3**	**111.6**	**101.1**	**103.9**	**99.1**	**106.9**	**103.9**
110.1	103.1	109.5	108.5	104.4	106.6	107.5	105.8	104.5	103.8	97.5	108.1	104.3
114.5	110.5	110.1	116.3	117.8	102.5	103.8	115.6	100.8	104.1	97.6	108.4	104.4
119.1	109.4	84.9	84.9	109.4	89.0	84.9	109.5	119.6	104.2	95.9	108.1	101.2
109.4	103.8	108.6	107.5	103.5	114.3	106.0	105.3	112.1	103.6	101.6	107.9	106.2
107.1	**138.2**	**104.3**	**108.8**	**139.0**	**108.8**	**110.2**	**116.2**	**107.8**	**102.3**	**96.8**	**110.1**	**103.7**
105.9	114.0	104.3	112.7	129.5	108.3	114.2	113.7	103.9	103.2	94.1	110.9	102.9
112.5	122.8	111.6	111.8	123.4	111.8	111.7	117.1	111.7	103.0	96.5	111.1	104.4
108.8	122.3	107.7	110.8	123.3	121.9	114.4	120.6	117.2	102.9	96.5	110.5	103.3
106.5	122.8	103.7	118.3	116.8	110.4	111.2	119.5	110.3	103.5	92.9	110.3	104.9
115.0	123.6	116.5	102.3	128.0	108.6	108.0	121.4	116.1	103.5	97.1	111.5	100.6
94.6	107.0	105.8	123.0	120.8	118.8	108.1	111.4	119.7	102.1	96.8	110.7	103.3
107.1	120.2	103.3	107.1	121.7	104.9	110.4	121.4	117.3	103.7	96.8	111.2	104.4
103.2	121.7	104.4	118.5	107.1	114.2	101.3	104.1	107.6	95.6	94.4	110.8	104.8

19－4 各市县户数和人口数（2016年末）

Households and Population by City and County（end of 2016）

市、县	City, County	总户数（万户）Total Households (10000 households)	按城乡分(万人) Grouped by Urban and Rural (10000 persons)		总人口（万人）Population (10000 persons)	按性别分(万人) Grouped by Sex（10000 Persons）	
			乡村人口 Rural Population	城镇人口 Urban Population		男 Male	女 Female
全 省	**Total**	**1018.15**	**1341.76**	**1303.73**	**2645.49**	**1332.74**	**1312.74**
长春市	**Changchun**	**276.79**	**385.40**	**368.03**	**753.43**	**378.74**	**374.69**
市辖区	City	169.10	127.69	310.10	437.79	217.21	220.58
南关区	Nanguan	27.56	5.87	65.17	71.04	34.53	36.50
宽城区	Kuancheng	25.75	22.06	42.53	64.59	32.06	32.53
朝阳区	Chaoyang	27.04	4.51	67.91	72.42	35.24	37.18
二道区	Erdao	22.78	15.09	42.55	57.65	28.50	29.14
绿园区	Lvyuan	26.03	3.92	62.13	66.06	32.78	33.28
双阳区	Shuangyang	14.52	27.47	10.09	37.56	19.06	18.50
九台区	Jiutai	25.41	48.77	19.72	68.48	35.02	33.46
农安县	Nong' an	36.25	88.08	19.91	107.99	55.40	52.59
榆树市	Yushu	44.16	102.75	22.71	125.47	64.31	61.16
德惠市	Dehui	27.28	66.88	15.31	82.18	41.83	40.36
吉林市	**Jilin**	**157.33**	**199.39**	**223.06**	**422.46**	**212.54**	**209.91**
市辖区	City	69.09	45.39	136.49	181.87	89.85	92.02
昌邑区	Changyi	23.78	11.78	49.96	61.75	30.43	31.31
龙潭区	Longtan	17.21	14.74	30.62	45.36	22.57	22.79
船营区	Chuanying	17.28	9.86	36.71	46.57	22.99	23.58
丰满区	Fengman	10.81	9.00	19.20	28.20	13.86	14.33
永吉县	Yongji	13.75	28.45	10.39	38.84	19.75	19.09
蛟河市	Jiaohe	14.54	25.04	18.36	43.40	22.07	21.34
桦甸市	Huadian	16.71	21.62	21.80	43.42	22.10	21.32
舒兰市	Shulan	24.92	45.34	17.49	62.83	32.07	30.76
磐石市	Panshi	18.32	33.55	18.55	52.10	26.71	25.39
四平市	**Siping**	**124.75**	**204.85**	**119.64**	**324.49**	**164.54**	**159.96**
市辖区	City	26.20	12.43	45.63	58.07	28.72	29.35
铁西区	Tiexi	11.22	4.10	21.48	25.59	12.52	13.06
铁东区	Tiedong	14.98	8.33	24.15	32.48	16.19	16.29
梨树县	Lishu	28.30	55.14	20.97	76.11	39.07	37.03
伊通满族自治县	Yitong	16.44	34.56	11.04	45.60	23.39	22.21
公主岭市	Gongzhuling	37.42	79.36	25.30	104.66	53.06	51.60
双辽市	Shuangliao	16.41	23.36	16.71	40.06	20.30	19.76
辽源市	**Liaoyuan**	**45.26**	**59.63**	**60.17**	**119.80**	**60.90**	**58.90**
市辖区	City	19.67	5.86	40.29	46.15	22.90	23.24
龙山区	Longshan	12.03	3.99	26.07	30.07	14.79	15.28
西安区	Xi' an	7.64	1.86	14.21	16.08	8.11	7.97
东丰县	Dongfeng	13.33	26.85	12.55	39.41	20.26	19.15
东辽县	Dongliao	12.26	26.92	7.33	34.25	17.73	16.51

注：表内数据为公安部门户籍人口数。表内数据四舍五入。
Note:Data were obtained from the annual reports of the public security department.Data were rounded.

市、县	City, County	总户数（万户）Total Households (10000 households)	按城乡分(万人) Grouped by Urban and Rural (10000 persons) 乡村人口 Rural Population	城镇人口 Urban Population	总人口（万人）Population (10000 persons)	按性别分(万人) Grouped by Sex（10000 Persons） 男 Male	女 Female
通化市	**Tonghua**	**85.77**	**105.59**	**114.26**	**219.85**	**111.44**	**108.41**
市辖区	City	17.58	2.36	41.72	44.09	21.78	22.31
东昌区	Dongchang	12.16	1.08	30.63	31.71	15.59	16.12
二道江区	Erdaojiang	5.42	1.28	11.09	12.38	6.19	6.19
通化县	Tonghua	9.99	15.11	8.89	24.01	12.26	11.75
辉南县	Huinan	13.15	18.11	15.49	33.60	17.13	16.47
柳河县	Liuhe	13.16	24.57	11.93	36.51	18.79	17.72
梅河口	Meihekou	23.34	32.92	27.16	60.09	30.54	29.55
集安市	Ji' an	8.56	12.51	9.06	21.57	10.96	10.61
白山市	**Baishan**	**57.13**	**30.18**	**91.42**	**121.60**	**61.35**	**60.25**
市辖区	City	25.63	8.37	46.52	54.89	27.66	27.23
浑江区	Badaojiang	15.02	3.30	29.77	33.07	16.51	16.56
江源区	Jiangyuan	10.61	5.06	16.75	21.82	11.14	10.67
抚松县	Fusong	13.15	7.59	21.31	28.90	14.56	14.33
靖宇县	Jingyu	7.08	5.73	8.10	13.83	7.06	6.76
长白朝鲜族自治县	Changbai	3.90	3.23	4.77	8.00	4.02	3.98
临江市	Linjiang	7.38	5.27	10.72	15.99	8.05	7.94
松原市	**Songyuan**	**104.20**	**183.62**	**94.75**	**278.37**	**140.34**	**138.03**
市辖区	City	24.09	14.29	42.69	56.97	28.32	28.65
宁江区	Ningjiang	24.09	14.29	42.69	56.97	28.32	28.65
前郭尔罗斯蒙古族自治县	Qianguo	22.35	42.53	15.51	58.04	29.37	28.67
长岭县	Changling	22.15	47.35	16.29	63.64	32.69	30.95
乾安县	Qian' an	12.17	19.15	8.38	27.53	13.87	13.66
扶余市	Fuyu	23.44	60.31	11.89	72.19	36.10	36.10
白城市	**Baicheng**	**85.95**	**107.65**	**85.80**	**193.46**	**97.57**	**95.89**
市辖区	City	22.05	18.05	31.22	49.27	24.47	24.80
洮北区	Taobei	22.05	18.05	31.22	49.27	24.47	24.80
镇赉县	Zhenlai	12.66	15.93	11.27	27.20	13.81	13.39
通榆县	Tongyu	15.31	24.13	12.00	36.13	18.25	17.87
洮南市	Taonan	18.57	26.59	15.37	41.95	21.25	20.70
大安市	Da' an	17.36	22.97	15.95	38.92	19.79	19.13
延边朝鲜族自治州	**Yanbian**	**80.95**	**65.44**	**146.60**	**212.04**	**105.33**	**106.70**
延吉市	Yanji	20.37	7.87	46.65	54.51	26.35	28.16
图们市	Tumen	4.59	1.96	9.66	11.62	5.71	5.91
敦化市	Dunhua	17.34	20.98	25.67	46.65	23.48	23.18
珲春市	Hunchun	7.52	4.92	17.91	22.83	11.40	11.43
龙井市	Longjing	6.35	5.42	10.63	16.05	7.94	8.11
和龙市	Helong	7.02	6.51	11.06	17.57	8.87	8.70
汪清县	Wangqing	9.98	9.60	12.94	22.54	11.34	11.20
安图县	Antu	7.79	8.19	12.08	20.27	10.25	10.02

19－5　各市县分年龄人口情况（2016年末）

Age Composition of Population by City and County（end of 2016）

单位：万人　　　　unit:10000 persons

市、县	City, County	总人口 Total Population	18岁以下 Age0–17	18–34岁 Age18–34	35–60岁 Age35–60	60岁以上 Age Over 60
全 省	**Total**	**2645.49**	**379.96**	**587.01**	**1150.66**	**527.86**
长春市	**Changchun**	**753.43**	**112.73**	**177.57**	**314.93**	**148.19**
市辖区	City	437.79	65.00	101.76	184.48	86.55
南关区	Nanguan	71.04	10.46	16.91	29.71	13.96
宽城区	Kuancheng	64.59	9.69	15.39	27.08	12.43
朝阳区	Chaoyang	72.42	10.81	16.94	30.33	14.35
二道区	Erdao	57.65	8.88	13.70	24.40	10.67
绿园区	Lvyuan	66.06	9.59	15.46	27.63	13.37
双阳区	Shuangyang	37.56	5.63	8.19	15.97	7.77
九台区	Jiutai	68.48	9.93	15.18	29.37	14.00
农安县	Nong ' an	107.99	16.11	26.68	43.70	21.50
榆树市	Yushu	125.47	18.93	28.44	53.70	24.41
德惠市	Dehui	82.18	12.70	20.69	33.05	15.74
吉林市	**Jilin**	**422.46**	**54.80**	**87.29**	**188.90**	**91.46**
市辖区	City	181.87	21.39	36.13	82.02	42.32
昌邑区	Changyi	61.75	6.92	12.02	27.96	14.84
龙潭区	Longtan	45.36	5.02	8.99	20.70	10.65
船营区	Chuanying	46.57	5.76	9.20	20.83	10.78
丰满区	Fengman	28.20	3.69	5.93	12.53	6.05
永吉县	Yongji	38.84	5.10	8.43	17.13	8.18
蛟河市	Jiaohe	43.40	5.88	8.87	19.26	9.39
桦甸市	Huadian	43.42	6.59	9.66	19.05	8.11
舒兰市	Shulan	62.83	8.61	12.72	28.77	12.72
磐石市	Panshi	52.10	7.22	11.48	22.67	10.73
四平市	**Siping**	**324.49**	**50.29**	**72.48**	**136.08**	**65.64**
市辖区	City	58.07	7.61	12.18	25.85	12.43
铁西区	Tiexi	25.59	3.39	5.41	11.38	5.41
铁东区	Tiedong	32.48	4.22	6.77	14.47	7.02
梨树县	Lishu	76.11	12.69	17.13	31.16	15.13
伊通满族自治县	Yitong	45.60	7.07	9.22	19.94	9.37
公主岭市	Gongzhuling	104.66	16.46	25.64	41.42	21.14
双辽市	Shuangliao	40.06	6.46	8.32	17.71	7.58
辽源市	**Liaoyuan**	**119.80**	**15.99**	**24.17**	**54.84**	**24.80**
市辖区	City	46.15	5.36	9.09	21.50	10.20
龙山区	Longshan	30.07	3.97	5.96	13.79	6.35
西安区	Xi' an	16.08	1.40	3.13	7.70	3.85

注：表内数据为公安部门户籍人口数。表内数据四舍五入。
Note:Data were obtained from the annual reports of the public security department.Data were rounded.

市、县	City, County	总人口 Total Population	18岁以下 Age0-17	18-34岁 Age18-34	35-60岁 Age35-60	60岁以上 Age Over 60
东丰县	Dongfeng	39.41	5.82	8.04	17.72	7.82
东辽县	Dongliao	34.25	4.81	7.04	15.62	6.77
通化市	**Tonghua**	**219.85**	**30.10**	**46.06**	**99.08**	**44.61**
市辖区	City	44.09	5.07	8.33	20.64	10.05
东昌区	Dongchang	31.71	3.80	6.12	14.73	7.06
二道江区	Erdaojiang	12.38	1.27	2.21	5.90	2.99
通化县	Tonghua	24.01	3.26	5.09	10.89	4.77
辉南县	Huinan	33.60	5.01	6.68	15.14	6.78
柳河县	Liuhe	36.51	5.46	8.46	15.71	6.87
梅河口	Meihekou	60.09	8.59	13.35	26.55	11.59
集安市	Ji' an	21.57	2.71	4.16	10.15	4.55
白山市	**Baishan**	**121.60**	**17.68**	**26.06**	**54.47**	**23.40**
市辖区	City	54.89	6.77	11.34	25.00	11.78
浑江区	Badaojiang	33.07	4.23	7.18	14.88	6.79
江源区	Jiangyuan	21.82	2.55	4.16	10.12	4.99
抚松县	Fusong	28.90	5.80	6.87	12.29	3.93
靖宇县	Jingyu	13.83	2.17	3.16	5.96	2.53
长白朝鲜族自治县	Changbai	8.00	1.02	1.52	3.80	1.65
临江市	Linjiang	15.99	1.91	3.17	7.41	3.50
松原市	**Songyuan**	**278.37**	**45.58**	**67.04**	**117.42**	**48.33**
市辖区	City	56.97	8.84	12.52	24.89	10.72
宁江区	Ningjiang	56.97	8.84	12.52	24.89	10.72
前郭尔罗斯蒙古族自治县	Qianguo	58.04	10.01	14.25	24.55	9.23
长岭县	Changling	63.64	10.93	16.79	25.60	10.32
乾安县	Qian' an	27.53	3.98	6.59	12.27	4.69
扶余市	Fuyu	72.19	11.83	16.89	30.11	13.36
白城市	**Baicheng**	**193.46**	**26.61**	**40.62**	**88.89**	**37.34**
市辖区	City	49.27	6.67	10.41	22.38	9.80
洮北区	Taobei	49.27	6.67	10.41	22.38	9.80
镇赉县	Zhenlai	27.20	3.59	5.57	12.57	5.47
通榆县	Tongyu	36.13	5.56	7.74	16.53	6.29
洮南市	Taonan	41.95	6.10	9.08	18.93	7.85
大安市	Da' an	38.92	4.69	7.82	18.48	7.93
延边朝鲜族自治州	**Yanbian**	**212.04**	**26.18**	**45.72**	**96.05**	**44.09**
延吉市	Yanji	54.51	7.47	12.32	24.55	10.17
图们市	Tumen	11.62	0.94	2.26	5.31	3.11
敦化市	Dunhua	46.65	6.29	9.70	21.11	9.55
珲春市	Hunchun	22.83	2.95	5.28	10.39	4.21
龙井市	Longjing	16.05	1.44	3.25	7.29	4.07
和龙市	Helong	17.57	1.78	3.65	8.09	4.04
汪清县	Wangqing	22.54	2.56	4.72	10.40	4.87
安图县	Antu	20.27	2.75	4.53	8.91	4.07

19-6 各市县人口自然变动情况（2016年末）

Basic Statistics on Natural Population Changes by City and County（end of 2016）

单位：人 unit:persons

市、县	City, County	年平均人口 Annual Average Population	出生 Birth		死亡 Death		自然增长 Natural Growth	
			人数 Number of Birth	出生率（‰）Birth Rate（‰）	人数 Number of Death	死亡率（‰）Death Rate（‰）	人数 Numberof Natural Growth	自然增长率（‰）Natural Growth Rate(‰)
全　省	**Total**	**26537829**	**197579**	**7.45**	**131288**	**4.95**	**66291**	**2.50**
长春市	**Changchun**	**7536310**	**62117**	**8.24**	**29294**	**3.89**	**32823**	**4.36**
市辖区	City	4369499	43327	9.92	22497	5.15	20830	4.77
南关区	Nanguan	704495	8323	11.81	4470	6.34	3853	5.47
宽城区	Kuancheng	644584	6587	10.22	3463	5.37	3124	4.85
朝阳区	Chaoyang	721303	7906	10.96	4191	5.81	3715	5.15
二道区	Erdao	574387	6255	10.89	2849	4.96	3406	5.93
绿园区	Lvyuan	659781	7427	11.26	3893	5.90	3534	5.36
双阳区	Shuangyang	375996	2514	6.69	1273	3.39	1241	3.30
九台区	Jiutai	688954	4315	6.26	2358	3.42	1957	2.84
农安县	Nong' an	1083367	6815	6.29	2391	2.21	4424	4.08
榆树市	Yushu	1258921	6662	5.29	2926	2.32	3736	2.97
德惠市	Dehui	824524	5313	6.44	1480	1.79	3833	4.65
吉林市	**Jilin**	**4243493**	**29735**	**7.01**	**32747**	**7.72**	**-3012**	**-0.71**
市辖区	City	1818752	13522	7.43	11495	6.32	2027	1.11
昌邑区	Changyi	618632	4326	6.99	5233	8.46	-907	-1.47
龙潭区	Longtan	456326	2813	6.16	2872	6.29	-59	-0.13
船营区	Chuanying	465541	3705	7.96	2184	4.69	1521	3.27
丰满区	Fengman	278253	2678	9.62	1206	4.33	1472	5.29
永吉县	Yongji	390441	2702	6.92	2872	7.36	-170	-0.44
蛟河市	Jiaohe	437233	2968	6.79	2849	6.52	119	0.27
桦甸市	Huadian	438698	3131	7.14	6279	14.31	-3148	-7.18
舒兰市	Shulan	633312	3952	6.24	5283	8.34	-1331	-2.10
磐石市	Panshi	525058	3460	6.59	3969	7.56	-509	-0.97
四平市	**Siping**	**3254491**	**21927**	**6.74**	**13567**	**4.17**	**8360**	**2.57**
市辖区	City	582317	3913	6.72	3435	5.90	478	0.82
铁西区	Tiexi	256232	1900	7.42	1415	5.52	485	1.89
铁东区	Tiedong	326086	2013	6.17	2020	6.19	-7	-0.02
梨树县	Lishu	764468	5016	6.56	3470	4.54	1546	2.02
伊通满族自治县	Yitong	455600	2739	6.01	1334	2.93	1405	3.08
公主岭市	Gongzhuling	1051975	7529	7.16	3738	3.55	3791	3.60
双辽市	Shuangliao	400132	2730	6.82	1590	3.97	1140	2.85
辽源市	**Liaoyuan**	**1203015**	**8280**	**6.88**	**6012**	**5.00**	**2268**	**1.89**
市辖区	City	463810	3117	6.72	3326	7.17	-209	-0.45
龙山区	Longshan	301302	2316	7.69	1955	6.49	361	1.20
西安区	Xi' an	162508	801	4.93	1371	8.44	-570	-3.51
东丰县	Dongfeng	396063	2688	6.79	1446	3.65	1242	3.14
东辽县	Dongliao	343143	2475	7.21	1240	3.61	1235	3.60
通化市	**Tonghua**	**2204759**	**16522**	**7.49**	**11454**	**5.20**	**5068**	**2.30**

注：表内数据为公安部门户籍人口数。表内数据四舍五入。
Note:Data were obtained from the annual reports of the public security department.Data were rounded.

19－6 续表 continued

单位: 人 unit:person

市、县	City, County	年平均人口 Annual Average Population	出生 Birth		死亡 Death		自然增长 Natural Growth	
			人数 Number of Birth	出生率（‰）Birth Rate（‰）	人数 Number of Death	死亡率（‰）Death Rate（‰）	人数 Numberof Natural Growth	自然增长率（‰）Natural Growth Rate(‰)
市辖区	City	440674	3303	7.50	2238	5.08	1065	2.42
东昌区	Dongchang	316257	2661	8.41	1482	4.69	1179	3.73
二道江区	Erdaojiang	124417	642	5.16	756	6.08	-114	-0.92
通化县	Tonghua	240511	1993	8.29	1545	6.42	448	1.86
辉南县	Huinan	338715	2229	6.58	2107	6.22	122	0.36
柳河县	Liuhe	366094	2859	7.81	1870	5.11	989	2.70
梅河口	Meihekou	603100	4663	7.73	2747	4.55	1916	3.18
集安市	Ji' an	215666	1475	6.84	947	4.39	528	2.45
白山市	**Baishan**	**1234864**	**8709**	**7.05**	**7333**	**5.94**	**1376**	**1.11**
市辖区	City	558247	3626	6.50	2991	5.36	635	1.14
浑江区	Badaojiang	333971	2404	7.20	1671	5.00	733	2.19
江源区	Jiangyuan	224277	1222	5.45	1320	5.89	-98	-0.44
抚松县	Fusong	293565	2348	8.00	2000	6.81	348	1.19
靖宇县	Jingyu	139948	1174	8.39	724	5.17	450	3.22
长白朝鲜族自治县	Changbai	80538	563	6.99	502	6.23	61	0.76
临江市	Linjiang	162567	998	6.14	1116	6.86	-118	-0.73
松原市	**Songyuan**	**2782185**	**20271**	**7.29**	**6412**	**2.30**	**13859**	**4.98**
市辖区	City	569354	4377	7.69	1518	2.67	2859	5.02
宁江区	Ningjiang	569354	4377	7.69	1518	2.67	2859	5.02
前郭尔罗斯蒙古族自治县	Qianguo	579372	4190	7.23	1576	2.72	2614	4.51
长岭县	Changling	635245	4929	7.76	1135	1.79	3794	5.97
乾安县	Qian' an	275220	1925	6.99	977	3.55	948	3.44
扶余市	Fuyu	722994	4850	6.71	1206	1.67	3644	5.04
白城市	**Baicheng**	**1950658**	**12227**	**6.27**	**9846**	**5.05**	**2381**	**1.22**
市辖区	City	494913	3227	6.52	2683	5.42	544	1.10
洮北区	Taobei	494913	3227	6.52	2683	5.42	544	1.10
镇赉县	Zhenlai	273014	1620	5.93	1174	4.30	446	1.63
通榆县	Tongyu	362763	2600	7.17	1172	3.23	1428	3.94
洮南市	Taonan	424967	2666	6.27	1905	4.48	761	1.79
大安市	Da' an	395003	2114	5.35	2912	7.37	-798	-2.02
延边朝鲜族自治州	**Yanbian**	**2128056**	**17791**	**8.36**	**14623**	**6.87**	**3168**	**1.49**
延吉市	Yanji	543232	5247	9.66	3451	6.35	1796	3.31
图们市	Tumen	117626	678	5.76	1079	9.17	-401	-3.41
敦化市	Dunhua	468264	4141	8.84	2569	5.49	1572	3.36
珲春市	Hunchun	228109	2276	9.98	1415	6.20	861	3.77
龙井市	Longjing	162255	1036	6.39	1605	9.89	-569	-3.51
和龙市	Helong	177686	1166	6.56	1655	9.31	-489	-2.75
汪清县	Wangqing	226967	1653	7.28	1744	7.68	-91	-0.40
安图县	Antu	203919	1594	7.82	1105	5.42	489	2.40

19－7 各市县城镇非私营单位从业人员（2016年）

单位：人

市、县	City, County	单位从业人员合计 Employment Persons	国有经济 State-owned	集体经济 Collective-owned
全　省	**Total**	**3221463**	**1631214**	**61472**
长春市	**Changchun**	**1258761**	**545788**	**17412**
市　区	District	1130363	460149	14105
农安县	Nong' an	42804	29464	1592
榆树市	Yushu	42172	30140	658
德惠市	Dehui	43422	26035	1057
吉林市	**Jilin**	**390251**	**199502**	**10055**
市　区	District	259872	118817	6189
永吉县	Yongji	17119	10868	830
蛟河市	Jiaohe	24144	18917	700
桦甸市	Huadian	31664	13433	1059
舒兰市	Shulan	29859	20078	769
磐石市	Panshi	27593	17389	508
四平市	**Siping**	**192442**	**122262**	**5460**
市　区	District	82639	46671	403
梨树县	Lishu	27190	20116	817
伊通满族自治县	Yitong	19044	12988	1003
公主岭市	Gongzhuling	41891	25406	2817
双辽市	Shuangliao	21678	17081	420
辽源市	**Liaoyuan**	**127105**	**52768**	**1619**
市　区	District	93724	27213	413
东丰县	Dongfeng	17998	15525	625
东辽县	Dongliao	15383	10030	581
通化市	**Tonghua**	**274606**	**106069**	**7418**
市　区	District	146040	37266	2948
通化县	Tonghua	19097	9921	780
辉南县	Huinan	20117	13632	935
柳河县	Liuhe	19835	11687	58
梅河口市	Meihekou	49157	23844	1881
集安市	Ji' an	20360	9719	816

注：各地区相加不等于全省总计。
Note:The sum of data by every city is not equal to the total.

Non–Private Sector Workers in Cities and Counties (2016)

unit:person

其他单位合计 Others	内资 Domestic Funds	港澳台投资 Funds from Hongkong Macao and Taiwan	外商投资 Foreign Funded
1528777	**1382716**	**44326**	**101735**
695561	**597499**	**25286**	**72776**
656109	564140	25015	66954
11748	10222		1526
11374	9954	271	1149
16330	13183		3147
180694	**167572**	**6269**	**6853**
134866	126253	5193	3420
5421	5173		248
4527	4434	93	
17172	17097		75
9012	8516	496	
9696	6099	487	3110
64720	**58449**	**4298**	**1973**
35565	32254	3028	283
6257	6257		
5053	5053		
13668	10748	1230	1690
4177	4137	40	
72718	**69353**	**1487**	**1878**
66098	63222	998	1878
1848	1359	489	
4772	4772		
161119	**156255**	**1999**	**2865**
105826	103560	1623	643
8396	7899	43	454
5550	5376	98	76
8090	8090		
23432	21786	225	1421
9825	9544	10	271

单位: 人

市、县	City，County	单位从业人员合计 Total Employment Persons	国有经济 State-owned	集体经济 Collective-owned
白山市	**Baishan**	**170203**	**98420**	**2772**
市　区	District	91995	44673	1405
抚松县	Fusong	35386	22344	479
靖宇县	Jingyu	11387	9369	285
长白朝鲜族自治县	Changbai	10279	7772	170
临江市	Linjiang	21156	14262	433
松原市	**Songyuan**	**263923**	**128466**	**7253**
市　区	District	113710	36084	2915
前郭尔罗斯蒙古族自治县	Qianguo	61807	40471	2468
长岭县	Changling	25717	20294	891
乾安县	Qian' an	23128	14244	307
扶余市	Fuyu	39561	17373	672
白城市	**Baicheng**	**207323**	**145587**	**5102**
市　区	District	95093	60491	2608
镇赉县	Zhenlai	26607	21416	327
通榆县	Tongyu	24564	19020	1201
洮南市	Taonan	27867	20247	819
大安市	Da' an	33192	24413	147
延边朝鲜族自治州	**Yanbian**	**266707**	**154263**	**3923**
延吉市	Yanji	82921	45114	1057
图们市	Tumen	7813	5654	284
敦化市	Dunhua	55178	30129	840
珲春市	Hunchun	44335	13924	473
龙井市	Longjing	10541	8079	44
和龙市	Helong	17396	13077	648
汪清县	Wangqing	25022	22425	360
安图县	Antu	23501	15861	217

continued

unit:person

其他单位合计 Others	内资 Domestic Funds	港澳台投资 Funds from Hongkong Macao and Taiwan	外商投资 Foreign Funded
69011	**66050**	**2158**	**803**
45917	45630	287	
12563	9978	1852	733
1733	1733		
2337	2248	19	70
6461	6461		
128204	**126405**	**368**	**1431**
74711	73158	331	1222
18868	18659		209
4532	4532		
8577	8540	37	
21516	21516		
56634	**52953**	**972**	**2709**
31994	29057	872	2065
4864	4763		101
4343	4219	15	109
6801	6711		90
8632	8203	85	344
108521	**97140**	**1640**	**9741**
36750	31722	654	4374
1875	1489		386
24209	22697	883	629
29938	26927		3011
2418	2234		184
3671	3372		299
2237	2237		
7423	6462	103	858

19－8 各市县城镇非私营单位从业人员工资（2016年）
Salaries for Non–Private Sector Workers in Cities and Counties（2016）

市、县	City，County	单位从业人员工资总额(万元) Earning of Employed Persons (10000 yuan)	在岗职工工资 Wages of Staff and Workers	其他从业人员工资总额 Others	单位从业人员平均工资（元） Average Earning of Employed Persons (yuan)	#在岗职工平均工资 Average Wages of Staff and Workers
全　省	**Total**	**18247620**	**17705555**	**542065**	**56098**	**57486**
长春市	**Changchun**	**8565763**	**8301630**	**264133**	**66948**	**68434**
市　区	District	7998257	7748926	249331	69447	71002
农安县	Nong' an	190481	182802	7679	45575	47254
榆树市	Yushu	194796	191335	3461	45834	46394
德惠市	Dehui	182229	178567	3662	41925	42726
吉林市	**Jilin**	**2111281**	**2079465**	**31816**	**53028**	**53392**
市　区	District	1511225	1482387	28838	56749	57218
永吉县	Yongji	78404	78121	283	45472	45757
蛟河市	Jiaohe	113790	113721	69	46318	46392
桦甸市	Huadian	144524	143476	1048	45581	45977
舒兰市	Shulan	133475	132229	1246	44946	45408
磐石市	Panshi	129863	129531	332	45358	45475
四平市	**Siping**	**953900**	**926140**	**27760**	**49682**	**50676**
市　区	District	421567	399663	21904	51172	53112
梨树县	Lishu	120722	118549	2174	44408	44978
伊通满族自治县	Yitong	94063	91156	2907	49535	50778
公主岭市	Gongzhuling	214037	213279	757	51171	51269
双辽市	Shuangliao	103512	103493	19	47884	47918
辽源市	**Liaoyuan**	**591438**	**580196**	**11242**	**46132**	**46910**
市　区	District	431629	422166	9463	45882	46775
东丰县	Dongfeng	88582	88050	532	47571	47937
东辽县	Dongliao	71227	69980	1247	45920	46461
通化市	**Tonghua**	**1289792**	**1245516**	**44276**	**46390**	**47506**
市　区	District	719282	702217	17065	48140	48971
通化县	Tonghua	95395	95085	311	48463	48587
辉南县	Huinan	84245	81108	3137	42091	43809
柳河县	Liuhe	86369	82311	4059	44251	46231
梅河口市	Meihekou	218722	205752	12970	45352	46851
集安市	Ji' an	85780	79045	6735	40518	41642

注：工资总额各地区相加不等于全省数据。
Note: The sum of wage in the vegion is not equal to the province data.

19－8 续表 continued

市、县	City, County	单位从业人员工资总额（万元）Earning of Employed Persons (10000 yuan)	在岗职工工资 Wages of Staff and Workers	其他从业人员工资总额 Others	单位从业人员平均工资(元) Average Earning of Employed Persons (yuan)	#在岗职工平均工资 Average Wages of Staff and Workers
白山市	**Baishan**	**759254**	**712882**	**46372**	**44019**	**47294**
市区	District	388531	363928	24603	41273	43677
抚松县	Fusong	180045	171306	8739	50949	54929
靖宇县	Jingyu	50890	47613	3277	44535	49654
长白朝鲜族自治县	Changbai	47752	45285	2467	46573	53541
临江市	Linjiang	92036	84750	7286	43149	46622
松原市	**Songyuan**	**1300441**	**1266262**	**34179**	**50251**	**50592**
市区	District	657127	646630	10498	58155	58843
前郭尔罗斯蒙古族自治县	Qianguo	258469	246242	12226	44342	43479
长岭县	Changling	125059	124617	442	48966	49301
乾安县	Qian' an	99014	97380	1634	43938	44531
扶余市	Fuyu	160772	151393	9379	40773	41334
白城市	**Baicheng**	**879085**	**844647**	**34438**	**42179**	**44619**
市区	District	418373	404003	14370	43651	44247
镇赉县	Zhenglai	104028	102796	1232	39101	39083
通榆县	Tongyu	107718	104437	3281	43815	47029
洮南市	Taonan	103845	97199	6646	37763	43474
大安市	Da' an	145121	136212	8909	42831	50209
延边朝鲜族自治州	**Yanbian**	**1227056**	**1180140**	**46916**	**46117**	**47673**
延吉市	Yanji	413565	388377	25188	48962	51249
图们市	Tumen	38459	37683	776	43774	44485
敦化市	Dunhua	234433	229313	5120	44152	45999
珲春市	Hunchun	209320	204512	4808	46776	47596
龙井市	Longjing	46270	44733	1537	43966	45373
和龙市	Helong	75596	71294	4302	43448	45546
汪清县	Wangqing	109257	108222	1035	46679	47217
安图县	Antu	100156	96006	4150	42349	43554

19－9　各市县固定资产投资（不含农户）（2016年）

City and County of Investment in Fixed Assets (Exduding Rural)（2016）

单位：万元　　unit:10000yuan

市、县	City, County	总计 Total	#国有单位 State ouned units	#房地产开发 Real Estate Developmend
全　省	**Total**	**137731688**	**32653259**	**10167618**
长春市	**Changchun**	**46590403**	**11171384**	**5966477**
市　区	District	38471597	9944436	5407866
农安县	Nong' an	2798840	531780	271317
榆树市	Yushu	2522583	295142	162177
德惠市	Dehui	2797383	400026	125117
吉林市	**Jilin**	**28048577**	**4527879**	**1318258**
市　区	District	17650330	2323529	993350
永吉县	Yongji	1073154	209806	41564
蛟河市	Jiaohe	2232888	127516	21526
桦甸市	Huadian	2440945	254821	138200
舒兰市	Shulan	1972394	793395	34709
磐石市	Panshi	2678865	818812	88909
四平市	**Siping**	**8841900**	**2178828**	**427912**
市　区	District	3010148	787659	223057
梨树县	Lishu	683722	129183	23522
伊通满族自治县	Yitong	750002	152508	52184
公主岭市	Gongzhuling	3429400	882084	121149
双辽市	Shuangliao	968628	227394	8000
辽源市	**Liaoyuan**	**6584642**	**708663**	**121525**
市　区	District	3566342	262327	111111
东丰县	Dongfeng	1567500	253018	9614
东辽县	Dongliao	1450800	193318	800
通化市	**Tonghua**	**10657295**	**2853046**	**639013**
市　区	District	2110981	252336	112437
通化县	Tonghua	1543126	365462	35700
辉南县	Huinan	1245935	454274	14600

单位：万元 unit:10000yuan

市、县	City, County	总计 Total	#国有单位 State Owned Units	#房地产开发 Real Estate Developmend
柳河县	Liuhe	1264588	323835	62330
梅河口市	Meihekou	3272255	948821	405497
集安市	ji' an	1220410	508318	8449
白山市	**Baishan**	**6627200**	**1630706**	**135986**
市区	District	2908093	266500	83984
抚松县	Fusong	1429783	598015	11044
靖宇县	Jingyu	692794	202808	25475
长白朝鲜族自治县	Changbai	607683	296633	4632
临江市	Linjiang	988847	266750	10851
松原市	**Songyuan**	**14157342**	**3097794**	**352662**
市区	District	4401638	934065	104462
前郭尔罗斯蒙古族自治县	Qianguo	2957267	712590	116767
长岭县	Changling	2544517	980708	37386
乾安县	Qian' an	2027580	217559	19016
扶余县	Fuyu	2226340	252872	75031
白城市	**Baicheng**	**7290400**	**3142394**	**241223**
市区	District	1601118	321001	211060
镇赉县	Zhenlai	1481971	1102553	4824
通榆县	Tongyu	1241881	449496	19448
洮南市	Taonan	1655724	666603	3455
大安市	Da' an	1309706	602741	2436
延边朝鲜族自治州	**Yanbian**	**8933929**	**3342565**	**964562**
延吉市	Yanji	2667475	437154	510004
图们市	Tumen	475680	109251	36557
敦化市	Dunhua	1676561	869996	106160
珲春市	Hunchun	1469755	577078	102474
龙井市	Longjing	497113	295029	31432
和龙市	Helong	614043	413830	18846
汪清县	Wangqing	769164	172650	66458
安图县	Antu	764138	467577	92631

19－10　各市县地方公共财政收入（2016年）

Local Public Finance Revenue in Cities and Counties（2016）

单位: 万元　　　unit:10000 yuan

市、县 City，County		地方公共财政收入 Local Government Revenue	税收收入 Tax revenue	#增值税 Value-added Tax	#营业税 Business Tax	#企业所得税 Corporate Income Tax	#个人所得税 Individual Income Tax	#城市维护建设税 Urban Maintenance and Construction tax	#耕地占用税 Farmland Occupancex Tax	#非税收入 Non Tax Revenue
长春市	**Changchun**	**4154853**	**3098900**	**825214**	**214112**	**579579**	**162828**	**421181**	**55449**	**1055953**
市本级	District	3115804	2367693	670769	121237	451062	114628	400226	21000	748111
榆树市	Yushu	93000	43152	7042	10156	6458	1954	2262	1175	49848
德惠市	Dehui	96862	76260	13230	17374	12036	1021	3718	2677	20602
农安县	Nong' an	131654	95427	22792	18698	9789	1966	4368	517	36227
吉林市	**Jilin**	**1355597**	**864781**	**201265**	**68095**	**64441**	**24957**	**89870**	**133676**	**490816**
市本级	District	665945	424787	76491	28699	24430	11269	47306	54929	241158
桦甸市	Huadian	112940	50441	17207	6793	6579	1754	2972	117	62499
蛟河市	Jiaohe	75624	47444	21204	4907	5920	1946	3742	692	28180
舒兰市	Shulan	66564	25082	6375	2761	2398	1428	1091	318	41482
磐石市	Panshi	100217	63904	19387	4637	7028	2452	3245	15683	36313
永吉县	Yongji	54873	32380	7118	3899	7062	1267	953	1891	22493
四平市	**Siping**	**634445**	**409090**	**80895**	**45241**	**35648**	**10163**	**30948**	**100457**	**225355**
市本级	District	206824	120948	24460	4962	7056	2174	18790	35055	85876
公主岭市	Gongzhuling	205051	119577	28219	19044	17404	2875	5436	6766	85474
双辽市	Shuangliao	36916	25553	6854	4942	2136	896	1526	54	11363
梨树县	Lishu	48637	29843	6267	6837	3828	1412	1300	447	18794
伊通满族自治县	Yitong	51915	36368	9380	4923	2510	795	1589	9357	15547
辽源市	**Liaoyuan**	**242097**	**126215**	**29555**	**15096**	**14949**	**5374**	**10741**	**2006**	**115882**
市本级	District	136810	71664	15476	5245	7171	3145	8963	912	65146
东丰县	Dongfeng	43100	19070	5141	3968	2794	722	725	340	24030
东辽县	Dongliao	40114	17455	5987	1878	3190	913	1053	1	22659
通化市	**Tonghua**	**827809**	**597851**	**93108**	**52125**	**62433**	**30774**	**24152**	**143619**	**229958**
市本级	District	93140	49278	18517	3719	8528	2353	7398	5656	43862
梅河口市	Meihekou	305250	233824	27501	21571	28922	18843	6085	29349	71426
集安市	Ji' an	73089	49850	8829	4213	2347	2789	1648	12838	23239
通化县	Tonghua	109517	74183	11339	5025	9798	2367	1283	36392	35334
辉南县	Huinan	79791	57759	9712	3958	4074	1625	1356	21498	22032
柳河县	Liuhe	77567	68726	8034	10445	5173	929	1895	26497	8841

注：各市、县相加不等于地区数。
Note:The sum of data by every city and county is not equal to the total.

19－10 续表 continued

单位: 万元 unit:10000 yuan

市、县 City, County		地方公共财政收入 Local Government Revenue	税收收入 Tax Revenue	#增值税 Value-added Tax	#营业税 Business Tax	#企业所得税 Corporate Income Tax	#个人所得税 Individual Income Tax	#城市维护建设税 Urban Maintenance and Construction tax	#耕地占用税 Farmland Occupancex Tax	#非税收入 Non Tax Revenue
白山市	**Baishan**	**470252**	**317872**	**54436**	**22807**	**20254**	**11202**	**14565**	**146003**	**152380**
市本级	District	80838	45862	13279	1592	4006	6019	7715		34976
临江市	Linjiang	63369	43608	4312	4546	2674	923	1093	25860	19761
抚松县	Fusong	123155	94908	14821	8735	3928	1728	2260	55505	28247
靖宇县	Jingyu	46225	36962	6599	2108	4637	604	910	17547	9263
长白朝鲜族自治县	Changbai	33069	25276	5511	1410	2636	518	753	12090	7793
松原市	**Songyuan**	**507079**	**311682**	**68095**	**36727**	**20979**	**8468**	**20322**	**17688**	**195397**
市本级	District	207488	116661	14181	9966	5472	2684	12156	10331	90827
长岭县	Changling	51658	35354	9838	5829	3067	1105	1601	1826	16304
前郭尔罗斯蒙古族自治县	Qianguo	117448	72928	24970	9812	6315	1960	4046	2693	44520
乾安县	Qian' an	38624	27213	7555	2993	1582	754	1034	987	11411
扶余市	Fuyu	50110	23818	6760	3387	2623	649	1400	910	26292
白城市	**Baicheng**	**420400**	**214932**	**54255**	**27535**	**22494**	**8472**	**14410**	**5220**	**205468**
市本级	District	129700	63951	15578	6236	5160	2156	7076	2344	65749
洮南市	Taonan	74826	37776	12043	4717	5324	1538	2271	1202	37050
大安市	Da' an	73605	49535	13468	6121	7238	1596	2338	556	24070
镇赉县	Zhenlai	70837	35865	7454	6145	2412	1454	1201	230	34972
通榆县	Tongyu	54893	15868	4234	2705	1315	605	760	880	39025
延边朝鲜族自治州	**Yanbian**	**915134**	**458448**	**116484**	**64377**	**62154**	**24961**	**48808**	**6969**	**456686**
州本级	District	102411	22044	14799		7245				80367
延吉市	Yanji	287239	180675	36092	23934	17411	12039	35888	706	106564
图们市	Tumen	21105	11429	4583	1515	1542	578	570	1	9676
敦化市	Dunhua	144806	82649	24050	12891	14292	5598	4707	561	62157
龙井市	Longjing	29034	15557	4287	3524	502	447	915	1745	13477
珲春市	Hunchun	195256	76729	17358	14556	10707	3619	4192	1598	118527
和龙市	Helong	33943	14869	4528	1974	1942	676	916	955	19074
汪清县	Wangqing	50789	27836	6502	3136	5873	1179	979	334	22953
安图县	Antu	50551	26660	4285	2847	2640	825	641	1069	23891

19-11 各市县公共财政支出(2016年)

Local Government Expenditure by City and County (2016)

单位:万元　　unit:10000 yuan

市、县 City, County		财政支出 Covernment Expenditure	#一般公共服务 General Public Services	#公共安全 Public Safety	#教育 Education	#科学技术 Science and Technology	#社会保障和就业 Social Security and Employment	#医疗卫生与计划生育 Health and Family Planning	#节能保护 Energy Saving and Environmental Protection	#农林水事务 Angriculture, Forestry, Water Affairs
长春市	**Changchun**	**7705743**	**772377**	**358841**	**1076136**	**95407**	**1116130**	**675528**	**212162**	**574623**
市本级	District	4034074	315489	269625	348792	87807	477578	250892	139126	134046
榆树市	Yushu	618327	32861	25734	96292	795	136141	76635	3863	113615
德惠市	Dehui	483685	32144	15785	83216	274	117609	71310	9198	80829
农安县	Nong' an	568051	21720	16035	126368	341	98092	75384	6164	95289
吉林市	**Jilin**	**3802096**	**263389**	**174541**	**599423**	**27194**	**791726**	**427819**	**96275**	**307469**
市本级	District	1698429	108791	109823	163086	17344	469264	129717	48706	53400
桦甸市	Huadian	340617	17861	15689	66097	483	53907	55027	7999	40827
蛟河市	Jiaohe	323681	15811	8596	52854	336	62146	53231	11364	40461
舒兰市	Shulan	349565	24755	9777	79629	1137	74156	44684	8240	39285
磐石市	Panshi	315544	22128	10003	70250	2571	47554	41823	2875	41004
永吉县	Yongji	234375	13012	8173	47195	200	37813	29070	2769	51495
四平市	**Siping**	**2612708**	**153695**	**85975**	**429730**	**4000**	**510340**	**249179**	**101019**	**269607**
市本级	District	611468	36353	37446	51272	1548	167828	36166	51099	30928
公主岭市	Gongzhuling	699197	38216	18566	123962	1124	112287	73017	33165	69129
双辽市	Shuangliao	309341	18953	8193	60170	281	61702	31225	5067	51291
梨树县	Lishu	483052	19220	10175	74796	283	90633	54883	7693	71568
伊通满族自治县	Yitong	301188	16098	9820	56963	236	46358	35285	2735	37763
辽源市	**Liaoyuan**	**1105557**	**79663**	**49949**	**182100**	**3497**	**250009**	**97441**	**15604**	**119152**
市本级	District	490415	33904	32017	52810	2560	131111	27425	10466	18290
东丰县	Dongfeng	270700	17066	8618	55332	286	47739	32969	2368	50147
东辽县	Dongliao	251399	19709	7320	50192	387	37024	26745	2590	45412
通化市	**Tonghua**	**2588675**	**169163**	**101654**	**361711**	**66721**	**434786**	**196370**	**81281**	**266772**
市本级	District	603619	41097	39974	57241	15391	117629	27744	31921	12266
梅河口市	Meihekou	632863	23747	14560	97341	20200	104079	49639	14659	69631
集安市	Ji' an	270772	18342	11786	37706	1458	45937	18387	3339	30584
通化县	Tonghua	271578	21797	9445	47761	10036	37897	28126	6384	37155
辉南县	Huinan	279660	17114	11887	44825	3616	49026	23577	8239	38221
柳河县	Liuhe	300567	19925	9498	46363	9376	52331	28709	7091	60721

注:各市、县相加不等于地区数。
Note:The sum of data by every city and county is not equal to the total.

19－11 续表 continued

单位：万元　　　　unit:10000 yuan

市、县 City，County		财政支出 Covernment Expenditure	#一般公共服务 General Public Services	#公共安全 Public Safety	#教育 Education	#科学技术 Science and Technology	#社会保障和就业 Social Security and Employment	#医疗卫生与计划生育 Health and Family Planning	#节能保护 Energy Saving and Environmental Protection	#农林水事务 Angriculture, Forestry, Water Affairs
白山市	**Baishan**	**1788066**	**115655**	**71644**	**222992**	**11475**	**345559**	**155852**	**47101**	**219632**
市本级	District	329567	32209	22645	29575	7714	69588	25872	2368	17955
临江市	Linjiang	279374	13086	7438	33316	345	47538	26360	9454	55178
抚松县	Fusong	378012	21184	14791	58714	1240	68074	27128	10958	55466
靖宇县	Jingyu	214365	16335	7591	24652	437	28062	13291	9751	38953
长白朝鲜族自治县	Changbai	192609	12885	10922	21278	1361	37781	7808	11158	22999
松原市	**Songyuan**	**2235018**	**164528**	**89722**	**351450**	**4305**	**290344**	**230900**	**45488**	**432453**
市本级	District	732787	54340	40924	56812	2685	44679	72379	26607	165326
长岭县	Changling	384131	25106	13322	77800	359	47652	44884	4863	66868
前郭尔罗斯蒙古族自治县	Qianguo	417499	32933	12724	79071	449	61542	37657	4732	97799
乾安县	Qian' an	236819	17216	11481	42308	364	33429	24265	6655	39684
扶余市	Fuyu	327657	24041	10215	62400	229	56174	35568	1444	43476
白城市	**Baicheng**	**2224702**	**154787**	**65857**	**299546**	**9390**	**368383**	**185918**	**82343**	**444746**
市本级	District	527326	44990	26263	28042	5235	100516	23336	53041	57963
洮南市	Taonan	385243	24183	8631	43089	2513	74673	38771	6512	77066
大安市	Da' an	409625	17909	10406	72952	591	67503	48031	10248	78513
镇赉县	Zhenlai	356991	32527	10339	48346	248	44959	25008	4239	90591
通榆县	Tongyu	356112	18635	9221	60369	318	46609	30599	6772	99608
延边朝鲜族自治州	**Yanbian**	**3391070**	**266587**	**136839**	**451217**	**21794**	**542978**	**228307**	**220674**	**457619**
州本级	District	514497	35240	30859	28899	2324	36314	30937	154684	74952
延吉市	Yanji	607962	34692	20699	90920	8775	100102	40610	7662	24783
图门市	Tumen	177016	15729	9277	24341	256	42319	11251	3899	31147
敦化市	Dunhua	529089	55344	15794	86952	7677	103989	37955	16537	88042
龙井市	Longjing	233462	19944	9204	26254	497	60272	14627	4818	43026
珲春市	Hunchun	437490	40577	20637	67232	942	39323	27049	8146	38574
和龙市	Helong	313112	14839	11990	36399	343	63289	26776	9226	46989
汪清县	Wangqing	286430	34148	10313	45466	486	57474	20544	11391	62049
安图县	Antu	292012	16074	8066	44754	494	39896	18558	4311	48057

19－12 各市县农村基层组织和乡村建设情况（2016年）

The Situation of Rural Primary Organizations and Rural Construction in the Cities and Counties（2016）

市、县 City，County		乡政府（个）Township Governments (unit)	镇政府（个）Town Governments (unit)	乡村户数（户）Number of Rural Households (household)	乡村人口（人）Rural Population (person)	村民委员会（个）Number of Villager' s Committees(unit)	#自来水受益村 Tap Water Benefit Village	#通有线电视村 Cable TV Village	#通宽带村 Broadband Village
全　省	**Total**	**182**	**428**	**4248792**	**14753778**	**9313**	**6444**	**8824**	**8977**
长春市	**Changchun**	**30**	**59**	**1157008**	**4212863**	**1648**	**806**	**1521**	**1572**
市　区	District	7	23	381064	1295452	647	284	545	517
农安县	Nong' an	10	11	274254	1015908	356	254	283	362
榆树市	Yushu	9	15	301563	1113421	383	198	388	388
德惠市	Dehui	4	10	200127	788082	262	70	305	305
吉林市	**Jilin**	**20**	**56**	**598870**	**2151603**	**1379**	**1074**	**1287**	**1266**
市　区	District	7	13	177487	606049	360	269	357	353
永吉县	Yongji	2	6	73095	259781	125	105	108	123
蛟河市	Jiaohe	2	8	83806	286767	256	182	256	255
桦甸市	Huadian	3	6	61962	226432	156	148	156	153
舒兰市	Shulan	5	10	119865	447601	210	135	171	118
磐石市	Panshi	1	13	82655	324973	268	235	239	264
四平市	**Siping**	**17**	**56**	**604259**	**2122049**	**1179**	**560**	**1126**	**1149**
市　区	District	2	3	58726	199276	74	40	74	74
梨树县	Lishu	6	15	165230	573058	310	163	295	295
伊通满族自治县	Yitong	3	12	105502	369589	187	154	187	182
公主岭市	Gongzhuling	2	18	198896	712463	405	152	370	398
双辽市	Shuangliao	4	8	75905	267663	203	51	190	190
辽源市	**Liaoyuan**	**7**	**24**	**199591**	**666448**	**517**	**226**	**513**	**514**
市　区	District	1	3	28839	93131	55	37	55	55
东丰县	Dongfeng	2	12	91672	305823	229	114	229	229
东辽县	Dongliao	4	9	79080	267494	233	75	228	229
通化市	**Tonghua**	**17**	**60**	**364865**	**1234498**	**988**	**900**	**987**	**980**
市　区	District	3	4	21389	65269	37	37	37	37
通化县	Tonghua	5	9	54737	163585	160	145	159	159
辉南县	Huinan	1	10	63067	220186	143	131	143	136
柳河县	Liuhe	3	12	70511	262158	219	214	219	219

19－12　续表　continued

市、县 City, County		乡政府（个）Township Governments (unit)	镇政府（个）Town Governments (unit)	乡村户数（户）Number of Rural Households (household)	乡村人口（人）Rural Population (person)	村民委员会（个）Number of Villager's Committees(unit)	#自来水受益村 Tap water benefit Village	#通有线电视村 Cable TV Village	#通宽带村 broadband Village
梅河口市	Meihekou	3	16	104412	365982	303	253	303	303
集安市	Ji' an	2	9	50749	157318	126	120	126	126
白山市	**Baishan**	**6**	**41**	**128716**	**393008**	**504**	**496**	**456**	**483**
市区	District		10	40615	127194	115	115	99	114
抚松县	Fusong	3	11	33459	101860	131	129	120	116
靖宇县	Jingyu	1	7	23516	70940	111	105	90	110
长白朝鲜族自治县	Changbai	1	7	10910	32433	77	77	77	77
临江市	Linjiang	1	6	20216	60581	70	70	70	66
松原市	**Songyuan**	**35**	**43**	**573395**	**2057220**	**1128**	**628**	**1043**	**1096**
市区	District	3	4	68997	224672	113	102	112	112
前郭尔罗斯蒙古族自治县	Qianguo	13	9	126863	435062	236	135	233	210
长岭县	Changling	10	12	148862	528886	232	4	134	210
乾安县	Qian' an	4	6	62198	218122	163	185	181	181
扶余市	Fuyu	5	12	166475	650478	384	202	383	383
白城市	**Baicheng**	**35**	**38**	**392682**	**1210798**	**919**	**712**	**843**	**869**
市区	District	5	7	78973	243345	162	107	162	162
镇赉县	Zhenlai	4	7	60589	181651	143	133	141	141
通榆县	Tongyu	8	8	81917	254001	177	153	133	131
洮南市	Taonan	10	6	91384	281422	214	116	221	221
大安市	Da' an	8	10	79819	250379	223	203	186	214
延边朝鲜族自治州	**Yanbian**	**15**	**51**	**229406**	**705291**	**1051**	**1042**	**1048**	**1048**
延吉市	Yanji		4	23852	69082	57	54	54	54
图们市	Tumen		4	6105	16698	50	50	50	50
敦化市	Dunhua	5	11	66306	216121	303	297	303	303
珲春市	Hunchun	5	4	26550	78386	119	119	121	121
龙井市	Longjing	2	5	19460	61096	65	65	65	65
和龙市	Helong		8	26043	71824	76	76	76	76
汪清县	Wangqing	1	8	34006	97923	200	200	200	200
安图县	Antu	2	7	27084	94161	181	181	179	179

19－13 各市县农林牧渔总产值（2016年）
Output Value of Agriculture、Forestry、Animal Husbandry and Fishery by City and County（2016）

单位：万元 unit: 10000yuan

市、县	City，County	农林牧渔业总产值 Total	农业 Farming	林业 Forestry	牧业 Animal Husbandry	渔业 Fishery	农林牧渔业总产值指数 Indices
全　省	**Total**	**27248757**	**12319799**	**1072094**	**12528480**	**429947**	**103.2**
长春市	**Changchun**	**6316110**	**2918163**	**42371**	**3118312**	**58681**	**104.4**
市　区	District	1316772	551520	9687	690172	21238	102.5
农安县	Nong' an	1728749	864653	12023	791063	13386	104.6
榆树市	Yushu	1852399	898377	8242	886636	12089	101.9
德惠市	Dehui	1418190	603613	12419	750441	11968	109.7
吉林市	**Jilin**	**4660190**	**2280902**	**138479**	**1955470**	**88000**	**103.1**
市　区	District	987516	478684	12627	420927	29465	107.4
永吉县	Yongji	384761	211617	16029	129666	6161	97.9
蛟河市	Jiaohe	695070	402107	40872	229860	16048	103.0
桦甸市	Huadian	799317	420057	37527	297131	8097	103.1
舒兰市	Shulan	945493	403787	23450	460018	16588	101.9
磐石市	Panshi	848033	364650	7974	417868	11641	102.4
四平市	**Siping**	**5480218**	**2004460**	**92439**	**3261260**	**15959**	**103.4**
市　区	District	309969	108464	2939	188815	5816	104.2
梨树县	Lishu	1687637	661338	62473	933143	1789	103.1
伊通满族自治县	Yitong	871393	192968	812	660931	3032	104.1
公主岭市	Gongzhuling	1846194	791211	12720	987679	3983	104.2
双辽市	Shuangliao	765025	250479	13495	490692	1339	101.0
辽源市	**Liaoyuan**	**1071723**	**414120**	**26955**	**615155**	**6581**	**104.6**
市　区	District	63869	24393	946	36899	181	103.1
东丰县	Dongfeng	623593	214166	14257	390553	2735	105.3
东辽县	Dongliao	384261	175561	11752	187703	3665	103.6
通化市	**Tonghua**	**1607789**	**780975**	**89873**	**581941**	**44234**	**101.5**
市　区	District	95910	35334	3722	54381	513	98.1
通化县	Tonghua	146653	79052	6452	50905	8033	95.3
辉南县	Huinan	319203	164842	3779	120943	7879	100.1
柳河县	Liuhe	396624	192407	61530	102515	3878	101.4
梅河口市	Meihekou	489266	192285	5745	234670	12975	102.6

注：各地区相加不等于全省总计。
Note: The Sum of data by every region is not equal to the whole province.

19－13 续表 continued

单位：万元 unit: 10000yuan

市、县	City，County	农林牧渔业总产值 Total	农业 Farming	林业 Forestry	牧业 Animal Husbandry	渔业 Fishery	农林牧渔业总产值指数 Indices
集安市	Ji' an	160133	117055	8645	18527	10956	109.7
白山市	**Baishan**	**1034213**	**675660**	**131375**	**187058**	**29475**	**102.4**
市区	District	299591	157532	58252	69195	10295	104.0
抚松县	Fusong	378415	282413	34116	49481	9873	97.9
靖宇县	Jingyu	127786	72858	10550	37991	4202	106.1
长白朝鲜族自治县	Changbai	89998	68990	8655	10739	814	105.4
临江市	Linjiang	138423	93867	19802	19652	4291	105.5
松原市	**Songyuan**	**4897208**	**2845012**	**57652**	**1772883**	**101721**	**104.5**
市区	District	286807	199406	8017	60504	11719	105.0
前郭尔罗斯蒙古族自治县	Qianguo	1435062	794321	17501	542287	40953	107.7
长岭县	Changling	1363805	801323	8949	529981	4175	105.1
乾安县	Qian' an	443138	281259	6185	133122	8170	98.6
扶余市	Fuyu	1368396	768703	17000	506989	36704	102.7
白城市	**Baicheng**	**2230785**	**1380492**	**63901**	**644186**	**59131**	**104.5**
市区	District	403431	313638	9449	75139	397	101.3
镇赉县	Zhenlai	553564	319753	21138	167417	27326	109.9
通榆县	Tongyu	376888	242255	10123	102917	5758	102.0
洮南市	Taonan	519478	284493	10602	184553	8647	102.5
大安市	Da' an	377424	220353	12589	114160	17003	105.7
延边朝鲜族自治州	**Yanbian**	**1302722**	**941600**	**83850**	**236070**	**19743**	**102.6**
延吉市	Yanji	87670	57410	3029	22602	315	103.7
图们市	Tumen	30742	19841	1332	9066	228	103.4
敦化市	Dunhua	533845	425325	8060	80034	10549	103.0
珲春市	Hunchun	105135	65781	8983	25862	3207	103.9
龙井市	Longjing	77739	49569	3295	23314	728	103.5
和龙市	Helong	125822	88018	12095	24142	604	103.6
汪清县	Wangqing	206056	133821	42038	25253	2664	104.4
安图县	Antu	135713	101835	5018	25797	1448	96.0

19-14 各市县主要农业机械拥有量（2016年）

Possession of Major Agricultural Machinery by City and County (2016)

市、县 City, County	农业机械总动力（万千瓦）Total Power of Agricultural Machinery (10000kw)	大中型农用拖拉机（混合台）Large and Medium Tractors Towing Farm Machinery (unit)	农用小型及手扶拖拉机（台）Mini-Tractors (unit)	大中型机引农具（部）Large and Medium Tractors Towing Farm Machinery (unit)	农用排灌动力机械（台）Irrigating Machinery (unit)	联合收割机（台）Combine Harvester (unoit)	移动水稻插秧机（台）Mobile Rice Transplanter (unit)	粮食加工机械（台）Machine of Grain Processing (unit)
全　省 Total	**3102.05**	**556378**	**629491**	**898032**	**467561**	**73046**	**63918**	**115087**
长春市 Changchun	**660.39**	**133787**	**72629**	**210419**	**79279**	**15937**	**11259**	**29637**
市　区 District	156.85	17436	36098	40123	26600	3408	2736	7766
农安县 Nong' an	179.86	54616	13817	82919	9919	3967	726	5610
榆树市 Yushu	190.31	42294	8580	55930	13760	5184	5077	8900
德惠市 Dehui	133.37	19441	14134	31447	29000	3378	2720	7361
吉林市 Jilin	**351.96**	**20979**	**191192**	**22677**	**63374**	**8053**	**8318**	**14677**
市　区 District	68.90	4368	36932	3781	8494	1090	1691	2100
永吉县 Yongji	39.70	2145	21114	717	5545	1002	922	3660
蛟河市 Jiaohe	56.89	4842	22545	2800	10511	1281	420	2703
桦甸市 Huadian	39.65	1701	25093	2575	984	1507	206	1500
舒兰市 Shulan	96.70	5922	45982	11302	32380	1738	4512	2304
磐石市 Panshi	50.11	2001	39526	1502	5460	1435	567	2410
四平市 Siping	**371.05**	**56892**	**46560**	**52187**	**71667**	**11875**	**4267**	**11140**
市　区 District	32.11	4920	1142	4135	13095	608	1226	581
梨树县 Lishu	89.05	9723	7379	15996	22078	2490	54	
伊通满族自治县 Yitong	42.93	5282	9240	6945	4193	1022	130	1261
公主岭市 Gongzhuling	130.98	25031	16979	16440	13119	4789	756	7998
双辽市 Shuangliao	75.98	11936	11820	8671	19182	2966	2101	1300
辽源市 Liaoyuan	**125.69**	**9830**	**48364**	**22331**	**34005**	**1678**	**365**	**5971**
市　区 District	4.27	59	2930	85	600	2		705
东丰县 Dongfeng	64.34	7237	20431	15992	22549	1101	291	3078
东辽县 Dongliao	57.08	2534	25003	6254	10856	575	74	2188
通化市 Tonghua	**161.84**	**15851**	**66627**	**20403**	**27401**	**4090**	**2195**	**10597**
市　区 District	5.00	208	763	174	1965	22	2	444
通化县 Tonghua	17.06	1438	6677	1191	284	208	38	3728
辉南县 Huinan	39.63	3335	19683	4744	5960	1325	720	1816
柳河县 Liuhe	35.45	2863	21089	1490	4171	975	355	1496
梅河口市 Meihekou	51.04	7224	14845	12449	9370	1482	1063	1068

19－14 续表 continued

市、县 City, County		农业机械总动力（万千瓦）Total Power of Agricultural Machinery (10000kw)	大中型农用拖拉机（混合台）Large and Medium Tractors Towing Farm Machinery (unit)	农用小型及手扶拖拉机（台）Mini－Tractors (unit)	大中型机引农具（部）Large and Medium Tractors Towing Farm Machinery (unit)	农用排灌动力机械（台）Irrigating Machinery (unit)	联合收割机（台）Combine Harvester (unoit)	移动水稻插秧机（台）Mobile Rice Transplanter (unit)	粮食加工机械（台）Machine of Grain Processing (unit)
集安市	Ji' an	13.67	783	3570	355	5651	78	17	2045
白山市	**Baishan**	**31.19**	**2726**	**2745**	**2851**	**8477**	**107**	**7**	**4967**
市区	District	8.86	326	701	713	3171	14	2	2135
抚松县	Fusong	6.19	494	703	790	2583	20		910
靖宇县	Jingyu	8.05	1318	619	732	1173	37	5	339
长白朝鲜族自治县	Changbai	2.02	260	22	49	625	8		485
临江市	Linjiang	6.07	328	700	567	925	28		1098
松原市	**Songyuan**	**652.64**	**132966**	**125281**	**210592**	**69194**	**15015**	**13005**	**18960**
市区	District	80.01	15095	9965	6226	13450	1633	1098	1353
前郭尔罗斯蒙古族自治县	Qianguo	166.97	21984	38235	71147	17720	5629	8970	3935
长岭县	Changling	159.19	36837	37702	33521	9080	3237	93	2126
乾安县	Qian' an	109.79	32978	9500	47209	6500	2257	144	1550
扶余市	Fuyu	136.68	26072	29879	52489	22444	2259	2700	9996
白城市	**Baicheng**	**522.10**	**127027**	**42545**	**247475**	**106741**	**10919**	**19208**	**13890**
市区	District	127.16	23749	8290	36505	33771	4272	2384	2516
镇赉县	Zhenlai	103.72	27216	2950	80777	21320	2070	12316	1958
通榆县	Tongyu	124.48	44006	1540	80679	15575	1147	50	5590
洮南市	Taonan	92.85	15032	18609	24200	24460	1873	2336	2365
大安市	Da' an	73.88	17024	11156	25314	11615	1557	2122	1461
延边朝鲜族自治州	**Yanbian**	**225.19**	**56320**	**33548**	**109097**	**7423**	**5372**	**5294**	**5248**
延吉市	Yanji	12.99	2597	2900	2497	680	256	508	310
图们市	Tumen	7.92	1854	1160	2385	124	252	133	371
敦化市	Dunhua	81.87	22590	11390	49643	3100	1820	499	2213
珲春市	Hunchun	23.80	4905	5251	4081	73	897	1221	209
龙井市	Longjing	16.21	3152	3688	3817	137	597	912	512
和龙市	Helong	19.37	3555	3872	3419	37	637	1213	696
汪清县	Wangqing	35.68	10528	1625	37883	2664	471	482	711
安图县	Antu	27.37	7139	3662	5372	608	442	326	226

19－15　各市县农业现代化水平（2016年）

Agricultural Modernizing Level of the City and County（2016）

市、县	City，County	机耕面积（千公顷）Area of Machinery Cultivated Land (1000ha)	机播面积（千公顷）Area of Machinery Sowed Land (1000ha)	农村用电量（千千瓦小时）Electrical Consumption in Rual (10000kwh)	有效灌溉面积（千公顷）Effective Irrigated Area (1000ha)	配套机电井（眼）Electrical Machinery of Well (unit)	化肥施用量（实物量）（吨）Consumption of Chemical Fertilizer (ton)	#氮肥 Nitrogenous Fertilizers	#磷肥 Phosphate Fertilizer
全　省	**Total**	**5029.11**	**5230.30**	**5112528**	**1832.17**	**170510**	**4446292**	**1612569**	**434109**
长春市	**Changchun**	**982.88**	**1040.70**	**1414356**	**251.39**	**31197**	**1037683**	**400804**	**108693**
市　区	District	247.20	280.70	723755	89.30	12076	280988	88819	19551
农安县	Nong' an	288.30	252.00	232334	48.58	4992	278073	102055	33336
榆树市	Yushu	274.50	329.50	249413	53.85	7909	326625	140540	36158
德惠市	Dehui	172.88	178.50	208854	59.66	6220	151997	69390	19648
吉林市	**Jilin**	**618.18**	**546.27**	**547470**	**161.35**	**9413**	**610043**	**218084**	**48321**
市　区	District	102.58	87.27	193235	39.04	4222	113372	50150	8611
永吉县	Yongji	72.10	69.70	75938	31.32	2566	73054	18297	6210
蛟河市	Jiaohe	116.60	105.20	76272	15.48	359	111696	37673	15878
桦甸市	Huadian	97.70	93.60	53077	8.76	329	98962	43364	3696
舒兰市	Shulan	137.00	105.00	80585	40.86	1308	110910	35360	11389
磐石市	Panshi	92.20	85.50	68363	25.89	629	102049	33240	2537
四平市	**Siping**	**756.69**	**875.53**	**646458**	**206.32**	**18053**	**708093**	**149184**	**24955**
市　区	District	49.33	47.28	151432	16.24	318	45808	15206	1731
梨树县	Lishu	188.00	252.59	91386	77.95	2541	186330	37761	5853
伊通满族自治县	Yitong	126.37	108.00	86021	14.57	1695	113310	7758	1720
公主岭市	Gongzhuling	275.99	314.66	216763	29.50	4711	265339	43172	7483
双辽市	Shuangliao	117.00	153.00	100856	68.06	8788	97306	45287	8168
辽源市	**Liaoyuan**	**208.43**	**177.33**	**235500**	**23.01**	**5502**	**196741**	**58694**	**11336**
市　区	District	8.43	7.80	9519	0.46	169	13778	4168	1079
东丰县	Dongfeng	110.00	84.20	184361	17.99	4531	110805	41212	5227
东辽县	Dongliao	90.00	85.33	41620	4.56	802	72158	13314	5030
通化市	**Tonghua**	**287.65**	**179.87**	**312633**	**99.57**	**1815**	**305460**	**137883**	**33550**
市　区	District	2.16	0.90	35558	1.00	84	6374	4531	260
通化县	Tonghua	19.54	2.36	37512	5.14	44	17508	8677	878
辉南县	Huinan	80.80	42.80	51657	38.09	145	71425	36449	3940
柳河县	Liuhe	77.10	46.00	60416	18.27	368	80934	33193	11025
梅河口市	Meihekou	101.49	84.60	77790	32.95	1047	112733	46799	15263

19－15　续表　continued

市、县	City，County	机耕面积（千公顷）Area of Machinery Cultivated Land (1000ha)	机播面积（千公顷）Area of Machinery Sowed Land (1000ha)	农村用电量（千千瓦小时）Electrical Consumption in Rual (10000kwh)	有效灌溉面积（千公顷）Effective Irrigated Area (1000ha)	配套机电井（眼）Electrical Machinery of Well (unit)	化肥施用量（实物量）（吨）Consumption of Chemical Fertilizer (ton)	#氮肥 Nitrogenous Fertilizers	#磷肥 Phosphate Fertilizer
集安市	Ji' an	6.56	3.21	49700	4.12	127	16486	8234	2184
白山市	**Baishan**	**29.86**	**16.57**	**90159**	**1.82**	**455**	**36689**	**18012**	**1546**
市　区	District	6.10	3.10	32747	0.58	175	11422	6553	544
抚松县	Fusong	9.60	6.70	15327	0.16	123	9783	3681	322
靖宇县	Jingyu	8.36	4.50	18150	0.38	84	6915	3072	264
长白朝鲜族自治县	Changbai	2.90	0.80	7725	0.43	6	2077	1094	22
临江市	Linjiang	2.90	1.47	16210	0.27	67	6492	3612	394
松原市	**Songyuan**	**1012.28**	**1119.92**	**580825**	**482.62**	**50766**	**838223**	**337300**	**129818**
市　区	District	59.70	64.07	59397	30.42	3825	60255	23428	9960
前郭尔罗斯蒙古族自治县	Qianguo	290.28	317.25	158000	128.84	11285	179066	65529	29400
长岭县	Changling	260.20	291.90	186225	121.80	15958	294497	132124	62868
乾安县	Qian' an	141.90	150.60	59228	93.63	9091	119872	35495	6352
扶余市	Fuyu	260.20	296.10	117975	107.93	10607	184533	80724	21238
白城市	**Baicheng**	**823.05**	**937.70**	**398686**	**537.09**	**52008**	**538354**	**226814**	**57175**
市　区	District	136.30	156.00	47213	101.56	16696	83418	40264	8108
镇赉县	Zhenlai	176.00	194.70	114338	127.27	8135	120802	49570	6003
通榆县	Tongyu	241.60	280.10	57122	121.55	10974	109336	38148	15000
洮南市	Taonan	179.30	200.00	103629	80.51	5494	132692	54795	17670
大安市	Da' an	89.85	106.90	76384	106.20	10709	92106	44037	10394
延边朝鲜族自治州	**Yanbian**	**310.09**	**336.41**	**886441**	**69.00**	**1301**	**175006**	**65794**	**18715**
延吉市	Yanji	14.42	15.36	167889	5.83	236	10756	4158	1374
图们市	Tumen	5.80	8.10	44795	1.95	52	7209	3181	514
敦化市	Dunhua	143.00	151.00	268196	16.10	531	54785	18599	7573
珲春市	Hunchun	25.53	29.98	92688	10.67	161	17921	7027	1452
龙井市	Longjing	16.64	24.83	107396	6.22	147	19862	6132	973
和龙市	Helong	18.40	25.00	67913	13.12	44	20240	13561	1824
汪清县	Wangqing	52.30	51.60	99149	11.51	64	29911	9184	3414
安图县	Antu	34.00	30.53	38415	3.60	66	14322	3952	1591

19－16 各市县总播种面积和产量（2016年）

Total Sown Areas and Output of Major Farm Crops by City and County（2016）

市、县 City，County		总播种面积（公顷）Total Sown Area (ha)	粮 食 Grain Crops		#水 稻 Rice		#玉 米 Corn	
			播种面积 Sown Area（公顷）(ha)	总产量 Output（吨）(ton)	播种面积 Sown Area（公顷）(ha)	总产量 Output（吨）(ton)	播种面积 Sown Area（公顷）(ha)	总产量 Output（吨）(ton)
长 春 市	**Changchun**	**1349419**	**1255776**	**9883495**	**161612**	**1362444**	**1052713**	**8288990**
南 关 区	Nanguan	251	251	1370			251	1370
宽 城 区	Kuancheng	5273	3787	20593	273	2457	3500	18102
朝 阳 区	Chaoyang	9790	9018	49220	1308	6743	7710	42477
二 道 区	Erdao	1744	1719	9350	21	60	1692	9275
绿 园 区	Lvyuan	8365	5255	28676	488	3457	4766	25217
双 阳 区	Shuangyang	89517	84355	583704	11299	75568	71719	507050
九 台 区	Jiutai	202879	193287	1113661	21253	182076	166929	911850
净月潭旅游开发区	Jingyue Tan Tourism Development Zone	8370	8332	42476	599	2182	7733	40294
经济开发区	Economic Development Zone	2208	2124	11309			2124	11309
高新开发区	Gaoxin Development Zone	5700	5138	24612	741	4520	4318	19668
汽车产业开发区	Automotive Industry Development Zone	2916	2643	11425	370	3700	2273	7725
莲花山生态旅游度假区	Lianhuashan	11351	11304	59386	313	3131	10934	56137
农 安 县	Nong' an	386513	342155	3009159	8301	70479	313600	2835645
榆 树 市	Yushu	391126	378706	3393036	70859	562252	297249	2758647
德 惠 市	Dehui	223416	207702	1525518	45787	445819	157915	1044224
吉 林 市	**Jilin**	**694556**	**656748**	**4232214**	**137686**	**1050258**	**485285**	**3068505**
昌 邑 区	Changyi	31132	29861	210228	12935	69803	16863	140205
龙 潭 区	Longtan	30097	27467	195555	8780	63564	18584	131195
船 营 区	Chuanying	22736	20740	123926	4689	31901	16044	92007
丰 满 区	Fengman	12807	9493	62720	1414	10282	7998	52265
高 新 区	Gaoxin	4915	4535	26155	1335	11264	3200	14891
开 发 区	Kaifaqu	3072	2949	20110	711	4377	2238	15733
中新食品区	Zhongxin food area	10959	10523	58274	5002	34965	5497	23144
永 吉 县	Yongji	70661	68429	483458	15877	151353	51296	327339
蛟 河 市	Jiaohe	111133	105965	612816	11980	92710	72935	457216
桦 甸 市	Huadian	131939	125694	706268	7398	55140	114178	639411
舒 兰 市	Shulan	144701	139848	969956	48618	372105	86568	572085
磐 石 市	Panshi	120404	111244	762747	18947	152794	89884	603014
四 平 市	**Siping**	**916248**	**864490**	**7676142**	**49542**	**459036**	**788781**	**7099222**
铁 西 区	Tiexi	10678	9345	45190	115	860	9230	44330
铁 东 区	Tiedong	20912	20600	112747	182	1279	20396	111418
辽河农垦管理区	Liaohe	27000	26733	197765	7467	58500	18833	138750
梨 树 县	Lishu	243148	225449	2156827	3572	35529	212153	2078005
伊通满族自治县	Yitong	124297	122837	1040004	5692	49146	116315	986715
公主岭市	Gongzhuling	315765	304120	3001259	10485	97163	286540	2857114
双 辽 市	Shuangliao	174448	155406	1122350	22029	216559	125314	882890
辽 源 市	**Liaoyuan**	**245582**	**239591**	**1540016**	**19423**	**134985**	**216291**	**1388418**
龙 山 区	Longshan	5801	5476	34639	188	1840	5278	32746

19－16 续表 1 continued

市、县 City, County		总播种面积（公顷）Total Sown Area (ha)	粮食 Grain Crops 播种面积 Sown Area（公顷）(ha)	总产量 Output（吨）(ton)	#水稻 Rice 播种面积 Sown Area（公顷）(ha)	总产量 Output（吨）(ton)	#玉米 Corn 播种面积 Sown Area（公顷）(ha)	总产量 Output（吨）(ton)
西安区	Xi,an	4589	4273	29147	268	1620	4005	27527
民营经济开发区	Private Elonomic Development Zone	1732	1596	9878	41	267	1554	9609
东丰县	Dongfeng	130519	128428	862010	15781	108923	111142	749959
东辽县	Dongliao	102941	99818	604342	3145	22335	94312	568577
通化市	**Tonghua**	**332774**	**299943**	**1887230**	**87465**	**633168**	**201670**	**1211488**
东昌区	Dongchang	2468	987	5520	97	522	798	4699
二道江区	Erdaojiang	2409	1826	10380	200	1623	1455	8363
通化经济开发区	Tonghua Economic Development Zone	351	251	2300	104	975	123	1199
通化县	Tonghua	31924	26488	158426	5069	37372	16867	106181
辉南县	Huinan	80325	74418	517796	27023	206494	46526	306295
柳河县	Liuhe	89169	84632	548080	21502	146950	61375	391313
梅河口市	Meihekou	103117	99863	574309	31055	220369	67085	346863
集安市	Ji' an	23011	11478	70419	2415	18863	7441	46575
白山市	**Baishan**	**66982**	**51981**	**265524**	**899**	**6158**	**31902**	**213285**
八道江区	Badaojiang	6982	5182	30290	304	2072	3448	24618
江源区	Jiangyuan	6467	5431	27794	3	23	3388	22326
抚松县	Fusong	20226	16807	87011	3	12	10544	72556
靖宇县	Jingyu	15134	10934	54480	114	767	7128	45570
长白朝鲜族自治县	Changbai	6356	4342	24710	238	1403	2450	17829
临江市	Linjiang	11817	9285	41239	237	1881	4944	30386
松原市	**Songyuan**	**1208362**	**996505**	**7439624**	**115114**	**1097477**	**790849**	**5955142**
宁江区	Ningjiang	75297	58199	500792	15108	138583	39509	351404
前郭尔罗斯蒙古族自治县	Qianguo	305888	242146	2091623	72451	711190	157784	1321524
长岭县	Changling	333825	287679	1797870	1455	13089	251680	1642095
乾安县	Qian' an	178940	157123	910953	3018	15336	123943	784258
扶余市	Fuyu	314412	251358	2138386	23082	219279	217933	1855861
白城市	**Baicheng**	**1055055**	**882554**	**4139129**	**158356**	**1214733**	**489552**	**2399072**
洮北区	Taobei	173315	140119	805375	42867	308048	78325	428861
镇赉县	Zhenlai	204362	192216	1027866	78215	623618	91949	347550
通榆县	Tongyu	319048	242265	598427	579	3766	113295	346070
洮南市	Taonan	233250	206674	918743	20167	199048	140607	631361
大安市	Da' an	125080	101280	788717	16528	80253	65376	645230
延边朝鲜族自治州	**Yanbian**	**393395**	**360129**	**1378539**	**37140**	**173511**	**200484**	**987860**
延吉市	Yanji	18099	15733	96212	2620	15886	12041	77828
图们市	Tumen	10110	9474	35207	1003	2724	7904	31530
敦化市	Dunhua	170377	164002	510621	4938	20134	87996	366863
珲春市	Hunchun	35551	32866	112042	9122	33154	18772	70690
龙井市	Longjing	28109	27243	138997	4621	26670	21274	110129
和龙市	Helong	29352	27678	126537	8172	38681	16404	82879
汪清县	Wangqing	65023	53781	246457	4410	24701	21536	169232
安图县	Antu	36774	29352	112466	2254	11561	14557	78709

市、县	City，County	#大豆 Soybean 播种面积 Sown Area（公顷）(ha)	#大豆 Soybean 总产量 Output（吨）(ton)	#薯类 Potato 播种面积 Sown Area（公顷）(ha)	#薯类 Potato 总产量 Output（吨）(ton)	#马铃薯 Potato 播种面积 Sown Area（公顷）(ha)	#马铃薯 Potato 总产量 Output（吨）(ton)
长春市	**Changchun**	**10469**	**36306**	**25123**	**822427**	**24016**	**779361**
南关区	Nanguan						
宽城区	Kuancheng	14	34				
朝阳区	Chaoyang						
二道区	Erdao	6	15				
绿园区	Lvyuan	1	2				
双阳区	Shuangyang	115	333	1209	3590	1209	3590
九台区	Jiutai	215	869	4454	86012	4454	86012
净月潭旅游开发区	Jingyue Tan Tourism Development Zone						
经济开发区	Economic Development Zone						
高新开发区	Gaoxin Development Zone	4	19	75	2026	75	2026
汽车产业开发区	Automotive Industry Development Zone						
莲花山生态旅游度假区	Lianhuashan	29	68	28	252	28	252
农安县	Nong' an	6369	22334	9200	276090	8105	233580
榆树市	Yushu	3450	11784	6781	288358	6781	288358
德惠市	Dehui	266	848	3376	166099	3364	165543
吉林市	**Jilin**	**25445**	**78331**	**6120**	**148628**	**5263**	**131320**
昌邑区	Changyi	63	220				
龙潭区	Longtan	81	598				
船营区	Chuanying	7	18				
丰满区	Fengman	81	173				
高新区	Gaoxin						
开发区	Kaifaqu						
中新食品区	New food area			24	825	17	625
永吉县	Yongji	807	3929	318	3202	318	3202
蛟河市	Jiaohe	18921	53102	1443	40043	1032	29157
桦甸市	Huadian	2855	6758	919	20201	761	17067
舒兰市	Shulan	2154	12176	1694	59205	1694	59205
磐石市	Panshi	476	1357	1722	25152	1441	22064
四平市	**Siping**	**9398**	**26757**	**11111**	**366187**	**10842**	**359202**
铁西区	Tiexi						
铁东区	Tiedong	22	50				
辽河农垦管理区	Liaohe						
梨树县	Lishu	5571	15320	3991	136587	3833	131962
伊通满族自治县	Yitong	20	93	810	20250	808	20200
公主岭市	Gongzhuling	1319	5930	5721	203985	5721	203985
双辽市	Shuangliao	2466	5364	589	5365	480	3055
辽源市	**Liaoyuan**	**673**	**2452**	**2465**	**56848**	**2240**	**52993**
龙山区	Longshan	3	11	7	210	7	210

19－16 续表 3 continued

市、县	City, County	大豆 Soybean		#薯类 Potato		#马铃薯 Potato	
		播种面积 Sown Area (公顷) (ha)	总产量 Output (吨) (ton)	播种面积 Sown Area (公顷) (ha)	总产量 Output (吨) (ton)	播种面积 Sown Area (公顷) (ha)	总产量 Output (吨) (ton)
西安区	Xi,an						
民营经济开发区	Private Economic Development Zone			1	8	1	8
东丰县	Dongfeng	93	249	1247	11760	1100	10810
东辽县	Dongliao	577	2192	1210	44870	1132	41965
通化市	**Tonghua**	**5792**	**15455**	**4774**	**132142**	**3864**	**107415**
东昌区	Dongchang	83	278	4	70	4	70
二道江区	Erdaojiang	137	218	18	586	14	498
通化经济开发区	Tonghua Economic Development Zone			24	630	24	630
通化县	Tonghua	3675	10235	790	22195	669	18780
辉南县	Huinan	227	676	607	20520	460	16080
柳河县	Liuhe	453	1299	1295	42450	998	32590
梅河口市	Meihekou	288	777	1387	31036	1217	27393
集安市	Ji' an	929	1972	649	14655	478	11374
白山市	**Baishan**	**17272**	**39960**	**1550**	**25794**	**1277**	**21623**
八道江区	Badaojiang	1294	3054	116	2580	116	2580
江源区	Jiangyuan	1902	4850	99	2680	99	2680
抚松县	Fusong	5878	13516	241	2153	229	2092
靖宇县	Jingyu	3128	6787	525	6221	375	3243
长白朝鲜族自治县	Changbai	1273	3238	348	10770	304	10058
临江市	Linjiang	3797	8515	221	1390	154	970
松原市	**Songyuan**	**5500**	**14134**	**13568**	**435179**	**13371**	**429742**
宁江区	Ningjiang	1979	1688	535	17290	435	14530
前郭尔罗斯蒙古族自治县	Qianguo	792	1585	292	2044	292	2044
长岭县	Changling	1836	8445	8438	261825	8351	259435
乾安县	Qian' an	99	213	537	13170	532	13070
扶余市	Fuyu	794	2203	3766	140850	3761	140663
白城市	**Baicheng**	**3369**	**8519**	**7157**	**114634**	**6790**	**109805**
洮北区	Taobei	89	62	4268	58913	3908	54161
镇赉县	Zhenlai	465	1361	233	4095	233	4095
通榆县	Tongyu	534	975	1642	26552	1642	26552
洮南市	Taonan	477	911	868	22592	861	22515
大安市	Da' an	1804	5210	146	2482	146	2482
延边朝鲜族自治州	**Yanbian**	**116668**	**198086**	**3515**	**75500**	**3512**	**75445**
延吉市	Yanji	821	1462	248	5165	246	5125
图们市	Tumen	459	667	85	1260	84	1245
敦化市	Dunhua	69151	118900	538	11550	538	11550
珲春市	Hunchun	4331	4779	540	16110	540	16110
龙井市	Longjing	996	1323	233	4285	233	4285
和龙市	Helong	2754	4330	348	3235	348	3235
汪清县	Wangqing	27011	49842	691	12185	691	12185
安图县	Antu	11145	16783	832	21710	832	21710

19－16　续表　4　continued

市、县 City，County		油料 Oil-bearing 播种面积 Sown Area（公顷）(ha)	油料 Oil-bearing 总产量 Output（吨）(ton)	甜菜 Beetroots 播种面积 Sown Area（公顷）(ha)	甜菜 Beetroots 总产量 Output（吨）(ton)	烟叶 Tobacco 播种面积 Sown Area（公顷）(ha)	烟叶 Tobacco 总产量 Output（吨）(ton)
长春市	**Changchun**	**15948**	**45613**	**17**	**680**	**4284**	**12488**
南关区	Nanguan						
宽城区	Kuancheng						
朝阳区	Chaoyang						
二道区	Erdao						
绿园区	Lvyuan						
双阳区	Shuangyang	44	176				
九台区	Jiutai	35	86			96	230
净月潭旅游开发区	Jingyue Tan Tourism Development Zone						
经济开发区	Economic Development Zone						
高新开发区	Gaoxin Development Zone	14	21				
汽车产业开发区	Automotive Industry Development Zone						
莲花山生态旅游度假区	Lianhuashan						
农安县	Nong' an	14570	41862	17	680	3218	9697
榆树市	Yushu	314	944			399	1077
德惠市	Dehui	971	2524			571	1484
吉林市	**Jilin**	**2509**	**4528**			**1446**	**3559**
昌邑区	Changyi						
龙潭区	Longtan						
船营区	Chuanying	21	36				
丰满区	Fengman						
高新区	Gaoxin						
开发区	Kaifaqu						
中新食品区	Zhongxin food area						
永吉县	Yongji	210	387				
蛟河市	Jiaohe	418	721			1175	2868
桦甸市	Huadian	1768	2957			110	303
舒兰市	Shulan	5	21				
磐石市	Panshi	87	406			161	388
四平市	**Siping**	**18712**	**46166**				
铁西区	Tiexi						
铁东区	Tiedong						
辽河农垦管理区	Liaohe						
梨树县	Lishu	3801	13406				
伊通满族自治县	Yitong						
公主岭市	Gongzhuling	140	320				
双辽市	Shuangliao	14771	32440				
辽源市	**Liaoyuan**	**20**	**65**				
龙山区	Longshan						

市、县 City，County		油料 Oil-bearing		甜菜 Beetroots		烟叶 Tobacco	
		播种面积 Sown Area（公顷）(ha)	总产量 Output（吨）(ton)	播种面积 Sown Area（公顷）(ha)	总产量 Output（吨）(ton)	播种面积 Sown Area（公顷）(ha)	总产量 Output（吨）(ton)
西安区	Xi,an						
民营经济开发区	Private Economic Development Zone						
东丰县	Dongfeng	20	65				
东辽县	Dongliao						
通化市	**Tonghua**	**670**	**1482**			**2742**	**8551**
东昌区	Dongchang	4	25				
二道江区	Erdaojiang	8	19			5	4
通化经济开发区	Tonghua Economic Development Zone						
通化县	Tonghua	120	479			302	829
辉南县	Huinan	9	54			1130	3524
柳河县	Liuhe	21	88			1291	4150
梅河口市	Meihekou	162	480			13	43
集安市	Ji' an	346	337			1	1
白山市	**Baishan**	**2631**	**4870**			**303**	**875**
八道江区	Badaojiang	35	85			25	62
江源区	Jiangyuan	114	325			15	36
抚松县	Fusong	836	1154			16	85
靖宇县	Jingyu	1342	2393				
长白朝鲜族自治县	Changbai	31	116			48	110
临江市	Linjiang	273	797			199	582
松原市	**Songyuan**	**162203**	**486552**	**121**	**5795**	**300**	**1170**
宁江区	Ningjiang	12233	37784	15	700		
前郭尔罗斯蒙古族自治县	Qianguo	51653	163491				
长岭县	Changling	25047	50918				
乾安县	Qian' an	15768	37950	106	5095		
扶余市	Fuyu	57502	196409			300	1170
白城市	**Baicheng**	**110826**	**230737**	**157**	**7658**	**2397**	**5680**
洮北区	Taobei	20583	65649			400	1119
镇赉县	Zhenlai	8161	29116			760	1697
通榆县	Tongyu	48043	54227				
洮南市	Taonan	19549	45147				
大安市	Da' an	14490	36598	157	7658	1237	2864
延边朝鲜族自治州	**Yanbian**	**3563**	**5394**			**3087**	**7413**
延吉市	Yanji	430	420			109	225
图们市	Tumen	81	60			34	78
敦化市	Dunhua	201	511			1078	2851
珲春市	Hunchun	294	1215			14	32
龙井市	Longjing	22	33			124	235
和龙市	Helong	35	53			428	886
汪清县	Wangqing	68	131			1239	2936
安图县	Antu	2432	2971			61	170

市、县 City，County		园参 Garden Ginseng 收获面积 Sown Area（公顷）(ha)	园参 Garden Ginseng 总产量 Output（吨）(ton)	蔬菜 Vegetables 播种面积 Sown Area（公顷）(ha)	蔬菜 Vegetables 总产量 Output（吨）(ton)	瓜果类 Melon class 播种面积 Sown Area（公顷）(ha)	瓜果类 Melon class 总产量 Output（吨）(ton)	葵花籽 Sunflower Seed 播种面积 Sown Area（公顷）(ha)	葵花籽 Sunflower Seed 总产量 Output（吨）(ton)
长春市	**Changchun**	**2**	**8**	**61892**	**2702198**	**11132**	**432487**	**7908**	**25986**
南关区	Nanguan								
宽城区	Kuancheng			1456	29363	30	209		
朝阳区	Chaoyang			664	7910	88	1870		
二道区	Erdao			25	925				
绿园区	Lvyuan			3025	96652	85	2564		
双阳区	Shuangyang			4737	93663	190	5076	44	176
九台市	Jiutai	2	8	8334	213296	1001	42520	25	58
净月潭旅游开发区	Jingyue Tan Tourism Development Zone			25	580	13	350		
经济开发区	Economic Development Zone			74	536	10	26		
高新开发区	Gaoxin Development Zone			457	5560	81	602	14	21
汽车产业开发区	Automotive Industry Development Zone			234	7011	39	546		
莲花山生态旅游度假区	Lianhuashan			35	876	12	240		
农安县	Nong' an			19203	814673	7350	285070	6878	23264
榆树市	Yushu			10395	663856	1302	58853		
德惠市	Dehui			13228	767297	931	34561	947	2467
吉林市	**Jilin**	**689**	**7075**	**28846**	**1441319**	**3349**	**112513**	**236**	**693**
昌邑区	Changyi			1148	56241	123	3825		
龙潭区	Longtan			2203	120283	427	12990		
船营区	Chuanying			1853	49850	122	1288	10	8
丰满区	Fengman			3206	128187	108	1822		
高新区	Gaoxin			339	18288	41	500		
开发区	Kaifaqu			120	5687	3	110		
中新食品区	Zhongxin food area			430	7159	6	148		
永吉县	Yongji			1742	56445	160	3567		
蛟河市	Jiaohe	83	47	2787	206067	490	6939	138	239
桦甸市	Huadian	411	6769	2996	145955	472	12019	20	112
舒兰市	Shulan	32	184	4467	280032	349	11111	5	21
磐石市	Panshi	163	75	7555	367125	1048	58194	63	313
四平市	**Siping**			**26839**	**1172098**	**6168**	**262272**	**1820**	**3405**
铁西区	Tiexi			1318	55672	15	360		
铁东区	Tiedong			312	14216				
辽河农垦管理区	Liaohe			267	9600				
梨树县	Lishu			11977	509787	1921	87280	1	1
伊通满族自治县	Yitong			1397	28745	63	957		
公主岭市	Gongzhuling			8674	458393	2792	122625	27	76
双辽市	Shuangliao			2894	95685	1377	51050	1792	3328
辽源市	**Liaoyuan**			**5472**	**200869**	**423**	**8810**	**10**	**20**
龙山区	Longshan			321	17225	4	90		

19－16 续表 7 continued

市、县 City，County		园 参 Garden Ginseng		蔬 菜 Vegetables		瓜果类 Melon class		葵花籽 Sunflower Seed	
		收获面积 Sown Area （公顷） (ha)	总产量 Output （吨） (ton)	播种面积 Sown Area （公顷） (ha)	总产量 Output （吨） (ton)	播种面积 Sown Area （公顷） (ha)	总产量 Output （吨） (ton)	播种面积 Sown Area （公顷） (ha)	总产量 Output （吨） (ton)
西安区	Xi,an			308	7781	8	209		
民营经济开发区	Private Economic Development Zone			136	3921				
东丰县	Dongfeng			1711	62675	284	7026	10	20
东辽县	Dongliao			2996	109267	127	1485		
通化市	**Tonghua**	**1597**	**34704**	**13144**	**452888**	**2140**	**64034**	**281**	**966**
东昌区	Dongchang	9	115	1235	31752	46	255		
二道江区	Erdaojiang	70	908	333	15876	47	1811	2	4
通化经济开发区	Tonghua Economic Development Zone	8	2	90	4259	2	70		
通化县	Tonghua	278	1344	2022	59713	383	16100	96	402
辉南县	Huinan			3402	103910	1175	32815	1	3
柳河县	Liuhe	76	175	2458	114410	215	5404	15	65
梅河口市	Meihekou	171	350	2658	94262	118	3151	161	477
集安市	Ji' an	985	31810	946	28706	154	4428	6	15
白山市	**Baishan**	**2554**	**168068**	**5097**	**237424**	**1272**	**37262**	**684**	**1588**
八道江区	Badaojiang	34	6005	1190	64929	98	2551	35	85
江源区	Jiangyuan	16	145	669	31775	138	4058	86	251
抚松县	Fusong	898	109280	1108	53745	178	6043	115	214
靖宇县	Jingyu	166	6608	794	23330	485	17550	237	495
长白朝鲜族自治县	Changbai	1230	23530	245	3585	77	1298	4	26
临江市	Linjiang	210	22500	1091	60060	296	5762	207	517
松原市	**Songyuan**			**34265**	**1473797**	**14707**	**584674**	**21870**	**42568**
宁江区	Ningjiang			3899	144814	951	24798	33	66
前郭尔罗斯蒙古族自治县	Qianguo			8000	264016	4029	138528	1195	2650
长岭县	Changling			15137	711491	5962	269347	8556	15727
乾安县	Qian' an			2627	95764	3140	127291	11980	23860
扶余市	Fuyu			4602	257712	625	24710	106	265
白城市	**Baicheng**			**15096**	**455726**	**15492**	**347930**	**49102**	**59268**
洮北区	Taobei			9509	273359	1121	21328	2656	6905
镇赉县	Zhenlai			285	13279	1479	40641	1312	3060
通榆县	Tongyu			1115	66730	5892	102201	39011	40248
洮南市	Taonan			3607	67743	3420	86912	2655	3794
大安市	Da' an			580	34615	3580	96848	3468	5261
延边朝鲜族自治州	**Yanbian**	**1490**	**61598**	**9778**	**388092**	**1872**	**51236**	**380**	**799**
延吉市	Yanji	21		1654	84330	109	2468	19	29
图们市	Tumen			451	10099	50	1028	11	5
敦化市	Dunhua	146	4414	2983	136284	420	7952	201	511
珲春市	Hunchun	117	8682	1505	32839	65	1798	10	30
龙井市	Longjing	13		562	22100	13	337	22	33
和龙市	Helong	42	4519	657	35551	9	112	5	8
汪清县	Wangqing	501	10882	718	38374	74	2408	63	123
安图县	Antu	650	33101	1248	28515	1132	35133	49	60

注：①各地区数相加不等于全省数。②薯类及马铃薯产量为鲜薯产量。

Note:①The Sum of Data of Every Region is not equal to the whole province. ②The Yield of Tuber and Potato are the gield of fresh tuber.

19－17 各市县畜牧业生产情况（2016年）

Production of Livestock in Various Cities and Counties (2016)

市、县 City, County	年底大牲畜头数（头）Large Animals (head) (year－end)	猪年末存栏（头）Hogs (head) (year－end)	羊年底只数（只）Sheep and Goats (head) (year－end)	肉猪出栏头数（头）Slanghtere Fattened Hogs (head)	肉类总产量（吨）Output of Meat (ton)	#猪 Hogs	#牛 Cattles	#羊 Sheeps	禽蛋产量（吨）Poultry Eggs (ton)
长 春 市 Changchun	**2108878**	**3765313**	**577541**	**6007994**	**1129935**	**511103**	**170617**	**5852**	**346880**
市 区 District	558389	755710	39210	1504382	240304	118173	52005	627	129522
农 安 县 Nong' an	396016	1161721	352155	1839026	345913	149771	41061	3921	24488
榆 树 市 Yushu	755581	1060739	103412	1339460	251485	123202	52733	674	89745
德 惠 市 Dehui	398892	787143	82764	1325126	292233	119957	24818	630	103125
吉 林 市 Jilin	**504944**	**1587838**	**122714**	**2951921**	**446570**	**237874**	**80240**	**1529**	**184130**
市 区 District	46202	273313	31937	495034	66325	40391	5577	392	45690
永 吉 县 Yongji	18393	104749	12293	283302	39444	21247	722	206	4569
蛟 河 市 Jiaohe	108896	300391	17267	600092	73192	51008	16018	201	4091
桦 甸 市 Huadian	76872	61841	15617	123326	32138	13041	15821	182	18845
舒 兰 市 Shulan	164059	574327	17753	925632	154809	65102	29856	240	42238
磐 石 市 Panshi	90522	273217	27847	524535	80662	47085	12246	308	68697
四 平 市 Siping	**1221608**	**3390542**	**717517**	**4458698**	**613249**	**379517**	**106009**	**10145**	**354477**
市 区 District	44709	160526	46840	155168	26066	12498	3027	629	35440
梨 树 县 Lishu	278493	1142341	162484	1709911	211155	153392	24041	2516	66088
伊通满族自治县 Yitong	429192	681338	55339	745625	110105	63702	37414	731	102399
公主岭市 Gongzhuling	275809	892982	134398	1279014	164248	104352	19924	1838	91471
双 辽 市 Shuangliao	193405	513355	318456	568980	101675	45573	21603	4431	59079
辽 源 市 Liaoyuan	**188424**	**229006**	**49881**	**476934**	**87477**	**40765**	**29179**	**604**	**48782**
市 区 District	7591	30901	8905	49896	7946	4368	1349	190	6997
东 丰 县 Dongfeng	136555	105446	23856	233965	42161	19266	14580	205	24029
东 辽 县 Dongliao	44278	92659	17120	193073	37370	17131	13250	209	17756
通 化 市 Tonghua	**258602**	**438746**	**121229**	**725290**	**128379**	**61307**	**31739**	**1149**	**37084**
市 区 District	10039	29783	7137	63629	9346	5306	2030	202	4376
通 化 县 Tonghua	40109	63528	35428	80218	14354	7043	2221	230	5310
辉 南 县 Huinan	57616	54385	26513	118410	28791	10093	9146	248	8964
柳 河 县 Liuhe	46323	74312	15603	126753	23759	11100	6808	145	8655
梅河口市 Meihekou	89094	182489	23271	293875	46175	24252	10232	187	7593
集 安 市 Ji' an	15421	34249	13277	42405	5954	3513	1302	137	2186

19－17 续表 continued

市、县 City，County		年底大牲畜头数（头）Large Animals (head) (year－end)	猪年末存栏（头）Hogs (head) (year－end)	羊年底只数（只）Sheep and Goats (head) (year－end)	肉猪出栏头数（头）Slanghtere Fattened Hogs (head)	肉类总产量（吨）Output of Meat (ton)	#猪 Hogs	#牛 Cattles	#羊 Sheeps	禽蛋产量（吨）Poultry Eggs (ton)
白山市	**Baishan**	**105654**	**139493**	**64115**	**198710**	**29829**	**16559**	**9345**	**1013**	**15048**
市区	District	37270	56194	32481	74794	10134	6322	2631	439	4184
抚松县	Fusong	18401	35817	5876	59829	7089	4979	1385	65	4316
靖宇县	Jingyu	27070	22742	11400	33536	6875	2783	3235	278	2552
长白朝鲜族自治县	Changbai	10746	11225	4842	10132	1631	841	585	78	1540
临江市	Linjiang	12167	13515	9516	20419	4100	1634	1509	153	2456
松原市	**Songyuan**	**513031**	**1418158**	**1708079**	**2307149**	**330377**	**195205**	**41055**	**21638**	**174020**
市区	District	30748	67747	60352	74072	9001	5083	1903	622	6802
前郭尔罗斯蒙古族自治县	Qianguo	128241	418748	562109	470628	107627	41999	12506	8279	48734
长岭县	Changling	139551	405903	694453	660587	85733	53193	12324	7643	43694
乾安县	Qian' an	87773	92739	232931	157698	24107	12551	2260	3369	13606
扶余市	Fuyu	126718	433021	158234	944164	103909	82379	12062	1725	61184
白城市	**Baicheng**	**287472**	**542114**	**1256939**	**910917**	**119695**	**74720**	**7768**	**13798**	**65254**
市区	District	39347	51886	266528	94713	12578	7769	841	1412	16998
镇赉县	Zhenlai	83330	70356	148369	149178	22949	12322	1279	1308	9612
通榆县	Tongyu	58581	30520	386846	19982	10070	1644	2170	4982	3985
洮南市	Taonan	72438	352547	238693	594876	59503	48706	2343	2966	28243
大安市	Da' an	33776	36805	216503	52168	14595	4279	1135	3130	6416
延边朝鲜族自治州	**Yanbian**	**338371**	**212600**	**161436**	**327639**	**59608**	**26996**	**23465**	**1798**	**25264**
延吉市	Yanji	10764	26701	8716	43025	4980	3378	1029	169	3306
图们市	Tumen	10092	13107	8557	17386	2162	1445	468	62	1497
敦化市	Dunhua	119135	57303	71732	98921	20174	7795	8258	651	9203
珲春市	Hunchun	46092	25194	7612	28815	5166	2278	2276	95	4148
龙井市	Longjing	29180	23083	19417	32498	6935	2920	3354	321	1861
和龙市	Helong	29151	22892	10543	38406	6845	3451	2548	186	2651
汪清县	Wangqing	71018	19832	20933	32038	6073	2458	2243	202	1777
安图县	Antu	22939	24488	13926	36550	7273	3271	3289	112	821

注：1.各地区数相加不等于全省总计。
Note: 1.The sum of data by every city is not equal to the whole provice.

19－18 各市县规模以上工业企业主要指标（2016年）

单位：万元

市、县	City，County	企业单位数(个) Number of Enterprises (unit)	#亏损企业 Loss－making Enterprises	工业总产值（当年价格）Gross Industrial Output Value (current price)
吉 林 省	**Jilin**	**6003**	**415**	**240866069**
长 春 市	**Changchun**	**1580**	**132**	**91519327**
市　区	District	1164	114	83253158
农 安 县	Nong' an	124	10	1927980
榆 树 市	Yushu	136	6	2358296
德 惠 市	Dehui	156	2	3979893
吉 林 市	**Jilin**	**1062**	**62**	**32237926**
市　区	District	464	45	19496399
永 吉 县	Yongji	60	5	1431547
蛟 河 市	Jiaohe	126	4	2822410
桦 甸 市	Huadian	157	4	3334361
舒 兰 市	Shulan	129		2178634
磐 石 市	Panshi	126	4	2974577
四 平 市	**Siping**	**599**	**35**	**19668326**
市　区	District	230	17	6868922
梨 树 县	Lishu	59	3	2853489
伊通满族自 治 县	Yitong	53	3	1073170
公主岭市	Gongzhuling	191	6	5410205
双 辽 市	Shuangliao	66	6	3462540
辽 源 市	**Liaoyuan**	**314**	**15**	**15537276**
市　区	District	158	14	9675315
东 丰 县	Dongfeng	90		3250314
东 辽 县	Dongliao	66	1	2611647
通 化 市	**Tonghua**	**618**	**30**	**23531381**
市　区	District	139	13	10772467
通 化 县	Tonghua	98	5	1940156
辉 南 县	Huinan	66	6	1020777
柳 河 县	Liuhe	88	2	1897482
梅河口市	Meihekou	171	2	6973120

注：各地区相加不等于全省总计。
Note:The sum of data by every city is not equal to the total.

Main Indicators of Industrial Enterprises above Designated Size by City and County（2016）

unit: 10000 yuan

工业销售产值（当年价格）Sales Value of Industry（current price）	产成品 Finished Goods	资产总计 Total Assets	流动资产合计 Total Current Assets	应收帐款 Account Receivable	固定资产合计 Total Fixed Assets	固定资产原价 Original Value of Fixed Assets
234123799	**5403969**	**189694654**	**82883216**	**14873972**	**76117150**	**177172675**
88833717	**2658658**	**85472123**	**47116887**	**7474967**	**26157170**	**42587893**
81039371	2549093	82037699	45531445	7176649	24700199	40412846
1879815	55319	922467	334497	79276	447918	514548
2307308	34860	1408832	761814	58364	550664	738568
3607224	19386	1103125	489130	160679	458388	921930
31147514	**857296**	**27435660**	**9187001**	**1609246**	**13056541**	**24619634**
19099352	355976	17057626	4981837	872275	8648630	17701242
942889	36534	717797	320756	50046	289188	309269
2783700	26908	1237330	541778	27014	534180	596547
3311577	49395	1940186	434082	98794	940061	1664336
2139731	43275	825078	304452	49687	496899	1464635
2870264	345208	5657644	2604095	511430	2147583	2883606
19505385	**374540**	**9788251**	**3541339**	**915707**	**5139594**	**14359788**
6906278	126473	2981917	1445150	401280	1154663	4653790
2845147	16658	1518123	455225	72146	999094	2289252
1041281	24978	1641951	204352	59629	1318470	2306297
5267189	114767	2407510	1056524	311292	909077	2295848
3445491	91664	1238750	380088	71361	758289	2814601
14963447	**218797**	**8932177**	**3282431**	**731409**	**5046499**	**29271119**
9210333	140066	6396697	2379678	479035	3591490	18554410
3209043	42722	1396265	368402	75087	994043	5296589
2544071	36009	1139215	534352	177288	460967	5420121
22825400	**619540**	**14924159**	**7038090**	**1582821**	**4298484**	**7503993**
10451610	274341	8533940	3607396	987835	2720451	5263858
1814667	46461	1617627	899267	111237	373149	464817
981069	22033	688278	427957	100622	164921	232192
1794923	76879	993820	566732	107916	235248	393682
6870452	144296	2114717	913800	199582	602421	900191

单位：万元

19－18 续表 1

市、县	City，County	企业单位数(个) Number of Enterprises (unit)	#亏损企业 Loss－making Enterprises	工业总产值（当年价格） Gross Industrial Output Value (current price)
集安市	Ji' an	56	2	927379
白山市	**Baishan**	**368**	**28**	**14367619**
市 区	District	132	20	6516709
抚松县	Fusong	86	1	3140660
靖宇县	Jingyu	55	2	2019175
长白朝鲜族自治县	Changbai	33	3	502709
临江市	Linjiang	62	2	2188367
松原市	**Songyuan**	**620**	**45**	**21367675**
市 区	District	170	27	6094199
前郭尔罗斯蒙古族自治县	Qianguo	136	11	3978235
长岭县	Changling	117		3990518
乾安县	Qian' an	87	1	3119921
扶余市	Fuyu	110	6	4184802
白城市	**Baicheng**	**335**	**29**	**7376101**
市 区	District	104	11	2111335
镇赉县	Zhenlai	55	10	983597
通榆县	Tongyu	47	2	920329
洮南市	Taonan	56	1	1553576
大安市	Da' an	73	5	1807264
延边朝鲜族自治州	**Yanbian**	**504**	**38**	**14951181**
延吉市	Yanji	85	3	3708938
图们市	Tumen	33	7	663290
敦化市	Dunhua	131	6	3340331
珲春市	Hunchun	109	8	4049515
龙井市	Longjing	28	1	616489
和龙市	Helong	30	2	954939
汪清县	Wangqing	53	2	1043869
安图县	Antu	35	9	573811

contiued

unit: 10000 yuan

工业销售产值（当年价格）Sales Value of Industry（current price）	产成品 Finished Goods	资产总计 Total Assets	流动资产合计 Total Current Assets	应收帐款 Account Receivable	固定资产合计 Total Fixed Assets	固定资产原价 Original Value of Fixed Assets
912678	55531	975777	622939	75629	202294	249253
13821032	**128611**	**7033251**	**2372705**	**597569**	**3524974**	**11403800**
6310188	44311	3895461	1251062	287509	2204888	7428328
3067312	46483	1404836	484135	116952	655006	2154967
1964525	12300	849813	290389	80275	331287	1209940
436062	3836	197903	84073	20314	73206	102522
2042945	21682	685239	263046	92519	260587	508043
21000451	**129639**	**16836288**	**3553981**	**491457**	**12177065**	**26408458**
5913278	85603	10175068	2263110	355811	7494434	13392868
3888100	18800	1455716	250684	31343	1032965	1438104
3973547	6520	1585812	496157	38941	986996	5608654
3088511	13206	1725515	265702	34412	1445794	4215059
4137015	5510	1894176	278328	30950	1216876	1753774
7269447	**71202**	**6685447**	**2296391**	**737539**	**2644338**	**5594986**
2074006	32964	2000057	836395	461896	732802	938467
967104	5303	817537	273804	67840	318840	332842
918804	11410	531398	186462	44209	273373	421961
1499781	9465	1811914	592992	82442	455871	2379290
1809753	12061	1524541	406738	81153	863453	1522425
14445435	**331548**	**10389478**	**4204587**	**695805**	**3871515**	**15156172**
3506868	71410	2474998	1399337	188350	846461	1488570
645343	10715	329427	87204	11136	195792	217748
3208711	110818	3302231	1001953	187944	1093824	3470462
3999114	86545	1944641	845870	145104	860175	6938752
596396	946	185019	99272	10971	64525	214330
925411	27823	768282	328768	50478	153631	1445281
1001063	13953	672733	271686	49413	294861	566679
562531	9338	712147	170498	52410	362245	814350

单位：万元

市、县	City，County	负债合计 Total Liabilities	所有者权益合计 Total Owners' Equities	主营业务收入 Revenue from Principal Business
吉林省	**Jilin**	**99326662**	**90227940**	**234313690**
长春市	**Changchun**	**44983885**	**40434511**	**96061624**
市　区	District	42996099	38997536	88746852
农安县	Nong' an	559938	352867	1908493
榆树市	Yushu	935330	473500	2135507
德惠市	Dehui	492517	610608	3270772
吉林市	**Jilin**	**16535608**	**10893386**	**30900889**
市　区	District	9858749	7198873	19014516
永吉县	Yongji	441137	276659	909571
蛟河市	Jiaohe	604919	632412	2788512
桦甸市	Huadian	838248	1101937	3336160
舒兰市	Shulan	447035	371381	2134767
磐石市	Panshi	4345520	1312123	2717361
四平市	**Siping**	**4675450**	**5184500**	**16081438**
市　区	District	1908526	1064736	6222461
梨树县	Lishu	503820	1013715	2160590
伊通满族自治县	Yitong	139625	1502326	931614
公主岭市	Gongzhuling	1191337	1300877	5145558
双辽市	Shuangliao	932142	302847	1621215
辽源市	**Liaoyuan**	**5154688**	**3774012**	**14632400**
市　区	District	3701498	2692699	8892362
东丰县	Dongfeng	830967	564322	3211103
东辽县	Dongliao	622224	516991	2528935
通化市	**Tonghua**	**7026891**	**7884917**	**21687738**
市　区	District	3992106	4539778	9913579
通化县	Tonghua	892891	724736	1550774
辉南县	Huinan	342220	346058	799706
柳河县	Liuhe	391939	601881	1797643
梅河口市	Meihekou	932648	1181946	6818158

contiued

unit: 10000 yuan

主营业务成本 Cost of Principal Business	销售费用 Selling Cost	管理费用 Management Cost	财务费用 Finance Cost	利息支出 Interest Expense	利润总额 Total Profits
195651149	**9557991**	**10690190**	**2431659**	**2078964**	**12684904**
78273759	**4029911**	**4547732**	**581812**	**627214**	**7516753**
71784941	3886622	4390275	546084	606975	7139768
1495124	32303	57348	14516	11617	200459
1992379	31786	48270	9135	4887	65051
3001316	79200	51840	12078	3735	111475
25154398	**1215489**	**1843283**	**557504**	**473971**	**1182763**
15640746	463679	948451	216856	188589	841608
795331	20696	47078	16216	12683	38409
2159887	292919	126978	24220	21571	141960
2583790	150316	308660	68290	18163	203411
1660800	159313	242503	2420	2406	82582
2313844	128566	169615	229502	230561	-125208
14302401	**364406**	**490570**	**137058**	**78607**	**647602**
5410448	174575	234954	48812	24944	254257
2067354	25785	30823	15187	13552	36147
819003	18032	22655	8393	7586	41520
4491269	128651	176791	38567	15247	277836
1514328	17362	25347	26098	17280	37844
13363747	**242272**	**595976**	**161170**	**140913**	**311153**
8129508	119582	390302	106584	97228	171405
3017144	51079	57413	15851	5359	72858
2217095	71611	148261	38735	38327	66891
16571784	**1939691**	**1020738**	**205625**	**134004**	**1501017**
7435292	1348594	563366	74869	44423	530685
1240583	70747	53308	20236	17121	154296
692185	47984	24962	6259	3931	25919
1395991	77580	74284	60266	37948	138307
5174658	329055	268658	35741	25678	591336

单位：万元

19－18 续表 3

市、县	City，County	负债合计 Total Liabilities	所有者权益合计 Total Owners' Equities	主营业务收入 Revenue from Principal Business
集安市	Ji' an	475086	490519	807878
白山市	**Baishan**	**4656508**	**2370705**	**13434258**
市　区	District	2855175	1034251	6047274
抚松县	Fusong	833739	571096	3127356
靖宇县	Jingyu	484408	365404	1970041
长白朝鲜族自治县	Changbai	88933	108970	197963
临江市	Linjiang	394253	290985	2091625
松原市	**Songyuan**	**6625793**	**10089659**	**20991490**
市　区	District	4429209	5720499	5894783
前郭尔罗斯蒙古族自治县	Qianguo	827730	627986	3962482
长岭县	Changling	661691	828645	3976817
乾安县	Qian' an	382486	1343030	3021827
扶余市	Fuyu	324677	1569500	4135582
白城市	**Baicheng**	**3718788**	**2958006**	**7039725**
市　区	District	807830	1190394	1873044
镇赉县	Zhenlai	679346	138190	942316
通榆县	Tongyu	243944	287452	880012
洮南市	Taonan	816546	995368	1545570
大安市	Da' an	1171121	346603	1798783
延边朝鲜族自治州	**Yanbian**	**5824105**	**4565370**	**13184051**
延吉市	Yanji	1428859	1046138	3229922
图们市	Tumen	200584	128843	608634
敦化市	Dunhua	1604156	1698074	2735328
珲春市	Hunchun	1268333	676308	3906405
龙井市	Longjing	90767	94253	504457
和龙市	Helong	402621	365661	767890
汪清县	Wangqing	458407	214326	881077
安图县	Antu	370379	341768	550339

contiued

unit: 10000 yuan

主营业务成本 Cost of Principal Business	销售费用 Selling Cost	管理费用 Management Cost	财务费用 Finance Cost	利息支出 Interest Expense	利润总额 Total Profits
633074	65732	36160	8254	4903	60474
11729829	**555242**	**674784**	**193296**	**108416**	**254047**
5634625	168691	150742	80944	54757	52516
2687548	109526	164305	36324	24159	105840
1665907	109134	108980	21272	13238	55385
174298	5026	6255	2933	1540	8709
1567451	162866	244501	51824	14722	31597
18354031	**527280**	**799451**	**332472**	**301668**	**471168**
5082827	205817	397235	175325	175095	–310094
3578346	52513	102342	68893	65484	76582
3389446	135146	173795	19294	14230	213089
2761786	51959	48017	12067	10043	124375
3541626	81846	78062	56893	36817	367216
6383031	**140605**	**185227**	**129923**	**92191**	**196811**
1660460	39173	65692	34825	24407	91733
886386	8028	17361	17409	14334	18339
821770	6403	9997	11480	11847	30399
1382624	50222	33901	13057	10695	59862
1631790	36780	58276	53153	30908	–3522
11403460	**435601**	**496943**	**131515**	**118933**	**443929**
2440961	130133	153865	26047	24469	156163
553980	7130	36326	5499	3142	2266
2344840	160026	129950	30013	29821	100171
3674432	43970	92149	36736	31470	78273
471141	4518	9601	1738	1665	17096
652718	49962	19340	8769	9448	35851
767074	23946	43228	14099	11705	38981
498314	15916	12483	8613	7213	15128

单位：万元

19－18 续表 4

市、县	City，County	亏损企业亏损总额 Total Loss	本年应付职工薪酬 The Year of Payable Employees
吉 林 省	**Jilin**	**2267997**	**9832314**
长 春 市	**Changchun**	**370952**	**4698743**
市　　区	District	361226	4450362
农 安 县	Nong' an	1451	50873
榆 树 市	Yushu	5459	127954
德 惠 市	Dehui	2815	69554
吉 林 市	**Jilin**	**568998**	**1328706**
市　　区	District	315937	987148
永 吉 县	Yongji	3953	27316
蛟 河 市	Jiaohe	1295	51067
桦 甸 市	Huadian	16281	104331
舒 兰 市	Shulan		66380
磐 石 市	Panshi	231532	92466
四 平 市	**Siping**	**48891**	**510155**
市　　区	District	22604	172076
梨 树 县	Lishu	2184	176421
伊通满族自 治 县	Yitong	2204	24507
公主岭市	Gongzhuling	5556	102693
双 辽 市	Shuangliao	16344	34459
辽 源 市	**Liaoyuan**	**85507**	**544888**
市　　区	District	82692	418392
东 丰 县	Dongfeng		59543
东 辽 县	Dongliao	2815	66953
通 化 市	**Tonghua**	**114653**	**746173**
市　　区	District	74604	482058
通 化 县	Tonghua	5716	35374
辉 南 县	Huinan	6849	24517
柳 河 县	Liuhe	2249	73310
梅河口市	Meihekou	24128	108961

contiued

unit: 10000 yuan

全部从业人员年平均人数（人）Annual Average Employed Persons (person)	总资产贡献率（%）Total Assets Contribution Rate (%)	资产负债率（%）Assets-liability Ratio (%)	流动资产周转率（次/年）Current Assets Turnover (times/year)	成本费用利润率（%）Ratio of Pre-tax Profit to Cost (%)	产品销售率（%）Proportion of Products Sold (%)
1396436	**13.3**	**52.4**	**2.9**	**5.7**	**97.2**
483248	**16.2**	**52.6**	**2.1**	**8.3**	**97.1**
436245	15.7	52.7	2.0	8.5	97.9
10926	31.9	60.7	5.7	12.2	97.5
15481	6.2	66.4	2.8	3.1	97.8
20596	12.9	44.7	6.7	3.5	90.6
208096	**13.7**	**60.3**	**3.4**	**4.1**	**96.6**
125974	15.8	57.8	3.9	4.8	98.0
6061	9.1	61.5	2.9	4.4	65.9
15244	25.8	48.9	5.2	5.4	98.6
22555	20.7	43.2	7.7	6.5	99.3
18415	11.3	54.2	7.1	4.0	98.2
19847	3.2	76.8	1.1	-4.4	96.5
78231	**10.7**	**47.8**	**4.6**	**4.2**	**99.2**
32938	16.1	64.0	4.3	4.3	100.5
8839	4.2	33.2	4.8	1.7	99.7
6272	3.5	8.5	4.6	4.7	97.0
23911	16.1	49.5	4.9	5.7	97.4
6271	5.0	75.3	4.4	2.4	99.5
104441	**6.6**	**57.7**	**4.5**	**2.2**	**96.3**
74833	5.9	57.9	3.8	1.9	95.2
17867	6.2	59.5	8.7	2.3	98.7
11741	11.1	54.6	4.7	2.7	97.4
159737	**16.0**	**47.1**	**3.1**	**7.6**	**97.0**
98154	8.5	46.8	2.8	5.6	97.0
10756	12.6	55.2	1.7	11.1	93.5
6847	6.6	49.7	1.9	3.3	96.1
13128	26.5	39.4	3.2	8.6	94.6
23795	50.4	44.1	7.5	10.2	98.5

单位：万元

市、县	City，County	亏损企业亏损总额 Total Loss	本年应付职工薪酬 The Year of Payable Employees
集安市	Ji' an	1106	21953
白山市	**Baishan**	**142367**	**322479**
市区	District	117171	185418
抚松县	Fusong	1662	66773
靖宇县	Jingyu	9879	25109
长白朝鲜族自治县	Changbai	1722	15156
临江市	Linjiang	11933	30023
松原市	**Songyuan**	**815272**	**1017501**
市区	District	690937	631701
前郭尔罗斯蒙古族自治县	Qianguo	119398	85762
长岭县	Changling		82847
乾安县	Qian' an	1992	55639
扶余市	Fuyu	2946	161552
白城市	**Baicheng**	**69261**	**158778**
市区	District	10876	51525
镇赉县	Zhenlai	8615	16494
通榆县	Tongyu	925	15066
洮南市	Taonan	427	31372
大安市	Da' an	48418	44321
延边朝鲜族自治州	**Yanbian**	**52020**	**478459**
延吉市	Yanji	2789	110613
图们市	Tumen	6165	22317
敦化市	Dunhua	19145	110189
珲春市	Hunchun	13515	157713
龙井市	Longjing	116	9557
和龙市	Helong	879	21453
汪清县	Wangqing	1085	22913
安图县	Antu	8326	23705

contiued

unit: 10000 yuan

全部从业人员年平均人数（人）Annual Average Employed Persons (person)	总资产贡献率（%）Total Assets Contribution Rate (%)	资产负债率（%）Assets-liability Ratio (%)	流动资产周转率（次/年）Current Assets Turnover (times/year)	成本费用利润率（%）Ratio of Pre-tax Profit to Cost (%)	产品销售率（%）Proportion of Products Sold (%)
7057	8.4	48.7	1.3	8.1	98.4
80226	**8.8**	**66.2**	**5.7**	**1.9**	**96.2**
48158	6.0	73.3	4.9	0.9	96.8
12247	14.1	59.4	6.5	3.5	97.7
6809	10.6	57.0	6.8	2.9	97.3
2632	7.3	44.9	2.4	4.6	86.7
10380	11.7	57.5	8.0	1.6	93.4
146766	**7.5**	**39.4**	**5.9**	**2.4**	**98.3**
66657	1.6	43.5	2.6	-5.3	97.0
19736	13.2	56.9	15.8	2.0	97.7
15401	19.3	41.7	8.0	5.7	99.6
16968	10.7	22.2	11.4	4.3	99.0
28004	21.9	17.1	14.9	9.8	98.9
35630	**6.0**	**55.6**	**3.1**	**2.9**	**98.6**
10961	7.7	40.4	2.3	5.1	98.2
4069	4.7	83.1	3.5	2.0	98.3
3127	9.9	45.9	4.7	3.6	99.8
7787	5.6	45.1	2.6	4.0	96.5
9686	3.5	76.8	4.4	-0.2	100.1
96952	**10.7**	**56.1**	**3.2**	**3.6**	**96.6**
12143	24.4	57.7	2.3	5.6	94.6
6728	4.3	60.9	7.0	0.4	97.3
30880	5.3	48.6	2.7	3.8	96.1
28753	7.6	65.2	4.6	2.0	98.8
2377	11.5	49.1	5.1	3.5	96.7
4961	7.7	52.4	2.3	4.9	96.9
5727	9.4	68.1	3.3	4.6	95.9
5383	4.3	52.0	3.2	2.8	98.0

19－19 各市县社会消费品零售总额（2016年）

Total Retail Sales of Consumer Goods by City and County（2016）

单位：万元　　　　unit：10000 yuan

市、县	City, County	社会消费品零售总额 Total Retair Sales of Consumer Goods	按销售地区分 Grouped by Region		按行业分 Grouped by Sector	
			城镇 Urban	乡村 Rural	批发零售贸易业 Wholesale and Retail Trades	住宿和餐饮业 Hotels and Catering Services
全　省	**Total**	**73104224**	**64545134**	**8559090**	**64089000**	**9015223**
长春市	**Changchun**	**26502844**	**23349109**	**3153735**	**23747068**	**2755776**
市　区	District	22137061	20397510	1739552	20329531	1807531
榆树市	Yushu	1455200	1142332	312868	961468	493732
德惠市	Dehui	1471742	1155318	316425	1321370	150372
农安县	Nong' an	1438840	653950	784890	1134699	304142
吉林市	**Jilin**	**14465105**	**13232868**	**1232237**	**12917915**	**1547190**
市　区	District	10260677	10096176	164501	9165606	1095071
桦甸市	Huadian	1029096	720367	308729	958225	70871
蛟河市	Jiaohe	883049	800209	82840	763369	119679
舒兰市	Shulan	889907	645628	244280	803181	86726
磐石市	Panshi	1032604	733665	298939	898981	133623
永吉县	Yongji	369772	236822	132950	328553	41219
四平市	**Siping**	**6058340**	**5097172**	**961168**	**5316957**	**741383**
市　区	District	1819627	1591444	228184	1473799	345829
公主岭市	Gongzhuling	2065419	1996479	68940	1913584	151835
双辽市	Shuangliao	604628	548843	55785	546868	57760
梨树县	Lishu	824181	466182	357998	691836	132345
伊通满族自治县	Yitong	584031	335125	248906	532658	51373
辽河垦区	Liaoheken	160454	159099	1355	158212	2242
辽源市	**Liaoyuan**	**2261899**	**2067166**	**194733**	**2015531**	**246368**
市　区	District	1466363	1457443	8920	1319936	146427
东丰县	Dongfeng	569318	458493	110826	496410	72908
东辽县	Dongliao	226217	151230	74987	199184	27033
通化市	**Tonghua**	**5323740**	**4739775**	**583965**	**4912605**	**411136**
市　区	District	1460586	1319630	140956	1380544	80041
梅河口市	Meihekou	1638458	1452248	186210	1507006	131452
集安市	Ji' an	526626	465969	60657	458445	68181
通化县	Tonghua	443061	385073	57988	396696	46365
辉南县	Huinan	640458	567754	72705	596655	43803

单位：万元

19 – 19 续表 continued

unit：10000 yuan

市、县	City, County	社会消费品零售总额 Total Retail Sales of Consumer Goods	按销售地区分 Grouped by Region		按行业分 Grouped by Sector	
			城镇 Urban	乡村 Rural	批发零售贸易业 Wholesale and Retail Trades	住宿和餐饮业 Hotels and Catering Services
柳河县	Liuhe	614551	549101	65450	573258	41293
白山市	**Baishan**	**2927361**	**2622300**	**305061**	**2274708**	**652653**
市　区	District	1265720	1181940	83780	1073792	191928
临江市	Linjiang	396703	352741	43962	290140	106562
抚松县	Fusong	557499	473681	83818	367192	190307
靖宇县	Jingyu	234922	211425	23497	179190	55732
长白朝鲜族自治县	Changbai	116214	104280	11934	78712	37502
江源县	Jiangyuan	356303	298233	58070	285682	70622
松原市	**Songyuan**	**6692064**	**5471729**	**1220335**	**5632403**	**1059661**
市　区	District	1590101	1394146	195955	1289333	300768
长岭县	Changling	1324435	1044203	280232	1121209	203227
前郭尔罗斯蒙古族自治县	Qianguo	1685045	1283026	402019	1350559	334486
乾安县	Qian' an	662158	508263	153895	569722	92436
扶余市	Fuyu	1430324	1242090	188234	1301580	128744
白城市	**Baicheng**	**3402418**	**2894819**	**507599**	**3036774**	**365645**
市　区	District	1900203	1705222	194981	1740512	159691
洮南市	Taonan	412606	323390	89215	363006	49599
大安市	Da' an	395133	312935	82199	346069	49064
镇赉县	Zhenlai	328205	276561	51644	261024	67182
通榆县	Tongyu	366271	276711	89560	326163	40108
延边朝鲜族自治州	**Yanbian**	**5311951**	**4932204**	**379746**	**4121780**	**1190171**
延吉市	Yanji	2499685	2378754	120931	1896273	603412
图们市	Tumen	289543	271866	17677	120735	168808
敦化市	Dunhua	1148375	1038374	110001	984475	163901
龙井市	Longjing	160051	128344	31708	114334	45718
珲春市	Hunchun	582621	576996	5625	516190	66432
和龙市	Helong	204012	155778	48234	158603	45409
汪清县	Wangqing	253269	238226	15043	194799	58470
安图县	Antu	174394	143866	30528	136373	38021
长白山管委会	**Changbai**	**158502**	**137992**	**20510**	**113262**	**45240**

注：长白山管委会不含在延边州。
Note: Changbai mountain management committee is not in yanbian autonomous prefecture.

19－20 各市县各级各类教育基本情况（2016年）

Basic Statistics on Education by Type of City and County（2016）

市、县	City，County	小学 Primary Schools 学校数（所）Number of Schools (unit)	# 乡村 Rural	毕业生（人）Graduates (person)	# 乡村 Rural	招生数（人）New Student Enrollment (person)	# 乡村 Rural	在校学生数（人）Students Enrollment (person)	# 乡村 Rural	专任教师数（人）Number of Full－time Teachers (person)	# 乡村 Rural
全　　省	**Total**	**4281**	**3180**	**219500**	**54838**	**204937**	**42692**	**1264211**	**292721**	**95884**	**33268**
长春市	**Changchun**	**1067**	**821**	**64140**	**18908**	**67233**	**14206**	**399974**	**99782**	**26559**	**10494**
市　区	District	381	207	35757	4941	41640	4096	238037	27845	12641	2034
农安县	Nong' an	248	226	9074	4797	9467	4329	58377	28742	4687	3110
榆树市	Yushu	275	245	11236	4780	8916	3028	58009	23744	5771	3208
德惠市	Dehui	163	143	8073	4390	7210	2753	45551	19451	3460	2142
吉林市	**Jilin**	**553**	**384**	**30696**	**6060**	**28624**	**4582**	**175995**	**32517**	**13923**	**3915**
市　区	District	131	58	12436	1156	12511	873	72834	5872	5046	576
永吉县	Yongji	30	18	2332	501	2491	445	14868	2720	1012	236
蛟河市	Jiaohe	99	85	3859	1126	2657	647	18291	5115	1617	804
桦甸市	Huadian	93	67	4024	1142	3268	853	22431	6123	1757	639
舒兰市	Shulan	95	70	4343	1292	4005	1030	25884	7731	2227	885
磐石市	Panshi	105	86	3702	843	3692	734	21687	4956	2264	775
四平市	**Siping**	**832**	**672**	**30788**	**8217**	**28310**	**7412**	**175999**	**47125**	**13672**	**5296**
市　区	District	78	37	4807	137	4242	53	25395	693	2456	263
梨树县	Lishu	207	170	7276	2074	6718	2106	41582	12441	2998	1259
伊通县	Yitong	149	130	4138	1951	3137	1237	21538	9699	2024	1255
公主岭市	Gongzhuling	227	195	10311	2463	10714	2672	64569	15536	3775	1302
双辽市	Shuangliao	171	140	4256	1592	3499	1344	22915	8756	2419	1217
辽源市	**Liaoyuan**	**299**	**243**	**9758**	**3196**	**7450**	**1900**	**48752**	**14551**	**5336**	**2294**
市　区	District	37	13	3188	226	2877	160	17084	1129	1530	263
东丰县	Dongfeng	140	120	3662	1623	2665	934	17777	7109	1953	1010
东辽县	Dongliao	122	110	2908	1347	1908	806	13891	6313	1853	1021
通化市	**Tonghua**	**213**	**129**	**17188**	**3411**	**14699**	**2676**	**90045**	**16785**	**6352**	**1667**
市　区	District	35	7	2963	51	2780	24	16435	187	1374	43

19－20 续表 1 continued

市、县	City，County	小学 Primary Schools									
		学校数（所）Number of Schools (unit)	#乡村 Rural	毕业生（人）Graduates (person)	#乡村 Rural	招生数（人）New Student Enrollment (person)	#乡村 Rural	在校学生数（人）Students Enrollment (person)	#乡村 Rural	专任教师数（人）Number of Full－time Teachers (person)	#乡村 Rural
通化县	Tonghua	25	18	1856	512	1419	299	9134	2448	791	344
辉南县	Huinan	49	34	3206	790	2273	566	15372	3860	1261	436
柳河县	Liuhe	25	12	2750	325	2739	290	16534	2009	1032	206
梅河口市	Meihekou	48	35	4778	1327	4292	1275	24789	6561	1285	475
集安市	Ji' an	31	23	1635	406	1196	222	7781	1720	609	163
白山市	**Baishan**	**149**	**77**	**8787**	**710**	**6978**	**493**	**44331**	**3429**	**3878**	**497**
市区	District	45	16	3491	198	2914	117	18192	897	1366	152
抚松县	Fusong	23	6	2567	221	1827	133	12105	1027	1200	75
靖宇县	Jingyu	6	1	1112	171	967	161	5982	863	413	127
长白县	Changbai	28	17	529	46	432	19	2864	182	436	44
临江市	Linjiang	47	37	1088	74	838	63	5188	460	463	99
松原市	**Songyuan**	**717**	**602**	**27708**	**9435**	**24808**	**7648**	**156815**	**52621**	**11462**	**5753**
市区	District	87	46	7237	938	6429	718	39808	4769	2271	532
前郭县	Qianguo	140	118	5929	2580	5065	2013	33325	14435	2833	1544
长岭县	Changling	233	211	5722	2389	6063	2393	36895	16234	2346	1350
乾安县	Qian' an	61	48	2352	662	2107	569	12367	3206	1212	569
扶余县	Fuyu	196	179	6468	2866	5144	1955	34420	13977	2800	1758
白城市	**Baicheng**	**338**	**232**	**15835**	**3668**	**12970**	**2860**	**85709**	**19262**	**7957**	**2642**
市区	District	53	20	4126	669	3563	516	23871	3469	1553	345
镇赉县	Zhenlai	103	81	2353	417	1916	427	12453	2630	1459	661
通榆县	Tongyu	53	37	3061	593	2528	400	16403	2900	1249	41
洮南市	Taonan	26	13	3646	1336	2925	1039	19068	6935	1728	891
大安市	Da' an	103	81	2649	653	2038	478	13914	3328	1968	704
延边州	**Yanbian**	**113**	**20**	**14600**	**1233**	**13865**	**915**	**86591**	**6649**	**6745**	**710**
延吉市	Yanji	26	5	4493	67	4846	40	29311	280	1754	55
图们市	Tumen	6		456		397		2684		285	
敦化市	Dunhua	18		3663	428	3053	283	20580	2310	1135	86
珲春市	Hunchun	12	3	1737	45	1848	39	10648	280	894	52
龙井市	Longjing	6		653	40	618	25	3662	147	425	
和龙市	Helong	13	4	720	64	687	56	4292	365	610	105
汪清县	Wangqing	19	5	1298	186	1155	157	7316	992	860	164
安图县	Antu	13	3	1580	403	1261	315	8098	2275	782	248

19－20 续表 2 continued

市、县	City，County	普通中学 学校数（所）Number of Schools (unit)	#乡村 Rural	毕业生（人）Graduates (person)	#乡村 Rural	招生数（人）New Student Enrollment (person)	#乡村 Rural	在校学生数（人）Students Enrollment (person)	#乡村 Rural	专任教师数（人）Number of Full－time Teachers (person)	#乡村 Rural
全　省	**Total**	**1408**	**432**	**344856**	**32214**	**356435**	**37445**	**1008109**	**100253**	**107627**	**19468**
长春市	**Changchun**	**332**	**114**	**105386**	**11236**	**103419**	**12431**	**296209**	**34158**	**31130**	**5935**
市　区	District	186	37	63239	4327	59642	4456	172757	12151	20392	2611
农安县	Nong' an	50	25	13708	2468	15338	3012	41592	8440	4042	1314
榆树市	Yushu	54	28	16011	2001	16219	2286	46109	6125	3678	979
德惠市	Dehui	42	24	12428	2440	12220	2677	35751	7442	3018	1031
吉林市	**Jilin**	**179**	**37**	**49348**	**2906**	**50163**	**3565**	**144144**	**9723**	**14839**	**1885**
市　区	District	69	13	22350	810	20950	988	61091	2900	6032	548
永吉县	Yongji	17	3	4241	237	3901	252	11844	670	1430	190
蛟河市	Jiaohe	23	5	4510	280	5795	519	15331	1139	1913	337
桦甸市	Huadian	18	4	5601	469	6369	665	18039	1667	1537	201
舒兰市	Shulan	27	7	6610	655	7024	762	19954	2203	1795	324
磐石市	Panshi	25	5	6036	455	6124	379	17885	1144	2132	285
四平市	**Siping**	**185**	**57**	**42350**	**4208**	**47341**	**5669**	**129718**	**13658**	**11698**	**1968**
市　区	District	27	1	9165	15	8720	15	25597	33	2401	23
梨树县	Lishu	47	17	8595	1340	9802	1532	26158	4108	2376	513
伊通县	Yitong	29	13	6166	1519	6687	1396	18639	4040	1797	683
公主岭市	Gongzhuling	52	14	13272	631	16700	2085	44163	3616	3619	457
双辽市	Shuangliao	30	12	5152	703	5432	641	15161	1861	1505	292
辽源市	**Liaoyuan**	**61**	**21**	**15088**	**2053**	**16210**	**2280**	**45877**	**6329**	**4414**	**905**
市　区	District	16	3	5662	305	6128	215	17313	661	1634	132
东丰县	Dongfeng	26	9	5015	752	5713	909	16186	2471	1576	384
东辽县	Dongliao	19	9	4411	996	4369	1156	12378	3197	1204	389
通化市	**Tonghua**	**130**	**34**	**27867**	**2038**	**28062**	**2173**	**80382**	**5687**	**9848**	**1545**
市　区	District	19		6106		5309		15955		1680	

市、县	City，County	普通中学									
		学校数（所）Number of Schools (unit)	#乡村 Rural	毕业生（人）Graduates (person)	#乡村 Rural	招生数（人）New Student Enrollment (person)	#乡村 Rural	在校学生数（人）Students Enrollment (person)	#乡村 Rural	专任教师数（人）Number of Full－time Teachers (person)	#乡村 Rural
通化县	Tonghua	21	7	3205	313	3020	329	9004	937	1344	296
辉南县	Huinan	21	7	4729	653	5010	740	14161	1948	1324	273
柳河县	Liuhe	23	7	3977	252	4028	243	11411	690	1170	187
梅河口市	Meihekou	29	8	7075	639	8154	720	22137	1689	3164	524
集安市	Ji' an	17	5	2775	181	2541	141	7714	423	1166	265
白山市	**Baishan**	**108**	**23**	**15415**	**456**	**15374**	**417**	**44102**	**1256**	**6818**	**800**
市区	District	36	4	6678	67	6258	56	18312	177	2578	165
抚松县	Fusong	26	6	4397	170	4535	161	12620	450	1939	237
靖宇县	Jingyu	17	7	1451	133	1611	118	4637	359	947	266
长白县	Changbai	13	4	851	44	881	34	2552	122	447	85
临江市	Linjiang	16	2	2038	42	2089	48	5981	148	907	47
松原市	**Songyuan**	**149**	**65**	**40176**	**5320**	**46535**	**6650**	**125892**	**17284**	**10372**	**2477**
市区	District	28	4	14526	370	14371	433	40520	1139	2753	146
前郭县	Qianguo	35	21	7835	2012	8896	2445	24466	6441	2505	978
长岭县	Changling	37	18	7423	1192	8618	1440	23205	3619	1621	406
乾安县	Qian' an	18	8	3147	453	3576	521	9746	1479	1030	270
扶余县	Fuyu	31	14	7245	1293	11074	1811	27955	4606	2463	677
白城市	**Baicheng**	**120**	**43**	**25644**	**2507**	**25767**	**2672**	**74195**	**7651**	**9123**	**2559**
市区	District	30	8	8371	440	7430	465	22204	1431	2072	305
镇赉县	Zhenlai	18	6	3543	229	3788	312	10482	815	1228	227
通榆县	Tongyu	24	9	4538	426	5115	479	14337	1298	2443	935
洮南市	Taonan	17	7	4976	831	5247	809	14923	2276	1488	384
大安市	Da' an	31	13	4216	581	4187	607	12249	1831	1892	708
延边州	**Yanbian**	**144**	**38**	**23582**	**1490**	**23564**	**1588**	**67590**	**4507**	**9385**	**1394**
延吉市	Yanji	25	3	7937	358	7730	346	22214	1025	2232	125
图们市	Tumen	9		790		711		2066		460	
敦化市	Dunhua	27	8	5674	465	5777	551	16639	1478	2140	482
珲春市	Hunchun	16	3	2680	31	2794	30	8026	103	1044	51
龙井市	Longjing	14	5	1024	36	935	34	2772	109	649	131
和龙市	Helong	17	6	1285	58	1101	37	3433	145	811	133
汪清县	Wangqing	20	6	2116	157	2111	157	5971	433	1040	164
安图县	Antu	16	7	2076	385	2405	433	6469	1214	1009	308

19－20 续表 4 continued

市、县	City, County	普通高中 学校数（所）Number of Schools (unit)	#乡村 Rural	毕业生（人）Graduates (person)	#乡村 Rural	招生数（人）New Student Enrollment (person)	#乡村 Rural	在校学生数（人）Students Enrollment (person)	#乡村 Rural	专任教师数（人）Number of Full－time Teachers (person)	#乡村 Rural
全　省	**Total**	**241**	**8**	**138986**	**704**	**139534**	**2048**	**404209**	**3157**	**34150**	**638**
长春市	**Changchun**	**68**	**3**	**43892**	**460**	**39708**	**406**	**117306**	**910**	**10197**	**324**
市　区	District	48	2	27202	423	23769	318	69987	663	6722	144
农安县	Nong' an	10	1	5545	37	6457	88	17494	247	1589	180
榆树市	Yushu	6		6272		5081		16344		1024	
德惠市	Dehui	4		4873		4401		13481		862	
吉林市	**Jilin**	**37**	**1**	**20529**	**115**	**19748**	**173**	**59373**	**407**	**5167**	**67**
市　区	District	18	1	9571	115	8434	173	26062	407	2607	67
永吉县	Yongji	3		1958		1677		5135		489	
蛟河市	Jiaohe	4		1736		1972		5727		395	
桦甸市	Huadian	3		2419		2389		7400		543	
舒兰市	Shulan	5		2628		2754		7886		520	
磐石市	Panshi	4		2217		2522		7163		613	
四平市	**Siping**	**27**	**3**	**15430**	**129**	**17895**	**1469**	**50276**	**1840**	**3777**	**224**
市　区	District	3		3789		3551		10899		715	
梨树县	Lishu	7		2881		3530		9670		799	
伊通县	Yitong	5	2	2166	129	2803	229	7595	530	575	154
公主岭市	Gongzhuling	9	1	5085		6476	1240	17675	1310	1346	70
双辽市	Shuangliao	3		1509		1535		4437		342	
辽源市	**Liaoyuan**	**9**		**5860**		**6563**		**18468**		**1339**	
市　区	District	4		2298		2864		8045		616	
东丰县	Dongfeng	3		1772		2060		5742		394	
东辽县	Dongliao	2		1790		1639		4681		329	
通化市	**Tonghua**	**20**		**10854**		**10938**		**32256**		**2949**	
市　区	District	6		2650		2340		7224		789	

19－20 续表 5 continued

市、县	City，County	普通高中 学校数（所）Number of Schools (unit)	#乡村 Rural	毕业生（人）Graduates (person)	#乡村 Rural	招生数（人）New Student Enrollment (person)	#乡村 Rural	在校学生数（人）Students Enrollment (person)	#乡村 Rural	专任教师数（人）Number of Full－time Teachers (person)	#乡村 Rural
通化县	Tonghua	2		1298		1174		3677		284	
辉南县	Huinan	2		1777		1798		5378		305	
柳河县	Liuhe	2		1357		1421		4133		227	
梅河口市	Meihekou	5		2710		3285		9019		1075	
集安市	Ji' an	3		1062		920		2825		269	
白山市	**Baishan**	**15**		**6784**		**6606**		**19406**		**1743**	
市区	District	6		2963		2809		8459		675	
抚松县	Fusong	4		2044		1955		5520		589	
靖宇县	Jingyu	1		481		503		1540		116	
长白县	Changbai	2		349		355		994		136	
临江市	Linjiang	2		947		984		2893		227	
松原市	**Songyuan**	**20**		**15961**		**18997**		**51195**		**3603**	
市区	District	8		6921		6714		18964		1296	
前郭县	Qianguo	4		2777		2782		8006		647	
长岭县	Changling	3		2714		3043		8813		510	
乾安县	Qian' an	2		1078		1296		3479		267	
扶余县	Fuyu	3		2471		5162		11933		883	
白城市	**Baicheng**	**17**	**1**	**10107**		**10012**		**28993**		**2383**	**23**
市区	District	6	1	3721		3048		9295		753	23
镇赉县	Zhenlai	3		1532		1440		4258		411	
通榆县	Tongyu	3		1501		2057		5302		537	
洮南市	Taonan	2		1702		1841		5289		315	
大安市	Da' an	3		1651		1626		4849		367	
延边州	**Yanbian**	**28**		**9569**		**9067**		**26936**		**2992**	
延吉市	Yanji	7		3207		3094		9120		746	
图们市	Tumen	2		305		288		867		151	
敦化市	Dunhua	7		2445		2133		6759		918	
珲春市	Hunchun	2		1101		1060		3130		309	
龙井市	Longjing	2		402		355		1046		185	
和龙市	Helong	2		537		449		1415		180	
汪清县	Wangqing	3		785		813		2295		241	
安图县	Antu	3		787		875		2304		262	

19－21　县市（卡）社会经济基本情况（2016年）

指　　标	Item	农安县 Nongan	榆树市 Yushu
行政区域面积(平方公里)	The administrative area（sq.km）	5415	4712
财政供养人员(人)	Financial Support Personnel（person）	34143	37238
财政供养人员全年工资总额(万元)	Annual gross wages of fiscal supported personnel（10000yuan)	160059	164060
年末金融机构各项存款余额(万元)	Balance of deposits in financial institutions at end of the year（10000yuan)	3320633	2442800
居民人民币储蓄存款余额(万元)	RMB savings deposit of residents （10000yuan)	2467121	1958300
年末金融机构各项贷款余额(万元)	Balance of loans for financial institutions at end of the year（10000yuan)	3661146	3261700
耕地面积(公顷)	Arable land (ha)	377319	391007
设施农业占地面积(公顷)	Facility agriculture area (ha)	407	2173
农药使用量(吨)	The use of pesticide（ton）	1825	2888
地膜使用量(吨)	Used quantity of mulch（ton）	2318	1610
机收面积(公顷)	Mechanical harvesting area (ha)	219000	231746
粮食作物播种面积;小麦(公顷)	Grain crop sown area; wheat (ha)	40	
油料作物播种面积;花生(公顷)	Oil crops sown area; peanut (ha)	7684	
棉花播种面积(公顷)	Cotton sown area (ha)		
糖料作物播种面积(公顷)	Sugar crop sown area (ha)		
粮食总产量;小麦(吨)	Total grain output; wheat（ton）	80	
油料产量;花生(吨)	Total oil production;peanut（ton）	18582	
棉花产量(吨)	Cotton yield（ton）		
糖料产量(吨)	Sugar yield（ton）		
园林水果产量(吨)	Garden frait Production（ton）	4912	21298
年末牛存栏(头)	At the end of cattle（head）	371603	687257
奶类产量(吨)	Milk yield （ton）	3851	25452
水产品产量(吨)	Aquatic Product output （ton）	6420	5798
建筑业企业单位数(个)	Unit number of construction enterprises（unit）	13	10
公路里程(公里)	Highway mileage （km）	5313	5500
民用汽车拥有量(辆)	Possession of civil automobile（coach）	89632	34123
年末公交车路数(路)	Number of bus at the end of the year（ road）	257	53
年末实有公共汽（电）车营运车辆数(辆)	Number of actual buses, (electric) vehicle, operations vehicle at the end of the year（coach）	564	526
年末实有出租汽车数(辆)	Number of actual taxi at the end of the year（coach）	1437	1327
固定电话用户(户)	The fixed telephone users (subscriber)	89710	104187
移动电话用户(户)	Mobile phone users (subscriber)	809459	635321
互联网宽带接入用户(户)	Broadband Internet access users (subscriber)	86974	69415
全社会用电量(万千瓦时)	Consumption of the whole society （10000kw.h)	110852	84437
居民生活用电量(万千瓦时)	Residents living with electricity（10000kw.h)	86389	32252

注：此表是上报国家年报数据。
Note: This form is submitted to national annual report data.

Basic Statistics on Social and Economy by County (city) (2016)

德惠市 Dehui	永吉县 Yongji	蛟河市 Jiaohe	桦甸市 Huadian	舒兰市 Shulan	磐石市 Panshi	梨树县 Lishu	伊通满族自治县 Yitong	公主岭市 Gongzhuling	双辽市 Shuangliao	东丰县 Dongfeng
3435	2399	6370	6522	4557	3861	3232	2524	4141	3121	2522
27348	8869	17453	15130	27355	21000	26154	15665	23745	19227	16100
132032	44832	87883	107800	128269	87000	113028	89438	143518	92873	111089
2674772	1462673	1448900	1555115	1707763	1457483	1848631	1145213	3779359	1049927	1174901
2131294	1004281	1032245	1067914	1296282	1143815	1419988	767552	2704114	746371	1014827
1504614	1536815	1021524	922317	1097705	1454587	1241086	598581	3277634	1445903	659852
209532	70474	113240	96125	142005	105283	213649	124297	285533	174448	126805
882	209	67	146	501	450	1560	105	1004	580	260
1650	1401	1632	1839	2510	2099	1012	1550	2813	1025	2860
770	184	510	371	326	250	482	95	1138	198	220
153500	40900	38900	29600	67415	47000	175500	62600	182000	143500	49000
									100	
24		169			16	3800		113	12972	10
									350	
57		378	737		80	13405		244	29105	45
24788	181376	38144	9616	25237	31552	6549	3960	10438	518	11820
366207	17742	100163	73817	141674	85357	240039	425436	254195	178150	133864
3268	186	324	265	352	915	8856	824	21436	25127	1784
6110	3599	6663	3958	7968	7500	878	1516	2025	665	1420
22	74	12	19	22	16	10	7	32	18	20
2415	1853	1934	3085	2637	2152	2435	1587	3174	1945	2297
74859	23599	10834	34559	6539	34115	11336	40891	17855	18235	23056
185	233	117	205	59	149	195	88	234	22	87
498	331	332	434	321	386	375	275	649	112	188
1373	496	1524	513	1040	513	1470	950	1699	2580	600
92114	45178	57143	58712	67999	93000	66136	38263	236578	62767	30442
826605	402039	363472	435583	547245	466000	675900	375413	537540	413870	297262
87296	33318	62128	70327	30110	60260	51669	26201	53156	42371	37987
110030	55888	65280	57536	51401	104972	62040	35311	108590	38147	31763
24015	10662	22325	18963	7567	16230	27612	13505	33026	17873	15875

19－21 续表 1

指　　标	Item	农安县 Nongan	榆树市 Yushu
出口总额(万美元)	Total exports （$10000)	1962	823
当年实际使用外资金额(万美元)	The amount of actually used foreign capital （$10000)	10352	9514
星级饭店客房总数(间)	Newly increased fixed assets (unit)		
新增固定资产(万元)	New fixed assets (10000yuan)	3159696	2293638
房地产开发投资;住宅(万元)	Investment real estate development;Residential （10000yuan)	158464	105169
住宅竣工面积(万平方米)	The completion of the residential area(10000square meters)	55	42
专业技术人员(人)	Number of professional and technical personnel (person)	46547	19787
#农业技术人员(人)	Agricultural technical personnel (person)	2200	1263
专利授权数(件)	Number of patents (piece)	76	33
公共图书馆图书总藏量(千册)	Number of books in public library(1000volume)	112	140
剧场、影剧院个数(个)	Theatres and music halls （unit)	5	2
体育场馆个数(个)	Number of stadium (unit)	2	1
医疗卫生机构床位数(床)	Bed number of medical and health institutions (bed)	3747	4175
医疗卫生机构技术人员(人)	Technical personnel of medical and health institutions (person)	3588	3853
#执业（助理）医师(人)	Occupational physician (person)	2189	1625
城镇居民人均可支配收入(元)	Per capita disposable income of urban residents (yuan)	23531	21300
农村居民人均纯收入(元)	Per capita dispossable income of rural residents (yuan)	12526	12621
各种社会福利收养性单位数(个)	Number of social welfare institutions for adoption (unit)	42	38
各种社会福利收养性单位床位数(床)	Adopting social welfare unit beds (bed)	3899	2356
城镇职工基本养老保险参保人数(人)	The number of basic old-age insurance for urban workers (person)	72559	54661
城镇职工基本医疗保险参保人数(人)	Basic medical insurance number of urban workers (person)	230436	268412
失业保险参保人数(人)	Number of Unemployment insurance (person)	42562	41782
新型农村合作医疗参保人数(人)	The new rural cooperative medical insurance number (person)	884108	922135
新型农村社会养老保险参保人数(人)	The number of new rural pension insarance society （person)	393429	404716
城镇居民最低生活保障人数(人)	The number of minimum subsistence guarantee of urban resident (person)	9742	25143
农村居民最低生活保障人数(人)	Number of minimum subsistence guarantee for rural residents(person)	35948	52524
森林面积(公顷)	Forest area(ha)	24538	30736
自然保护区面积(公顷)	atural protection area(ha)		
工业二氧化硫排放量(吨)	Industrial sulfur dioxide emissions(ton)	2183	2095
氮氧化物排放量(吨)	Nitrogen oxide emissions(ton)	1988	1972
工业烟（粉）尘排放量(吨)	Industrial soot emissions(ton)	1250	1296
污水处理厂数(座)	Number of sewage disposal plants(unit)	2	2
污水处理厂集中处理率(%)	Centralized treatment rate of sewage treatment plant(%)	98.0	100.0
垃圾处理站数(个)	Number of garbage disposal stations(unit)	1	1
城区空气质量优良以上天数(天)	Good uran air quality days over (day)	237	309

continued

德惠市 Dehui	永吉县 Yongji	蛟河市 Jiaohe	桦甸市 Huadian	舒兰市 Shulan	磐石市 Panshi	梨树县 Lishu	伊通满族自治县 Yitong	公主岭市 Gongzhuling	双辽市 Shuangliao	东丰县 Dongfeng
14546	2280	3559	1120	2351	769	160		413	245	8857
11457	8100	8540	8050	6204	9000			8332		3500
			132	109				228		60
1286710	619330	2232888	2363722	1272810	2512404	530481	473970	2205296	898511	953097
72959	30936	21526	93500	12457	75040	20360	49194	105235	6400	6698
37	3	18	33	13	36	8	7	43		3
37452	7769	23087	20619	15896	16654	10527	6552	14345	8057	8150
1530	384	1486	1383	2936	2620	2049	858	1387	1080	1324
59	60		47	22	66		5		2	
113	46	72	571	35	158	70	55	94	44	65
2	2	2	1	2	3	1	3	9	1	1
2	4	1	1	2	1	2	2	1	1	1
2505	1319	1585	1722	2335	2278	2059	1616	4452	1487	1965
2378	1715	2207	2156	2250	2100	2455	1772	4766	2030	1387
1613	679	1547	979	803	1088	1375	735	1939	771	573
23255	22442	20501	25107	20255	22547	20548	21247	26398	20586	23085
12673	12094	12538	12659	13569	12435	12500	10891	12543	11465	12506
15	13	19	11	29	33	20	31	37	14	39
1438	1626	1168	1533	1925	2767	1600	1826	6187	1305	1903
84515	22200	96244	54732	50782	84528	38975	35185	127252	40520	44296
74135	103328	124856	215660	215496	201550	211005	105821	147947	171000	66009
33654	16822	2486	27997	18859	21897	39326	13821	36600	26212	18391
662418	251204	248055	183178	365836	333775	458324	319797	648623	250861	280144
356954	136279	133244	52266	164339	179602	250870	148000	375794	130427	170794
10291	6979	37548	8204	27263	4343	12211	5183	13660	3178	11710
24586	15704	14253	7652	24582	15038	23620	25092	42535	7916	23358
15564	97677	456000	426593	142482	156756	28237	56071	26404	56957	82165
		2520	3239	9442	2630		24257			
1503	1071	797	2531	577	7835	8459	3652	3909	8855	2555
1305	2196	872	769	687	5600	5127	1227	6525	5316	1382
1393	1459	869	2230	830	15670	5477	3751	3661	4747	2340
1	1	1		1	1	1	1	2	1	1
60.1	85.7	91.4	91.7	85.0	100.0	75.0	76.0	70.0	100.0	36.8
1	1	2	1	1	1		1	1	1	1
338	321	319	283	338	310	320	255	280	258	298

19－21 续表 2

指　　标	Item	东辽县 Dongliao	通化县 Tonghua
行政区域面积(平方公里)	The administrative area（sq.km）	2173	3726
财政供养人员(人)	Financial Support Personnel（person）	14037	10639
财政供养人员全年工资总额(万元)	Annual gross wages of fiscal supported personnel（10000yuan)	60639	64344
年末金融机构各项存款余额(万元)	Balance of deposits in financial institutions at end of the year（10000yuan)	881425	1174688
居民人民币储蓄存款余额(万元)	RMB savings deposit of residents （10000yuan)	680591	797405
年末金融机构各项贷款余额(万元)	Balance of loans for financial institutions at end of the year（10000yuan)	1084109	722693
耕地面积(公顷)	Arable land (ha)	107802	28928
设施农业占地面积(公顷)	Facility agriculture area (ha)	81	418
农药使用量(吨)	The use of pesticide（ton）	1172	266
地膜使用量(吨)	Used quantity of mulch（ton）	548	214
机收面积(公顷)	Mechanical harvesting area (ha)	41660	2800
粮食作物播种面积;小麦(公顷)	Grain crop sown area; wheat (ha)		
油料作物播种面积;花生(公顷)	Oil crops sown area; peanut (ha)		23
棉花播种面积(公顷)	Cotton sown area (ha)		
糖料作物播种面积(公顷)	Sugar crop sown area (ha)		
粮食总产量;小麦(吨)	Total grain output; wheat（ton）		
油料产量;花生(吨)	Total oil production;peanut（ton）		77
棉花产量(吨)	Cotton yield（ton）		
糖料产量(吨)	Sugar yield（ton）		
园林水果产量(吨)	Garden frait Production（ton）	8202	825
年末牛存栏(头)	At the end of cattle（head）	42662	39715
奶类产量(吨)	Milk yield （ton）	914	
水产品产量(吨)	Aquatic Product output （ton）	1589	3825
建筑业企业单位数(个)	Unit number of construction enterprises（unit）	6	15
公路里程(公里)	Highway mileage （km）	1938	2000
民用汽车拥有量(辆)	Possession of civil automobile（coach）	28663	18111
年末公交车路数(路)	Number of bus at the end of the year（ road）	89	20
年末实有公共汽（电）车营运车辆数(辆)	Number of actual buses, (electric) vehicle, operations vehicle at the end of the year（coach）	117	71
年末实有出租汽车数(辆)	Number of actual taxi at the end of the year（coach）	112	461
固定电话用户(户)	The fixed telephone users (subscriber)	37850	44373
移动电话用户(户)	Mobile phone users (subscriber)	290036	191916
互联网宽带接入用户(户)	Broadband Internet access users (subscriber)	22524	47671
全社会用电量(万千瓦时)	Consumption of the whole society（10000kw.h)	32579	23258
居民生活用电量(万千瓦时)	Residents living with electricity（10000kw.h)	9069	8793

continued

辉南县 Huinan	柳河县 Liuhe	梅河口市 Meihekou	集安市 Jian	抚松县 Fusong	靖宇县 Jingyu	长白朝鲜族自治县 Changbai	临江市 Linjiang	前郭尔罗斯蒙古族自治县 Qianguo	长岭县 Changling	乾安县 Qianan
2276	3346	2179	3341	6159	3094	2506	3009	6979	5736	3617
14000	13408	23396	10438	15024	7927	6459	8672	24026	21840	16774
61900	67518	95960	55636	88349	50221	35718	52792	135746	127434	74050
1655215	1628419	3002096	1240523	1369983	535265	533280	1084069	2809089	1220652	1492780
928638	780695	2043325	974828	975878	343831	310939	557864	1647136	771032	501217
548137	882540	1407366	724325	668149	552752	162314	367000	3281015	1805295	498377
79606	89070	104000	11971	17507	14051	5088	12066	310904	332569	178705
248	67	197	142	340	159	42	133	1000	3958	226
745	1008	1564	613	270	309	56	185	3281	2725	516
223	135	308	188	265	101	105	141	4759	1185	713
16800	39000	46700	2300	600	1170	600	750	270062	210866	138000
										275
8	5	1	140	28	134	27	64	47457	16296	3686
										106
										942
51	20	3	322	103	317	90	275	160840	34792	13952
										5095
14388	12872	1752	28328	2298	2773	1376	6991	19590	671	12354
63812	45783	88654	15188	22759	22046	10697	12008	109789	114221	45381
271	143	2174		41	100		289	56985	60711	6640
4040	1870	5939	3695	6278	1640	506	1395	18615	1977	2978
15	11	25	13	18	12	6	8	39	9	4
2172	2271	1538	1366	1674	1545	1222	1596	4305	2102	1548
21023	20609	42785	17918	23032	5143	1432	5912	39000	4898	32188
30	63	105	37	86	19	43	12	30	139	97
53	239	290	61	342	117	45	90	268	272	130
800	653	1409	800	1000	802	769	899		1919	582
45332	52808	96700	45754	66472	11500	21800	25000	223000	9576	33721
208691	283256	488945	171795	306005	173881	83400	150000	616900	482986	396517
38430	50936	92871	37401	59704	26452	17662	24000	109055	33272	27909
28054	31728	57461	31888	58413	54301	9743	41150	209600	41356	30901
11472	12004	21601	9452	14933	7378	4605	9620	69125	18994	8823

指　　标	Item	东辽县 Dongliao	通化县 Tonghua
出口总额(万美元)	Total exports （$10000)	1164	1750
当年实际使用外资金额(万美元)	The amount of actually used foreign capital （$10000)	6100	5900
星级饭店客房总数(间)	Newly increased fixed assets（unit)		88
新增固定资产(万元)	New fixed assets（10000yuan)	1380000	18526
房地产开发投资;住宅(万元)	Investment real estate development;Residential （10000yuan)	800	18103
住宅竣工面积(万平方米)	The completion of the residential area(10000square meters)		29
专业技术人员(人)	Number of professional and technical personnel（person）	9026	17563
#农业技术人员(人)	Agricultural technical personnel（person）	537	3167
专利授权数(件)	Number of patents（piece）	30	16
公共图书馆图书总藏量(千册)	Number of books in public library(1000volume)	65	92
剧场、影剧院个数(个)	Theatres and music halls （unit）	1	1
体育场馆个数(个)	Number of stadium（unit）	1	1
医疗卫生机构床位数(床)	Bed number of medical and health institutions（bed）	854	1654
医疗卫生机构技术人员(人)	Technical personnel of medical and health institutions（person）	910	1342
#执业（助理）医师(人)	Occupational physician（person）	403	690
城镇居民人均可支配收入(元)	Per capita disposable income of urban residents（yuan）	21547	23272
农村居民人均纯收入(元)	Per capita dispossable income of rural residents（yuan）	11450	11537
各种社会福利收养性单位数(个)	Number of social welfare institutions for adoption（unit）	14	17
各种社会福利收养性单位床位数(床)	Adopting social welfare unit beds（bed）	1649	942
城镇职工基本养老保险参保人数(人)	The number of basic old-age insurance for urban workers（person）	17203	29145
城镇职工基本医疗保险参保人数(人)	Basic medical insurance number of urban workers（person）	47008	90725
失业保险参保人数(人)	Number of Unemployment insurance（person）	9010	19270
新型农村合作医疗参保人数(人)	The new rural cooperative medical insurance number（person）	260866	157422
新型农村社会养老保险参保人数(人)	The number of new rural pension insarance society （person）	133634	68020
城镇居民最低生活保障人数(人)	The number of minimum subsistence guarantee of urban resident（person）	8084	6085
农村居民最低生活保障人数(人)	Number of minimum subsistence guarantee for rural residents(person)	14150	8011
森林面积(公顷)	Forest area(ha)	68169	278005
自然保护区面积(公顷)	atural protection area(ha)		15200
工业二氧化硫排放量(吨)	Industrial sulfur dioxide emissions(ton)	1766	698
氮氧化物排放量(吨)	Nitrogen oxide emissions(ton)	1813	473
工业烟（粉）尘排放量(吨)	Industrial soot emissions(ton)	2208	573
污水处理厂数(座)	Number of sewage disposal plants(unit)	1	1
污水处理厂集中处理率(%)	Centralized treatment rate of sewage treatment plant(%)	36.7	95.0
垃圾处理站数(个)	Number of garbage disposal stations(unit)	4	1
城区空气质量优良以上天数(天)	Good uran air quality days over (day)	278	345

continued

辉南县 Huinan	柳河县 Liuhe	梅河口市 Meihekou	集安市 Jian	抚松县 Fusong	靖宇县 Jingyu	长白朝鲜族自治县 Changbai	临江市 Linjiang	前郭尔罗斯蒙古族自治县 Qianguo	长岭县 Changling	乾安县 Qianan
24	81	7775	2340	14000	1230	1478	2150	2273	2859	85
6200	6200	7279	5820	5500	5100		1400	5000		5079
	128	136	358	921	84	50	97	251		59
603079	350353	1491424	354033	891244	586120	579921	864966	2829679	2574517	2006142
13000	57418	312319	7015	7903	21429	3272	9658	75389	29958	320
		5	4	1	32		2	21	25	
23043	13025	43464	12786	8987	4417	3442	5023	17582	9646	11260
4041	624	3574	1253	268	296	506	104	5020	326	365
44	38	53	18	23	15	9	7	32	1	3
80	180	144	56	49	63	78	12	305	138	75
4	2	5	1	5	1	3	1	4	1	1
1	1	2	3	5		1	1	9	1	1
1576	1799	2910	936	2823	512	291	1100	1650	3021	1350
1837	1741	4019	920	2051	759	397	1243	2560	2249	2045
990	612	1756	417	1150	340	254	584	1252	682	828
21099	22707	26483	21348	21177	19974	20192	20598	23379	20219	20606
12613	10900	12710	12083	12649	8231	9427	11977	11289	10343	11065
22	27	38	12	15	5	11	15	21	23	14
1550	1885	2482	709	660	273	306	487	1305	659	630
40978	34102	103403	45653	57519	12021	13865	31600	59856	25210	33950
140339	114203	287418	90210	209153	74005	20538	100200	137258	115842	106678
16895	9240	19949	13465	29469	7303	5357	19400	20562	13872	8484
195971	238484	335457	130982	107877	61372	36873	62900	383347	453214	180772
79922	136536	140096	50038	44030	26659	3994	22589	189282	168662	92213
7146	13500	11765	7357	16544	9785	9851	10871	7526	6828	5467
18691	13698	20435	9081	12826	8718	6402	7985	23266	38112	6021
52419	196296	58598	270460	389228	44082	218564	243648	98893	98000	34582
15061	18365		13822	190781	42325	16128		50684	30966	11000
749	1421	3399	641	2329	451	416	899	2372	829	461
495	691	6035	267	847	292	218	529	1455	492	338
340	880	920	353	1952	515	448	2313	1612	547	308
1	1	1	1	1	1	1	1	1	1	1
95.0	100.0	98.0	92.7	83.0	85.4	70.0	87.0	100.0	100.0	98.3
1	1	1	1	1	1	1	1	1	1	1
340	343	248	340	323	300	348	362	285	320	320

19－21 续表 4

指　　标	Item	扶余市 Fuyu	镇赉县 Zhenlai
行政区域面积(平方公里)	The administrative area（sq.km）	4654	4717
财政供养人员(人)	Financial Support Personnel（person）	16951	17963
财政供养人员全年工资总额(万元)	Annual gross wages of fiscal supported personnel（10000yuan）	75295	71019
年末金融机构各项存款余额(万元)	Balance of deposits in financial institutions at end of the year（10000yuan）	1355137	867978
居民人民币储蓄存款余额(万元)	RMB savings deposit of residents （10000yuan）	911932	521489
年末金融机构各项贷款余额(万元)	Balance of loans for financial institutions at end of the year（10000yuan）	1430908	1330788
耕地面积(公顷)	Arable land (ha)	320942	194474
设施农业占地面积(公顷)	Facility agriculture area (ha)	1106	1753
农药使用量(吨)	The use of pesticide（ton）	2554	1138
地膜使用量(吨)	Used quantity of mulch（ton）	2863	836
机收面积(公顷)	Mechanical harvesting area (ha)	195400	130389
粮食作物播种面积;小麦(公顷)	Grain crop sown area; wheat (ha)		270
油料作物播种面积;花生(公顷)	Oil crops sown area; peanut (ha)	48356	6849
棉花播种面积(公顷)	Cotton sown area (ha)		
糖料作物播种面积(公顷)	Sugar crop sown area (ha)		
粮食总产量;小麦(吨)	Total grain output; wheat（ton）		1000
油料产量;花生(吨)	Total oil production;peanut（ton）	196068	26056
棉花产量(吨)	Cotton yield（ton）		
糖料产量(吨)	Sugar yield（ton）		
园林水果产量(吨)	Garden frait Production（ton）	3502	173
年末牛存栏(头)	At the end of cattle（head）	117597	47209
奶类产量(吨)	Milk yield （ton）	17700	27961
水产品产量(吨)	Aquatic Product output （ton）	13300	17300
建筑业企业单位数(个)	Unit number of construction enterprises（unit）	8	12
公路里程(公里)	Highway mileage （km）	3426	1772
民用汽车拥有量(辆)	Possession of civil automobile（coach）	33520	29286
年末公交车路数(路)	Number of bus at the end of the year （road）	125	45
年末实有公共汽（电）车营运车辆数(辆)	Number of actual buses, (electric) vehicle, operations vehicle at the end of the year（coach）	316	156
年末实有出租汽车数(辆)	Number of actual taxi at the end of the year（coach）	564	663
固定电话用户(户)	The fixed telephone users (subscriber)	67680	21753
移动电话用户(户)	Mobile phone users (subscriber)	562289	271506
互联网宽带接入用户(户)	Broadband Internet access users (subscriber)	51794	22372
全社会用电量(万千瓦时)	Consumption of the whole society（10000kw.h)	52597	37883
居民生活用电量(万千瓦时)	Residents living with electricity（10000kw.h)	17907	20713

continued

通榆县 Tongyu	洮南市 Taonan	大安市 Daan	延吉市 Yanji	图们市 Tumen	敦化市 Dunhua	珲春市 Hunchun	龙井市 Longjing	和龙市 Helong	汪清县 Wangqing	安图县 Antu
8496	5017	4879	1748	1143	11957	5184	2208	5069	8918	7444
20150	21322	22330	18776	6353	18614	12610	8916	10419	11732	9700
99986	81026	133980	115800	41236	127347	71617	60719	59172	72413	54313
861616	1066811	1320833	6768225	634290	2612399	1789331	810051	768328	1140724	1358120
450148	647180	808238	4350981	486548	1715489	1132691	649979	516217	777752	754993
614895	1384161	1345876	3605333	185608	1695236	1350324	269840	476305	503049	766768
290612	192977	121547	17567	10141	169752	35551	27270	29336	66274	32710
522	1223	1397	266	70	240	363	108	64	163	176
691	1974	449	223	102	2016	424	372	290	503	326
987	357	973	179	41	660	76	34	95	180	202
128120	153300	58413	10880	5400	126500	21300	20200	19300	30200	14500
	60									
6851	13717	10939				7			2	
		157								
	405									
8985	35694	31252				7			2	
		7658								
92	845	15	28770	2196	8390	23252	29685	5525	40	368
70111	85184	22515	10684	10092	100864	44505	29180	27758	65931	19025
24158	174500	3809	333	36	5272	486		207	492	
3002	4712	8500	198	79	5089	1992	294	213	644	678
6	8	18	114	12	31	24	23	10	9	14
2587	2204	2448	482	644	2067	927	734	1924	1394	1348
7325	6253	3162	122320	1720	49406	61940	9100	2814	12202	2590
68	68	79	71	18	88	45	6	18	31	22
172	192	301	850	130	237	245	134	194	216	148
1095	841	1238	2686	418	968	900	359	500	500	481
28458	32261	62352	205175	24868	88490	55000	29523	28744	35000	39000
346258	360183	96375	673534	112017	470192	219000	156348	79100	184000	187600
25621	40154	16819	172528	24254	83103	67000	22967	19068	37272	32333
29671	61332	39524	117746	14055	68401	63283	25136	14271	21178	33975
13721	9386	12082	40032	5121	19302	11676	8673	3815	9840	11890

19－21 续表 5

指　　标	Item	扶余市 Fuyu	镇赉县 Zhenlai
出口总额(万美元)	Total exports （$10000)	954	286
当年实际使用外资金额(万美元)	The amount of actually used foreign capital （$10000)		2893
星级饭店客房总数(间)	Newly increased fixed assets (unit)	85	97
新增固定资产(万元)	New fixed assets (10000yuan)	1821618	1214863
房地产开发投资;住宅(万元)	Investment real estate development;Residential （10000yuan)	53766	4824
住宅竣工面积(万平方米)	The completion of the residential area(10000square meters)	15	3
专业技术人员(人)	Number of professional and technical personnel (person)	21560	9506
#农业技术人员(人)	Agricultural technical personnel (person)	463	327
专利授权数(件)	Number of patents (piece)		
公共图书馆图书总藏量(千册)	Number of books in public library(1000volume)	595	52
剧场、影剧院个数(个)	Theatres and music halls （unit)	3	1
体育场馆个数(个)	Number of stadium (unit)	1	1
医疗卫生机构床位数(床)	Bed number of medical and health institutions (bed)	862	784
医疗卫生机构技术人员(人)	Technical personnel of medical and health institutions (person)	997	1254
#执业（助理）医师(人)	Occupational physician (person)	929	568
城镇居民人均可支配收入(元)	Per capita disposable income of urban residents (yuan)	20181	20233
农村居民人均纯收入(元)	Per capita dispossable income of rural residents (yuan)	11696	8023
各种社会福利收养性单位数(个)	Number of social welfare institutions for adoption (unit)	18	12
各种社会福利收养性单位床位数(床)	Adopting social welfare unit beds (bed)	920	1864
城镇职工基本养老保险参保人数(人)	The number of basic old-age insurance for urban workers (person)	35173	23387
城镇职工基本医疗保险参保人数(人)	Basic medical insurance number of urban workers (person)	110282	48117
失业保险参保人数(人)	Number of Unemployment insurance (person)	15711	15377
新型农村合作医疗参保人数(人)	The new rural cooperative medical insurance number (person)	492977	163175
新型农村社会养老保险参保人数(人)	The number of new rural pension insarance society （person)	301497	88735
城镇居民最低生活保障人数(人)	The number of minimum subsistence guarantee of urban resident (person)	6894	8677
农村居民最低生活保障人数(人)	Number of minimum subsistence guarantee for rural residents(person)	37046	20615
森林面积(公顷)	Forest area(ha)	43729	45812
自然保护区面积(公顷)	atural protection area(ha)	61010	144000
工业二氧化硫排放量(吨)	Industrial sulfur dioxide emissions(ton)	621	1296
氮氧化物排放量(吨)	Nitrogen oxide emissions(ton)	497	1003
工业烟（粉）尘排放量(吨)	Industrial soot emissions(ton)	877	846
污水处理厂数(座)	Number of sewage disposal plants(unit)	1	1
污水处理厂集中处理率(%)	Centralized treatment rate of sewage treatment plant(%)	100.0	97.0
垃圾处理站数(个)	Number of garbage disposal stations(unit)		1
城区空气质量优良以上天数(天)	Good uran air quality days over (day)	362	358

continued

通榆县 Tongyu	洮南市 Taonan	大安市 Daan	延吉市 Yanji	图们市 Tumen	敦化市 Dunhua	珲春市 Hunchun	龙井市 Longjing	和龙市 Helong	汪清县 Wangqing	安图县 Antu
4538	3913	901	14303	7116	18310	50838	2978	7492	2508	5204
2715		2850	6707	705	700	688	273	151	301	8552
184		137	1249	66	1021	367			224	704
1140320	1650724	799285	1228523	349498	740157	40571	349591	333009	536086	406213
9991	2868	1260	354473	29682	75633	72541	31432	18476	51201	33167
3	1	1	19	2	40	13	9		17	
9600	10254	12734	25700	2883	30446	8876	2591	5617	5600	7774
988	482	2103	430	147	492	523	70	157	290	349
13	19	19	173	12	33	29	20	6	8	3
30	70	27	965	125	325	125	110	160	256	142
2	2	2	3	2	1	3	2	1	2	2
3	3	2	3	2	6	4	4	1	1	2
1152	2256	1406	4517	468	2197	866	610	704	946	888
1834	1621	1730	5078	588	3850	1430	612	695	1479	1326
1358	662	1004	1987	251	1326	638	251	202	597	382
19874	20197	20008	30550	23018	23080	23072	19905	8080	19982	19789
8137	9219	8116	12940	9499	12656	11371	8129	8080	8466	7933
17	18	19	53	7	17	21	22	16	5	12
1186	1464	1132	3800	1251	2001	1240	1206	1361	246	1295
17441	27992	35334	166558	44660	157169	59205	27722	69046	77320	25471
92139	121321	85187	461270	110018	164005	66011	121048	76006	87056	47009
15073	18354	14950	78237	25991	69007	28509	25985	26035	38422	20480
234222	253841	207213	61291	16607	207243	63242	38776	45498	77834	94327
89521	121517	108296	46389	14445	102139	38835	32692	42994	54526	29658
13965	14467	13382	13362	5415	11757	10363	7443	23184	11336	7986
20216	18100	21196	5019	2633	7845	4529	6000	6920	12612	11068
139825	99986	39330	82630	63793	216381	405262	150374	520868	847716	384626
105467				3073	53940	108700	77317			196465
1148	2623	1265	4059	1935	1271	7706	935	1984	1393	740
400	1609	650	2672	1544	1309	2677	400	1047	1350	250
805	1385	1080	6526	2954	1723	3631	1099	1506	1710	709
1	1	1	2	2	1	1	1	1	1	1
79.0	88.0	90.0	90.0	78.0	95.0		90.0	85.0	95.0	92.5
1	1	1	2	6	2	1	6	1	1	1
327	350	350	314	334	305	347	307	297	346	330

APPENDIX ▶

附　录

EXPLANATORY NOTES ON MAIN STATISTICAL INDICATORS

附录1：

企业“一套表”

什么是企业“一套表”

“企业一套表”是指以统计调查对象为核心，整合现行报表制度，消除不同统计调查制度对同一调查单位的重复布置和重复统计，充分运用现代信息技术，实现数据采集方式的统一组织管理和统计资源共享的一种新的统计调查制度。“企业一套表”制度下，统计部门只向企业布置一套统计报表，由企业通过网络直接向国家统计局数据中心报送数据，各级统计部门在线审核、查询及汇总处理统计数据。

整合现行报表制度，就是改革统计生产方式，将对企业（单位）分散实施的各项调查整合统一到一起，统一布置报表，统一采集原生性指标数据，统一不同专业报表中相同指标的涵义、计算方法、分类标准和统计编码，推进统计调查业务一体化。运用现代信息技术，实现数据采集方式的统一组织管理和统计资源共享，就是充分利用计算机和网络技术，采用统一数据采集系统（或软件）采集数据，由基层企业采取网上在线填报方式向国家统计局网络数据平台提供统计报表。纳入一套表的企业通过网络载体只需向统计部门报送一套报表，即可满足各级统计部门各专业的需求。这样极大地减轻了企业的负担，各级统计部门也从层层上报统计报表中解脱出来，把工作的主要精力放在在线审核、查询及汇总处理统计数据上。

企业“一套表”统计调查内容和范围

“企业一套表”分为通用表和行业表两部分。通用表是指将对各行业调查对象都要调查的内容，如单位基本情况、各行业财务状况指标、劳动情况、能源消费情况、水消费情况、信息化情况等报表作为通用表，统一设置。行业表是指将反映各行业特性内容的报表作为行业表，分行业设置。其分为：规模以上工业企业一套表、资质内建筑业企业一套表、限额以上批发和零售业企业一套表、限额以上住宿和餐饮业企业一套表、房地产开发经营业企业一套表、部分第三产业企业一套表。

目前企业“一套表”的统计范围：是三上企业和房地产开发经营企业(即规模以上工业、有资质的建筑业、限额以上批发和零售业、限额以上住宿和餐饮业、房地产开发经营业)5个主体专业，实行统一的“企业一套表”制度，此外，将劳资和能源两个专业报表也归并到“企业一套表”制度中。

确定各行业及重点耗能单位的标准为：

（1）规模以上工业：年主营业务收入2000万元及以上的工业法人单位。

（2）有资质的建筑业：有总承包、专业承包和劳务分包资质的建筑法人单位。

（3）限额以上批发和零售业：年主营业务收入2000万元及以上的批发业、年主营业务收入500万元及以上的零售业法人单位。

（4）限额以上住宿和餐饮业：年主营业务收入200万元及以上住宿和餐饮业法人单位。

（5）房地产开发经营业：全部房地产开发经营业法人单位。

（6）能源消费：除以上规定的调查单位外，还包括年综合能源消费量1万吨标准煤及以上的其他第三产业法人单位（不包括批发和零售业、住宿和餐饮业、房地产开发经营业）。

实施企业一套表的意义

长期以来，我国实行的统计调查制度，就是统计部门按国民经济各行业分别向企业布置统计报表，再层层上报统计数据。在这种工作模式下，各专业独立采集原始数据，自成体系地完成各环节统计业务，客观上导致了各统计专业之间互补性不强，统计制度方法及数据处理软件标准化程度不高，不仅制约了现代信息技术在统计工作中的应用，增加了基层统计部门和调查对象的工作负担，也影响了统计工作整体水平和各级、各专业统计数据的衔接及匹配性。“企业一套表”制度对统计调查流程和数据产生系统进行了再造，有利于减少中间环节，提高统计生产过程的透明度与可控性，保证统计数据的客观真实；有利于避免统计任务的多头布置、调查单位重复填报，减轻调查单位统计负担；有利于统一规范数据采集、处理、汇总工作流程，提升政府统计科学化、信息化水平。这既能解决当前统计工作中存在的制度设计缺陷、统计手段落后、口径不统一和标准不规范等问题，又能保证数据质量，避免重复上报，节省企业的人力财力。

“企业一套表”改革的主要目的是整合统计资源，统一设计和布置统计调查报表，统一采集原生性指标数据，统一不同专业报表中相同指标的涵义、计算方法、分类标准和统计编码，统一数据处理软件及平台，推进统计工作一体化，从而实现由各专业独立设计转变为统一设计，由各专业分散布置转变为统一布置，由各专业自行确定调查单位转变为统一确定调查单位，由间接采集数据转变为直接采集，建立与市场经济体制和宏观调控需要相适应的新型统计制度和工作机制。所以说，实施“企业一套表”改革工作，是提高统计数据的权威性和政府的公信力的重大举措，是适应社会主义市场经济发展的客观需要，是服务科学决策的需要，对于推动统计建设和发展、有效发挥政府统计在宏观调控和社会管理中的基础性作用具有极为重要的意义。

“企业一套表”的实施，是利用计算机和网络技术优势，采用统一数据处理平台，集中统一对企业采集数据，避免统计机构多头向企业布置报表收集数据的重复劳动；实现数据在线审核，提高源头数据质量；实现统计机构专业间、上下级间数据的共享，保证统计数据的完整性和一致性，提高统计工作能力和工作效率。

推行企业“一套表”要坚持的“四条红线”

1、坚持“先进库、再有数”，“不在库、不出数”；

2、坚持由企业独立报送真实的统计数据，绝不干预企业独立报送真实数据；

3、坚持由企业自己上报联网直报数据，绝不代填代报企业数据；

4、坚持由企业修改差错或补填不完整报表的原始数据，绝不自行修改企业任何数据。

The enterprise table

The Enterprise Table

“The enterprise table" refers to the statistical investigation objects as the core, the integration of the current reporting system, the elimination of different statistical survey system on the same survey of the repeat units arranged and repetitive statistics, making full use of modern information technology, to realize the data acquisition mode of unified management and statistics resource sharing a new statistical survey system. Under "The enterprise of list" system, the statistical department only need to layout a set of statistics the enterprise, enterprises directly submit data to the National Bureau of Statistics Data Center through the network, the statistical departments at various levels could review、examine and summarize statistics data online.

The integration of the current report system, is reforming the statistical mode of production, gathering the dispersion of implementation of the survey integration, unified arrangement of statements, unified collect primary data, unify the different professional statements the same index calculation method, meaning, classification and statistical coding, promoting business integration of statistical survey. using modern information technology to realize the data acquisition mode of unified management and statistics resource sharing, is the full use of computer and network technology, using unified data acquisition system (or software) collect data, via basic level enterprise take online reporting methods to the National Bureau of statistics of network data platform statistics report. Included in a set of tables of enterprise through the network only needs to submit a set of statements to statistical departments, which can satisfied the professional needs of various statistic branch. This greatly reduced the burden of the enterprise, the statistical departments at various levels, from layers of reporting statistics out, put working focus in the online review, inquiries and summary statistics data.

Content and Scope of Table

"The enterprise table" is divided into universal table and professional table two parts. Universal table refers to the industry survey object to investigate the content, such as the basic unit of each industry situation, financial status indicators, labor, energy consumption, water consumption, information etc as common table, unified setting. Professional table refers to reflect the characteristics of various sectors the statements as the industry scale, industries setting. It is divided into : Industrial Enterprises above Designated Size of a table, qualified enterprises in the construction industry in a table, above Designated Size in wholesale and retail enterprises above designated size table set, accommodation and catering enterprises a set of tables, real estate development business enterprise a table, part of the tertiary industry enterprises a set of table.

At present the enterprise" a table" statistical range: three business and real estate development enterprises (namely the dimensions above industry, quality of the construction industry, enterprises above Designated Size in wholesale and retail trade above Designated Size, accommodation and catering industry, the real estate development business)5 main professional," a unified enterprise set table" system, in addition, the labor and energy in two major statements also merge into" enterprise a table" system.

Determination of various industries and key energy-consuming unit standard:

(1)Industry of above dimensions :main business income of 20000000 Yuan a year and above the industrial corporation.

(2) Qualified construction industry: a general contract, major contracts and labor subcontractor qualification of

building corporate units.

(3) Wholesale and retail trade above Designated Size: in the main business income of 20000000yuan and above the wholesale industry, in the main business income of 5000000yuan and above the retail corporation.

(4) Above Designated Size in hotel and catering industry: in the main business income of 2000000yuan and above accommodation and catering industry corporate units.

(5) The real estate development business: the entire real estate development business legal person unit.

(6) the energy consumption: in addition to the above provisions investigation unit, also includes the comprehensive energy consumption of 10000 tons of standard coal one above the other and the tertiary industry corporate units (not including the wholesale and retail trade, accommodation and catering industry, the real estate development business).

significance of implementing Table for enterprise

Long-term since, the statistical investigation system in our country, is statistics departments according to national economy each industry separately to the enterprise layout statistics, again layer upon layer reporting statistics. In this mode, the professional independence of collecting original data, since the system to complete each link of statistical business, objectively has led to various statistics between complementary sex is not strong, the statistical system method and data processing software, the degree of standardization is not high, not only the constraints of modern information technology in the application of statistical, increased base statistics and survey work burden, also affect the overall level of statistical work and various, each professional statistic data convergence and matching. "The enterprise of a list" system on the survey procedure and data generation system for reconstruction, to reduce intermediate links, improve statistical process transparency and controllable, guarantee the objectivity of statistics data; to avoid statistical task bull layout, survey unit repeated reporting, reduce survey statistical units burden; beneficial standardization of data acquisition, processing, summarizing the work flow, enhance the government statistical science, informatization level. It can not only solve the current existing in the statistical work system design flaws, statistical method is backward, caliber is not unified and standard non-standard wait for a problem, but also can ensure the data quality, avoid duplication of reporting, save the enterprise human resources.

the main purpose of "The enterprise a table" is to integrate statistical resources, uniform design and layout survey report, unified collection of original data, the uniformity of different professional statements the same index calculation method, meaning, classification and statistical coding, unified data processing software and platform, promote the integration of statistical work, so as to realize by the professional design into a unified design, by the professional dispersed into the uniform arrangement, by the professional to determine survey units into unified investigation unit, by the indirect acquisition data are transformed into direct acquisition, establishment of market economy system and the macro-control needs to adapt to the new statistical system and working mechanism. Therefore, the implementation of " enterprise table" reform work, is to improve the statistical data on the authority and credibility of the government 's major move, be used to development of socialist market economy is the objective need of service, scientific decision-making needs, to promote the construction and development of effective statistics, play government statistics in macroscopical adjusting control and social management the fundamental role of has extremely important significance.

The implement of "The enterprise table" , is the use of computer and network technology, using unified data processing platform, unified to enterprise data collection, avoid the statistical institutions longs to enterprise layout report data collection duplication; realize data online audit, improve the source data quality; statistical agencies specializing in between, between superiors and subordinates the sharing of data, to ensure data integrity and consistency, improve statistical work ability and work efficiency.

" Four Red Lines" for Enterprise Table Implementing

1、Adhere to the "Enterprise data in Table is valid ";

2、adhere to submitted by enterprises real statistical data independently , not intervene the enterprise independently submit real data;

3、Stick by the enterprises themselves report data to the network directly , not acting out substitute for enterprise data on behalf;

4、insisted that the enterprise to revise the error or fill incomplete reporting of raw data, does not modify any data.

附录2：

主 要 统 计 指 标 解 释

行政区划 指国家对行政区域的划分。根据宪法规定，我国的行政区域划分如下：(1)全国分为省、自治区、直辖市；(2)省、自治区分为自治州、县、自治县、市；(3)自治州分为县、自治县、市；(4)县、自治县分为乡、民族乡、镇；(5)直辖市和较大的市分为区、县；(6)国家在必要时设立的特别行政区。

气候 指地球与大气之间长期能量交换与质量交换所形成的一种自然环境状态，它是多种因素综合作用的结果。气候既是人类生活和生产的环境要素之一，又是供给人类生活和生产的重要资源。气温、降水、湿度等气象要素的多年平均值是用来描述一个地区气候状况的主要参数，而各种气象要素某年、某月的平均值(或总量)则可以反映出该时期天气气候状况的重要特征。

自然资源 指人类可以直接从自然界获得，并用于生产和生活的物质资源。自然资源一般可以分成可再生资源和非再生资源两大类。可再生资源指在较短时间内可以再生、可以循环利用的资源，包括土地资源、水资源、气候资源、生物资源和海洋资源等。非再生资源指在使用后不能再生的资源，包括矿产资源和地热能源。

土地资源 土地指陆地的表层部分，它主要由岩石、岩石的风化物和土壤构成。土地资源按利用类型可以分为农用地、建筑用地和未利用地。农用地包括耕地、园地、林地、牧草地和水面。建筑用地包括居民点及工矿用地、交通用地和水利设施用地。未利用地指农用地和建筑用地以外的土地，包括滩涂、荒漠、戈壁、冰川和石山等。

耕地面积 指经过开垦用以种植农作物并经常进行耕耘的土地面积。包括种有作物的土地面积、休闲地、新开荒地和抛荒未满三年的土地面积。

林业用地面积 指生长乔木、竹类、灌木、沿海红树林等林木的土地面积，包括有林地、灌木林、疏林地、未成林造林地、迹地、苗圃等。

草地面积 指牧区和农区用于放牧牲畜或割草，植被盖度在5%以上的草原、草坡、草山等面积。包括天然的和人工种植或改良的草地面积。

森林资源 指森林、林木、林地以及依托森林、林木、林地生存的野生动物、植物和微生物。林木指树木和竹子。森林指以乔木为主体的植物群落，是集生的乔木及与共同作用的植物、动物、微生物和土壤、气候等的总体。

活立木总蓄积量 指一定范围内土地上全部树木蓄积的总量，包括森林蓄积、疏林蓄积、散生木蓄积和四旁树蓄积。

森林面积 指由乔木树种构成，郁闭度0.2以上(含0.2)的林地或冠幅宽度10米以上的林带的面积，即有林地面积。森林面积包括天然起源和人工起源的针叶林面积、阔叶林面积、针阔混交林面积和竹林面积，不包括灌木林地面积和疏林地面积。

森林蓄积量 指一定森林面积上存在着的林木树干部分的总材积。它是反映一个国家或地区森林资源总规模和水平的基本指标之一，也是反映森林资源的丰富程度、衡量森林生态环境优劣的重要依据。

森林覆盖率 指一个国家或地区森林面积占土地总面积的百分比。森林覆盖率是反映森林资源的丰富程度和生态平衡状况的重要指标。在计算森林覆盖率时，森林面积包括郁闭度0.2以上的乔木林地面积和竹林地面积，国家特别规定的灌木林地面积、农田林网以及四旁(村旁、路旁、水旁、宅旁)林木的覆盖面积。计算公式为：

森林覆盖率（%）=森林面积/土地总面积×100%

水资源 水在自然界中以固体、液体和气态三种聚集状态存在，分布于海洋、陆地(包括土壤)以及大气之中，通过水循环形成水资源。水资源包括经人类控制并直接可供灌溉、发电、给水、航运、养殖等用途的地表水和地下水，以及江河、湖泊、井、泉、潮汐、港湾和养殖水域等。水资源是发展国民经济不可缺少的重要自然资源。

地表水和地下水 陆地上的水因空间分布不同，分为地表水和地下水。地表水指分别存在于河流、湖泊、沼泽、冰川和冰盖等水体中水分的总称，又称陆地水。地下水指储存在地面以下饱和岩土孔隙、裂隙及溶洞中的水。

径流 指陆地上接受降水后扣除损耗外，从地表和地下向流域出口断面汇集的水流。径流可分为地表径流、地下径流和壤中流。地表径流指沿地表向河流、湖泊、沼泽、海洋等汇集的水流；地下径流指沿潜水层或隔水层间的含水层，向河流、湖泊、沼泽、海洋等汇集的地下水水流。

径流量 指在一定时段内通过河流某一过水断面的水量，用以反映一个国家或地区水资源的丰歉程度。计算公式为：

$$径流量=降水量-蒸发量$$

矿产资源 矿产指由地质作用形成，富集于地壳中或出露于地表达到工农业利用要求的有用矿物。矿产是一种重要的自然资源，是社会发展的重要物质基础。

矿产基础储量 基础储量是查明矿产资源的一部分。它能满足现行采矿和生产所需的指标要求，是控制的、探明的并通过可行性或预可行性研究认为属于经济的、边界经济的部分，用未扣除设计、采矿损失的数量表示。

流域 每条河流都有自己的干流和支流，干支流共同组成这条河流的水系。每条河流都有自己的集水区域，这个集水区域就称为该河流的流域。

气温 指空气的温度，我国一般以摄氏度(℃)为单位表示。气象观测的温度表是放在离地面约1.5米处通风良好的百叶箱里测量的，因此，通常说的气温指的是离地面1.5米处百叶箱中的温度。其统计计算方法为：

月平均气温是将全月各日的平均气温相加，除以该月的天数而得。

年平均气温是将12个月的月平均气温累加后除以12而得。

相对湿度 指空气中实际所含水蒸气密度和同温度下饱和水蒸气密度的百分比值。其统计方法与气温相同。

降水量 指从天空降落到地面的液态或固态(经融化后)水，未经蒸发、渗透、流失而在地面上积聚的深度。其统计计算方法为：

月降水量是将全月各日的降水量累加而得。

年降水量是将12个月的月降水量累加而得。

日照时数 指太阳实际照射地面的时间。其统计方法与降水量相同

水资源总量 一定区域内的水资源总量指当地降水形成的地表和地下产水量，即地表径流量与降水入渗补给量之和，不包括过境水量。

地表水资源量 指河流、湖泊、冰川等地表水体中由当地降水形成的、可以逐年更新的动态水量，即天然河川径流量。

地下水资源量 指当地降水和地表水对饱水岩土层的补给量。

地表水与地下水资源重复计算量 指地表水和地下水相互转化的部分，即在河川径流量中包括一部分地下水排泄量，地下水补给量中包括一部分来源于地表水的入渗量。

可比价格 指计算各种总量指标所采用的扣除了价格变动因素的价格，可进行不同时期总量指标的对比。按可比价格计算总量指标有两种方法：一种是直接用产品产量乘某一年的不变价格计算；另一种是用价格指数

进行缩减。

不变价格 指以同类产品某年的平均价格作为固定价格，用于计算各年的产品价值。按不变价格计算的产品价值消除了价格变动因素，不同时期对比可以反映生产的发展速度。新中国成立后，随着工农业产品价格水平的变化，国家统计局先后五次制定了全国统一的工业产品不变价格和农业产品不变价格。从1952年到1957年使用1952年工(农)业产品不变价格，从1957年到1970年使用1957年不变价格，从1971年到1980年使用1970年不变价格，从1981年到1990年使用1980年不变价格，从1991年开始使用1990年不变价格。

平均增长速度 我国计算平均增长速度有两种方法：一种是习惯上经常使用的“水平法”，又称几何平均法，是以间隔期最后一年的水平同基期水平对比来计算平均每年增长(或下降)速度；另一种是“累计法”，又称代数平均法或方程法，是以间隔期内各年水平的总和同基期水平对比来计算平均每年增长(或下降)速度。在一般正常情况下，两种方法计算的平均每年增长速度比较接近；但在经济发展不平衡、出现大起大落时，两种方法计算的结果差别较大。

国民经济行业分类 自2003年定期报表开始使用新的《国民经济行业分类》（GB/T4754-2002）该分类是由国家统计局组织修订，经国家质量监督检验检疫总局批准，于2002年5月10日发布实施。这次修订是在1994年分类标准的基础上，参照联合国《全部经济活动的国际标准产业分类》（ISIC/Rev.3）进行的。修订后的《国民经济行业分类》（GB/T4754-2002）共有门类20个，大类95个，中类396个，小类913个。新增门类4个，大类增加3个，中类增加28个，小类增加67个。

企业(单位)登记注册类型 是以在工商行政管理机关登记注册的各类企业为划分对象，以工商行政管理部门对企业登记注册的类型为依据，将企业登记注册类型分为内资企业、港澳台商投资企业和外商投资企业三大类。内资企业包括国有企业、集体企业、股份合作企业、联营企业、有限责任公司、股份有限公司、私营公司和其他企业；港澳台商投资企业和外商投资企业分别包括合资经营企业、合作经营企业、独资经营企业和股份有限公司。对不在工商行政管理部门进行登记注册的行政机关、事业单位和社会团体，主要按其经费来源和管理方式进行划分。

国有企业 指企业全部资产归国家所有，并按《中华人民共和国企业法人登记管理条例》规定登记注册的非公司制的经济组织。不包括有限责任公司中的国有独资公司。

集体企业 指企业资产归集体所有，并按《中华人民共和国企业法人登记管理条例》规定登记注册的经济组织。

股份合作企业 指以合作制为基础，由企业职工共同出资入股，吸收一定比例的社会资产投资组建，实行自主经营，自负盈亏，共同劳动，民主管理，按劳分配与按股分红相结合的一种集体经济组织。

联营企业 指两个及两个以上相同或不同所有制性质的企业法人或事业单位法人，按自愿、平等、互利的原则，共同投资组成的经济组织。联营企业包括国有联营企业、集体联营企业、国有与集体联营企业和其他联营企业。

有限责任公司 指根据《中华人民共和国公司登记管理条例》规定登记注册，由两个以上、五十个以下的股东共同出资，每个股东以其所认缴的出资额对公司承担有限责任，公司以其全部资产对其债务承担责任的经济组织。有限责任公司包括国有独资公司以及其他有限责任公司。

股份有限公司 指根据《中华人民共和国公司登记管理条例》规定登记注册，其全部注册资本由等额股份构成并通过发行股票筹集资本，股东以其认购的股份对公司承担有限责任，公司以其全部资产对其债务承担责任的经济组织。

私营企业 指由自然人投资设立或由自然人控股，以雇佣劳动为基础的营利性经济组织。包括按照《公司法》、《合伙企业法》、《私营企业暂行条例》规定登记注册的私营有限责任公司、私营股份有限公司、私营合伙企业和私营独资企业。

其他企业 指上述企业之外的其他内资经济组织。

与港澳台商合资经营企业 指港澳台地区投资者与内地企业依照《中华人民共和国中外合资经营企业法》及有关法律的规定，按合同规定的比例投资设立、分享利润和分担风险的企业。

与港澳台商合作经营企业 指港澳台地区投资者与内地企业依照《中华人民共和国中外合作经营企业法》及有关法律的规定，依照合作合同的约定进行投资或提供条件设立、分配利润和分担风险的企业。

港澳台商独资经营企业 指依照《中华人民共和国外资企业法》及有关法律的规定，在内地由港澳台地区投资者全额投资设立的企业。

港澳台商投资股份有限公司 指根据国家有关规定，经原外经贸部依法批准设立，其中港、澳、台商的股本占公司注册资本的比例达25%以上的股份有限公司。凡其中港、澳、台商的股本占公司注册资本的比例小于25%的，属于内资企业中的股份有限公司。

中外合资经营企业 指外国企业或外国人与中国内地企业依照《中华人民共和国中外合资经营企业法》及有关法律的规定，按合同规定的比例投资设立、分享利润和分担风险的企业。

中外合作经营企业 指外国企业或外国人与中国内地企业依照《中华人民共和国中外合作经营企业法》及有关法律的规定，依照合作合同的约定进行投资或提供条件设立、分配利润和分担风险的企业。

外资企业 指依照《中华人民共和国外资企业法》及有关法律的规定，在中国内地由外国投资者全额投资设立的企业。

外商投资股份有限公司 指根据国家有关规定，经原外经贸部依法批准设立，其中外资的股本占公司注册资本的比例达25%以上的股份有限公司。凡其中外资股本占公司注册资本的比例小于25%的，属于内资企业中的股份有限公司。

行政机关、事业单位和社会团体 参照企业登记注册类型，主要按其经费来源和管理方式划分。具体规定如下：

⑴行政机关：包括国家机关和政党机关，原则上均列为“国有”。但有特殊规定的，如供销社等，则列为“集体”。

⑵事业单位：包括经国家机构编制部门和有关业务主管部门批准成立的各类事业单位，不包括实行企业化管理的事业单位。事业单位的划分办法如下：

①由国家财政预算拨款或列入财政预算外资金管理以及经费主要来源于国有主管部门或国有上级单位的事业单位，列为“国有”。

②经费主要来源于集体单位的事业单位，列为“集体”。

③公民个人(或个人合伙)开办的事业单位，列为“私营”。

④上述以外的其他事业单位，如果其经费来源不明确，按管理方式进行归类。

⑶社会团体：包括经民政部门批准成立以及未纳入社会团体管理条例范围的工会、妇联等各类社会团体。社会团体的划分办法如下：

①未纳入民政部社会团体管理条例范围的工会、妇联、共青团、青联、工商联、科协、侨联等社会团体，国家拨款设立的基金会或基金管理组织以及经费主要来源于国有业务主管部门或国有上级单位的社会团体，列为“国有”。

②经费主要来源于集体单位的社会团体，列为“集体”。

③公民个人(或个人合伙)开办的社会团体，划为“私营”。

④上述以外的其他社会团体，如果其经费来源不明确，改按管理方式进行归类。

地区生产总值(GDP) 指按市场价格计算的一个国家(或地区)所有常住单位在一定时期内生产活动的最终成果。地区生产总值有三种表现形态，即价值形态、收入形态和产品形态。

从价值形态看，它是所有常住单位在一定时期内生产的全部货物和服务价值超过同期投入的全部非固定资产货物和服务价值的差额，即所有常住单位的增加值之和；从收入形态看，它是所有常住单位在一定时期内创造并分配给常住单位和非常住单位的初次收入之和；从产品形态看，它是所有常住单位在一定时期内最终使用的货物和服务价值减去货物和服务进口价值。在实际核算中，地区生产总值有三种计算方法，即生产法、收入法和支出法。三种方法分别从不同的方面反映地区生产总值及其构成。

三次产业 三产业的划分是世界上较为常用的产业结构分类，但各国的划分不尽一致。我国的三次产业划分是：

第一产业是指农、林、牧、渔业。

第二产业是指采矿业，制造业，电力、煤气及水的生产和供应业，建筑业。

第三产业是指除第一、二产业以外的其他行业。

支出法地区生产总值 是从最终使用的角度反映一个国家(或地区)一定时期内生产活动最终成果的一种方法，包括最终消费、资本形成总额及货物和服务净出口三部分。计算公式为：

支出法地区生产总值=最终消费+资本形成总额+货物和服务净出口

最终消费 指常住单位为满足物质、文化和精神生活的需要，从本国经济领土和国外购买的货物和服务的支出。它不包括非常住单位在本国经济领土内的消费支出。最终消费分为居民消费和政府消费。

居民消费 指常住住户在一定时期内对于货物和服务的全部最终消费支出。居民消费除了直接以货币形式购买的货物和服务的消费支出外，还包括以其他方式获得的货物和服务的消费支出，即所谓的虚拟消费支出。居民虚拟消费支出包括如下几种类型：单位以实物报酬及实物转移的形式提供给劳动者的货物和服务；住户生产并由本住户消费了的货物和服务，其中的服务仅指住户的自有住房服务和付酬的家庭雇员提供的家庭和个人服务；金融机构提供的金融媒介服务；保险公司提供的保险服务。

政府消费 指政府部门为全社会提供的公共服务的消费支出和免费或以较低的价格向居民住户提供的货物和服务的净支出，前者等于政府服务的产出价值减去政府单位所获得的经营收入的价值，后者等于政府部门免费或以较低价格向居民住户提供的货物和服务的市场价值减去向住户收取的价值。

资本形成总额 指常住单位在一定时期内获得减去处置的固定资产和存货的净额，包括固定资本形成总额和存货增加两部分。

固定资本形成总额 指生产者在一定时期内获得的固定资产减处置的固定资产的价值总额。固定资产是通过生产活动生产出来的，且其使用年限在一年以上、单位价值在规定标准以上的资产，不包括自然资产。可分为有形固定资本形成总额和无形固定资本形成总额。有形固定资本形成总额包括一定时期内完成的建筑工程、安装工程和设备工器具购置(减处置)价值，以及土地改良、新增役、种、奶、毛、娱乐用牲畜和新增经济林木价值。无形固定资本形成总额包括矿藏的勘探、计算机软件等获得减处置。

存货增加 指常住单位在一定时期内存货实物量变动的市场价值，即期末价值减期初价值的差额，再扣除当期由于价格变动而产生的持有收益。存货增加可以是正值，也可以是负值，正值表示存货上升，负值表示存货下降。存货包括生产单位购进的原材料、燃料和储备物资等存货，以及生产单位生产的产成品、在制品和半成品等存货。

货物和服务净出口 指货物和服务出口减货物和服务进口的差额。出口包括常住单位向非常住单位出售或无偿转让的各种货物和服务的价值；进口包括常住单位从非常住单位购买或无偿得到的各种货物和服务的价值。由于服务活动的提供与使用同时发生，一般把常住单位从非常住单位得到的服务作为进口，非常住单位从常住单位得到的服务作为出口。货物的出口和进口都按离岸价格计算。

人口数 指一定时点、一定地区范围内有生命的个人总和。

城镇人口和乡村人口的划分 城镇人口是指居住在城镇范围内的全部人口；乡村人口是除上述人口以外的

全部人口。

历年城乡人口数据是按照当时国家《关于统计上划分城乡的规定》计算的。

三次普查之间年份的城乡人口根据1990年和2000年人口普查数据进行了调整。

出生率（又称粗出生率） 指在一定时期内(通常为一年)一定地区的出生人数与同期内平均人数(或期中人数)之比，用千分率表示。本资料中的出生率指年出生率，其计算公式为：

出生率=年出生人数/年平均人数×1000‰

式中：出生人数指活产婴儿，即胎儿脱离母体时(不管怀孕月数)，有过呼吸或其他生命现象。年平均人数指年初、年底人口数的平均数，也可用年中人口数代替。

死亡率（又称粗死亡率） 指在一定时期内(通常为一年)一定地区的死亡人数与同期内平均人数(或期中人数)之比，用千分率表示。本资料中的死亡率指年死亡率，其计算公式为：

死亡率=年死亡人数/年平均人数×1000‰

人口自然增长率 指在一定时期内(通常为一年)人口自然增加数(出生人数减死亡人数)与该时期内平均人数(或期中人数)之比，用千分率表示。计算公式为：

人口自然增长率=(本年出生人数-本年死亡人数)/年平均人数×1000‰=人口出生率-人口死亡率

总负担系数 指人口总体中非劳动年龄人口数与劳动年龄人口数之比。通常用百分比表示。说明每100名劳动年龄人口大致要负担多少名非劳动年龄人口。用于从人口角度反映人口与经济发展的基本关系。计算公式为：

$$GDR=(P_{0\sim14}+P_{65+})/P15\sim64\times100\%$$

其中：GDP为总抚养比；

$P_{0\sim14}$为0~14岁少年儿童人口数；

P_{65+}为65岁及65岁以上的老年人口数；

$P_{15\sim64}$为15~64岁劳动年龄人口数。

老年人口抚养比 也称老年人口抚养系数。指某一人口中老年人口数与劳动年龄人口数之比。通常用百分比表示。用以表明每100名劳动年龄人口要负担多少名老年人。老年人口抚养比是从经济角度反映人口老化社会后果的指标之一。计算公式为：

$$ODR=P_{65}+/P_{15\sim64}\times100\%$$

其中：ODR为老年人口抚养比；

P_{65}+为65岁及65岁以上的老年人口数；

$P_{15\sim64}$为15~64岁的劳动年龄人口数。

少年儿童抚养比 也称少年儿童抚养系数。指某一人口中少年儿童人口数与劳动年龄人口数之比。通常用百分比表示。以反映每100名劳动年龄人口要负担多少名少年儿童。计算公式为：

$$CDR=P_{0\sim14}/P_{15\sim64}\times100\%$$

其中：CDR为少年儿童抚养比；

$P_{0\sim14}$为0~14岁少年儿童人口数；

$P_{15\sim64}$为15~64岁劳动年龄人口数。

经济活动人口 指在16岁以上，有劳动能力，参加或要求参加社会经济活动的人口。包括就业人员和失业人员。

就业人员 指从事一定社会劳动并取得劳动报酬或经营收入的人员，包括在岗职工、再就业的离退休人员、私营业主、个体户主、私营和个体就业人员、乡镇企业就业人员、农村就业人员、其他就业人员(包括民办教师、宗教职业者、现役军人等)。这一指标反映了一定时期内全部劳动力资源的实际利用情况，是研究我国基本国情国力的重要指标。

各单位的就业人员 指在各级国家机关、政党机关、社会团体及企业、事业单位中工作，取得工资或其他形式的劳动报酬的全部人员。包括在岗职工、再就业的离退休人员、民办教师以及在各单位中工作的外方人员和港澳台方人员、兼职人员、借用的外单位人员和第二职业者。不包括离开本单位仍保留劳动关系的职工。各单位的就业人员反映了各单位实际参加生产或工作的全部劳动力。

城镇私营和个体就业人员 城镇私营就业人员指在工商管理部门注册登记，其经营地址设在县城关镇(含县城关镇)以上的私营企业就业人员，包括私营企业投资者和雇工。城镇个体就业人员指在工商管理部门注册登记，并持有城镇户口或在城镇长期居住，经批准从事个体工商经营的就业人员，包括个体经营者和在个体工商户劳动的家庭帮工和雇工。

城镇登记失业人员 指有非农业户口，在一定的劳动年龄内(16岁以上及男50岁以下、女45岁以下)，有劳动能力，无业而要求就业，并在当地就业服务机构进行求职登记的人员。

城镇登记失业率 城镇登记失业人员与城镇单位就业人员(扣除使用的农村劳动力、聘用的离退休人员、港澳台及外方人员)、城镇单位中的不在岗职工、城镇私营业主、个体户主、城镇私营企业和个体就业人员、城镇登记失业人员之和的比。计算公式为：

城镇登记失业率=城镇登记失业人数/［（城镇单位就业人员-使用的农村劳动力-聘用的离退休人员-聘用的港澳台及外方人员）+不在岗职工+城镇私营业主+城镇个体户主+城镇私营企业及个体就业人员+城镇登记失业人数］×100%

职工 指在国有、城镇集体、联营、股份制、外商和港、澳、台投资、其他单位及其附属机构工作，并由其支付工资的各类人员。不包括下列人员：(1)乡镇企业就业人员；(2)私营企业就业人员；(3)城镇个体劳动者；(4)离休、退休、退职人员；(5)再就业的离、退休人员；(6)民办教师；(7)在城镇单位中工作的外方及港、澳、台人员；(8)其他按有关规定不列入职工统计范围的人员。(1998年及以后的数据均为在岗职工数据，其他相关指标如职工工资总额，职工平均工资等指标也从1998年按此口径进行了相应调整)。

国有单位 指资产归国家所有的经济组织。包括按《中华人民共和国企业法人登记管理条例》规定登记注册的非公司制的经济组织，以及中央、地方各级国家机关、事业单位和社会团体。

集体单位 指生产资料归集体所有，并按《中华人民共和国企业法人登记管理条例》规定登记注册的经济组织。

其他单位 包括股份合作单位、联营单位、有限责任公司、股份有限公司、港澳台商投资单位以及外商投资单位等其他登记注册类型单位。

在岗职工 指在本单位工作并由单位支付工资的人员，以及有工作岗位，但由于学习、病伤产假等原因暂未工作，仍由单位支付工资的人员。

工资总额 指各单位在一定时期内直接支付给本单位全部职工的劳动报酬总额。工资总额的计算原则应以直接支付给职工的全部劳动报酬为根据。各单位支付给职工的劳动报酬以及其他根据有关规定支付的工资，不论是计入成本的还是不计入成本的，不论是按国家规定列入计征奖金税项目的，还是未列入计征奖金税项目的，不论是以货币形式支付的还是以实物形式支付的，均包括在工资总额内。

平均工资 指企业、事业、机关单位的职工在一定时期内平均每人所得的货币工资额。它表明一定时期职工工资收入的高低程度，是反映职工工资水平的主要指标。计算公式为:

平均工资=报告期实际支付的全部职工工资总额/报告期全部职工平均人数

平均工资指数 指报告期职工平均工资与基期职工平均工资的比率，是反映不同时期职工货币工资水平变动情况的相对数。计算公式为:

平均工资指数=报告期职工平均工资/基期职工平均工资×100%

平均实际工资指数 职工平均实际工资指扣除物价变动因素后的职工平均工资。职工平均实际工资指数是反映实际工资变动情况的相对数，表明职工实际工资水平提高或降低的程度。计算公式为:

平均实际工资指数=报告期职工平均工资指数/报告期城镇居民消费价格指数×100%

全社会固定资产投资 以货币形式表现的在一定时期内全社会建造和购置固定资产的工作量以及与此有关的费用的总称。该指标是反映固定资产投资规模、结构和发展速度的综合性指标,又是观察工程进度和考核投资效果的重要依据。全社会固定资产投资按登记注册类型可分为国有、集体、个体、联营、股份制、外商、港澳台商、其他等。

房地产开发投资 指各种登记注册类型的房地产开发公司、商品房建设公司及其他房地产开发法人单位和附属于其他法人单位实际从事房地产开发或经营活动的单位统一开发的包括统代建、拆迁还建的住宅、厂房、仓库、饭店、宾馆、度假村、写字楼、办公楼等房屋建筑物和配套的服务设施，土地开发工程（如道路、给水、排水、供电、供热、通讯、平整场地等基础设施工程）的投资；不包括单纯的土地交易活动。

其他固定资产投资 指全社会固定资产投资中未列入基本建设、更新改造和房地产开发投资的总投资在50万元以上的城镇范围内建造和购置固定资产的活动，以及城镇私人建房和农村企业、事业、行政单位和农村个人固定资产投资活动。具体包括：

(1)国有单位未纳入基本建设计划和更新改造计划管理，计划总投资（或实际需要总投资）在50万元以上的以下工程：①用油田维护费和石油开发基金进行的油田维护和开发工程；②煤炭、铁矿、森工等采掘采伐业用维简费进行的开拓延伸工程；③交通部门用公路养路费对原有公路、桥梁进行改建的工程；④商业部门用简易建筑费建造的仓库工程。

(2)城镇集体固定资产投资：指所有隶属直辖市、省辖市、县级市和县城所在地城关镇区域范围内的集体经济单位（乡镇企业局管理的除外）建造和购置固定资产其计划总投资（或实际需要总投资）在50万元及50万元以上，未列入基本建设和更新改造计划的单位(项目)投资。

(3)除上述以外的其他各种登记注册类型的企、事业单位(包括城镇私营企、事业单位和个体户)建造和购置固定资产总投资在50万元及50万元以上、未列入基本建设计划和更新改造计划的单位(项目)。其中个体经营户只统计50万元以上非建房投资。

(4)城镇和工矿区私人建房投资：包括市、县城、城关镇、工矿区所辖范围内的全部私人建房，不论其房主是否系本地的常住户口均应包括。

(5)农村投资：包括农村区域范围内进行固定资产投资活动的企业、事业、行政单位及农村个人投资。

固定资产投资的资金来源 根据固定资产投资的资金来源不同，分为国家预算内资金、国内贷款、利用外资、自筹资金和其他资金来源。

(1)国家预算内资金：分为财政拨款和财政安排的贷款两部分。包括中央财政的基本建设基金(分经营性基金和非经营性基金两部分)、专项支出(如煤代油专项等)、收回再贷、贴息资金，财政安排的挖潜改造和新产品试制支出、城建支出、商业部门简易建筑支出、不发达地区发展基金等资金中用于固定资产投资的资金；地方财政中由国家统筹安排的资金等。

(2)国内贷款：指报告期固定资产投资单位向银行及非银行金融机构借入的用于固定资产投资的各种国内借款，包括银行利用自有资金及吸收的存款发放的贷款、上级主管部门拨入的国内贷款、国家专项贷款(包括煤代油贷款、劳改煤矿专项贷款等)、地方财政专项资金安排的贷款、国内储备贷款、周转贷款等。

(3)利用外资：指报告期收到的用于固定资产建造和购置的国外资金(包括设备、材料、技术在内)。包括对外借款(外国政府、国际金融组织贷款、出口信贷、外国银行商业贷款、对外发行债券和股票)、外商直接投资及外商其他投资。不包括我国自有外汇资金(国家外汇、地方外汇、留成外汇、调剂外汇和中国银行自有资金发行的外汇贷款等)。计算利用外资时，需要折算成人民币，折算中所使用的外汇汇率按现汇计算，即按使用外汇时的汇率计算。

(4)自筹资金：指固定资产投资单位报告期收到的，由各地区、各部门及企、事业单位筹集用于固定资产投资的预算外资金，包括中央各部门、各级地方和企、事业单位的自筹资金。

(5)其他资金来源：指在报告期收到的除以上各种资金之外其他用于固定资产投资的资金，包括企业或金融机构通过发行各种债券筹集到的资金、群众集资、个人资金、无偿捐赠的资金及其他单位拨入的资金等。

固定资产投资按国民经济行业分　建设项目归哪个行业，按其建成投产后的主要产品或主要用途及社会经济活动性质来确定。基本建设按建设项目划分国民经济行业，更新改造、其他固定资产投资根据整个企业、事业单位所属的行业来划分。一般情况下，一个建设项目或一个企业、事业单位只能属于一种国民经济行业。为了更准确地反映国民经济各行业之间的比例关系，联合企业(总厂)所属分厂属于不同行业的，原则上按分厂划分行业。

固定资产投资按建设性质分　建设项目的性质一般分为新建、扩建、改建、迁建、恢复。房地产开发单位、农村投资、城镇工矿区私人建房投资不划分建设性质。基本建设按建设项目划分建设性质，更新改造、国有经济中其他固定资产投资及城镇集体投资等按整个企业、事业单位的建设情况确定建设性质。

(1)新建：一般指从无到有“平地起家”开始建设的企业、事业和行政单位或独立的工程。现有企业、事业、行政单位一般不属于新建。但如有的单位原有基础很小，经过建设后新增的固定资产价值超过该企、事业、行政单位原有固定资产价值(原值)三倍以上的也应作为新建。

(2)扩建：指在厂内或其他地点，为扩大原有产品的生产能力(或效益)或增加新的产品生产能力，而增建主要的生产车间(或主要工程)、分厂、独立的生产线。行政、事业单位在原单位增建业务用房(如学校增建教学用房、医院增建门诊部、病房等)也作为扩建。现有企、事业单位为扩大原有主要产品生产能力或增加新的产品生产能力，增建一个或几个主要生产车间(或主要工程)、分厂，同时进行一些更新改造工程的，也应作为扩建。

(3)改建：指对原有设施进行技术改造或更新(包括相应配套的辅助性生产、生活福利设施)，没有增建主要生产车间、分厂等。现有企、事业单位为适应市场变化的需要，而改变企业的主要产品种类(如军工企业转产民品等)，或原有产品生产作业线由于各工序(车间)之间能力不平衡，为填平补齐充分发挥原有生产能力而增建不增加本企业主要产品设计能力的车间，也应作为改建。

固定资产投资按构成分　固定资产投资活动按其工作内容和实现方式分为建筑安装工程，设备、工具、器具购置，其他费用三个部分。

(1)建筑安装工程(建筑安装工作量)：指各种房屋、建筑物的建造工程和各种设备、装置的安装工程。包括各种房屋建造工程，各种用途设备基础和各种工业窑炉的砌筑工程及金属结构工程；为施工而进行的各种准备工作和临时工程以及完工后的清理工作等；铁路、道路的铺设，矿井的开凿及石油管道的架设等；水利工程；防空地下建筑等特殊工程；列入房屋工程预算内的暖气、卫生、通风、照明、煤气等设备的价值及装设油饰工程；列入建筑工程预算内的各种管道(蒸汽、压缩空气、石油、给排水等管道)、电力、电讯电缆导线等的敷设工程；以及各种机械设备的安装工程；为测定安装工程质量，对设备进行的试运工作；房地产开发单位进行的商品房屋开发建设工程、土地开发工程。在安装工程中，不包括被安装设备本身的价值。

(2)设备、工具、器具购置：指建设单位或企、事业单位购置或自制的，达到固定资产标准的设备、工具、器具的价值。新建单位及扩建单位的新建车间，按照设计或计划要求购置或自制的全部设备、工具、器具，不论是否达到固定资产标准均计入“设备、工具、器具购置”中。

(3)其他费用：指在固定资产建造和购置过程中发生的，除上述几项内容以外的各种应分摊计入固定资产的费用。

基本建设项目按大中小型划分　基本建设划分大中小型项目原则上应按照上级批准的设计任务书或初步设计所确定的总规模或总投资划分，没有正式批准设计任务书或初步设计的，按国家或省、自治区、直辖市年度基本建设投资计划中所列的总规模或总投资划分。上述两条均不具备的，按本年计划施工工程的建设总规模或总投资划分。生产单一产品的工业项目，按产品的设计能力划分；生产多种产品的工业项目，按其主要产品的设计能力划分。品种繁多，难以按生产能力划分的，按全部计划总投资划分。划分标准以国家颁发的《大中小型建设项目划分标准》为依据。国家曾在1953年、1962年、1972年、1977年和1979年先后五次修订《大中小型建设项目划分标准》，因此各历史时期的大中型项目数不完全可比。

施工项目 指报告期内进行过建筑或安装施工活动的项目。凡是报告期内施过工的建设项目，不论施工时间长短，均作为施工项目统计。施工项目个数可以反映一定时期固定资产投资的实际规模，与同期建成投产的建设项目个数相比，可以从建设速度的角度反映固定资产投资的效果。根据建设项目施工活动的不同性质，施工项目又分为：本年正式施工项目、本年收尾项目和以前年度全部停缓建项目。

全部建成投产项目 工业项目指设计文件规定形成生产能力的主体工程及其相应配套的辅助设施全部建成，经负荷试运转，证明具备生产设计规定合格产品的条件，并经过验收鉴定合格或达到竣工验收标准，与生产性工程配套的生活福利设施可以满足近期正常生产的需要，正式移交生产的建设项目。非工业项目指设计文件规定的主体工程和相应的配套工程全部建成，能够发挥设计规定的全部效益，经验收鉴定合格或达到竣工验收标准，正式移交使用的建设项目。

新增生产能力(或工程效益) 指通过固定资产投资活动而增加的设计能力(或工程效益)，该指标是以实物形态表现的反映固定资产投资成果的指标，也是考核投资经济效果的重要依据之一。

新增生产能力(或工程效益)一般有以下几种表现形式：

(1)用产品数量表示，以工程在单位时间内(一般是一年)所能生产的产品数量(即年产量)表示。如原煤开采用万吨/年表示，化学农药用吨/年表示，拖拉机制造用台/年表示等。某些化工产品由于含量差别较大，按其设计含量计算折合量表示，如硫酸、纯碱、烧碱等。

(2)用单位时间内所能处理的原料数量表示，以工程每天(或小时)所能处理原料的数量表示。如机制糖工程日处理原料吨，食用植物油日处理原料吨，城市污水处理能力用万吨/日表示等。

(3)用新增加的主要设备的数量或容量表示，如新增棉布织机、丝织机等台数，毛纺锭等锭数，发电厂新增发电机组容量用千瓦表示等。

(4)以节约的原材料、燃料、动力实物量表示，适用于反映更新改造节约项目的效益。

(5)用建筑物容积、容量、面积、长度表示，是非工业项目或工程新增效益的一种表现形式。如铁路里程、公路里程、水库容量、仓库容量、房屋建筑面积、学校学生席位、医院病床、灌区灌溉面积等。

根据工程的特点，有时需要用两种或两种以上的复合计量单位表示新增生产能力(或工程效益)，如新增内燃机生产能力同时用年产台数、千瓦数表示等。

为了规范新增生产能力(或工程效益)的名称和计算单位，国家统计局制订了《新增生产能力(或工程效益)目录》和《节约原材料、燃料、动力目录》，各固定资产投资单位在统计新增生产能力(或工程效益)时，必须按目录中规定的名称和计量单位填报。

房屋建筑面积 指房屋建筑物勒脚以上外墙外围的水平截面面积，包括房屋建筑物的有效面积和结构面积。该指标是从实物形态上反映建设规模和建设成果的重要指标之一，也是检查工程形象进度、计算工程造价、分析投资效果、研究施工任务和建筑材料之间平衡情况的重要依据。

住宅建筑面积 指施工和竣工房屋建筑面积中供居住用的房屋建筑面积。

施工面积 指报告期内施工的全部房屋建筑面积。包括本期新开工的面积和上期开工跨入本期继续施工的房屋面积，以及上期已停建在本期恢复施工的房屋面积。本期竣工和本期施工后又停缓建的房屋，其建筑面积仍计入本期房屋施工面积中。

竣工面积 指在报告期内房屋建筑按照设计要求已经全部完工，达到住人和使用条件，经验收鉴定合格(或达到竣工验收标准)，正式移交使用单位的各栋房屋建筑面积的总和。

房屋建筑面积竣工率 指一定时期内房屋竣工面积占同期房屋施工面积的比率。该指标从房屋建筑施工速度的角度反映投资效果的指标。

新增固定资产 指报告期内已经完成建造和购置过程，并已交付生产或使用单位的固定资产价值。该指标是表示固定资产投资成果的价值指标，也是反映建设进度，计算固定资产投资效果的重要指标。

建设项目投产率 指一定时期内全部建成投产项目个数与同期施工项目个数的比率。该指标是从建设单位建设速度的角度反映投资效果的指标。

固定资产交付使用率 指一定时期新增固定资产与同期完成投资额的比率。该指标是反映固定资产动用速度，衡量建设过程中宏观投资效果的综合指标。由于新增固定资产是较长时期内形成的结果，而投资额则是当年完成的，因此，该指标一般适宜于反映较长时期内固定资产的动用情况。

经济适用房 指根据国家经济适用房计划安排建设的政策性住宅。经济是指房屋建筑造价和销售价格低于一般商品住宅；适用是指适合中低收入家庭购买使用。经济适用房主要是由国家统一下达投资计划，房地产公司开发，对外销售；用地一般采用行政划拨或招标投标方式，免收土地出让金；对各种经批准的收费减半征收，开发利润不超过3%；销售价格实行政府指导价。该指标可以分析房地产投资结构，反映中低收入家庭商品住宅的供求平衡情况。

能源生产总量 指一定时期内全国一次能源生产量的总和，是观察全国能源生产水平、规模、构成和发展速度的总量指标。一次能源生产量包括原煤，原油，天然气，水电、核能及其他动力能(如风能、地热能等)发电量，不包括低热值燃料生产量、生物质能、太阳能等的利用和由一次能源加工转换而成的二次能源产量。

能源消费总量 指一定时期内全国物质生产部门、非物质生产部门和生活消费的各种能源的总和，是观察能源消费水平、构成和增长速度的总量指标。能源消费总量包括原煤和原油及其制品、天然气、电力，不包括低热值燃料、生物质能和太阳能等的利用。能源消费总量分为终端能源消费量、能源加工转换损失量和损失量三部分。

⑴终端能源消费量:指一定时期内全国生产和生活消费的各种能源在扣除了用于加工转换二次能源消费量和损失量以后的数量。

⑵能源加工转换损失量:指一定时期内全国投入加工转换的各种能源数量之和与产出各种能源产品之和的差额，是观察能源在加工转换过程中损失量变化的指标。

⑶能源损失量:指一定时期内能源在输送、分配、储存过程中发生的损失和由客观原因造成的各种损失量，不包括各种气体能源放空、放散量。

能源生产弹性系数 是研究能源生产增长速度与国民经济增长速度之间关系的指标。计算公式为:

能源生产弹性系数＝能源生产总量年平均增长速度／国民经济年平均增长速度

国民经济年平均增长速度，可根据不同的目的或需要，用国民生产总值、国内生产总值等指标来计算，本年鉴是采用国内生产总值指标计算的。

能源消费弹性系数 是反映能源消费增长速度与国民经济增长速度之间比例关系的指标。计算公式为:

能源消费弹性系数＝能源消费量年平均增长速度／国民经济年平均增长速度

财政收入 指国家财政参与社会产品分配所取得的收入，是实现国家职能的财力保证。财政收入所包括的内容几经变化，目前主要包括:

(1)各项税收：包括增值税、营业税、消费税、土地增值税、城市维护建设税、资源税、城市土地使用税、企业所得税、个人所得税、关税、证券交易印花税、车辆购置税、农牧业税和耕地占用税等。

(2)专项收入：包括排污费收入、城市水资源费收入、矿产资源补偿费收入、教育费附加收入等。

(3)其他收入：包括利息收入、基本建设贷款归还收入、基本建设收入、捐赠收入等。

(4)国有企业亏损补贴：此项为负收入，冲减财政收入。主要包括对工业企业、商业企业、粮食企业的补贴。

财政支出 国家财政将筹集起来的资金进行分配使用，以满足经济建设和各项事业的需要，主要包括：

(1)基本建设支出：指按国家有关规定，属于基本建设范围内的基本建设有偿使用、拨款、资本金支出以及经国家批准对专项和政策性基建投资贷款，在部门的基建投资额中统筹支付的贴息支出。

(2)企业挖潜改造资金：指国家预算内拨给的用于企业挖潜、革新和改造方面的资金。包括各部门企业挖潜改造资金和企业挖潜改造贷款资金，为农业服务的县办“五小”企业技术改造补助，挖潜改造贷款贴息资金。

(3)地质勘探费用：指国家预算用于地质勘探单位的勘探工作费用，包括地质勘探管理机构及其事业单位经费、地质勘探经费。

(4)科技三项费用：指国家预算用于科技支出的费用，包括新产品试制费、中间试验费、重要科学研究补助费。

(5)支援农村生产支出：指国家财政支援农村集体(户)各项生产的支出。包括对农村举办的小型农田水利和打井、喷灌等的补助费，对农村水土保持措施的补助费，对农村举办的小水电站的补助费，特大抗旱的补助费，农村开荒补助费，扶持乡镇企业资金，支援农村合作生产组织资金、农村农技推广和植保补助费，农村草场和畜禽保护补助费，农村造林和林木保护补助费，农村水产补助费，发展粮食生产专项资金。

(6)农林水利气象等部门的事业费用：指国家财政用于农垦、农场、农业、畜牧、农机、林业、森工、水利、水产、气象、乡镇企业的技术推广、良种推广(示范)、动植物(畜禽、森林)保护、水质监测、勘探设计、资源调查、干部训练等项费用，园艺特产场补助费，中等专业学校经费，飞播牧草试验补助费，营林机构、气象机构经费，渔政费以及农业管理事业费等。

(7)工业交通商业等部门的事业费：指国家预算支付给工交商各部门用于事业发展的人员和公用经费支出，包括勘探设计费、中等专业学校经费、技术学校经费、干部训练费。

(8)文教科学卫生事业费：指国家预算用于文化、出版、文物、教育、卫生、中医、公费医疗、体育、档案、地震、海洋、通讯、电影电视、计划生育、党政群干部训练、自然科学、社会科学、科协等项事业的人员和公用经费支出以及高技术研究专项经费。主要包括工资、补助工资、福利费、离退休费、助学金、公务费、设备购置费、修缮费、业务费、差额补助费。

(9)抚恤和社会福利救济费：指国家预算用于抚恤和社会福利救济事业的经费。包括由民政部门开支的烈士家属和牺牲病残人员家属的一次性、定期抚恤金，革命伤残人员的抚恤金，各种伤残补助费，烈军属、复员退伍军人生活补助费，退伍军人安置费，优抚事业单位经费，烈士纪念建筑物管理、维修费，自然灾害救济事业费和特大自然灾害灾后重建补助费等。

(10)行政事业单位离退休支出：指实行归口管理的行政事业单位离退休经费。

(11)社会保障补助支出：指国家预算用于社会保障的补助支出，包括对社会保险基金的补助、促进就业补助、国有企业下岗职工补助、补充全国社会保障基金等。

(12)国防支出：指国家预算用于国防建设和保卫国家安全的支出，包括国防费、国防科研事业费、民兵建设以及专项工程支出等。

(13)行政管理费：包括行政管理支出，党派团体补助支出，外交支出，公安安全支出，司法支出，法院支出，检察院支出和公检法办案费用补助。

(14)政策性补贴支出：指经国家批准，由国家财政拨给用于粮棉油等产品的价格补贴支出。主要包括粮、棉、油差价补贴，平抑物价和储备糖补贴，农业生产资料价差补贴，粮食风险基金，副食品风险基金，地方煤炭风险基金等。

(15)债务利息支出：指国家预算中用于偿还国内外债务利息的支出。

中央财政收入和地方财政收入　指按现行分税制财政体制划分的中央本级收入和地方本级收入。1994年实行分税制财政体制以后，属于中央财政的收入包括关税、海关代征消费税和增值税，消费税，中央企业所得税，地方银行和外资银行及非银行金融企业所得税，铁道部门、各银行总行、各保险总公司等集中缴纳的营业税、利润和城市维护建设税，车辆购置税，船舶吨税，增值税的75%部分，证券交易税(印花税)94%部分，个人所得税中的利息所得税，利息所得税之外的个人所得税中央分享的部分，海洋石油资源税。属于地方财政的收入包括营业税，地方企业所得税，利息所得税之外的个人所得税地方分享的部分，城镇土地使用税，固定资产投资方向调节税，城镇维护建设税，房产税，车船使用税，印花税，屠宰税，农牧业税，农业特产税，耕地占用税，契税，土地增值税、国有土地有偿使用收入，增值税25%部分，证券交易税(印花税)6%部分和除海洋石油资源税以外的其他资源税。

中央财政支出和地方财政支出　指根据政府在经济和社会活动中的不同职责，划分中央和地方政府的责权，按照政府的责权划分确定的支出。中央财政支出包括国防支出，武装警察部队支出，中央级行政管理费和各项事业费，重点建设支出以及中央政府调整国民经济结构、协调地区发展、实施宏观调控的支出。地方财政支出主要包括地方行政管理和各项事业费，地方统筹的基本建设、技术改造支出，支援农村生产支出，城市维护和建设经费，价格补贴支出等。

预算外资金收支　预算外资金指国家机关、事业单位和社会团体为履行或代行政府职能，依据国家法律、法规和具有法律效力的规章而收取、提取和安排使用的未纳入国家预算管理的各种财政性资金。其范围主要包括：法律、法规规定的行政事业性收费、政府性基金和附加收入等；国务院或省级人民政府及其财政、计划（物价）部门审批的行政事业性收费；国务院及财政部审批建立的政府性基金、附加收入等；主管部门所属单位集中上缴资金；用于乡镇政府开支的乡自筹和乡统筹资金；其他未纳入预算管理的财政性资金。社会保障基金在国家财政尚未建立社会保障预算制度以前，先按预算外资金管理制度进行管理，专款专用。财政部门在银行开设统一的专户，用于预算外资金收入和支出管理。部门和单位的预算外收入必须上缴同级财政专户，支出由同级财政按预算外资金收支计划和单位财务收支计划统筹安排，从财政专户中拨付，实行收支两条线管理。

信贷资金　指金融机构以信用方式积聚和分配的货币资金。金融机构信贷资金的来源有各项存款、金融债券发行、应付及暂收款、对国际金融机构负债、流通中货币、各项准备、所有者权益和其他项目等；信贷资金的运用有各项贷款、有价证券及投资、应收及预付款、委托投资、金银占款、外汇占款、库存现金、财政借款及在国际金融机构中的资产等。

存款　指企业、机关、团体或居民根据资金必须收回的原则，把货币资金存入银行或其他信贷机构保管并取得一定利息的一种信用活动形式。根据存款对象或性质的不同可划分为企业存款、财政存款、机关团体存款、基本建设存款、储蓄存款、农村存款、委托存款、其他存款等科目。它是银行信贷资金的主要来源。

贷款　指银行或其他信贷机构根据资金必须归还的原则，按一定利率，为企业、个人等提供资金的一种信用活动形式。我国银行贷款分为短期贷款、中期流动资金贷款、中长期贷款、信托贷款、融资租赁、委托贷款、票据融资、各项垫款等。

保险公司　在中国境内的、经过保险监督管理部门批准设立，并依法登记注册的各类商业保险公司。

保险金额　指保险人承担赔偿或者给付保险金责任的最高限额。

保费　指投保人为取得保险人在约定范围内所承担赔偿责任而支付给保险人的费用。

赔款　指保险人根据保险合同的规定，向被保险人支付的赔偿保险责任损失的金额。

给付　包括死伤医疗给付和满期给付。死伤医疗给付是指保险人根据人寿保险及长期健康保险合同的规定，因被保险人在保险期内发生保险责任范围内的保险事故支付给被保险人(或受益人)的金额。满期给付是指被保险人生存期满，保险人按人寿保险合同规定支付给被保险人的满期保险金额。

居民消费价格指数　是反映一定时期内城乡居民所购买的生活消费品价格和服务项目价格变动趋势和程度

的相对数，是对城市居民消费价格指数和农村居民消费价格指数进行综合汇总计算的结果。该指数可以观察和分析消费品的零售价格和服务价格变动对城乡居民实际生活费支出的影响程度。

城市居民消费价格指数 是反映一定时期内城市居民家庭所购买的生活消费品价格和服务项目价格变动趋势和程度的相对数。该指数可以观察和分析消费品的零售价格和服务项目价格变动对职工货币工资的影响，作为研究职工生活和确定工资政策的依据。

农村居民消费价格指数 是反映一定时期内农村居民家庭所购买的生活消费品价格和服务项目价格变动趋势和程度的相对数。该指数可以观察农村消费品的零售价格和服务项目价格变动对农村居民生活消费支出的影响，直接反映农民生活水平的实际变化情况，为分析和研究农村居民生活问题提供依据。

商品零售价格指数 是反映一定时期内城乡商品零售价格变动趋势和程度的相对数。商品零售物价的变动直接影响到城乡居民的生活支出和国家的财政收入，影响居民购买力和市场供需的平衡，影响到消费与积累的比例关系。因此，该指数可以从一个侧面对上述经济活动进行观察和分析。

农业生产资料价格指数 指反映一定时期内农业生产资料价格变动趋势和程度的相对数。农业生产资料价格指数分为小农具、饲料、幼禽家畜、半机械化农具、机械化农具、化学肥料、农药及农药械、农机用油等八大类。其编制目的是了解农业生产中物质资料投入价格的变动状况，服务于国民经济核算。1994年以前，农业生产资料价格指数仅仅是商品零售价格指数的一个类别，此后，从商品零售价格指数中分离出来，单独编制。

农产品生产价格指数 是反映一定时期内，农产品生产者出售农产品价格水平变动趋势及幅度的相对数。该指数可以客观反映全国农产品生产价格水平和结构变动情况，满足农业与国民经济核算需要。其中某代表品生产价格指数是通过对全部有出售该产品行为的调查单位的个体指数进行几何平均求得的，类价格指数是通过对其所属的类（或代表品）的价格指数进行加权平均求得的。季度累计价格指数的计算方法与分季指数的计算方法相同。

工业品出厂价格指数 是反映一定时期内全部工业产品出厂价格总水平的变动趋势和程度的相对数，包括工业企业售给本企业以外所有单位的各种产品和直接售给居民用于生活消费的产品。该指数可以观察出厂价格变动对工业总产值及增加值的影响。

原材料、燃料和动力购进价格指数 是反映工业企业作为生产投入，而从物资交易市场和能源、原材料生产企业购买原材料、燃料和动力产品时，所支付的价格水平变动趋势和程度的统计指标，是扣除工业企业物质消耗成本中的价格变动影响的重要依据。

目前，我国编制的原材料、燃料和动力购进价格指数所调查的产品包括燃料动力、黑色金属、有色金属、化工、建材等九大类的900多种产品。

固定资产投资价格指数 是反映一定时期内固定资产投资品及项目的价格变动趋势和程度的相对数。固定资产投资额是由建筑安装工程投资完成额、设备工器具购置投资完成额和其他费用投资完成额三部分组成的。编制固定资产投资价格指数应首先分别编制上述三部分投资的价格指数，然后采用加权算术平均法求出固定资产投资价格总指数。

该指数可以准确地反映固定资产投资中涉及的各类投资品和取费项目价格变动趋势和变动幅度，消除按现价计算的固定资产投资指标中的价格变动因素，真实地反映固定资产投资的规模、速度、结构和效益，为国家科学地制定、检查固定资产投资计划并提高宏观调控水平，为完善国民经济核算体系提供科学的、可靠的依据。

城镇家庭人口 指居住在一起，经济上合在一起共同生活的家庭成员。凡计算为家庭人口的成员其全部收支都包括在本家庭中。

城镇就业面 指就业人口占家庭人口的百分比。

城镇就业者负担人数 指家庭人口与就业人口之比。

城市居民家庭总收入 指调查户中生活在一起的所有家庭成员在调查期得到的工薪收入、经营净收入、财产性收入、转移性收入的总和，不包括出售财物和借贷收入。收入的统计标准以实际发生的数额为准，无论收入是补发还是预发，只要是调查期得到的都应如实计算，不作分摊。

城市居民家庭可支配收入 指调查户可用于最终消费支出和其它非义务性支出以及储蓄的总和，即居民家庭可以用来自由支配的收入。它是家庭总收入扣除个人所得税、个人交纳的社会保障费以及调查户的记帐补贴后的收入。计算公式为：

可支配收入=家庭总收入−个人所得税−个人交纳的社会保障支出−记帐补贴

城市居民家庭总支出 指家庭除借贷支出以外的全部实际支出。包括消费性支出、购房建房支出、转移性支出、财产性支出、社会保障支出。支出统计是以实际购得的商品或服务的总价值填报，不论其付款方式是一次付清、分期付款，还是赊购，只要商品或服务已被消费就要按其总价值计量。如果采用分期付款或赊购形式，则要在借贷收入类相应的项目填入实付款与总的应付款的差额。

城市居民家庭消费支出 指调查户用于本家庭日常生活的全部支出，包括食品、衣着、家庭设备用品及服务、医疗保健、交通和通讯、娱乐教育文化服务、居住、杂项商品和服务八大类等。不包括用于赠送的商品或服务。消费支出按商品（服务）的用途分类。

城镇家庭服务性消费支出 指家庭用于支付社会提供的各种非商品性服务费用。

城镇家庭收入分组方法 将所有调查户依户人均可支配收入由低到高排队，按10%，10%，20%，20%，20%，10%，10%的比例依次分成：最低收入户、低收入户、中等偏下收入户、中等收入户、中等偏上收入户、高收入户、最高收入户等七组。总体中最低5%的户为困难户。

恩格尔系数 指食物支出金额在生活消费总支出金额中所占的比例。计算公式为：

恩格尔系数=食品支出金额/生活消费总支出金额×100%

农村住户 指农村常住户。农村常住户指长期(一年以上)居住在乡镇(不包括城关镇)行政管理区域内的住户，以及长期居住在城关镇所辖行政村范围内的农村住户。户口不在本地而在本地居住一年及以上的住户也包括在本地农村常住户范围内；有本地户口，但举家外出谋生一年以上的住户，无论是否保留承包耕地都不包括在本地农村住户范围内。

常住人口 指全年经常在家或在家居住6个月以上，而且经济和生活与本户连成一体的人口。外出从业人员在外居住时间虽然在6个月以上，但收入主要带回家中，经济与本户连为一体，仍视为家庭常住人口；在家居住，生活和本户连成一体的国家职工、退休人员也为家庭常住人口。但是现役军人、中专及以上(走读生除外)的在校学生、以及常年在外(不包括探亲、看病等)且已有稳定的职业与居住场所的外出从业人员，不算家庭常住人口。家庭常住人口主要作为计算农村住户平均每人收入、消费和积累水平及分析家庭人口状况的依据。

整、半劳动力 整劳动力指男子18周岁到50周岁，女子18周岁到45周岁；半劳动力指男子16周岁到17周岁，51周岁到60周岁；女子16周岁到17周岁，46周岁到55周岁，同时具有劳动能力的人。虽然在劳动年龄之内，但已丧失劳动能力的人，不应算为劳动力；超过劳动年龄，但能经常参加劳动，计入半劳动力数内。常住人口中的职工，若这些职工为劳动力，就包括在本户的整半劳动力中。

总收入 指调查期内农村住户和住户成员从各种来源渠道得到的收入总和。按收入的性质划分为工资性收入、家庭经营收入、财产性收入和转移性收入。

工资性收入 指农村住户成员受雇于单位或个人，靠出卖劳动而获得的收入。家庭经营收入 指农村住户以家庭为生产经营单位进行生产筹划和管理而获得的收入。农村住户家庭经营活动按行业划分为农业、林业、牧业、渔业、工业、建筑业、交通运输业邮电业、批发和零售贸易餐饮业、社会服务业、文教卫生业和其他家庭经营。

财产性收入 指金融资产或有形非生产性资产的所有者向其他机构单位提供资金或将有形非生产性资产供

其支配，作为回报而从中获得的收入。

转移性收入 指农村住户和住户成员无须付出任何对应物而获得的货物、服务、资金或资产所有权等，不包括无偿提供的用于固定资本形成的资金。一般情况下，是指农村住户在二次分配中的所有收入。

现金收入 指农村住户和住户成员在调查期内得到以现金形态表现的收入。按来源分成工资性收入、家庭经营现金收入、财产性收入、转移性收入。

纯收入 指农村住户当年从各个来源得到的总收入相应地扣除所发生的费用后的收入总和。计算方法：

纯收入=总收入-税费支出-家庭经营费用支出-生产性固定资产折旧-调查补贴-赠送农村外部亲友支出

纯收入主要用于再生产投入和当年生活消费支出，也可用于储蓄和各种非义务性支出。“农民人均纯收入”按人口平均的纯收入水平，反映的是一个地区或一个农户农村居民的平均收入水平。

总支出 指农村住户用于生产、生活和再分配的全部支出。家庭经营费用支出、购置生产性固定资产支出、生产性固定资产折旧、税费支出、生活消费支出、财产性支出和转移性支出。

供水综合生产能力 指按供水设施取水、净化、送水、出厂输水干管等环节设计能力计算的综合生产能力。包括在原设计能力的基础上，经挖、革、改增加的生产能力。计算时，以四个环节中最薄弱的环节为主确定能力。

年末供水管道长度 指从送水泵至用户水表之间所有管道的长度。不包括新安装尚未使用的管道。

全年供水总量 指报告期供水企业(单位)供出的全部水量。包括有效供水量和漏损水量。

生活用水量 包括公共服务用水和居民家庭用水。公共服务用水指为城市社会公共生活服务的用水。包括行政事业单位、部队营区和公共设施服务、社会服务业、批发零售贸易业、旅馆饮食业以及其他公共服务业等单位的用水。居民家庭用水指城市范围内所有居民家庭的日常生活用水。包括城市居民、农民家庭、公共供水站用水。

用水普及率 指城市用水人口数与城市人口总数的比率。计算公式：

用水普及率=城市用水人口数/城市人口总数×100%

人工煤气生产能力 指报告期末人工煤气生产厂制气、净化、输送等环节的综合生产能力，不包括备用设备能力。一般按设计能力计算，如果实际生产能力大于设计能力时，应按实际测定的生产能力计算。测定时应以制气、净化、输送三个环节中最薄弱的环节为主。

供气管道长度 指报告期末从气源厂压缩机的出口或门站出口至各类用户引入管之间的全部已经通气投入使用的管道长度。不包括煤气生产厂、输配站、液化气储存站、灌瓶站、储配站、气化站、混气站、供应站等厂(站)内的管道。

全年供气总量 指全年燃气企业(单位)向用户供应的燃气数量。包括销售量和损失量。

用气普及率 指报告期末使用燃气的城市人口数与城市人口总数的比率。计算公式为：

用气普及率=城市用气人口数/城市人口总数×100%

城市供热能力 指供热企业(单位)向城市热用户输送热能的设计能力。

城市供热总量 指在报告期供热企业(单位)向城市热用户输送全部蒸汽和热水的总热量。

城市供热管道长度 指从各类热源到热用户建筑物接入口之间的全部蒸汽和热水的管道长度。不包括各类热源厂内部的管道长度。

年末道路长度 指年末道路长度和与道路相通的广场、桥梁、隧道的长度，按车行道中心线计算。在统计时只统计路面宽度在3.5米(含3.5米)以上的各种铺装道路，包括开放型工业区和住宅区道路在内。

城市桥梁 指为跨越天然或人工障碍物而修建的构筑物。包括跨河桥、立交桥、人行天桥以及人行地下通道等。包括永久性桥和半永久性桥。

城市排水管道长度 指所有排水总管、干管、支管、检查井及连接井进出口等长度之和。

城市污水日处理能力 指污水处理厂(或处理装置)每昼夜处理污水量的设计能力。

年末运营车数 指年末公交企业(单位)用于运营业务的全部车辆数。以企业(单位)固定资产台帐中已投入运营的车辆数为准。

城市园林绿地面积 指报告期末用作园林和绿化的各种绿地面积。包括公共绿地、居住区绿地、单位附属绿地、防护绿地、生产绿地、道路绿地和风景林地面积。

不包括:

1.屋顶绿化、垂直绿化、阳台绿化和室内绿化。

2.以物质生产为主的林地、耕地、牧草地、果园和竹园等。

3.城市总体规划中不列入绿地的水域。

公共绿地 指向公众开放的市级、区级、居住区级各类公园、街旁游园，包括其范围内的水域。其中居住区级公园应不小于1万平方米，街旁游园的宽度不小于8米，面积不小于400平方米。

农林牧渔业总产值 指以货币表现的农、林、牧、渔业全部产品和对农林牧渔业生产活动进行的各种支持性服务活动的价值总量，它反映一定时期内农林牧渔业生产总规模和总成果。1957年以前的农林牧渔业总产值中包括了厩肥和农民自给性手工业(如农民自制衣服、鞋、袜，自己从事粮食初步加工等)。1958年及以后，林业中增加了村及村以下竹木采伐产值；牧业中取消了厩肥产值；副业中取消了农民自给性手工业产值，增加了村及村以下办的工业产值；渔业中增加了海洋捕捞水产品产值。1980年及以后，在副业中增加了农民家庭兼营工业商品部分的产值。从1984年起村及村以下工业产值划归工业。从1993年起取消副业，将野生动物的捕猎划入牧业、野生植物采集和农民家庭兼营商品性工业划归农业。从2003年起，执行新的国民经济行业分类标准，农林牧渔业总产值中包括了农林牧渔服务业产值。林业中增加了森林采运业产值。农业中取消了家庭兼营商品性工业产值，将野生林产品的采集划归林业。第一次农业普查以后，由于畜牧业产品年报数据与普查数据之间存在一定的差距，国家统计局农调总队对畜牧业年报数据与普查数据进行衔接，相应的畜牧业产值进行调整。

农林牧渔业总产值的计算方法通常是按农、林、牧、渔业产品及其副产品的产量分别乘以各自单位产品价格求得；少数生产周期较长，当年没有产品或产品产量不易统计的，则采用间接方法匡算其产值；然后将四业产品产值相加即为农林牧渔业总产值。

粮食产量 指全社会的产量。包括国有经济经营的、集体统一经营的和农民家庭经营的粮食产量，还包括工矿企业办的农场和其他生产单位的产量。粮食除包括稻谷、小麦、玉米、高粱、谷子及其他杂粮外，还包括薯类和豆类。其产量计算方法，豆类按去豆荚后的干豆计算；薯类(包括甘薯和马铃薯，不包括芋头和木薯)1963年以前按每4公斤鲜薯折1公斤粮食计算，从1964年开始改为按5公斤鲜薯折1公斤粮食计算。城市郊区作为蔬菜的薯类(如马铃薯等)按鲜品计算，并且不作粮食统计。其他粮食一律按脱粒后的原粮计算。棉花产量 指全社会的产量。包括春播棉和夏播棉。产量按皮棉计算。3公斤籽棉折1公斤皮棉，不包括木棉。

油料产量 指全部油料作物的生产量。包括花生、油菜籽、芝麻、向日葵籽、胡麻籽（亚麻籽）和其他油料。不包括大豆、木本油料和野生油料。花生以带壳干花生计算。

水产品产量 指人工养殖的水产品和天然生长的水产品的捕捞量。包括海水的鱼类、虾蟹类、贝类和藻类以及内陆水域的鱼类、虾蟹类和贝类，不包括淡水生植物。

猪、牛、羊肉产量 指当年出栏并已屠宰、除去头蹄下水后带骨肉(即胴体重)的重量。期初(末)畜禽存栏头(只)数 指报告期初(末)农村各种合作经济组织和国营农场、农民个人、机关、团体、学校、工矿企业、部队等单位以及城镇居民饲养的大牲畜、猪、羊、家禽等畜禽的存栏数。数据上报方式及数据调整情况同猪、牛、羊肉产量。

常用耕地 是指耕地总资源中专门种植农作物并经常进行耕种、能够正常收获的土地。包括当年实际耕种的熟地；弃耕、休闲不满三年，随时可以复耕的地；开荒利用三年以上的土地。在统计口径上包括南方小于1

米、北方小于2米宽的沟、渠、路和田埸。不包括临时种植农作物的坡度在25度以上的陡坡地；在河套、湖畔、库区临时开发的成片或零星土地；也不包括已列为国家和省（区、市）退耕计划但临时耕种的土地。常用耕地是国家需要重点保护的耕地，是反映我国农业综合生产能力的一个重要指标。

农作物播种面积 指实际播种或移植有农作物面积。凡是实际种植有农作物的面积，不论种植在耕地上还是种植在非耕地上，均包括在农作物播种面积中。在播种季节基本结束后，因遭灾而重新改种和补种的农作物面积，也包括在内。

有效灌溉面积 指具有一定的水源，地块比较平整，灌溉工程或设备已经配套，在一般年景下当年能够进行正常灌溉的耕地面积。在一般情况下，有效灌溉面积应等于灌溉工程或设备已经配备，能够进行正常灌溉的水田和水浇地面积之和。它是反映我国耕地抗旱能力的一个重要指标。

农用化肥施用量 指本年内实际用于农业生产的化肥数量，包括氮肥、磷肥、钾肥和复合肥。化肥施用量要求按折纯量计算数量。折纯量是指把氮肥、磷肥、钾肥分别按含氮、含五氧化二磷、含氧化钾的百分之百成份进行折算后的数量。复合肥按其所含主要成分折算。公式为：

折纯量=实物量×某种化肥有效成份含量的百分比

农业机械总动力 指主要用于农、林、牧、渔业的各种动力机械的动力总和。包括耕作机械、排灌机械、收获机械、农用运输机械、植物保护机械、牧业机械、林业机械、渔业机械和其他农业机械〔内燃机按引擎马力折成瓦(特)计算、电动机按功率折成瓦(特)计算〕。不包括专门用于乡、镇、村、组办工业、基本建设、非农业运输、科学试验和教学等非农业生产方面用的动力机械与作业机械。这个指标的统计数据主要来源于农机部门。

乡村从业人员 指乡村人口中劳动年龄在16周岁以上实际参加生产经营活动并取得实物或货币收入的人员，包括劳动年龄内经常参加劳动的人员，也包括超过劳动年龄但经常参加劳动的人员，但不包括户口在家的在外学生、现役军人和丧失劳动能力的人，也不包括待业人员和家务劳动者。从业人员按从事主业时间最长（时间相同按收入）分为农业从业人员、工业从业人员、建筑业从业人员、交运仓储及邮电业从业人员、批零贸易及餐饮业从业人员、其它从业人员。

工业 指从事自然资源的开采，对采掘品和农产品进行加工和再加工的物质生产部门。具体包括：(1)对自然资源的开采，如采矿、晒盐等(但不包括禽兽捕猎和水产捕捞)；(2)对农副产品的加工、再加工，如粮油加工、食品加工、缫丝、纺织、制革等；(3)对采掘品的加工、再加工，如炼铁、炼钢、化工生产、石油加工、机器制造、木材加工等，以及电力、自来水、煤气的生产和供应等；(4)对工业品的修理、翻新，如机器设备的修理、交通运输工具(包括小卧车)的修理等。

1984年以前农村的村及村以下办工业归属农业，1984年以后划归工业。

工业统计调查单位为独立核算法人工业企业。

独立核算法人工业企业指从事工业生产经营活动的单位。独立核算法人工业企业应同时具备以下条件：①依法成立，有自己的名称、组织机构和场所，能够承担民事责任；②独立拥有和使用资产，承担负债，有权与其他单位签订合同；③独立核算盈亏，并能够编制资产负债表。本年鉴中涉及的企业登记注册类型：

国有及国有控股企业 指国有企业加上国有控股企业。国有企业(即原全民所有制工业或国营工业)指企业全部资产归国家所有，并按《中华人民共和国企业法人登记管理条例》规定登记注册的非公司制的经济组织。包括国有企业、国有独资公司和国有联营企业。1957年以前的公私合营和私营工业，后均改造为国营工业，1992年改为国有工业，这部分工业的资料不单独分列时，均包括在国有企业内。国有控股企业是对混合所有制经济的企业进行的“国有控股”分类。它是指这些企业的全部资产中国有资产(股份)相对其他所有者中的任何一个所有者占资(股)最多的企业。该分组反映了国有经济控股情况。

集体企业 指企业资产归集体所有，并按《中华人民共和国企业法人登记管理条例》规定登记注册的经济组织。是社会主义公有制经济的组成部分。包括城乡所有使用集体投资举办的企业，以及部分个人通过集资自愿放弃所有权并依法经工商行政管理机关认定为集体所有制的企业。

股份合作企业 指以合作制为基础，由企业职工共同出资入股，吸收一定比例的社会资产投资组建，实行自主经营，自负盈亏，共同劳动，民主管理，按劳分配与按股分红相结合的一种集体经济组织。

联营企业 指两个及两个以上相同或不同所有制性质的企业法人或事业单位法人，按自愿、平等、互利的原则，共同投资组成的经济组织。联营企业包括：

国有联营企业指国有企业与国有企业间的联营；

集体联营企业指集体企业与集体企业间的联营；

国有与集体联营企业指国有企业与集体企业间的联营。

有限责任公司 指根据《中华人民共和国公司登记管理条例》规定登记注册，由两个以上，五十个以下的股东共同出资，每个股东以其所认缴的出资额对公司承担有限责任，公司以其全部资产对其债务承担责任的经济组织。

有限责任公司包括国有独资公司以及其他有限责任公司。

股份有限公司 指根据《中华人民共和国企业法人登记管理条例》规定登记注册，其全部注册资本由等额股份构成并通过发行股票筹集资本，股东以其认购的股份对公司承担有限责任，公司以其全部资产对其债务承担责任的经济组织。

私营企业 指由自然人投资设立或由自然人控股，以雇佣劳动为基础的营利性经济组织。包括按照《公司法》、《合伙企业法》、《私营企业暂行条例》规定登记注册的私营有限责任公司、私营股份有限公司、私营合伙企业和私营独资企业。

港、澳、台商投资企业 指企业注册登记类型中的港、澳、台资合资、合作、独资经营企业和股份有限公司之和。

外商投资企业 指企业注册登记类型中的中外合资、合作经营企业、外资企业和外商投资股份有限公司之和。

“三资”企业系指港、澳、台商投资企业和外资企业的简称。

轻工业 指主要提供生活消费品和制作手工工具的工业。按其所使用的原料不同，可分为两大类：(1)以农产品为原料的轻工业，是指直接或间接以农产品为基本原料的轻工业。主要包括食品制造、饮料制造、烟草加工、纺织、缝纫、皮革和毛皮制作、造纸以及印刷等工业；(2)以非农产品为原料的轻工业，是指以工业品为原料的轻工业。主要包括文教体育用品、化学药品制造、合成纤维制造、日用化学制品、日用玻璃制品、日用金属制品、手工工具制造、医疗器械制造、文化和办公用机械制造等工业。

重工业 指为国民经济各部门提供物质技术基础的主要生产资料的工业。按其生产性质和产品用途，可以分为下列三类：(1)采掘(伐)工业，是指对自然资源的开采，包括石油开采、煤炭开采、金属矿开采、非金属矿开采等工业；(2)原材料工业，指向国民经济各部门提供基本材料、动力和燃料的工业。包括金属冶炼及加工、炼焦及焦炭、化学、化工原料、水泥、人造板以及电力、石油和煤炭加工等工业；(3)加工工业，是指对工业原材料进行再加工制造的工业。包括装备国民经济各部门的机械设备制造工业、金属结构、水泥制品等工业，以及为农业提供的生产资料如化肥、农药等工业。

根据上述划分原则，修理业中以重工业产品为修理作业对象的划为重工业，反之划为轻工业。

工业总产值

(1)定义：工业总产值是以货币形式表现的，工业企业在一定时期内生产的工业最终产品或提供工业性劳务活动的总价值量。它反映一定时间内工业生产的总规模和总水平。

(2)计算原则：

工业生产的原则，即凡是企业在报告期生产的经检验合格的产品，不管是否在报告期销售，均包括在内。

最终产品的原则，即凡是计入工业总产值的产品，必须是本企业生产的经检验合格的，不需要再进行任何加工的最终产品。如果企业有中间产品(半成品)对外销售，则对外销售的中间产品应视为企业的最终产品。

工厂法原则，即工业总产值是以工业企业作为基本计算(核算)单位，即按企业的最终产品计算工业总产值。按这种方法计算的工业总产值，不允许同一产品价值在企业内部重复计算，不能把企业内部各个车间(分厂)生产的成果相加，但允许企业间的重复计算。

(3)内容及计算方法：1995年全国工业普查对工业总产值(原规定)的内容及计算原则和方法做了某些修订，修订后的工业总产值(新规定)包括三项内容：即本期生产成品价值、对外加工费收入、在制品半成品期末期初差额价值三部分。本期生产成品价值：指企业本期生产，并在报告期内不再进行加工，经检验、包装入库的全部工业成品(半产品)价值合计，包括企业生产的自制设备及提供给本企业在建工程、其他非工业部门和福利部门等单位使用的成品价值。

本期生产成品价值为按自备原材料生产的产品的数量乘以本期不含增值税(销项税额)的产品实际销售平均单价计算；会计核算中按成本价格转帐的自制设备和自产自用的成品，按成本价格计算生产成品价值。生产成品价值中不包括用定货者来料加工的成品(半产品)价值。

对外加工费收入：指企业在报告期内完成的对外承接的工业品加工(包括用定货者来料加工产品)的加工费收入和对外工业修理作业所取得的加工费收入。对外加工费收入按不含增值税(销项税额)的价格计算，可根据会计“产品销售收入”科目的有关资料取得。

对于本企业对内非工业部门提供的加工修理、设备安装的劳务收入，如果企业会计核算基础较好，能取得这部分资料，而且这部分价值所占比重较大，应包括在对外加工费收入中。

自制半成品在制品期末期初差额价值：指企业报告期在制品期末减期初的差额价值，本指标一般可以从会计核算资料中取得。如果会计产品成本核算中不计算半成品、在制品的成本，则总产值中也不包括这部分价值，反之则包括。

(4)工业总产值统计范围变化和计算方法修订情况：

1984年以前工业总产值不包括村办工业，村办工业总产值划归农业。1984年以后工业总产值包括村办工业。

1995年工业普查对工业总产值计算方法做了修订，即从1995年始按新修订(新规定)方法计算工业总产值。新规定与原规定的区别如下：

全价与加工费的计算原则不同：新规定为凡自备原材料，不论其生产繁简程度如何，一律按全价计算工业总产值；凡来料加工，允许按加工费计算工业总产值。原规定则视生产加工的繁简程度不同，规定哪些行业按全价，哪些行业按加工费计算工业总产值。

自制半成品、在产品期末期初差额价值的计算原则不同：新规定要求，凡会计产品成本核算时计算了成本的差额价值，总产值中就应包括，否则可不包括；原规定则按生产周期六个月的界限区分，凡生产周期六个月以上的企业，总产值计算中应包括这部分差额价值，否则可不包括。

计算价格不同：新规定按不含增值税(销项税额)的价格计算；原规定则按含增值税(销项税额)的价格计算。

工业增加值　指工业企业在报告期内以货币表现的工业生产活动的最终成果。工业增加值有两种计算方法：一是生产法，即工业总产出减去工业中间投入加上应交增值税；二是收入法，即从收入的角度出发，根据生产要素在生产过程中应得到的收入份额计算，具体构成项目有固定资产折旧、劳动者报酬、生产税净额、营业盈余，这种方法也称要素分配法。本年鉴中的工业增加值是以生产法计算的。

生产法工业增加值的计算方法为：

$$工业增加值=工业总产出-工业中间投入+应交增值税$$

(1)工业总产出：指工业企业在一定时期内工业生产活动的总成果。工业总产出包括：成品生产价值，对外加工费收入，自制半成品、在产品期末期初差额价值。1995年后用新规定计算的工业总产值代替。

(2)工业中间投入：指工业企业在工业生产活动中消耗的外购物质产品和对外支付的服务费用。服务费用包括支付给物质生产部门(工业、农业、批发零售贸易业、建筑业、运输邮电业)的服务费用和支付给非物质生产部门(如保险、金融、文化教育、科学研究、医疗卫生、行政管理等)的服务费用。工业中间投入的确定须遵循以下原则：必须从外部购入的，并已计入工业总产出的产品和服务价值；必须是本期投入生产，并一次性消耗掉(包括本期摊销的低值易耗品等)的产品和服务价值。

工业中间投入包括直接材料费用、制造费用中的工业中间投入、管理费用中的工业中间投入、销售费用中的工业中间投入和利息支出五部分。

实收资本：指企业实际收到投资者的可作为长期周转使用的经营资金。根据现行会计制度规定，实收资本按投资主体分为：国家资本、集体资本、法人资本、个人资本、港澳台资本和外商资本。

国家资本：指有权代表国家投资的政府部门或者机构以国有资产投入企业形成的资本。

集体资本：指有权代表国家投资的集体部门或者机构以国有资产投入企业形成的资本。

法人资本：指其他法人单位以其依法可以支配的资产投入企业形成的资本。

个人资本：指社会个人或者本企业内部职工以个人合法财产投放到企业形成的资本。

港澳台资本：指我国香港、澳门和台湾地区投资者以各种形式的资产进行投资形成的资本。

外商资本：指外国投资者对企业投资形成的资本。

资产总计 指企业拥有或控制的能以货币计量的经济资源，包括各种财产、债权和其他权利。资产按流动性分为流动资产、长期投资、固定资产、无形资产、递延资产和其他资产。该指标根据企业会计“资产负债表”中“资产总计”项目的期末数增列。

流动资产合计 指可以在一年或者超过一年的一个营业周期内变现或者耗用的资产，包括现金及各种存款、短期投资、应收及预付货款、存款等。

流动资产平均余额 指企业在报告期内全部流动资产的平均余额。

固定资产原价 指企业在建造、购置、安装、改建、扩建、技术改造某项固定资产时所支出的全部货币总额。它一般包括买价、包装费、运杂费和安装费等。

固定资产净值年平均余额 指固定资产净值在报告期内余额的平均数。计算公式为：

固定资产净值年平均余额=1至12月各月月初、月末固定资产净值之和/24

该指标根据“资产负债表”中“固定资产原价”、“累计折旧”指标的期初、期末数计算填列。

固定资产净值指固定资产原价减去历年已提折旧额后的净额。计算公式为：

固定资产净值=固定资产原价-累计折旧

流动负债合计 指将在一年或超过一年的一个营业周期内偿还的债务。流动负债包括短期负债、应付票据、应付帐款、预收帐款、应付工资、应付福利费、应交税金、应付利润、其他应付款、预提费用等。

流动负债具有偿还期限短，在债权人提出要求时即期偿付，或在一年内必须偿还的特点。

长期负债合计 指偿还期在一年或超过一年的一个营业周期以上的债务，它是除了投资人投入企业的资本以外，企业向债权人筹集、可供企业长期使用的资金，是企业必须以资产或劳务偿还的经济责任，包括长期借款、应付债款、长期应付款、其他长期负债等。与流动负债相比，长期负债具有为数较大、偿还期限较长的特点，且对投资者来说可带来更大的利益。

所有者权益 指企业投资人对企业净资产的所有权。企业净资产等于企业全部资产减去全部负债后的余额，包括企业投资人对企业的最初投入的实际到位的资产及资本公积金、盈余公积金和未分配利润。所有者权益合计数小于零，表示企业资不抵债。

产品销售收入 指企业在报告期内生产的成品、自制半成品和工业性劳务取得的收入。

产品销售成本 指企业在报告期内销售本企业生产的成品、自制半成品和工业性劳务等的实际成本。

产品销售税金及附加 指企业在报告期内销售产品、提供的劳务等主要经营业务应负担的城市维护建设税、消费税、资源税和教育费附加等。

利润总额 指企业生产经营活动的最终成果，是企业在一定时期内实现的盈亏相抵后的利润总额(亏损以“–”号表示)，它等于营业利润加上补贴收入加上投资收益加上营业外净收入再加上以前年度损益调整。

本年应交增值税 指企业在报告期内应交纳的增值税额。它等于本年销项税额加上出口退税加上进项税额转出数减去本年进项税额。小规模纳税企业直接按全年计税销售额乘以征收率计算取得。

年末从业人员平均人数 从业人员是指在企业工作并取得劳动报酬的全部人员数。包括在岗职工、再就业的离退休人员、民办教师及在企业工作的外方人员和港澳台方人员、兼职人员、借用的外单位人员和第二职业者。不包括离开本单位但仍保留劳动关系的职工。

从业人员平均人数是指报告期内每天拥有的从业人员人数。其计算公式为：

月平均人数=报告月内每天实有人数之和/报告月日历日数

季平均人数=季内各月平均人数之和/3

年平均人数=年内各月平均人数之和/12

总资产贡献率 反映企业全部资产的获利能力，是企业经营业绩和管理水平的集中体现，是评价和考核企业盈利能力的核心指标。计算公式为：

总资产贡献率（%）=利润总额+税金总额+利息支出/平均资金总额×100%

公式中：税金总额为产品销售税金及附加与应交增值税之和；平均资产总额为期初期末资产之和的算术平均值。

资产负债率 该指标既反映企业经营风险的大小，也反映企业利用债权人提供的资金从事经营活动的能力。计算公式为：

资产负债率（%）=负债总额/资产总额×100%

资产与负债均为报告期期末数。

流动资产周转次数 指一定时期内流动资产完成的周转次数，反映投入工业企业流动资金的周转速度。计算公式为：

流动资产周转次数=产品销售收入/全部流动资产平均余额

公式中：全部流动资产平均余额为期初和期末的流动资产之和的算术平均值。

成本费用利润率 反映企业投入的生产成本及费用的经济效益，同时也反映企业降低成本所取得的经济效益。计算公式为：

成本费用利润（%）=利润总额/成本费用总额×100%

公式中：成本费用总额为产品销售成本、销售费用、管理费用、财务费用之和。

全员劳动生产率 该指标反映企业的生产效率和劳动投入的经济效益。计算公式为：

全员劳动生产率（元/人）=工业增加值/全部从业人员平均人数

产品销售率 该指标反映工业产品已实现销售的程度，是分析工业产销衔接情况、研究工业产品满足社会需求的指标。计算公式为：

产品销售率（%）=工业销售产值/工业总产值（现价）×100%

建筑业统计单位 指从事房屋、构筑物建造和设备安装活动的法人企业。建筑业法人企业应具有建筑业资质并能够独立核算；同时应具备以下条件：①依法成立，有自己的名称、组织机构和场所，能够承担民事责任；②独立拥有和使用资产，承担负债，有权与其他单位签订合同；③独立核算盈亏，能够编制资产负债表。

建筑业总产值 是以货币形式表现的建筑业企业在一定时期内生产的建筑业产品和提供的服务的总和。建筑业总产值包括：

⑴建筑工程产值：指列入建筑工程预算内的各种工程价值。

⑵安装工程产值：指设备安装工程价值，不包括被安装设备本身的价值。

⑶其他产值：建筑业总产值中除建筑工程、安装工程以外的产值。包括房屋构筑物修理产值、非标准设备制造产值、总包企业向分包企业收取的管理费以及不能明确划分的施工活动所完成的产值。

a.房屋构筑物修理产值：指房屋和构筑物修理所完成的产值，但不包括被修理房屋、构筑物本身价值和生产设备的修理产值。

b.非标准设备制造产值：指加工制造没有定型的非标准生产设备的加工费和原材料价值(如化工厂、炼油厂用的各种罐、槽，矿井生产统一使用的各种漏斗、三角槽、阀门等)以及附属加工厂为本企业承建工程制作的非标准设备的价值。

建筑业增加值 指建筑业企业在报告期内以货币形式表现的建筑业生产经营活动的最终成果。目前建筑业增加值采用分配法(收入法)计算，即从收入的角度出发，根据生产要素在生产过程中应得的收入份额计算。具体计算公式为：

建筑业增加值=本年提取的固定资产折旧+应付工资+应付福利费+管理费用中的劳动待业保险费、税金+工程结算税金及附加+营业利润

房屋建筑施工面积 指在报告期内施过工的全部房屋建筑面积，包括本期新开工的房屋面积、上期施工跨入本期继续施工的房屋面积、上期停缓建在本期恢复施工的房屋面积、本期竣工的房屋面积及本期施工后又停缓建的房屋面积。

房屋建筑竣工面积 指在报告期内房屋建筑按照设计要求全部完工，达到了使用条件，经验收鉴定合格，正式移交使用单位的房屋建筑面积。

自有机械设备年末总台数 指归本企业所有，属于本企业固定资产的生产性机械设备年末总台数。包括施工机械、生产设备、运输设备以及其他设备。

自有机械设备年末总功率 指本企业自有施工机械、生产设备、运输设备以及其他设备等列为在册固定资产的生产性机械设备年末总功率，按设定能力或查定能力计算。包括机械本身的动力和为该机械服务的单独动力设备，如电动机等。计算单位用千瓦，动力换算可按1马力＝0.735千瓦折合成千瓦数。电焊机、变压器、锅炉不计算动力。

工程结算收入 指企业承包工程实现的工程价款结算收入，以及向发包单位收取的除工程价款以外的按规定列作营业收入的各种款项，如临时设施费、劳动保险费、施工机械调迁费等以及向发包单位收取的各种索赔款。

工程结算利润 指已结算工程实现的利润，如亏损以“–”号表示。计算公式为：

工程结算利润=工程结算收入–工程结算成本–工税结算税金及附加

企业总收入 指与企业生产经营直接有关的各项收入，包括工程结算收入和其他业务收入。计算公式为：

企业总收入=工程结算收入+其他业务收入

铁路营业里程 又称营业长度(包括正式营业和临时营业里程)，指办理客货运输业务的铁路正线总长度。凡是全线或部分建成双线及以上的线路，以第一线的实际长度计算；复线、站线、段管线、岔线和特殊用途线以及不计算运费的联络线都不计算营业里程。该指标可以反映铁路运输业基础设施的发展水平，也是计算客货周转量、运输密度和机车车辆运用效率等指标的基础资料。

铁路电气化里程 指在全部铁路营业里程中已安装了供电线路及设备，可以供电力机车牵引列车运行的区段的总里程。

铁路自动、半自动闭塞里程 指装有列车自动或人工完成闭塞状态的铁路设备里程。为保证列车安全运行，在一个区间、同一时间内，一般只允许一列列车运行，这种保证列车在这个区间安全间隔运行的技术方法称为“闭塞”。自动或半自动闭塞里程占铁路营业里程的比重是反映铁路现代化的重要标志之一。

公路里程 指在一定时期内实际达到《公路工程[WTBZ]技术标准JTJ01-88》规定的等级公路，并经公路主管部门正式验收交付使用的公路里程数。包括大中城市的郊区公路以及通过小城镇街道部分的公路里程和桥梁、渡口的长度，不包括大中城市的街道、厂矿、林区生产用道和农业生产用道的里程。两条或多条公路共同经由同一路段，只计算一次，不得重复计算里程长度。该指标可以反映公路建设的发展规模，也是计算运输网密度等指标的基础资料。

内河航道里程 也称内河通航里程，指在一定时期内，能通航运输船舶及排筏的天然河流、

湖泊水库、运河及通航渠道的长度。包括全年季节性通航累计三个月以上的航道，不包括仅供零散流放竹、木排的河道。该指标可以反映内河水运网的规模、水平和发展情况。

民用航空航线里程 指民航运输定期班机飞行的航线长度的总和。航线长度按机场之间的距离计算，通常有两种计算方法：一是将每条航线长度相加称为重复计算航线里程；一是将两线或两条以上航线经过同一区段里程，只计算一次航线长度称为不重复计算航线里程。一般常用的是后者，该指标可以确切反映民航运输网的规模，是表明民航事业为国民经济服务和方便人民生活程度的主要指标。

输油(气)管道长度 也称输油(气)里程，指油品(或天然气)的实际输送距离，一般按输油(气)管道的单线长度计算。若包括复线和备用线长度则称为输油(气)管道延展长度，是指管道铺设的实际长度。我们通常使用的是不包括复线的“输油(气)管道里程”，该指标可以反映管道运输的发展规模和水平。

货(客)运量 指在一定时期内，各种运输工具实际运送的货物(旅客)数量。该指标是反映运输业为国民经济和人民生活服务的数量指标，也是制定和检查运输生产计划、研究运输发展规模和速度的重要指标。货运按吨计算，客运按人计算。货物不论运输距离长短、货物类别，均按实际重量统计。旅客不论行程远近或票价多少，均按一人一次客运量统计；半价票、小孩票也按一人统计。

货(客)运密度 指在一定时期内某种运输方式在营运线路的某一区段平均每公里线路通过的货物(旅客)运输周转量。计算公式为：

货（客）运密度=货物（旅客）周转量/营业线路长度

该指标可以反映交通运输线路上的货物(旅客)运输量运输繁忙程度，是平衡运输线路运输能力和通过能力，规划线路建设及改造、配备技术设备，研究运输网布局的重要依据。

货物(旅客)周转量 指在一定时期内，由各种运输工具运送的货物(旅客)数量与其相应运输距离的乘积之总和。该指标可以反映运输业生产的总成果，也是编制和检查运输生产计划，计算运输效率、劳动生产率以及核算运输单位成本的主要基础资料。计算货物周转量通常按发出站与到达站之间的最短距离，也就是计费距离计算。计算公式为：

货物（旅客）周转量=∑货物（旅客）运输量×运输距离

铁路货车平均静载重 指铁路货车在始发站静止状态下平均每车装载的货物重量，用以分析货车完成装车时车辆载重力的利用情况。计算公式为：

货车平均静载量=货物发送吨数/装车数

静载重的多少取决于运送货物的性质、种类、车辆的类型和装载技术的高低。根据货车的平均标记载重与静载重进行对比，可以反映货车载重能力的利用程度。计算公式为：

货车载重力利用率（%）=货车平均静载重/货车平均标记载重×100%

铁路货运机车日产量 指在一定时期内，平均每台货运机车在一昼夜内所完成的总重吨公里数，包括载运货物的重量和车辆本身的自重。该指标从时间和牵引能力两方面反映了机车运用效率。计算公式为：

货运机车平均日产量=货运总重吨公里数/货运机车台日数

沿海主要港口货物吞吐量 指经水运进出沿海主要港区范围，并经过装卸的货物数量，包括邮件及办理托运手续的行李、包裹以及补给运输船舶的燃、物料和淡水。货物吞吐量按货物流向分为进口、出口吞吐量，按货物交流性质分为外贸货物吞吐量和国内贸易货物吞吐量。货物吞吐量的货类构成及其流向，是衡量港口生产能力大小的重要指标。

民用汽车拥有量 指报告期末，在公安交通管理部门按照《机动车注册登记工作规范》，已注册登记领有民用车辆牌照的全部汽车数量。汽车拥有量统计的主要分类：根据汽车结构分为载客汽车、载货汽车及其他汽车；根据汽车所有者不同分为个人(私人)汽车、单位汽车；根据汽车的使用性质分为营运汽车、非营运汽车和特种汽车；根据汽车大小规格不同载客汽车分为大型、中型、小型和微型，载货汽车分为重型、中型、轻型和微型。

邮电业务总量 指以价值量形式表现的邮电通信企业为社会提供各类邮电通信服务的总数量。邮电业务量按专业分类包括函件、包件、汇票、报刊发行、邮政快件、特快专递、邮政储蓄、集邮、公众电报、用户电报、传真、长途电话、出租电路、无线寻呼、移动电话、分组交换数据通信、出租代维等。计算方法为各类产品乘以相应的平均单价(不变价)之和，再加上出租电路和设备、代用户维护电话交换机和线路等的服务收入。该指标综合反映了一定时期邮电业务发展的总成果，是研究邮电业务量构成和发展趋势的重要指标。计算公式为：

邮电业务总量=∑（各类邮电业务量×不变单价）+出租代维及其他业务收入=邮电业务总量+电信业务总量

无线寻呼用户 无线寻呼是指电话用户通过无线寻呼中心，在规定范围内向携带小型寻呼机的用户发出声音、数字或文字显示信息。在寻呼台办理登记手续携带小型寻呼机的用户，称为无线寻呼用户。

移动电话用户 指通过移动电话交换机进入移动电话网、占用移动电话号码的各类电话用户。包括签约用户和智能网预付费用户。一个移动电话号码统计为一户。

互联网上网人数 指平均每周使用互联网至少1小时的中国公民人数。

本地电话用户 指接入本地电信运营商固定电话网上的电话用户。包括：住宅用户、单位用户、公用电话用户等。按电话用户位置又分为市内电话用户和农村电话用户。1997年以前，“市内电话用户”是指接入县城及县以上城市的电话网上的电话用户；“农村电话用户”是指接入县邮电局农话台及县以下农村电话交换点，以县城为中心(除市话用户外)联通县、乡(镇)、行政村、村民小组的用户。从1997年起，电话用户数分组调整为以用户所在区域划分为“城市电话用户”和“乡村电话用户”，与过去的按市内电话和农村电话划分方法不同。而电话用户总数、电话机总部数统计范围不变。

城市电话用户 指直辖市、省辖市、地级市、县级市的市区、市郊区及县城(包括县人民政府所在地的县城关区或行政建制相当于县人民政府所在地的镇)范围内接入局用交换机的电话用户数，包括分布在农村地区的独立工矿区、林区、驻军等电话用户数。

乡村电话用户 指按行政区划属于城市范围以外的乡(镇)、村的电话用户数。

住宅电话用户 指安装在居民住宅或农民家里并按照住宅电话用户登记注册和收费的电话用户。包括私人付费、单位付费和按规定免费安装的住宅电话用户。

长途电话交换机容量 指用于接入长途电话网的电话交换机设备的额定容量，包括国际电话交换机容量。

局用交换机容量 指安装在电信运营企业内用于接续本地固定电话的电话交换机容量，包括现用和备用的人工或自动交换机的全部容量。不包括用户交换机容量。

移动电话交换机容量 指移动电话交换机根据一定话务模型和交换机处理能力计算出来的最大同时服务用户的数量。

社会消费品零售总额 批发和零售业、餐饮业、新闻出版业、邮政业和其他服务业等，售予城乡居民用于生活消费的商品和社会集团用于公共消费的商品之总量。社会消费品零售总额包括：

一、批发和零售业企业（单位）：

1.售予城乡居民的各种生活消费品；

2.售予入境旅游的外国人、华侨、港澳台同胞的各类商品；

3.售予行政事业单位、社会团体、军队和武警等机构的商品，以及以零售方式售予各类企业的商品。具体包括：用于非生产和社会交往的办公用品，如通讯设备、计算器具和设备、电讯网络设备、文印设备、音像视听器材和设备、纸张、本册、文具及装订文印材料、家具、日用电器、针纺织品、清洁卫生用品、文体用品、奖品、纪念品、礼品等；供内部人员乘坐的交通工具和燃料；用于办公设施修缮的各类配件、材料、工具等；用于取暖和防暑降温的设备、燃料、材料及食品等；专用于教学的用品和设备；非营利医疗机构的中、西药品、中药材和医疗设备器材；非专用的劳动保护用品；不对外营业的内部食堂用的餐具、炊具、设备、清洁卫生工具和食品、燃料等；军队、武警用于其人员生活的衣着品和个人用品；其他各类非生产性设备和用品。

二、餐饮业出售的主食、菜肴、烟酒饮料和其他商品。

三、新闻出版业、邮政业售予城乡居民、企事业单位、军队和武警等机构的书报杂志、音像制品、邮品等。

四、其他服务业出售的食品、烟酒饮料、服装鞋帽、日常生活用品、医药保健用品、艺术品、工艺美术品、玩具、殡葬用品以及其他消费品。

批发零售贸易业商品购、销、存总额　指各种登记注册类型的批发、零售业企业(单位)以本企业(单位)为总体的，从国内、国外市场购进的商品总量，销售和出口的商品总量、库存商品总量等情况。该指标可以反映商品流转过程中商品的购进、销售、库存之间的比例关系和存在的问题。

商品购进总额　指从本企业(单位)以外的单位和个人购进(包括从境外直接进口)作为转卖或加工后转卖的商品总额。它反映批发零售贸易业从国内、国外市场上购进商品的总量。商品购进总额包括：(1)从工农业生产者购进的商品；(2)从出版社、报社的出版发行部门购进的图书、杂志和报纸；(3)从各种登记注册类型的批发零售贸易企业(单位)购进的商品；(4)从其他单位购进的商品，如从机关、团体、企业等单位购进的剩余物资，从餐饮业、服务业购进的商品，从海关、市场管理部门购进的缉私和没收的商品，从居民手中收购的废旧商品等；(5)从国(境)外直接进口的商品。不包括企业(单位)为自身经营用和未通过买卖行为而收入的商品以及销售退回、商品升溢等。

商品销售总额　指对本企业(单位)以外的单位和个人出售(包括对境外直接出口)的商品总额。它反映批发零售贸易业在国内市场上销售商品以及出口商品的总量。商品销售总额包括：(1)售给城乡居民和社会集团消费用的商品；(2)售给工业、农业、建筑业、运输邮电业、批发零售贸易业、餐饮业、服务业等作为生产、经营使用的商品；(3)售给批发零售贸易业作为转卖或加工后转卖的商品；(4)对国(境)外直接出口的商品。不包括出售本企业(单位)自用的废旧包装用品；未通过买卖行为付出的商品；经本单位介绍，由买卖双方直接结算，本单位只收取手续费的业务；购货退出的商品以及商品损耗和损失等。

批发零售贸易业库存　指报告期末各种登记注册类型的批发零售贸易企业(单位)已取得所有权的商品。它反映批发零售贸易企业(单位)的商品库存情况和对市场商品供应的保证程度。期末库存包括：(1)存放在批发零售贸易业经营单位(如门市部、批发站、经营处)仓库、货场、货柜和货架中的商品；(2)挑选、整理、包装中的商品；(3)已记入购进而尚未运到本单位的商品，即发货单或银行承兑凭证已到而货未到的部分；(4)寄放他处的商品，如因购货方拒绝承付而暂时存放在购货方的商品和已办完加工成品收回手续而未提回的商品；(5)委托其他单位代销(未作销售或调出)尚未售出的商品；(6)代其他单位购进尚未交付的商品。不包括所有权不属于本单位的商品、拨付除批发零售贸易业以外的其他行业所属独立核算加工厂等加工生产尚未收回成品的商品、代国家物资储备部门保管的商品等。

库存总额采用的计算价格是：农副产品采购单位按购进价计算；批发单位按进货价计算；零售单位按核算价格计算，即按什么价格核算就按什么价格计算。

餐饮业营业收入 指餐饮企业、产业活动单位或个体户的全部营业额，包括商品零售额和其他服务性收入。其主要反映餐饮企业、活动单位或个体户的经营情况及发展变化趋势。

餐饮业商品零售额 指餐饮企业、产业活动单位或个体户直接对居民和社会集团零售的各种商品。包括：(1)经烹饪、调制加工后出售的各种食品，如主食、炒菜、凉拌菜等；(2)不经加工直接转卖的各种外购商品，如卷烟、酒、饮料、熟食、水果等；(3)附设非独立核算的专门销售商品的小卖部出售的各种食品及其他商品。

消费品市场成交额 指在全国消费品交易市场成交的全部商品金额。消费品市场包括农副产品市场和工业消费品市场。

亿元商品交易市场成交额 指年销售额达到亿元以上，经工商部门批准、专门从事商品批发、零售业务活动的市场。其市场所有摊位销售总额称为商品交易市场成交额。

连锁企业(或称连锁店、连锁公司) 指在核心企业或总店的领导下，由分散的、经营同类商品或服务的企业或活动单位，采取共同方针，实行集中采购和分散销售的有机结合，通过规范化经营，实现规模效益的经济联合组织形式。一般连锁店应由若干个分店组成。其经营特征：(1)经营同类商品；(2)使用统一商号；(3)统一采购配送，采购与销售相分离（部分商品可根据物流合理和保质保鲜原则，由供应商直接送货到门店，其余均由总部统一配送）。

连锁门店包括下列两种形式：

直营连锁：指正规连锁。连锁门店均由总部独资或控股开设，在总部的直接领导下统一经营。

加盟连锁：指特许连锁。各连锁门店（被特许人）通过合同形式，取得使用总部（特许人）商标、商号、经营技术和销售总部开发的商品的特许权，各加盟连锁门店为独立法人，在总部指导下统一经营。

进出口总额 指实际进出我国国境的货物总金额。包括对外贸易实际进出口货物，来料加工装配进出口货物，国家间、联合国及国际组织无偿援助物资和赠送品，华侨、港澳台同胞和外籍华人捐赠品，租赁期满归承租人所有的租赁货物，进料加工进出口货物，边境地方贸易及边境地区小额贸易进出口货物(边民互市贸易除外)，中外合资企业、中外合作经营企业、外商独资经营企业进出口货物和公用物品，到、离岸价格在规定限额以上的进出口货样和广告品(无商业价值、无使用价值和免费提供出口的除外)，从保税仓库提取在中国境内销售的进口货物，以及其他进出口货物。该指标可以观察一个国家在对外贸易方面的总规模。我国规定出口货物按离岸价格统计，进口货物按到岸价格统计。

商品经营单位所在地进、出口额 指所在地海关注册登记的有进出口经营权的企业实际进、出口额。

商品目的地进口额和商品货源地出口额 目的地进口额指进口货物的消费、使用或最终抵运地的实际进口额，货源地出口额指出口货物的产地或原始发货地的实际出口额。

利用外资 指我国各级政府、部门、企业和其他经济组织通过对外借款、吸收外商直接投资以及用其他方式筹措的境外现汇、设备、技术等。

对外借款 指通过对外正式签订借款协议，从境外筹措的资金，包括外国政府贷款、国际金融组织贷款、外国银行商业贷款、出口信贷以及对外发行债券等。1996年及以前还包括对外发行股票。该指标是我国利用外资的重要部分。

外商直接投资 指外国企业和经济组织或个人(包括华侨、港澳台胞以及我国在境外注册的企业)按我国有关政策、法规，用现汇、实物、技术等在我国境内开办外商独资企业、与我国境内的企业或经济组织共同举办中外合资经营企业、合作经营企业或合作开发资源的投资(包括外商投资收益的再投资)，以及经政府有关部门批准的项目投资总额内企业从境外借入的资金。

外商其他投资 指除对外借款和外商直接投资以外的各种利用外资的形式。包括企业在境内外股票市场公开发行的以外币计价的股票（目前主要是在香港证券市场发行的H股和在境内证券市场发行的B股）发行价总额，国际租赁进口设备的应付款，补偿贸易中外商提供的进口设备、技术、物料的价款，加工装配贸易中外商提供的进口设备、物料的价款。

对外承包工程 指各对外承包公司以招标议标承包方式承揽的下列业务：(1)承包国外工程建设项目；(2)承包我国对外经援项目；(3)承包我国驻外机构的工程建设项目；(4)承包我国境内利用外资进行建设的工程项目；(5)与外国承包公司合营或联合承包工程项目时我国公司分包部分；(6)对外承包兼营的房屋开发业务。对外承包工程的营业额是以货币表现的本期内完成的对外承包工程的工作量，包括以前年度签订的合同和本年度新签订的合同在报告期内完成的工作量。

对外劳务合作 指以收取工资的形式向业主或承包商提供技术和劳动服务的活动。我国对外承包公司在境外开办的合营企业，中国公司同时又提供劳务的，其劳务部分也纳入劳务合作统计。劳务合作营业额按报告期内向雇主提交的结算数(包括工资、加班费和奖金等)统计。

对外设计咨询 指以服务成果向业主收费的技术服务项目。包括承担地形地貌测绘，地质资源勘探与普查，建设区域规划，提供设计文件、图纸、生产工艺技术资料和工程技术经济咨询，工程项目的可行性考察、研究和评估，进行技术指导和培训人员等；也包括承担国(境)内利用外资建设工程项目中的设计咨询项目内收取外币部分。

旅游者人数

(1)入境国际旅游者人数：指来中国参观、访问、旅行、探亲、访友、休养、考察、参加会议和从事经济、科技、文化、教育、宗教等活动的外国人、华侨、港澳同胞和台湾同胞的人数。不包括外国在我国的常驻机构，如使领馆、通讯社、企业办事处的工作人员;来我国常住的外国专家、留学生以及在岸逗留不过夜人员。

(2)出境居民人数：指大陆居民因公务活动或私人事务短期出境的人数。公务活动出境居民人数包括在国际交通工具上的中国服务员工，因私出境居民人数不包括在国际交通工具上的中国服务员工。

(3)国内旅游者人数：指我国大陆居民和在我国常住1年以上的外国人、华侨、港澳台同胞离开常住地在境内其他地方的旅游设施内至少停留一夜，最长不超过6个月的人数。

国际旅游(外汇)收入 指入境旅游的外国人、华侨、港澳同胞和台湾同胞在中国大陆旅游过程中发生的一切旅游支出，对于国家来说就是国际旅游(外汇)收入。

国际旅行社 指经营对外招徕并接待外国人、华侨、港澳同胞和台湾同胞来中国、归国或回内地旅游业务的旅行社。

国内旅行社 指负责经营招徕、组团、接待国内旅客的旅游业务，以及不对外招徕，负责经营接待国际旅行社或其它涉外部门组织的外国人、华侨、港澳同胞和台湾同胞来中国、归国或回内地的旅游业务的旅行社。

星级饭店 指已评定星级的饭店。

普通高等学校 指按照国家规定的设置标准和审批程序批准举办的，通过全国普通高等学校统一招生考试，招收高中毕业生为主要培养对象，实施高等教育的全日制大学、独立设置的学院和高等专科学校、高等职业学校和其他机构。

大学、独立设置的学院主要实施本科层次以上教育，高等专科学校、高等职业学校实施专科层次教育，其他机构是承担国家普通招生计划任务不计校数的机构。包括普通高等学校分校和批准筹建的普通高等学校等。

成人高等学校 指按照国家规定的设置标准和审批程序批准举办的，通过全国成人高等学校统一招生考试，招收具有高中毕业或同等学历的在职从业人员为主要培养对象，利用函授、业余、脱产等多种形式对其实施高等学历教育的学校。包括职工高等学校、农民高等学校、管理干部学院、教育学院、独立函授学院、广播电视大学、其他机构等。其他机构是承担国家成人招生计划任务不计校数的机构。

小学学龄儿童入学率 指调查范围内已入小学学习的学龄儿童占校内外学龄儿童总数(包括弱智儿童，不包括盲聋哑儿童)的比重。计算公式为：

小学学龄儿童入学率=已入学的小学学龄儿童数/校内外小学学龄儿童总数×100%

科技活动 指在自然科学、农业科学、医药科学、工程与技术科学、人文与社会科学领域(简称科学技术领域)中，与科技知识的产生、发展、传播和应用密切相关的有组织的活动。

可分为研究与试验发展(R&D)、研究与试验发展成果应用及相关的科技服务三类活动。该定义是联合国教科文组织考虑成员国特别是发展中国家开展科技统计工作的需要，而对科技活动所作的统计界定。

科技活动人员 指直接从事科技活动、以及专门从事科技活动管理和为科技活动提供直接服务，累计的实际工作时间占全年制度工作时间10%及以上的人员。(1)直接从事科技活动的人员包括：在独立核算的科学研究与技术开发机构、高等学校、各类企业及其他事业单位内设的研究室、实验室、技术开发中心及中试车间(基地)等机构中从事科技活动的研究人员、工程技术人员、技术工人及其它人员；虽不在上述机构工作，但编入科技活动项目(课题)组的人员；科技信息与文献机构中的专业技术人员；从事论文设计的研究生等。(2)专门从事科技活动管理和为科技活动提供直接服务的人员，包括：独立核算的科学研究与技术开发机构、科技信息与文献机构、高等学校、各类企业及其他事业单位主管科技工作的负责人，专门从事科技活动的计划、行政、人事、财务、物资供应、设备维护、图书资料管理等工作的各类人员，但不包括保卫、医疗保健人员、司机、食堂人员、茶炉工、水暖工、清洁工等为科技活动提供间接服务的人员。该指标用来反映投入科技活动人力的规模。

科学家与工程师 指科技活动人员中具有高、中级技术职称(职务)的人员和不具有高、中级技术职称(职务)的大学本科及以上学历人员。该指标用来反映投入科技活动人力的素质。

研究与试验发展(R&D) 指在科学技术领域，为增加知识总量、以及运用这些知识去创造新的应用进行的系统的创造性的活动，包括基础研究、应用研究、试验发展三类活动。国际上通常采用R&D活动的规模和强度指标反映一国的科技实力和核心竞争力。

基础研究 指为了获得关于现象和可观察事实的基本原理的新知识(揭示客观事物的本质、运动规律，获得新发现、新学说)而进行的实验性或理论性研究，它不以任何专门或特定的应用或使用为目的。其成果以科学论文和科学著作为主要形式。用来反映知识的原始创新能力。

应用研究 指为获得新知识而进行的创造性研究，主要针对某一特定的目的或目标。应用研究是为了确定基础研究成果可能的用途，或是为达到预定的目标探索应采取的新方法(原理性)或新途径。其成果形式以科学论文、专著、原理性模型或发明专利为主。用来反映对基础研究成果应用途径的探索。

试验发展 指利用从基础研究、应用研究和实际经验所获得的现有知识，为产生新的产品、材料和装置，建立新的工艺、系统和服务，以及对已产生和建立的上述各项作实质性的改进而进行的系统性工作。其成果形式主要是专利、专有技术、具有新产品基本特征的产品原型或具有新装置基本特征的原始样机等。在社会科学领域，试验发展是指把通过基础研究、应用研究获得的知识转变成可以实施的计划(包括为进行检验和评估实施示范项目)的过程。人文科学领域没有对应的试验发展活动。主要反映将科研成果转化为技术和产品的能力，是科技推动经济社会发展的物化成果。

研究与试验发展人员 指参与研究与试验发展项目研究、管理和辅助工作的人员，包括项目(课题)组人员，企业科技行政管理人员和直接为项目(课题)活动提供服务的辅助人员。反映投入从事拥有自主知识产权的研究开发活动的人力规模。

专业技术人员 指从事专业技术工作和专业技术管理工作的人员，即企事业单位中已经聘任专业技术职务从事专业技术工作和专业技术管理工作的人员，以及未聘任专业技术职务，现在专业技术岗位上工作的人员。包括工程技术人员，农业技术人员，科学研究人员，卫生技术人员，教学人员，经济人员，会计人员，统计人员，翻译人员，图书资料、档案、文博人员，新闻出版人员，律师、公证人员，广播电视播音人员，工艺美术人员，体育人员，艺术人员及企业政治思想工作人员，共十七个专业技术职务类别。用来反映科技人力资源情况。

科技活动经费筹集指从各种渠道筹集到的计划用于科技活动的经费，包括政府资金、企业资金、事业单位资金、金融机构贷款、国外资金和其他资金等。反映各社会经济主体对促进科技进步所做的努力。

政府资金 指从各级政府部门获得的计划用于科技活动的经费，包括科学事业费、科技三项费、科研基建费、科学基金、教育等部门事业费中计划用于科技活动的经费以及政府部门预算外资金中计划用于科技活动的经费等。

企业资金 指从自有资金中提取或接受其他企业委托的、科研院所和高校等事业单位接受企业委托获得的，计划用于科研和技术开发的经费。不包括来自政府、金融机构及国外的计划用于科技活动的资金。

金融机构贷款 指从各类金融机构获得的用于科技活动的贷款。

科技活动经费内部支出 指报告年内用于科技活动的实际支出，包括劳务费、科研业务费、科研管理费，非基建投资购建的固定资产、科研基建支出以及其他用于科技活动的支出。不包括生产性活动支出、归还贷款支出及转拨外单位支出。反映科技投入实际完成情况。

劳务费 指以货币或实物形式直接或间接支付给从事科技活动人员的劳动报酬及各种费用。包括各种形式的工资、津贴、奖金、福利、离退休人员费用、人民助学金等。反映改善科技人员待遇情况。

固定资产购建费 指报告年内使用非基建投资购建的固定资产和用于科研基建投资的实际支出额，即固定资产实际支出和科研基建投资实际完成额之和。固定资产是指长期使用而不改变原有实物形态的主要物资设备、图书资料、实验材料和标本以及其他设备和家具、房屋、建筑物。反映用于改善科研条件和科研手段方面的投入情况。

新产品 指采用新技术原理、新设计构思研制、生产的全新产品，或在结构、材质、工艺等某一方面比原有产品有明显改进，从而显著提高了产品性能或扩大了使用功能的产品。既包括政府有关部门认定并在有效期内的新产品，也包括企业自行研制开发，未经政府有关部门认定，从投产之日起一年之内的新产品。用来反映科技产出及对经济增长的直接贡献。

专利 是专利权的简称，是对发明人的发明创造经审查合格后，由专利局依据专利法授予发明人和设计人对该项发明创造享有的专有权。包括发明、实用新型和外观设计。反映拥有自主知识产权的科技和设计成果情况。

发明 指对产品、方法或者其改进所提出的新的技术方案。是国际通行的反映拥有自主知识产权技术的核心指标。

实用新型 指对产品的形状、构造或者其结合所提出的适于实用的新的技术方案。反映具有一定技术含量的技术成果情况。

外观设计 指对产品的形状、图案、色彩或者其结合所作出的富有美感并适于工业上应用的新设计。反映拥有自主知识产权的外观设计成果情况。

文化事业机构 指从事专业文化工作和为专业文化工作服务的独立建制的单位。不包括这些单位另外举办独立核算的其他机构和各部门的业余文化组织。该指标主要反映文化事业机构发展规模水平。

艺术表演团体 指从事戏曲、音乐、舞蹈、杂技等专业艺术表演，有独立帐户的单位，不包括半工半艺、半农半艺和民间职业剧团。

艺术表演观众人数(人次) 指售票、包场演出或民族地区免费演出的艺术表演观众人次数，不包括彩排审查和内部观摩演出的观看人次数。

等级运动员人数 指经考核正式批准授予等级运动员称号的人数。运动员等级分为国际级运动健将、运动健将、一级运动员、二级运动员、三级运动员、少年级运动员。该指标主要反映运动员队伍的技术质量水平。

等级裁判员人数 指经考核正式批准授予等级裁判员称号的人数。裁判员等级分为国际裁判、国家级裁判、一级裁判、二级裁判、三级裁判。该指标主要反映裁判员队伍的技术质量水平。

体育场 指有400米跑道(中心含足球场)，有固定道牙，跑道6条以上，并有固定看台的室外田径场地。体育场按看台容纳观众人数分为：甲级25000人以上，乙级15000–25000人，丙级5000–15000人，丁级5000人以下。该指标主要反映大中型体育场数量水平。

体育馆 指有固定看台，可供篮球、排球、羽毛球、乒乓球、体操等项目训练比赛活动用的室内运动场地。体育馆按看台容纳观众人数分为：甲级6000人以上，乙级4000–6000人，丙级2000–4000人，丁级2000人以下。该指标主要反映大中型体育馆数量水平。

卫生机构 包括医疗机构、疾病预防控制中心(防疫站)、采供血机构、卫生监督及监测(检验)机构、医学科研和在职培训机构、健康教育所等。

医疗机构 包括医院、社区卫生服务中心(站)、疗养院、卫生院、门诊部、诊所(卫生所、医务室)、妇幼保健院(所、站)、专科疾病防治院(所、站)、急救中心(站)和临床检验中心。医疗机构分为非赢利性医疗机构和赢利性医疗机构。

医院 包括综合医院、中医医院、中西医结合医院、民族医院、各类专科医院和护理院。

卫生技术人员 指卫生机构中医生、护理人员、药剂人员、检验人员等卫生技术人员。

医生 指在医疗、预防保健机构工作且取得《执业医师证书》的执业医师和执业助理医师。

社会福利事业单位 指集中收养社会孤老、残、幼的机构，包括由民政部门管理的社会福利院、儿童福利院、精神病人福利院和城镇集体举办的福利院及农村集体举办的敬老院以及优抚医院和具有收养能力的社区服务中心等。该指标主要反映我国在社会福利性单位投入的水平。

社会福利事业单位收养人数 包括民政部门管理和城镇、农村集体举办的社会福利事业单位中收养的老人、少年儿童、缺乏生活自理能力的残疾人员和精神病人。该指标主要反映收养性社会福利单位的收养能力。

社会福利企业单位 指以安置城镇有一定劳动能力的盲、聋、哑和肢体残疾人员就业为目的，享受国家减免税待遇的国有或集体企业。包括福利工厂、福利商业和服务业、假肢厂和安置农场等单位。该指标主要反映我国对残疾人照顾的特殊政策。

农村五保户 指农村中既无劳动能力，又无经济来源的老、弱、孤、残的农民，其生活由集体供养，实行保吃、保穿、保住、保医、保葬(孤儿保教)，简称“五保”，享受五保待遇的家庭叫五保户。该指标主要反映农村弱势群体的人员数量。

律师 指依法取得律师执业证书，担任法律顾问，民事(刑事、行政)案件代理人、刑事案件辩护人、办理非诉讼业务，解答法律询问，代写法律事务文书等，为社会提供法律服务的人员。

公证人员 指在公证处工作的人员总称，包括公证处主任、副主任、公证员、公证员助理(助理公证员)和其他从事辅助性工作的人员。

公证文书 指公证处根据当事人申请，依照事实和法律，按照法定程序制作的，具有法律效力的司法证明文书。根据公证书用途和使用地，公证书分为国内公证书、国内经济公证书、涉外民事公证书、涉外经济公证书四类。

调解员 指在人民调解委员会担负调解民间纠纷工作的人员，包括调解委员会的委员和调解小组的调解员。该指标主要反映从事人民调解工作的人员数量。

调解民间纠纷 指调解委员会按照法律规定，根据自愿原则，用说服教育的方法调解民间发生的有关民事权利和义务争执的件数，包括调解成功数和调解未成功数。该指标主要反映人民调解委员会的工作量。

受理劳动争议案件数 指劳动争议仲裁委员会根据国家有关规定，对劳动争议当事人的申请予以审查，符合受理条件而正式立案、准备处理的劳动争议案件数。

基本养老保险

1.参加保险人数：指报告期末按照国家法律、法规和有关政策规定参加基本养老保险的职工人数。包括不能正常缴费、已中断缴费但未终止保险关系的职工人数。

2.社会统筹基金收入：指根据国家规定，由纳入基本养老保险范围的单位，按照国家规定的缴费基数和缴费比例缴纳的社会统筹基金，以及通过其他方式取得的形成基金来源的收入，包括：单位缴纳的社会统筹基金收入、财政补贴收入、利息收入、其他收入。

3.社会统筹基金支出：指按照国家政策规定的开支范围和开支标准从社会统筹基金中支付给参加基本养老保险的离休、退休、退职人员个人的养老金、丧葬抚恤补助，以及由于保险关系转移、上下级之间调剂资金等原因而发生的支出。包括：基础性养老金、过渡性养老金、离休金、退休金、退职金、补贴、丧葬抚恤补助、其他支出。

4.社会统筹基金结余：指截止报告期末基本养老保险的社会统筹基金结余金额。包括银行存款、财政专户、债券投资和其他。

离休、退休、退职人员　指正式办理了离休、退休、退职手续，并享受相应的离休、退休、退职待遇的人员。

保险福利费用总额　指各单位在工资以外支付给职工和离休、退休、退职人员个人和用于集体的保险福利费用，不包括用于职工的劳动保护费用，由保险福利费用开支的医务人员工资，集体福利机构工作人员和病伤休息期满6个月以上人员的工资。

离休、退休、退职人员保险福利费用包括：

1.离休金：指发给离休干部的工资和按1982年国务院《关于老干部离职休养制度的几项规定的通知》发给符合规定的离休干部相当于一至两个月标准工资的生活补贴及1988年增发的生活补贴。

2.退休金：指按照国家有关规定发给退休职工的退休费和1988年增发的生活补贴。

3.退职生活费：指按照1978年国务院《关于工人退休、退职的暂行办法》发给退职人员的生活费用和1988年增发的生活补贴。以上离退休、退职人员的离退休金、退职生活费还应包括发给离退休、退职人员的生活补贴和物价补贴。

4.医疗卫生费：指离休、退休、退职人员的医疗费、住院费以及住院伙食补助等费用。

5.其他：指上述费用以外的其他保险福利费用，如丧葬抚恤救济费、交通费补贴、冬季取暖补贴等。

工业废水排放量　指经过企业厂区所有排放口排到企业外部的工业废水量。包括生产废水、外排的直接冷却水、超标排放的矿井地下水和与工业废水混排的厂区生活污水，不包括外排的间接冷却水(清污不分流的间接冷却水应计算在内)。

工业废水排放达标量　指报告期内废水中各项污染物指标都达到国家或地方排放标准的外排工业废水量，包括未经处理外排达标的，经废水处理设施处理后达标排放的，以及经污水处理厂处理后达标排放的。

工业废水排放达标率　指工业废水排放达标量占工业废水排放量的百分率，计算公式为：

$$工业废水排放达标率=工业废水排放达标量/工业废水排放量\times 100\%$$

工业废气排放量　指报告期内企业厂区内燃料燃烧和生产工艺过程中产生的各种排入大气的含有污染物的气体的总量，以标准状态(273K，101325Pa)计算。测算公式为：

$$工业废气排放量=燃料燃烧过程中废气排放量+生产工艺过程中废气排放量$$

工业SO_2排放量　指报告期内企业在燃料燃烧和生产工艺过程中排入大气的SO_2总量，计算公式为：

$$工业SO_2排放量=燃料燃烧过程中SO_2排放量+生产工艺过程中SO_2排放量$$

工业烟尘排放量　指企业厂区内燃料燃烧过程中产生的烟气中夹带的颗粒物排放量。

工业粉尘排放量　指企业在生产工艺过程中排放的能在空气中悬浮一定时间的固体颗粒物排放量。如钢铁企业的耐火材料粉尘、焦化企业的筛焦系统粉尘、烧结机的粉尘、石灰窑的粉尘、建材企业的水泥粉尘等。不包括电厂排入大气的烟尘。

工业固体废物产生量 指报告期内企业在生产过程中产生的固体状、半固体状和高浓度液体状废弃物的总量，包括危险废物、冶炼废渣、粉煤灰、炉渣、煤矸石、尾矿、放射性废物和其他废物等；不包括矿山开采的剥离废石和掘进废石(煤矸石和呈酸性或碱性的废石除外)。酸性或碱性废石指采掘的废石其流经水、雨淋水的pH值小于4或pH值大于10.5者。

工业固体废物综合利用量 指报告期内企业通过回收、加工、循环、交换等方式，从固体废物中提取或者使其转化为可以利用的资源、能源和其他原材料的固体废物量(包括当年利用往年的工业固体废物贮存量)，如用作农业肥料、生产建筑材料、筑路等。综合利用量由原产生固体废物的单位统计。

工业固体废物综合利用率 指工业固体废物综合利用量占工业固体废物产生量(包括综合利用往年贮存量)的百分率。计算公式为：

工业固体废物综合利用率=工业固体废物综合利用量/工业固体废物产生量+综合利用往年贮存量×100%

工业固体废物贮存量 指报告期内企业以综合利用或处置为目的，将固体废物暂时贮存或堆存在专设的贮存设施或专设的集中堆存场所内的数量。专设的固体废物贮存场所或贮存设施必须有防扩散、防流失、防渗漏、防止污染大气、水体的措施。

工业固体废物处置量 指报告期内企业将固体废物焚烧或者最终置于符合环境保护规定要求的场所，并不再回取的工业固体废物量(包括当年处置往年的工业固体废物贮存量)。处置方式有填埋(其中危险废物应安全填埋)、焚烧、专业贮存场(库)封场处理、深层灌注、回填矿井及海洋处置(经海洋管理部门同意投海处置)等。

工业固体废物排放量 指报告期内企业将所产生的固体废物排到固体废物污染防治设施、场所以外的数量，不包括矿山开采的剥离废石和掘进废石(煤矸石和呈酸性或碱性的废石除外)。

“三废”综合利用产品产值 指报告期内利用“三废”作为主要原料生产的产品价值(现行价)；已经销售或准备销售的应计算产品价值，留作生产自用的不应计算产品价值。

边境经济合作区 经省政府或国务院批准设立的，在边境地区一定范围内集中建设并享有一定优惠政策和配套设施的开发区。边境经济合作区以与毗邻国家对外贸易、经济技术合作为主。经省政府批准的即为省级开发区，经国务院批准设立的为国家级开发区。

经济技术开发区 经省政府或国务院批准设立的，设在内陆地区依托中心城市集中在一定地域建设，享有一定优惠政策和配套设施的开发区。经济技术开发区以招商引资、建立出口加工基地为主，成为本地招商引资，扩大开放的窗口和基地。

高新技术产业开发区 经省政府或国务院批准设立的，依托具有一定经济实力和科技力量的中心城市，享有一定优惠政策和配套设施，通过招商引资，扩大开放，发展高新技术产业开发区。

民营经济 登记注册类型为股份合作企业、其他联营企业、非国有控股的其他责任公司和股份有限公司、私营企业、内资其他企业的企业法人和有固定经营场所并持有工商营业执照，或有固定经营场所但暂时没有领取工商营业执照的个体经营户。

EXPLANATORY NOTES ON MAIN STATISTICAL INDICATORS

Administrative Division refers to the division of a dministr ative areas by the state. The Constitution of the People's Republic of China stipulates that the ad ministrative areas in China are divided as: 1) The whole country is divided into provinces, autonomous regions and municipalities directly under the central gov ernment; 2) Provinces and autonomous regions are divided into autonomous prefect ures, counties, autonomous counties and cities; 3) Autonomous prefectures are di vided into counties, autonomous counties and cities; 4) Counties and autonomous counties are divided into townships, nationality townships and towns; 5) Municip alities and large cities are divided into districts and counties, 6) The state s hall, when necessary, establish special administrative regions.

Climate refers to the natural environmental status formed by the long-term exc hange of energy and mass between the earth and the air, and is the results of in teraction of many factors. Climate is both one of the environment factors and t he important resources for the living and production activities of the human bei ng. The average values across several years of meteorological factors such as te mperature, rainfall and humidity are used as important parameters to describe th e climate of a region, while the average values (or total values) of a given yea r or month of meteorological factors reflect the key characteristics of climate for that period of time.

Natural Resources refer to material resources that could be obtained from the nature by human being and used for production and living. Natural resources in g eneral can be classified as renewable resources and non-renewable resources. Ren ewable resources refer to resources that could be renewed and recycled during a relatively short period of time, including land resource, water resource, climat e resource, biology resource and marine resource. Non-renewable resources includ e resources that could not be renewed, such as minerals and geothermal resource. Land Resource Land refers to the surface of the earth, consisting of mainly rock s and its whethering and earth. Land resource can be classified, by its utilizat ion, as land for agriculture, land for construction and unused land. Land for ag riculture includes cultivated land, plantation land, forestland, grassland and w aters. Land for construction includes land for residential purpose, for manufact uring and mining, for transportation and for water-conservancy projects. Unused land refers to land other than land for agriculture and construction, including beaches, deserts, Gobi, glaciers and rock mountains.

Area of Cultivated Land refers to area of land recl aimed for the regular cult ivation of various farm crops, including crop-cover land, fallow, newly reclaime d land and land laid idle for less than 3 years.

Area of Afforested Land refer to land for trees bam boo, bushes and mangrove, i ncluding forest-cover land, bush-covered land, sparse forest land, land planned for afforestation and nurseries of young trees.

Area of Grassland refers to areas of grassland, gra ss-slopes and grass-covered hills with a vegetation-covering rate of over 5% that are used for animal husba ndry or harvesting of grass. It includes natural, cultivated and improved grassl and areas.

Forest Resource refers to forests, trees, forestlan d and wild animals, plants and microorganism that live on forest and trees. Trees include trees and bamboo. Forest refers to the population of clusters of trees and other plants, animals and microorganism as well as the earth and climate that have interactions with t he trees.

Total Standing Stock Volume refers to the total sto ck volume of trees growing in land, including trees in forest, tress in sparse forest, scattered trees and trees planted by the side of villages, farm houses and along roads and rivers. Forest Area refers to the area of forest where trees and bamboo grow with cano py density above 0.2, including land of natural woods and planted woods, but exc luding bush land and thin forest land. It reflects the total areas of afforestat ion.

Stock Volume of Forest refers to total stock volume of wood growing in forest area, which shows the total size and level of forest resources of a country or a r egion.It is also an important indicator illustrating the richness of forest res ource and the status of forest ecological environment.

Forest Coverage Rate refers to the ratio of area of afforested land to total land area. It is a very important indicator that reflects the status of abundanc e of forest resource and ecosystem balance. Forest area includes the area of tre es and bamboo grow with canopy density above 0.2, the area of shrubby tree accor ding to regulations of the government, the area of forest land inside farm land and the area of trees planted by the side of villages, farm houses and along roa ds and rivers. The formula for calculating forest coverage rate is as follows:

Forestry coverage rate (%)= (Area of Afforested Land/Area of Total Land) x 100%

Water Resource Water exists in the nature in solid, liquid and gaseous states, is distributed in the ocean, land (including earth) and air, and constitutes th e water resource through the circulation of water. Water resource includes the s urface water and underground water that is controlled by the human being for irr igation, power-generation, water supply, navigation and cultivation. It also inc ludes rivers, lakes, wells, springs, tides, gulf and water area for cultivation. Water resource as an important natural resource is indispensable for the develo pment of the national economy.

Surface Water and Underground Water Water on earth can be divided into surface water and underground water according to its distribution. Surface water refers to moisture exists in rivers, lakes, swamps, glaciers, icecaps and so on. It is also called land water. The underground water refers to water deposited undergr ound in the cranny and the hole of saturated rock soil and in the water-eroded c ave.

Runoff refers to the water gathered at the way out of t he cross section of drai nage area either from the surface or underground after deducting the wastage of the precipitation on the land. Runoff can be divided into surface runoff, under ground runoff and within soil runoff. Surface runoff refers to water flow to the rivers, lakes, swamps, and seas on the surface of the earth. Underground runoff refers to water flow to rivers, lakes, swamps, and seas through the water-beari ng stratum of confined layer or unconfined layer.

Volume of Runoff refers to the total volume of water ru nning through a certain cross section of a river during a certain period of time, reflecting the water resource condition in a country or a region. The formula for calculating volume or runoff is as follows:

Runoff =Precipitation – Evaporation

Mineral Resources refer to useful minerals that can be used for industrial or agricultural purposes enriched in lithosphere or on earth due to the geological process. Minerals are important natural resources, and important material base f or social development.

Ensured Mineral Reserves refer to the actual mineral re serves, which equal to the proven mineral reserves (including industrial reserves and prospective reser ves) minus extracted parts and underground losses.

Drainage Area Each river has its own main stream and branches to form the water system of the river. Each river has its own catchment area, which is also calle d as the drainage area of the river.

Temperature refers to the air temperature. China uses c entigrade as the unit.

The thermometry used for weather observation is put in a breezy shutter, which i s 1.5 meters high from the ground. Therefore, the commonly used temperature refe rs to the temperature in the breezy shutter 1.5 meters away from the ground. The calculation method is as follows:

Monthly average temperature is the summation of average daily temperature of one month divided by the actual days of that particular month.

Annual average temperature is the summation of monthly average of a year divided by 12 months.

Relative Humidity refers to the ratio of actual water v apor pressure to the sa turation water vapor density under the current temperature. The statistical meth od is the same as that of temperature.

Volume of Precipitation refers to the deepness of liqu id state or solid state (thawed) water falling from the sky to the ground that has not been evaporated, infiltrated or run off. The calculation method is as follows:

Monthly precipitation is the summation of daily precipitation of a month.

Annual precipitation is the summation of 12 months precipitation of a year.

Sunshine Hours refer to the actual hours of sun irradia ting the earth. The calculation method is the same as that of the precipitation.

Total Water Resources refers to total volume of water resourc es measured as run- off for surface water from rainfall and recharge for groundwater in a given area , excluding transit water.

Surface Water Resources refers to total renewable resources w hich exist in river s, lakes, glaciers and other collectors from rainfall and are measured as run-of f of rivers.

Groundwater Resources refers to replenishment of aquifers with rainfall and surface water.

Duplicated Measurement Between Surface Water and Groundwater refers to mutual exchange between surface water and groundwater, i.e. run-off of rivers includes so me depletion with groundwater while groundwater includes some replenishment with surface water.

Comparable Prices refer to pr ices that are used to remove the factors of price change in calculating economic aggregates, so as to facilitate comparison of aggregates over time. Two methods are used for calculating economic aggregates at comparable prices: 1) Multiplyi ng the output of products by their constant prices of certain year; 2) Deflating data at current prices by relevant price indices.

Constant Price refers to the average price of a given p roduct in certain year, which is used for comparison of output value over time. As the output value at constant prices removes the factor of price changes, it reflects the trend of pr oduction development over time. Since 1949, with the changes in general price le vel, National Bureau of Statistics has issued nationally unified constant prices five times: the 1952 constant prices for 1949-1957; the 1957 constant prices fo r 1957-1971; the 1970 constant prices for 1971-1981; the 1980 constant prices fo r 1981-1990; and the 1990 constant prices have been used since 1991.

Average Annual Growth Rate Two methods for calculating average annual growth rate are applied in China, one is often called level approach, or the method of c alculating geometric average, which is derived by comparing the level of the las t year of the interval with that of the beginning year; the other is called accu mulative approach or algebraic average or equation method, which is derived by t he summation of the actual figure of each year in the interval divided by the fi gure in the base year.

Usually the results calculated by the two methods are fairly close, but they dif fered sharply when uneven economic development occurred with striking fluctuatio ns in growth.

Industrial Classification of the National Economy The new Indu strial Classifica tion of the National Economy (GB/T 4754-2002) is introduced starting from the co mpilation of 2003 annual statistics. The revision of the 1994 classification was organized by the National Bureau of Statistics taking into consideration of the International Standards of the Industrial Classification of All Economic Activi ties (ISIC/Rev.3) of the United Nations, and the new Classification was promulga ted by the National Administration of Quality Supervision, Inspection and Quaran tine on May 10, 2002. The revised version of the Industrial Classification of th e National Economy (GB/T 4754-2002) is composed of 20 major divisions, 95 divisi ons, 396 major groups and 913 groups, including 4 new major divisions, 3 new div isions, 28 major groups and 67 groups.

Registration Status of Enterprises Enterprises are clas sified into 3 categories, namely domestic-funded enterprises, enterprises with investment from Hong Ko ng, Macau and Taiwan, and enterprises with foreign investment, in the light of t he registration status of an enterprise in industrial and commercial administrat ion agencies. Domestic-funded enterprises include state-owned enterprises, colle ctive-owned enterprises, cooperative enterprises, joint ownership enterprises, limited liability corporations, share-holding corporations Ltd., private enterpr ises and other enterprises. Included in the enterprises with investment from Hon g Kong, Macau and Taiwan and enterprises with foreign investment are joint-ventu re enterprises, cooperative enterprises, sole investment enterprises and share-h olding corporations Ltd. For government agencies, institutions and social organi zations which are not requested to be registered in industrial and commercial ad ministration agencies, they are classified mainly by their sources of funds and way of management.

State-owned Enterprises refer to non-corporation econom ic units where the entire assets are owned by the state and which have registered in accordance with th e Regulation of the People's Republic of China on the Management of Registration of Corporate Enterprises. Excluded from this category are sole state-funded cor porations in the limited liability corporations.

Collective–owned Enterprises refer to economic units where the assets are owne d collectively and which have registered in accordance with the Regulation of th e People's Republic of China on the Management of Registration of Corporate Ente rprises.

Cooperative Enterprises refer to a form of collective e conomic units (enterpri ses) where capitals come mainly from employees as their shares, with certain pro portion of capital from the outside, where production is organized on the basis of independent operation, independent accounting for profits and losses, joint w ork, democratic management, and a distribution system that integrates remunerati on according to work with dividend according to capital share.

Joint Ownership Enterprises refer to economic units est ablished by two or more corporate enterprises or corporate institutions of the same or different owners hip, through joint investment on the basis of equality, voluntary participation and mutual benefits. They include state joint ownership enterprises, collective joint ownership enterprises, joint state-collective enterprises, other joint own ership enterprises.

Limited Liability Corporations refer to economic units established with invest ment from 2-50 investors and registered in accordance with the Regulation of the People's Republic of China on the Management of Registration of Corporations, e ach investor bearing limited liability to the corporation depending on its share of investment, and the corporation bearing liability to its debt to the maximum of its total assets. Limited liability corporations include exclusive state-fun ded limited liability corporations and other limited liability corporations.

Share-holding Corporations Ltd. refer to economic units registered in a ccordanc e with the Regulation of the People's Republic of China on the Management of Reg istration of Corporations, with total registered capitals divided into equal sha res and raised through issuing stocks. Each investor bears limited liability to the corporation depending on the holding of shares, and the corporation bears li ability to its debt to the maximum of its total assets.

Private Enterprises refer to profit-making economic uni ts invested and establis hed by natural persons, or controlled by natural persons using employed labour. Included in this category are private limited liability corporations, private sh are-holding corporations Ltd., private partnership enterprises and private-funde d enterprises registered in accordance with the Corporation Law, Partnership Ent erprises Law and Interim Regulations on Private Enterprises .

Other Domestic–funded Enterprises refer to domestic-fun ded economic units other than those mentioned above.

Cooperative Enterprises with Funds from Hong Kong Macau and Taiwan established by investors from Hong Kong, Macau and Taiwan with enterprises in the mainland of China in accordance with the Law of the People's Republic of China on Sino-fo reign Cooperative Enterprises and other relevant laws, where the investment or p rovision of facilities, and the share of profits and risks is stipulated in the cooperative contract.

Enterprises with Sole (exclusive) Investment from Hong Kong, Macau and Taiwan refer to enterprises established in the mainland of China with exclusive investm ent from investors from Hong Kong, Macau and Taiwan in accordance with the Law o f the People's Republic of China on Foreign-Funded Enterprises and other relevan t laws.

Share–holding Corporations Ltd. with Investment from Hong Kong, Macau and Taiwan refer to share-holding corporations Ltd. established with the approval from t he former Ministry of Foreign Trade and Economic Relations in line with relevant state regulations, where the share of investment from Hong Kong, Macau or Taiwa n businessmen exceeds 25% of the total registered capital of the corporation. In case the share of investment from Hong Kong, Macau or Taiwan is less than 25% o f the total registered capital, the enterprise is to be classified as domestic-f unded share-holding corporation Ltd.

Joint–venture Enterprises with Foreign Investment refer to enterprises jointly established by foreign enterprises or foreigners with enterprises in the mainla nd of China in accordance with the Law of the People's Republic of China on Sin o-foreign Joint Venture Enterprises and other relevant laws, where the share of investment, profits and risks is stipulated in the contract.

Cooperation Enterprises with Foreign Investment refer t o enterprises jointly e stablished by foreign enterprises or foreigners with enterprises in the mainland of China in accordance with the Law of the People's Republic of China on Sino-f oreign Cooperative Enterprises and other relevant laws, where the investment or provision of facilities, and the share of profits and risks is stipulated in the cooperative contract.

Enterprises with Sole (exclusive) Foreign Investment refer to enterprises esta blished in the mainland of China with exclusive investment from foreign investor s in accordance with the Law of the People's Republic of China on Foreign-Funded Enterprises and other relevant laws.

Share–holding Corporations Ltd. with Foreign Investment refer t o share-holding corporations Ltd. established with the approval from the Ministry of Foreign Tra de and Economic Relations in line with relevant state regulations, where the sha re of investment from foreign investors exceeds 25% of the total registered capi tal of the corporation. In case the share of foreign investment is less than 25% of the total registered capital, the enterprise is to be classified as domestic -funded share-holding corporation Ltd.

Government Agencies, Institutions and Social Organizations are classified into following categories by source of funds and way of management taking reference o f the registration status of enterprises:

(1) Government agencies: include state and party agencies, classified in princip le as state-owned. There are exceptions, such as supply and marketing cooperativ es which are classified as collective-owned.

(2) Institutions: include institutions of various types established with the app roval by organization and staffing departments of the government, but exclude in stitutions where enterprise management system is introduced. Institutions are fu rther classified as follows:

(a) Institutions whose main budget is listed in the government budget appropriat ions or extra-budget funds, or allocated from the budget of their competent gove rnment agencies. Such institutions are classified as state-owned.

(b) Institutions whose budget mainly comes from collective units. Such instituti ons are classified as collective-owned.

(c) Institutions other than those mentioned above whose source of budget is not clear. Such institutions are classified by way of management.

(3) Social organizations: include social organizations established with the appr oval from the Ministry of Civil Affairs, and organizations that are not covered by social organization management regulations such as trade unions, womens feder ations etc.. Social organizations are further classified as follows:

(a) Social organizations that are not covered by social organization management regulations of the Ministry of Civil Affairs such as trade unions, womens federa tions, communist youth leagues, youth associations, industrial and commerce asso ciations, scientists associations, overseas Chinese associations, etc., foundati ons and fund management organizations established with funds from the state, and social organizations whose funds mainly come from the budget of their competent government agencies. Such institutions are classified as state-owned.

(b) Social organizations whose budget mainly comes from collective units. Such i nstitutions are classified as collective-owned.

(c) Social organizations established by individual or a group of citizens, which are classified as private.

(d) Social organizations other than those mentioned above whose source of budget is not clear. Such organizations are classified by way of management

Gross Domestic Product (GDP) refers to the final products at ma rket prices produced by a ll resident units in a country (or a region) during a certain period of time. Gr oss domestic product is expressed in three different forms, i.e. value , income, and products respectively. GDP in its value form refers to the total v alue of all goods and services produced by all resident units during a certain p eriod of time, minus the total value of input of goods and services of the natur e of non-fixed assets; in order term, it is the sum of the value-added of all re sident units. GDP in the form of income includes the income created by all resid ent units and distributed to resident and non-resident units. GDP in the form of products refers to the value of all goods and services for final consumption by all resident units minus the net exports of goods and services during a given p eriod of time. In the practice of national accounting, gross domestic product is calculated with three approaches, i.e. production approach, income approach and expenditure approach, which reflect gross domestic product and its composition from different aspects.

Three Industries Classification of economic activities into three branches of industries is a common practice in the world, although the grouping varies to so me extent form country to country. In China economic activities are categorized into following industries:

Primary industry: refers to agriculture, forestry, animal husbandry and fishery. Secondary industry: refers to mining and quarrying, manufacturing, production an d supply of electricity, water and gas, and construction. Tertiary industry: refers to all other economic activities not included in prima ry or secondary industry.

GDP by Expenditure Approach refers to the method of mea suring the final result s of production activities of a country (region) during a given period from the perspective of final use. It includes final consumption, total capital formation and net export of goods and services, i.e.:GDP by expenditure approach = final consumption + total capital formation + net export of goods and services Final Consumption refers to the total expenditure of resident units for purcha ses of goods and services from domestic economic territory and abroad to meet th e requirements of material, cultural and spiritual life. It excludes the expendi ture of non-resident units on consumption in the economic territory of the count ry. The final consumption is broken down into household consumption and governme nt consumption.

Households Consumption refers to the total expenditure of resident households on the final consumption of goods and services. In addition to the consumption o f goods and services bought by the households directly with money, the household s consumption also includes expenditure on goods and services obtained by the ho useholds in other ways, i.e. the so-called imputed consumption expenditure, whic h includes the following: (a) the goods and services provided to the households by the employer in the form of payment in kind and transfer in kind; (b) goods a nd services produced and consumed by the households themselves, in which the ser vices refer only to the owner-occupied housing and domestic and individual servi ces provided by the paid household workers; (c) financial intermediate services provided by financial institutions; (d) insurance services provided by insurance companies.

Government Consumption refers to the expenditure on the consumption of the pub lic services provided by the government to the whole society and the net expendi ture on the goods and services provided by the government to the households free of charge or at low prices. The former equals to the output value of the govern ment services minus the value of operating income obtained by the government dep artments. The latter equals to the market value of the goods and services provid ed by the government free of charge or at low prices to the households minus the value received by the government from the households.

Total Capital Formation refers to the fixed assets acqu ired minus those dispos ed of and the net value of inventory, including the total fixed capital formatio n and the increase in inventory.

Total Fixed Capital Formation refers to the value of fi xed assets acquired min us those disposed of during a given period. Fixed assets are the assets produced through production activities with specified unit value which could be used for over one year, excluding natural assets. Total fixed capital formation can be categorized into total tangible capital formation and total intangible capital f ormation. The total tangible capital formation include the value of the construc tion projects, installation projects completed and the equipment, apparatus and instruments purchased as well as the value of land improved, the value of draugh t animals, breeding stock, animals for milk, wool and for recreational purpose, and the newly increased forest with economic value during a given period. The to tal intangible capital formation includes the prospecting of minerals, the acqui sition of computer software minus the disposal of them.

Increase in Inventory refers to the market value of the change in inventory of resident units during a given period, i.e. the difference of value between the beginning and the end of the period minus the current gains due to the change in prices. The increase in inventory can be positive or negative. A positive value indicates the increase in inventory while a negative value indicates the decrea se in stock. The inventory includes the raw materials, fuels and reserve materia ls purchased by the production units as well as the inventory of finished produc ts, semi-finished products, work-in-progress, etc.

Net Export of Goods and Services refers to the differen ce of the exports of go ods and services minus the imports of goods and services. The imports include t he value of various goods and services sold or gratuitously transferred by the r esident units to the non-resident units. The imports include the value of variou s goods and services purchased or gratuitously acquired by the resident units fr om the non-resident units. Because the provision of services and the use of them happen simultaneously, the acquisition of services by the resident units from a broad is usually treated as import while the acquisition of services by non-resi dent units in this country is usually treated as export. The export and import o f goods are calculated at FOB.

Total Population refers to the total number of peop le alive at a certain point of time within a given area.

Urban Population and Rural Population Urban population refer to all people resi ding in cities and towns, while rural population refer to population other than urban population.

Statistics on urban and rural population over the years are compiled in line wit h the regulations of statistical classification on urban and rural population st ipulated by the government, which were in effect at different times. Figures on urban/rural population for the years between the 3 censuses are adjusted in accordance with the 1990 and 2000 population census data.

Birth Rate or (Crude Birth Rate) refers to the ratio of the number of births to the average population (or mid-period population) during a certain period of tim e (usually a year), expressed in ‰. Birth rate in the chapter refers to annual birth rate. The following formula is used:

Birth Rate = (Number of Births/Average Number of Population) × 1000‰

Number of births in the formula refers to live births, i.e. when a baby has brea thed or showed any vital phenomena regardless of the length of pregnancy.

Annual average number of population is the average of the number of population a t the beginning of the year and that at the end of the year. Sometimes it is sub stituted by the mid-year population.

Death Rate (or Crude Death Rate) refers to the ratio of the number of deaths to the average population (or mid-period population) during a certain period of tim e (usually a year), expressed in ‰. Death rate in the chapter refers to annual death rate. The following formula is used: Death Rate= (Number of Deaths/Annual Average Number of Population)×1000‰

Natural Growth Rate of Population refers to the ratio o f natural increase in pop ulation (number of births minus number of deaths) in a certain period of time (u sually a year) to the average population (or mid-period population) of the same period, expressed in ‰. The following formula is applied:

Natural Growth Rate of Population = [(Number of Births-Number of Deaths)/Average Number of Population] ×1000‰

Natural Growth Rate of Population = Birth Rate-Death Rate

Gross Dependency Ratio also called gross dependency c oefficient, refers to the ratio of non-working-age population to the working-age population, express in %. Describing in general the number of non-working-age population that every 100 p eople at working ages will take care of, this indicator reflects the basic relat ion between population and economic development from the demographic perspective . The gross dependency ratio is calculated with the following formula:

$$GDR= (P_{0-14}+P_{65}+)/P_{15-64} \times 100\%$$

Where: GDR is the gross dependency ratio

P_{0-14} is the population of children aged 0-14

P_{65+} is the elderly population aged 65 and over, and

P_{15-64} is the working-age population aged 15-64

Old Dependency Ratio also called old dependency coeffic ient, refers to the rati o of the elderly population to the working-age population, express in %. It desc ribes the number of the elderly population that every 100 people at working ages will take care of. Old dependency ratio is one of the indicators reflecting the social implication of population aging from the economic perspective. The old d ependency ratio is calculated with the following formula:

$$ODR=P_{65+}/P_{15-64}\times 100\%$$

Where: ODR is the old dependency ratio

P_{65+} is the elderly population aged 65 and over, and

P_{15-64} is the working-age population aged 15-64

Children Dependency Ratio also called children dependency coefficient, refers to the ratio of the children population to the working-age population, express in %. It describes the number of children population that every 100 people at worki ng ages will take care of. The children dependency ratio is calculated with the following formula:

$CDR=P_{0-14}/P_{15-64}\times 100\%$

Where:CDR is the children dependency ratio

P_{0-14} is the children population aged 0-14, and

$P_{15-64}$is the working-age population aged 15-64

Economically Active Population refers to the population aged 16 and over who ar e capable to work, are participating in or willing to participate in economic ac tivities, including employed persons and unemployed persons.

Employed Persons refer to the persons who are engaged i n social working and rece ive remuneration payment or earn business income, including total staff and work ers, re-employed retirees, employers of private enterprises, self-employed worke rs, employees in private enterprises and individual economy, employees in townsh ip enterprises, employed persons in the rural areas, and other employed persons (including teachers in the schools run by the local people, people engaged in re ligious profession and the servicemen, etc.). This indicator reflects the actual utilization of total labour force during a certain period of time and is often used for the research on China's economic situation and national power.

Persons Employed in Various Units refer to all the per sons working in governme nt agencies of various levels, political and party organizations, social organiz ations, enterprises and institutions, and receiving wages or other forms of paym ent. They include fully-employed staff and workers, re-employed retirees, teache rs in schools run by the local people, foreigners and Chinese compatriots from H ong Kong, Macao, and Taiwan working in various units, part-time employees, emplo yees of other units working temporarily at current posts, and employees holding the second job, but exclude staff and workers who have left their working units while keeping their labour contract (employment relation) unchanged. This indica tor reflects the total number of laborers actually engaged in production or othe r operations in various units.

Persons Employed in Private Enterprises and Self-Employed Individuals in Urban A reas Persons employed in private enterprises refer to the persons employed in the private enterprises which have been registered at the departments of industr ial and commercial administration and are situated at a county town (i.e. a town where the county government is located) for business operation or at urban area s with the level higher than a county town. The self-employed individuals in urb an areas refer to persons who hold the certificates of residence in urban areas or have resided in the urban areas for a long time and have been registered at t he departments of industrial and commercial administration and approved to be en gaged in individual industrial or commercial business, including self-employed p ersons as well as helpers and hired labourers who work in the individual househo lds engaged in industrial or commercial business.

Registered Urban Unemployed Persons refer to the person s with non-agricultural household registration at certain working ages (16-50 years for male and 16-45 years for females), who are capable of work, unemployed and willing to work, and have been registered at the local employment service agencies to apply for a jo b.

Registered Urban Unemployment Rate refers to the ratio of the number of the re gistered unemployed persons to the sum of the number of persons employed in vari ous units (minus the rural labour force, retirees, and Hong Kong, Macao, Taiwan or foreign employees they employ) laid-off workers in urban units, owners and em ployees in urban private enterprises, urban self-employed individuals and the re gistered urban unemployed persons. The formula is as follows:

Registered urban unemployment rate = number of registered urban unemployed perso ns÷(number of persons employed in urban units - rural labour force employed - r etirees employed - Hong Kong, Macao, Taiwan or foreign employees employ + laid-o ff workers + owners and employees in urban private enterprises + self-employed i ndividuals in urban areas + registered urban unemployed persons) × 100%.

Staff and Workers refer to persons working in, and rece ive payment from units o f state ownership, collective ownership, joint ownership, share holding ownershi p, foreign ownership, and ownership by entrepreneurs from Hong Kong, Macao, and Taiwan, and other types of ownership and their affiliated units. They do not inc lude 1) persons employed in township enterprises, 2) persons employed in private enterprises, 3) urban self-employed persons, 4) retirees, 5) re-employed retire es, 6) teachers in the schools run by the local people, 7) foreigners and person s from Hong Kong, Macao and Taiwan who work in urban units, and 8) other persons not to be included by relevant regulations. (Data of 1998 and afterward refer t o fully employed staff and workers. Other related statistics such as total wage bill and average wage are adjusted since 1998 accordingly).

State–owned Units refer to economic units whose assets are owne d by the state. Included are non-corporation units registered according to Regulation of the Peo ple's Republic of China on the Registration of Enterprises and Corporations, sta te organs, institutions and social organizations at the central and local levels .

Collective Units refer to economic units registered acc ording to Regulation of the People's Republic of China on the Registration of Enterprises and Corporatio ns where the means of production are collectively owned.

Units of Other Types of Ownership refer to units regist ered with other types of ownership, including cooperative units, joint ownership units, limited companie s, share holding corporations, units invested by entrepreneurs from Hong Kong, M acao, and Taiwan, and foreign-invested units.

Fully Employed Staff and Workers refer to persons who w ork in, and receive wag es from their working units, as well as persons who have their work posts, but a re temporarily absent from work for reasons of study or on sick, injury or mater nal leave and still receive wages from their working units.

Total Wages Bill refer to the total remuneration paymen t to staff and workers i n various units during a certain period of time. The calculation of total wages is based on the total remuneration payment to the staff and workers. Therefore, all the wages and salaries and other payments to staff and workers are included in the total wages regardless of their sources, category, and forms (in kind or cash). (Total wages of staff and workers in this yearbook include only total wag es of fully employed staff and workers, excluding the living allowances distribu ted to those who have left their working units while keeping their labour contra ct/employment relation unchanged).

Average Wage refers to the average wage in money terms per person during a cert ain period of time for staff and workers in enterprises, institutions, and gover nment agencies, which reflects the general level of wage income during a certain period of time and is calculated as follows:

Average Wage = Total Wages of Staff and Workers at Reference Time /Average Numbe r of Staff and Workers at Reference Time.

Average Wage Indices refers to the ratio of average wag e of staff and workers i n the report period to that in the base period, which reflects the change of wag e of staff and workers at the different period. It is calculated as follows:

Average Wage Indices = Average Wage of Staff and Workers at Reference Time / Average Wage of Staff and Workers at Base Period x 100%

Average Real Wage Indices average real wage of staff and workers refers to the average wage of staff and workers after removing the effects of the price change s and average real wage indices of staff and workers refers to the change of rea l wage, which reflects the relative increasing or decreasing level of real wage of staff and workers, which is calculated as follows:

Average Real Wage Indices = Average Wage Indices of Staff and Workers at the Ref erence Time / Urban Consumer Price Indices at Reference Time x 100%

Total Investment in Fixed Assets in the Whole Country refers to the volume of activities in construction and purchases of fixed assets and related fees, expre ssed in monetary terms. It is a comprehensive indicator which shows the size, st ructure and growth of the investment in fixed assets, providing basis for observ ing the progress of construction projects and evaluating results of investment. Total investment in fixed assets in the whole country includes, by type of owner ship, the investment by the state-owned units, collective units, individuals, jo int ownership units, share-holding units, as well as investment by businessmen f rom foreign countries and from Hong Kong, Macau and Taiwan, and by other units.

Investment in Real Estate Development It includes the investment by the real estate development companies, commercial buildings construction companies and othe r real estate development units of various types of ownership in the constructio n of house buildings, such as residential buildings, factory buildings, warehous es, hotels, guesthouses, holiday villages, office buildings, and the complementa ry service facilities and land development projects, such as roads, water supply , water drainage, power supply, heating, telecommunications, land leveling and o ther projects of infrastructure. It excludes the activities in simple land trans actions.

Other Investment in Fixed Assets refers to the construc tion and purchases of fi xed assets with an investment of over 500,000 yuan which are not listed in the i nvestment in capital construction, investment in innovation and investment in re al estate development, as well as urban private housing projects and investment in fixed assets by enterprises, institutions and individuals in rural areas. It includes:

1) The following projects of the state-owned units with the total planned (or ac tually needed) investment of over 500,000 yuan, which are not included in the pl an of capital construction and the plan of innovation: (1) projects of oil field s maintenance and exploitation with the oil fields maintenance funds and petrole um development funds; (2) opening and extending projects with the maintenance fu nds in coal, ore and other mining enterprises and logging enterprises; (3) proje ct of reconstruction of the original highways and bridges with the highway maint enance funds in the department of communication; (4) projects of construction of warehouses with the funds of simple construction in the commercial department.

2) The investment in fixed assets by urban collective units: refer to projects o f construction and purchases of fixed assets with the planned total investment o f 500,000 yuan and over by all collective units in areas under the jurisdiction of cities and county towns (excluding investment by collective units under towns hip enterprise administration offices).

3) The projects of construction and purchases of fixed assets by the enterprises , institutions (including urban private enterprises or institutions) or individu als other than those mentioned above with total investment of 500,000 yuan and o ver, which are not included in the plan of capital construction and the plan of innovation. For individual investment, only the investment in non-housing projec ts is to be included.

4) The private investment in housing construction in the urban areas and in indu strial and mining areas: including all private housing construction under the ju risdiction of cities, county towns and industrial and mining areas, no matter wh ether the owner of the house is registered as the permanent resident in the loca lity or not.

5) The investment in rural areas: including investment in fixed assets by enterp rises, institutions and individuals in the rural areas.

Sources of Funds for Investment in Fixed Assets include fund fr om state budget, domestic loans, foreign investment, self-raised funds, and others depending on the source of investment.

(1) Fund from state budget consists of budgetary appropriation and loans from st ate budget. More specifically, it includes, from the budget of the central gover nment, capital construction fund (operation fund and non-operational fund), spec ial expenses (e.g. expenses on substituting petroleum with coal), loans from rep ayment, discount fund, expenses on innovation and trial production of new produc ts, expenses on urban construction, expenses on temporary construction by trade departments, development fund for less developed areas, as well as local budgeta ry fund transferred from the central budget.

(2) Domestic loans refer to loans of various forms borrowed by investing units f rom banks and non-bank financial

institutions during the reference period for th e purpose of investment in fixed assets, including loans issued by banks from th eir self-owned funds and deposit, loans appropriated by higher responsible autho rities, special loans by government (including loan for substituting petroleum w ith coal, special loan for reform-through-labour coal mines), loans arranged by local government from special funds, domestic reserve loan, and working loan, etc..

(3) Foreign Investment refers to foreign funds received during the reference per iod for the construction and purchase of investment in fixed assets (covering eq uipment, materials and technology), including foreign borrowings (loans from for eign governments and international financial institutions, export credit, commer cial loans from foreign banks, issue of bonds and stocks overseas), foreign dire ct investment and other foreign investment. Excluded in this category are capita ls in foreign exchanges owned by China (foreign exchanges owned by the central a nd local governments, foreign exchanges retained by enterprises, foreign exchang es by enterprises through regulating mechanism, loans in foreign exchanges issue d by the Bank of China with its own fund, etc.). In calculating the utilization of foreign capitals, foreign currencies are converted into Chinese Renminbi appl ying the current exchange rate when the foreign capitals are actually used.

(4) Self-raised funds refer to extra-budgetary funds for investment in fixed ass ets received by investing units from central government ministries, local govern ments, enterprises and institutions, including their self-raised funds.

(5) Others refer to funds for investment in fixed assets received from the sourc es other than those listed above, including capitals raised through issuing bond s by enterprises or financial institutions, funds raised from individuals and th rough donations, and funds transferred from other units.

Investment in Fixed Assets by Sector The classification of construction project s by sector is determined by the major products or the purpose of the projects w hen they are put into production or use, and by the nature of their social econo mic activities. The investment in capital construction is classified into differ ent sectors of the national economy by the nature of construction projects, whil e investment in innovation and other investment are classified according to the sector to which the whole enterprise or institution belongs. In general, one pro ject or one enterprise or institution can only be classified into one sector. In order to reflect more accurately the relation among various sectors, the branch factories of an integrated complex are classified into different sectors accord ing to the economic activities of the branch factories.

Investment in Fixed Assets by Type of Construction The construction projects in general can be classified, by the type of construction, into new construction, expansion, reconstruction, moving and restoration. However, investment by type o f construction is not applied to investment by real-estate development units, in vestment in rural areas and investment in housing by urban individuals. In capit al construction, the type of construction is determined by the nature of the pro ject. In investment in innovation, in other investment by state-owned units and investment by collective-owned units, the type of construction is determined by the condition of the whole enterprise or institutions.

(1) New construction in general refers to newly constructed enterprises, institu tions, administrative agencies or independent projects from scratch. Constructio n in the existing enterprises, institutions or agencies is not considered as new construction. In case the assets of the existing unit is quite small, and the v alue of newly added fixed assets exceeds the original value of assets by three t imes, the expansion will be considered as new construction.

(2) Expansion refers to construction of new major production workshop, branch fa ctory or independent production line within a factory or in other locations, for the purpose of increasing the production capacity (or improving efficiency) of the original products. Newly constructed houses for the operation of institution s and administrative organizations (such as the newly constructed buildings for teaching in schools, buildings for clinics or wards in hospitals, etc.) are also classified as expansion. Also included in the expansion are investments by existing enterprises or instit utions in building major production line(s) or branch factory(ies) along with so me work on innovation, for the purpose of expending the production capacity of o riginal products or producing new products.

(3) Reconstruction refers to innovation or technical transformation of the exist ing facilities (including auxiliary production equipment and welfare facilities) , without building major new workshops or branch factories. Also considered

as reconstruction is the construction of new workshops by the existing enterprises or institutions for improving the existing production capacity (improving or cha nging the variety of products to meet the market demand), rather than increasing the designed capacity of the main products.

Investment in Fixed Assets by Structure By their contents investment activitie s are classified into 3 categories, i.e. construction and installation, purchase of equipment and instrument, and other expenses.

(1) Construction and installation (work volume of construction and installation) refers to the construction of various houses and buildings and installation of various kinds of equipment and instruments. They include construction of various houses; equipment foundations, industrial kilns and stoves, and metal structure work; preparation works for project construction, and clearing up works post pr oject construction; pavement of railways and roads, drilling of mines and puttin g up of oil pipes; construction of projects of water conservancy; construction o f underground air-raid shelters and construction of other special projects; valu e of equipment for heating, sanitation, ventilation, lighting, gas, painting, et c. that are covered by the budget of housing projects; laying out of various pip elines (for steam, compressed air, petroleum, tap water and sewage) and lines fo r electric power and for communications; installation of various machinery equip ment, testing operation for pre-testing the quality of installation projects, an d land and other development work conducted by real estate developers for commer cial housing. The value of equipment installed is not included in the value of i nstallation projects.

(2) Purchase of equipment and instruments refers to the total value of equipment , tools, and instruments purchased or self-produced which come up to standards f or fixed assets by the construction units or investing enterprises or institutio ns. Equipment, tools and instruments purchased or self-produced for new workshop s by newly established or expanded units are categorized as "purchase of equipme nt and instruments" no matter whether they come up to the standards for fixed as sets.

(3) Other expenses refer to expenses occurring during the construction or purcha se of fixed assets other than those mentioned above.

Capital Construction Projects by Size The classification of size of capital con struction projects should be determined according to the total scale or total in vestment set in the approved construction plan by higher responsible authorities or in the tentative design, otherwise according to the total scale or total inv estment set in the current capital construction plan of the state, provinces, au tonomous regions, and municipalities directly under central government. Industri al projects which produce unitary products are classified according to its desig n capacity of products; projects which produce multi-products are classified by the design capacity of the major product or by the total planned investment. Sta ndards for the Classification of Construction Projects into large, medium-sized and small ones issued by the government are the base for size division of constr uction projects, which was revised five times in 1958, 1962, 1972, 1977, and 197 9 respectively and therefore, data on projects by size are not entirely comparab le from year to year.

Projects under Construction refer to projects with construction and installation activities undertaken in the reference period. All projects that have construc tion activities undertaken during the reference period are reported as projects under construction irrespective of the length of construction work. The number o f projects under construction can reflect the actual size of investment in fixed assets during a given period, and when compared with the number of projects com pleted and put into use during the same period, it demonstrates the results of i nvestment in fixed assets. Depending on the nature of construction activities, p rojects under construction can also be classified into projects under constructi on in current year, winding-up projects in current year and stopped or suspended projects in previous years (with preservation work in current year).

Projects Completed and Put into Use Industrial projects refer to the major proj ects and accessory facilities completed which result in forming production capac ity and have been checked and accepted while the living and welfare facilities h ave been completed and can ensure normal production and formally put into produc tion. Non-industrial projects refer to the major projects and accessory faciliti es completed which possess the designed capacity and have been checked, accepted and formally put into production.

Newly Increased Production Capacity (or Project Efficiency) refers to the increa se of designed capacity (or project efficiency) through investment in fixed asse ts, which reflects the accomplishment of investment in fixed assets in kind and serves as important basis for evaluating the economic efficiency of investment. The newly increased production capacity (project efficiency) are usually express ed in one of the following forms:

(1) output of products, i.e. the output that the project can produce during a gi ven period (usually a year). For instance, the capacity in coal mining is expres sed in 10,000 tons/year, the capacity in producing chemical pesticides expressed in ton/year, the capacity in producing tractors in tractor/year, etc. For some chemical products where the effective contents differ significantly, the product ion capacity is expressed as the designed effective content equivalent, such as in the case of sulphuric acid, soda ash, caustic soda, etc;

(2) raw materials processing capacity, i.e. the volume of raw materials that cou ld be processed by the project per day (or per hour), such as tons of materials processed per day by a sugar refining project or edible vegetable oil project, o r tons of urban sewage processed per day;

(3) number or capacity of major equipment increased, such as number of cotton or silk looms increased, wool spindles increased, or capacity (in kilowatts) of po wer generators increased;

(4) saved raw materials, fuels or power, which are mainly used for the efficienc y of innovation and transformation projects; and

(5) physical measures (volume, capacity, area, and length) of construction, whic h is typical for non-industrial projects, for instance, the length of new railwa ys or highways, the capacity of reservoirs, the floor space of housing projects, capacity for new students in schools or beds in hospitals, areas under new irri gation project, etc.

Features of projects sometimes call for combined use of two or more measurement to reflect the increased production capacity (or project efficiency), for instan ce, the new capacity for the production of internal combustion engines are expre ssed in sets per year and kilowatts per year simultaneously.

To standardize the nomenclature and unit of measurement for new production capac ity (or project efficiency), the National Bureau of Statistics has developed Nom enclature for New Production Capacity (Project Efficiency) and Nomenclature for Saving Raw Materials, Fuels and Power. All reporting units with investment activ ities are required to follow these two nomenclatures in reporting statistics on new production capacity (project efficiency).

Floor Space of Buildings under Construction and Completed refers to total floor space of the horizontal section of outer walls above the plinth of the building , including the effective area and the area occupied by the structure. This indi cator is one of the important indicators in physical terms to reflect the scale and accomplishment of the construction industry, and important basis for monitor ing the progress, calculating the cost, analyzing the efficiency and studying th e supply of building materials in relation with the construction projects.

Floor Space of Residential Buildings refers to the floo r space of the residenti al buildings among the total space of buildings under construction or completed. Floor Space under Construction refers to total floor space of all buildings un der construction during the reference period, including floor space of newly sta rted buildings during the reference period, floor space of construction extended from the previous period to the current period, and floor space of construction suspended during the previous period and resumed in the current period. Floor s pace of construction completed in the current period, and floor space of constru ction started and then suspended in the current period are also included in the floor space under construction of the current year.

Floor Space of Buildings Completed refers to the floor space of all buildings c ompleted in the reference period, which have been appraised and accepted (or com e up to the designed standards) and have been transferred to the owners for use. Completion Rate of Floor Space of Buildings refers to the ratio of the floor sp ace of buildings completed in certain period of time to the floor space of build ings under construction in the same period. This indicator reflects the investme nt result from the perspective of the speed of construction.

Newly Increased Fixed Assets refer to the newly increas ed value of fixed assets , constructed or purchased, that have been transferred to the investors. This is an indicator that demonstrates the results of investment in fixed assets in mon etary terms, and an important indicator to reflect the speed of construction and to calculate the efficiency of investment.

Rate of Construction Projects Completed and Put into Use refers to the ratio of the number of construction projects completed and put into use in certain perio d of time to the number of projects under construction in the same period. This reflects the investment efficiency from the perspective of the speed of projects construction.

Rate of Projects of Fixed Assets Completed and Put into Operation refers to the ratio of the newly increased fixed assets to the total investment made in the s ame period. This is a comprehensive indicator reflecting the speed of the employ ment of fixed assets and the investment efficiency at the macro-level. As the ne wly increase fixed assets is the result of a long period while the investment is completed in the current year, this indicator is expected to be used to reflect the employment of fixed assets over a long period of time.

Economically Affordable Housing refers to housing const ructed according t o the state plan for economically affordable housing. Houses of this category fe atured in low cost in construction and low prices, and therefore are affordable to mid-income or low income households. Economically affordable housing projects are developed by real estate companies under the state investment plan, with th e land provided through government allocation or tendering procedures. Developer s are exempted from land utilization fees and enjoy another 50% exemption of all other legitimate fees, while their profits are limited to less than 3%, and the completed houses are sold under the government-guided prices. This indicator he lps to analyze the investment structure of the real estate industry and the dema nd and supply of housing for mid or low income households.

Total Energy Production refers to the total production of primary energ y by all energy producing enterprises in the country in a given period of time. It is a c omprehensive indicator to show the capacity, scale, composition and development of energy production of the country. The production of primary energy includes t hat of coal, crude oil, natural gas, hydropower and electricity generated by nuc lear energy and other means such as wind power and geothermal power. However, it excludes the production of fuels of low calorific value, bio-energy, solar ener gy and the secondary energy converted from the primary energy.

Total Domestic Energy Consumption refers to the total c onsumption of energy of v arious kinds by material production sectors, non-material production sectors and households in the country in a given period of time. It is a comprehensive indi cator to show the scale, composition and development of energy consumption. The total energy consumption includes that of coal, crude oil and their products, na tural gas and electricity. However, it excludes the consumption of fuel of low c alorific value, bio-energy and solar energy. Total domestic energy consumption c an be divided into three parts:

(1)Final Energy Consumption: It refers to the total energy consumption by materi al production sectors, non-material production sectors and households in the cou ntry (region) in a given period of time, but excludes the consumption in convers ion of the primary energy into the secondary energy and the loss in the process of energy conversion.

(2)Loss During the Process of Energy Conversion: It refers to the total input of various kinds of energy for conversion, minus the total output of various kinds of energy in the country in a given period of time. It is an indicator to show the loss that occurs during the process of energy conversion.

(3)Loss: It refers to the total of the loss of energy during the course of energ y transport, distribution and storage and the loss caused by any objective reaso n in a given period of time. The loss of various kinds of gas due to gas dischar ges and stocktaking is excluded.

Elasticity Ratio of Energy Production is an indicator to show the relationship between the growth rate of energy production and the growth rate of the national economy. The formula is:

Elasticity Ratio of Energy Production = Average Annual Growth Rate of Energy Pro duction / Average Annual Growth Rate of National Economy

The average annual growth rate of the national economy can be shown by the gross national product, gross domestic product and other indicators, depending upon t he purposes or needs. The gross domestic product is used in calculation of the r atio in this chapter.

Government Revenue refers to the revenue of the gov ernment finance by mea ns of participating in the distribution of the social products, which is the financial resources for ensuring the government to function. The contents of government r evenue have been changed several times. Now it includes the following main items :

(1) Various tax revenues, including value added tax, business tax, consumption t ax, land value added tax, tax on city maintenance and construction, resources ta x, tax on use of urban land, enterprise income tax, personal income tax, tariff, stamp tax on security transactions, tax on purchase of motor vehicles, tax on a griculture and animal husbandry and tax on occupancy of cultivated land, etc.

(2) Special revenues, including revenues from the fee on sewage treatment, fee o n urban water resources, fee for the compensation of mineral resources and extra -charges for education, etc.

(3) Other revenues, including revenue from interest, revenue from the repayment of capital construction loan, revenue from capital construction projects, and do nations and grants.

(4) Subsidies for the losses of the state-owned enterprises. This is an item of negative revenue, consisting of subsidies to industrial, commercial and grain pu rchasing and supply enterprises.

Government Expenditure refers to the distribution and use of th e funds the gove rnment finance has raised, so as to meet the needs of economic construction and various causes. It includes the following main items:

(1) Expenditure for capital construction: It refers to the non-gratuitous use an d appropriation of funds for capital construction in the range of capital constr uction, outlay of capital as well as the loans on capital construction approved by the government for special purpose or policy purpose and the expenditure with discount paid in an overall way within the amount of the funds appropriated to the departments for capital construction.

(2) Innovation funds of the enterprises: They refer to the funds appropriated fr om the government budget for the enterprises to tap the latent power, upgrade th e technology and carry out innovation, including the innovation fund of the depa rtments, loan of the enterprises for innovation, subsidies on the innovation of the small fertilizer plant, small cement plant, small coal mines, small machiner y plant and small steel plant, the expenditure of interest for the loan for inno vation.

(3) Geological prospecting expenses: They refer to the expenses appropriated fro m the government budget to the geological prospecting units for the expenditure of the prospecting work, including the expenditures of the administrative agenci es for geological prospecting and their institutional units as well as the geolo gical prospecting expenditure.

(4) expenditures for science and technology promotion: They refer to the expens es appropriated from the government budget for the scientific and technological expenditure, including new products development expenditure, expenditure for int ermediate trial and subsidies on important scientific researches.

(5) Expenditure for supporting rural production: It refers to the expenditures a ppropriated from the government budget for supporting the various expenditures o f the rural collective units or households for production, including the subsidi es to the small water conservancy projects and well drilling, sprinkling irrigat ion projects run by the villages; subsidies on the rural water and soil conservi ng measures; subsidies to the small power stations run by the villages; subsidie s to the expenditure for fighting against particularly severe draughts; subsidie s on the rural waste land exclamation; fund for supporting the township enterpri ses; fund for supporting rural cooperative production organizations, subsidies t o the expenditure for popularization of the agricultural technologies and plant protection in the rural areas; subsidies to the expenditure for the protection o f grasslands and cattle and fowls; subsidies on afforestation and forest protect ion in rural areas; subsidies on the rural aquatic products industry; special fu nd for developing grain production.

(6) Operating expenses of the departments of farming, forestry, water conservanc y and meteorology etc.: They refer to the expenses appropriated from the governm ent budget for the expenditures of agricultural exclamation, farms, agriculture, animal husbandry, agricultural machinery, forestry, timber industry, water cons ervancy, aquatic products industry, meteorology, technology popularization in to wnship enterprises, popularization (demonstration) of improved

varieties, plant (cattle and fowls, forest) protection, water quality monitoring, prospecting and designing, resources investigation, cadres training, subsidies to horticulture gardens, expenditure of specialized secondary schools, subsidies on the experime nts of sowing herbage seeds by flights, expenditures of afforestation agencies a nd meteorology agencies, expenses for fishery administration and operating expen ses for agricultural administration, etc.

(7) Operating expenses of the departments of industry, transport and commerce: T hey refer to the expenses appropriated from the government budget to cover the e xpenditure on salaries and operational expenditure of the departments of industr y, transport and commerce for the expenditure of business development, including expenses for prospecting and designing, expenditures of specialized secondary s chools, expenditures of the technical training schools and expenditures for cadr es training, etc.

(8) Operating expenses of the departments of culture, education, science and pu blic health: They refer to the expenses appropriated from the government budget for the expenditures on salaries and operational expenditure of the causes of cu lture, publication, cultural relics, education, public health, traditional Chine se medical science, free medical services, sports, archives, earthquake, ocean, communications, broadcasting, film and television, family planning; expenditure for training of cadres of government, party and mass organization; expenditures for natural sciences, social sciences, associations for science and technology a nd the special expenditure for the high-tech researches. They include mainly wag es, extra wages, welfare funds, pension for the retirees, stipend, expenses for official business, expenses for equipment purchases, expenses for repairs, busin ess expenses and subsidies to the units which are unable to support their expend itures by their own earnings.

(9) Pension for the disabled or for the families of the bereaved and relief fund s for social welfare: They refer to the funds appropriated from the government b udget for the expenditures of pension for the disabled or for the families of th e bereaved and relief funds for social welfare, including the lump-sum or regula r pension paid by the departments of civil affairs to the members of martyrs fam ilies and families of those who died for the public interest, pension to the rev olutionary disabled, subsidies for permanent disability of various kinds, subsid ies to the military martyrs dependents and the demobilized servicemen, expenditu re for settling down the demobilized servicemen, operating expenses of the conso ling institutions, expenses for management and repair of the commemorative build ings for the martyrs, the expenses managed by the departments of civil affairs f or the retirees and those who have quitted their work, expenses for social relie f in rural and urban areas, operating expenses for providing relief to the areas of natural calamity and subsidies on the reconstruction after the particularly severe natural calamities, etc.

(10) Expenditure on retirees: It refers to the expenditure on retirees of govern ment agencies and institutions that are covered by the state budget.

(11) Expenses on subsidies to social security system: It refers to expenditure f rom the state budget for subsidies to social security system, including subsidie s to the social insurance fund, subsidies to promoting employment, subsidies to laid-off workers of state-owned enterprises, supplement to national social secur ity funds, etc.

(12) Expenditures for national defence: They refer to the funds appropriated fro m the government budget for the expenditures for building up national defence an d safeguarding national security, including expenses of national defence, expens es of scientific researches on national defence, expenses for building up people s militia and expenditure for special projects, etc.

(13) Administrative expenses: They include expenditure for administration, subsi dies to the parties and mass organizations, diplomatic expenditure, expenditure for public security, judicial expenditure, law court expenditure, procuratorial expenditure and subsidies to the expenses for treating the cases by the public s ecurity departments, procuratorial organs and law courts.

(14) Expenditure on policy-related subsidies: It refers to the expenditure appro priated, with the approval of the government, from the state budget for price su bsidies on such products as grain, cotton and edible oil. More specifically, it includes subsidies to the difference between the selling prices and purchasing p rices of grains, cotton and edible oil, subsidies for curtaining prices and for sugar reserve, subsidies to the difference between the selling prices and purcha

sing prices of means pf agricultural production, risk fund for grains, risk fund for non-staple food, risk fund for local production of coal, etc.

(15) Expenditure on interest of debts: It refers to expenses from the state budg et on paying interest of domestic and foreign debts.

Revenue of the central government and revenue of the local governments: refers to the revenue of the central government and that of the local governments as de fined by the decentralized taxation system starting from 1994. In accordance wit h this system, the revenue of the central government includes tariff, consumptio n tax and value added tax levied by the customs, consumption tax, income tax of the enterprises subordinate to the central government, income taxes of the local banks, foreign-funded banks and non-bank financial institutions, business tax a nd profits of railways, head offices of banks, head office of insurance company , which are handed over to the government in a centralized way, tax on city main tenance and construction, tax on purchasing motor vehicles, tonnage tax of ships , 75% of the value added tax, 94% of the tax on stock dealing (stamp tax), inter est income tax in the personal income tax, proportion of the personal income tax (other that interest income tax) to be shared by the central government, and ta x on ocean petroleum resources,. The revenue of the local governments includes b usiness tax, income tax of the enterprises subordinate to the local government, proportion of the personal income tax (other that interest income tax) to be sha red by the central government, tax on the use of urban land, tax on the adjustme nt of the investment in fixed assets, tax on town maintenance and construction, tax on real estates, tax on the use of vehicles and ships, stamp tax, slaughter tax, tax on agriculture and animal husbandry, tax on special agricultural produc ts, tax on the occupancy of cultivated land, contract tax, value-added tax on la nd, income from charges on use of state-owned land, 25% of the value added tax, 6% of the tax on stock dealing (stamp tax) and tax on resources other than the o cean petroleum resources.

Expenditure of the central government and expenditure of the local governments: according to the different functions of the central g overnment and local govern ments in the economic and social activities, the rights of affairs administratio n are classified between the central government and local governments; and the c lassification of the expenditure between the central government and local govern ments are made on the basis of the classification of the rights of affairs admin istration between them. The expenditure of the central government includes the e xpenditure for national defence, expenditure for armed police forces, the admini strative expenses and various operating expenses at the level of central governm ent, expenditure for key projects and the expenditure of the central government for adjusting the national economic structure, coordinating the development amon g different regions and exercising the macro-economic regulation and control. Th e expenditure of the local governments includes mainly the administrative expens es and various operating expenses at the level of local governments, the expendi ture for capital construction and technological innovation with the funds raised by the local government, expenditure for supporting rural production, expenditu re for city maintenance and construction and expenditure for price subsidies, etc.

Extra-budgetary revenue and expenditure Extra-budgetary fund refers to financia l fund of various types not covered by the regular government budgetary manageme nt, which is collected, allocated or arranged by government agencies, institutio ns and social organizations while performing duties delegated to them or on beha lf of the government in accordance with laws, rules and regulations. It mainly c overs following items: administrative and institutional fees, governmental funds and extra charges that are stipulated by laws and regulations; administrative a nd institutional fees approved by the State Council and provincial governments a nd their financial and planning (price management) departments; governmental fun ds and extra charges established by the State Council and the Ministry of Financ e; funds turned over to competent departments by their subordinate institutions; self-raised and collected funds by township governments for their own expenditu re; and other financial funds that are not covered in budgetary management. Soci al security funds are treated as extra-budget fund and managed for its exclusive use, given the circumstance that separate government budgetary system for socia l security is yet to be designed. Special accounts are opened by the financial d epartments in banks for the management of revenue and expenditure of extra-budge tary fund. Extra-budgetary revenue and expenditure is managed separately, namely , revenue of institutions and departments must enter into the special accounts o f the financial departments at the same administrative level, and their extra-bu dgetary expenditure is arranged in line with the extra-budget plans and appropri ated from these accounts.

Credit Funds refer to the funds issued as loans by bank ing institutions. The sources of credit funds of the banking institutions included deposits, issue of financial bonds, account-payable and temporary gathering, liabilities to int ernational financial institutions, currency in circulation, various reserves, ow ners' rights and interests and other items. The credit funds can be used in form s of loans, securities and investment, account receivable and advance payment, e ntrusted investment, gold, foreign exchange, cash on hand, government debt and a ssets in the international financial institutions.

Deposit is a form of credit by which enterprises, insti tutions, organizations or households can put money into banks and other credit institutions for safekee ping and interest earning under the principle of free withdrawal. According to d ifferent depositors, deposits are divided into enterprise deposits, treasury dep osits, deposits of government agencies and organizations, capital construction d eposits, savings deposits, rural saving deposits, entrusted deposits and other d eposits. Deposits are major sources of the credit funds of banks.

Loan is a form of credit by which banks and other credi t institutions provide funds at certain interest rate to enterprises and individuals in the light of th e principle of unconditional repayment. Loans from Chinese banks include circula ting capital loans, fixed assets loans, loans to urban and rural individuals eng aged in industrial and commercial business and agricultural loans.

Insurance Companies refer to commercial insurance compa nies of various forms re gistered by law and established in China with the approval of insurance regulato ry agencies.

Amount Insured refers to the maximum that the insurant will get for the claim of the case insured.

Premium is the fee paid by the insurant to the insurer to obta in the obligation of compensation from the insurance within the agreed terms. Settled Claim is the compensation paid by the insurer to the insurant in accor dance with the insurance contract.

Payment includes payment for death, injury or medical t reatment and mature pay ment. Payment for death, injury or medical treatment refers to the money paid to the insurant (or the beneficiary) in accordance with the life or health insuran ce contract when the insurant encounters accidents within the insured period cov ered in the contract. Mature payment refers to the mature payment to the insuran t in accordance with the life insurance contract at the end of the insured period.

Consumer Price Indices reflect the trend and degr ee of changes in prices of con sumer goods and services purchased by urban and rural residents, and is a compos ite indices derived from the urban consumer price indices and the rural consumer price indices. Consumer price indices can be used to analyze the impact of cons umer price change on actual expenditure for living cost of urban and rural residents.

Urban Consumer Price Indices reflect the trend and degr ee of changes in prices of consumer goods and services purchased by urban households during a given peri od. It can be used to observe and analyze the impact of price changes in consume r goods and services on wages (in monetary terms) of staff and workers, and prov ide basis for policy-making concerning the living cost and wages of staff and workers.

Rural Consumer Price Indices reflect the trend and degr ee of changes in prices of consumer goods and services purchased by rural households during a given peri od. It can be used to observe the impact of change in retail prices of consumer goods and service prices in rural areas on living expenditure of rural household s, and to show the changes in the living standard of peasants. It provides basis for analysis and research on condition of life in rural areas.

Retail Price Indices reflect the trend and degree o f change in retail p rices of commodities during a given period. The change in retail prices of commodities d irectly affect the living expenditure of urban and rural residents, government r evenue, purchasing power of residents and the equilibrium of market supply and d emand, and the ratio of consumption to accumulation. Therefore, the retail price indices are useful to analyze the changes of the above economic activities.

Price Indices of Means of Agricultural Production reflect the trend and degree of changes in prices of means of agricultural production during a given period. Price indices of means of agricultural production are composed of 8 categories i ncluding small farm tools, feeds, young domestic animals and poultries, semi-mec hanized farm machinery, mechanized farm machinery, chemical fertilizers, pestici des and spraying machinery, fuels for farm machinery. Compilation of these indic es help to understand the changes in prices of input into agricultural productio n and facilitate the compilation of national account statistics. Before 1994, pr ice indices of means of agricultural production was a sub-category in the in the retail price indices of commodities, and it has been compiled separately since 1994.

Indices of Producers´ Prices for Farm Products reflect the trend and degree of changes in producers' prices received by farmers when they sell farm products du ring a given period. These indices depict the change in the level and structure of producers' prices of farm products of the country and meet the needs of agric ulture statistics and national account statistics. The producers' price index of a given product is calculated through geometrical mean of individual indices of all surveyed units who sell such product, and the indices of a product category is obtained through weighted mean of price indices of all products in the categ ory. Method for calculating accumulative quarterly indices is the same as for ca lculating the distinctive quarterly indices.

Ex–factory Price Indices of Industrial Products reflect the trend and degree of changes in general ex-factory prices of all industrial products during a given period, including sales of industrial products by an industrial enterprise to al l units outside the enterprise, as well as sales of consumer goods to residents. It can be used to analyze the impact of ex-factory prices on gross output value and value-added of the industrial sector.

Indices of Purchasing Prices of Raw Materials, Fuels and Power reflect changes in the level and degree of prices paid by industrial enterprises when they purch ase production input such as raw materials, fuels and power from the market or f rom other energy or raw materials producing enterprises. These indices provide i mportant basis for measuring the material consumption of industrial enterprises after removing influence of price changes.

At present, over 900 products in 9 categories, including fuels a nd power, ferrou s metals, non-ferrous metals, chemicals, building materials, are covered in Chin a for the survey to produce indices of purchasing prices of raw materials, fuels and power.

Price Indices of Investment in Fixed Assets reflect the trend and degree of cha nges in prices of investment goods and projects in fixed assets during a given p eriod. The investment in fixed assets consists of three components, namely the i nvestment in construction and installation, the investment in purchases of equip ment and instrument, and the investment in other items. Price indices of investm ent in fixed assets are calculated as the weighted arithmetic mean of the price indices of the three components of investment in fixed assets.

Removing the factor of price change in the aggregates of investment at current p rices, this indicator shows the changes in the prices of commodities and fees in volved in the investment of fixed assets, and can be used to observe the actual size, growth, structure, and efficiency of investment in fixed assets and provid es reliable and scientific data for government planning, management, decision-ma king, and further improving the current national accounting system.

I. Urban Households

Population of urban households refer to members of the household living and sh aring economically together. All income and expenditure of the population of the household are included in the income and expenditure of the household.

Proportion of urban employment refer to the proportion of employed population to the population of urban households.

Number of dependents per urban employee refers to the ratio between number of p ersons in urban households and the number of dependents.

Total Income of Urban Households refers to the sum of w age and salary, net busi ness income, income from properties, and income from transfers of members of the households, excluding income from selling of properties and income from borrowings.

Disposable Income of Urban Households refers to the act ual income at the dispos al of members of the households which can be used for final consumption, other non-compulsory expenditure and savings. This equals to total income minus income tax, personal contribution to social security and sample household subsidy for k eeping dairies. Following formula is used:

Disposable income = total household income - income tax - personal contribution to social security - sample household subsidy for keeping dairies

Total expenditure of Urban Households refer to all expe nditure of the household s except expenditure on leading. It includes expenditure on consumption, on purc hasing or building houses, on transfers, on properties and on social security.

Consumption Expenditure of Urban Households refers to t otal expenditure of the sample households for consumption in daily life, including expenditure on eight categories such as food, clothing, household appliances and services, health ca re and medical services, transport and communications, recreation, education and cultural services, housing, miscellaneous goods and services.

Expenditure of Urban Households on Consumption of Services refers to expenditure of households on services of various kinds provided by the society.

Urban Households by Income Group All households in the sample are grouped, by per capita disposable income of the household, into groups of lowest income, low income, lower middle income, middle income, upper middle income, high income and highest income, each group consisting of 10%, 10%, 20%, 20%, 20%, 10% and 10% o f all households respectively. The lowest 5% of households are also referred to as poor households.

Engel Coefficient refers to the percentage of expenditu re on food in the total consumption expenditure, using the following formula:

Engel Coefficient = (expenditure on food / total consumption expenditure) x 100%

II. Rural Households

Rural Households refer to resident households in rural areas. Resident househol ds in rural areas are the households residing for more than one year in the area s under the jurisdiction of administration of township governments (excluding co unty towns), and in the areas under the jurisdiction of administration of villag es in county towns. Migrated households residing in the current addresses for ov er one year with their household registration in other places are included in th e resident households of their current addresses. For households with their hous ehold registration in one place but all members of the households moving away fo r living in another place for over one year, they will not be included in the ru ral households of the area where they are registered, irrespective of whether th ey still keep their contracted land.

Resident Population refers to population staying at hom e permanently or for ove r 6 months during a year and sharing life economically with the household. Membe rs of the household staying away from the household for over 6 months but keepin g a close economic relation with the household by sending the majority of income to the household are regarded as resident population of the household. Governme nt staff and workers or retirees living as close members of the household are al so considered as resident population. However, servicemen, students of secondary technical schools or schools of higher education and persons with stable jobs a nd residence outside the household (excluding those visiting relatives or seekin g medical service) are not included as resident population of the household. Res ident population is used in calculating income, consumption, accumulation on per capita basis of rural households and in analyzing composition of rural households.

Full/Semi Labour Force Full labour force refers to pers ons capable of work, age d 18-50 for males and 18-45 for females. Semi labour force refers to persons cap able of work, aged 16-17 and 51-60 for males and 16-17 and 46-55 for females. Pe rsons at their working ages but not capable of work are not to be included as la bour force. Persons not at working ages but participating regularly in work are included in semi labour force. For staff and workers as resident population of t he household, they are included as full or semi labour force of the household if they are in the labour force.

Total Income refers to the sum of income earned from various so urces by the rur al households and their members during the reference period, and is classified a s income from wages and salaries, income from household operations, income from properties and income from transfers.

Income from Wages and Salaries refers to income from la bour ear ned by the members of rural households employed by other units or individuals.

Income from Household Operations refers to income by the rural househol ds as un its of production and operations. Operations by rural households are classified by economic activities as agriculture, forestry, animal husbandry, fishery, manu facturing, construction, transportation, post and telecommunications, wholesale, retail and catering, social service, culture, education, health, and other hous ehold operations.

Income from Properties refers to the income received as returns by owners of fi nancial assets or tangible non-productive assets by providing capitals or tangib le non-productive assets to other institutional units.

Income from Transfers refers to the receipt by rural ho useholds and their membe rs of goods, services, capitals or rights of assets without giving or repaying a ccordingly, excluding capitals provided to them for the formation of fixed asset s. In general, it refers to all income received by rural households through redi stribution.

Cash Income refers to income received by rural househol ds and their members in the form of cash during the reference period. It is classified, by source of inc ome, into income from wages and salaries, cash income from household operations , income from properties and income from transfers

Net Income refers to the total income of rural househol ds from all sources minu s all corresponding expenses. The formula for calculation is as follows:

Net income = total income - household operation expenses - taxes and fees - depr eciation of fixed assets for production - subsidy for participating in household survey - gifts to non-rural relatives Net income is mainly used as input for re production and as consumption expenditure of the year, and also used for savings and non-compulsory expenses of various forms. "Per capita net income of farmer s" is the level of net income averaged b y population which reflects the average income level of rural households in a gi ven area.

Production Capacity of Water Supply refers to the d esigned comprehensive produc tion capacity of water facilities, covering the 4 links of water collection, pur ification, conveyance, and outflow through trunk pipelines. Increase capacity th rough transformation and innovation projects are included as well. The capacity is determined mainly on the weakest of the above-mentioned 4 links.

Length of Water Supply Pipelines at the Year–end refers to the total length of all the pipelines between the water pumps and the user's water meters, excluding pipelines newly installed but not used yet.

Annual Volume of Water Supply refers to the total volum e of water supplied by w ater-works (units) during the reference period, including both the effective wat er supply and loss during the water supply.

Consumption of Water for Residential Use refers to the water consumption of hou seholds for daily life and the water consumption of public service facilities. T he latter refers to water consumption for urban public services, including the c onsumption of government agencies and public institutions, military barracks, pu blic facilities, wholesale and retail outlets, restaurants, hotels, and other un its providing public services. Household water consumption refers to consumption of water for daily life of all households in the boundary of cities, including households of urban residents and farmers, and public water supply stations.

Percentage of Urban Population with Access to Tap Water refers to the ratio of t he urban population with access to tap water to the total urban population. The formula is:

Percentage of population with access to tap water= (Urban population with access to tap water) / (Urban population)×100%

Production Capacity of Gaswork Gas refers to the comprehensive production capac ity of the urban gasworks in gas generation, purification and delivery at the en d of the reference period, excluding capacity of the reserved facilities. In gen eral, it is determined by the designed capacity, and when actual production capa city is larger than the designed capacity, the capacity is determined by the act ual measurement on the weakest link in the production, purification and delivery .

Length of Gas Pipelines refers to the total length of p ipelines in use between the outlet of the compressor of gas-work or outlet of gas stations and the leadi ng pipe of users, excluding pipelines within gasworks, delivery stations, LPG st orage stations, refilling stations, gas-mixing stations and supply stations.

Volume of Gas Supply refers to the total volume of gas provided to users by gas -producing enterprises (units) in a year, including the volume sold and the volu me lost.

Percentage of Urban Population with Access to Gas refers to the ratio of the urban population with access to gas to the total urban population at the end of th e reference period. The formula is:

Percentage of population with access to gas = (Urban population with access to g as / Urban population) x 100%

Heating Capacity in Urban Area refers to the designed c apacity of heating enter prises (units) in supplying heating energy to urban users during the reference period.

Quantity of Heat Supplied in Urban Area refers to the t otal quantity of heat fr om steam and hot water supplied to urban users by heating enterprises (units) du ring the reference period.

Length of Heating Pipelines refers to the total length of steam or hot water pi pelines for sources of heat to the leading pipelines of the buildings of the use rs, excluding internal pipelines in heat generating enterprises.

Length of Paved Roads at the Year–end refers to the len gth of roads with paved surface including squares bridges and tunnels connected with roads by the end of the year. Length of the roads is measured by the central lines for vehicles fo r paved roads with a width of 3.5 meters and over, including roads in open-ended factory compounds and residential quarters.

Urban Bridges refer to bridges built to cross over natu ral or man-made barriers , including bridges over rivers, overpasses for traffic and for pedestrian, unde rpasses for pedestrian, etc. Both permanent and semi-permanent bridges are included.

Length of Urban Sewage Pipes refers to the total length of general drainage, tr unks. branch and inspection wells, connection wells, inlets and outlets, etc.

Daily Disposal Capacity of Urban Sewage refers to the d esigned 24 hour capacity of sewage disposal by the sewage treatment works or facilities.

Number of Vehicles under Operation at the Year–end refers to the total number o f vehicles under operation by public transport enterprises (units) at the end of the year, based on the records of operational vehicles by the enterprises (units).

Area of Urban Gardens and Green Areas refers to the tot al area occupied for gre en projects at the end of the reference period, including public green land, gre en land in residential quarters, green land attached to institutions, protection green land, production green land, roadside green land and forest in scenic spo ts. It does not include the following:

(1) Greenery and plants on roofs, balconies, indoors and vertical green areas;

(2) Forest, cultivated land, grassland, orchards and bamboo grooves that are for production purpose; and

(3) Water areas that are not included in urban master plan as green land.

Public Green Area refers to green areas open to the pub lic such as municipal, community and neighborhood parks and roadside parks, including waters within park s. Neighborhood parks should occupy an area larger than 10,000 square meters, an d the width of roadside parks should occupy an area larger than 400 square meter s, with a width of more that 8 meters.

Gross Output Value of Farming, Forestry, Animal Husbandry and Fishery refers to the total value of products of farming, forestry, animal husbandry and fishery, and total value of services rendered to support farming, forestry, animal husba ndry and fishery activities. It reflects the total scale and results of agricult ural production during a given period. Prior to 1957, Chinas gross agricultural output value included barnyard manure and handicraft products for self-consumpti on (clothes, shoes, stockings, and initial grain processing undertaken by peasan ts). Since 1958, cutting and felling of bamboo and trees by villages and other c ooperative organizations under villages have been included in forestry; value of barnyard manure has been excluded from animal husbandry; self consumed handicra fts has been excluded from sideline occupations, while the output value of indus tries run by villages and cooperative organizations under village had been incl uded in sideline occupations and the output value of fish catches by motor fishi ng boats has been added to fishery. Since 1980, the value of handicraft products made for sale by individuals in households had been added to sideline occupatio ns. Since 1984, industries run by villages and under villages have been included in the sector of industry. Since 1993, the subdivision of sideline occupations has been canceled, and the hunting of wild animals has been classified into anim al husbandry, and the gathering of wild plants and commodity industry run by rur al household have been included in farming. A new industrial classification of e conomic activities was introduced in 2003. Under the new classification, value o f services to farming, forestry, animal husbandry and fishery is included in the gross output value of agriculture, value of wood felling and transport is inclu ded in forestry, value of industrial output by rural households is not included in agriculture, and the collection of wild forest products is taken from agricul ture and included in the forestry. The first agriculture census of China reveale d some discrepancy between the production of animal products from the annual rep orts and that from the census. Efforts were made by the Rural Socio-economic Sur vey Organization of NBS to adjust the output value of animal husbandry to make t he figures from the annual reports consistent with the census data.

Gross output value of agriculture is obtained by first multiplying the output of each product or by product by its price, resulting in the output value of each single item. For a small number of products, annual output of which is not avail able or difficult to get due to the long production (growing) process involved, the output value is estimated through an indirect approach. The sum of output va lue of all products of farming, forestry, animal husbandry and fishery is then e qual to the gross output value of agriculture.

Grain Output refers to the total output in the whole coun try including grains p roduced by state farms, collective units, rural households, as well as by farms affiliated to industrial and mining enterprises and other production units. Grai n includes rice, wheat, corn, sorghum, millet and other miscellaneous grains as well as tubers and bean. Output of beans refers to dry beans without pods. The o utput of tubers (sweet potatoes and potatoes, not including taros and cassava) w as converted into that of grain at the ratio 4:1, i.e. 4 kilograms of fresh tube rs was equivalent to 1 kilogram of grain up to 1963. Since 1964 the ratio for co nversion has been 5:1. Tubers supplied as vegetables (such as potatoes) in citie s and suburbs are calculated as fresh vegetables and their output is not include d in the output of grain. Output of all other grains refers to husked grain.

Output of Oil-bearing Crops refers to the total product ion of oil-bearing crops of various kinds, including peanuts, (dry, in shell) rapeseeds, sesame, sunflow er seeds, flax seeds, and other oil-bearing crops. Soybeans, oil-bearing woody p lants, and wild oil-bearing crops are not included.

Output of Aquatic Products refers to catches of both ar tificially cultured and naturally grown aquatic products, including fish, shrimps, crabs and shellfish i n sea and inland water as well as seaweed. Freshwater plants are not included. Output of Pork, Beef, and Mutton refers to the meat of slaughtered hogs, cattl e, sheep and goats with head, feet, and offal taken away.

Number of Livestock or Poultry in Stock at Beginning (or End) refers to the tota l number of large animals, pigs, sheep, fowls, etc. raised by rural cooperative organizations, state farms, rural individuals, government agencies, schools, ind ustrial and mining enterprises, army, and urban residents at the beginning (or e nd) of the reference period. Data reporting system and data adjustment are the s ame as that in the output of pork, beef and mutton.

Regularly Cultivated Land refers to farmland among the total land resources, whi ch is exclusively used for farming and is under regular cultivation with harvest in normal years. Included are currently cultivated land, land that has been aba ndoned or put in idle for less than 3 years and could be re-used for cultivation at any time, and new-claimed land that has been put into cultivation for more t han 3 years. According to statistical coverage, it includes the gouges, dykes, r oads and ridges of field with 1 meter wide in Southern areas and 2 meters wide i n Northern areas. Excluded under this category are steep slope land over 25 degr ees under temporary cultivation, land (large or small plots) that is claimed alo ng river bends, lake sides or banks of reservoirs, as well as land that has been designated under the "Green for Grain" programmes of the state and provincial g overnments but is still temporarily under cultivation. The regularly cultivated land is the key protection land of the nation, an important indicator reflecting the comprehensive productivity of agriculture of China.

Sown Area of Crops refers to area of land sown or trans planted with crops regar dless of being in cultivated area or non-cultivated area. Area of land re-sown d ue to natural disasters is also included. This is an important indicator that ca n reflect the utilization condition of the cultivated land in China.

Irrigated Area refers to areas that are effectively irr igated, i.e. level land, which has water source and complete sets of irrigation facilities to lift and m ove adequate water for irrigation purpose under normal conditions. Under normal conditions, irrigated area is the sum of watered fields and irrigated fields whe re irrigation systems or equipment have been installed for regular irrigation pu rpose. This important indicator reflects drought resistance capacity of the cult ivated land in China.

Consumption of Chemical Fertilizers in Agriculture refers to the quantity of che mical fertilizers applied in agriculture in the year, including nitrogenous fert ilizer, phosphate fertilizer, potash fertilizer, and compound fertilizer. The co nsumption of chemical fertilizers is required in calculation to convert the gros s weight into weight containing 100% effective component (e.g. 100% nitrogen con tent in nitrogenous fertilizer, 100% phosphorous pent oxide contents in phosphat e fertilizer, 100% potassium oxide contents in potash fertilizer). Compound fert ilizer is converted with its major component. The formula is :

Volume of effective component= physical quantity x effective com ponent of certain chemical fertilizer (%)

Total Power of Farm Machinery refers to total mechanica l power of machinery us ed in farming, forestry, animal husbandry, and fishery, including ploughing, irr igation and drainage, harvesting, transport, plant protection, stock breeding, f orestry and fishery. The power of internal combustion engines is required to con vert horsepower into watts and the power of electric motors is required to be co nverted into watts. Machinery employed for non-agricultural purposes, such as th e machines used in township run and village-run industry, construction, non-agri cultural transport, scientific experiments and teaching, is excluded. Data are m ainly from agricultural machinery agencies.

Rural Employed Persons refer to rural labor forces aged over 16 years old who a re engaged in real production and management activities and receive payment in k ind or wages, including those covered within the age frame and regularly partici pating in production activities, and those who are out of the range of age frame and also participating in production activities regularly. Excluding students s tudying in other places with their permanent residence registered in local areas , servicemen and persons incapable of working; also excluding those who are wait ing for jobs and those engaged in household work. Persons employed are classifie d as rural employed persons; industrial employed persons; construction industry employed persons; transport, storage and telecommunications industries employed persons; whole sales and retail sales trade and catering industry employed perso ns and others according to the longest period of employment in major activities (or using income indicator when period of employment is the same).

Industry refers to the material production sector w hich is engaged in extraction of natural resources and processing and reprocessing of minerals and agricultur al products, including (1) extraction of natural resources, such as mining, salt production (but not including hunting and fishing); (2) processing and reproces sing of farm and sideline produces, such as rice husking, flour milling, wine ma king, oil pressing, silk reeling, spinning and weaving, and leather making; (3) manufacture of industrial products, such as steel making, iron smelting, chemica ls manufacturing, petroleum processing, machine building, timber processing; wat er and gas production and electricity generation and supply; (4) repairing of ind ustrial products such as the repairing of machinery and means of transport (incl uding cars).

Prior to 1984, the rural industry run by villages and cooperative organizations under village was classified into agriculture. Since 1984, it has been grouped into industry.

Units of industrial statistics survey corporate industrial enterprises with inde pendent accounting system.

Corporate industrial enterprises with independent accounting system refer to ent erprises engaging in industrial production activities, which meet the following requirements: ①They are established legally, having their own names, organizati ons, location, able to take civil liability; ②They possess and use their assets independently, assume liabilities, and are entitled to sign contracts with othe r units; ③They are financially independent and compile their own balance sheets . Enterprises covered in the industrial statistics in the Yearbook include followi ng categories by their registration:

State–owned Enterprises refer to industrial enterprises where the means of produ ction or income are owned by the state. Joint state-private industries and priva te industries, which existed before 1957, have been transformed into state indus tries. Statistics on these enterprises has been included in the state-owned indu stries since 1957 when separation of data was no longer necessary.

Collective–owned Enterprises refer to industrial enterp rises where the means of production are owned collectively, including urban and rural enterprises investe d by collectives and some enterprises which were formerly owned privately but ha ve been registered in industrial and commercial administration agency as collect ive units through raising fund from the public.

Share–holding Cooperative Enterprises refer to economic units set up on co operative basis, with funding partly from members of the enterprise and partly f rom outside investment, where the operation and management is decided by the mem bers who also participate in the production, and the distribution of income is b ased both on work (labour input) and on shares (capital input).

Joint-operation enterprises refer to economic units that are established by join t investment by two or more corporate enterprises or institutions of the same or different types of ownership on voluntary, equal and mutual-beneficial basis. T hey include:

a) state-owned joint-operation enterprises (joint operation between state- owned enterprises);

b) collective joint-operation enterprises (joint operation between collect ive enterprises; and

c) state-collective joint-operation enterprises (joint operation between s tate and collective enterprises).

Limited Liability Corporations refer to economic units registered in accordance with the Regulation of the People's Republic of China on the Management of Regis tration of Corporations, with capitals from 2 to 49 investors, each investor bea rs limited liability to the corporation depending on his/her holding of shares, and the corporation bears liability to its debt to the maximum of its total assets.

Share–holding Corporations Ltd. refer to economic units registered in accordance with the Regulation of the People's Republic of China on the Management of Regi stration of Corporate Enterprises, with total registered capitals divided into e qual shares and raised through issuing stocks. Each investor bears limited liabi lity to the corporation depending on the holding of shares, and the corporation bears liability to its debt to the maximum of its total assets.

Private Enterprises refer to economic units invested or controlled (by hol ding the majority of the shares) by natural persons who hire labours for profit- making activities. Included in this category are private limited liability corpo rations, private share-holding corporations Ltd., private partnership enterprise s and private sole investment enterprises registered in accordance with the Corp oration Law, Partnership Enterprise Law and Tentative Regulation on Private Ente rprises.

Enterprises with Funds form Hong Kong, Macao and Taiwan refers to all industrial enterprises registered as the joint-venture, cooperative, sole (exclusive) inve stment industrial enterprises and limited liability corporations with funds from Hong Kong, Macao and Taiwan.

Foreign Funded Enterprises refers to all industrial ent erprises registered as the joint-venture, cooperative, sole (exclusive) investment industrial enterpris es and limited liability corporations with foreign funds.

Light Industry refers to the industry that produces con sumer goods and hand too ls. It consists of two categories, depending on the materials used:

(1) Industries using farm products as raw materials. These are branches of light industry which directly or indirectly

use farm products as basic raw materials, including the manufacture of food and beverages, tobacco processing, textile, c lothing, fur and leather manufacturing, paper making, printing, etc.

(2) Industries using non farm products as raw materials. These are branches of l ight industry which use manufactured goods as raw materials, including the manuf acture of cultural, educational articles and sports goods, chemicals, synthetic fiber, chemical products for daily use, glass products for daily use, metal prod ucts for daily use, hand tools, medical apparatus and instruments, and the manuf acture of cultural and clerical machinery.

Heavy Industry refers to the industry which produces ca pital goods, and provide s various sectors of the national economy with necessary material and technical basis. It consists of the following three branches according to the purpose of p roduction or the use of products:

(1) Mining, quarrying and logging industry refers to the industry that extracts natural resources, including extraction of petroleum, coal, metal and non-metal ores.

(2) Raw materials industry refers to the industry that provides various sectors of the national economy with raw materials, fuels and power. It includes smeltin g and processing of metals, coking and coke chemistry, chemical materials and bu ilding materials such as cement, plywood, and power, petroleum refining and coal dressing.

(3) Manufacturing industry refers to the industry that processes raw materials. It includes machine building industry which equips sectors of the national econo my, industries of metal structure and cement products, industries producing mean s of agricultural production, such as chemical fertilizers and pesticides. Accor ding to the above principle of classification, the repairing trades which are en gaged primarily in repairing products of heavy industry are classified into heav y industry while these engaged in repairing products of light industry are class ified into light industry.

Gross Industrial Output Value

(1) Definition: Gross industrial output value is the total volume of final indus trial products produced and industrial services provided during a given period. It reflects the total achievements and overall scale of industrial production du ring a given period.

(2) Principles for calculation:

Statistics on industrial production follow the principle that all products produ ced by the enterprises and accepted during the reference period are to be includ ed no matter whether they are sold or not during the reference period.

Determination of final products follow the principle that all products that are included in the calculation of grow industrial output value are the final produc ts of the enterprise which have been accepted through quality check and require no further processing. If an enterprise has intermediate (semi-finished) product s to sell, these intermediate products are considered as the final products of t he enterprise.

Gross industrial output value is calculated following the principle of factory a pproach, i.e. industrial enterprise is used as the basic accounting unit in calc ulating the gross industrial output value. By this approach, value of the same p roduct is not to be double counted, and the output value of different workshops (branch factories) should not be added. However, this approach does not exclude the possibility of double counting between enterprises.

(3) Content and calculation method: The old definition of gross industrial outpu t value was modified during the national industrial census in 1995. The revised (new) definition of gross industrial output value consists of 3 components: valu e of the finished products during the reference period, income from external pro cessing, and value of change in semi-finished products at the end and at the beg inning of the reference period.

Value of the finished products during the reference period: refers to the value of all finished (semi-finished) industrial products that are produced during the reference period without the need for further processing, checked for acceptance, packed and put into the warehouse of the enterprise, including the value of o wn-produced equipment and the value of products provided to the projects under c onstruction of the enterprise, and to other non-industrial or welfare units. Val ue of finished products during the reference period is calculated by the quantit y of products produced using own materials multiplied by the average unit prices at which products are sold (excluding value-added tax). Own-produced equipment and products produced for own use are value at cost prices as in the case of ent erprise accounting. Value of finished products does not include the value of fin ished products (semi-finished products) that are produced using the materials fr om the clients who make the orders.

Income from external processing: refers to income from contracted external proce ssing of industrial products (including processing of industrial products using materials from the clients), and the income from industrial repairing work provi ded to other units. Income from external processing is calculated using informat ion from the item "products sales income" in the enterprise accounting at the pr ices excluding value-added tax.

For income from services such as processing, repairing and installation of equip ment provided to non-industrial units within the enterprise, if the accounting work of the enterprise is good enough to separate it from other records, and the share of such services is significant, it should also be included in the income from external processing.

Value of change in semi-finished products at the end and at the beginning of the reference period: refers to the value of change in semi-finished products at th e end and at the beginning of the reference period, which generally can be obtai ned from accounting records of enterprises. If the enterprise accounting exclude s the cost of semi-finished products, then it should not be included in the gros s industrial output value, and vice versa.

(4) Changes in the coverage and method of calculation of gross industrial output value Prior to 1984, the value of rural industry run by villages was classified into a griculture instead of industry. Since 1984, it has been included in the gross in dustrial output value.

Method of calculation for the gross industrial output value was modified in the industrial census in 1995. The difference in the new method as compared with the old one is outlined below:

Principle in using full value vs. processing fee: The new method stipulates that all products produced using own materials are to be calculated with full value in reporting the gross industrial output value irrespective of sophistication of production, and for external processing, it allows calculation using processing fee. In the old method, however, the use of full value or processing fee was de termined by the degree of sophistication of production in different branches of industries.

Principle in determining the value of change in semi-finished products: The new method requires that value of the change in semi-finished products should be inc luded in the gross industrial output value if it is included in the accounting r ecord of the enterprise, otherwise it should not be included. By the old method, it is determined by the type of enterprises in terms of production cycle. If th e production cycle is over 6 months, the value of change in semi-finished produc ts is included in the gross industrial output value, otherwise it is excluded.

Difference in prices: The new method uses prices excluding value-added tax in th e calculation of gross industrial output value, while the old method used prices including value-added tax.

Value–added of Industry refers to the final results of industrial production of industrial enterprises in money terms during the reference period.

Industrial value-added can be calculated by two approaches: the production appro ach, i.e. gross industrial output value minus intermediate input plus value-added tax, and the income approach, i.e. income for various factors used in the cour se of production, including depreciation of fixed assets, remuneration of labourers, net of production tax, and operating surplus. Value-added of industry in th e Yearbook is calculated by production approach as following:

Value-added of industry = gross industrial output - industrial intermediate inpu t + value-added tax

(1) Gross industrial output: refers to the total achievements of industrial prod uction during a given period. Gross industrial output includes value of finished products, income from external processing, and value of change in semi-finished products at the end and at the beginning of the reference period. Since 1995, i t was substituted by the gross industrial output value by new method.

(2) Industrial intermediate input: refers to purchased goods and paid services c onsumed during the industrial production of enterprises. Fees paid for services include fees paid for the services provided by material production sectors (indu stry, agriculture, wholesale and retail trade, construction, transport, post and telecommunications) and by non-material production sectors (insurance, banking, culture, education, scientific research, health and medical care, public

admini stration, etc.). The determination of industrial intermediate input follows the principle that the goods and services must be purchased from outside and include d in the gross industrial output, and that the goods and services are inputted i nto production and consumed (include low-value consumables) during the reference period.

Industrial intermediate input includes 5 components, namely direct consumption o f materials, industrial intermediate input in manufacturing cost, industrial int ermediate input in management cost, industrial intermediate input in marketing c ost and expenditure on interest.

Capitals Obtained refers to capital actually received b y the enterprise from in vestors that could be used as operational capitals for a long period. According to the current accounting system, capitals obtained can be classified by investo rs as state capital, collective capital, corporate capital, individual capital, capital from Hong Kong, Macau and Taiwan and foreign capital.

State capital:refers to capital which is formed through state-o wned investment into the enterprise by government agencies or institutions that could represent the state in the investment.

Collective capital: refers to capital which is formed through state-owned invest ment into the enterprise by collective institutions or units that could represen t the state in the investment.

Corporate capital: refers to capital which is formed through investment by other corporate units using assets which is at their disposal by law.

Individual capital: refers to capital which is formed through investment by indi viduals outside the enterprise or employees of the enterprise using their person al legal properties.

Capital from Hong Kong, Macau and Taiwan: refers to cap ital which is formed thro ugh investment by investors from Hong Kong, Macau and Taiwan of China using thei r assets of various forms.

Foreign capital: refers to capital which is formed through investment by foreign investors.

Total Assets refer to all economic resources, in moneta ry terms, that is owned or controlled by enterprises, including properties, creditors equity and other e conomic rights of all forms. Classified by the degree of equitability, total ass ets include circulating assets, long-term investment, fixed assets, intangible a ssets and deferred assets, and other assets. Data on this indicator can be obtai ned by the year-end figures of total assets in the Assets and Liability Table of accounting records of enterprises.

Total Working Capitals refer to capitals which can be cashed in or spent or consumed in an operating cycle of one year or over one year, including cash, all kinds of deposits, short term investment, receivable and payable payment for go ods or deposits.

Average Value of Working Capitals refers to the average value of all working capitals of the enterprise during the reference period. Original Value of Fixed Assets refers to the value of payment by the enterprise in building, purchasing installing reconstructing, expending or transforming a particular item of fixed assets. In general, it includes value of purchase, cost for packaging, transportation, installation, etc.

Annual Average of Net Value of Fixed Assets refer to av erage of the net value o f fixed assets during the reference period, calculated with the following formula:

Annual Average of Net Value of Fixed Assets = sum of net value of fixed assets at the beginning and at the end of each month from January to December / 24.

Information on this indicator can be obtained from the beginning and ending figu res of the original value of fixed assets and cumulative depreciation from the A ssets and Liability Table of enterprises.

Net value of fixed assets refers to the original value of fixed assets minus dep reciation over the years, i.e.:

Net value of fixed assets = original value of fixed assets - cumulative deprecia tion

Total Liquid Liabilities refer to enterprises' total de bt payable within an op erating cycle of one year or over one year, including short-term loans, notes an d accounts payable, advance payments received, wages and welfare funds payable, taxes and profit payable, other payables, fees received by advance payment, etc. Liquid liabilities feature in the short term of payment, immediate payment at th e request of creditors, or payable within one year.

Total Long-term Liabilities refers to the debt payable within an operating cycl e of one year or over one year. It is the capital that enterprises raised from c reditors for the long-term use of enterprises in addition to capitals put into t he enterprise by investors, and constitutes the economic liabilities that enterp rises have to repay by assets or labour services, including long-term loans, pay able liabilities, long-term payable, other long-term liabilities, etc. Compared with the liquid liabilities, the long-term liabilities feature in large volume, longer term for repayment, and larger benefits for investors.

Creditors´ Equity refers to investors ownership of net assets of the enterprise , which is equal to the total assets of the enterprise minus its total liabiliti es, including the primary input actually received at the enterprise from investo rs, capital accumulation fund, surplus accumulation fund and undistributed profi t. When the total of creditors' equity is less than zero, that indicates the lia bility of the enterprise is larger that its assets.

Sales Revenue of Industrial Products refers to the reve nue from the sales of fi nished and semi-finished products and from rendering of industrial services by industrial enterprises during the reference period.

Cost of Industrial Products Sold refers to the actual c ost of finished and semi- finished products sold and industrial services rendered by industrial enterprise s during the reference period.

Tax and Extra Charges on Sales of Products refer to the tax on city maintenance and construction, consumption tax, resources tax and extra charges for education, which should be borne by the enterprises in selling products and providing in dustrial services during the reference period.

Total Profits refer to the final achievements of produc tion and operation of th e enterprises, represented by the total profits after deducting losses (loss is expressed by the negative figure). It is the sum of profits from operation, inco me from subsidies, investment earnings, net income from activities other than op eration, and adjustment of profits and losses of previous years.

Value-added Tax Payable refers to the amount of the val ue-added tax which shoul d be paid by the enterprises during the reference period. It is the sum of tax o n sales, export rebate, and transferred tax on purchases of the current year, mi nus the tax on purchases of the current year. Value-added tax payable of small-s ize enterprises is determined by the taxable sales of the year multiplied by the tax rate.

Average Annual Number of Employed Persons Employed persons refer to all those who are employed in enterprises and receive remunerations therefrom, including c urrently working employees, retirees who are re-employed, teachers of local-run schools, as well as foreigners, staff from Hong Kong, Macau and Taiwan, part-tim e employees and persons with second job who are employed by the enterprise, and employees of other units temporarily working in the enterprises, but excluding f ormer employees who left the enterprise with their employment records still kept by the enterprises.

Average number of employed persons refers to the number of employees everyday du ring the reference period, calculated with the following fomula:

Monthly average number = sum of actual employees everyday in reference month/number of calendar dates in reference month

Quarterly average number = sum of monthly average number in reference quarter/3

Annual average number = sum of monthly average number in reference year/12

Ratio of Profits, Taxes and Interests to Average Assets reflects the profit-mak ing capability of all assets of the enterprise and is a key indicator manifestin g the performance and management and evaluating the profit-making potential of t he enterprise. It is calculated as follows:

Ratio of Profits, Taxes and Interests to Average Assets (%) = [(total profits + total taxes + interest payment) / average assets] ×100%

In the above formula, total taxes is the sum of tax and extra charges on the sal es of products and value-added tax payable; and average assets is the arithmetic mean of the sum of beginning assets and ending assets.

Ratio of Debts to Assets reflect both the operation ris k and the capability of the enterprise in making use of the capital from the creditors. It is calculated as follows:

Ratio of Debts to Assets (%) = (total debts / total assets)×100%

Both assets and debts are figures at the end of the reference period.

Turnover of Working Capital refers to the number of tim es of turnover of workin g capital in a given period of time, which reflects the speed of the turnover of working capital of industrial enterprises, and is calculated as follows:

Turnover of Working Capital=(sales revenue of products) / (average balance of to tal working capital)

In the above formula, average balance of total working capital refers to the ari thmetic mean of the sum of working capital at the beginning and at the end of th e reference period.

Ratio of Profits to Total Industrial Costs refers to th e ratio of profits reali zed in a given period to the total costs in the same period, which reflects the economic efficiency of input cost and is calculated as follows:

Ratio of Profits to Total Industrial Cost(%)=(total profits/ total costs)×100%

Total costs in the above formula is the sum of cost of products sold, marketing cost, management cost and financial cost.

Overall Labour Productivity of Industrial Enterprises reflects efficiency of pro duction and economic results of labour input of enterprises. The formula used is :

Overall Labour Productivity=(value added of industry) / (average number of staff and workers)

Ratio of Sales to Gross Output Value reflects the degre e at which industrial pr oducts are sold. It helps to analyze the linkage between production and sales an d the extent of the needs of the society that has been met by the supply of indu strial products. It is calculated as follows:

Ratio of Sales to Gross Output Value=(Industrial sales / Gross industrial output value at current prices) ×100%

Statistical Unit in Construction refers to corporat e enterprise engaged in the c onstruction of buildings and structures and in the installation of equipment. A corporate construction enterprise should have qualification certificates with in dependent accounting system, and should meet the following 3 requirements: ① be ing set up in line with relevant legal basis, having its full name, organization and location, and capable of taking civil liabilities; ② independently possess ing and using its assets and assuming its liabilities, and entitled to sign cont racts with other institutions; and ③ making independent accounts of its profits and losses, and capable of compiling its own balance sheet.

Gross Output Value of Construction refers to total of c onstruction products and services, expressed in money terms, produced or rendered by construction and ins tallation enterprises during a given period of time. It includes:

(1) Output value of construction projects, that is the value of projects covered by the project budgets;

(2) Output value of installation projects, that is the value of the installation of equipment, (excluding the value of the equipment to be installed);

(3) Output value of others, that is the output value of construction industry ex cluding that of construction projects and installation projects. It includes: ou tput value of repair of buildings and structures; output value of non-standard e quipment manufacturing; overhead expenses received by contracted enterprises to the sub-contracted enterprises and the completed output value of construction ac tivities that have no clear definition.

a. Output value of repair of buildings and structures, that is the value created through the repairs of buildings or structures, but does not include the value of buildings or structures being repaired and the value of the repair of product ion equipment;

b. Output value of manufactured non-standard equipment, that is the value of non -standard production equipment including raw materials and manufacturing cost ma de for the construction project (i.e., chemical plant; kettles or tanks used by refineries; various fillers, triangle tanks, valves used by mines), and the outp ut value of equipment manufactured by subsidiary workshops.

Value-added of Construction refers to the final result of the activities of prod uction and management of construction industry in monetary terms in the referenc e period. At present, the value-added of construction is calculated with the inc ome approach, that is to say, it is the sum of income of various production fact ors in the production process. The formula is as follows:

Value-added of Construction=depreciation of fixed assets in the year + wages payable + welfare expenses payable + insurance premium and tax for waiting for employment in the administrative expenses + taxes and surcharges on project settlement + profit.

Floor Space of Buildings Under Construction refers to floor space of buildings under construction during the reference period, including newly started buildings , buildings started earlier and continued during the reference period, and buildings suspended earlier but restarted during the reference period, buildings completed during the reference period, and buildings under construction and then suspended during the reference period.

Floor Space of Buildings Completed refers to the floor space of buildings that are completed in the reference period in accordance with the requirements of the design, up to the standard for putting them into use, and have been checked and accepted by concerned departments as qualified ones.

Total Number of Machinery and Equipment Owned by the End of Year refers to the number of machines and equipment owned by the enterprises, and listed as the fixed assets of the enterprises by the end of the year, including machinery and equipment for construction, production and transportation and other equipment.

Total Power of Machinery and Equipment Owned by the End of Year refers to the total power of machinery and equipment owned by the enterprises, and listed as the fixed assets of the enterprises by the end of the year, including machinery and equipment for construction, production and transportation and other equipment.

The power of the machinery is calculated on basis of the designed or verified capacity, covering the power of the machinery/equipment and the separate power equipment serving the machinery/equipment (such as electric motors), but excluding welders, transformers and boilers. The unit used for the calculation of power is kilowatt, with horsepower converted to kilowatt by 1 horsepower=0.735 kilowatt.

Income from Settlement of Projects refers to the income received by the construction enterprise from the contracted project through settlement procedures, and other charges to the contractee as operational costs in addition to the value of the project, such as temporary facility fee, labour insurance premium, moving cost of construction equipment, as well as various types of claims to the contractee.

Profit from Settlement of Projects refers to profit realized through settled projects. It is calculated with the following formula:

Profit from Settlement of Projects=Income from Settlement of Projects - Settled Cost - Settled Taxes and Other Cost

Total Revenue of Enterprises refers to the sum of income from production and operation of enterprises, including income from settlement of projects and other operational income, namely:

Total Revenue of Enterprises=Income from Settlement of Projects + Other Operational Income

Length of Railways in Operation refers to the total length of the trunk line under passenger and freight transportation (including both full operation and temporary operation). The calculation is based on the actual length of the first line even if this line has a full or partial double track or more tracks, excluding double tracks, station sidings, tracks under the charge of stations, branch lines, special-purpose lines and the non-payable connecting lines. The length of railways in operation is an important indicator to show the development of the infrastructure for the railway transport, and also the essential data to calculate volume of passenger freight transport, traffic density and utilization efficiency of the locomotives and carriages.

Length of Electrified Railways refers to the length of the section of railways in operation in which the power supply lines and other equipment are installed for the running of electrified locomotives. The proportion of the length of electrified railways to the total length of railways in operation is an important indicator to show the modernization of railways.

Automatic-blocking and Semi-automatic-blocking Length of Railways refer to length of railways installed with equipment to perform automatic or manual blocking of trains. Blocking is a spacing technique by which a section of the railway only allows one train to pass at a time in the aim of ensuring the traffic safety. t he proportion of automatic/semi-automatic blocking length to the total length of railways in operation is an important indicator to show the modernization of railways.

Length of Highways refers to the length of highways whi ch are built in conformity with the grades specified by the highway engineering standard formulated by th e Ministry of Communications, and have been formally checked and accepted by the departments of highways and put into use. The length of highways includes th at of the suburb highways at large and medium-sized cities, highways passing thr ough streets at small cities and towns, and also the length of bridges and ferri es. It does not include the length of streets in big and medium-sized cities and highways built for the production purpose at factories, mines, forest areas and agricultural areas. If two or more highways go the same section of the way, the length of the section is only calculated for once and no duplication is allowed . The length of highways is an important indicator to show the development of th e highway construction and to provide essential information to calculate the tra nsport network density.

Length of Navigable Inland Waterways it is an indicator reflecting the size and development of inland water network, it refers to the length of the natural rive rs, lakes, reservoirs, canals, and ditches open to navigation during a given per iod, which enables the transport by ships and rafts. It includes the channels op en to navigation for over an accumulative 3 months in a year, yet this does not include the river courses, which are only used to float odd logs and bamboo raft s. This indicator can reflect the scale, level and development situation of the inland waterway network.

Length of Civil Aviation Routes refers to the length of all routes for regular civilaviation flights. There are usually two ways to calculate the distance betw een airports connected by the route length: One is to put the length of all air routes together, called duplicated calculation of the length of the routes; the other is not to allow the duplication in calculation when two or more routes pas sing the same section of aviation routes. The latter is usually used, as it can precisely show the size of the civil aviation network and indicate the extent of civil aviation serving the national economy and the people.

Length of Oil (Gas) Pipelines used as an indicator to show the development, scale and level of the pipeline transportation, it refers to the actual transport distance of oil (or gas) products, and is in general calculated in the length of single pipeline. If the length of the double pipelines and alternate pipeline a re included, it is called the extension length of the oil (gas) pipelines, which indicates the actual length of the pipelines built, excluding double pipelines. Freight (Passenger) Traffic refers to the volume of freight (passenger) transpor ted with various means. Freight transport is calculated in tons and passenger tr affic is calculated in the number of persons. Despite the type of freight and tr aveling distance, the freight transport is calculated in the actual weight of th e goods: and despite the traveling distance and ticket price, the passenger traf fic is calculated by the principle that one person can be counted only once in o ne travel. The passengers who travel with a half price ticket or a child ticket is also calculated as one person. The freight (passenger) traffic provides a qua ntitative measure to show how the transport industry serves the national economy and people, and is also an important indicator for planning the transport indus try and for studying the development scale and speed of the transport industry.

Freight (Passenger) Traffic Density refers to the freig ht (passenger) traffic vo lume carried by a particular means of transportation during a given period throu gh one kilometer of a specific section of transportation route. The formula is a s follows:

Freight (Passenger) traffic density= [freight ton-kilometers (passenger-kilomet ers)] / (length of route in operation)

Freight (passenger) traffic density reflects the degree of business of freight (passenger) traffic on transportation routes, and therefore provides important in formation for balancing transport capability, planning construction and upgradin g of transport routes and studying the distribution of transport network.

Freight Ton–kilometers (Passenger–kilometers) refer to the sum of the products o f the volume of transported cargo (passengers) multiplying by the transport dist ance. It is an important indicator to reflect the achievement of transportation industry. Normally, the shortest distance between the departure station and the destination station (i.e., the payable distance) is the basis to calculate the f reight ton-kilometers. This is an important indicator to show the total results of the transport industry, to prepare and examine the transport plan and to meas ure the efficiency, the labour productivity and the unit cost of transport.

The formula is as follows:

Freight ton-kilometers (passenger-kilometers) =∑{freight (passenger) traffic x distance of transportation}

Static Load of Freight Cars refers to the average cargo weight as loaded by eac h freight car under the static condition at the departure station. It is used to show the utilization extent of the loading capacity of the freight cars. The fo rmula is:

Static load (ton) of freight car=(tonnage of goods dispatched) / (number of frei ght cars loaded)

The static load of freight cars is determined by the nature and type of goods lo aded, the type of vehicles, and the technique of loading. The difference between the average marked load and the static load of freight cars reflects the utiliz ation of loading capacity of freight cars. For its calculation the following for mula is applied:

Utilization rate of capacity of freight cars(%)= [(Average static load) / (Avera ge marked load)] ×100%

Average Daily Haul of Freight Locomotives refers to the average total ton-kilometers accomplished by each freight transport locomotive over day and night during a given period of time. It includes both the weight of the goods carried and th e dead weight of the train itself. It is a comprehensive indicator reflecting th e locomotive efficiency in terms of both time and the pulling force.

Average daily haul of freight transport locomotive (ton-kilometer)=(Total ton/ki lometers of freight) / (Daily number of freight transport locomotive)

Volume of Freight Handled in Major Coastal Ports refers to the volume of cargo p assing in and out the harbor area of the major coastal ports and having been loa ded and unloaded. The volume includes that of the postal matters, registered lug gage and fuels, materials and fresh water as supplies of the ships. The volume o f freight handled may be classified by direction of flow as freight for import a nd freight for export, or by nature of cargo as freight for domestic trade and f reight for foreign trade. As an important indicator, the volume of freight handl ed by type of cargo and by main flow direction reflects the production capacity of ports.

Possession of Civil Motor Vehicles: refer to the total numbers of vehicles that are registered and received vehicles' license tags according to the Work Standar d for Motor Vehicles Registration formulated by transport management office unde r department of public security at the end of reference period. They are divided into following categories according to the structure of motor vehicles: passeng er vehicles, trucks and others; and private vehicles and vehicles for units use according to ownerships; working vehicles, non-working vehicles and special moto r vehicles according to kind of usage; large passenger vehicles, medium passenge r vehicles and small passenger vehicles, heavy trucks, light-heavy trucks and li ght trucks according to sizes of vehicles.

Business Volume of Post and Telecommunications refers t o the total amount of pos t and telecommunication services, expressed in value terms, provided by the post and telecommunications departments for the society. Post and telecommunication services can be classified as letters, parcels, remittance, issue of newspapers and magazines, fast mail service, express mail service, savings deposits, stamps for collection, public and individual telegraph service, facsimiles, long-dista nce telephone service, leasing of telephone lines, urban paging service, mobile telephone service, data transfer and transmission, etc. The accounting approach is to multiply the service products of all types with their average unit price (constant price) to get sum of business value, plus income from other services su ch as leasing of telephone lines and equipment, maintenance of telephone switchb oards and lines on behalf of customers. This indicator reflects the overall resu lts of post and telecommunications service during a given period, and is importa nt to study the composition of business service and the development of post and telecommunications service.

The formula is as follows:

Business vc ume of post and telecommunications=∑(Transaction of post and teleco mmunication service x constant price) + Income from leasing, maintenance and other services

Subscribers of Wireless Paging Services Wireless paging service refers the servi ce by which telephone users send audio, digital or character signals to persons carrying small-size pagers within the designated areas through wireless paging c enters. The page carriers who have registered in paging centers are counted as p aging subscribers.

Mobile Telephone Subscribers refer to the persons who o wn mobile telephone numbe rs and are connected with the mobile telephone communication network through the mobile telephone switchboards, including contracted subscribers and pre-paid su bscribers for intelligent network. One mobile telephone is taken as a subscriber .

Internet Users refer to the number of Chinese citizens who use Internet at least for one hour each week.

Local Telephone Subscribers refer to subscribers that a re connected to the local telecommunication service provider through fix line network, including househol d subscribers, institutional subscribers and public telephones. They are also cl assified as city subscribers and rural subscribers according to locations. Befor e 1997, city subscribers referred to those connected to city telephone networks in county towns and cities, while village subscribers referred to those connecte d to village telephone stations at and below counties. Since 1997, the classific ation of telephone subscribers was modified on the basis of physical location of the subscribers as urban telephone subscribers and rural telephone subscribers, which is different from the previous classification of categorizing local telep hones and rural telephones, while the definition of total subscribers and total number of telephones remain unchanged.

Urban Telephone Subscribers refer to number of telephon e subscribers, located at municipalities, cities under the jurisdiction of province, cities at prefecture level, downtown and suburb of city at county level town and county towns (inclu ding country towns where county government located, and towns of county level ac cording to the administrative organizational system), that are connected to the public line telephone network, including rural mineral area, forest area, military area.

Rural Telephone Subscribers refer to telephone subscrib ers, located at counties (towns) and villages outside the range of cities according to administrative jur isdiction.

Household Telephone Subscribers refer to telephone sets installed in the dwellin g units of urban or rural residents, and registered as residence subscribers for payment, including 3 types of payment for the service: private payment, public payment and free service.

Capacity of Long Distance Telephone Exchanges refers t o the rated capacity of t elephone exchanges to connect long distance telephone network, including capacity of international telephone exchanges.

Capacity of Office Telephone Exchanges refers to the ca pacity (measured in gate) of telephone exchanges installed in the offices of telecommunication service pr oviders for communication between fixed telephones. It includes the capacity of both manual and automatic exchanges in use and for stand-by purpose, excluding t he capacity of subscribers' exchanges.

Capacity of Mobile Telephone Exchanges: refers to the capacity of the maximum se rvices provided to subscribers at one time basing on a certain model and transacting capacity of the mobile telephone exchanges.

Total Retail Sales of Consumer Goods refer to the sum of retail sales of commod ities sold by wholesale, retail, catering, publishing, post and telecommunicatio ns and other service industries to urban and rural households for private consum ption and to social institutions for public consumption. Retail sales of consumer goods include:

A、 Sales by wholesale and retail units:

1. of consumer goods sold to urban and rural households

2. of commodities sold to foreigners, overseas Chinese and Chinese compatriots f rom Hong Kong, Macau and Taiwan visiting in China

3. of commodities sold to government agencies, institutions, social organizatio n s, military and armed police units, and commodities sold to enterprises in the f orm of retail sales. More specifically, they include: office facilities and arti cles for non-production purposes such as communications equipment, computing equ ipment and instruments, TV and network equipment, printing and copying equipment , audio-visual equipment and instruments, paper, notebooks,

stationeries, furnit ure, electric appliances, knitwear, sanitation and cleaning articles, cultural a nd sport articles, articles for prizes, souvenirs, etc.; transport vehicles and fuels for employees; materials, spare parts and tools for the maintenance of off ice facilities; equipment, fuels, materials and food for winter heating or summe r cooling purposes; articles and equipment for teaching purpose; Chinese and wes tern medicines and medical equipment and facilities purchased by non profit-maki ng medical institutes; non-specialized work safety articles; cooking utensils, t ableware, equipment, cleaning articles, food and fuels purchased by internal caf eterias; clothes and personal articles purchased by military or armed police uni ts for their officials and soldiers; and other equipment and articles for non-pr oduction purposes.

B、Sales of stable food, cooked dishes, beverages, tobaccos and other articles by catering units.

C、 Sales of books, newspapers, magazines, audio-visual products and post produ ct s by publishing, post and telecommunications departments to urban and rural hous eholds and to enterprises, institutions, military and armed police units.

D、 Sales of food, beverages, tobaccos, clothing, hats, footwear, articles for da ily use, medicines, medical and health articles, work of art, handicrafts, toys, funeral articles and other articles by other service industries.

Purchase, Sales and Stock of Commodities by Wholesale and Retail Trades refer to the total volume of commodities purchased, total volume of sales and exports, a nd the stock of commodities by wholesale and retail enterprises (establishments) of different status of registration from domestic and overseas markets. This in dictor reflects the relationship among purchase, sales and stock of commodities in the circulation of goods and reveals the existing problems.

Total Purchases of Commodities refer to the total value of purchases of commodit ies by the enterprises (establishments) from other establishments or individuals (including direct import from abroad) for the purpose of re-selling, either wit h or without further processing of the commodities purchased. This indicator is used to show the total value of purchases of commodities by wholesale and retail establishments from domestic and overseas markets. The total purchases include: (1) agricultural and industrial products purchased from producers; (2) books, m agazines and newspapers purchased from distribution departments of the publisher s; (3) commodities purchased from wholesale and retail establishments of differe nt status of registration; (4) commodities purchased from other units, such as s urplus materials purchased from government agencies, enterprises or institutions , commodities purchased from catering and service establishments, confiscated go ods purchased from customs authorities or market management agencies, second-han d goods and wastes purchased from residents; and (5) commodities directly import ed from abroad. Excluded are commodities purchased by enterprises (establishment s) for use in their own business operation, commodities obtained without buying or selling procedures, rejected commodities, etc.

Total Sales of Commodities refer to value of commoditie s sold by the establishme nts to other establishments and individuals (including direct export). This indi cator is used to show the total value of sales of commodities at domestic market s and export. The total sales include: (1) commodities sold to urban and rural r esidents and social groups for their consumption; (2) commodities sold to establ ishments in industry, agriculture, construction, transportation, post and teleco mmunications, wholesale and retail trades, catering trade and public utility for their production and operation; (3) commodities sold to wholesale and retail es tablishments for re selling, with or without further processing; and (4)commodi ties for direct export to other countries. Excluded are selling of waste packagi ng materials used by the establishments (units) themselves, commodities transfer red without buying or selling procedures, commission income from brokerage in tr ansactions whose settlement is directly handled by buyers and sellers, rejected commodities in the purchase, loss in commodities, etc.

Commodity Stock of Wholesale and Retail Enterprises refers to total commodities possessed by wholesale and retail enterprises (units) of various types of regist ration status at the end of the reference period, which reflects the commodity s tock level of various wholesale and retail enterprises and the potential for mar ket supply. It includes: (1) commodities located in storage, garages, counters, and shelves of operating units (such as sale stores, wholesale centers, and oper ating offices) of wholesale and retail enterprises; (2) commodities in the proce ss of selecting, sorting, and packing; (3) commodities not arrived but recorded as purchase in the account, i.e. commodities not arrived but payment receipts fo r the commodities from the sellers or the banks arrived; (4) commodities deposit ed in other places rather than places mentioned above, for instance: commodities in the hold of purchasers temporarily due to the refusal of payment and commodi ties not taken back after going through the formalities; (5) commodities entrust ed to other units to sell but not sold yet; (6) commodities purchased for other units but not delivered yet. Commodities not included as stock are those not own ed by the enterprises (units), those allocated to financially independent factor ies rather than wholesale and retail enterprises for processing but not taken back yet, and finally those put in stock by wholesale and retail enterprises on be half of the state material reserves units.

For the calculation of the value of commodities stock, the value is calculated at purchasing prices in agricultural goods purchasing units and wholesale units, and at the accounting prices in retail units.

Business Income of Catering Industry: refer to the total turnover of catering bu sinesses, establishments or individuals, including retail sales and other servic es income. It reflects the operational and managerial conditions and development trend of catering businesses, establishments and individuals in this sector.

Retail Sales of Commodities in Catering Industry: refer to retail sales to resid ents and social groups by catering enterprises, establishments and individual, i ncluding: (1) various food sold after cooking and processing, such as: staple fo od, cooked dishes, cold and dressed dishes and so on. (2) re-selling commodities without further processing, such as beverages, tobaccos, cooked food, fruits an d so on. (3) food and other commodities sold in affiliated shops without indepen dent accounting system.

Volume of Transaction at Consumer Goods Markets refers to the value of transacti on of all goods at consumer goods markets in the country, including both markets for farm and sideline products and for industrial consumption goods.

Volume of Transaction at Large Commodity Markets (with transacti on value over 100 million yuan) refers to markets approved by the industrial and commer cial admi nistration departments, which specialize in wholesale and retail of commodities with an annual sales of over 100 million yuan. The sum of sales of all sellers i n the markets makes up the transaction value of the markets.

Chain Enterprises (also called chain stores or chain corporations) refer to a fo rm of joint economic entities under which scattered enterprises or establishment s engaged in providing homogeneous commodities or services, with the central lea dership of core enterprise or headquarters and guided by common policies, conduc t centralized purchase and distributed selling of commodities, in order to gain better efficiency through standardized operation. Consisting of a number of bran ch stores, the chain stores have in general following features: 1) homogeneous c ommodities, 2) unique name of stores, 3) centralized purchase and delivery which is separated from distributed selling operation (most commodities are delivered from the headquarters except some items which, from logistics, quality or fresh ness considerations, might be delivered by the suppliers directly).

Chain stores have two categories:

a) Chain stores under direct management: These are formal chain stores invested or controlled by the headquarters. They operate under the direct and unified man agement from the headquarters.

b) Chain stores through license arrangement: Through contracts, chain stores (th eir owners) obtain licenses from the headquarters to use designated trade marks, names, operation know-how, and to sell the commodity developed by the headquart ers. Under this arrangement, each store in the chain is an independent legal ent ity and operates under the guidance from the headquarters.

Total Imports and Exports at Customs refer to the r eal value of commodities impo rted into and exported from the boundary of China. They include the actual impor ts and exports through foreign trade, imported and exported goods under the proc essing and assembling trades and materials, supplies and gifts as aid given grat is between governments and by the United Nations and other international organiz ations, and contributions donated by overseas Chinese, compatriots in Hong Kong and Macao and Chinese with foreign citizenship, leasing commodities owned by ten ant at the expiration of leasing period, the imported and exported commodities p rocessed with imported materials, commodities trading in border areas (excluding mutual exchange goods), the imported and exported commodities and articles for public use of the Sino-foreign joint ventures, cooperative enterprises and ventu res exclusively with foreign own investment. Also included are import or export of samples and advertising goods for whose CIF or FOB value are beyond the permi tted ceiling (excluding goods of no trading or use value and free commodities fo r export), imported goods sold in China from bonded warehouses and other importe d or exported goods. The indicator of the total imports and exports at customs c an be used to observe the total size of external trade in a country. In accordan ce with the stipulation of the Chinese government, imports are calculated at CIF , while exports are calculated at FOB

Import Export Value by Location of Chinas Foreign Trade Managing Units refers to actual value of imports and exports carried out by corporations which have bee n registered by the local customhouse and are vested with right to run import ex port business.

Import Value of Commodities by the Places of their Destination and Export Value of Commodities by the Places of their Origin in China: The former indic ator ref ers to the value of import commodities of the places of their consumption, utili zation or the places of their final destination. The latter indicator refers to the value of export commodities of the places of their origin or the places of t he commodities dispatched.

Utilization of Foreign Capitals refers to remittance, e quipment and technology f inanced from abroad, by loans, foreign direct investment and other forms underta ken by the Chinese governments at all levels, by various departments, enterprise s and other economic units.

Foreign Borrowings refer to funds borrowed from abroad through formal signing of borrowing agreements with foreign institutions, including loans of foreign gove rnments, loans of international financial institutions, commercial loans of fore ign banks, export credit, and funds raised by Chinese bonds (and shares before 1 996) issued abroad. It is an important part of China's utilization of foreign ca pitals.

Foreign Direct Investment refers to the investments ins ide China by foreign ente rprises and economic organizations or individuals (including overseas Chinese, c ompatriots from Hong Kong, Macao and Taiwan, and Chinese enterprises registered abroad), following the relevant policies and laws of China, for the establishmen t of ventures exclusively with foreign own investment, Sino-foreign joint ventur es and cooperative enterprises or for co-operative exploration of resources with enterprises or economic organizations in China. It includes the re investment o f the foreign entrepreneurs with the profits gained from the investment and the funds that enterprises borrow from abroad in the total investment of projects which are approved by the relevant department of the government.

Other Investment by Foreign Entrepreneurs refers to all forms of utilization of foreign capitals other than foreign borrowings and foreign direct investment. It includes the total value of stock shares in foreign currencies issued by enterp rises at domestic or foreign stock exchanges (now mainly consisting of H shares issued at Hong Kong Security Market and B shares issued at domestic security mar kets), rent payable for the imported equipment through international leasing arr angement, cost of imported equipment, technology and materials provided by forei gn counterparts in compensation trade and processing and assembly trade.

Contracted Projects with Foreign Countries refer to projects undertaken by Chine se contractors (project contracting companies) through bidding process. They include: (1) overseas civil engineering construction projects financed by foreign investors; (2) overseas projects financed by the Chinese government through its foreign aid programs; (3) construction projects of Chinese diplomatic missions, trade offices and other institutions stationed abroad; (4)construction projects in China financed by foreign investment; (5) sub-contracted projects to be taken by Chinese contractors through a joint umbrella project with foreign contractor (s); (6) housing development projects. The business income from international co ntracted projects is the work volume of contracted projects completed during the reference period, expressed in monetary terms, including completed work on proj ects signed in previous years.

Service Cooperation with Foreign Countries refers to the activities of providin g technology and labour services to employers or contractors in the forms of receiving salaries and wages. Labour services providing by contractual joint ventur es of Chinese international contracting corporations should be included in the s tatistics of service co-operation with foreign countries. The business income of labour service cooperation is the income in the form of wages and salaries, ove rtime pay, bonuses and other remuneration received from the employers during the reference period.

Overseas Design and Consultation Service refers to projects with charges for tec hnical services from overseas operators. It includes geographic and topographic mapping, geological resource prospecting and survey, planning of construction ar eas, provision of design documents, blueprints, materials on production process and techniques, as well as engineering, technical and economic consultation, and feasibility study, research and evaluation of projects. Also included under thi s category are the above-mentioned services of foreign-financed projects in Chin a that are paid in foreign currencies.

Number of Tourists

(1) International tourists refer to foreigners, overseas Chinese, Chinese compat riots from Hong Kong, Macao and Taiwan coming to China for sight-seeing, visits, tours, family reunions, vacations, study tours, conferences and other activitie s of a business, scientific and technological, cultural, educational and religio us nature. It does not include representatives and employees of resident institu tions of foreign countries in China such as embassies, consulates, news agencies and offices of foreign companies and organizations, nor does it include long-te rm foreign experts or students residing in China, or persons in transition witho ut spending a night in China.

(2) Chinese residents going abroad refer to Chinese residents going abroad for s hort terms for either public business or private purposes. Chinese employees wor king on international transport carriers are included in those going abroad for public business purpose, not in those for private purpose.

(3) Domestic tourists refer to residents of the mainland of China who stay for o ne night at least but no more than 6 months at tourist facilities in other place s than their permanent residence within the territory of the mainland China, inc luding foreigners, overseas Chinese and Chinese compatriots from Hong Kong, Maca o and Taiwan who have resided in China for over one year.

Foreign Exchange Earnings from International Tourism refer to the total expend itures of foreigners, overseas Chinese, Chinese compatriots from Hong Kong, Maca o and Taiwan during their stay in the mainland of China, which are earnings of f oreign exchange from international tourism from the point of view from China.

International Travel Agencies refer to travel agencies engaged in the promotio n, solicitation, organization and reception of tours to the mainland of China by foreigners, overseas Chinese, Chinese compatriots from Hong Kong, Macao and Tai wan.

Domestic Travel Agencies refer to travel agencies engag ed in the promotion, so licitation, organization and reception of domestic tourists, and in the receptio n of foreigners, overseas Chinese, Chinese compatriots from Hong Kong, Macao and Taiwan organized by international travel agencies or other departments concerne d, without their own promotion and solicitation programmes.

Star–Hotels refer to hotels rated with stars

Regular Institutions of Higher Learning refer to educational establishments set up according to the government evaluation and approval procedures, enrolling gra duates from senior secondary schools and providing higher education courses and training for senior professionals. They include full-time universities, colleges , high professional schools, high professional vocational schools and others.

Universities and colleges are mainly providing undergraduate courses; those high professional schools and high professional vocational schools are mainly provid ing professional trainings; and others refer to educational establishments, whic h are responsible for enrolling students but not covered in the total number of schools, including: branch schools of universities and colleges, and universitie s and colleges that have been proved and prepared to construct.

Institutions of Higher Learning for Adults refer to edu cational establishments, set up in line with relevant rules approved by the government, enrolling staff a nd workers with senior secondary school or equivalent education, and providing h igher education courses in many forms of correspondence, spare time, or full tim e for adults. Professionals thus trained receive a qualification equivalent to g raduates studying regular courses at regular universities, colleges and professi onal colleges. Institutions of higher learning for adults include schools of hig h education for staff and workers, schools of high education for peasants, colle ges for management cadres, pedagogical colleges, independent correspondence coll eges, Radio and TV universities and other educational establishments. Other educ ational establishments are responsible for enrolling adult students but not cove red in the number of schools.

Enrollment Rate of Primary School Age Children refers t o the proportion of schoo l age children enrolled at schools to the total number of school age children bo th in and outside schools (including retarded children, but excluding blind, dea f and mute children). The formula is:

Enrollment Rate of Primary School-age Children = (Total Primary School-age Child ren at Schools)/(Total Primary School age Children Both at and Outside Schools) x 100%

Scientific and Technological Activities (S&T Activities) refer to organized acti vities which are closely related with the creation, development, dissemination a nd application of the scientific and technical knowledge in the fields of natura l sciences, agricultural science, medical science, engineering and technological science, humanities and social sciences (referred to as scientific and technolo gical fields). S&T activities can be classified in to 3 categories: research and development (R&D) activities, application of R&D results, and related S&T servi ces. This statistical definition is made by UNICHIEF for scientific and technolo gical activities to meet the need of carrying out statistical work in this field for its member countries in particular those developing countries.

Personnel Engaged in S&T Activities refer to personnel directly engaged in S&T a ctivities, in the management of S&T activities, and in providing direct service to S&T activities, who spend over 10% of the total working hours in a year in S& T activities. (1) Personnel directly engaged in S&T activities include researche rs, engineers, technicians and other related personnel engaged in S&T activities in independent-accounting R&D institutions, institutions of higher learning, an d in research institutes, laboratories, technology development centers and centr al experiment workshops under enterprises and institutions. Also included are pe ople working in S&T research project teams, professional and technical personnel working in S&T information archiving institutes, and graduate students working on the design of their thesis. (2) Personnel engaged in the management of S&T ac tivities and in providing direct service to S&T activities include senior manage ment people responsible for S&T activities in independent-accounting R&D institu tions, S&T information archiving institutes, institutions of higher learning, an d in enterprises and institutions where S&T activities are undertaken. Also incl uded are people responsible for the planning, administration, personnel manageme nt, financial management, logistics supply, equipment maintenance, information a nd library management that are related with S&T activities. People providing indirect services are excluded, such as security, medical service, drivers, plumber s, cleaners and those providing catering and related service. This indicator ref lects the size of personnel engaged in S&T activities.

Scientists and Engineers refer to persons engaged in S& T activities who have obt ained titles of senior and middle level professional positions, and those withou t such position but have completed university or higher education. This indicator reflects the quality of personnel engaged in S&T activities.

Research and Development (R&D) refers to systematic and creative activities in t he field of science and technology aiming at increasing the knowledge and using the knowledge for new application. R&D includes 3 categories of activities: basi c research, applied research and experiments and development. The scale and inte nsity of R&D are widely used internationally to reflect the strength of S&T and the core competitiveness of a country in the world.

Basic Research refers to empirical or theoretical researchaiming at obtaining new knowledge on the fundamental principles of phenomena of observable facts to r eveal the nature and law of movement of objects and to acquire new discoveries o r new theories. Basic research takes no specific or designated application as th e aim of the research. Results of basic research are mainly released or dissemin ated in the form of scientific papers or monographs. This indicator reflects the original innovation capacity of knowledge.

Applied Research refers to creative research aiming at obtaining new knowledge o n a specific objective or target. Purpose of the applied research is to identify the possible use of results from basic research, or to explore new (fundamental) methods or new approaches. Results of applied research are expressed in the fo rm of scientific papers, monographs, fundamental models or invention patents. Th is indicator reflects the exploration of ways to apply the results of basic research.

Experiments and Development refer to systematic activit ies aiming at using the k nowledge from basic and applied researches or from practical experience to devel op new products, materials and equipment, to establish new production process, s ystems and services, or to make substantial improvement on the existing products , process or services. Results of experiment and development activities are embo died in patents, exclusive technology, and monotype of new products or equipment . In social sciences, experiment and development activities refer to the process of converting the knowledge from basic or applied researches into feasible prog rammes (including conduct of demonstration projects for assessment and evaluatio n). There are no experiment and development activities in the science of humanit ies. This indicator reflects the capability of transferring the results of S&T into technique and products, which is the materialized measurement of S&T pushing forward the economic and social development.

R&D Personnel refer to persons engaged in research, man agement and supporting ac tivities of R&D, including persons in the project teams, persons engaged in the management of S&T activities of enterprises and supporting staff providing direc t service to the research projects. This indicator reflects the size of personne l engaged in R&D activities with independent intellectual property.

Professional and Technical Personnel refer to persons engaged in professional and technical work or in the management of professional and technical activities, i.e., people with professional or technical positions who are engaged in profess ional and technical work or in the management of professional and technical acti vities, and people without professional or technical positions but are working o n professional or technical posts. They include professionals and technicians wo rking in 17 categories of technical occupations including engineering, agricultu re, scientific researches, medical service, teaching, economic research and appl ication, accounting, statistics, translation, libraries, archives, cultural and museum service, journalism and publication, lawyers, notarization service, radio and television broadcasting, handicraft and fine arts, sports, performing art, and political workers in enterprises. This indicator reflects the condition of human resources in S&T.

Funding for S&T Activities refers to funds obtained fro m various sources for S&T activities, including government funds, self-raised funds by enterprises, self- raised funds by institutions, loans from financial institutions, foreign funds a nd other funds. This indicator reflects the efforts made by various social econo mic entities in promoting the development of S&T.

Government Funds refer to funds obtained from governmen t agencies at all levels to be used for S&T activities, including fund for scientific undertakings, 3 kin ds of fund for S&T activities, fund for capital construction for scientific rese arches, science fund, funds from education expenditures by education departments for S&T activities, and extra-budget fund from government agencies for S&T acti vities.

Self–raised Funds by Enterprises refers to self-raised funds by enterprises from their own expenditure or from other enterprises and funds received by universit ies or research institutions from enterprises for scientific research or technic al development projects. Excluded in this category are funds from government age ncies, financial institutions or from foreign institutions.

Loans from Financial Institutions refer to loans from v arious financial institutions for S&T activities.

Internal Expenditures on S&T activities refer to the actual expenditures on S&T activities during the reference year, including service fees, expenditure on research activities, expenditure on research management, purchase or construction o f fixed assets not included in the investment for capital construction, expendit ure on capital construction for scientific researches, and other expenditures on S&T activities. Not included are expenditure on production activities, repaymen t of loans and transfer expenditure. This indicator reflects the real accomplish ment of input in S&T.

Service Fees refer to direct or indirect payment, in ca sh or in kind, made to pe rsonnel engaged in S&T activities as remuneration and other fees. They include, in various forms, salaries, subsidies, bonus, benefits, retirement pension, stip end, etc. This indicator reflects the improvement of treatment toward S&T person nel.

Purchase or Construction of Fixed Assets refers to the fixed assets purchased or constructed using funds other than the investment in capital construction, and the actual expenditure on capital construction for scientific researches. In oth er words, it is the sum of the actual expenditure on fixed assets and the accomp lished investment in capital construction for scientific researches. Fixed asset s refer to main materials and equipment, literatures and documents in libraries, materials for experiments, specimen, instruments, furniture, buildings and cons tructions that can be used for a long time without changing the form and shape o f those articles or constructions. This indictor reflects the input in improving the condition of S&T and the means of scientific research.

New Products refer to new products produced with new tech nology and new design, or products that represent noticeable improvement in terms of structure, materia l, or production process so as to improve significantly the character or functio n of the older versions. They include new products certified by relevant governm ent agencies within the period of certification, as well as new products designe d and produced by enterprises within a year without certification by government agencies. This indictor reflects the direct contribution of S&T output to econom ic growth.

Patent is an abbreviation for the patent right and refers to the exclusive right of ownership by the inventors or designers for the creation or inventions, give n from the patent offices after due process of assessment and approval in accord ance with the Patent Law. Patents are granted for inventions, utility models and designs. This indicator reflects the achievements of S&T and design with indepe ndent intellectual property.

Inventions refer to the new technical proposals to the products or methods or th eir modifications. This is universal core indicator reflecting the technologies with independent intellectual property.

Utility Models refer to the practical and new technical proposals on the shape a nd structure of the product or the combination of both. This indicator reflects the condition of technological results with certain technical content.

Designs refer to the aesthetics and industrially applic able new designs for the shape, pattern and color of the product, or their combinations. This indicator reflects the appearance design achievements with independent intellectual property.

Cultural Institutions refer to units, which have their own organizational system and independent accounting system and specialize in or serve cultural developme nt. They exclude other establishments run by these cultural institutions and ama teur cultural groups established by various departments. This indicator reflects the development of cultural units.

Art Troupe refers to the troupe which is engaged in dra ma, opera, music, dance, acrobatics or other art performance, opens independent accounts with banks and h as self-supporting accounting system; excluding the troupes which are engaged pa rtly in industrial or agricultural activities, partly in art performance and the professional troupes organized by the people.

Number of Audience at Art Performance refers to the num ber of attendants at comm ercial shows, completely booked shows or free shows given in minority national a reas, and does not include the number of spectators at rehearsals for examinatio n and internal shows for study.

Number of Athletes in Grades refers to the number o f athletes who have been give n titles through examination. The titles of athletes include international maste rs of sports, masters of sports, first-grade, second-grade and third-grade sport smen and young athletes. This indicator reflects skill of the athletes.

Number of Referees in Grades refers to the number of re ferees who have been give n titles after examination. They are classified as international referees, natio nal referees and referees of the first, second and third grades. This indicator reflects the skill of referees.

Stadiums refer to stadiums for track and field events with six lane 400-meter tracks around soccer fields, permanent track marks and permanent bleachers. Stadiu ms are classified according to seating capacity. They include:

Class A stadiums have the capacity of seating 25000 people each. Class B stadiums have the capaci ty of seating 15000 to 25000 people each. Class C stadiums have the capacity of seating 5000 to 15000 people each, and Class D stadiums have the capacity of sea ting fewer than 5000 people. This indicator reflects numbers of large and medium -sized stadiums.

Gymnasiums refer to indoor sports grounds with permanen t seats in which basketball, volleyball. badminton, table tennis and gymnastics competitions can be held. Gymnasiums are classified according to seating capacity. They include: Class A gymnasiums with seating over 6000 people. Class B gymnasiums with seating 4000 t o 6000 people. Class C gymnasiums with seating 2000 to 4000 people, and Class D gymnasiums with eating fewer than 2000 people. This indicator reflects the total number of large and medium-sized gymnasiums.

Health Care Institutions include: medical institutions, disease preven tion and c ontrol centers (epidemic prevention stations), blood gathering and supplying ins titutions, health supervision and inspection (check up) institutions, medicinal scientific research and on-job training institutions, health education and so on .

Medical Organizations include: hospitals, health service center s (stations) of c ommunities, nursing homes, health centers, clinics, clinics (health stations and infirmaries), maternity and child care agencies (centers and stations), special disease prevention and curing agencies (centers and stations), first aid center s (stations) and clinical inspection centers. Medical organizations are grouped by two types: profit-making and non-profit-making medical organizations.

Hospitals include: polyclinics, traditional Chinese medical hos pitals, hospitals integrated with traditional Chinese therapeutics and western therapeutics, ethi cal hospitals, various specialties hospitals and nursing hospitals.

Medical Technical Personnel refers to doctors, assistan t nurses, pharmacists, and laboratory technicians working in medical institutions.

Doctors refer to certified physicians and certified as sistant physicians with ce rtifications working in medical and health care and prevention agencies.

Social Welfare Institutions refer to institutions takin g care of old people with out children, handicapped people and orphans. They include social welfare instit utions run by civil affairs departments, children welfare institutions, social w elfare institutions for mental patients, collective-owned old peoples homes in r ural areas, convalescent homes and community service centers with the capacity o f receiving those people. This indicator reflects the input in social welfare in stitutions.

Number of People Taken in by Social Welfare Institutions refers to the number of old people, children, totally dependent handicapped people and mental patients taken in by social welfare institutions run by civil affairs departments and tho se run by collective units in urban and rural areas. This indicator reflects the capacity of social welfare institutions.

Social Welfare Enterprises are collective owned enterprises whi ch employ the bli nd, deaf-mute, and other handicapped people who are able to work in cities and t owns and enjoy exemption from state taxes, including welfare plants, welfare com mercial services, artificial limb plants and farms, etc. This indicator reflects the preferential policies toward disabled persons.

Rural Households with Livelihood Guaranteed in Five Aspects refer to the househo lds in which there are old people without child, orphans and handicapped people who are unable to work and without financial resources in rural areas. They are taken care of by the collective units and their food, clothing, housing, medical care, funeral expenses (or schooling for orphans) are guaranteed to be provided for. This indicator reflects the total number of disadvantageous groups of rura l population.

Lawyers are certified legal workers according to law, and who a re employed by le gal counseling firms to act as legal advisers, agents in criminal or civil lawsu its, or defenders in criminal lawsuits, or to handle non-litigious legal affairs , to advise on matters of law or to write legal papers for others, and provide s ervice to the public.

Notary Personnel refers to people working for notary of fices including: director s, deputy director, notaries, assistant notaries, and other people providing ass istance.

Notary Documents refer to the judicatory notary documen ts drawn up by the reques t of the party and are in accordance with facts and laws and following certain l egal proceedings. According to usage and locality, the notary documents are divi ded into following 4 types: domestic notary documents, domestic economic notary documents, foreign-related civil notary documents and foreign-related economic notary documents.

Mediators refer to workers on peoples mediation committ ees responsible for media ting in civil disputes and cases of slight infraction of the law. They include m embers of the mediation committees and mediators of mediation groups. This indic ator reflects the number of people engaged in meditation.

Mediation of Civil Disputes refers to number of cases m ade by mediation committe es in mediating in civil disputes concerning civil rights and duties through per suasion and education in accordance with the provisions of law on a voluntary ba sis, so as to solve disputes by helping the parties involved come to an agreemen t and understanding, including those unsuccessful ones. This indicator reflects the workload of the mediation committees.

Acceptance of Case refers to the decision made by the p eople's procuratorate off ice on reported cases, prosecution, impeachment, surrender, self-found criminal clues or suspects after initial investigation to confirm the act of crime and to start legal proceedings of the case as criminal case.

Number of Labour Dispute Cases Accepted refers to the n umber of cases of labour dispute submitted that, after being reviewed by the lab our dispute arbitration c ommittees in line with the relevant state regulations, are accepted and registered for treatment.

Retired or Resigned Personnel refers to people who have formally gone through th e formalities for their retirement or quitting work and enjoy the corresponding treatments.

Insurance and Welfare Funds refers to labour insurance and welfare fund paid by enterprises, organizations and institutions to their staff and workers as well a s retired and resigned persons in addition to their wages and salaries, excludi ng labour protection fees, wages paid to medical workers from insurance and welf are fund and wages paid to staff members working in collective welfare agencies and to people with over 6 months of sick-leave.

Insurance and Welfare Funds for Retired and Resigned Staff and W orkers covers:

1. Pensions for retired veteran cadres: They refer to pensions, other subsidies, and additional allowances paid to retired in line with relevant government docu ments.

2. Pensions for Retirement: They refer to living allowance; other subsidies and additional allowances paid to retired staff and workers in line with the relevan t government documents.

1. Resignation Allowances for Living Expenses: They refer to living allowance, a nd additional allowances subsidies paid to resigned staff and workers in line wi th relevant government instructions.

It also includes living subsidies and prices subsidies paid to retired and resig ned staff and workers.

2. Medical Care Allowance: refer to fee-for-service, cost of medical care and pe r diem subsidies during hospitalizations of retired and resigned staff and worke rs.

3. Others: They refer to other expenses, including other types of insurance and welfare fund, fees for funerals, traveling subsidies and heating subsidies durin g the winter time.

Waste Water Discharged by Industry refers to the volume of waste water discharge d by industrial enterprises through all their outlets, including waste water fro m production process, directly cooled water, groundwater from mining wells which does not meet discharge standards and sewage from households mixed with waste w ater produced by industrial activities, but excluding indirectly cooled water di scharged (It should be included if the discharge is not separated with waste wat er). Industrial Waste Water Meeting Discharge Standards refers to volume of industria l waste water discharge which, with or without treatment, reaches national or lo cal standards.

Ratio of Industrial Waste Water Meeting Discharge Standards refers to percentage of industrial waste water meeting discharge standards over total industrial was te water discharge. Its calculation formula is:

Industrial Waste Air Emission refers to discharge into atmosphere of waste air c ontaining pollutants generated from fuel burning and production process in enter prises within a given period of time. It is converted into standard (273K, 10132 5Pa) with the following formula:

Industrial SO_2 Emission refers to volume of sulphur dio xide emission from fuel b urning and production process in premises of enterprises for a given period of time.

Industrial Soot Emission refers to volume of soot in sm oke emitted in process of fuel burning in premises of enterprises.

Industrial Dust Emission refers to volume of dust emitt ed by production process of enterprises and suspended in the air for a given period of time, including du st from refractory material of iron and steel works, dust from coke-screening sy stems and sintering machines of coke plants, dust from lime kilns and dust from cement production in building material enterprises, but excluding soot and dust emitted from power plants.

Industrial Solid Wastes Produced refers to total volume of solid, semi-solid and high concentration liquid residues produced by industrial enterprises from prod uction process in a given period of time, including hazardous wastes, slag, coal ash, gangue, tailings, radioactive residues and other wastes, but excluding sto nes stripped or dug out in mining (gangue and acid or alkaline stones not includ ed). A stone is acid or alkaline depending on the pH value of the water below 4 or above 10.5 when the stone is in, or soaked by, the water.

Industrial Solid Wastes Utilized refers to volume of so lid wastes from which use ful materials can be extracted or which can be converted into usable resources, energy or other materials by means of reclamation, processing, recycling and exc hange (including utilizing in the year the stocks of industrial solid wastes of the previous year). Examples of such utilizations include fertilizers, building materials and road materials. The information shall be collected by the producing units of the wastes.

Ratio of Industrial Solid Wastes Utilized refers to the percentage of industrial solid wastes utilized over industrial solid wastes produced (including stocks o f the previous year). Its calculation formula is:

Stocks of Industrial Solid Wastes refers to volume of s olid wastes placed in spe cial facilities or special sites for purposes of utilization or disposal. The sites or facilities should take measures against dispersion, loss, seepage, and air and water contamination.

Industrial Solid Wastes Disposed refers to quantity of industrial solid wastes w hich are burnt or placed ultimately in the sites meeting the requirements for en vironmental protection and not salvaged or recycled (including disposition in th e year of those wastes of previous years). The disposition includes landfill (Sa fe landfills should be conducted for hazardous wastes), incineration, containmen t spaces, deep underground disposal, backfill in mining pits and disposal at sea .

Industrial Solid Wastes Discharged refers to volume of industrial solid wastes d ischarged by producing enterprises to disposal facilities or to other sites. The wastes exclude stones stripped or dug from mining (gangue and acid or alkaline waste stones not included).

Output Value of Products Made from Waste Gas, Waste Water and So lid Wastes refers current value of products with waste gas, waste water and solid wastes as main materials of production. Products sold and ready to sell shall be included whil e those produced for own use shall not be included.

Border Economic Cooperation Zone Border economic cooperation zone is authorized by provincial government or the State Council, being concentrating constructed o n the border, enjoying some preferential policies and corresponding establishment. Abutted countries are major foreign trade, economic and technology cooperati on partners of the Border Economic Cooperation Zone . A border economic cooperat ion zone authorized by provincial government is a province-level development zone, authorized by the State Council is a state-level development zone. New high technology industry development district.

Economic and Technology Cooperation Development Zone Economic and technology cooperation development zone is authorized by provincial government or the State C ouncil, locating in inland central city and being concentrating constructed, enj oying some preferential policies and corresponding establishment. The economic and technology cooperation development zone becomes local window and base of inve stment promotion & extended opening through promoting investment and establishin g export-processing bases.

New High Technology Industry Development Zone New high technology industry deve lopment zone is authorized by provincial government or the State Council, locating in central city possessing stronger economic and technological capability, en joying some preferential policies and corresponding establishment. New high tech nology industry development zone develop new high technology industry through in vestment promotion & extended opening.

Civilian Batlalion Economic Type of Registration for the joint -stock cooperative Enterprises,other joint venture Enterprise,Non-state holding other liability company and limited by shave Ltd.Private Enterprise,Domestic other enterprise legal person and has the fixed operating sites and holding the business license or has fixed management field,but do not recive business license of the self-employed households.